国家社科基金重点项目"20世纪非洲史学与史学家研究"（14ASS001）
最终成果

商务印书馆（上海）有限公司 出品

·史学源流丛书·

20世纪非洲史学与史学家研究

张忠祥　等著

商务印书馆
The Commercial Press

图书在版编目(CIP)数据

20世纪非洲史学与史学家研究/张忠祥等著.—北京：商务印书馆，2023
（史学源流丛书）
ISBN 978-7-100-20173-5

Ⅰ.①2… Ⅱ.①张… Ⅲ.①史学史—研究—非洲—20世纪 Ⅳ.①K094

中国版本图书馆CIP数据核字（2021）第145963号

权利保留，侵权必究。

史学源流丛书
20世纪非洲史学与史学家研究
张忠祥 等著

商务印书馆出版
（北京王府井大街36号 邮政编码100710）
商务印书馆发行
山东韵杰文化科技有限公司印刷
ISBN 978-7-100-20173-5

2023年9月第1版　　开本 640×960　1/16
2023年9月第1次印刷　印张 32¾

定价：148.00元

史学源流丛书

主　编

陈　恒

编辑委员会

陈　新（上海师范大学）

陈　恒（上海师范大学）

陈慧本（上海师范大学）

董立河（北京师范大学）

范丁梁（华东师范大学）

顾晓伟（中山大学）

郭子林（中国社会科学院）

赖国栋（厦门大学）

李　根（东北师范大学）

李隆国（北京大学）

梁民愫（上海师范大学）

刘文明（首都师范大学）

刘耀春（四川大学）

陆启宏（复旦大学）

吕和应（四川大学）

孟钟捷（华东师范大学）

彭　刚（清华大学）

宋立宏（南京大学）

王大庆（中国人民大学）

吴晓群（复旦大学）

徐晓旭（中国人民大学）

岳秀坤（首都师范大学）

张　越（北京师范大学）

张作成（东北师范大学）

张忠祥，上海师范大学人文学院教授、博导，教育部国别和区域研究（培育）基地——上海师范大学非洲研究中心主任，兼任中国亚非学会副会长、中国非洲史研究会副会长和上海市世界史学会副会长。主要研究非洲历史和中非关系，出版有《尼赫鲁外交研究》《中非合作论坛研究》《列国志·马里》《南非现代化研究》（合著）、《奥斯曼帝国》（合译）、《非洲史学实践——非洲史学史》（译校）、《作为历史的口头传说》（译校）、《历史视野下的非洲城市空间》（译校），并发表期刊论文多篇。应邀参加2018年中非合作论坛北京峰会，曾在肯尼亚肯雅塔大学做访问学者，在南非金山大学、南非斯坦陵布什大学、津巴布韦南部非洲研究与文献中心、博茨瓦纳大学、尼日利亚伊巴丹大学、尼日利亚拉各斯大学、贝宁阿波美卡拉维大学等做过学术交流。

| 总　序 |

让人类拥有一个共同的文化理想

老子曰："道生一，一生二，二生三，三生万物。"这里的"一""二""三"是指万物衍于"道"的思想，这是老子的宇宙观、世界观，也是老子的源流观。人类很多伟大成就都源自对各种"存在"起源的猜测与探究。譬如，世界各地先民大约都经历了一个神话、传说与史诗时代，主要叙述的是有关天地开辟、人类起源的故事，后来是家庭的起源、国家的起源、私有制的起源乃至文明的起源、资本主义的起源、全球化的起源，等等。这些问题一直扰动着人类的好奇心，也激发着人类的无穷创造力。

作为文学作品的古希腊经典著作《荷马史诗》、赫西俄德的《工作与时日》《神谱》中有不少起源的说法，赫西俄德说："如果你愿意，我将简要而又动听地为你再说一个故事，请你记在心上：诸神和人类有同一个起源。"[1]古希腊史学则起源于一群被称为纪事家的人，其中最著名的是赫卡泰乌斯，他的《系谱志》（约前490）试图剥除希腊历史中的神话因素，给那些神祇和英雄一个编年史框架。他说："我把我所认为是真实的记录下来。在我看来，有关希腊人的那些充满矛盾的事情，仅值一笑了之。"可见赫卡泰乌斯在对传统的认识上，已具有明显的怀疑精神。事实上，以赫卡泰乌斯为代表的纪事家，是希罗多德的直接前辈，是希腊史学的精神之父。

希伯来人的起源观体现在《旧约圣经》，它自创世开始，记载了上帝与作为其选民的希伯来人的交往，叙述了万物创始、初民社会和犹太始祖的形迹。前6书讲述了以色列人如何成为一个民族并在应许之地定居，接下来的

---

[1] ［古希腊］赫西俄德：《工作与时日 神谱》，张竹明、蒋平译，北京：商务印书馆，2009年，第5页。

7书描述了以色列君主制的发展和先知们的信息，最后11书包含诗歌、神学和一些其他历史作品。这是人类社会最早成系统的研究"起源"的作品。

罗马人第一部用拉丁文写作的历史著作是出自老加图之手的《罗马历史源流》（公元前2世纪中叶），是他专门为其子撰写的史书，自罗马建城起记述到其生活的时代。这部历史著作不仅记载了罗马城的建立与起源，而且记述了意大利其他一些城市的历史，成为后世罗马史的范例。

基督教早期神学、哲学集大成者——奥古斯丁的《上帝之城》典型地反映了中世纪教会的双城起源思想。奥古斯丁系统地阐述了地上之城和上帝之城的起源、历史进程和最终命运。他认为所有的人类历史都显示出这两座城市之间的紧张关系，所有的人都是上帝之城或尘世之城的公民，其中一个群体注定要在天堂之城获得永恒幸福，另一个群体则注定要与魔鬼共度永生；上帝之城是与上帝一起的永恒幸福，而尘世之城是最终的诅咒；人类历史的进程就是代表至善和永久和平的上帝之城与代表贪欲和争斗的地上之城之间持续不断的斗争，当新天新地来临之时，两城的对立终结，善人就此得永生，而恶人就此得永刑。

此类著作可以不断罗列下去，因为历史学的本质就是探寻，历史学家爱追根溯源。探寻史就是溯源史，就是起源史，况且我们人类自身的起源也是一个谜，至今难以真正破解。人在自然界仅为一个普通的物种，只是由于各种因缘巧合，才成为今日霸主。达尔文认为最初的人类家园起源于非洲，不断流散到世界各地。大约2万年前，人们从西伯利亚穿过一座巨大的陆桥进入阿拉斯加，然后向南分散到现在被称为美洲的地方。这是我们人类物种最后一次在一个全新的地方居住，但这一事件一直是一个令人深深着迷和争论的话题。没有任何书面记录和考古证据能告诉我们人类这最后一次大迁徙发生了什么或如何发生的，就更不用说更早的人类是如何迁徙的了。起源是一个谜，起源后的演变与发展也是一个谜，万物皆如此。

起源于新柏拉图主义者的"存在之链"就是一个源流研究之概念凝练的范例。该原理主张宇宙的统一性、连续性、完美性。他们设想宇宙是一个由不同等级的生命组成的等级体系——较高等级的生命比低等级的生命拥有更多的现实性或完美性。层次结构的顶端是最完美的存在——上帝，或者有时是最完美的生物——人。当人类遇到解决不了的"起源"问题，就把一切推给上帝，把人类的思维推入另外一个玄妙世界了。似乎所有的起源都是模糊的，而且发展也不是那么清晰的，这种源与流的模糊性不仅为学术发展提供了巨大想象空间，也是学术发展的巨大动力，这是前人为后人"预流/预留"的学术发展空间吧。

这种"预流/预留"促成太多的"起源"名著的产生，耳熟能详的有孔狄亚克的《人类知识起源论》（1746）、赫尔德的《论语言的起源》（1772）、达尔文的《物种起源》（1859）、恩格斯的《家庭、私有制和国家的起源》（1884）、雅斯贝斯的《历史的起源和目标》（1949）、芒福德的《城市发展史——起源、演变和前景》（1961）、摩尔的《专制与民主的社会起源——现代世界形成过程中的地主和农民》（1966）、福柯的《知识考古学》（1969）等，不胜枚举。这些都是我们研究"起源"不可回避的经典著作。起源研究就是要追溯万物的由来与发展，探究知识的累积与代谢，观察人类思想的变化与更新，从古今中外的先贤那里汲取无限的智慧，来不断构建新的学科体系（学科设置、专业划分、课程体系等）、学术体系（思想价值、道德观念、精神追求等）、话语体系（理论体系、国家符号、文化象征等），以促进新知识体系的诞生。

"起源"之后的发展就会形成一种传统，传统会生成，也会消亡，都会引起人们的好奇。任何传统的消亡只是一种借口、一种修辞、一种幻想，而不是现实，学者总会想尽一切办法要回复事实真相。古老传统被堆到、被赶到地下，处于边缘地位，是一种潜流状态，而不是被扑灭。传统深深地嵌在我们的灵魂中，随时会有意无意之间流露出来。传统的存在，无论如何被压制或甩掉，都不会消失，而是在对传统的反叛行为中与我们同在，无影无形地相伴。任何个体与群体都是这根传统之链中的一环，初始的那个环节一直在起作用，让每一个环节都可以感受到，虽然感到的时间不同、力量不同，但总是一种悄然的存在……诚如法国最早的马克思主义理论家拉法格（Paul Lafargue，1842—1911）所说："在思想史上常常有这样的情况：一些假设和理论一度成为研究和讨论的对象之后，便从智力活动的领域消失了，而后经过或长或短的一段遗忘时期，又重新出现于舞台，这时它们在这段时期所积累的知识面前，再次受到考察，而终于被放进既得的真理的行李包里去。"[1] 有时传统即为真理，至少是探索真理的基础与沃土。

"各民族的原始封闭状态由于日益完善的生产方式、交往以及因交往而自然形成的不同民族之间的分工消灭得越是彻底，历史也就越是成为世界历史。"[2] 今日的世界历史已越来越成为全球史，现代世界已是一体的世界。现代世界起源背景是什么？现代世界的兴起就是欧洲崛起并拓展为西方世界的故事吗？现代世界从1400年起源到现在的全球叙事理应包括什么？大多数人认为"西方的崛起"是现代世界到来的故事，果如此，我们又如何看待亚洲、非洲、美洲、澳洲的作用？它们对世界没有影响吗？如果没有地理大发现，没有工业革命，没有民族主义，没有帝国主义，会有今日的现代世界吗？在现实中，民族主义者声称每个国家都有前现代的根源（也许美国、澳大利亚、南非这样的国家是例外），都有其原始起源、古老的种族血统、神圣的建国历史。历史与学术都在深深影响着现实，知识与学术在现代世界中起着什么样的独特作用？学术是西方现代世界的合法性的重要支柱吗？研究"起源"，研究世界各地的知识生产的体制机制、知识传承、知识方式、知识进化，有助于我们理解学术与政治之间的关系，有助于构建文化心理共性，也有助于回答上述问题。"起源"作为一个研究领域值得特别的、单独的对待，但似乎又是一个被忽略的领域，一个不太被人重视的话题。

学术体系、学科体系、话语体系的构建，归根结底是知识体系的构建。要构建符合人类未来发展方向的知识体系，我们首先必须摸清他人的

---

[1] ［法］拉法格：《思想起源论（卡尔·马克思的经济决定论）》，王子野译，北京：生活·读书·新知三联书店，1963年，第39页。
[2] ［德］弗里德里希·恩格斯、卡尔·马克思：《马克思恩格斯选集》第1卷，中共中央马克思恩格斯列宁斯大林著作编译局编译，北京：人民出版社，2012年，第168页。

家底，知道来龙去脉，人家究竟是怎样做的，有哪些经验教训，因此，我们必须全方位地探寻世界各地、各民族、各国家的知识生产与发展。历史学当勇担使命，历史学家当发挥自身研究档案与文献的特长，以揭示一种文化在某一时刻是如何思考某一主题的，进而宏观上考察话语形态的谱系，探究支配知识制度或认识论的话语实践和规律。历史学承担起源研究、探寻起源认知、擘画共同起源研究是责无旁贷的事。历史学家通过对证据的审查，解释过去，以期理解现实，筹划未来。历史学家的工作是寻找证据，分析其内容和偏见，用进一步的证据来证实它，并利用这些证据来发展对过去事件的解释，启迪当下。研究史学本身起源与发展的历史，在当下，显得尤为重要。因为历史是民族精神重要的载体，是文明发展的重要纽带，是反思现实的基础，是未来发展的源泉。知识创新犹如永无止境的学术马拉松接力赛，每个人、每个民族、每个国家都是奔向无限美好未来中的一棒，尽力跑好属于自己、属于时代的一棒是我们对历史负有的责任。

  本丛书将从"比较史学史""总体史学史""语境史学史""全球史学史"等角度探究人类史学意识是如何从孤立的、个别的观念逐渐成长为相容的、一体的人类史学。"比较史学史"侧重世界各国史学比较研究，尤其是东西方史学比较研究，以期明了相互之间异同的背景与原因。"总体史学史"是要抛弃以西方为中心的线性发展观念，因为"1400年的世界是多中心的，按照发展水平来说亚欧大陆大部分地区总体上是可以比较的。这些假设有助于我们理解一个日益一体化的世界是如何形成的，西方人如何并且为何能够主导它。欧洲中心论模式的实质在于，发展和进步源自欧洲，从那里向外辐射至世界所有其他地区：欧洲人是主动的，世界其他地区是被动的或停滞的（直到被迫对欧洲做出反应）"[1]，我们要把边缘地区、发展中国家、非英语文献纳入历史研究的范畴。我们反对各种形式的中心主义，尤其是那些所谓的东方专制主义理论，它不仅"阐释"了亚洲落后的

---

[1] ［美］马立博：《现代世界的起源：全球的、环境的述说，15—21世纪》，夏继果译，北京：商务印书馆，2017年，第20页。

原因，而且同样重要的是，它巩固了欧洲的身份——无论过去还是现在都是先进的、民主的文明发源地。通过这种方式，这一理论将欧洲人提高到永恒进步的主体或施动者的地位，而同时将东方民族贬抑成世界历史上永远落后的、消极的客体。[1]"语境史学史"关注的是知识、学术、学科、话语与社会、经济、政治、宗教等之间的关系，强调彼此之间的相互影响、相互关联、相互接受。"全球史学史"主要关注的是世界各地的史学传统是如何相互借鉴的，在交流互动中逐渐共同地发展理想、价值理念、道德观念的。这种四位一体的史学史研究范式是这套"史学源流丛书"的立足点，是我们的研究指南，更是我们的学术理想，厘清世界各地史学的源与流，突破某种中心，探索出更多的能真正体现人类不同心灵世界的学术作品。

世事无常，变动不居。没有一劳永逸的知识，没有万世永存的学科，也没有一成不变的学术。世界万物一直是在不经意间变动的，文明的冲突、宗教的冲突、意识形态的冲突、军事的冲突，乃至偶发事件、自然灾害、传染病等都在重塑世界秩序，不受控制的自然事件总是拥有最后的决定权，偶然的叠加就是必然。新知识时代一定会到来，这将是一个全新的世界。我们应该重视过往知识的研究，善于吸收人类思想中一切有价值的东西，为正在形成中的"新知识"研究奠定基础，创造具有共同审美、共同价值、共同道德的知识，促进文明内涵的不断丰富，让人类拥有一个共同的文化理想。这是我们的追求，这一切皆应自最基础的史学探源研究开始。

本丛书是开放的、长期的，只要文献扎实，有新见，都是我们欢迎的。衷心希望丛书能得到学界各方人士鼎力相助，让这棵学术之树茁壮成长。期待更多学者加入，薪火相传，不断积累，必成大势。

陈恒

于上海师范大学光启国际学者中心

2022 年 8 月 28 日

---

1 ［英］约翰·霍布森：《西方文明的东方起源》，孙建党译，于向东、王琛校，济南：山东画报出版社，2009 年，第 204 页。

目 录

导 论 ………………………………………………………… 1

第一章 非洲史学的传统 ……………………………………… 23
一、文字传统 ………………………………………………… 23
二、口述传统 ………………………………………………… 42

第二章 非洲殖民主义史学 …………………………………… 62
一、产生背景 ………………………………………………… 63
二、主要观点 ………………………………………………… 72
三、案例——东非地区的殖民主义史学 …………………… 84

第三章 非洲民族主义史学 …………………………………… 91
一、非洲民族主义史学的兴起 ……………………………… 92
二、伊巴丹历史学派 ………………………………………… 101
三、达累斯萨拉姆历史学派 ………………………………… 109
四、达喀尔历史学派等 ……………………………………… 116

第四章 非洲马克思主义史学 ………………………………… 121
一、非洲马克思主义史学产生的背景 ……………………… 122
二、恩克鲁玛的新殖民主义论 ……………………………… 126
三、萨米尔·阿明的依附理论 ……………………………… 136
四、非洲经济史 ……………………………………………… 141

第五章 非洲新史学················152
　一、非洲新史学兴起的背景················153
　二、非洲环境史················159
　三、非洲医疗史················169
　四、非洲妇女史················185

第六章 20世纪南非史学················202
　一、南非官方史学的初建（19—20世纪之交）················203
　二、批判社会现实与自由主义史学（20世纪上半叶）················211
　三、种族隔离制下修正史学的兴起（20世纪下半叶）················225
　四、百花齐放的局面（新南非成立后）················241

第七章 阿杜·博亨················254
　一、阿杜·博亨生平················254
　二、对加纳史和西非史的研究················259
　三、对非洲殖民史的研究················263
　四、历史教育思想················278

第八章 阿德·阿贾伊················281
　一、阿德·阿贾伊生平················281
　二、伊巴丹学派的重要代表人物················283
　三、对西非史（含尼日利亚史）的研究················285
　四、主编《非洲通史》第六卷················290
　五、殖民主义插曲论················294
　六、历史教育思想················297

第九章　贝思韦尔·奥戈特 303
一、奥戈特的教育及学术经历 303
二、对东非史、肯尼亚历史的研究 306
三、主编《非洲通史》 309
四、对非洲史学史的研究 314

第十章　特伦斯·兰杰 326
一、生平与学术经历 326
二、达累斯萨拉姆历史学派的创始人 331
三、非洲民族主义史学的研究 334
四、对非洲社会史的研究 338

第十一章　谢赫·安塔·迪奥普 347
一、迪奥普生平 348
二、著名的非洲中心论者 351
三、《文明与野蛮》 360

第十二章　托因·法洛拉 364
一、托因·法洛拉的成长经历与学术成就 364
二、对约鲁巴史的研究 367
三、对尼日利亚史的研究 383
四、对非洲史学的研究 394

第十三章　非洲史研究在中国 400
一、中国非洲史研究的基本历程 401
二、研究的主要议题 404
三、中国非洲史研究的新发展 415

结　语 ………………………………………………………… 420
附　录 ………………………………………………………… 429
参考文献 ……………………………………………………… 461
人名译名对照表 ……………………………………………… 490
索　引 ………………………………………………………… 496
后　记 ………………………………………………………… 502

CONTENTS

Introduction ·· 1

Chapter 1　Traditions of African Historiography ······························ 23
　The Written Tradition ··· 23
　The Oral Tradition ··· 42

Chapter 2　the African Colonialism Historiography ····················· 62
　Background ·· 63
　Main Ideas ·· 72
　Case Study ·· 84

Chapter 3　the Nationalist Schools of African Historiography ········ 91
　Background ·· 92
　The Ibadan School ·· 101
　The Dar es Salaam School ··· 109
　The Dakar School ··· 116

Chapter 4　the Marxist Schools of African Historiography ··············· 121
　Background ·· 122
　Neo-Colonialism of Kwame Nkrumah ···································· 126
　Dependency Theory of Samir Amin ··· 136
　African Economic History ··· 141

Chapter 5　the African Neo-Liberalism Historiography ……152

Background ……153
African Environmental History ……159
African Medical History ……169
African Women's History ……185

Chapter 6　South African Historiography in 20th Century ……202

The Establishment of Official Historiography in South Africa ……203
Criticizing society and Liberalism Historiography ……211
Revisionism Historiography under Apartheid ……225
New Trend after New South Africa founding ……241

Chapter 7　A. Adu Boahen ……254

Introduction ……254
Studies on Ghana History and West African History ……259
Studies on Colonialism History ……263
Ideas on History Education ……278

Chapter 8　J.F. Ade Ajayi ……281

Introduction ……281
Key Member of the Ibadan School of History ……283
Studies on West African History ……285
Editor of General History of Africa, Vol.6 ……290
Colonialism was An Episode in Long African History ……294
Ideas on History Education ……297

Chapter 9　Bethwell Allan Ogot··················303

Introduction ·················· 303
Studies on East African History ·················· 306
Editor of General History of Africa, Vol.5 ·················· 309
Studies on African Historiography ·················· 314

Chapter 10　Terence Osborn Ranger ··················326

Introduction ·················· 326
The Father of Dar es Salaam School of History ·················· 331
Studies on African Nationalism Historiography ·················· 334
Studies on African Social History ·················· 338

Chapter 11　Cheikh Anta Diop ··················347

Introduction ·················· 348
The Famous Afrocentrist ·················· 351
Civilization or Barbarism ·················· 360

Chapter 12　Toyin Omoyeni Falola ··················364

Introduction ·················· 364
Studies on Yoruba History ·················· 367
Studies on Nigerian History ·················· 383
Studies on African Historiography ·················· 394

Chapter 13　African History Studies in China ··················400

The history of African History Studies in China ·················· 401
Main Research Topics ·················· 404
New Trend of African History Studies in China ·················· 415

Conclusions ·· 420

Annexures ·· 429

Bibliography ·· 461

Important English Names Translated into Chinese ························· 490

Index ··· 496

Postscript ··· 502

导　论

历史和史学是两个不同的概念。"历史"一词包含两层含义："一是指过去发生过的事件，二是指我们对过去事件的理解和叙述。"[1] 前者是客观存在的，后者是通过史官、说书人或史学家记录、传承或还原出来的。历史可以是文献资料，也可以是口头传说。历史内容广泛，铭文、碑刻、图像、雕塑、书籍、报纸、印刷文献、日记、档案、口述材料等都是其取材范围。史学则是研究历史编纂和历史理论的学问或科学，它研究历史上的各种历史著作、历史学家、历史思想、历史流派、历史理论、历史哲学、历史认识论、历史方法论等。

非洲史是世界史的一部分，它也包含两层含义：一是指在非洲发生过的事件；二是指人们对在非洲发生过事件的叙述和研究。前者是客观存在，后者是主观认识，且容易产生较大的偏差。比如，在殖民史家看来，非洲是没有历史的大陆，如果有历史，也是欧洲人在非洲活动的历史。而非洲本土学者主张，非洲大陆历史悠久，并且没有被殖民统治所中断，保持着连续性。[2] 非洲史学则是研究非洲历史编纂和历史理论的学问，它研究各种非洲历史著作、非洲历史学家、历史流派和历史方法论等。

非洲不仅有着悠久的历史，而且非洲史学的历史也是相当久远的，可以追溯到古埃及。古埃及托勒密王朝时期著名的历史学家马涅托（Manetho,

---

[1] 何兆武：《何兆武文集：历史与历史学》，武汉：湖北人民出版社，2007年，第1页。
[2] J.F. Ade Ajayi, "Colonialism: An Episode in African History", Toyin Falola, ed., *Tradition and Change in Africa: The Essays of J.F. Ade Ajayi*, Asmara: Africa World Press, 2000, pp.165–174.

约公元前4世纪末—约公元前3世纪初)著有《埃及史》,他确立了古埃及的历史年表,将亚历山大征服前的埃及历史划分为30个王朝。不仅如此,他在历史撰写的过程中,对历史资料进行了鉴别和考证,以及综合利用历史记录和口头传说[1],这在古埃及的史学史上也是一种巨大进步。到了20世纪70年代,一些西方学者也不得不承认非洲有着悠久的历史。英国非洲史学家J.D.费奇(J.D. Fage)说:"非洲历史的撰写和一般历史的撰写具有同样悠久的历史。"[2]

进入20世纪以来,科学技术日新月异,生产力水平大幅提升,生产方式深刻变革,物质文明和精神文明高度发展。同时,人类也饱受沧桑,蒙受战乱、饥饿、疾病、社会动荡和自然灾害的种种磨难,两次世界大战夺去了数千万人的生命。在20世纪,社会主义成为现实的社会制度,而且从一国发展到多国,并在探索中不断前进。在20世纪,广大亚非殖民地普遍赢得独立,成为推动建立公正合理的国际政治经济新秩序的主要力量。所以,变动性是20世纪最显著的特点,英国著名历史学家杰弗里·巴勒克拉夫将20世纪定性为"变动世界"。[3] 20世纪也是历史学迅速发展与变动的世纪。美国史学家鲁滨逊(James Harvey Robinson, 1963—1936)的《新史学》打破狭隘政治史研究的传统,是对19世纪盛行的兰克史学的否定。20世纪20年代在法国兴起的年鉴学派,重视跨学科的总体史的研究,该学派影响历史研究数十年。20世纪70年代以来,新文化史在西方兴起和发展,其影响一直到21世纪的今天。

20世纪对非洲史学的发展具有特殊意义。因为,20世纪是非洲传统史学向现代史学转变的时代。第二次世界大战后非洲国家纷纷独立,为非洲史学的复兴带来了难得的机遇,非洲涌现出一批国际知名的史学家,如尼日利亚的戴克(K.O. Dike)、阿德·阿贾伊(J.F. Ade Ajayi),塞内加尔的姆

---

[1] Ebiegberi Joe Alagoa, *The Practice of History in Africa: A History of African Historiography*, Port Harcourt: Onyoma Research Publications, 2006, pp. 16-17.

[2] [英]J.D.费奇:《非洲史学史的发展》,[布基]基-泽博主编:《非洲通史》第一卷,北京:中国对外翻译出版公司,1984年,第19页。

[3] [英]杰弗里·巴勒克拉夫:《当代史学主要趋势》,杨豫译,上海:上海译文出版社,1987年,第1页。

博（A.M. Mbow）、巴里（B. Barry）、迪奥普（C.A. Diop）、上沃尔特（今布基纳法索）的基-泽博（J. Ki-Zerbo）、加纳的阿杜·博亨（A. Adu Boahen）、阿尔欣（K. Arhin）、尼日尔的拉雅（D. Laya）、科特迪瓦的翁吉（C. Wondji）、马里的昂帕泰·巴（A. Hampate Ba）、埃及的莫纳（H. Mones）、苏丹的哈桑（Y.F. Hasan）、肯尼亚的奥戈特（B.A. Ogot）、坦桑尼亚的卡尼基（M.H. Kaniki）、喀麦隆的姆文（P.E. Mveng）、博茨瓦纳的恩康科（L.D. Ngcongco）、津巴布韦的比拉（H.K. Bhila）等。他们结合非洲的史学传统，用新观点、新方法、新材料撰写了非洲史和一系列地区与国别史；在专题史方面，如在殖民主义史、口述史、环境史和社会文化史等研究领域，非洲史学家也取得了一定的成就，并形成了若干史学流派，在第三世界史学乃至全球史学发展中占有自己的一席之地。

本课题得到国家社科基金的资助，是2014年度重点项目，主要研究20世纪非洲史学的发展脉络、主要成就、史学流派、史学家等，并探讨其发展特点。

一、选题意义

（一）本课题研究有利于丰富我们对全球史学的认识

不可否认，我国学者对史学的研究主要有两个重点：一是对中国史学的研究；二是对西方史学的研究。这两个研究重点的存在都有它的合理性，作为中国人，加强对中国史学的研究是理所当然的；改革开放以来，在介绍和研究西方史学方面也取得了很大的成就。但是，在第三世界群体性崛起和世界史向全球史转变的背景下，就需要加强对第三世界史学，包括非洲史学的研究。因此，加强对20世纪非洲史学的研究，将推动20世纪发展中国家史学的研究，有利于我们把握全球史学发展的全貌。

在全球化的时代，全球史应运而生。美国学者斯塔夫里阿诺斯著《全球通史》，是一部试图以全球史观为指导的世界史，作者声称："它的论述是全球而不是某一个国家或地区。它关注的是所有民族而不仅仅是西方诸民族或非西方诸民族。就仿佛你正栖身月球俯瞰着我们所在的这整颗巨大的行星。"[1] 当然,任何一个独立的民族,都有自己独立的历史记忆,"就如同不存在'文化全球化'一样,也不存在'全球化'的全球史"[2],全球史最大的贡献是反对"欧洲中心论"。

近年来,随着全球史的兴起,在史学史研究领域也开始了反对"欧洲中心论",有的学者已经开始改变只把目光聚焦到西方史学史的传统做法,开始关注非西方史学。从北非的马格里布到东亚的中国,都有悠久的历史研究传统,印度有古代的文字传统,撒哈拉以南非洲有口述传统。伊格尔斯和王晴佳著的《全球史学史》对于中国史学、印度史学和非洲史学予以一定程度的关注,宣称:"我们的兴趣是西方和非西方的史学传统在全球化背景下的相互影响。"[3] 其实,这种趋势在40多年前就出现了。20世纪70年代英国学者巴勒克拉夫明确提出"全球史观",并且将"去欧洲中心"的思想从思辨史学转向叙述史学。在《当代史学主要趋势》一书中,巴勒克拉夫对非西方史学予以较大的关注,比如该书的第四章"历史学的新领域",对非洲史、拉丁美洲史和亚洲史等第三世界的史学的发展都做了比较全面的梳理和研究。巴勒克拉夫指出:"不仅把亚洲和非洲历史当作纯学术的研究,而且更重要的是把它们看作世界历史研究中的一个不可缺少的组成部分。"[4]

非洲大陆从面积上看,是仅次于亚洲的第二大洲,人口有12亿,有54个国家,占联合国成员国数量的1/4,是国际舞台上一支重要的力量。不仅如此,非洲还有着悠久的历史和历史学,在全球史学中应该是不可或缺的组成部分。

---

1 [美]斯塔夫里阿诺斯:《全球通史:1500年以后的世界》,吴象婴、梁赤民译,上海:上海社会科学院出版社,1999年,第4页。
2 于沛:《全球史:民族历史记忆中的全球史》,《史学理论研究》2006年第1期,第18—30页。
3 [美]格奥尔格·伊格尔斯、王晴佳:《全球史学史》,杨豫译,北京:北京大学出版社,2011年,第2页。
4 [英]杰弗里·巴勒克拉夫:《当代史学主要趋势》,杨豫译,上海:上海译文出版社,1987年,第231页。

（二）本课题研究有利于深化非洲史学和非洲史的研究

当前，由于对非洲本土史学知之甚少，中国非洲史研究主要参考西方学者的研究成果，这不利于我们全面认识非洲历史事件和历史人物，也不利于破除非洲史研究中的欧洲中心论。因此，加强对20世纪非洲史学的研究，对于提升中国非洲史研究的整体水平大有裨益。

20世纪对非洲史学的发展而言具有特殊意义。因为，20世纪是非洲传统史学向现代史学转变的时代。第二次世界大战后非洲国家的纷纷独立，为非洲史学的复兴带来了难得的机遇，非洲涌现出一批国际知名的史学家，并形成了若干史学流派，在第三世界史学乃至全球史学发展中占有自己的一席之地。

20世纪非洲史学是有成就的。殖民主义史学宣扬"非洲没有历史"和"非洲文明外来说"。非洲国家独立后，迫切需要消除殖民主义对非洲史学的消极影响，恢复非洲历史的本来面目。非洲史学家从非洲的角度来看待非洲历史，大书殖民入侵前的非洲历史，广泛使用口述史料，在历史研究的方法论上也是有贡献的。

（三）本课题研究具有现实意义

当前中非关系正处于大发展时期，中国自2009年起成为非洲最大的贸易伙伴国，非洲成为中国工程承包第二大市场，由于相似的历史遭遇和共同的发展任务，中非成为相互信赖的伙伴。2018年9月3日至4日，中非合作论坛峰会在北京顺利召开，习近平主席在峰会上提出，携手构建更加紧密的中非命运共同体。在谈到如何做到文化共兴时，习近平指出："我们都为中非各自灿烂的文明而自豪，也愿为世界文明多样化作出更大贡献。我们要促进中非文明交流互鉴、交融共存，为彼此文明复兴、文化进步、文艺繁荣提供持久助力，为中非合作提供更深厚的精神滋养。"[1] 在此

---

[1] 习近平：《携手共命运 同心促发展——在2018年中非合作论坛北京峰会开幕式上的主旨讲话》，《人民日报》2018年9月4日，第2版。

背景之下，中非人文交流、文化互鉴显得更加迫切和意义重大，因为，国之交，在于民相亲。这就需要学界加强对非洲历史、政治、经济和文化的研究，也应该包括对非洲史学的研究。因为，加强对非洲历史和非洲史学的研究，有利于深入了解非洲文化、有利于中非人文交流、有利于促进中非文化共兴。

二、国内外研究现状

（一）国内研究状况

国内学界对非洲史学的研究大致开始于20世纪80年代。1985年，吴秉真先生发表《杜波依斯和他的非洲史学著作》一文，开启了国内非洲史学研究的先河。非裔美籍学者杜波依斯（William Edward Burghardt Du Bois，1868—1963）是闻名世界的"泛非主义之父"，在这篇文章中，吴先生主要论述了杜波依斯在非洲史研究领域所做出的贡献，杜波依斯一生著述颇丰，先后写下了脍炙人口的《黑人的灵魂》《黑人》《黑人的过去和现在》《非洲与世界》和《非洲——非洲大陆及其居民的历史概述》等非洲史著作。不仅如此，杜波依斯作为非裔美国人，深刻同情非洲人在近代历史上的不幸遭遇，并且认为非洲有悠久的历史和灿烂的文明，对非洲的未来充满希望，其立场站在非洲人民的一边。所以，作者认为杜波依斯先生是"一位杰出的黑人历史（特别是有关非洲的历史）学家"[1]。1991年吴秉真发表《殖民统治是非洲不发达的最重要原因——黑人非洲史学家W.罗德尼及其著作评析》一文，重点介绍罗德尼（Walter Rodney）的名著《欧洲如何使非洲欠发达》(*How Europe Underdeveloped Africa*)。罗德尼在他短暂的一生中发表过多部作品，1972年出版的《欧洲如何使非洲欠发达》是他最重要的一本书。吴秉真认为："罗德尼这本书指出了非洲为什么不发达的历史原因，控诉

---

[1] 吴秉真:《杜波依斯和他的非洲史学著作》,《西亚非洲》1985年第3期。

了殖民主义的罪恶,这是正义的申诉。"[1] 20世纪80年代,国内学者对范西纳(J. Vansina)的《作为历史的口头传说》(Oral Tradition as History)一书进行了译介。[2] 范西纳的《作为历史的口头传说》出版于1985年,静水在第一时间将该书向国内学界进行了介绍。

1988年,王建华在《当代非洲史学及其民族主义学派》一文中,论述了在非洲民族运动背景下出现的民族主义历史学派。20世纪50年代,非洲史学开始蓬勃发展,表现在三个方面:第一,一系列非洲研究机构的设立。从50年代中期起,达喀尔大学、金沙萨大学、伊巴丹大学先后设立了非洲研究所,肯尼亚建立了非洲史前史研究所,一些非洲大学相继设立历史系,开设非洲史课程。第二,一系列学术团体的诞生和出版事业的兴旺。从50年代中期起,尼日利亚和加纳率先成立了史学会,1972年,12个中部和西部非洲国家在达喀尔成立了非洲史协会,1977年非洲史协会的成员国发展到22个国家。这些团体创办了《尼日利亚历史杂志》《西非考古杂志》《非洲的过去》《全非历史杂志》和《埃塞俄比亚杂志》等。第三,非洲史学家在国际史坛上日益活跃。尼日利亚的戴克、塞内加尔的姆博、上沃尔特(今布基纳法索)的基-泽博、喀麦隆的姆文等人是非洲第一批"自己的"史学家。这标志着以本土学者为主的非洲史学队伍业已形成。1965年,在达累斯萨拉姆举办国际非洲史学家大会,强调非洲史的新观点、新方法和新资料。王建华认为:当代非洲史发展的基本内容是"非殖民化",即清算殖民主义史学,建立独立的民族史学。[3]

20世纪90年代初,李安山对非洲史学流派,如对伊巴丹学派和达累斯萨拉姆学派进行了研究。他在《论伊巴丹历史学派——其形成、发展及批判》一文中,不仅肯定了该学派在非洲民族主义史学构建中的重要作用,而且指出其存在的不足之处:第一,强调英雄史而忽略人民史;第

---

[1] 吴秉真:《殖民统治是非洲不发达的最重要原因——黑人非洲史学家W. 罗德尼及其著作评析》,《西亚非洲》1991年第4期。
[2] 静水:《作为历史的口头传说》,《世界史研究动态》1986年第6期。
[3] 王建华:《当代非洲史学及其民族主义学派》,《西亚非洲》1988年第6期。

二，研究方法不够多样化。[1] 李安山在《论达累斯萨拉姆历史学派的形成与发展》一文中，认为该学派不是一成不变的。从20世纪70年代后期起，达累斯萨拉姆历史学派对史学理论的探讨大大加强。他们力图从认识论的角度分析历史知识与社会实践的辩证关系。"（20世纪）80年代出版的几部著作表明达尔学派（即达累斯萨拉姆历史学派）在运用历史唯物主义和阶级分析方法上日趋成熟。"[2] 1993年，李安山发表了《论南非早期自由主义史学》一文，研究了第二次世界大战之前南非自由主义史学。南非自由主义史学的形成既受19世纪欧洲自由主义思潮的影响，又是南非社会现实的反映。作者肯定了南非自由主义史学的进步作用，"自由主义史学是对殖民者史学的批判，是反对种族主义思潮的，他们力图给非洲黑人在历史上一席之地，强调非洲民族在这块土地上的合法生存权利"。作者也指出了该学派的局限性，如自由主义史学家对非洲文化仍抱有歧视态度。在他们的著作里，白人比黑人进步，"文明"仍然是白人独占，非洲人仍属"原始""落后"。与殖民史学不同的是，他们认为应该给非洲人一个发展机会，白人应该帮助黑人达到文明境界。[3]

进入21世纪以后，国内对非洲史学的研究有了新的进展。随着国内外学术交流的日渐频繁，国内学者开始比较及时地捕捉到非洲史学的新变化。如包茂红开启国内研究非洲环境史之先河，触及20世纪晚期非洲史学的新趋向，先后发表了《非洲的环境危机和可持续发展》《南非土壤保护的思想与实践》《非洲史研究的新视野——环境史》和《南非环境史研究概述》等论文。包茂红认为，环境史是继传统史学、殖民主义史学和民族主义史学后的另一重要流派，环境史的兴起标志着非洲史研究中的范型转换。非洲环境史在发展过程中创造了一些独特的研究方法，主要是跨学科研究、个案研究、实地调查和口述史学。[4]

---

1 李安山：《论伊巴丹历史学派——其形成、发展及批判》，《世界史研究动态》1990年第3期。
2 李安山：《论达累斯萨拉姆历史学派的形成与发展》，《世界史研究动态》1990年第4期。
3 李安山：《论南非早期自由主义史学》，《西亚非洲》1993年第1期。
4 包茂红：《非洲史研究的新视野——环境史》，《史学理论研究》2002年第1期。

国内学者对非洲疾病史也开始有人涉猎。昏睡病是自古以来就肆虐非洲大陆的热带传染病，严重阻碍了非洲农业和畜牧业的发展。于红在《非洲昏睡病历史研究》一文中，20世纪70—80年代以来，国外对非洲昏睡病研究进行了梳理，指出殖民主义入侵，破坏了非洲抵御昏睡病的社会机制，造成了空前的生态灾难，导致了昏睡病的大规模暴发和流行。[1] 张忠祥在《20世纪70年代以来非洲史学的新进展——以医疗史研究为个案》一文中，以20世纪下半叶全球史学转向为大背景，探讨了非洲医疗史兴起的原因、非洲医疗史研究的主要内容和特点，并且指出了非洲医疗史研究存在的不足之处，如从专门史和科学史的视角研究非洲医疗史居多，从全球史的视角研究非洲医疗史比较少。[2]

舒运国教授对非洲史学的研究也颇有建树。他著有《非洲史研究入门》一书，在"口述资料"部分，对非洲口头文化和非洲口述史料都有介绍。他认为，由于历史上撒哈拉以南非洲文字的不发达，口头语言在记录、保存与传播历史和知识方面发挥了巨大的作用。人们通过口头方式记录了王国的编年史、部落史和家族史，并且世代相传。在"非洲本土的研究"部分，他对非洲民族主义史学流派，以及戴克、阿贾伊、基-泽博、阿杜·博亨、奥戈特、迪奥普和兰杰（Terence Osborn Ranger）等非洲著名史学家都有研究与介绍。他认为，非洲民族主义历史学家努力发掘和整理各种历史资料，包括考古材料、口头传说等，重新审视非洲历史，剔除殖民主义、种族主义和欧洲中心论的影响，尽力恢复非洲大陆历史的真实面貌。在此过程中，他们奉献了一批有影响的学术成果。[3]

2015年，舒运国教授又在《国外非洲史研究动态述评》一文中，从一个重大历史事件（奴隶贸易）、一门分支学科（非洲经济史）的研究，以及非洲历史的整体研究三个视角，阐述了国外非洲史研究中的资料与研究方

---

[1] 于红：《非洲昏睡病历史研究》，《西亚非洲》2001年第4期。
[2] 张忠祥：《20世纪70年代以来非洲史学的新进展——以医疗史研究为个案》，《史学集刊》2015年第4期。
[3] 舒运国：《非洲史研究入门》，北京：北京大学出版社，2012年，第48—75页。

法方面的新进展，并且总结了国外非洲史研究的新特点：多学科交叉综合的研究；国际化集体攻关；采用新科学技术革新传统的研究方法。[1]

刘鸿武和王严的《非洲实现复兴必须重建自己的历史——论B.A.奥戈特的非洲史学研究与史学理念》一文，以东非著名史学家奥戈特为个案，研究了第一代非洲史学家的史学贡献和史学理念，指出民族、文化、历史三位一体史观是奥戈特的主要史学理念。奥戈特主张将民族、文化、历史三者结合起来，这样才能把握非洲历史的核心特征。此外，重视口头传说的史料观也是奥戈特强调的史学理念之一。以奥戈特为代表的第一代非洲史学家对自己历史的构建，服务于非洲民族的独立，乃至非洲的复兴。[2]

沐涛在《非洲历史研究综述》一文中，对中华人民共和国成立60多年来，中国的非洲历史研究进行了回顾和总结。他以宣布实行改革开放的1978年为界，将中国的非洲史研究划分为两个阶段：第一个阶段侧重中非关系史和民族解放运动史的研究，并翻译了大量国外较有代表性的非洲史著作。第二个阶段，中国学者不仅发表了一批有影响的高质量的研究成果，拓宽了研究领域，还建立了一批非洲研究机构，使非洲史成为我国世界史学界一个新兴学科。他同时指出，同世界其他地区史比较，非洲史研究仍然非常薄弱。[3]

近年来，对非洲史学的研究趋向深化，中国的青年学者开始对非洲的史学家进行个案研究。李鹏涛在《特伦斯·兰杰及其非洲史研究》一文中，概述了兰杰的非洲史研究的学术成就，认为兰杰既是非洲民族主义史学的开创者之一，同时也是一位信奉自由主义理念的英国学者，他与非洲本土学者之间存在着巨大差别。[4]刘伟才以范西纳为个案，肯定了他在非洲口述史研究和口述史相关理论和方法方面所做出的贡献，并指出了范西纳研究

1　舒运国：《国外非洲史研究动态述评》，《上海师范大学学报》（哲学社会科学版）2015年第6期。
2　刘鸿武、王严：《非洲实现复兴必须重建自己的历史——论B.A.奥戈特的非洲史学研究与史学理念》，《史学理论研究》2015年第4期。
3　沐涛：《非洲历史研究综述》，《西亚非洲》2011年第2期。
4　李鹏涛：《特伦斯·兰杰及其非洲史研究》，《史学理论研究》2016年第3期。

的局限性。[1] 张译丹、石海龙、代竹君、王勤在张忠祥教授的指导下，分别对阿杜·博亨、阿贾伊、兰杰和法洛拉等非洲史学家进行了个案研究，完成了他们的硕士学位论文。郑晓霞则以南非妇女史为其博士学位论文的选题，完成了博士学位论文《当代南非黑人妇女地位变化之研究》。

（二）国外研究状况

关于非洲史学的研究，与国内研究相比较，国外开展的时间比较久，开始于20世纪60年代，研究更加充分，研究的成果更加丰富，涉及对非洲史学的总体研究、对非洲史学流派的研究、对主要国别的研究、对非洲新史学的研究和对史学家的研究等。

1. 关于非洲史学的总体研究

英国学者费奇著《非洲史学史的发展》一文，考察了从古代直至20世纪60年代非洲史学的发展历程，认为公元1世纪发表的《红海巡航记》和稍后发表的托勒密的著述是研究东非早期历史的重要资料。他对生活于1332年至1406年间的非洲历史学家伊本·赫勒敦（Ibn khaldun）予以高度评价，"伊本·赫勒敦比他的同时代人高明之处，不仅因为他想出一套历史哲学，而且——可能更重要——因为他和众人不同，不把所有史料片断都当作是具有同等的重要性和同等的效用，认为真理的探索必须经过批判和比较的过程。伊本·赫勒敦实际上是个现代史学家"。[2] 美国学者柯廷（P.D. Curtin）著《非洲史学史的最近趋向及其对总的历史的贡献》一文，对非洲独立后本土专业史家的形成以及对非洲史的关系进行了总结。他认为，非洲史的第一故乡是热带非洲。在独立后的头十年，那里取得了最重大的发展。非洲史已成为热带非洲大学课程的一部分。非洲本土学者在方法论上也是有贡献的，如他们对口头传说予以关注，柯廷认为"非洲史学家是

---

1 刘伟才:《范西纳的非洲史研究》,《世界历史》2016年第6期。
2 ［英］J.D.费奇:《非洲史学史的发展》, 基-泽博主编:《非洲通史》第一卷, 北京: 中国对外翻译出版公司, 1984年, 第19—31页。

利用口头传说的先驱者"[1]。比利时学者范西纳 1965 年出版《口头传说：关于历史学方法论的研究》一书，认为口述史料的真实性有一定的保证，但必须与其他材料相互印证、去伪存真。1985 年范西纳出版新著《作为历史的口头传说》，从理论上更加系统地论证口头传说如何为研究非洲历史服务。作者首先将口头传说作为一个过程进行描述；其次论述口头传说如何变成记录、证据或者文本，在此过程中需要应用考证的规范；再次考察口头传说产生的社会环境，及其对社会文化的表现特征；最后，评估口头传说对历史学家的研究价值。[2]

约翰·爱德华·菲利普（John Edward Philips）2005 年主编《书写的非洲史》一书，该编者认为，书写的历史包括非洲史在内。该书研究非洲历史实践，反映非洲历史学家如何研究非洲的过去，他们使用什么资料，以及他们理解这些资料的方法。[3]该书分三部分：背景、资料来源、历史透视。资料来源涉及考古、文字、口述资料等，历史透视部分涵盖非洲社会史、非洲经济史和非洲妇女史等。

尼日利亚历史学家乔·阿拉戈（E. Joe Alagoa）著的《非洲历史实践：非洲史学史》是一本言简意赅的非洲史学史著作。该书写于 1995 年，2006 年由尼日利亚哈科特港的翁尤马研究出版社出版。作者从历史的角度考察了非洲史学的发展，涉及伊斯兰传统、西方传统和非洲本土的口述史传统。该书描绘出数千年非洲史学实践的轮廓，将非洲史学发展史简明扼要地展现在读者面前，尤其值得肯定的是作者阿拉戈"从非洲内部的视角探索非洲史学"[4]。

肯尼亚学者贝思韦尔·奥戈特在《历史作为命运和历史作为知识》一书中，用很大的篇幅研究了非洲史学，如在该书的第一章"非洲的声音和

---

1 ［美］P.D. 柯廷：《非洲史学史的最近趋向及其对总的历史的贡献》，基-泽博主编：《非洲通史》第一卷，北京：中国对外翻译出版公司，1984 年，第 40—51 页。
2 Jan Vansina, *Oral Tradition as History,* Madison: the University of Wisconsin Press, 1985.
3 John Edward Philips, ed., *Writing African History,* Rochester: University of Rochester Press, 2005, p.25.
4 Ebiegberi Joe Alagoa, *The Practice of History in Africa: A History of African Historiography,* Port Harcourt: Onyoma Research Publications, 2006.

寻求非洲历史的独立和自信"中，回顾了20世纪非洲史学的发展历程，作者指出，过去半个世纪，经过非洲历史学家的努力，"非洲人民不再是'没有历史的人'，这是一项非常伟大的突破"[1]。

近年来，西方史学理论研究者也开始关注非洲史学，如伊格尔斯、王晴佳合著的《全球史学史》有一章写"现代史学在撒哈拉以南非洲的兴起"，认为黑非洲历史研究的职业化从第二次世界大战结束以后才开始。[2]

2. 关于非洲史学流派的研究

1970年，麦克雷雷大学的德农（Donald Denoon）和伦敦大学的库珀（Adam Kuper）在《非洲事务》上发表文章，对达累斯萨拉姆学派进行了分析和批判，"达累斯萨拉姆学派"的称呼正式出现。他们将该学派关心的问题归结为5类：第一，恢复被殖民主义者歪曲的前殖民地非洲的历史；第二，殖民统治时期的初步抵抗；第三，救世主运动和非洲独立教会史；第四，新的受教育者的形成与发展；第五，民族主义运动的根源。他们指出，达累斯萨拉姆学派的根本弱点是将民族主义作为理解坦桑尼亚史的关键，而忽略了很多其他的历史因素。[3] 伊巴丹历史学派的形成早于达累斯萨拉姆历史学派。自20世纪50年代以来，伊巴丹学派的学者辛勤耕耘，发表了不少有影响的著作。在这些著作中，涉及的主题有：在欧洲扩张语境下的贸易和政治、宗教使团的影响以及伊斯兰革命等。[4] 此外，东非地区也有类似的学派，他们利用口头传说复原当地的历史，开创这一研究的主要学者有奥戈特、韦尔（G.S. Were）、伊萨利亚·基曼博（I. Kimambo）和基瓦诺卡（M. Kiwanuka）等学者。[5]

---

[1] B.A. Ogot, *History as Destiny and History as Knowledge: Being Reflections on the Problems of Historicity and Historiography*, Kisumu: Anyange Press, 2005, pp.29–69.

[2] ［美］格奥尔格·伊格尔斯、王晴佳：《全球史学史》，杨豫译，北京：北京大学出版社，2011年，第314—318页。

[3] Donald Denoon and Adam Kuper, "Nationalist Historians in Search of a Nation: The 'New Historiography' in Dar es Salaam", *African Affairs*, Vol.69, No.277, 1970, pp.329–349.

[4] Paul E. Lovejoy, "The Ibadan school of historiography and its critics", in Toyin Falola, ed., *African Historiography: Essays in honour of Jacob Ade Ajayi*, Harlow: Longman House, 1993, p.196.

[5] B.A. Ogot, *History as Destiny and History as Knowledge: Being Reflections on the Problems of Historicity and Historiography*, Kisumu: Anyange Press, 2005, p.41.

3. 关于非洲主要国别史学的研究

朱西维克基（Bogumil Jewsiewicki）和大卫·纽伯里（David Newbury）1986年的著作《非洲史学：国别研究》主要论及扎伊尔（今刚果民主共和国）、尼日利亚、塞内加尔、埃塞俄比亚和坦桑尼亚等国的史学。[1]加纳学者约瑟夫·阿德贾耶（Joseph K. Adjaye）著《加纳史学50年回顾》一文，考察了自1957年加纳独立至2007年50年间加纳史学的发展。[2]南非学者安德罗·班克（Andrew Bank）著《南非史学的起源》一文，论述了开普殖民地建立前、荷属开普殖民地时期和英属殖民地时期南非史学的发展。[3]南非史学的研究成果十分丰富，研究历史长、成果多、学者辈出，它几乎成了非洲史学的一个独立分支。研究的主题涉及英帝国史学、自由主义史学、阿非里卡人史学、修正派史学和非洲人史学，等等。[4]肯尼亚的历史和历史学也比较丰富，研究的主题涉及殖民史、非洲人反抗史，还有独立后运用口述资料撰写的各民族的历史，如卢奥族和吉库尤族的历史。[5]然而，非洲史学的研究存在不平衡性，已有研究主要集中在西非和东南部非洲史学的研

---

[1] Bogumil Jewsiewicki and David Newbury, eds., *African Historiographies: What History for Which Africa?*, Beverly Hills: Sage Publications, 1986.

[2] Joseph K. Adjaye, "Perspectives on Fifty years of Ghanaian Historiography", *History in Africa*, Vol.35, 2008, pp.1–24.

[3] Andrew Bank, "The Great Debate and the Origins of South African Historiography", *Journal of African History*, Vol.38, No.2, 1997, pp.261–281.

[4] G. Martel, ed., *Studies in British Imperial History*, Palgrave Macmillan, 1986; L.M. Thompson, "Afrikaner Nationalist Historiography and the Policy of Apartheid", *Journal of African History*, Vol.3, No.1, 1962, pp.125–141; Shula Marks, "African and Afrikaner History", *Journal of African History*, Vol.11, No.3, 1970, pp.435–447; A.T. Bryant, *The Zulu people: As They Were Before the White Man Came*, Pietermaritzburg: Shuter & Shooter, 1949; J. Butler et al., eds., *Democratic Liberalism in South Africa: Its History and Prospect*, Cape Town, 1987; Hugh Macmillan and Shula Marks, *Africa and Empire: W.M. Macmillan, Historian and Social Critic*; R. Davies, *Capital, State and White Labour in South Africa, 1900–1960: An Historical Materialist Analysis of Class Formation and Class Relations*, Brighton: Harvester, 1979; David Yudelman, *The Emergence of Modern South Africa: State, Capital, and the Incorporation of Organized Labor on the South African Gold Fields, 1902–1939*, Greenwood Press, 1983.

[5] Reginald Coupland, *East Africa and its Invaders: From the Earliest Times to the death of Seyyid Said in 1856*, 1938; Roland Oliver and Gervase Mathew, eds., *The Oxford History of East Africa*, Vol.1, Oxford, 1963; B.A. Ogot, ed., *Zamani: A Survey of East African History*, Nairobi: Longman Kenya, 1973; B.A. Ogot, *History of The Southern Luo*, Vol.1: Migration and Settlement, 1500–1900; Audrey Wipper, *Rural Rebels: A Study of Two Protest Movements in Kenya*, Nairobi: Oxford University Press, 1977; Jean Davidson, *Voices from Mutira: Lives of Rural Gikuyu Women*, Boulder: L. Rienner, 1989; B.A. Ogot, *History as Destiny and History as Knowledge: Being Reflections on the Problems of Historicity and Historiography*, Kisumu: Anyange Press, 2005.

究,如对尼日利亚、加纳、肯尼亚和南非等国的史学研究比较丰富。

4. 对非洲新史学的研究

20世纪70年代之后,非洲历史学家受西方新史学的研究影响很大,民族主义史学开始式微,新史学,即新自由主义史学兴盛,对妇女史、疾病史和社会生活史的研究迅速增多。埃斯特·博塞拉普(Ester Boserup)在《经济发展中的妇女角色》一书中,分析了一系列农业社会中妇女的地位,并得出结论性的观点:由于殖民统治的父权定位,殖民主义使非洲妇女地位大幅下降。[1] 到了20世纪70年代末80年代初,对女英雄的研究热度开始慢慢消退,而越来越多的作品开始关注作为受害者的女性角色,例如伊利斯·伯杰(Iris Berger)从早期对殖民前东非妇女的宗教角色的研究转向对南非工厂女工的研究。[2] 卡洛琳·尼尔(Caroline Neale)1985年的著作《书写"独立"历史:非洲史学1960—1980》,关注非洲史学的变化,涉及妇女史等新史学的研究。马洛瓦尼(Maureen Malowany)对20世纪70年代以来撒哈拉以南非洲的医疗史进行了回顾和研究,认为研究非洲疾病仍然具有现实意义,因为今天世界上90%的疟疾患者在非洲大陆。[3]

5. 对史学家的研究

1964年范西纳与R.莫尼、L.托马斯合编了《热带非洲的历史学家》一书,介绍了撒哈拉以南非洲史学家的成就。尼日利亚学者托因·法洛拉(Toyin Falola)编的《非洲史学:雅各布·阿德·阿贾伊论文集》,以阿贾伊为个案着重论述了这位尼日利亚籍著名史学家的方方面面成就。[4] 约翰·帕克(John Parker)在《加纳历史学家先驱》一文中对阿杜·博亨的生

---

1 Ester Boserup, *Women's Role in Economic Development*, New York: St. Martin's Press, 1971.
2 Iris Berger, "Rebels or Status-Seekers: Women as Spirit Mediums in East Africa", in *Women in Africa*, edited by Hafkin and Bay, Marketing Flyer, 1976, pp.157-181; "Sources of Class Consciousness: South African Women in Recent Labor Struggles", in *Women and Class in Africa*, Robertson and Berger, eds., New York: African Publishing Company, 1986, pp.216-236.
3 Maureen Malowany, "Unfinished Agendas: Writing the History of Medicine of Sub-Saharan Africa", *African Affairs*, Vol.99. No.395, 2000, pp.325-349.
4 Toyin Falola, ed., *African Historiography: Essays in honour of Jacob Ade Ajayi*, Harlow: Longman House, 1993.

平及其非洲历史研究的贡献进行了总结。[1] 伊夫奥（Ivor Agyeman-Duah）在《创造自己历史的历史学家》一文中，对阿杜·博亨所取得的非洲史研究成就予以高度的评价。[2]

总之，国内外学界对本课题已经做了一定的研究，尤其是外文资料比较丰富，这是对本课题做进一步研究的基础。与此同时，对本课题的已有研究也存在明显的不足：（1）缺乏对20世纪非洲史学的整体研究，如对20世纪非洲史学的发展背景、发展脉络和发展特点均缺乏系统和完整的研究；（2）20世纪非洲史学的已有研究呈现出地域不平衡性，主要集中于英语非洲国家；（3）对于20世纪非洲历史学家的研究尤其缺乏。这些不足正是本课题研究所要突破的重点。

三、20世纪非洲史学发展的基本脉络

肯尼亚肯雅塔大学历史、考古与政治研究系原系主任皮乌斯·卡卡伊（Pius Wanyonyi Kakai）博士认为，"20世纪的非洲史学可以被分为帝国主义，民族主义或非洲主义，马克思主义和后现代主义这四个学派"[3]。他同时承认，这些流派盛行的时段并不固定，因为其中大多数流派的要素都是共生的，尤其在20世纪的后三十年中。所以，事实上这样的整齐划一并不存在，非洲史学流派的划分是相对的，它只是反映了20世纪非洲史学的发展脉络。帝国主义学派在一些场合被称为殖民主义学派，后结构主义学派又被称为新自由主义学派，所以，笔者把20世纪非洲史学的发展分为4个阶段：殖民主义史学、民族主义史学、马克思主义史学和非洲新史学。

殖民主义史学形成于18世纪末19世纪初，到20世纪60年代以后，逐

---

[1] John Parker, "A Pioneer Historian of Ghana", *Journal of African History*, Vol.45, No.1, 2004, pp.126-128.

[2] Ivor Agyeman-Duah, "The historian who made history himself", *New African*, July 2006.

[3] Pius Wanyonyi Kakai, "Schools of African Historiography in the 20th Century"，系2015年11月为上海师范大学非洲研究中心召开的"全球视野下非洲史学研究"国际学术研讨会提交的论文。

渐消亡。殖民主义学派基于种族的观点来源于生物学、人类体格学和社会人类学，来自基督教经文、肤色论，来自进化论和语言及普遍的文化差异。在他们的笔下，非洲史是西方殖民者在非洲的活动史，非洲黑人根本没有历史；殖民者为非洲殖民地带去文明，是殖民地的恩人；非洲黑人的反抗是不明智的，唯有与殖民者的合作才是正确的选择。殖民主义史学是欧洲中心论在非洲研究中的反映，其核心思想是非洲没有历史，假设有历史的话，也是殖民者在非洲活动的历史。殖民史学的产生，既是非洲殖民统治的结果，又是白人至上思想及兰克史学影响的结果。

民族主义史学是20世纪非洲史学最重要的史学流派，它形成于20世纪50年代，到20世纪70年代后走向衰落。非洲民族主义史学是在特定的历史背景下兴起的，一方面，是思想的积累，即非洲民族主义思想的兴起和发展；另一方面，是非洲国家独立后，需要在历史文化领域实行非殖民化，反对非洲无历史的殖民主义观点，要恢复非洲历史的本来面貌。他们普遍重视口头传说，一般情况下，民族主义学派的历史学家将口述资料提升至与文献资料等同的地位。非洲民族主义史学以尼日利亚的伊巴丹学派和坦桑尼亚的达累斯萨拉姆学派最为著名。

马克思主义史学自20世纪60年代末在非洲就已出现，一直存在到冷战结束。这一学派的支持者认为后殖民地时期的非洲国家仍然是新殖民地，因为它们仍然被之前的殖民者控制，政治独立后的非洲仍然对新老殖民者保持着依附关系。代表性的人物有持新殖民主义观点的恩克鲁玛（Kwame Nkrumah）和持依附论的萨米尔·阿明（Samir Amin）等人。还有的学者用阶级的观点来看待非洲的政治事件和经济发展，比如通过对抵抗运动中阶级的分析，深化了非洲人民反抗殖民主义历史的研究。非洲马克思主义史学的产生也是有深刻历史背景的。从非洲方面来看，非洲国家独立后，许多国家纷纷选择走社会主义的道路，这为非洲马克思主义的产生提供了土壤。此外，非洲从来不是与世隔绝的，它自然受到西方马克思主义的影响。

20世纪80年代以来，尤其是冷战结束之后，非洲新史学兴起，越来越多的非洲学者放弃民族主义学派和马克思主义学派的研究方法，采取了新自由主义或者后结构主义的史学方法，在社会文化史、日常生活史等研究领域着力颇多。非洲史学的变化是有深刻根源的，一方面，是非洲经济发展陷入困境，整个20世纪80年代，被称为是非洲"失去的十年"。国际货币基金组织和世界银行随后在非洲推行新自由主义的结构调整计划，其核心是经济自由化、市场化，20世纪90年代，西方国家利用两极格局的瓦解，在非洲推行多党制和政治民主化。这种非洲国内经济和政治的变化，不可能不反映到史学研究领域。另一方面，这一时期，西方史学的发展变化，尤其是新文化史的兴起，也迅速传到非洲，促使非洲出现新自由主义学派或后结构主义学派。该学派重视研究微观历史、下层人民的历史，从领域来看有医疗疾病史、环境史、妇女性别史，对口述历史的重视程度得到提高。

总之，20世纪上半叶，非洲盛行殖民主义史学。但当20世纪50年代和60年代多数非洲国家赢得独立之后，民族主义史学盛行。70年代和80年代带来了另一种史学流派，即马克思主义史学流派。随着冷战的结束，新自由主义史学到来，并且一直延续到了21世纪。

四、本书框架、主要创新之处

（一）本书框架

本书正文共由15个部分组成，除了导论和结语之外，分为13章。

第一章：非洲史学的传统。非洲是一个有着悠久历史的大陆，它的史学传统与其他大陆一样古老。非洲口述传统不仅历史悠久，而且流传至今，弥补了非洲文献资料的不足；非洲又是伊斯兰教广泛传播的地区，阿拉伯编年史为非洲留下了大量的文字材料。

第二章：非洲殖民主义史学。非洲民族主义史学就是在批评殖民主义史学的基础上产生的，所以，在研究20世纪非洲史学和史学家的时候，首先就应该弄清楚：殖民主义史学到底是怎么一回事？它有什么主要观点？它产生的背景如何？它又有怎样的影响？这些都是这一章需要回答的问题。

第三章：非洲民族主义史学。这是 20 世纪非洲史学的最大成就，它伴随着非洲民族独立运动而形成，为非洲的文化自信和民族国家建设做出了重要的贡献。这一章主要分析非洲民族主义史学兴起的背景、主要学派和代表作，以及对其的评价。

第四章：非洲马克思主义史学。非洲马克思主义史学流派自 20 世纪 60 年代末就存在，一直延续到冷战结束。这一学派的支持者认为后殖民地时期的非洲国家仍然是新殖民地，因为它们仍然被之前的殖民者控制。本章主要论述非洲马克思主义史学产生背景、新殖民主义、依附理论和欠发达、新马克思主义学派，以及对其的评价。

第五章：非洲新史学。20 世纪 80 年代以来，尤其是冷战结束之后，非洲史学深受国际史学变化的影响，可以说与西方史学亦步亦趋。越来越多的非洲学者放弃民族主义学派和马克思主义学派的研究方法，采取了新自由主义或者后结构主义的史学方法，在社会文化史、日常生活史等研究领域着力颇多。本章所讨论的非洲新史学，就是指在 20 世纪 80 年代在非洲兴起的新自由主义学派或后结构主义学派。在本章中重点讨论的是非洲环境史、非洲妇女史和非洲医疗史。

第六章：20 世纪南非史学。南非因其独特的历史，它的史学发展脉络与其他撒哈拉以南非洲国家有很大的不同，所以，在非洲史的研究中，南非史几乎成了一门独立的学科分支。本章分为五个部分，分别对 19—20 世纪之交、20 世纪上半叶、20 世纪下半叶以及新南非等四个阶段的史学研究进行阐述，分析每个阶段的特点，最后是总结。

第七章：阿杜·博亨。20 世纪中叶以来，伴随着非洲民族独立运动的兴起，非洲史学取得了显著的发展，涌现出一批国际知名的史学家。加纳历史学家阿杜·博亨就是其中著名的一位。阿杜·博亨对非洲史的研究重点主要集中在两个方面：一是对加纳史和西非史的研究，很好地回应了西方学者关于"非洲没有历史"的主观臆断。二是对非洲殖民史的研究，认为在非洲历史长河当中，殖民主义统治仅仅是一个插曲或阶段；殖民主义尽管在政治、经济和社会等方面对非洲产生了严重的影响，但不能把它看成沉重的历史包袱;阿杜·博亨对非洲人民抵抗殖民主义统治的英勇行为予以充分的肯定。

第八章:阿德·阿贾伊。阿德·阿贾伊是非洲第一代专业史学家,是与阿杜·博亨、奥戈特等齐名的非洲民族主义史学家,他是伊巴丹学派的重要代表人物。曾任伊巴丹大学和拉各斯大学副校长、联合国教科文组织编写的《非洲通史》第六卷主编。1993年,非洲研究学会授予他"非洲民族主义杰出奖"。托因·法洛拉评价他说:很难衡量阿贾伊教授对20世纪下半叶非洲史学的发展所做出的巨大贡献,他属于第一代非洲专业历史学家。阿贾伊的贡献是多方面的:历史研究本身、历史教学、培养人才、建立学术团体、促进学术与社会的联系等。他的学术贡献主要集中在19世纪非洲史学、非洲教育和社会发展史、尼日利亚的基督教使团,以及主编著名的伊巴丹历史系列著作。

第九章:贝思韦尔·奥戈特。奥戈特是东非民族主义史学家的代表人物,曾任肯尼亚历史学会主席、东非社会和文化事务协会秘书长、联合国教科文组织八卷本《非洲通史》国际科学委员会主席、联合国教科文组织八卷本《非洲通史》第五卷主编。他研究领域广泛,除了对卢奥人历史及肯尼亚历史的研究外,还对东非史、非洲史,以及史学理论等都有涉及。作为非洲独立后的第一代民族主义史学家,奥戈特主要致力于非洲历史的再发现与"去殖民化",反对"非洲人没有历史"的错误观点;重视发掘口头传说的史料价值;主张通过非洲历史的重建,以达到非洲国家建构与复兴的目的。

第十章:特伦斯·兰杰。兰杰是著名的英裔非洲史学家,对东部非洲、南部非洲以及中部非洲都有广泛研究。他尤其关注津巴布韦历史,作品跨越了前殖民时期和独立后的津巴布韦时代。他对非洲史的研究涉及政治史、宗教史、社会文化史乃至环境史等几大类。在达累斯萨拉姆大学民族主义史学流派中他的带头作用也是众所周知的,他首先使用的"非洲机构"的主题很快成为非洲所有历史学家研究的必要条件,开创非洲史研究的"兰杰模式",以更新非洲史研究的方式激励了一代非洲史学家,他与范西纳、库珀等人一样，属于非洲史研究中最具影响力的人物之一。

第十一章：谢赫·安塔·迪奥普。迪奥普是法语非洲著名的历史学家和思想家。迪奥普的名字总是与非洲历史的复兴联系在一起，他毕生为之奋斗的目标即奠定非洲人的历史意识。迪奥普始终抱有一种使命感，他开辟了探究非洲历史、文明源流之路，并且是非洲中心论最执着的捍卫者。他研究的目的是非常明确的，即驳斥"非洲历史荒漠论"及"非洲文明外来说"，肯定非洲文明的价值及其对世界文明的贡献。他本人因此被尊奉为非洲文化统一的奠基人。

第十二章：托因·法洛拉。法洛拉的最初研究领域是19世纪以来的非洲史，主要集中于尼日利亚研究。研究的地域范围涉及非洲、拉丁美洲和美国，研究主题包括大西洋史、散居和移民史、帝国主义和全球化、心智史、国际关系、宗教和文化。在非洲史学家中，法洛拉是相当高产的一位，至今已写作并编辑出版了百余部著作，其中大部分是非洲史的著作。

第十三章：非洲史研究在中国。中国与非洲交往的历史源远流长，但中国的非洲史研究起步比较晚，大致肇始于中华人民共和国成立之后。1955年的万隆会议促进了新中国与非洲邦交关系的开启，加之非洲民族独立运动的高涨，中国视非洲为外交上的依靠力量。从这时候起，我国开始重视对非洲的研究，一批从事世界史其他专题研究的学者转到非洲史领域，如北京大学杨人楩先生原先研究法国史，中国社会科学院吴秉真先生最初从事英国问题的研究，华东师范大学历史系艾周昌先生早年从事亚洲史的教学和研究，他们为了国家的需要，转向非洲史的研究。时至今日，中国的非洲史研究已经走过半个多世纪的历程，尽管中间遭受曲折，但是经过几代非洲研究者的不懈努力，取得了可喜的成绩。同时，我们也应该清醒地认识到中国的非洲史研究与国际水平相比，仍然存在着较大的差距。

（二）主要创新之处

第一，本书比较系统、完整地研究了20世纪非洲史学和史学家，在国内是第一次进行这样系统的研究。因此，本书的选题本身就是一种创新，本书的研究将丰富人们对非洲史学的认识，本书将是国内第一本研究非洲史学的专著，填补该研究领域的一块空白。

第二，在研究内容上也有创新，如对非洲史学流派的拓展，不仅注意到20世纪非洲著名的民族主义历史学派，而且研究了非洲的马克思主义学派和新自由主义史学，这在研究内容上是一大创新。另外，在非洲史学地域上也有突破，除了深入研究英语非洲的史学流派，还研究法语非洲的史学流派，以及对非洲史学发展脉络和发展特点的总体把握，等等。

第三，在研究方法上也有创新，本课题综合宏观、微观的研究方法，既有宏通的研究，又有个案研究，在系统梳理20世纪非洲史学发展脉络的基础上，对一些重要的史学流派和重要的史学家例如阿杜·博亨、阿德·阿贾伊、贝思韦尔·奥戈特、特伦斯·兰杰、谢赫·安塔·迪奥普和托因·法洛拉等进行个案研究。此外，通过请进来和走出去等途径，加强与非洲史学研究同行的交流，吸收非洲本土的史学观点，使得本研究更加客观和真实。

第四，这是一部中国版的20世纪非洲史学史，反映中国学者对非洲史学和史学家的看法，以马克思主义为指导，反对欧洲中心论，在忠于事实的基础上，比较积极、正面和客观地评价非洲历史和非洲史学。

当然，本研究还存在不足。一方面，"20世纪非洲史学与史学家研究"是一个非常宏大的题目，在该研究过程中，我们越来越感到这个题目的宏大，甚至觉得该题目的宏大超过大多数国家社科基金重大项目。因此，只能抓主要问题进行研究。另一方面，从研究内容来看，法语非洲国家的史学尽管有所涉及，但从分量上还很不够。总之，本研究主要是对"20世纪非洲史学与史学家研究"的梳理和研究，撰写第一部中国版的20世纪非洲史学史，揭示20世纪非洲史学的发展历程与主要内涵，给后人继续研究非洲史学提供基础和线索。

第一章

非洲史学的传统

在研究 20 世纪非洲史学之前，需要对非洲史学史进行回顾。非洲是一个有悠久历史的大陆，它的史学传统与其他大陆一样古老。非洲口述传统不仅历史悠久，而且流传至今，弥补了非洲文献资料的不足；非洲又是伊斯兰教广泛传播的地区，阿拉伯编年史为非洲留下了大量的文字材料。尼日利亚历史学家阿拉戈认为，非洲史学传统多达 4 个："口述传统是首要的最古老以及分布最广泛的传统，其次是非洲内部的书写传统，然后是伊斯兰传统和西方传统。"[1] 因为，伊斯兰传统也是一种文字传统，而西方传统单列比较勉强，所以，非洲史学传统可以概括为两个传统：一是文字传统；二是口述传统。

一、文字传统

（一）内部文献传统

非洲内部文献传统一般被西方学者所忽略，因为，长期以来，西方学者一直认为非洲缺乏文献资料，因而也是缺乏历史的，他们最多承认非洲的考古资料和人类学方面的资料，后来又部分地承认口述资料。实际上，

---

[1] Ebiegberi Joe Alagoa, *The Practice of History in Africa: A History of African Historiography*, Port Harcourt: Onyoma Research Publications, 2006, p.10.

非洲从古至今，确实存在内部文献传统。阿拉戈说："在伊斯兰和西方的书面史学传统传入之前，非洲早就存在书写的传统。发明文字的埃及先驱们自然而然地提供了非洲书写传统的历史核心。"[1]

在非洲大陆，埃及是第一个从口述传统中走出来形成文字传统的国家。早在公元前3100年，埃及就出现了象形文字，后来又演化成祭司体文字、世俗体文字。古埃及的文献资料通过多种形式保留下来，最古老的文字载体包括石碑、石柱、权杖头、调色板甚至是岩刻，如巴勒莫石碑记载了第五和第六王朝法老的名字。

各种谱系在古埃及文献资料中占据重要位置，这些谱系包括王表、祭司谱系以及家谱等。王表是按时间顺序记录法老的名字，并标注他们在位年份。都灵王表是现今仅存的原始的埃及王表，在新王国时期第19王朝拉美西斯二世统治时期抄写于莎草纸上。对统治者文献资料还包括对法老或智者的传记，以及关于行政、法律、商业、文学、科学、医学的大量档案。古埃及人还有意识地保护文献资料，比如将莎草纸的古文献刻在石碑上。

埃及高级祭司兼历史学家马涅托，充分利用当时神庙档案馆和图书馆储藏的王表、年鉴、神话、宗教仪式、财产清单等资料，并且参考口述资料撰写了三卷本《埃及史》，将埃及的历史划分为31个王朝。同时，他还批判了希罗多德由于忽视地方传统和记录所犯的有关事实上的错误。可惜的是，马涅托的三卷本《埃及史》原著已经遗失，仅留下了王表。

在古埃及还形成了尊重知识、崇尚学习的社会风尚。当时的一些教谕明确地教育读书人努力学习："书籍就是书吏的金字塔，芦苇笔就是他们的孩子。""为他们建造的门和墙都倒塌了。他们的奴仆已经死去，他们的石碑被灰尘淹没，他们的房间已经被遗忘。但是由于他们所写的书，他们的名字被一遍遍地提及……具有更高价值的是书，而不是一块坚硬的石碑，也不是屹立在纪念堂里的一堵墙。""一个人最终要死亡，他的尸体最终归

---

[1] Ebiegberi Joe Alagoa, *The Practice of History in Africa: A History of African Historiography*, Port Harcourt: Onyoma Research Publications, 2006, p.45.

于尘土……但是他的作品让他的姓名挂在那些诵读者的嘴边。具有更高价值的是书,而不是建筑师建造的房子,也不是墓地里的纪念堂。"[1]

北非地区除了古埃及的象形文字之外,还有麦罗埃文、迦太基文和科普特文等。努比亚王国原先使用埃及象形文字做铭文,到公元前2世纪,他们创造了一种新的文字,即麦罗埃文。麦罗埃文是拼音文字,使用23个辅音符号和2个元音符号。可惜的是麦罗埃文迄今不为人所懂,该文字的文本无法被解读。迦太基文是由腓尼基人带来的,也是一种拼音文字,有22个字母,从右到左书写。科普特文是一种由元音和辅音组成的字母文字,总共有32个符号,其中25个来自希腊语,7个来自埃及世俗体文字。科普特语可以追溯到1世纪末,到13世纪,在科普特教堂和努比亚教堂里它仍然作为礼拜仪式的语言被使用。

埃塞俄比亚历史上也曾留下丰富的文献资料,埃塞俄比亚文出现于阿克苏姆王国时期,它是一种音节文字,由27个辅音和7个元音组成。埃塞俄比亚"编写皇家编年史的工作早在13世纪就已开始。几乎每代君主,即便在衰落时期,至少有一部或一部以上详尽记录当时大事件的编年史。这个传统流传于整个19世纪并延续到20世纪"[2]。

在撒哈拉以南非洲,人们也用自己的语言文字撰写历史。用斯瓦希里语撰写的《基尔瓦编年史》成书于1530年左右,现在能看到的是1877年在桑给巴尔复写的。也有用真正的非洲文字,如巴蒙文(Bamum)和瓦伊文(Vai)写的历史资料。巴蒙文是土生土长的非洲文字,流行于喀麦隆中部,是一种象形文字与音节文字相结合的文字。20世纪初期,巴蒙王国的国王尼乔亚(King Njoya,1885—1931年在位)利用在巴蒙人中早已存在的象形文字符号,发明了一套特殊的字母符号。最初共有510个字母符号,经过4次改革后,到1918年定型时简化为92个字符。尼乔亚国王曾经花费多年心血,用巴蒙文编写了一部《巴蒙的历史和习俗》的著作,并主持编写了

---

[1] W.K. Simpson, ed., *The Literature of Ancient Egypt*, Yale University Press, 1973, p.306.
[2] [布基]基-泽博主编:《非洲通史》第一卷,北京:中国对外翻译出版公司,1984年,第87页。

巴蒙传统的医学处方，整理了一些民间文学作品。瓦伊文是穆穆卢·杜阿洛·布克勒于1833年前后发明的，它流传于利比里亚、塞拉利昂境内的瓦伊族，是一种以记事符号为基础的音节文字，到了19世纪末，几乎所有的瓦伊族人都认识这种文字，并经常用这种文字写私人信札和官方书信、记账并记载习惯法、谚语、故事和语言。许多邻近民族，如门德族、托马族（即洛马族）、格尔泽族（即克佩勒族）和巴萨族，采用和改革了瓦伊文，用于类似的目的。[1] 在尼日利亚南部伊格博人居住和邻近的喀麦隆埃克伊族居住地，流行的是另一种图画文字——恩西比迪文。它于19世纪末才被外人知晓。当地居民主要用它记载秘密社团的活动，并在寺庙中使用。这套文字由无数个简化了的图画文字符号组成。

由于非洲内部文献资料分布不均，以及黑人创造的文字时间普遍比较短，如瓦伊文、巴蒙文、富尔富尔德文等一般只有100多年的历史，大部分情况是因为这些文字只被有限的秘密团体使用，除了瓦伊文，它的潜力还有待历史学家们去开发，而恩西比迪文和欧贝瑞·欧凯米文仍然没有引起非洲历史学家注意，所以，撒哈拉以南非洲"内部文字系统对非洲史学的影响极小，经常被忽略或忽视"[2]。

（二）伊斯兰传统

公元7世纪，伊斯兰教在阿拉伯半岛兴起后，很快随着阿拉伯帝国的建立向外传播，非洲是伊斯兰教传播的重要地区。埃及和北非其他国家很快被伊斯兰化，随后，西非和东非沿岸也成为伊斯兰教的统治之下地区。970年在开罗新城建立爱资哈尔（al-Azhar）清真寺大学成为埃及伊斯兰化的重要事件，它成为伊斯兰教世界的学习中心以及伊斯兰传统传播到非洲

---

[1] D. Dalby, "Survey of the indigenous scripts of Liberia and Sierra Leone", *African Literature Studies*, Vol.8, 1967, pp. 1–51.

[2] Ebiegberi Joe Alagoa, *The Practice of History in Africa: A History of African Historiography*, Port Harcourt: Onyoma Research Publications, 2006, p. 93.

其他地方的中心。在西苏丹，廷巴克图成为伊斯兰教文化中心。随着伊斯兰教文化的盛行，伊斯兰教史学传统在非洲大陆也扎下了根。

编年史是伊斯兰教史学的主要模式，在10世纪以后得到了全面发展。在西苏丹编年史中最著名的两部著作是《苏丹史》，由廷巴克图的阿卜杜勒·拉曼·萨迪（1596—1656）所写，以及《对国家历史、军队和主要人物的编年史》，由多个作者经过多年共同完成。尽管有柏柏尔人血统，萨迪的《苏丹史》代表了当地学术在著名的廷巴克图桑科尔清真寺里的发展，而廷巴克图也成为西苏丹伊斯兰教的中心。事实上，《苏丹史》被称为廷巴克图的官方历史，是对1591年摩洛哥入侵时期主要学者和桑海统治者的传记。在中苏丹有《卡诺编年史》，它提供了第一份有关豪萨兰伊斯兰化的文献。在东非沿岸地区，最著名的编年史是《基尔瓦编年史》，它是在1520—1530年间由一个不知名的作家用阿拉伯文写成的，它的复本在1872年得以复原，并收藏在英国博物馆里。[1] 比较著名的阿拉伯文献还有莫拉斯·法里亚斯主编《马里共和国中世纪阿拉伯铭文：金石学、年代学和桑海-图阿雷格历史》、塞纳·汉拉塔《穆斯林历史，非洲社会：非洲伊斯兰研究前沿》（2005）等。[2]

伊斯兰史学传统不仅为非洲历史留下了大量的包括编年史在内的历史文献，而且产生了著名的非洲历史哲学家——伊本·赫勒敦（1332—1406）。伊本·赫勒敦在突尼斯出生和成长，在摩洛哥、西班牙担任政府官员，后来在埃及爱资哈尔大学讲学，并担任埃及马立克教派大法官。

伊本·赫勒敦写下了不朽著作《历史绪论》，该著作为他赢得了阿拉伯历史哲学家或非洲历史哲学家的美誉。伊本·赫勒敦原计划写一部阿拉伯世界通史——《阿拉伯人、外国人、柏柏尔人及其同时代大国的历史

---

[1] Ebiegberi Joe Alagoa, *The Practice of History in Africa: A History of African Historiography*, Port Harcourt: Onyoma Research Publications, 2006, pp.117–142.

[2] P.F. de Moraes Farias, ed., *Arabic Medieval Inscriptions from the Republic of Mali: Epigraphy, Chronicles and Songhay-Tuareg History,* Oxford: Oxford University Press, 2004; Sean Hanratta, "Muslim histories, African societies: The venture of Islamic studies in Africa", *Journal of African History*, Vol.46, 2005, pp.479–491.

殷鉴和始末集成》，该著作包含一部绪论和三部历史，记述上起远古祖先，下至当代，包括阿拉伯人、柏柏尔人、波斯人、希腊人和罗马人诸民族的历史，是一部包融社会学、经济学和政治学的史论著作。《历史绪论》是该部巨著的绪论部分，是全书的精华，阐述了人类社会与地理环境的关系、经济与文化的关系、科学与历史发展的关系，集中表达了伊本·赫勒敦的历史哲学观点，蕴含着历史哲学、社会学、政治学等丰富内容。"由于伊本·赫勒敦对历史采用的批判性的方法和他的循环论，以及认为历史会给政治行为提供教训的信念，他被认为可以与西方历史学的创始人之一修昔底德相媲美。"[1]

作为中世纪阿拉伯最著名的历史学家，伊本·赫勒敦的史学思想独树一帜。

第一，伊本·赫勒敦最早提出历史哲学的思想。伊本·赫勒敦运用理性主义观点解释历史，提出了崭新的社会历史观和史学方法论，在历史哲学方面独树一帜。在《历史绪论》的前言中，伊本·赫勒敦开宗明义地论道："从表面上看，历史不过是记载过去的国家和时代变迁的信息，其中有许多是传世的警言和训谕，成为人们茶余饭后感兴趣的话题。历史也讲述了人类沧海桑田的千变万化，一些国家的疆土扩大了，繁荣起来了，后来开始衰败，最后消失了。而深入内部来看，历史有许多值得思考和研究的问题，它对宇宙万物存在的原则和基础有着自己精辟的分析和解释；它深入研究各种历史事件为何产生又如何发展；它包含了深刻的哲理，完全可以算是哲学的一个门类。"[2]

第二，伊本·赫勒敦认为，历史是有规律的。在研究以往历史学家的著述时，伊本·赫勒敦看到绝大多数史学家所关注的仅仅是历史学的外在特性。在他们看来，历史学"仅仅是一门史料学"，因而他们虽然皓首穷经，搜集了无数的史料，编纂出众多的历史著作，但其著作中却是错误

---

[1] Ebiegberi Joe Alagoa, *The Practice of History in Africa: A History of African Historiography*, Port Harcourt: Onyoma Research Publications, 2006, p.155.
[2] ［突］伊本·赫勒敦：《历史绪论》（上），李振中译，银川：宁夏人民出版社，2015年，第5—6页。

百出。因为他们缺乏理性批判的眼光，无视对历史之内在特性的认识与研究，这便导致他们无力对史料之内容做出正确判断。要使历史学成为一门真正客观如实地记录过去的学问，达到以史为鉴的目的，历史学家就必须研究深层的历史。伊本·赫勒敦在研究历史事件的基础上，力求找出它们背后的规律，他认为"一切事物都有它产生和发展的原因，都有它必然的结果，也就是说，历史有它自身发展的规律"[1]。在他看来，唯有透彻地了解整个人类社会历史的内在本质及其发展规律，认清各地区、各民族或国家在不同历史时代的特征，并探明影响人类社会发展的各种因素，人们才能对史料的正确与否做出公正的判断，从而达到撰写真实人类历史的目的。

第三，历史是不断变化的，也是不断进步的。伊本·赫勒敦用发展的眼光洞察历史，认为人类的历史是一个延续不断的嬗变过程，这在当时是一种崭新的历史观。他认为，一种文明有它兴起、发展与衰亡的过程，各国家与各民族的境况也会随着时间的推移与时代的变更而发生"产生—成长—衰亡"的变化。伊本·赫勒敦的这种变化的历史观产生于他对世界各民族之历史长期而深入的探究与认识，然而其理论来源则是阿拉伯占星学家与物理学家的生命周期说。伊本·赫勒敦在强调变化贯穿于万事万物以及人类文化发展的全过程的同时，还特别强调因变化所导致的各民族和国家在不同历史时代所出现的差异性与特殊性。因此，他提出："历史是有关某一特定时代或民族所特有的事件。"按照这种论断，在研究某一历史事件时，历史学家应将它放到其所发生的那一特定的历史时代中去加以分析，实际上这是一种历史主义的思维和方法。

第四，研究历史的态度应该严肃认真，尊重历史。因为，历史可以给人们提供有益的借鉴，所以，历史学是一门非常重要的学问，它的作用是巨大的，目的是很高尚的。事实上，许多历史学家在叙述历史事件的时候，经常出现错误，就是因为他们只靠转抄的知识，而不管其是否正确，不探讨其究竟，也不与类似情况和事件做对比，造成错误百出，从而影响

---

[1] 李振中：《社会历史哲学奠基人伊本·赫勒敦》，《回族研究》2011年第3期，第31页。

历史的功能。所以,伊本·赫勒敦主张历史学家要仔细研究、认真考证,学会"用理智去思考,用审慎的眼光去研究,以便对历史事件进行正确的判断,……(避免)背离正确的方向,陷入空想和错误的泥潭"[1]。

总之,伊本·赫勒敦的历史哲学包含了他那个时代人类最富有创造性的思想成果,达到了中世纪史学的最高水平,与同时代西方基督教史家所宣扬的上帝创造历史的谬论形成了鲜明的对照。伊本·赫勒敦尽管努力全面平等地研究世界各民族的历史,但他的理论多少带有阿拉伯中心论的色彩。

(三)西方传统

西方传统深入到非洲大陆已经有数千年的历史,已经成为非洲史学传统之一。尼日利亚历史学家阿拉戈说:"早在西方史学传统的发展伊始,它就与非洲口述史及内部书写传统建立联系,这最早可追溯到希罗多德对古埃及的访问。"[2]

希罗多德亲自到访过埃及,在《历史》一书中,记载了埃及的风俗习惯和宗教信仰,包括建造金字塔和制作木乃伊。在他的笔下,埃及有着发达的医学,"在他们那里,医术的分工是很细的,每一个医生只治一种病,不治更多种的病。(埃及)国内的医生是非常多的,有治眼的,有治头的,有治牙的,有治肚子的,还有治各种隐疾的"[3]。

西方史学传统也是在不断变化和发展的。古希腊历史学家希罗多德的《历史》语言生动,保存了公元前6至前5世纪希腊城邦、波斯帝国以及地中海世界许多地方的历史及史料。修昔底德牺牲华丽的文学辞藻而忠实于事实的准确性和关联性;他还努力挖掘和总结历史事件的规律。在中

---

[1] [突]伊本·赫勒敦:《历史绪论》(上),李振中译,银川:宁夏人民出版社,2015年,第11页。
[2] Ebiegberi Joe Alagoa, *The Practice of History in Africa: A History of African Historiography*, Port Harcourt: Onyoma Research Publications, 2006, p.157.
[3] [古希腊]希罗多德:《历史》,王以铸译,北京:商务印书馆,2001年,第145页。

世纪，以奥古斯丁的《上帝之城》为代表，盛行神学史观。文艺复兴时代，人文主义史学随之兴起，人文主义历史学家摒弃以上帝为中心的世界体系，力图创立以人为中心的新世界体系。启蒙运动时代，理性主义史学占支配地位，伏尔泰最早提出"历史哲学"这一概念。19世纪兰克史学成为西方史学传统的主流，兰克（Leopold von Ranke）标榜"如实直书"，力图把史学提升为一门独特的科学。进入20世纪以来，新史学随之兴起并且不断发扬光大，法国年鉴学派、英国新马克思主义学派、美国的新社会史、新文化史等学派精彩纷呈，历史哲学从思辨向分析发展。

非洲与西方传统的联系与碰撞也经历了长期的过程：先是在古埃及、北非其他地区和西方的古希腊、古罗马间产生了初次碰撞；之后，前述这些非洲区域及埃塞俄比亚同样地和早期基督教世界发生了再次碰撞；随后，欧洲始于15世纪的沿着非洲的西海岸上下到中部、南部和东部非洲的扩张，导致19世纪欧洲对非洲大部分区域的殖民统治。实际上，殖民时期双方间的接触程度导致了以它为基础的简单的历史时期划分，即前殖民时期、殖民时期和后殖民时期。在20世纪的最后十年中，非洲史学家完全被西方传统支配。西方学者源源不断地访问非洲，不是为了向非洲学习，而是为了把自己的传统教给非洲。与此同时，随着一些非洲史学家洪水般地移民西方，成为全球性的第三世界人才外流的一部分。在后殖民时期，出现了许多以加快非洲史去殖民化进程为目的的史学专业学术文章，一些学者最近也开始提出要寻求一种新方案以摆脱占支配地位的西方范式。[1]

数千年的西方传统为非洲历史研究保存了大量的资料。不仅是西方古代作家的文献中保留着对非洲的记载，而且近代大量来自西方的传教士、探险家、商人、殖民官员、旅行家和移民等都曾留下对非洲的记载。从欧洲文字书写非洲的国籍来看，16世纪大部分是葡萄牙人，17世纪多数是荷兰人、法国人和英国人，18世纪多数是英国人和法国人，19世纪多数是英

---

[1] Ebiegberi Joe Alagoa, *The Practice of History in Africa: A History of African Historiography*, Port Harcourt: Onyoma Research Publications, 2006, pp. 185–186.

国人、德国人和法国人。自 16 世纪以来,欧洲人对非洲的文献记载"浩如烟海,即使是最重要的著作或作者,也无法一一列举"[1]。关于非洲历史的西方文献可以参考费奇著的《欧洲出版文献中关于西非前殖民时代的原始资料导读》,亚当·琼斯和比特里克斯·海因茨主编的《1900 年前撒哈拉以南非洲欧洲文献资源》等。[2]

(四)中国文献中的非洲史资料

非洲史研究的资料除了丰富的口述资料外,还包括考古资料和文献资料,文献资料既有非洲当地语言保存下来的珍贵资料,也包括外文文献的资料,如西方文献、印度文献、波斯文献、中国文献等都保留着大量非洲史的资料。在中国丰富的古籍中,同样保存着大量关于非洲历史的史料。

1. "二十四史"中记载的非洲

"二十四史"是中国"正史",是由专门史官撰写的史书。在"二十四史"中,并非每一部都有关于非洲的记载,但是有关非洲的材料还是不少的。"二十四史"记载了北部非洲和非洲之角,以及东非的历史,涉及今天的埃及、索马里、肯尼亚、坦桑尼亚等非洲国家。

在司马迁著的《史记》中,有多处记到埃及。"安息在大月氏西可数千里……其西则条枝,北有奄蔡、黎轩。"[3] "初,汉使至安息……汉使还,而后发使随汉使来观汉广大,以大鸟卵及黎轩善眩人献于汉。"[4] 黎轩在什么地方,学术界众说纷纭,但比较一致的说法是指埃及的亚历山大港,是 Alexandria 的译音。"黎轩善眩人"就是来自埃及亚历山大港的魔术师。

---

[1] [捷] I. 赫尔贝克:《十五世纪以来的文字资料》,基-泽博主编:《非洲通史》第一卷,北京:中国对外翻译出版公司,1984 年,第 92 页。

[2] J.D. Fage, *Guide to Original Sources for Pre-colonial Western Africa Published in European Languages*, Madison: University of Wisconsin Press, 1994; Adam Jones and Beatrix Heintze, eds., "European sources for sub-Saharan Africa before 1900", *Special Issue of Paideuma*, Vol.33, 1987.

[3] 《史记·大宛列传》,北京:中华书局,1982 年。

[4] 同上。

《后汉书》记载了"犁鞬""大秦"和"海西"等地名,"大秦国一名犁鞬,以在海西,亦云海西国……至桓帝延熹九年,大秦王安敦遣使自日南徼外献象牙、犀角、玳瑁"[1]。大秦指罗马帝国,但是古代罗马帝国的版图很大,地跨欧亚非三大洲。桓帝延熹九年即公元 166 年,大秦王安敦遣使给汉王朝的礼物象牙、犀角、玳瑁等,实际上是东北非地区的物产。很有可能,这个罗马帝国的使臣是埃及亚历山大港的商人冒充的。[2]

阿拉伯人占领北非地区后,称埃及为"米昔儿"(Misr)。此后,中国古籍又出现了对埃及的几种称呼:唐代称"勿斯离",宋代称"勿斯里",元代称"密乞儿""密昔儿",明代称"米昔儿"和"密思儿",皆指埃及。《明史》记载:"米昔儿,一名密思儿。永乐中遣使朝贡。既宴赉,命五日一给酒馔、果饵,所经地皆置宴。"[3]

中国对索马里最早的记载,见于段成式的《酉阳杂俎》,称"拨拔力国",拨拔力是索马里北部的巴巴利(Barbary)。[4]《新唐书》基本采用了《酉阳杂俎》关于拨拔力国的记载:"大食……西南属海。海中有拨拔力种,无所附属。不生五谷,食肉,刺牛血和乳饮之。俗无衣服,以羊皮自蔽。妇人明晰而丽。多象牙及阿末香,波斯贾人欲往市……兵多牙角,而有弓、矢、铠、矟,士至二十万,数为大食所破略。"[5]

《明史》对索马里记载更加详细,原因是郑和下西洋多次到达非洲,随行的费信写了《星槎胜览》,介绍了东非城邦,包括木骨都束、卜剌哇、竹步等地。这些材料被《明史》采用。关于木骨都束(今天索马里的摩加迪沙),《明史》写道:"木骨都束,自小葛兰舟行二十昼夜可至。永乐十四年遣使与不剌哇、麻林诸国奉表朝贡,命郑和齎敕及币偕其使者往报之。后再入贡,复命和偕行,赐王及妃綵币。二十一年,贡使又至。比还,其

---

1 《后汉书·西域传》,北京:中华书局,1997 年。
2 许永璋:《"二十四史"中记载的非洲》,《河南大学学报》1984 年第 4 期。
3 《明史·西域传》,北京:中华书局,1997 年。
4 黄盛璋:《中国和索马里的传统友好关系》,《世界历史》1981 年第 3 期。
5 《新唐书·西域传下》,北京:中华书局,1997 年。

王及妃更有赐。宣德五年，和复颁诏其国。国濒海，山连地旷，硗瘠少收。岁常旱，或数年不雨。俗顽嚣，时操兵习射。地不产木，亦如忽鲁谟斯，垒石为屋，及用鱼腊以饲牛羊马驼云。"[1]

中国古籍中关于马林迪的最早记载，出现于明代。《明史》采用了"麻林"这个译名。"麻林，去中国绝远。永乐十三年遣使贡麒麟。将至，礼部尚书吕震请表贺，帝曰：'往儒臣进《五经四书大全》，请上表，朕许之，以此书有益于治也。麟之有无，何所损益，其已之。'已而麻林与诸蕃使者以麟及天马、神鹿诸物进，帝御奉天门受之。百僚稽首称贺，帝曰：'此皇考厚德所致，亦赖卿等翊赞，故远人毕来。继自今，益宜秉德迪朕不逮。'十四年又贡方物。"[2]

古代的桑给巴尔是阿拉伯人和波斯人对索马里以南直至莫桑比克的东非海岸及沿岸的统称，并不仅仅指今天的桑给巴尔岛。"桑给"（Zenji）是他们对黑人的称呼，"巴尔"（bar）为海岸。桑给巴尔，意思是黑人的海岸。唐代文献简译为"僧祇"。宋代对桑给巴尔有几种译称，"层拨"（《诸蕃志》）、"昆仑层期"（《岭外代答》）和"层檀"（《宋史》）。《宋史》记载："层檀国在南海傍，城距海二十里。熙宁四年始入贡。海道便风行百六十日，经勿巡、古林、三佛齐国乃至广州……人语音如大食。地春冬暖。贵人以越布缠头，服花锦白氎布，出入乘象、马……谷有稻、粟、麦，食有鱼，畜有绵羊、山羊、沙牛、水牛、骆驼、马、犀、象，药有木香、血竭、没药、硼砂、阿魏、薰陆。……元丰六年，使保顺郎将层伽尼再至，神宗念其绝远，诏颁赉如故，仍加赐白金二千两。"[3]

2. 游记、笔记类资料

公元 3 世纪中叶，《魏略》就记载了埃及的亚历山大城："大秦国一号犁靬。……其国在海西，故俗谓之海西。有河出其国，西又有大海。海西

---

1 《明史·外国传》，北京：中华书局，1997 年。
2 同上。
3 《宋史·外国传》，北京：中华书局，1997 年。

有迟散城，从国下直北至乌丹城西南，又渡一河，乘船一日乃过。"[1]此处的迟散城，就是埃及的亚历山大城。

迄今为止，有史可考的第一个到过非洲，并且留下比较详细记录的中国人，是唐代的杜环。他所写的《经行记》一书，是目前所知我国最早的一部非洲游记。杜环生卒年不详，他是《通典》作者杜佑（735—812）的族子。杜环在751年怛逻斯（Talas）战役中被大食（阿拉伯帝国）所俘，在大食生活了十余年，于762年从海路回国。

《经行记》原书已佚，现在我们能够读到的部分内容，是杜佑在《通典》中引用时保存下来的，共有1500多字。书中记载了摩邻国，杜环记载了摩邻国的地理位置、物产和当地的风俗习惯等情况。杜环写道："又去摩邻国，在勃萨罗国西南，渡大碛，行二千里至其国。其人黑，其俗犷，少米麦，无草木，马食干鱼，人餐鹘莽。鹘莽即波斯枣也。瘴疠特甚。诸国陆行之所经也。胡则一种，法有数般，有大食法，有大秦法，有寻寻法……不食猪狗驴马等肉，不拜国王父母之尊。不信鬼神，祀天而已。其俗，每七日一假，不买卖，不出纳，唯饮酒谑浪终日。"[2]摩邻国在哪里？学术界争议很大：有的认为在肯尼亚的马林迪[3]，有的认为是摩洛哥或马格里布[4]，有人认为是东非国家[5]，还有人认为是埃塞俄比亚古国阿克苏姆[6]。尽管说法不同，但是摩邻国在非洲是肯定的，认为在马格里布或摩洛哥更加可信些。

唐代的《酉阳杂俎》也记载了非洲一些地方的风土人情。《酉阳杂俎》的作者是段成式，临淄人，于850—860年之间写成《酉阳杂俎》。书

---

1 《魏略·西戎传》，《三国志·魏书》卷30，裴松之注引。
2 《通典》卷193，边防九。
3 [荷]戴闻达：《中国人对非洲的发现》，胡国强、章锦显译，北京：商务印书馆，1983年，第15页。
4 张星烺：《中西交通史料汇编》（第二册），北京：中华书局，1977年，第9页；许永璋：《我国最早的一部西亚非洲游记——〈经行记〉》，《西亚非洲》1983年第1期。
5 F. Hirth, "Early Chinese Notice of East African territories", *Journal of the American Oriental Society*, Vol.30, No.1, 1909, p.46.
6 沈福伟：《唐代杜环的摩邻之行》，《世界历史》1980年第6期。

中详细记载了拨拨力国的情况:"拨拨力国在西南海中,不食五谷,食肉而已……自古不属外国。战用象牙排、野牛角,为鞘、衣甲、弓矢之器。步兵二十万,大食频讨袭之。"[1] 拨拨力国在今天索马里境内。除了拨拨力国外,《酉阳杂俎》还记载了"孝亿国""仍健国""悉怛国"和"忽斯离国"等。"孝亿国"指埃及南部,"仍健国"指突尼斯,"悉怛国"似即苏丹,"忽斯离国"就是埃及。[2]

到了宋代,特别是南宋,中国与非洲的海上交通有了进一步的发展。由于交往频繁,关于非洲的知识也就扩大了。宋代记载非洲的著作,主要有《岭外代答》《诸蕃志》等书。

《岭外代答》作者周去非,温州永嘉人,隆兴元年(1163)进士。1172年至1178年在广西为官6年,先后任钦州教授和桂林通判。《岭外代答》是周去非在广西任职时写下的,书中记载有非洲一些国家的情况。

关于木兰皮国,《岭外代答》写道:"大食国西有巨海。海之西,有国不可胜计,大食巨舰可至者,木兰皮国耳。盖自大食之陀盘地国发舟,正西涉海一百日而至之……木兰皮国所产极异,麦粒长二寸,瓜围六尺,米麦窖地数十年不坏,产胡羊,高数尺,尾大如扇,春剖腹取脂数十斤,再缝而活,不取则羊以肥死。"[3] 木兰皮国就是马格里布,即埃及以西的北非地区。

《岭外代答》还记载了昆仑层期国:"西南海上,有昆仑层期国,连接大海岛。常有大鹏飞,蔽日移晷。有野骆驼,大鹏遇则吞之……又有骆驼鹤,身项长六七尺,有翼能飞,但不高耳……土产大象牙、犀角。又海岛多野人,身如黑漆,拳发。诱以食而擒之,动以千万,卖为蕃奴。"[4] 这则材料讲到昆仑层期国的动物有野骆驼、鸵鸟、大鹏等,还出产象牙和犀牛角等。更为珍贵的是,记载了这一地方贩卖黑奴,这是历史上阿拉伯人在东

---

1 《酉阳杂俎》卷四。
2 张星烺:《中西交通史料汇编》(第二册),北京:中华书局,1977年,第11—12页。
3 周去非:《岭外代答校注》,杨武泉校注,北京:中华书局,1999年,第106—107页。
4 同上,第113页。

非地区所从事的古老职业，也是非洲历史上的黑暗一页。昆仑层期一般指非洲东海岸，从索马里直到莫桑比克；另一说是指桑给巴尔。[1]

南宋赵汝适著的《诸蕃志》记载了非洲更多的地方，包括忽斯里、弼琶啰、中理、遏根陀、层拔、昆仑层期和木兰皮等地。

关于忽斯里国，《诸蕃志》写道：该国"属白达国节制。国王白皙，打缠头，着番衫，穿皂靴。……国人惟食饼肉，不食饭。其国多旱，管下一十六洲，……有江水极清甘，莫知水源所出。岁旱诸国江水皆消减，惟此水如常，田畴充足，农民藉以耕种，岁率如此。人至有七八十岁不识雨者"[2]。忽斯里是 Misr 的音译，指埃及，这里提到的江就是尼罗河。

关于遏根陀国，《诸蕃志》写道：该国"忽斯里之属也。相传古人异人徂葛尼，于濒海建大塔，下凿地为两屋，砖结甚密，一窖粮食，一储器械，塔高二百丈，可通四马齐驱而上……"[3] 遏根陀国为埃及的亚历山大港，"徂葛尼"即为亚历山大大帝。

《诸蕃志》还详细介绍了东非地区的弼琶啰国，该书写道："弼琶啰国，有四州，余皆村落，各以豪强相尚。事天不事佛。土多骆驼、绵羊，以骆驼肉并乳及烧饼为常馔。产龙涎，大象牙及大犀角，象牙有重百余斤，犀角重十余斤。亦多木香、苏合香油、没药、玳瑁至厚。他国悉贩焉。……兽名徂蜡，状如骆驼，而大如牛，色黄，前脚高五尺，后低三尺，头高向上，皮厚一寸。又有骡子，红白黑三色相间，纹如经带，皆山野之兽，往往骆驼之别种也。"[4] 弼琶啰国在今天索马里沿岸，阿拉伯语称为巴巴拉。这里出产龙涎、木香、苏合香油、没药等香料，还有长颈鹿、斑马、鸵鸟等珍稀动物。

另外，《诸蕃志》所介绍中理国，为索马里；层拔、昆仑层期在非洲东海岸。

---

1 张铁生：《中非交通史初探》，北京：生活・读书・新知三联书店，1965 年，第 19—20 页。
2 杨博文：《诸蕃志校注》，北京：中华书局，2000 年，第 120 页。
3 同上，第 123 页。
4 同上，第 102 页。

元代记载非洲的著作，有汪大渊的《岛夷志略》。汪大渊，江西南昌人，是 14 世纪上半叶中国著名的旅行家。1329—1345 年间，两次乘船出海，经历数十国，回国后写成《岛夷志略》一书。《岛夷志略》记载了 99 个国家和地区，涉及非洲的主要有达吉那、层摇罗、哩伽塔和马鲁涧等地。

关于达吉那，《岛夷志略》记载道："国居达里之地，即古之西域。山少田瘠，气候半热，天常阴晦。俗与羌同。男女身面如漆，眼圆，……女资纺织为生，男采鸦鹘石为活。煮海为盐，酿安石榴为酒。有酋长。地产安息香、琉璃瓶、硼砂，栀子花尤胜于他国。"[1] 从当地的风土人情看，达吉那位于北非，大致在今天的摩洛哥。

关于层摇罗，《岛夷志略》写道："国居大食之西南，崖无林，地多淳，田瘠谷少，故多种薯以代粮食。……男女挽发，穿无缝短裙。民事网罟，取禽兽为食。煮海为盐，酿蔗浆为酒。有酋长。地产红檀、紫蔗、象牙、龙涎、生金、鸭嘴胆矾。"[2] 许永璋教授认为，层摇罗即层拔，是桑给巴尔的不同译法。[3]

关于哩伽塔，《岛夷志略》记载道："国居辽西之界，乃国王海之滨。田瘠，宜种黍。民叠板石为居，掘地丈有余深，以藏种子，虽三载亦不朽也。气候秋热而夏凉。俗尚朴。男女瘦长……煮海为盐，酿黍为酒，以牛乳为食。"[4] 书中详细叙述了采集珊瑚的方法："其树或长一丈有余，或七八尺许，或一尺有余。秋冬民闲皆用船采取，以横木系破网及纱线于其上，仍以索缚木两头，人于船上牵以拖之，则其树槎牙，挂挽而上。"[5] 据考证，哩伽塔在摩洛哥境内。[6]

在元代，中国出现了第一幅关于非洲的地图。这幅图在 1311—1320 年

1　苏继庼校释：《岛夷志略校释》，北京：中华书局，1981 年，第 305 页。

2　同上，第 358 页。

3　许永璋：《我国古籍中关于非洲的记载》，《世界历史》1980 年第 6 期。

4　苏继庼校释：《岛夷志略校释》，北京：中华书局，1981 年，第 349 页。

5　同上。

6　张铁生：《中非交通史初探》，北京：生活·读书·新知三联书店，1965 年，第 60 页。

间朱思本所绘制的《舆地图》中。该图所画的非洲是三角形，早于欧洲人和阿拉伯人关于非洲的地图。

明代郑和七下西洋，四次到达非洲，随同郑和出使西洋的马欢、费信和巩珍，回国后写了三本书——《瀛涯胜览》《星槎胜览》和《西洋番国志》，记载了东非城邦的商业贸易、居住环境、风土人情、气候物产等情况，成为研究东非国家历史和中非关系史的重要材料。比如费信的《星槎胜览》卷四对今索马里首都摩加迪沙进行了比较详细的介绍："木骨都束国，自小葛兰（印度的奎隆）顺风二十昼夜可至。其国濒海，堆石为城，垒石为屋四五层。厨厕待客俱在其上。男子拳发四垂，腰围艄布。女人发盘于脑，黄漆光顶，两耳挂络索数枚，项带银圈，缨络垂胸。出则单布兜遮，青纱蔽面，足履皮鞋。山连旷地，黄赤土石，田瘠少收。数年无雨，穿井甚深，绞车以羊皮袋水。风俗嚣顽，操兵习射。其富民附舶远通商货。贫民网捕海鱼。"[1]

清代有关非洲知识的著作不少，涉及面也比较广。不过，有关非洲的知识散见于各类著作中。例如，在林则徐主编的《四洲志》、魏源的《海国图志》和徐继畬撰写的《瀛寰志略》里都有介绍非洲的内容，涉及非洲的地理、社会和政治情况。张德彝的《航海述奇》、王锡祺编写的《小方壶斋舆地丛钞》里收编的《探地记》《三洲游记》等，则是对非洲某些地方的见闻和游记。

在荷兰人开辟欧洲—好望角—雅加达—中国航线以后，就有中国水手在这条航线上做工，他们不能去荷兰本土，到了好望角就要掉头。但是，这些人未留下记载。留下记载的访问过南部非洲的第一个中国人是樊守义（1682—1753）。

樊守义，山西平阳人，于1707年奉旨随艾若瑟赴欧。他从澳门启程，经过两个月到达巴达维亚。等候季风，再经三四个月，"始见大狼山（好望角）"，1711年樊守义东还，写下《身见录》。这是中国人亲历好望角航线最

---

[1] 费信：《星槎胜览》卷四。

早的著作。

谢清高的《海录》比樊守义记载的地方多，更详细。谢清高（1765—1821），广东梅县人，随外国船出洋14年，几乎跑遍了全世界，后来眼睛都瞎了。亲自口授，由别人记录成书。他记述了非洲的毛里求斯（妙哩士）、莫桑比克（麻沙密纪）、索法拉（生哪）、好望角、圣赫勒拿（散爹哩）、几内亚湾（咖补唔荤）等。他第一次谈到黑奴来自非洲，欧洲人在非洲贩卖黑奴，"其麻沙密纪国、生哪国、咖补唔荤国，皆为西洋所夺。又尝掠其民，贩卖各国为奴婢"[1]。

近代访问埃及的第一人是伊斯兰教学者马德新（1794—1874）。1841年他取道缅甸、印度，到麦加朝觐。1844年在埃及居住了半年之久。在《朝觐途记》一书中，他记述了在埃及的见闻。

《瀛寰志略》成书于道光十二年（1848），综述了世界五大洲的地理历史概况，非洲志是其中的一部分。作者徐继畬（1795—1873），山西五台人，道光进士，曾在福建办通商事务兼署闽浙总督，后任总理事务衙门行走。由于职业的关系，他十分关心时事，熟悉外国的情况。他的著作还吸收了《海国图志》（成书于1842）中非洲志的内容。该书从宏观角度对整个非洲做了全面介绍，对非洲各个区域和国家，"叙其方位、标明经纬度"，对历史和社会政治状况也有较准确的记载。

徐继畬在《瀛寰志略》中记载了西非地区贩卖黑奴的情况。"阿非利加西土，由地中海口门之外，地形折而南下，面大西洋海。数千里尽属沙漠。其土人面黑如墨染，高颧、扁鼻、唇厚，须发拳皱，似骨重羊毛，混沌无知，近禽兽。衣好华彩，半裸其体，不蔽阴阳，用金珠象牙，遍身悬缀，以为美观。相聚则婆娑跳舞。男女随意杂配，种族无别。耕作者少，掘食草根如芋薯。土肥沃，自生长。……值饥乏，族类相攻掳，获生口，卖以为奴。各国之船，往来贩鬻。"[2]

---

[1] 谢清高、杨炳南、安京：《海录校释》，北京：商务印书馆，2002年，第273页。
[2] 艾周昌编注：《中非关系史文选（1500—1918）》，上海：华东师范大学出版社，1989年，第179页。

3. 资料汇编类

中国学者已经对中文典籍中关于非洲历史的资料进行整理和研究，代表性的有张星烺编著《中西交通史料汇编》、艾周昌编注《中非关系史文选（1500—1918）》等。

张星烺先生1930年出版的《中西交通史料汇编》，共有6册，1977年，中华书局将原书和增补内容合在一起，由朱杰勤加以校订，重新出版。这部书从中外史籍中摘录了大量资料，按照地区和国家分类编排，并对地名及历史事件进行了考证。其中，第二编为《古代中国与非洲之交通》。除了从外国人著作（例如《伊本·白图泰游记》）中摘引材料外，还从《汉书》《新唐书》《元史》《明史》以及《经行记》《酉阳杂俎》《岭外代答》《诸蕃志》《岛夷志略》《星槎胜览》等中国古籍中搜集整理了不少有关古代非洲和中非关系的记载。据张星烺考证，在这些古籍记载中，涉及的非洲国家和地区有摩洛哥、阿尔及利亚、突尼斯、埃及、苏丹、埃塞俄比亚、索马里、肯尼亚以及桑给巴尔等地。

艾周昌教授1989年编注出版《中非关系史文选（1500—1918）》，该书分五个部分：一、黑人在中国；二、非洲见闻录；三、时人论说；四、华工与华侨；五、中非外交。该书节录的著作有四五十种，还有不少近代报刊和档案。其中第二部分《非洲见闻录》和第三部分《时人论说》，都是直接记载非洲情况的，约占全书内容的2/3。这些内容对于研究非洲各国的社会经济、政治制度、人民生活、风俗习惯等方面，都有重要的史料价值。

例如，湖北天主教徒郭连成于咸丰九年（1859）随意大利传教士赴欧，两次访问埃及。回国后，写《西游笔略》，他记述了乘坐轮船、火车以及参观面粉厂的过程。郭连成可能是向中国人最早报道金字塔的人。"十六（咸丰九年七月十六日），天晴。午前八下钟，泊苏夷士。午后二下钟，坐小火船上岸。四下钟，上火轮车，七下二刻，抵加以罗。""加以罗乃厄日多国京都。此处房屋高耸，树木差池。城外有河，名泥罗，可通亚立［山］府，为厄日多国之佳壤。""加以罗城内，有最奇之古迹，状如冢，皆石为之,阔下而锐上。其最大者,即下之隅量之,长约六十丈,高亦二十丈。内有古人之棺,不知何代所造。外有回回教之礼拜堂,华美可观。"[1]

中国古代文献中对非洲的记载,目前仍然未受到国际学界的重视,其中一个很重要的原因是语言问题,西方学者和非洲学者一般不懂中文,不能阅读中国古代文献。所以,将中国文献中有关非洲历史的文献资料翻译成英文,让世界学术界分享,这是摆在中非学者面前的一个迫切的共同任务。

二、口述传统[2]

总的来看,非洲尽管有阿拉伯文、豪萨文、斯瓦希里文、阿姆哈拉文、瓦伊文、巴蒙文和富尔富尔德文等文字的书面资料,以及西文和中文等文献资料,但是非洲书面文献对于历史研究而言是明显不足的:首先,分布不均,撒哈拉以南非洲,尤其是中南部非洲缺乏文字资料;其次,文字不够普及,"至今黑非洲绝大多数本地语言尚无相应的文字,在1000多种本地语言中,只有50多种有文字或正在形成文字,不及总数的1/20"[3];再次,记述非洲的西方文献尽管很丰富,但其不足也是十分明显的,西方文献的时间是有限的,主要涉及非洲近现代历史,即便是非洲近现代史仅凭西方文献也是不全面的;最后,黑人创造的文字时间普遍比较短,黑人自己创造的语言文字,如瓦伊文、巴蒙文、富尔富尔德文等一般只有一二百年的历史。因此,非洲缺乏系统的、贯穿古今的编年史。

非洲历史除了书面文献和考古资料两个资料来源之外,还有口头传说。口头传说在很大程度上是最直接、最丰富和最真实的历史资料来源。

---

1 艾周昌编注:《中非关系史文选(1500—1918)》,上海:华东师范大学出版社,1989年,第30—35页。
2 参见张忠祥:《口头传说在非洲史研究中的地位和作用》,《史学理论研究》2015年第2期。
3 李保平:《非洲传统文化与现代化》,北京:北京大学出版社,1997年,第84页。

由于非洲口述传统的盛行,所以年长者在非洲传统社会中受到普遍尊重。因为,除了专业的格里奥之外,年长者也承担了传承历史的职责。这在非洲的谚语中得到验证。谁是最有资格的历史信息提供者?非洲谚语压倒性支持老人而非青年,如"年纪越大,智慧越多","老年人坐着看到的,年轻人站着也看不见"。[1] 在历史上,非洲口头传说的兴盛也是有客观原因的,杜波依斯曾说:"非洲西部海岸多雨,古代文件在那里不易保存,因此,这个地区的历史基本上是靠口头的传说。"[2]

非洲的口述传统并非局限于撒哈拉以南非洲,而是扩大至整个非洲大陆,可以追溯到古埃及。"非洲史学中口述传统的历史始于古埃及"[3],埃及祭司马涅托所写的《埃及史》中,大量引用了口述资料,在此基础上确立了古埃及的历史年表,把埃及被亚历山大大帝征服之前的历史划分为30个王朝,这对埃及历史还原做了巨大的贡献。

口述传统是所有民族都有过的传统,其差异在于各民族对口述传统依赖程度的不同。非洲因其文字的缺乏,对口述传统的依赖比世界上任何地方都要严重。因此,撒哈拉以南非洲的大多数地区长期保留口述传统。非洲口述传统可以细分为两类:口头传说和口述历史。口头传说特指那些对过去进行描述的口头记录,即信息提供者或者讲述者他们自己并不是所描述事件的直接参与者、见证者或所报道事件的同时代的人。口述历史是指由事件的参与者讲述的对往事的口述见证,或者说由事件的见证者或事件发生的同时代的人所讲述。因此,非洲的口述传统,既包括讲述近期或遥远时代事件的口头传说,也包括记录同时代事件的口述历史。[4]

1　Ebiegberi Joe Alagoa, *The Practice of History in Africa: A History of African Historiography*, Port Harcourt: Onyoma Research Publications, 2006, p. 28.
2　[美]威·爱·伯·杜波依斯:《非洲——非洲大陆及其居民的历史概述》,秦文允译,北京:世界知识出版社,1964年,第4页。
3　Ebiegberi Joe Alagoa, *The Practice of History in Africa: A History of African Historiography*, Port Harcourt: Onyoma Research Publications, 2006, p. 15.
4　*Ibid.*, p. 14.

(一)非洲口头传说的特点

在非洲传统社会里,语言不仅是日常的交流手段,而且也是保存先人智慧的一种手段,这种智慧藏于口头传说中。口头传说就是通过语言口口相传保存和传播非洲人民历代所创造和积累的精神生活的活宝库。口头传说首先是一种资料,它不仅是关于过去的资料,同时也是关于人们怎样不断解释它的叙述;口头传说还是一种内部信息,它涉及面比一般有文字社会所保留的书面资料广泛得多,如人生观、迁徙争斗、生活、对外部世界的描述、关于本地人口或本集团各阶层的内部叙述等。口头传说从各个侧面反映非洲人民的风俗文化和社会生活。加纳谚语说:"悠久的往事存留在人们的耳朵里。"[1] 鉴于撒哈拉以南非洲的大多数民族迟至19世纪尚无自己的文字,口头传说对其早期历史的研究具有特别重要的意义。正如口头传说研究知名学者 J. 范西纳所指出的那样:"撒哈拉沙漠及其以南地区的非洲文化在很大程度上属于口头文化,即使像西非这样从16世纪以来就存在文字的地区,也属于口头文化,因为只有很少数人会写字,而且文字对于一个社会所关注的大事常常是没有多大作用的。"[2]

口头传说在世界各地曾经普遍存在过,在古代西方世界有《伊利亚特》和《奥德赛》,在中国神话传说中有盘古开天地等。非洲的口头传说与其他地方的口头传说相比不仅时间悠久,从古代一直延续到今天,而且比其他任何地方都要丰富,包括神话、历史、祷词、民谣、故事以及谚语等。除此之外,还具有以下的特点:

首先,非洲口头传说有专门的传授者。与现代口述史研究者运用现代化的录音手段访问事件亲历者记录口述历史所不同的是,非洲口头传说靠

---

[1] K. Daaku, "History in the Oral Tradition of the Akan", see R. Dorson, ed., *Folklore and Traditional History*, New York: Anchor Books, 1973, p.42.
[2] [比]简·范西纳:《口头传说与方法论》,基-泽博主编:《非洲通史》第一卷,北京:中国对外翻译出版公司,1984年,第142页。

专职人员代代相传。这种历史的讲述者往往是一些声音嘶哑、讲究礼仪的白发苍苍的老人，他们如同历史的活化石。在西非曼德人的传统社会里，人们崇拜那些专司讲述往事的长者，认为越是年长者，越是具有较高社会地位的讲述者，讲述的真实性也就越强。[1]

在西非的传统社会里，口头传说的传承者被称作格里奥（Griot）。他们是非洲历史的活记忆，是非洲的最好证据。著名的关于马里帝国开创者的史诗《松迪亚塔》就是通过格里奥代代相传保存下来的，最后一名格里奥名字叫杰里·马莫杜·库雅泰，他的母亲是宾杜·库雅泰，他的父亲是说唱艺术大师杰里·克迪安·库雅泰。"从上古时代起，库雅泰家族就专门侍候曼丁国的凯塔王公：我们是存放语言的口袋，在这个口袋里藏着千年万载历史的秘密，我们觉得说唱艺术并不玄妙。如果没有我们，国王的名字就会被忘记，我们就是人类的记忆；我们用生动的语言，把国王的丰功伟绩传给后代。"[2] 在班巴拉语中，格里奥被称作多马或索马，即"博学之士"，或被称作多尼凯巴，即"知识制造者"。在富拉尼语中，他们依地区的不同而被称作锡拉蒂奎、甘多或特基奥里克内，意思均为"博学之士"。通常具有惊人的记忆天赋，他们也往往是传说所传下的过去事件或当代事件的案卷保管人。[3] 尽管他们在非洲传统社会里的名称不尽相同，但是，他们的职责是类似的，就是通过他们的博学和非凡的记忆能力，将各自民族的历史代代相传。因此，要写出一部本质上是属于非洲的历史，就必须依靠这些口头传说者不可或缺的证言。

在古代马里王国，每一个王子都有一名格里奥。格里奥必须与王子朝夕相处，既是王子的老师，用先辈的历史教育他，又是王子的专职史官，记下王子的言行和丰功伟绩。根据《松迪亚塔》的传说，有一天曼丁国老

1　Jan Vansina, *Oral Tradition as History*, Madison: University of Wisconsin Press, 1985, p.130.
2　［几］吉·塔·尼亚奈：《松迪亚塔》，李震环、丁世中译，上海：上海译文出版社，1983年，第1页。
3　［马里］A.哈姆帕特·巴：《逼真的传说》，基-泽博主编：《非洲通史》第一卷，北京：中国对外翻译出版公司，1984年，第126—127页。

国王纳雷·马汗把马里·迪亚塔（即松迪亚塔）叫到身边，对他说："马里·迪亚塔，我已年迈，不久就不能和大家生活在一个世界上了。但是，在死神夺去我的生命之前，像每一个国王对他的继承者都要做的那样，我要给你一件礼物。曼丁的每一个王子都有一个格里奥。杜阿的父亲是我父亲的格里奥；杜阿是我的格里奥。你瞧，这里是杜阿的儿子贝拉·法赛盖，他就是你的格里奥。愿你们从今后做形影相随的朋友。你将从他的口中，学习先辈的历史，学会根据先辈传给我们的道理来管理好曼丁的本领。"[1]

格里奥一直存在到非洲国家独立之后。莫洛姆·加奥洛是塞内加尔著名的口传历史传承人，他拥有塞内加尔全部富拉尼人的家系学知识。他有参加各大家族的每次洗礼或葬礼的习惯，以记下生死情况，将其列入他惊人记忆中已汇辑的名单。因此，他能用美丽的词汇对任何富拉尼的重要人物讲述："你是某某的儿子，某某所生，某某的后裔，某某的子孙……他们每人因何原因死于何地，埋葬的地方又是如此这般……"莫洛姆·加奥洛终年105岁，大约在1968年去世。他的儿子马马杜·加奥洛住在马里，继承父业。[2]

为了培养口头传说的传承人，在非洲的一些地方出现了专门的学校。例如，"在马里和几内亚，几个世纪以来，在凯拉、基塔、尼亚加索拉、尼亚尼等地一直有真正的启蒙学校"[3]。

其次，非洲口头传说蕴含着丰富的历史信息。在非洲传统社会里，因为没有文字，各民族的历史只能通过口头传说来保存。如在津巴布韦的口头传说中，有大量的关于绍纳人的历史王朝——马塔帕王朝和制罗兹维

---

1 ［几］吉·塔·尼亚奈：《松迪亚塔》，李震环、丁世中译，上海：上海译文出版社，1983年，第31页。

2 ［马里］A.哈姆帕特·巴：《逼真的传说》，基-泽博主编：《非洲通史》第一卷，北京：中国对外翻译出版公司，1984年，第142—143页。

3 ［布基］基-泽博：《总论》，基-泽博主编：《非洲通史》第一卷，北京：中国对外翻译出版公司，1984年，第8页。

王朝的资料。[1] 在南非的口头传说中,人们可以听到无数关于祖鲁英雄恰卡、丁刚和丁吉斯瓦约的故事与歌谣。口头传说中也有比较完整的谱系,如《松迪亚塔》一开头就说:"凯塔族的祖先毕拉里·布纳马是先知穆罕默德忠实仆人。毕拉里·布纳马共有七个儿子,大儿子拉瓦罗从圣城出发,定居在曼丁国;拉瓦罗生下的儿子取名叫拉塔尔·卡拉比,拉塔尔·卡拉比的儿子叫达马尔·卡拉比,达马尔的儿子名叫拉希拉杜·卡拉比……拉希拉杜·卡拉比有两个儿子,长子名叫卡拉比·朋巴,次子叫卡拉比·多曼……卡拉比·朋巴的儿子名叫马马迪·卡尼……马马迪·卡尼生了四个儿子:卡尼·新朋、卡尼诺果·新朋、卡巴拉·新朋和新朋·巴马里·塔诺果克林……后来,巴马里·塔诺果克林的后裔继承了王位;他的儿子名叫巴里·奈奈,孙子叫贝洛,曾孙叫贝洛·巴孔;贝洛·巴孔的儿子叫马汗·孔·法塔。马汗·孔·法塔是伟大的松迪亚塔的父亲。"[2] 可见,《松迪亚塔》追溯了主人翁之上的 14 代祖先,展示了一段比较完整的谱系。

口头传说是非洲史研究重要的资料来源,有时它是唯一的可直接利用的史料。譬如,对刚果的姆博奇人就是如此。只有靠口头传说才能在时间和空间上重现他们各个酋邦的历史。口头传说还能解决文字记载无能为力的问题。编年史学家德拉波特于 1753 年和普罗亚特于 1776 年都记载说,在中非西部的洛安加王国,历代国王分葬于两处墓地,一处在卢布,另一处在勒万吉里。至于分葬的时间和原因,至今所知的文字记载都没有谈到,"只有今天维利人的口头传说解释了这个分葬现象。由于马卢安戈王朝和勒万吉里的人民之间发生了激烈争执,当时的国王和王公不得已决定改换墓地。就这样,由于王室同王国一个富饶省份发生了冲突,放弃了勒万吉里墓地,改葬在卢布的墓地"[3]。在这件事情上,口头传说弥补了文字记载

---

1 T.O. Ranger, *Revolt in Southern Rhodesia, 1896–1897*, London: Heinemann, 1964; D.N. Beach, *The Shona and Zimbabwe, 900–1850*, London: Heinemann, 1980.

2 [几]吉·塔·尼亚奈:《松迪亚塔》,李震环、丁世中译,上海:上海译文出版社,1983 年,第 4—6 页。

3 [刚] T. 奥邦加:《非洲史研究中所使用的资料和专门技术概述》,基-泽博主编:《非洲通史》第一卷,北京:中国对外翻译出版公司,1984 年,第 58 页。

之不足,解决了一段历史上的公案。

再次,力求真实。在深受兰克学派影响,通常只承认档案材料是历史研究唯一可靠资料的西方学者看来,非洲口头传说经过历代讲述者的口口相传,其真实性值得怀疑。默多克的观点有一定的代表性,他说,非洲"当地的口头传说完全不可靠"[1]。以研究非洲口述史著名的简·范西纳,对非洲口头传说也表现出比较慎重的态度,认为要使口头传说成为可靠资料,就必须进行批评性的控制。[2]

事实上,非洲口头传说并非无稽之谈,如实叙述历史是格里奥的职责道德。如《松迪亚塔》的传授者所言:"我的语言是纯洁的,在里面找不到丝毫谎言杂质,这是我父亲的语言,也是我祖父的语言。我要把我从父亲那里听到的话原原本本告诉你们;国王的格里奥从不说谎。"[3]英国非洲史学者巴兹尔·戴维逊认为非洲口头传说是真实可信任的。19世纪末20世纪初,一个名叫托尔戴的比利时人沿着刚果河大西洋出海口溯流而上,来到非洲密林的中心布雄哥人的地方,听当地长老讲述他们的口头传说。长老侃侃道来,从从容容地列举了120个国王的名字,一直追溯到了雄才大略缔造国家的神王。当讲到第98位国王,包·卡马·包曼恰拉时,长老说,在他执政期间没有发生什么特别的事情。只是某天中午时分,太阳没有了,顷刻间一片漆黑。过了好几个月,托尔戴查清楚,1680年3月30日发生一次日全食,正好就在布雄哥上空。"托尔戴的成就揭示了,在有文献记载以前的许多世纪——'原史'世纪——非洲已有历史是可能的。"[4]

如实地讲述口头传说不仅是格里奥的基本道德,也是有行业禁忌所规

---

[1] G.P. Murdock, *Africa: Its People and their Culture History*, New York: McGraw Hill, 1959, p.43.

[2] [布基]基-泽博主编:《非洲通史》第一卷,北京:中国对外翻译出版公司,1984年,第44页。

[3] [几]吉·塔·尼亚奈:《松迪亚塔》,李震环、丁世中译,上海:上海译文出版社,1983年,第2页。

[4] [英]巴兹尔·戴维逊:《古老非洲的再发现》,屠尔康、葛佶译,北京:生活·读书·新知三联书店,1985年,第12—13页。

范的。对于一个非洲传统社会的格里奥或者多马,无论知名与否,都必须比其他人更尊重事实。因为,对于他们而言,说谎不仅是道德上的污点,而且违背礼仪禁令,会因此而不能完成自己的任务。因此,要成为一位受人崇敬的博学之士,成为一名真正的格里奥或者多马,首先就是如实地口述历史。这样的格里奥,人们会称赞他是一个"马阿"(即一个完人)。与此同时,经受传统主义熏陶的非洲人,"对一位传统主义者——多马的话,连做梦也不会怀疑其真实性,特别是在传授从祖辈继承下来的知识时更是如此"[1]。

(二)非洲口头传说的再发现

非洲有着悠久的历史和丰富的口头传说。但是,长期以来各种荒诞的说法和偏见使得外界无法了解非洲的真实历史。人们把非洲看成是没有历史的社会。直到20世纪最初几十年里,还有许多学者未能摆脱若干先入之见,认为由于缺乏书面材料和文件,无法对非洲社会进行科学研究。牛津大学现代史钦定讲座教授休·特雷弗-罗珀(Hugh Trevor-Roper)说:"可能在将来会有非洲历史可以讲授,但目前还没有,只有在非洲的欧洲人的历史。其余是一团漆黑……而黑暗不是历史的题材。"[2] 因为,欧洲自19世纪以来,在兰克学派的影响下,实证主义史学对档案资料十分看重,认为没有档案资料就不能进行历史研究。在欧洲传统史学家看来,口头传说只是神话和童谣,根本不是研究历史的基本材料。这种状况到非洲国家独立后有了很大的改变,人们重新认识到口头传说的价值,把它广泛运用到非洲历史研究之中去。原教科文组织总干事阿马杜-马赫塔尔·姆博说:"口头传说,长期以来它一直被人轻视,现在却成了了解非洲历史极其有价值的工具,使人们有可能追溯非洲不同民族在空间和时间两方面的活动,从内

---

[1] [马里] A.哈姆帕特·巴:《逼真的传说》,基-泽博主编:《非洲通史》第一卷,北京:中国对外翻译出版公司,1984年,第127—129页。

[2] Hugh Trevor-Roper, "The Rise of Christian Europe", *The Listener*, Vol.70, 1963, p.871.

部了解非洲对世界的看法,真正领会这个大陆文化和制度所根据的准则的独有特征。"[1]

非洲口头传说的再发现,兼具内因和外因。从内因角度来看,重视非洲口头传说是非洲民族主义历史学派所追求的目标之一。非洲国家独立后,迫切需要建立民族史学,消除殖民史学的影响。所以,20世纪非洲最有影响的史学流派是民族主义学派,其中较为突出的是尼日利亚的伊巴丹学派和坦桑尼亚的达累斯萨拉姆学派。"从非洲观点观察非洲",是伊巴丹学派的座右铭,这也就是说要还非洲历史的本来面貌,改变殖民史家从外部看非洲历史的不正确做法。伊巴丹学派的创始人尼日利亚历史学家肯尼思·翁伍卡·戴克在他的代表作《尼日尔三角洲的贸易和政治,1830—1885》[2]中使用了大量的口述材料和文字记载。他的贡献在于口述传统从此不再被单纯地视为民谣,而被承认为历史研究的合法史料。从1965年开始,由戴克教授主持的"伊巴丹历史系列"丛书开始出版。在"导言"中,戴克教授批判了将文字档案等同于历史的欧洲史学传统,批判了将非洲史写成在非洲的欧洲人的历史的殖民史学传统,明确地提出要继承古代及19世纪以来的非洲史学传统,将口头传说和多学科方法引入非洲史学。[3] 国际非洲学会1961年召开的关于热带非洲史学家这一专题的达喀尔讨论会,以及1965年在达累斯萨拉姆召开的关于非洲史新观点的讨论会,着重强调了需要采取新的研究方法,还特别强调了口头传说作为非洲史资料来源的独特作用,以及史学家从来源于口头传说的语言学和考古学可能得到的全部好处。

从外因来看,非洲口头传说重新受到重视,也有国际学术背景,即与现代口述史学的诞生相联系。现代口述史学发端于20世纪中叶的美国,

---

1 [塞内]阿马杜-马赫塔尔·姆博:《序言》,基-泽博主编:《非洲通史》第一卷,北京:中国对外翻译出版公司,1984年,第 xx 页。
2 K.O. Dike, *The Trade and Politics in the Niger Delta 1830–1885: An introduction to the economic and political history of Nigeria*, Oxford: Clarendon Press, 1959.
3 张忠祥:《20世纪非洲史学的复兴》,《史学理论研究》2012年第4期。

1948年美国哥伦比亚大学口述历史研究中心的创建，标志着现代口述史学的诞生。1966年美国口述历史协会成立，创办《口述历史通讯》，后来更名为《口述历史评论》。口述史学兴起后在经济史、科学史、劳工史、社会史、妇女史、黑人史、亚文化群体、家庭史、政治史和文化史等领域分别取得了新成就。口述史不仅成为一种新的历史研究方法和手段，而且成为一个新的历史学分支。早在20世纪70年代时任美国口述历史协会主席塞缪尔·普罗克特说："口述历史的时代已经来临。"[1] 西方学者也开始注重使用口头传说的资料，如《剑桥非洲史》关于马里帝国13世纪20—30年代历史的叙述，主要也是取材于《松迪亚塔》提供的口述史料。[2] 现代口述史学在欧美兴起之后，作为口述史学主要载体的口头传说自然不会继续被人贬低和忽视，它的价值被重新发现。

非洲国家独立后加强了对口头传说的保护。在今马里共和国距康加巴10公里的凯拉村，就有一些格里奥还保存着凯塔王室的口头传说。每过7年，凯拉村的迪亚巴特氏族都要举行一次重建"卡加巴的卡马布隆"（茅屋礼堂）的仪式，他们在举行这种节庆典礼时总要回顾松迪亚塔的事迹和马里帝国起源的故事。基塔是口头传说的另一传授中心。当地的格里奥家族的成员马萨·马坎·迪亚巴特已将有关他著名叔父凯勒·蒙松业绩的传说收集和记述下来。在几内亚境内有两处口头传说传授中心，一处是尼扬当河畔的法达马，由孔戴族的格里奥主持；另一处是杰利巴科罗。在尼亚尼也可以收集到口头传说，当地的凯塔村正好坐落在几内亚古都的遗址上。在塞内冈比亚，由格里奥传授历史，他们除了传颂松迪亚塔的传奇故事外，还十分重视宣扬他手下名将蒂拉马汉·特拉奥雷的事迹，是这位名将征服了这一地区，因而他被认为是冈比亚河与里奥格兰德河之间的加布

---

1 Samuel Proctor, "Oral History Comes of Age", *The Oral History Review*, Vol.3, 1975, pp.1-4.
2 J.D. Fage and R. Oliver, *Cambridge History of Africa*, Vol.3, Cambridge: Cambridge University Press, 1977, pp.377-378.

王国的缔造者。[1] 在塞内加尔有桑戈尔基金会卡布口头传说研究会,专门从事口头传说的搜集和研究。

(三)口头传说与非洲史研究

非洲口述史的研究起步比较早,当伊巴丹学派将口头传说作为主要资料研究非洲历史的时候,现代口述史学刚刚在美国兴起。非洲口述史与现代口述史学既有联系,又有区别。口述史是非洲史学的传统,对非洲历史研究而言在很大程度上是恢复这一传统。而对于欧美学术界而言,口述史属于新史学,甚至主要是一种社会生活史、劳动人民的历史,或者对正史的补遗。英国埃塞克斯大学教授保罗·汤普森认为,口述史促使历史研究从"自上而下"的精英史研究转为"自下而上"的平民史研究,口述史用人民自己的语言把历史交还给了人民。它在展示过去的同时,也帮人民自己动手去建构自己的未来。[2] 在研究方法上,欧美现代口述史主要利用现代的录音设备,对事件的亲历者进行采访。美国学者多纳尔德·里奇说:"口述历史就是通过录音访谈来收集口头回忆和重大历史事件的个人评论。"[3] 而对于非洲人来说,口述历史不仅是过去的积淀,而且是"现在与将来之躯体的活生生的气息"[4]。在非洲传统社会里,口述史是有生命气息的、活生生的,它不仅包含丰富的历史信息,而且也是共同体的精神家园,如果把它记录下来,刻板化,那它就失去了生命力。

口头传说不仅是研究非洲历史的重要资料,而且提供了从内部解读非洲的钥匙。非洲国家独立后,在本土历史学家的推动下,口头传说广泛地运用

---

1 [塞内]D.T.尼昂主编:《非洲通史》第四卷,北京:中国对外翻译出版公司,1992年,第105页,注释28。

2 [英]保罗·汤普森:《过去的声音:口述史》,覃方明、渠东、张旅平译,沈阳:辽宁教育出版社,2000年,第327页。

3 Donald A. Ritchie, *Doing Oral History*, Oxford: Oxford University Press, 1995, p. 1.

4 Ayele Bekerie, "The Ancient African Past and the Field of African Studies", *Journal of Black Studies*, Vol.37, 2007, pp. 445-460.

到非洲历史研究之中，取得了比较明显的成就，主要体现在以下几个方面：

首先，非洲学者利用丰富的口头传说资源，弥补了档案和文字资料的不足，与国际学者一道，完成了联合国教科文组织的八卷本《非洲通史》的撰写。《非洲通史》共有39名编委，其中2/3是非洲学者，而且分卷主编主要是非洲学者，如第一卷主编是上沃尔特（今布基纳法索）的基-泽博、第二卷主编是埃及的考古学家G.莫赫塔尔（G. Mokhtar）、第三卷主编是摩洛哥的学者埃尔·法西、第四卷主编是塞内加尔的D.T.尼昂、第五卷主编是肯尼亚的奥戈特、第六卷主编是尼日利亚的阿贾伊、第七卷主编是加纳的阿杜·博亨、第八卷主编是肯尼亚的马兹鲁伊。如果不搜集和利用非洲丰富的口头传说资料，撰写一部非洲通史简直是不可能的。所以，《非洲通史》的编委和作者都十分明确口头传说对重构非洲历史尤其是古代史的作用和意义，在编辑八卷本《非洲通史》的第一阶段，即从1965年到1969年专门搜集资料和制订工作计划的阶段，他们着手搜集口头传说，建立口头传说的区域文件中心。正如T.奥邦加（T. Obenga）所言："非洲的口头传说比起其他任何地方的，都更是史学家基本材料的不可分割的组成部分，它大大扩大了材料来源的范围。写非洲史的时候不能再像过去那样，把口头传说反映的时代呼声排斥在历史研究之外。"[1]

《非洲通史》在论述撒哈拉以南非洲历史的时候，大量运用了口头传说。比如《非洲通史》第四卷的第6至10章，非洲史学家在研究马里、桑海和加涅姆-博尔努诸国以及位于尼日尔河湾内的莫西和达贡巴等王国的历史时，尽可能地运用了口述史资料。口头传说帮助历史学家复原公元11至13世纪的西非历史。通过对口头传说的研究，非洲学者发现在加纳衰落和马里崛起期间，有一个索索族统治的时期；索索族是由索宁克-曼丁哥人分裂出来的集团，他们反叛伊斯兰教，一度统治了曾经由卡雅·马汉统治的地方。1325年，马里帝国的创建者松迪亚塔·凯塔在著名的基

---

[1] ［刚］T.奥邦加：《非洲史研究中所使用的资料和专门技术概述》，基-泽博主编：《非洲通史》第一卷，北京：中国对外翻译出版公司，1984年，第58—59页。

里纳战役中打败了索索族国王苏曼古鲁（Soumangourou Kante），建立了新曼丁哥帝国（即马里帝国）。事实上，从1076年前后阿尔莫拉维德王朝占领昆比，到1235年松迪亚塔取得军事胜利和建立马里帝国，这段时期关于西苏丹的文字资料寥寥无几。非洲学者能够重构11—13世纪的西苏丹历史，得益于当地丰富的口头传说，曼丁哥地区，包括康加巴附近的凯拉在内，有许多口头传说传授中心（或"学校"），由迪亚巴特氏族的"格里奥"们主持：尼亚加索拉、杰利巴科罗、凯塔和法达马……主持这些学校的"语言大师"们所传授的是马里历史全书丰富多彩的变形，全都集中于松迪亚塔个人的传说故事。[1]

其次，利用口头传说研究地区国别史和民族史。在口头文化的社会里，历史存在于集体记忆之中，并很忠实地保存着。马里口头传说研究专家A.哈姆帕特·巴，在纯口头传说的基础上，设法搜集各种资料，写出《十八世纪马西纳富拉尼帝国史》。作者属于当地统治者提德雅尼家族，从童年起便具有听取和记忆各种传说的理想条件。在班迪亚加拉，作者父亲的邸宅里总是宾朋满座，日夜都有大型集会。作者在幼年时就认识了讲富尔富尔德语的故事讲述人、家系学家和史学家科莱尔，跟随他周游各地，学会许多故事和传说。长大后，作者开始系统地搜集材料。首先将各种传说全部记录，其次将马西纳克人的传说同图库勒人或其他有关种族人的传说加以比较，搜集材料花去作者15年时间。搜集材料意味着旅行，作者从富塔贾隆（塞内加尔）旅行至卡诺（尼日利亚），走过塞古·阿马杜和哈吉·奥马尔当年旅行过的全部路线。这样记录了至少一千人讲述的传说。[2] 1960年底，塞内加尔达喀尔大学教授J.德维斯、D.罗伯特和S.罗伯特对加纳王国的城池泰格达乌斯特进行了挖掘。他们综合利用了当地的口头传说、中世纪的阿拉伯编年史和考古技术，复原了这一地区的古代历史，

---

1 ［塞内］D.T.尼昂：《马里和第二次曼丁哥人的扩张》，D.T.尼昂主编：《非洲通史》第四卷，北京：中国对外翻译出版公司，1992年，第96—105页。
2 ［马里］A.哈姆帕特·巴：《逼真的传说》，基-泽博主编：《非洲通史》第一卷，北京：中国对外翻译出版公司，1984年，第144—146页。

"就这样，非洲史上一段很少为人所知的时期（七世纪到十三世纪）又入了档案了"[1]。肯尼亚独立后第一代史学家奥戈特在博士论文《南卢奥人的历史》中，几乎完全依靠口头传说，撰写了一部肯尼亚卢奥族的历史，"充分表现出一位天才学者驾驭史料的能力"[2]。

再次，非洲口述史的新发展。非洲口述史除了重新建构整个大陆的历史，或者某个国家和民族的历史之外，也开始向研究某个特定区域的历史、社会生活史、疾病等延伸。如简·本德·谢特勒在《口头记忆在口传中的断裂：西塞伦盖地群落区域环境的变化（1850—1895）》一文中，利用口头传说聚焦坦桑尼亚西塞伦盖地地区的历史研究。[3] 查尔斯·范·奥塞伦（Charles van Onselen）在《我的种子：卡斯·梅恩的生活，一个南非佃农，1894—1985》的传记中，近500页内容是根据对66个受访者、几十个受访者的家庭成员和白人雇主的采访写成的。[4] 杰拉德·奥本海姆和罗纳德·贝耶著的《破碎的梦？南非艾滋病口述史》则是利用口述史研究疾病史。[5]

总的来看，口头传说是非洲得天独厚的资源，世界上没有任何一个地方的口头传说有非洲这样丰富。非洲国家独立后，非洲本土史学家重新发现口头传说的价值，把它广泛运用到非洲历史研究之中去，从而推动了非洲口述史的发展。非洲口头传说在历史研究中的地位是其他地方所无法比拟的，这是非洲历史研究的资料现状所决定的，如果没有口头传说的支撑，非洲古代历史和一些非洲国家民族的历史就无法知晓。正如范西纳所言："在没有文字或几乎没有文字的地方，口头传说必须承担起历史重构的

---

1 ［刚］T.奥邦加：《非洲史研究中所使用的资料和专门技术概述》，基-泽博主编：《非洲通史》第一卷，北京：中国对外翻译出版公司，1984年，第58页。
2 Christopher Fyfe, ed., *African Studies Since 1945*, London: Longman, 1976, p.19.
3 Jan Bender Shetler, "Interpreting Rupture in Oral Memory: The Regional Context for Changes in Western Serengeti Age Organization, 1850-1895", *Journal of African History*, Vol.44, 2003, pp.385-412.
4 Charles van Onselen, *The seed is mine: The life of Kas Maine, a South African sharecropper, 1894-1985*, NewYork: Hill and Wang, 1996.
5 Gerald M. Oppenheimer and Ronald Bayer, *Shattered Dreams? An Oral History of the South African AIDS Epidemic*, Oxford: Oxford University Press, 2007.

任务。"[1]因此，口述史在非洲史研究中不仅仅是拾遗补阙，而是必不可少的主体。欧美口述史研究的重点是在社会史领域，例如农村史、城市史、妇女史、家庭史、企业史和个人传记等，而非洲口述史的研究重点是政治史、民族史、经济史和文化史等。口述史已经成为非洲史研究的亮点和特色。在非洲历史研究中，口头传说从原先被忽视，到现在被重视，甚至形成一种新的传统，研究非洲历史如果不搜集和使用口头传说，那是缺乏权威的。

当然，对待非洲口头传说应该持公正客观的态度。非洲口头传说既包含大量的珍贵的历史资料，也存在许多为了语言匀称和华丽所使用的辞藻，为了在形式上修饰遥远的过去所编选的套话，甚至还有因为尊者讳等多种原因而产生的非事实。有时，为夸大某个有魅力的杰出君主的业绩，而低估其他人的作用。口头传说还有对时间不够重视的缺陷。"在口述社会中，大多数情况下并不看重对时间的精确标示。"[2]所以，我们必须结合其他方式确定口传资料的时间。"我们必须借助书面材料、考古发现和一些物理手段（如天文学和地质学）来进行时间测定。"[3]此外，在利用口头传说的时候，必须熟悉当地的文化背景、了解非洲人民的生活方式、思考方式和价值观念，必须对搜集到的口头传说做去粗取精、去伪存真的工作。最好收集不同来源的传说进行比较，如果允许应该将各敌对集团口述史互相印证，提高资料其准确性，如在利用曼丁哥人的口头传说的时候如果与班巴拉和富拉尼人的口头传说进行比较和印证，那么资料的可靠性就会进一步加强。

（四）口述史的个案——《松迪亚塔》

凯塔·松迪亚塔（Keita Sundiata，1210—1255）是13世纪马里帝国的创建者，是曼丁族属下的凯塔部落人。他的父亲为基里（或称曼德）

1　Jan Vansina, *Oral Tradition as History*, Madison: The University of Wisconsin Press, 1985, p. 199.
2　*Ibid.*, p. 178.
3　*Ibid.*, p. 185.

国国王，兄弟共 12 人。为避免兄弟仇杀，1220 年松迪亚塔随母亲流落异地，后在麦马国受到重用。1230 年索索（Sosso）王国国王苏曼古鲁征服基里国，当时在位的兄长逃入森林。他在麦马国王的帮助下，返回基里。他把凯塔部落组织的"长老团体"改组成军队的核心。他以马里·凯塔为名，依靠一些游猎部落的帮助，联合了马林凯人几乎所有部落，并被各部落酋长公推为战时军事领袖。1230—1234 年，松迪亚塔军队同苏曼古鲁军队展开激战，经过几次胜利之后，终于把索索人赶回他们本地，即尼日尔河上游地区，从而收复了马林凯人的中心地区。1235 年，在今天库里科罗附近的基里纳（Kirina）打败索索人，杀死苏曼古鲁。基里纳战役后，马林凯酋长在康加巴举行大会，松迪亚塔被拥戴为国王。即位后，在几位将领的协助下，几经征战，于 1240 年摧毁古加纳的首府，占领了以前加纳王国统治的地域，使马里成为继加纳之后的西非大国。

　　松迪亚塔是一位有远见卓识的开国之君，他制定法律，确立帝国体制；强化军队，健全行政机构，设置总督统治各地；放弃已被沙漠侵蚀的加纳古都昆比·撒利赫迁都尼阿涅（今巴马科南边），使这一地区成为商业和政治中心；优待穆斯林商人，崇尚伊斯兰教，赢得了商人的好感和支持；大力发展农牧业，扩大耕地，引进棉花种植和棉纺技术。在他的统治下，马里帝国经济蒸蒸日上，国力强盛，社会安定，开创了比加纳更加繁荣昌盛的局面。1255 年在一次典礼仪式上松迪亚塔中箭身亡，其子乌利继位。后来诗人根据民间传诵将他的事迹整理成为长篇史诗《松迪亚塔》，以示歌颂和怀念。

　　长篇史诗《松迪亚塔》就是非洲口头传说的杰作。现在我们能够看到的《松迪亚塔》正是几内亚西基里地区杰里巴·科罗村的格里奥杰里·马莫杜·库雅泰的作品。格里奥是古代非洲国家宫廷里的一种官职，相当于国王的顾问、史官和传话人。他们精通音乐和文学，有着惊人的记忆力。从上古时代起，库雅泰家族就专门侍候曼丁国的凯塔王公。杰里·马莫杜·库雅泰说："我们是存放语言的口袋，在这个口袋里藏着千年万载历史的秘密,我们觉得说唱艺术并不玄妙。如果没有我们,国王的名字就会被忘记,我们就是人类的记忆;我们用生动的语言,把国王的丰功伟绩传给后代。"[1] 该长篇史诗后来被几内亚人吉·塔·尼亚奈记录成文字,于 1960 年出版。

格里奥往往是讲故事的能手,一下子就能够把听众吸引住。库雅泰以如下的话语开篇:"芒丁(即曼丁)的孩子们,黑人的子孙:请你们听我说,我要对你们讲松迪亚塔的故事,他是光明之国的国父,草原之国的国父,是善射的弓箭手们的祖先,是征服了一百个国王的统帅。"[2] 接着,库雅泰追溯了松迪亚塔的祖先,从凯塔族的祖先毕拉里·布纳马一直讲到他的父亲马汉·孔·法塔,松迪亚塔是他父亲与第二个妻子松科隆·凯茹所生。松迪亚塔的童年并不出众,反而有些滞后,比如七岁还不会走路。老国王去世后,为了逃避太后莎苏玛·贝雷特的迫害,松科隆带着松迪亚塔远走他乡,历经磨难。"七年过去了,松迪亚塔长大了。他的身体变得非常结实,苦难把他磨炼得文武双全。"[3] 这时,曼丁国落入索索国国王苏曼古鲁的统治之下,松迪亚塔同父异母的兄长丹卡朗·杜曼国王被迫出走。松迪亚塔在麦马王国的支持下打回曼丁,收复国土,并且率领大军打到索索国,将索索国的都城夷为平地。"索索城在大地上消失了,把这块地方变为荒地的,就是水牛之子松迪亚塔。""苏毛洛的京城被毁以后,世界上就只有松科隆·迪亚塔一位人君了。"[4] 胜利后,松迪亚塔把土地分给大家,制定了严明的法纪,让人们享受和平。"在重获和平以后,因为松迪亚塔给大家带来了幸福,村庄也繁荣起来了。只见小米、大米、棉花、蓼蓝、木薯的大片庄稼环绕着村庄。只要干活就一定有饭吃。每年总有长长的商队,带着'姆带'(钱粮)前往尼亚尼。你可以从一个村走到另一个村,不

---

1 [几]吉·塔·尼亚奈:《松迪亚塔》,李震环、丁世中译,上海:上海译文出版社,1983 年,第 1 页。
2 同上,第 4 页。
3 同上,第 50 页。
4 同上,第 116 页。

必提防盗贼。假如有人犯了盗窃罪,要砍去右手,如果再犯,就要把他关进监狱。"[1]对于松迪亚塔的去世,格里奥语焉不详,这对曼丁人来说是一个秘密。"芒丁(即曼丁人)严守着自己的秘密。有一些事情永远也不会为门外汉知道,因为掌管秘密的格里奥从来不会说出来。"[2]史诗最后总结说:"松迪亚塔是无双的。他在世的时候,没有人能和他相比,他故世以后,也没有人立过超越他的雄心。他使芒丁永垂史册。"[3]

《松迪亚塔》反映出口头传说的一些特点:

1. 格里奥的地位和重要性。在古代非洲,历史靠口耳相传,传播历史的人就是格里奥。在马里王国,格里奥子承父业,世代为王室服务。《松迪亚塔》的传承者说:"我是一个格里奥。我名叫杰里·马莫杜·库雅泰。我的母亲是宾杜·库雅泰,父亲是说唱艺术大师杰里·克迪安·库雅泰。从上古时代起,库雅泰家族就专门侍候芒丁国的凯塔王公。"[4]在松迪亚塔七岁的时候,老国王给他安排了一名格里奥。这名格里奥与小松迪亚塔做了如影随形的好朋友,记住主人的言行,为口头传承历史做准备。

2. 口头传说的真实性,特别是谱系、重大事件都是真实可信的。格里奥对松迪亚塔家族的谱系了如指掌,他详细列出了松迪亚塔之前的14代祖先的名字。

3. 反映宗教信仰和价值观。史诗《松迪亚塔》反映马里王朝信仰伊斯兰教。史诗一开始就讲,凯塔族的祖先并不是真正的土著,他们是从东方迁徙过来的,松迪亚塔的始祖毕拉里·不纳马是先知穆罕默德的忠实仆人,他的大儿子拉瓦罗从麦加出发,定居在芒丁国。拉瓦罗的曾孙拉希拉杜·卡拉比是马里第一位到麦加朝圣的黑人国王。史诗中也经常流露出对真主安拉的崇拜,"真主的意志玄妙莫测。你若是要做皇帝,你就不能改

---

[1] [几]吉·塔·尼亚奈:《松迪亚塔》,李震环、丁世中译,上海:上海译文出版社,1983年,第133页。
[2] 同上,第136页。
[3] 同上,第137页。
[4] 同上,第1页。

变它；你若是要倒运，也一样不能改变；照真主的安排，各人有各人的命运之路，自己无法改变它的"[1]。

4. 难免有夸张，甚至颂扬的一面。史诗《松迪亚塔》说，当松迪亚塔的母亲怀孕后，王后莎苏玛·贝雷特总想陷害她，往往是在神灵的保护下，逢凶化吉。"不久，莎苏玛·贝雷特心生毒计，她想杀害松科隆。她私下把芒丁最著名的巫婆全都召到跟前，但是她们都承认对付不了松科隆。说也奇怪，每当黄昏时刻，总有三只猫头鹰栖息在松科隆的宫顶上，保护着她。"[2]史诗中经常可以看到对松迪亚塔的颂扬。"松迪亚塔的法纪严明，他按照真主的语言办事，他保护弱小，反对强暴。有人昼夜长途跋涉，前来求他裁判纠纷。在他的光芒照耀下，正义得到了伸张，坏人受到了惩罚。""他是芒丁之父，他给世界以和平。在他之后，世界上没有比他更伟大的征服者。"[3]

本章小结

综上所述，非洲史学是有着悠久传统的，文字传统可以追溯到古埃及时期，距今有5000多年的历史。由于在历史上非洲与外界的频繁接触，非洲史的文献资料保存在多种文字当中，不仅在希腊罗马文献，以及后来的葡萄牙语、法语、英语、阿拉伯语等文献中，而且大量保存在中国古典文献之中。非洲本土文献也有不少，包括麦罗埃文字、科普特文字、塞拉利昂的门迪文字、瓦伊文字、巴蒙文字等，这些文字的资料有待进一步开发和利用。

口述传统在非洲史学传统中最具特色，非洲的口述传统，既包括遥远事件的口头传说，也包括记录同时代事件的口述历史。非洲史学中口述传统的历史始于古埃及，并且一直保留到现代。非洲口头传说属于传统文化，在非洲

---

[1] ［几］吉·塔·尼亚奈:《松迪亚塔》，李震环、丁世中译，上海：上海译文出版社，1983年，第28页。

[2] 同上，第24页。

[3] 同上，第133—134页。

现代化的过程中，传统文化面临着新的挑战。非洲传统社会里，原先靠传授口述历史的专业人士（即格里奥）正在消失，他们已经不能像以前那样靠传述口头传说为生，他们被迫改行，从事其他工作来谋生。与此同时，非洲国家独立后，教育事业的发展，识字率不断提高，口头传说的文化氛围正在发生着变化，事实上，今天非洲国家的历史不再是仅仅通过口头传说来保存。从这一意义上说，传统意义上非洲的口头传说正在消失。所以，非洲国家独立后都在搜集和整理口头传说，并用文字把它保存下来。但是，文字保持下来的口头传说就不一定是真正意义的口头传说，因为它缺乏格里奥的口头版的生命气息。所以，如何抢救和保存非洲口头传说也是非洲史研究非常紧迫的挑战。

事实上，非洲口述传统和内部文献传统两者的联系十分紧密，尤其在古埃及时代以及现在越来越多地出现两者合为一体的情况。因此，非洲学者倾向于认为，非洲史学传统主要就是口述传统，比如尼日利亚历史学家阿拉戈指出："站在非洲的立场，我们一致认为，口述传统是史学实践的一种基本形式，其他的各种形式都应该与其和谐共处。"[1]

---

[1] Ebiegberi Joe Alagoa, *The Practice of History in Africa: A History of African Historiography*, Port Harcourt: Onyoma Research Publications, 2006, p.211.

第二章

非洲殖民主义史学

西方人对非洲留下历史记载，可以追溯到古希腊时期。进入近代，伴随着早期殖民活动，西方人对非洲的历史记载逐渐增多。这类历史的写作主要是由非历史学家所主导的，一般是旅行者、传教士和欧洲商人。他们所写的大部分内容相当于游记，比如威廉·博斯曼著的《几内亚海岸的新的准确描述》（1705）和简·巴博特著的《巴博特在几内亚：巴博特对西非的记载，1678—1712》（1992），都是这类作品。随着殖民统治的建立，一些殖民官员和专业人士加入了非洲历史的写作，以加纳为例，这类著作有克莱里奇（W.W. Claridge）著的《黄金海岸和阿散蒂史》（1915）、拉特雷（R.S. Rattray）著的《阿散蒂》（1923）和瓦德（W.F. Ward）著的《加纳史》（A History of Ghana，1958）等[1]，这些作品都是殖民主义历史著作。

非洲殖民主义史学是非洲史学流派的组成部分，它介于传统史学与民族主义史学流派之间，形成于约18世纪末19世纪初，到20世纪60年代以后，逐渐消亡。殖民主义学派基于种族的观点来源于生物学、人类体格学和社会人类学，来自基督教经文、肤色论，来自进化论和语言及普遍的文化差异。正是凭借这些理论学说，西方人构建了划分文明和野蛮的类别以及历史背景中的野蛮种族的标准。首先，历史本身被认为是语言字母的使用和书写能力的掌握的代名词，因此那些不具备读写能力的社会或时期是与历史无关或是属于史前时期。其次，判定一个社会是否是文明社会的指

---

[1] Joseph K. Adjaye, "Perspectives on Fifty Years of Ghanaian Historiography", *History in Africa*, Vol.35, 2008, pp.1–24.

标有国家的形成、与西方的来往、轮子的使用、石头建筑以及其他文化元素，通过判断才能决定这个社会是否属于历史的范畴。[1]

殖民主义历史学把欧洲人看作非洲大陆所有重大变革的主要参与者，把穆斯林和其他"地中海白人"当作辅助或支持者角色（卢加德间接统治时期的意识形态和前殖民时期国家建立的闪米特征服理论），并把黑人当作所有这些外部"进步"力量的被动接受者。[2]

非洲民族主义史学就是在批评殖民主义史学的基础上产生的，所以，在研究20世纪非洲史学和史学家的时候，首先就应该弄清楚：殖民主义史学到底是怎么一回事？它产生的背景如何？它有什么主要观点，又有怎样的影响？这些都是本章需要回答的问题。

一、产生背景

殖民主义史学是西方中心论在非洲研究中的反映，其核心思想是非洲没有历史，假设有历史的话，也是殖民者在非洲活动的历史。殖民史学的产生，既是非洲殖民统治的结果，又是白人至上思想及兰克史学的影响的结果。

（一）非洲长期遭受殖民侵略和殖民统治是殖民主义史学产生的历史背景

非洲是人类文明的发祥地，人类进化最初是在非洲大陆完成的。在埃塞俄比亚发现的古人类遗骸"露西"距今320万年，是目前所知人类最早

---

[1] Ebiegberi Joe Alagoa, *The Practice of History in Africa: A History of African Historiography*, Port Harcourt: Onyoma Research Publications, 2006, pp. 177–178.
[2] Ralph A. Austen, "Africanist historiography and its critics: Can there be an autonomous African History?" in Toyin Falola, ed., *African Historiography: Essays in honour of Jacob Ade Ajayi*, Harlow: Longman House, 1993, pp. 204–205.

的祖先。尼罗河流域的埃及古代文明是古代世界四大文明之一。库施国建立于公元前2000年前,它是非洲大陆上最早建立的黑人国家。在麦罗埃时期,库施是地中海以南最大的炼铁中心,它是"古代非洲的伯明翰"[1]。

加纳、马里和桑海是西非地区出现过的大帝国。马里皇帝曼萨·穆萨于1324—1326年赴麦加的朝觐之行震动了伊斯兰世界和欧洲。随行队伍有8000人,其中500人手持2公斤重的金仪仗开道,庞大的驼队驮有13000公斤的黄金。此次朝觐使得世人皆知马里是黄金之国。著名的泛非主义领袖非裔美国人杜波依斯说:"不论从住宅、衣服、艺术创作和对艺术作品的欣赏等方面来看,或是从政治组织和家庭信仰来看,在十五世纪,西非黑人群众的文化水平都比北欧居民的文化水平高,这是不容置疑的。"[2] 巴兹尔·戴维逊对古代西非文明予以高度的评价,他说:"这些国家往往比同时期的欧洲还要先进。"[3] 南部非洲的大津巴布韦是古代班图人在南迁的过程中创造的灿烂文明。在南部非洲地区,随着班图人的大迁徙出现了隆达国、刚果国和祖鲁王国等,这些国家在后来抗击西方殖民入侵的战争中发挥了积极的作用。

近代以来,非洲的落后是长期殖民主义侵略和统治造成的。非洲是西方殖民者最早走上殖民侵略的地区,以1415年葡萄牙人攻占摩洛哥的休达城为标志。随着美洲新大陆的发现,印第安人被剿灭,迫切需要新的劳动力,非洲成为西方殖民者猎取奴隶的场所。

1441年,由贡萨尔维斯率领的一支葡萄牙探险队,在非洲西海岸的布朗角附近掳掠了12名非洲人,带回里斯本出售,这是近代奴隶贸易的开端。此后,葡萄牙人经常去非洲西海岸掳掠黑人带回国作为农业劳动力,或者卖到西班牙、意大利等地。不过,当时被掳走的黑人还不算很多。15

---

[1] [埃]G.莫赫塔尔主编:《非洲通史》第二卷,北京:中国对外翻译出版公司,1984年,第239页。

[2] [美]威·爱·伯·杜波依斯:《非洲——非洲大陆及其居民的历史概述》,秦文允译,北京:世界知识出版社,1964年,第90页。

[3] [英]巴兹尔·戴维逊:《古老非洲的再发现》,屠尔康、葛佶译,北京:生活·读书·新知三联书店,1985年,第120页。

世纪下半叶，葡萄牙殖民者每年贩运大约1000名黑人。直到16世纪初，葡萄牙在西非的奴隶贸易，其价值远不及黄金、象牙等产品的贸易。

1492年哥伦布发现美洲新大陆。到了16世纪，西班牙在西印度群岛和美洲大陆建立了庞大的殖民帝国。西班牙在征服新大陆期间，惨无人道地杀害了无数当地印第安人，迫切需要廉价的劳动力来开发殖民地。1501年，第一船非洲奴隶从西非海岸横渡大西洋，到达了新大陆。此后，奴隶贸易日益兴盛起来。

从15世纪中叶到17世纪中叶，奴隶贸易集中在大西洋两岸，史称"大西洋奴隶贸易"。西非沿海的塞内冈比亚地区以及自沃尔特河与尼日尔河之间的下几内亚湾地区，包括今天的加纳、多哥和贝宁的沿海地区以及尼日利亚的西部海岸，被称为"奴隶海岸"。加纳的埃尔米纳、贝宁的维达、尼日利亚的拉各斯，都是当年著名的奴隶贸易港口。

从17世纪中叶到18世纪下半叶，是奴隶贸易最猖獗的时期，参加奴隶贩运的国家，除了葡萄牙、西班牙、荷兰以外，还有英国、法国、普鲁士、丹麦、瑞典以及后来的美国等国家。西方的奴隶贩子不仅麇集于西非海岸，而且深入大陆内地和东非海岸。

大西洋奴隶贸易是通过"三角航程"方式进行的，"三角航程"分为"初程""中程""归程"。首先，殖民者从欧洲港口出发，到达非洲西海岸，他们以廉价的工业品，如军火、棉纺织品及装饰品换取奴隶，称为"初程"。接着，把奴隶从非洲运到美洲，同美洲交换农矿产品，称为"中程"。最后，把从美洲带回的工业原料和农产品运回欧洲出售，称为"归程"。整个三角航程费时一年以上，一般可获利100%到300%，最高可达1000%。许多欧美的城市因奴隶贸易而兴起和繁荣。英国的利物浦，它原来是一个小渔村，由于奴隶贸易一跃成为英国第二大港口城市。此外，法国的南特、波尔多，荷兰的阿姆斯特丹，美国的纽约、波士顿等，都是不同程度地靠奴隶贸易而发展起来的。

从18世纪下半叶开始，到19世纪下半叶，奴隶贸易逐步趋向衰落。19世纪60年代后，随着美国、古巴和巴西三大蓄奴国废除奴隶制，黑奴贸易失去了最后的市场。1890年布鲁塞尔国际会议通过废除奴隶贸易的决议，标志着奴隶贸易的终结。

在长达400多年的奴隶贸易中，非洲人口遭受巨大的损失。杜波依斯认为，奴隶贸易使非洲损失1亿人口。近年来，学者们普遍认为，奴隶贸易损失的非洲人口达2.1亿人之多。尽管各种估计有很大的出入，但有一点是肯定的，被贩卖的都是青壮年，在奴隶贸易的4个世纪中，欧洲、亚洲的人口都有较大的增加，只有非洲人口没有什么增加。欧洲人口由1650年的1.03亿增加到1900年的4.23亿；亚洲则由同期的2.53亿增加到8.57亿；非洲由1.00亿只增加到1.20亿。[1]奴隶贸易打乱了非洲社会的发展进程，因奴隶贸易带来的持续不断的政治纷争和军事动乱，致使社会动荡，农村凋敝，田园荒芜，直接破坏了农业生产。非洲历史学家托因·法洛拉说，长达400多年的奴隶贸易是"非洲的灾难"[2]。

至19世纪70年代中叶，西方列强加快了对非洲的殖民侵略步伐，1884—1885年的柏林会议掀起了瓜分非洲的狂潮，20世纪初，非洲基本上被瓜分完毕。无论是英国推行的间接统治还是法国搞的同化政策，西方殖民者通过征服和吞并在非洲确立自己宗主国的地位，在经济上把非洲变成他们的原料产地和商品销售市场，在世界大战期间，又把非洲变成他们重要的兵员来源地和战略物资的供应地。

欧洲对非洲的殖民侵略和殖民统治不仅使非洲人口遭受巨大损失，还催生了对非洲经济的掠夺，以及对黑人的种族歧视。在古代和中世纪，世界上并不存在种族优劣论，对黑人的歧视是奴隶贸易的直接恶果。1661年弗吉尼亚殖民地议会通过法案，规定黑人是"终生奴隶"。随后，各殖民地纷纷仿效。于是，整个黑色人种的奴隶地位便由法律确定了。18世纪，当奴隶贸易处于高潮的时期，欧洲有不少人制造出"黑人是天生低人一等"的神话。把非洲人说成是土著人，自然而然地认为非洲就没有欧洲人那样

1　W. Rodney, *How Europe Underdeveloped Africa*, Washington: Howard University Press, 1974, p. 97.
2　Toyin Falola, *Key Events in African History*, London: Greenwood Press, 2002, p. 110.

的历史。所以,在 18 世纪上半叶奴隶贸易高潮时期出现的黑格尔的《历史哲学》自然不会承认非洲历史的存在。

(二)以白人至上为核心的欧洲中心论,是殖民主义史学产生的思想根源

在长期殖民统治的背景下,形成了白人至上的欧洲中心论,这一点也被西方学者所承认。菲利普·柯廷言:"正如世界其他地方一样,非洲的殖民阶段遗留下了一份有待纠正的知识遗产。……历史知识方面的殖民烙印,在 19 世纪和 20 世纪初,表现为一种虚伪的观察方法,即欧洲人统治时期建立的世界史中的欧洲中心论。"[1]

欧洲生物学家和理论家构建出了一条"人类生物巨链":非洲处于最底层,而欧洲位列最高层。无论他们是相信人类的单一起源,即一源论,或是多种起源,即多源论,最广为流传的说法仍是高加索人或白种人是最高级的人种,而非洲人或黑人是最低级的。非洲人被认为是《圣经》中诺亚三个儿子之一的罕的后裔。即使开明的文人对非洲人的看法仍无法摆脱"高尚的野蛮人"一说,而反对奴隶制度的人道主义者甚至仍陷于当时盛行的种族分类的圈套中。

有些人试图为自己的种族主义观点寻找经验性的依据,开始对人体骨骼做测量,他们这样做的出发点是坚信种族之间是有等级的,可以通过经验性的研究来证实。迈纳斯提出,黄种人在智力和身体方面不如白种人完美,而黑人几乎与猿猴没有差别,并且可以从帝国的扩张和奴隶制中得到证明。迈纳斯提出的种族论并不是唯一的,18 世纪许多思想家也持有同样的观点。[2]

---

1 [布基]基-泽博主编:《非洲通史》第一卷,北京:中国对外翻译出版公司,1984 年,第 40 页。
2 [美]格奥尔格·伊格尔斯、王晴佳:《全球史学史》,杨豫译,北京:北京大学出版社,2011 年,第 32 页。

18世纪70年代，爱德华·朗提出"人类的等级理论"（the Chain of Being）。他认为，人类各种族按体质特征排列成一个固定等级，黑人属于最低等，白人属于最高等。[1] 法国贵族约瑟夫·阿尔图尔·德·戈宾诺伯爵在他的四卷本著作《论人类种族的不平等》（1853—1855 年出版）中认为，世界上一切伟大的成就都是白人即雅利安人创造的。雅利安人包括希腊人、罗马人、古代波斯人以及欧洲北部和西部的大多数民族，它的最著名代表是条顿人。随后，坎珀（Petrus Camper）和怀特试图从人种学的角度来证明非洲人在体质和智力上都低于欧洲人。一时间，种族主义理论甚嚣尘上。"这些理论无非是想说明一点：黑人只配当奴隶，供人使唤。"[2]

1735 年，瑞典博物学家卡尔·冯·林奈（Carl von Linné，1707—1778）发表了《自然系统》一书，在该书中，林奈以颅骨学和肤色为依据，将人类分为欧洲人（白种人）、美洲人（红种人）、亚洲人（黄种人）和非洲人（黑种人）四个种类，黑人位于其排序的末端。或许林奈本人并不存在种族偏见，但他的观点却为一些别有用心的人将人类划分为不同的等级提供了理论依据。继林奈之后，法国博物学家乔治-路易·布丰（Georges-Louis Buffon，1707—1788）在《自然历史》一书中认为，白人是最健全的人种，有色人种则是退化的人种，黑人比其他人种更接近于猴子。英国哲学家大卫·休谟（David Hume，1711—1776）在《论民族的特征》等书中指出，黑人在本性上不如白人，并且与生俱来不能被文明化，因为他们没有文明的持续形式，在他们之中也找不出任何值得称道的伟人。荷兰博物学家坎珀（1722—1789）声称，通过解剖学的尺度区分人的种类，非洲人的"面角"更接近于类人猿。德国哲学家康德（Immanuel Kant，1724—1804）在《对美和高尚感情的观察》一书中认为，非洲黑人之所以愚钝及在本质上不如白人，不是物质的或社会的环境塑造的结果，而是种族的遗传特性使然，

1　A.J. Barker, *The African Link: British Attitudes to the Negro in the Era of the Atlantic Slave Trade, 1550–1807*, London: Frank Cass, 1978, pp.33–58.
2　李安山：《非洲民族主义研究》，北京：中国国际广播出版社，2004 年，第 31 页。

而肤色正是这一遗传特性的明显标记。[1]

法国启蒙思想家伏尔泰也有相似的观点，他说："黑人是同我们不同的人种，就好比长毛垂耳的西班牙种猎犬不同于猎兔狗……可以这样说，他们的智力同我们所理解的智力虽不属于另一类，却是十分低下的。他们无法精神贯注，缺乏组织的能力，不善于判断我们的哲学对他们有什么好处或坏处。他们在非洲这块土地上土生土长，同大象和猴子一样。""由于很少同别的民族往来，黑人部落没有任何宗教信仰。最愚蒙的一级是只想到目前，只想到肉体上的需要。"[2]

剑桥大学近代史钦定讲座教授阿克顿勋爵（1834—1902）在编写《剑桥近代史》的时候，将欧洲中心论充分贯彻，"甚至欧洲人在外部世界的活动，几乎全不收录"[3]。1923年，A.P.牛顿（A.P. Newton）在伦敦（皇家）非洲学会以"非洲和历史研究"为题做演讲时说："在欧洲人到来以前"，非洲"没有历史，历史是从人类有文字记载时才开始的"。[4]

欧洲中心主义和种族歧视则在人们心中根深蒂固，最后甚至还在科学和哲学的名义之下得到了"合理化"。非洲的奴隶贸易、殖民主义和新殖民主义为这种语境提供了温床，肤色和技术上的事实差异更让各种欧洲优越和非洲"劣等"的观念大行其道。[5]

欧洲中心主义导致种族优越论，这也是欧洲人瞧不起非洲人的一个相当重要的原因，这是和宗教传播思想和殖民主义思潮密切联系在一起的。欧洲人来到非洲之后，看到南非的科伊桑人——非洲最原始的土著居民，他们将其称为霍屯督人（Hottentots）。霍屯督人的体态特征与欧洲人甚至与

---

1 张宏明：《近代非洲思想经纬》，北京：社会科学文献出版社，2008年，第34—35页。
2 ［法］伏尔泰：《风俗论》（下册），谢戊申、邱公南、郑福熙、汪家荣译，北京：商务印书馆，2000年，第4—5页。
3 ［布基］基-泽博主编：《非洲通史》第一卷，北京：中国对外翻译出版公司，1984年，第25页。
4 同上，第24页。
5 Ebiegberi Joe Alagoa, *The Practice of History in Africa: A History of African Historiography*, Port Harcourt: Onyoma Research Publications, 2006, p.178.

非洲黑人都非常不同，其中一个非常典型的特征是臀部非常突出，欧洲殖民者就认为他们像人又不是人，更接近动物，然后就把其中的一个他们认为最奇特的少女，叫萨拉巴特曼，带到欧洲的马戏团当中供欧洲人参观，殖民者收门票赚钱，后来这个少女经不起折磨，大概七八年就死了。她死后，法国巴黎人类学博物馆把她的性器官和大脑做成标本在人类自然博物馆里面展出，一直展出到 20 世纪 80 年代。后来南非及国际社会，包括法国一些人类学家都提出抗议，这才关闭了展览。曼德拉上台以后，提出"请求你们把我们的维纳斯归还给我们"，开始法国还不愿意，一直到 2002 年才将这些标本归还给南非。这很典型地反映了种族主义的思想。至今在美国俚语中，霍屯督人这个词还带有形容一个女性的臀部比较丰满、突出的意思，德语里面也有这个意思，总之它在欧洲语言里面不是好词。当然所谓霍屯督人的后代，特别是科伊桑人，几乎被殖民者赶尽杀绝，连印第安人的境况都不如。玛丽安妮·科勒万的著作《种族隔离制度：权力与历史的虚构》，对南非种族隔离制度进行了很好的揭露，南非白人禁止与有色人种结婚，他们认为跟有色人种结婚以后种族不纯，就像驴和马结婚以后生了骡子一样，长出两个大耳朵来，可见种族主义思想之严重。

（三）西方长期对兰克史学的重视，是殖民主义史学产生的理论根源

尽管也有《伊利亚特》和《奥德赛》这样的以口述历史为基础的史诗，但是西方史学的传统主要是文字的传统。古希腊史学与后来一脉相传的古罗马史学共同构成西方史学发展的第一个阶段——古典史学阶段。在这一时期，留下了希罗多德的《历史》、修昔底德的《伯罗奔尼撒战争史》、色诺芬的《希腊史》等。在中世纪以及近现代，西方史学主要还是文字的历史。

对档案文献的重视，到了兰克这里发展到了登峰造极的地步。利奥波德·冯·兰克（1795—1885）是图林根地区的撒克逊人，在莱比锡大学，他

学习神学和古典语言学,但他对历史感兴趣,把部分精力用于研究古希腊历史学家,尤其是修昔底德。他在29岁时便出版了成名作《拉丁和条顿民族史》,这部书为他赢得了柏林大学的教职。后来又撰写了《教皇史》。"《教皇史》的出名是由于它的客观叙述,但同样也是由于它的资料丰富。他把那三百年间的梗概搞得如此清楚,后来的研究只不过是充实工作而已。"[1]兰克通过细心研究前人的历史著作,认为人们乐于引用权威的作品其实都是不可信的,真正负责任的研究必须利用原始档案和文献。这就是为什么兰克注重史料,而只有如此利用史料,才能实现史学的目的,即:"说明事情的真实情况。"[2]

兰克对历史研究所做出的贡献主要有以下几点:第一,"他尽最大可能把研究过去同当时的感情分别开来,并描写事情的实际情况"。这就是秉笔直书,或者说是公正客观地撰写历史。第二,"他建立了论述历史事件必须严格依据同时代的资料的原则。他不是第一个使用档案的人,但却是第一个善于使用档案的人"。第三,兰克不是盲目使用档案,而是主张对原始史料进行严谨的"考证"。[3]

1918年,尽管美国人出版了《新史学》,不可否认,兰克史学在欧洲仍然有市场。20世纪,英国历史学家乔治·皮博迪·古奇对兰克予以高度评价:"兰克是近代时期最伟大的历史学家,不仅因为他创立了研究资料的科学方法,因为他具有无与伦比的公平品质,而且因为他的才能和长寿使他能够比所有其他历史学家生产更多的第一流著作。正是这位史学界的歌德,使德国在欧洲赢得了学术上的至高无上地位,直到今天他仍然是我们所有人的师表。"[4]

兰克史学强调对档案资料的运用,秉笔直书,强调历史的客观性,都

---

1 [英]古奇:《十九世纪历史学与历史学家》(上册),耿淡如译,北京:商务印书馆,1989年,第188页。
2 同上,第178页。
3 同上,第212—213页。
4 同上,第213页。

给了殖民主义史学以方法论的指导。那么,殖民政权究竟是如何积极宣传欧洲史学传统的呢?一个重要途径是渗入中小学课程。由殖民政府和教会创办的中小学教授的唯一的历史是"宗主国"的历史,他们不仅向学生灌输殖民占领史,还赞颂其功绩;只有极少部分相当具有魄力的老师才会教授学生当地社会的历史。[1]

二、主要观点

非洲殖民主义史学伴随着非洲被殖民主义侵略和统治所产生,撰写这类著作的人员包括探险家、殖民官员和持殖民主义史观的知识分子。在他们的笔下,非洲史是西方殖民者在非洲的活动史,非洲黑人根本没有历史;殖民者为非洲殖民地带去文明,是殖民地的恩人;非洲黑人的反抗是不明智的,唯有与殖民者的合作才是正确的选择。

(一)否认非洲历史的存在

从黑格尔(Hegel)到 A.P. 牛顿教授,再到休·特雷弗-罗珀教授,都坚持欧洲中心史学思想,把文字、与西方的接触、文明当作进入历史范畴的资格。[2]

在欧洲学术界长期占统治地位的观点是非洲黑人没有历史、没有哲学、没有文明,只有黑暗和停滞。德国哲学家黑格尔在《历史哲学》一书中,把非洲分成三部分,一是"非洲本土",即撒哈拉以南非洲;二是"欧洲的非洲",指撒哈拉以北非洲;三是"亚洲的非洲",指尼罗河流域,特

---

1 Ebiegberi Joe Alagoa, *The Practice of History in Africa: A History of African Historiography*, Port Harcourt: Onyoma Research Publications, 2006, p.176.
2 G.W.F. Hegel, *The Philosophy of History*, New York, 1956; A.P. Newton, "Africa and historical research", *Journal of the African Society*, No.22, 1922–1923; Hugh Trevor-Roper, "The Rise of Christian Europe", *The Listener*, No.28, 1963, pp.871–1065.

别是埃及。他认为，非洲本土没有历史，属于"幼年时代的地方，还笼罩在夜的黑幕里，看不到自觉的历史的光明"[1]。

黑格尔进一步认为，"黑人所表现出的，是完全野蛮和不驯的状态里的自然人……在这种性格典型里绝对找不出合乎人道的地方"[2]。他首先考察了非洲的宗教，认为黑人信仰的传统宗教简直就是巫术，在这里绝对没有对于上帝的精神崇拜。他们盛行自然崇拜，必然崇拜动物、树木、石头或者木偶。在黑格尔看来，这些充其量是"迷信物"。对于黑人的祖先崇拜，黑格尔也是极力贬低。他认为，这是对"死人的礼拜"，他进而认为，非洲的人祖先崇拜，"这正和欧洲中古时代对于妖巫的迷信相同"。

黑格尔为西方殖民非洲辩护，说北非"这个地方原来要属于欧罗巴洲，并且必须附属于欧罗巴洲"。他承认欧洲在非洲贩卖奴隶固然不好，"但是他们在故土上的命运更加恶劣，因为他们那里也通行着同样地绝对的奴隶制度"[3]。

黑格尔最后的结论是，非洲本土"不属于世界历史的部分……它还包含在单纯自然的状态之内"[4]。

西方学者贬低非洲历史和非洲黑人，其目的是为殖民统治非洲服务的。理查德·伯顿（R. F. Burton, 1821—1890）是19世纪到非洲旅行的欧洲人里最伟大人物之一，在他的《会见达荷美国王格莱莱》（1864）一书中，有一段关于黑人在自然界的地位的论述，他说："在人类家族中，纯粹黑人的等级处于两个伟大种族阿拉伯人和雅利安人以下"，以及"就整体来看黑人，进步的不会超过某一限度，是不值得尊敬的，在智力上还停留在儿童阶段……"[5]

20世纪20年代的西方学者，否认非洲历史的存在。西方学者根据兰

---

1 ［德］黑格尔：《历史哲学》，王造时译，上海：上海书店出版社，2006年，第85页。
2 同上，第86页。
3 同上，第88页。
4 同上，第91—92页。
5 R.F. Burton, *A Mission to Gelele, King of Dahomey*, London, 1893, pp. 131-135.

克学派的观念，研究历史不属于文学或哲学范畴，而属于对原始材料严格考查和分析研究的科学。就欧洲历史来说，这些原始材料当然主要是书面资料，但非洲在这方面显然是薄弱而不足的。1923年，A.P.牛顿教授在伦敦（皇家）非洲学会以"非洲和历史研究"为题做演讲时说，"在欧洲人到来以前"，非洲"没有历史，历史是从人类有文字记载时才开始的"。所以，欧洲帝国主义入侵以前的非洲历史，只能"根据残留的遗物、语言和原始习惯"重写，而这些不关史学家的事，而是考古学家、语言学家和人类学家的事。[1]

牛顿认为"在欧洲人进入非洲之前，非洲不存在历史——因为历史的产生是伴随着人类对书写技能的掌握"[2]。因为非洲没有文字，因此与欧洲发生联系之前的非洲，甚至不足以进入史学家的研究领域，而仅限于考古学家、语言学家和人类学家的工作范畴。

20世纪50年代，肯尼亚的殖民长官菲利普·米切尔（Philip Mitchell）仍然百般否认非洲文明和非洲历史的存在，他说："热带非洲人至少有3万年没有创造发明过任何东西了。因此，在19世纪末期，当西方人来到这片广袤的土地上时，发现他们没有象形文字、数字、日历、时间单位、货币，除了奴隶贸易和象牙贸易外，没有任何的对外贸易，除了头顶重物和独木舟外没有真正意义的交通。这些非洲人真的毫无作为，他们建造最持久耐用的就是些土坯或茅草房屋了。考古学家可能会在非洲发现3万年前原始人的遗骸和他们使用过的石器，但仅此而已，在殖民者建造的城市出现前，非洲本土毫无建树。"[3]

1963年牛津大学现代史钦定讲座教授休·特雷弗-罗珀说："可能在将来会有非洲历史可以讲授，但目前还没有，只有在非洲的欧洲人的历史。其余是一团漆黑……而黑暗不是历史的题材。"[4]

---

[1] A.P. Newton, "Africa and historical research", *Journal of the African Society*, No.22, 1922–1923, p. 267.
[2] *Ibid.*
[3] P. Mitchell, "African and West in Historical Perspective", *Africa Today*, 1959, p. 12.
[4] Hugh Trevor-Roper, "The Rise of Christian Europe", *The Listner*, Vol.70, 1963, p. 871.

非洲史只是欧洲人在非洲的历史。在这方面，西方学者自觉不自觉地做了一些工作。几内亚沿海地区是欧洲人最早接触的非洲地区，从大约1460年到18世纪初，出现了一整套有关这些地方的著作。"其中有大量材料具有极大的历史价值，因为它们提供了第一手有年代日期的证据，很多其他西非历史都可以以此为准。"[1] 在这些著作中，特别是在达珀1668年出版的著作中，还有很多历史材料。[2] 1736年到1765年英国出版的《世界史》（共23卷，有两卷是关于非洲的），就能够合理地给非洲以一席之地。那时还有一些专题著作，如席尔瓦·科雷亚的《安哥拉史》（约1792），贝尼泽特的《几内亚历史散记》（1772）和两部达荷美历史著作，即诺里斯的《包萨·阿哈迪统治纪要》（1789）和达尔泽尔的《达荷美史》（1793）。达尔泽尔和诺里斯都利用他们在达荷美贩卖奴隶的经验写历史。早期的一些欧洲旅行者，他们搜集了一切可能得到的资料：非口头传说的文件以及关于他们见到的文物古迹的札记。这些探索者写了大量文献，其中有些是很好的历史，所有这些文献对史学家来说几乎都是很有价值的材料。主要著作可列举如下：詹姆斯·布鲁斯的《考察尼罗河发源地旅行记》（1790）；T.E.鲍迪奇的《从海岸角堡到阿散蒂的使命》（1819）和约瑟夫·杜普伊的《阿散蒂居留日记》（1824）这两部作品关于游历阿散蒂首都库马西的记述中专讲历史的篇章；海因里希·巴尔特的《北非和中非旅行见闻》（1857—1858）；M.吉兰的《东非历史、地理和贸易文件集》（1856）和吉斯塔夫·纳赫蒂加尔的《撒哈拉和苏丹》（1879—1889）。[3]

西方学者对非洲历史的否定，还基于对口头传说的否定。G.P.默多克1959年断言："当地的口头传说完全不可靠。"[4] 20世纪60年代初出版了

---

1 [英]J.D.费奇：《非洲史学史的发展》，基-泽博主编：《非洲通史》第一卷，北京：中国对外翻译出版公司，1984年，第21页。
2 G.R. Crone, ed., *The Voyages of Cadamosto*, London: Hakluyt Society, 1937, Chap.I.
3 [英]J.D.费奇：《非洲史学史的发展》，基-泽博主编：《非洲通史》第一卷，北京：中国对外翻译出版公司，1984年，第23—24页。
4 G.P. Murdock, *Africa: Its Peoples and their Culture History*, New York: McGraw Hill, 1959, p.43.

简·范西纳的《口头传说：关于历史学方法论的研究》一书，该书表明，要使口头传说成为可靠资料，就必须进行批判性的控制，最近一些历史著作是根据口头传说写成的，经常与其他资料一起使用，都取得了显著的成就。

尼日利亚学者阿拉戈认为，直到20世纪90年代，西方对非洲史学的偏见依然存在，发生变化的只是其形式而已。这一系列基于种族的观点来源于生物学、人类体格学和社会人类学，来自基督教经文、肤色论，来自进化论和语言及普遍的文化差异。在他们的著作中，欧洲人在非洲历史的重要性大大超过非洲人自己的历史。这样的作品有布莱克（J.W. Blake）的《欧洲人在西非的早期历史，1454—1578》（1937）、伯维尔（E.W. Bovill）的《古代撒哈拉商队》（1933）、埃里克·沃克（Eric Walker）的《南部非洲史》（1957）、雷吉纳德·库普兰德（Reginald Coupland）的《东非及其入侵者》（1938）。[1]

（二）美化殖民史

殖民学派往往美化殖民历史，认为殖民统治为殖民地带来文明和进步，这实际上是为非洲的殖民主义进行辩护。某些非洲史专家，诸如甘恩、杜伊格南、佩勒姆和P.C.劳埃德认为，这种影响是得失相当的，对非洲来说，既可以算是幸事，也可以说至少是无害于非洲。如L.H.甘恩和P.杜伊格南在《帝国的负担》一书中得出如下结论："帝国制度是非洲历史上传播文化最有力的动力之一，算起账来，它是功大于过。"[2] 在他们两人共同主编的五卷本《殖民主义在非洲》第一卷的序言中，他们又一次总结道："我们并不同意被人们广泛接受的假设——殖民主义与剥削应该画等号……因此我们把欧洲在非洲的帝国主义解释为文化变革与政治统治的一

---

[1] Toyin Falola, ed., *African Historiography: Essays in honor of Jacob Ade Ajayi*, Harlow: Longman House, 1993, p.45.

[2] L.H. Gann and P. Duignan, *Burden of Empire*, London: Pall Mall, 1967, p.382.

种动力。"[1]

由于非洲长期遭受殖民统治,非洲史学传统被殖民者所排斥和压制,殖民主义史学反而大行其道。所以,殖民主义史学在非洲国家独立前有很大的市场。殖民主义史学为殖民统治服务,在殖民史家的笔下,非洲史是一部殖民征服的历史,是白人在非洲的历史。他们妄称殖民统治给非洲带去文明,促进非洲的进步,如《东非简史》的作者佐伊·马什和G.W.金斯诺思为殖民统治大唱赞歌:"也是非洲运道好,每一个阶段,每一个任务,都找得到杰出的人物,所以,非洲殖民地化的历史,通过少数几个人的列传,几乎就可以交代清楚。"[2]

加纳独立之前,英国殖民官员克莱里奇和瓦德分别撰写了《黄金海岸和阿散蒂史》(1915)和《黄金海岸史》(1948)。这两本书有一个共同特点,即从外部看加纳历史,把加纳历史更多地写成是殖民者在加纳活动的历史,对于加纳各族人民的历史不甚了解,着墨不多。

威廉·恩涅斯特·弗兰克·瓦德是英国殖民官员,曾在加纳从事殖民教育达16年之久。他写了《黄金海岸史》,于1948年初版。1957年加纳独立后,作者进行了修订和增补,改名《加纳史》。该书叙述的时间,从葡萄牙人入侵加纳前(约1200)开始,至1957年加纳独立为止。内容包括:加纳各民族变迁和部落战争;各部族的兴亡;欧洲各殖民国家对"黄金海岸"的瓜分和掠夺;加纳近代政治、经济和社会的演变,以及加纳各民族争取独立的战争。作者从殖民主义者立场出发,在书中竭力美化殖民主义政策,为殖民主义者歌功颂德;对于欧籍传教士在加纳兴建教堂、开设医院、创办学校等从事文化侵略的活动,更是推崇备至。他说:"黄金海岸的教育事业,早在1752年就开始了。当年福音传播会最早的传教士之一,托马斯·汤普逊牧师从美洲来到这里。……他并不认

---

[1] L.H. Gann and P. Duignan, eds., *The History and Politics of Colonialism 1870–1914. Volume I of Colonialism in Africa 1870–1960*, Cambridge: Cambridge University Press, 1969, pp.22–23.

[2] Zoe Marsh and G.W. Kingsnorth, *An Introduction to the History of East Africa*, Cambridge: Cambridge University Press, 1963, p.135.

为,他仅仅是当地官员和其他欧洲人的教堂牧师,而是从一开始就在当地市镇居民中进行工作。……他开始自学芳蒂语。"[1]

即使到20世纪70年代,西方学者的非洲历史中仍然充满种族偏见,如1970年P.E.N.廷德尔(P.E.N. Tindall)所著《中非史》(*A History of Central Africa*)[2]就是如此。该书所说的中非,是指英帝国主义强加于非洲人民的"中非联邦",包括当时的南、北罗得西亚和尼亚萨兰,即今天的津巴布韦、赞比亚和马拉维。全书前十章综合记载这一地区自旧石器时代至19世纪末的历史,后十章分别叙述这三个国家沦为英国势力范围的全过程以及"中非联邦"成立前后各国政治、经济、教育、卫生的发展情况。

《中非史》作者对传教士利文斯敦予以高度评价:"这位伟大的探险家兼传教士,同英国的英雄们长眠在一起;他的心埋在非洲内陆深处也很恰当——为非洲他把心血都用尽了。""利文斯敦胸怀着宏伟的目标。开发内陆,建立教会,废除奴隶制而代之以合法的贸易,在饱受掳掠、受尽苦难的地区建立起非洲人的富庶的村庄,这些全都是长远的理想。利文斯敦去世时,这些目标还大部分未得实现;不过,他所做出的贡献,其影响则是深远的。"[3]

作者对瓜分非洲的评价很高,为帝国主义国家瓜分非洲唱赞歌:"在非洲内陆建立殖民地,意味着一个新纪元的开始。占领国的进步的科学技术知识,使欧洲人对非洲社会的影响,得以比过去可能有的影响还要大。欧洲人带了现代耕种方法来到非洲,以及矿产资源的开发,工业和铁路的发展,凡此种种,终于会影响非洲人民。不仅酋长会受欧洲行政机关的管辖,而且非洲人的生活方式也会面临欧洲文明的挑战。"[4]同时,对殖民教育推崇备至,"欧洲人七十年的统治,深刻地影响了非洲人的思想方法和习惯。通过教育和参与西方社会的方式,许多非洲人偏爱西方社会的社会准则,强有力地更改他们自己的社会准则的体系"[5]。

---

1 [英]威·恩·弗·瓦德:《加纳史》,彭家礼译,北京:商务印书馆,1972年,第327—328页。
2 P.E.N. Tindall, *A History of Central Africa*, London: Longman Group Ltd., 1970.
3 P.E.N. 廷德尔:《中非史》,陆彤之译,上海:上海人民出版社,1976年,第172页。
4 同上,第242—243页。
5 同上,第597页。

英国罗兰·奥利弗（Roland Oliver）和安东尼·阿特莫尔（Anthony Atmore）所著《1800年以后的非洲》，于1967年首版，1971年再版，1981年第三版。该书为殖民主义辩护："有些人从殖民统治中得到好处。几乎在每一块领地上都有'受宠民族'，他们由于运气好或判断力强而与殖民政权进行合作，从而获得特殊的待遇。殖民时期带给这些民族的首先不是耻辱，而是边界的扩大，威望的提高和繁荣昌盛的景象。"[1]同时，贬低反抗者"与此相对的那些殖民统治的受害者则是这样一些人：他们或由于自己的财运不佳，或由于判断失当，或者单纯由于爱国主义过了头而向殖民政权挑战，结果遭到了灾难性的覆没"[2]。

（三）主张"非洲文明外来说"

欧洲学者用传播主义理论否定非洲黑人文明的存在。继黑格尔之后，许多西方历史学家和人类学家都认为，非洲各族人民从来没有自己的历史，也没有他们独具的任何发展；一切具有文化成就的东西统统是亚洲移民从外部带给他们的，这就是所谓的"含米特假设"（Hamitic hypothesis）或"含米特理论"（Hamitic theory）。

"含米特假设"的要旨在于不承认黑人是非洲历史和文明的创造者。这一带有种族主义倾向的史学思想发源于德国，在其形成的过程中，除了受到黑格尔思想的影响之外，德国学者弗里德里希·拉策尔（Friedrich Ratzel，1844—1904）的"文化传播论"也是其理论来源。拉策尔是人类学"文化历史学派"的代表人物，他在《人类地理学》和《人类学》等著作中，将世界民族分为"文化民族"和"自然民族"。他认为，文化的发展是由传播决定的，而文化的传播又是由接触决定的。拉策尔的"文化传播论"，并未针对非洲。但他的学说被其后的西方学者运用到对非洲历史文化的研究中，从而构成"含米特假设"的理论依据。[3]

---

1 Roland Oliver and Anthony Atmore, *Africa Since 1800*, Cambridge: Cambridge University Press, 1981, p.141.
2 *Ibid*., pp.142–143.
3 张宏明：《近代非洲思想经纬》，北京：社会科学文献出版社，2008年，第115—116页。

1930年，英国人类学家塞利格曼（Seligman）首次发表了《非洲的种族》，将对非洲历史带有种族歧视的偏见推向高潮。根据语言和一系列各种形式的特征，塞利格曼将非洲人划分为两个白人种族和三个黑人种族，两个白人种族分别是含米特族和闪米特族，三个黑人种族分别是：尼格罗族、科伊桑族（布须曼人和霍屯督族）和尼格利罗族。在这个种族框架中，据《圣经》所述的受到诅咒的罕的后裔含米特族，后来成了"欧洲人"，属于"白人种族的共同的分支"，并被授予了开化非洲文明的使命。他说："非洲的文明就是含米特人的文明，非洲历史就是这些人及其与其他两个非洲种族尼格罗人和布须曼人交往的记录……"从而推断，非洲种族是劣等的，他们在文明方面的任何进步，都是由于受含米特人影响的结果。[1]

塞利格曼认为，含米特人是高加索人种，即与差不多所有的欧洲人同属于人类一个大支派，通常分为两支：东支和北支。含米特人的东支包括古代的和现代的埃及人、贝扎人、贝尔贝里人、加拉人（即奥罗莫人）、索马里人和达纳基尔人以及大多数阿比西尼亚人。含米特人的北支包括的黎波里、突尼斯、阿尔及利亚和摩洛哥的柏柏尔人，图阿雷格人，撒哈拉的提布人，尼日利亚的富拉尼人和加那利群岛已经灭绝了的关切人。[2] 他还说："霍屯督人无疑是布须曼人和早期入侵的含米特人混血的结果，他们从含米特人那里承受了把他们与布须曼人区分开来的语言和文化特征。"[3]

塞利格曼创造了一个"半含米特人"的概念。半含米特人就是"含米特化了的尼格罗人"，他们是含米特人与尼格罗人混血的结果。"半含米特人的居住范围是东非和中非东部。他们居住在肯尼亚殖民地的大部分地区，包括北到苏丹边界、乌干达的部分地区和坦噶尼喀托管地北部的大部分地区。"主要部落有：马萨伊人、南迪人、隆布韦人和克约人、苏克人、图尔

---

[1] Edith R. Sanders, "Hamitic hypothesis, its origin and functions in time perspective", *Journal of African History*, Vol.10, No.4, 1969, pp. 521–532.

[2] ［英］塞利格曼：《非洲的种族》，费孝通译，北京：商务印书馆，1982年，第69—70页。

[3] 同上，第20页。

卡纳人、卡拉莫琼人，大概还有迪丁加人、托波塔人和伊特索人。[1]

对塞利格曼之所以特别注意，是因为他是英国这一专业的主要人物之一，也是在非洲进行认真现场考察的首批人物之一，还因为他的著作已经成为某种经典性著作，再版多次。在塞利格曼之后，人类学家大都避开含米特神话的阴影。赫尔曼·鲍曼的《非洲人种学》（1940）对非洲文明和各民族的百科性调查，重点放在对他们的历史知识方面。迪德里希·韦斯特曼对非洲语言感兴趣，他的非洲语言分类作品，常常对格林伯格作品有启示，他的《非洲史》一书，是当时有关非洲人民一部分很有价值的口头传说的汇编。还值得一提的是里奥·弗罗贝尼乌斯（Leo Frobenius），他是人种学家、文化人类学家和考古学家，也是历史学家。他的学术活跃于20世纪的前40年。他几乎在非洲大陆各处都进行过大量现场调查，出版了一系列作品。他最后一部综合性著作是《非洲文化史》。

在含米特理论的指导下，欧洲殖民主义者无视非洲文明的成就，对非洲文明和历史百般地贬低，认为非洲除了外来文明之外，本土文明毫无建树。这一在20世纪30年代流行的种族主义观点在20世纪60年代以后受到国际非洲学界的广泛批评。欧洲认为非洲文明的方方面面都是起源于外部，且在将非洲历史打造得愈发复杂精巧的偏见中，尤其白人的含米特神话／假说仍然十分流行，直到20世纪60年代才被来自不同国家的许多学者的论著取而代之。

（四）否定非洲黑人的能动性

面对欧洲殖民者的殖民侵略和殖民统治，非洲人民勇敢地起来抗争，表现出非洲人民的能动性和不屈不挠的精神。这类抵抗既有埃塞俄比亚国王孟尼利克领导的抗意卫国战争，又有苏丹下层民众领导的马赫迪起义，还有西南非洲的赫雷罗部落起义等。兰杰认为："简言之，实际上每一

---

1 ［英］塞利格曼:《非洲的种族》，费孝通译，北京：商务印书馆，1982年，第116—118页。

种非洲社会都进行了抵抗,在欧洲人入侵的每一个地区,实际上都存在抵抗。"[1] 阿杜·博亨也认为:"非洲人不轻易放弃他们的主权,而是采取一切可能的措施来捍卫它。"[2]

1879年1月,部分爱国军官和开明议员组成埃及第一个资产阶级政党"祖国党",提出了"埃及是埃及人的"口号。艾哈迈德·奥拉比(Ahmad Urabi, 1841—1911)担任该党主席,领导了一场维护埃及民族独立,反对外国入侵的政治运动。1882年2月,奥拉比出任陆军大臣,成为内阁的实际负责人。在他的支持下,解雇了一批外国官员和顾问,并在司法、税收、教育和水利等方面制订了一系列改革计划。奥拉比革命遭到英国的武装干涉,9月15日,开罗失守,奥拉比被英军俘虏,标志着奥拉比革命失败。

20世纪初,坦桑尼亚爆发了反对德国殖民统治的马及马及起义。德国占领了坦桑尼亚的大陆部分——坦噶尼喀后,即开始大规模侵占非洲人的土地,开办种植园,要求农民每年为殖民政府无偿劳动28天,并且缴纳名目繁多的捐税,从而激起了当地人的反抗,即马及马及起义。起义由一个名叫恩格瓦勒的乡村医生于1905年7月发动,尽管恩格瓦勒很快被殖民当局抓获并被处死,但起义一直坚持到1907年1月,给德国殖民统治以沉重的打击。

南部非洲的科萨人,为了保卫自己生存的土地,同白人殖民者进行了整整一百年的战争,史称卡弗尔战争(1779—1879)。卡弗尔人是布尔人对南非土著民族科萨人的蔑称,意思是"野蛮的不信教者"。科萨人原来居住在南非东部的大鱼河以西地区。自布尔人从开普殖民地不断向北扩张领土起,科萨人被迫到大鱼河东岸定居。但从18世纪70年代末开始,布尔人又觊觎起科萨人的新领土。19世纪初,英国殖民者紧随布尔人之后,也加入到侵占科萨人土地的行列。于是,科萨人为了保卫自己的土地,同殖

---

1 [英] T.O. 兰杰:《非洲人对瓜分和征服的能动性和抵抗》,[加纳] A. 阿杜·博亨主编:《非洲通史》第七卷,北京:中国对外翻译出版公司,1991年,第38页。

2 A. Adu Boahen, *African Perspectives on Colonialism*, Baltimore: Johns Hopkins University Press, 1987, p. 56.

民者进行了百年抗争。卡弗尔战争前后共 9 次，其中前三次是布尔人和科萨人交战，后六次是英国人同科萨人交战。1871—1879 年，科萨人进行了最后一次抗英斗争，终因力量悬殊而告失败，从此，科萨人被驱逐到南非东北部的庞多兰定居。

在殖民学派看来，非洲人的反抗是徒劳的，也是不明智的。他们称赞所谓的合作分子是有远见和进步的，例如奥利弗和费奇在 1962 年写道："如果这些人（非洲各国统治者）有远见，消息灵通，尤其是如果他们能有传教士或商人之流作为顾问，他们可能深深懂得抵抗将一无所获而谈判可大有所获。如果他们不如别人有远见，不如别人走运，或不如别人那样得到好顾问，则将看到自己的传统敌人同入侵者站在一起，而他们自己则将采取抵抗态度，其下场完全可能是军事上战败，首领地位被罢黜，国土丢给占领国的本地同盟者，甚至于社会或国家在政治上可能沦于破碎。"[1] 根据这种观点，不进行抵抗的民族被描写为"爱好和平"，而进行反抗的民族则被说成是"嗜血成性"。

殖民主义辩护士强调非洲人的武装抵抗是丧失理性和不顾死活地蛮干。他们声称武装斗争往往是"迷信"所导致，否则，人民会心甘情愿地接受殖民统治，只是"巫医"起了作用。因为反抗的思想意识属于"绝望的魔术"，注定要失败。在这样的观点下，不管非洲人抵抗多么英勇，终究逃脱不了悲惨的失败命运。[2]

在殖民学家看来，殖民地的反抗者是一些失败的人，甚至可怜的人。罗兰·奥利弗和安东尼·阿特莫尔认为："与此相对的那些殖民统治的受害者则是这样一些人：他们或由于自己的财运不佳，或由于判断失当，或者单纯由于爱国主义过了头而向殖民政权挑战，结果遭到了灾难性的覆没。"[3]

---

1 ［加纳］A. 阿杜·博亨主编：《非洲通史》第七卷，北京：中国对外翻译出版公司，1991 年，第 10 页。
2 M. Gluckman, *Order and Rebelion in Tropical Africa*, London: Cohen & West, 1963, pp.137-145.
3 ［英］罗兰·奥利弗、安东尼·阿特莫尔：《1800 年以后的非洲》，李广一等译，北京：商务印书馆，1992 年，第 160 页。

他们对殖民地的合作者大加赞赏，称他们是明智的、有远见和进步的。毫无疑问，这种观点消弭了非洲殖民地人民反抗欧洲殖民统治的意志，是为维护西方列强对非洲的殖民地统治服务的。

三、案例——东非地区的殖民主义史学

东非地区与非洲其他地区一样，随着殖民征服和殖民统治的开展，殖民官员、传教士、移民留下他们在殖民地的活动历史，他们因此成为业余的历史学者。他们不仅研究起了自己所任职区域的历史，而且也积累了至今仍对东非史研究有用的资料。

这类的作品还是比较多的，主要有：卢加德（F.J.D. Lugard）的《我们东非帝国的崛起》(1893)、卡尔·彼特斯（Carl Peters）的《黑暗非洲的新光明》(1891)、H.H. 约翰斯顿（H.H. Johnston）的《东非保护国》(1905)、冯·莱托·福尔贝克（Von Lettow Vorbeck）的《我的东非回忆录》、H. 施内（H. Schnee）的《德国的殖民统治：过去与未来》(1926) 以及杰克逊（Jackson）的回忆录《在东非早期的岁月》(1931)。这些作品论及东非殖民地的总督与行政长官的工作与经历。比如卢加德系英国殖民官员，1889 年他接受英国东非公司的雇用进入肯尼亚内陆探险，次年 12 月受公司派遣率军远征布干达，他利用布干达内部矛盾，最终使英国殖民势力控制了整个乌干达。卢加德的《我们东非帝国的崛起》炫耀他征服东非所取得的成功。1900 年卢加德改任北尼日利亚高级专员，推行间接统治。

在传教士方面，J.L. 克拉普（J.L. Krapf）的《在东非的旅行、研究与传教》(1860)、塔克（Tucker）的《乌干达、东非十八年》(1908)、J.J. 维里斯（J.J. Willis）主教的《一座非洲教堂正拔地而起》(1925) 和 A.B. 库克（A.B. Cook）的《乌干达回忆录》(1945) 则为其中的经典作品。[1]

---

[1] B.A. Ogot, "Historians and East Africa", in J.D. Fage, ed., *Reintroducing man into the African world*, Kisumu: Anyange Press, 1999, pp. 101–104.

20世纪30年代，东非史研究的两份期刊得以创刊，分别为1933年创刊的《乌干达期刊》（The Uganda Journal）和1936年创刊的《坦噶尼喀笔记与记录》（Tanganyika Notes and Records）。研究期刊的创办也得到殖民当局的支持，比如《坦噶尼喀笔记与记录》的创办，曾经得到地方长官哈罗德·麦克米歇尔爵士（Sir Harold MacMichael）的支持。期刊的创办推动了学者对东非史的研究，也促使业余人士向专业人士的转变。例如，"一战"前已前往乌干达的测量师 H.B. 托马斯（H.B. Thomas）和坦噶尼喀的 H.A. 福斯布鲁克（H.A. Fosbrooke）这样的业余历史学家，基于此平台，完成了大量东非史的基础研究，尤其是关于乌干达史和坦噶尼喀史方面。

约翰·米尔纳·格雷爵士（Sir John Milner Gray）就是这样一位著名的东非业余史学家。格雷于1920年前往了乌干达，他具备一定的史学研究经验。当时，还没有任何专业的历史学家有志于东非史的研究。格雷很快就获取了布干达语（Buganda）的相关知识，并继而成为首位评价当地方言作品的学者。格雷挖掘了法国与德国方面的相关资源，在此基础上，他为《乌干达期刊》贡献了三篇论文：《布干达的穆特萨》（"Mutesa of Buganda"）、《布干达早期的历史》（"Early History of Buganda"）以及《比戈之谜》（"The Riddle of Bigo"）。1943年，格雷出任桑给巴尔首席大法官，他开始积极探索整体的东非史。格雷不单查阅了桑给巴尔领事馆的档案，他也调查了阿拉伯、葡萄牙和美洲方面的东非史资料，撰写了数本专著，如《东非早期的葡萄牙传教士》（1958）、《英国人在蒙巴萨，1824—1826》（1957）和《桑给巴尔史：从中世纪到1856年》（1962）。[1]

第一位转而研究东非的专业历史学家为雷吉纳德·库普兰德爵士。库普兰德早先接替 H.E. 埃格顿（H.E. Egerton），执起了牛津大学有关殖民史研究的拜特教席的教鞭。库普兰德的专长研究领域在于英国的废奴运动，库普兰德将英国的废奴运动视为一次成功的人道主义运动和一项道德革命。在1923年

---

[1] B.A. Ogot, "Historians and East Africa", in J.D. Fage, ed., *Reintroducing man into the African world*, Kisumu: Anyange Press, 1999, pp. 104–107.

出版了威尔伯福斯（Wilberforce）的传记，1933年发表了一篇有关英国废奴运动的简要研究后，库普兰德将其学术研究方向转移到了东非史上。其后，库普兰德撰写了两本至今仍可视为研究范本的著作，分别为1938年出版的《东非及其入侵者：从最早的时期至1856年赛伊德·赛义德之逝》和1939年出版的《剥削东非，1856—1890：奴隶贸易与掠夺》。

在《东非及其入侵者》一书中，库普兰德应该着重阐述东非早期到1856年的历史，但库普兰德教授却很少谈及非洲人民的历史、葡萄牙对东非两个世纪的统治，以及阿拉伯和斯瓦希里在海岸地区的定居与文化。他实际研究的主旋律则是阿曼统治在东非的崛起，以及由英国废除的奴隶贸易，并且库普兰德亦对欧洲人没有早一些占领东非腹地感到了遗憾，反映了他的殖民主义史学思想："假如欧洲人的占领能出现得再早一些，同时假如东非再从奴隶贸易中脱身（此为一不可或缺的条件），那么东非人可能早已改变他们原始的生活方式，并更为有效地改善他们的物质环境、提升他们的人口、促进他们的繁荣……人们的生命与财产也会更有保障、更好的农作物、更好的卫生环境、更好的教育条件。正因如此，征服东非即是将当地民众从他们朝不保夕、故步自封、一成不变、与世隔绝的热带生活中解放出来，亦使东非能与世界其他地区有益地联系在一起。"[1]

到了20世纪五六十年代，东非史研究出现了某些变化，研究者意识到要书写非洲人自己的历史，但是，在实际上仍然以殖民者在非洲的历史为重点。肯尼思·英厄姆（Kenneth Ingham）教授在乌干达的麦克雷雷创立了东非的第一个历史系。奥戈特就是英厄姆教授的第一批学生之一。这时，英厄姆教授意识到在非洲历史教育的恰当主题应当是非洲人自己的历史，并为此亲自撰写了几本书。在《现代乌干达的形成》（1958）一书中，英厄姆教授试图去勾勒乌干达自被欧洲人安德鲁·柯亨总督（Sir Andrew Cohen）发现以来的完整历史。然而，此书并没有对乌干达历史进行

---

[1] Reginald Coupland, *East Africa and its Invaders: From the Earliest Times to the death of Seyyid Said in 1856*, 1938, pp. 12–13.

深入研究，对乌干达保护国建立的论述也仅有只言片语，所以全书仍然主要是一部欧洲人在乌干达活动的历史。

英厄姆所著的另一本《东非史》(1962)，是一部更为厚实与重要的东非史研究著作。该书由东非高等委员会资助撰写而成。在这本意图书写东非从最早的时期到1962年间历史的456页著作里，有许多迹象表明，非洲的史学编纂正在发生革命。然而，该书只用20页的篇幅，来交代殖民入侵者到来之前的东非腹地的历史，却用了13页去书写克拉普、雷布曼(Rebmann)、伯顿和斯皮克(Speke)等一系列陈旧的观点。这说明该书也并没有超越"库普兰德的时代"多少。

纵观20世纪50年代，越来越多的专业历史学家开始对东非史感兴趣，并且其中大部分的历史学家，都对东非研究有着实质性的推动。即使日益增多的学者正对非洲人做出回应产生兴趣，但总的来说，东非的历史仍然被构想为是依照其欧洲入侵者的扩张而演变的。东非历史学家的首要研究对象，除了对入侵者的专注，还因此关注起外部世界对土著社会的影响，并且后一主题逐渐成为显学。自1952年起，这两大主题其中的大部分历史研究书籍已经被印刷出版：G.H. 芒吉姆(G.H. Mungeam)的《英国在肯尼亚的统治，1895—1912》(1966)，此书是对英国外交部和殖民部在肯尼亚工作"极具价值的"重新研究；G. 本内特(G. Bennett)的《肯尼亚政治史》(1963)，该书讲述了欧洲政治在肯尼亚的真实故事；K.M. 斯特尔(K.M. Stahl)的《乞力马扎罗查加人的历史》(1964)，此书对查加人(Chagga)的起源及查加人与邻族之间关系的论述寥寥可数。

众多东非宗教和社会的研究书目，开始于罗兰·奥利弗的开拓性研究《东非的传教士因素》(1952)和安东尼·洛的《布干达的宗教与社会，1875—1900》(1957)。F.B. 维尔伯恩(F.B. Welbourn)的《东非人的叛乱》(1961)，J.V. 泰勒(J.V. Taylor)的《布干达教堂的发展》(1958)，H.P. 盖尔(H.P. Gale)的《乌干达与密尔·希尔神父》(1959)，F.B. 维尔伯恩与B.A. 奥戈特合著的《一处感觉在家的地方》(1966)以及J.S. 崔明翰(J.S. Trimingham)的《伊斯兰在东非》(1964)。在经济史研究领域，我们可以看到对殖民问题同样的讨论，有诸如以下的书目：C.C. 里格利（C.C. Wrigley）的《乌干达的农作物与财富》(1959)，A.I. 理查德兹（A.I. Richards）所编的《经济、发展与部落的变化》(1954)，C. 欧利希（C. Ehrlich）的《乌干达有限公司：首个五十年》(1953)，以及休·费恩（Hugh Fearn）的《非洲经济：对肯尼亚尼扬扎省经济发展的研究，1903—1953》(1961)。[1]

这一时期，对东非沿岸的研究也有许多作品问世，但是这些研究同样着眼于东非入侵者，而对东非海岸地区人民的研究着墨有限。C.R. 博克瑟（C.R. Boxer）和卡洛斯·德·阿泽维多（Carlos de Azevedo）合著的《耶稣堡与蒙巴萨的葡萄牙人》(1960)讲述了葡萄牙人在蒙巴萨的故事，并且修正了贾斯特斯·施特兰德斯（Justus Strandes）在1899年出版于柏林的经典著作《在葡萄牙时期东非的德国人和英国人》中的一些观点。同时，《在葡萄牙时期东非的德国人和英国人》一书的德文版在近期也已经被珍·F. 沃尔沃克翻译成了英文，名为《葡萄牙时期的东非》(1961)。即使是约翰·格雷爵士的重要著作《桑给巴尔史：从中世纪到1856年》也没有摆脱这些缺憾。《桑给巴尔史》书写桑给巴尔岛和奔巴岛两座岛屿的历史，其中只有一章是写早期的历史，两章写葡萄牙时期，一章写18世纪，以及八章用来写赛伊德·赛义德的统治。前三章蜻蜓点水，并未把桑给巴尔岛的历史看成是区域整体历史的一部分。有关赛伊德·赛义德的八章中有七章关注的是赛义德王朝与美国、葡萄牙、法国、德国及英格兰的关系。依据库普兰德的传统，由是该书主要关注的为东非的外来入侵者。

G.S.P. 弗里曼·格伦维尔（G.S.P. Freeman-Grenville）的两书《坦噶尼喀的中世纪史》(1962)和《东非海岸：1世纪到19世纪早期文选》(1962)亦大量涉及东非的入侵者。第一本书论及了早期的入侵者，特别是在基尔瓦的入侵者。第二本书是一本有用的文选，该书选取了海岸地区历史上一些主要的文献资料，包括斯瓦希里的"编年史"。但这些希腊语、阿拉伯语、葡

---

[1] B.A. Ogot, "Historians and East Africa", in J.D. Fage, ed., *Reintroducing man into the African world*, Kisumu: Anyange Press, 1999, pp. 101–107.

萄牙语和斯瓦希里语的文本还是大量涉及入侵者。所有这些作品中，东非人仍然是"无声配角"或"一幅巨大的黑色背景"，并且这也是为什么海岸与内陆间的历史联系仍未被发现的重要原因。

罗兰·奥利弗与乔瓦斯·马修（Gervase Mathew）主编的《牛津东非史》（卷一）(1963)，是一部专业的学术著作。作者声称："这是一本全面的东非史，该书的出版是对新东非国家的未来的重要贡献之一。"[1] 换言之，此书是英国给东非人民的自由赠礼的一部分。事实上，该书虽然在学术上取得了一定的成就，但在本质上仍然属于殖民史学的范畴。从历史编纂的角度来看，最重要的事实是，这部著作对欧洲人到来之前的东非历史做出了肯定，为业余史学家们树立了榜样。同时，表明了诸如口述证据这类的资料来源也是有价值的。

但是，即使是这些开拓性的卷本，也对部落社会内部发生了什么，或是部落社会内部的相互关系语焉不详。同时，贯穿《牛津东非史》全书的观点——东非现在的部落族群整合已经至少持续存在了500年，以及传统历史学家的作品只书写有关这些可辨别的部落单位——是值得商榷的。除此之外，该书真正涉及传统历史的十二章中，有八章论述的主要目标仍然是外部世界政治上对土著居民的影响。

罗兰·奥利弗在该卷本的结语部分，又回到了殖民史学的观点。他说东非的殖民时期为东非的社会进步提供了刺激，这很大程度上归因于，在前殖民技术条件下的物流不便及通信不畅，否则这种进步很难发生。殖民主义，虽然饱受争议，但其使东非土著社会的经济与政治范围得以拓展，而且，这一范围的扩大对发展来说是不可或缺的。对于东非的整合是为了与外部世界的人类保持全面发展的步调，大幅简化陈旧政治的多样性也是一种无法逃避的需要。从历史的先例判断，东非的陈旧政治是个难题，只有经历过一段时期的殖民监护才能解决。[2]

---

1 Roland Oliver and Gervase Mathew, eds., *The Oxford History of East Africa*, Vol.1, Oxford, 1963, p.5.

2 *Ibid.*, p.456.

本章小结

长期以来，各种荒诞的说法和偏见使得整个世界无法了解非洲的真实历史，人们把非洲各时期的社会看成是没有历史的社会。所以，在20世纪60年代之前，殖民主义史学在非洲大行其道。对于这种情况，非洲国家独立之后，第一代历史学家大为不满，并且努力改变这种情况，提出重写非洲历史。布基纳法索历史学家基-泽博说："与整个人类历史一样，非洲历史实际上也是一部觉醒的历史。非洲历史需要重写，因为长期以来，它时常被'环境势力'即被无知和私利所埋没、伪造、歪曲和篡改。几百年来，非洲一直遭受残酷压迫，一代又一代的旅行家、奴隶贩子、探险家、传教士、殖民统治者和形形色色的学者无一例外地把非洲说成是到处贫穷、野蛮成性、很不可靠和混乱不堪。这种形象一直被无休止地突出推断，说现在和未来都理应如此。"[1]

殖民主义史学坚持欧洲中心论，美化殖民者对殖民地的统治，这种治学的指导思想应该彻底批判和摒弃。但是，殖民主义史学也并非一无是处，它在客观上保存了一些非洲历史的文献资料。如上述英厄姆教授所著的《东非史》、罗兰·奥利弗与乔瓦斯·马修主编的《牛津东非史》等，给读者提供了比较丰富的东非史的资料。

殖民史学所重视的是欧洲人在非洲的活动的历史，对殖民征服者的历史津津乐道，对于殖民前非洲的历史，以及在殖民过程中非洲人民的能动性与反抗，都是他们所忽略的，或者根本不屑研究的。在研究方法上，殖民主义史学表现出对档案资料的重视，对口述资料的否定。所以，当非洲国家独立之后，随着第一代本土历史学者的产生，他们主张研究非洲人自己的历史，并且千方百计挖掘口述资料的时候，预示着殖民主义史学在非洲的终结。

---

[1] ［布基］基-泽博主编：《非洲通史》第一卷，北京：中国对外翻译出版公司，1984年，第1页。

第三章

非洲民族主义史学

非洲是人类文明的发祥地，有着十分悠久的历史和灿烂的文明。越来越多的人类学家认为，从猿进化到人，最初是在非洲大陆完成的，在埃塞俄比亚发现的古人类遗骸"露西"被认为是人类的老祖母。非洲有文字的历史同样十分悠久，尼罗河流域的古代文明是古代世界四大文明之一，在时间上仅次于古代两河流域的文明。今天的苏丹北部，早在公元前2000年就建有黑人王国库施国。加纳、马里和桑海是西非地区出现过的大帝国，南部非洲的大津巴布韦是古代班图人在南迁的过程中创造的灿烂文明。

然而，长期的殖民统治是对非洲历史的极大摧残，殖民主义者否定非洲的本土历史，他们的基本观点是非洲黑人没有历史、没有文明，只有黑暗和停滞。殖民主义史学笔下的非洲历史是一部殖民征服的历史。这种情况到了20世纪五六十年代有了很大的变化，因为这时在非洲兴起了民族主义史学。非洲民族主义史学是对殖民主义史学的否定，他们从非洲内部的视角看待非洲历史，将非洲人民的活动视作非洲历史的主体。正如兰杰所言："非洲民族主义历史学家遵循阿贾伊教授和伦斯代尔博士（Dr. Lonsdale）的建议，强调非洲的活动、非洲的适应、非洲的选择、非洲的主动性。"[1]

---

[1] Ralph A. Austen, "Africanist historiography and its critics: Can there be an autonomous African History?" in Toyin Falola, ed., *African Historiography: Essays in honour of Jacob Ade Ajayi*, Harlow: Longman House, 1993, p. 204.

一、非洲民族主义史学的兴起[1]

从20世纪中叶开始,随着非洲国家纷纷独立、非洲民族的复兴,非洲历史进入蓬勃发展的时代,涌现出一批非洲本土历史学家,他们的历史著作相继问世,以及非洲史学流派的形成,这些都标志着非洲民族主义史学的兴起。

(一)兴起的背景

非洲民族主义史学是在特定的历史背景下兴起的,一方面,是思想的积累,即非洲民族主义思想的兴起和发展;另一方面,是非洲国家独立后,需要在历史文化领域实行非殖民化。

1. 非洲民族主义思想的兴起与发展

非洲民族主义的产生是殖民统治的重要后果之一。特殊的社会环境产生特殊的社会意识。非洲民族主义具有两个突出的特点:一是它的种族性;二是非洲国家的建立早于民族的融合。[2]种族性也就是大陆性,也就是说非洲民族主义表现出强烈的泛非主义倾向。无论从19世纪末的布莱登,还是20世纪六七十年代的尼雷尔身上都显示出这种种族性。在尼雷尔看来,非洲民族主义和泛非主义是密不可分的。他说:"非洲民族主义如果同时不是泛非主义的话,那么它是毫无意义的,是逆时代潮流的,也是危险的。"[3]

非洲民族主义者从一开始就投身到捍卫非洲历史文化的斗争之中。早在19世纪末20世纪初,"非洲人和非裔美国人就开始反对欧洲中心论者所炮制的非洲过去没有历史的观点"[4]。"非洲民族主义之父"——爱德华·威

---

1 张忠祥:《20世纪非洲史学的复兴》,《史学理论研究》2012年第4期。
2 李安山:《非洲民族主义研究》,北京:中国国际广播出版社,2004年,第7—8页。
3 Julius K. Nyerere, "A United States of Africa", *The Journal of Modern African Studies*, Vol.1, March, 1963, p.6.
4 [美]格奥尔格·伊格尔斯、王晴佳:《全球史学史》,杨豫译,北京:北京大学出版社,2011年,第315页。

尔莫特·布莱登（1832—1912）不遗余力地鼓舞非洲人的自信心。布莱登的童年是在西印度群岛度过的，1851年他来到当时已经独立的利比里亚，在《尼格罗人报》和《拉各斯星期记录报》等多家西非知识分子办的报刊上撰文，探讨非洲古代文明、伊斯兰教的影响、非洲的教育事业和黑人独立的前途等社会问题，为西非民族独立运动在舆论上做了重要的准备工作。

布莱登著述颇丰，大多为提高非洲黑人的地位和增强黑人的信心而摇旗呐喊。主要的著作有：《流血中的非洲的呼声》(1856)、《为黑人种族的辩护》(1857)、《非洲的希望》(1862)、《古代历史中的黑人》(1869)、《非洲对世界的贡献》(1880)、《基督教、伊斯兰教和黑人种族》(1887)、《非洲问题及其解决方法》(1890)、《非洲与非洲人》(1903)、《欧洲人到来前的西非》(1905)、《非洲人的生活和习俗》(1905)、《利比里亚面临的问题》(1909)等。这些著作所涉及的思想十分丰富，但其主题是十分明确的，那就是尼格罗人种的特征，即非洲个性。

布莱登提出了以"非洲个性"为中心的民族主义思想。布莱登关于"非洲个性"的内涵主要有以下六点：其一，非洲是世界文明的摇篮，黑人种族有值得骄傲的过去，它是古埃及文明的创造者并对世界文明的发展做出过杰出的贡献；其二，非洲是非洲人的非洲，黑人种族有着共同的命运，黑人只有回归非洲本土才能享受真正的自由，非洲的前途在于建立幅员辽阔的新帝国；其三，黑人种族有自身固有的特性，应努力加以维系和弘扬，非洲文化即非洲的习俗和制度是蕴含着勃勃生机的，它在道德和精神上具有优势，它必将成为非洲社会发展的动力；其四，人类各种族虽然存在差异，但却是平等的，各个种族都对人类文明的进化发挥各自独特的作用，他们之间是一种互补关系；其五，黑人种族应保持种族血统的纯洁性，黑人不宜与异族通婚，因为"种族污染"将对黑色人种带来不利影响；其六，基督教文明在许多方面有悖于非洲传统，它摧残了非洲文化，抑制了黑人的发展，而伊斯兰文明适宜非洲社会生活，有益于非洲文化和黑人个性的完善与发展。[1]

他倾向于将黑人看作一个整体，提出共同命运说，主张世界各地的黑人联合起来。布莱登特别注重恢复和培养非洲人的自尊和自信。他指出，"我们必须对黑人充满信心"，只有这样才能"培养黑人的自豪感"；种族之间的不同并不意味着体质特征和智力道德上有高下之分，各个种族有自己的特点。[2]

事实上，在布莱登所处的时代，西非地区就曾经出现一些带有文化民族主义的历史著作，如塞内加尔人阿贝·博拉特（Abbé Boilat）著的《塞内加尔简史》(*Esquisses Sénégalaises*)（1853）、斯伯绍普（A.B.C. Sibthorpe）著的《塞拉利昂史》（1868）、雷因道夫（C.C. Reindorf）著的《黄金海岸和阿散蒂史》（1889）、约翰逊（S. Johnson）著的《约鲁巴史》（1897）和布莱登著的《欧洲人到来前的西非》（1905）等。[3]

威·爱·伯·杜波依斯是美国著名的黑人领袖和学者。他出生于美国马萨诸塞州巴灵顿市一个富裕的中产阶级混血人种家庭，毕业于哈佛大学，获博士学位，并长期在美国大学任教。自1905年起，他就团结黑人知识分子，组成了以争取美国黑人政治权利和社会权利为宗旨的"尼亚加拉运动"，在美国建立了80个分支机构。1909年他创建了美国"全国有色人种协进会"，并主编该协会的机关刊物《危机》杂志。他主张全世界和全非洲的黑人团结起来为争取自由和解放而积极斗争。他曾参加亨利在1900年发起召开的第一次泛非会议。他在亨利去世后继承了亨利的事业，举起了泛非主义的旗帜，在1919年至1929年间发起召开了4次泛非大会，对泛非主义思潮的传播及泛非主义运动的发展起了推动作用，因此被称为"泛非主义之父"。1945年10月在英国曼彻斯特召开的第五次泛非大会上，他被选

---

1 张宏明：《近代非洲思想经纬》，北京：社会科学文献出版社，2008年，第266页。
2 Spitzer Leo, *The Creoles of Sierra Leone: Responses to Colonialism, 1870–1945*, Madison: University of Wisconsin Press, 1974, p. 12.
3 Kapteijns Lidwien, *African Historiography Written by Africans, 1955–1973, The Nigerian Case*, Leiden: Afrika-Studiecentrum, 1977, pp. 8–9.

为大会的永久性主席。

杜波依斯在倡导泛非主义、主张种族平等的同时,为非洲黑人拥有悠久的历史而辩护,他认为古埃及历史是非洲历史的一部分,埃及法老图特摩斯三世的花岗岩雕像,其头部"具有黑种人的特征"[1]。

布莱登和杜波依斯等早期的非洲裔民族主义者试图把西方的民主平等思想与非洲传统结合起来,树立非洲人的自信心,对于非洲民族主义的发展做出了自己的贡献,他们提出的"非洲个性"和泛非主义对非洲产生了重大影响,包括非洲的独立和非洲的联合与统一。

2. 非洲历史非殖民化的需要

在20世纪中叶以前,很多关于非洲历史的书是西方学者所写的,在这些书中,往往充满着对非洲历史的偏见。这种偏见主要表现为三个方面:第一,对非洲历史的无知、漠视或误解;第二,用含米特理论来解释一切非洲文明的成就;第三,认为殖民统治为非洲人带去了文明与进步。所以,消除这些偏见、实现非洲历史的非殖民化是独立后第一代非洲史学家面临的一个重要而艰巨的任务。[2]

20世纪50年代开始的非洲独立运动,为非洲历史的非殖民化奠定了基础。非洲国家独立之后,对历史研究的需求增加,从国家层面而言需要重写本国的历史,增强国民对国家的凝聚力,对民众而言需要了解本民族的历史,加强集体记忆。戴克认为,非洲历史研究对于民族(国家)建构有着重要意义。"每个民族的未来都建立它的过去基础上。"[3]

这一时期,非洲大学的纷纷建立,为非洲史学的发展准备了组织上的条件。殖民时代非洲大学寥寥无几,1948年英国在尼日利亚建立的伊巴丹

---

1 [美]威·爱·伯·杜波依斯:《非洲——非洲大陆及其居民的历史概述》,秦文允译,北京:世界知识出版社,1964年,第37页。
2 李安山:《论黑非洲历史的非殖民化》,北京大学亚非研究所编:《亚非研究》第4辑,北京:北京大学出版社,1994年,第66—71页。
3 K.O. Dike, "African History and Self-Government", *West Africa*, February-March, 1953, in Chieka Ifemesia, ed., *Issues in African Studies and National Education: Selected Works of Kenneth Onwuka Dike*, Awka: KODIC, 1988, p.71.

大学是西非地区最早的大学；在英属东非，仅有一所大学，即东非大学，分设达累斯萨拉姆学院、肯尼亚皇家学院、乌干达麦克雷雷学院；英国在苏丹的喀土穆大学建于1947年，从属于伦敦大学。独立后的一二十年时间里，撒哈拉以南非洲的大学发展到80所左右，每个国家至少有一所大学，有的国家大学更多一些。尼日利亚在20世纪60年代建立了尼日利亚大学（1960）、拉各斯大学（1962）、艾哈曼德大学（1962）、伊费大学（1962），20世纪70年代以后建立的大学有乔斯大学、贝宁大学、卡拉巴尔大学、索科托大学、迈杜古里大学、伊洛林大学等。肯尼亚有内罗毕大学、莫伊大学、肯雅塔大学和埃克顿大学等。20世纪50年代至70年代末是非洲大学发展的"黄金时代"（golden era）[1]。

第二次世界大战后，非洲大学的建立和史学研究机构的设立促进了非洲历史学的发展。从20世纪50年代中期起，达喀尔大学、金沙萨大学、伊巴丹大学和内罗毕大学先后设立了非洲研究所，一些非洲综合性大学相继设立历史系，开设非洲史课程。与此同时，非洲研究的学术团体纷纷建立，从20世纪50年代中期起，尼日利亚和加纳率先成立了史学会。1972年，12个非洲国家在达喀尔成立了非洲史协会，1977年该协会的成员国发展到22个国家。这些团体创办了《尼日利亚历史杂志》《加纳历史学会学报》《西非考古杂志》《非洲的过去》《全非历史杂志》和《埃塞俄比亚杂志》等。

非洲国家独立后，在高等教育发展的背景下，非洲本土历史学家群体开始形成。尼日利亚的戴克、阿贾伊，塞内加尔的姆博、巴里、迪奥普，上沃尔特（今布基纳法索）的基-泽博，加纳的博亨、阿尔欣，尼日尔的拉雅，科特迪瓦的翁吉，马里的昂帕泰·巴，埃及的莫纳，苏丹的哈桑，肯尼亚的奥戈特，坦桑尼亚的卡尼基，喀麦隆的姆文，博茨瓦纳的恩康科，津巴布韦的比拉等人都是非洲知名的史学家。这标志着以本土学者为主的

---

[1] Paul Tiyambe Zeleza, "African Studies and University since Independence", *Transition*, No.101, 2009, pp.112–116.

非洲史学队伍业已形成。在新独立的非洲国家建立起国立大学后,便不可避免地兴起以国家为基础的史学。这样的历史背景即要求历史学家们提出有关国家的历史,来填补独立之前的殖民史学留下的空白。[1]

非洲历史的研究也得到赢得独立的非洲国家的支持。1962年12月,第一届国际非洲学家大会在加纳召开。加纳总统恩克鲁玛到会祝贺,他在致辞中说:"卓越的学者们,我荣幸地欢迎诸位到加纳来参加第一届非洲学家大会。你们在这里、在一个非洲大学的校园内举行会议,这就是非洲的复兴和它的再度觉醒的反映,也是对正在鼓舞着这个伟大大陆的人民的那种新精神的认可。"[2] 恩克鲁玛将第一届非洲学家大会的召开,看作是非洲复兴的反映和对非洲独立精神的肯定。因为,独立后的非洲国家迫切需要恢复非洲历史的本来面目。

(二)主要成就

第一批非洲本土史学家尽管主要毕业于西方国家的大学,从那里获得博士学位,如尼日利亚的戴克、加纳的博亨、肯尼亚的奥戈特都毕业于伦敦大学东方和非洲研究院,但他们作为非洲历史学家,都希望将现代历史研究法与非洲史学传统结合起来,他们强调"非洲史理应是非洲各族人民自己的历史,唯有他们本身的活动,而不是入侵者的活动,才应当成为非洲史研究的重点"[3]。因此,非洲本土史学家希望用非洲的新观点、新方法、新材料撰写历史。的确,他们取得了一系列的成果,在国际史学界占有一席之地。

首先,非洲本土史学家与国际史学家通力合作,重新建构非洲历史,

---

[1] Donald Denoon and Adam Kuper, "Nationalist Historians in Search of a Nation: The 'New Historiography' in Dar es Salaam", *African Affairs*, Vol.69, No.277, 1970, pp.329–349.

[2] [加纳]恩克鲁玛:《加纳总统恩克鲁玛在第一届非洲学家大会上的致辞》,乐山译,《亚非译丛》1963年第3期,第1页。

[3] 杨永芳主编:《当代国外社会科学手册》,南京:江苏人民出版社,1985年,第140页。

完成了联合国教科文组织八卷本《非洲通史》的撰写。因为，非洲遭受过长期的殖民统治，殖民主义史学宣扬"非洲没有历史"和"非洲文明外来说"。非洲国家独立后，迫切需要消除殖民主义对非洲史学的不利影响，正如《非洲通史》第一卷主编基-泽博所言："与整个人类历史一样，非洲历史实际上也是一部觉醒的历史。非洲历史需要重写，因为长期以来，它时常被'环境势力'即被无知和私利所埋没、伪造、歪曲和篡改。几百年来，非洲一直遭受残酷压迫，一代又一代的旅行家、奴隶贩子、探险家、传教士、殖民统治者和形形色色的学者无一例外地把非洲说成是到处贫穷、野蛮成性、很不可靠和混乱不堪。这种形象一直被无休止地突出推断，说现在和未来都理应如此。"[1] 所以，在1963年非洲统一组织的成立大会上，该组织要求联合国教科文组织编写一部"真实的"非洲通史[2]，以代替当时非洲学校的历史教材，在这些教材中，充斥着非洲大陆的文明是殖民列强所带来的这种陈词滥调。《非洲通史》编写委员会由39名委员组成，其中2/3是非洲人，1/3是其他洲的人，肯尼亚历史学家B.A.奥戈特任该委员会主席。各分卷的主编绝大多数是非洲学者。联合国教科文组织编写的八卷本《非洲通史》，表明非洲本土史学家在非洲研究中发挥着越来越重要的作用，在这部多卷本的宏大著作中体现第一代非洲史学家的研究方法和对非洲历史的理解。这部著作的主要特点有：(1) 古埃及历史是非洲史的重要组成部分；(2) 对殖民前的非洲历史以很大的篇幅进行论述；(3) 重视非洲口述史资料；(4) 重视非洲的能动性和对殖民统治的反抗。这些特点与殖民史学的传统形成了鲜明的对照。

其次，非洲本土史学家结合非洲的史学传统，用新观点、新方法、新材料撰写了一系列本国、本民族的历史。他们从非洲的角度来看待非洲历史，大书殖民入侵前的非洲历史，以及使用口述史料、考古材料等。如在20世纪60年代之前，关于加纳历史有三本"权威"之作：(1)《黄金海

---

1 ［布基］基-泽博主编：《非洲通史》第一卷，北京：中国对外翻译出版公司，1984年，第1页。
2 Jan Vansina, "Unesco and African Historiography", *History in Africa*, Vol.20, 1993, pp.337-352.

岸和阿散蒂史》;(2)《黄金海岸史》;(3)《加纳简史》。[1] 这三部加纳史的作者分别是克莱里奇、瓦德和费奇，前两人是英国在加纳的殖民官员，费奇是英国著名非洲史专家，他们的著作有一个共同特点，即从外部看加纳历史，把加纳历史更多地写成是殖民者在加纳活动的历史，对于加纳各族人民的历史不甚了解，着墨不多。加纳本土著名历史学家阿杜·博亨试图改变这种状况，主张从内部看加纳历史，把加纳历史的本来面貌展现给读者，为此，他撰写了《加纳：19 至 20 世纪加纳的发展与变革》《雅阿·阿散蒂娃和 1900 至 1901 年的阿散蒂—英国战争》和《阿散蒂王与整个国家的历史》[2] 等著作，用非洲学者的观点来还原加纳的历史和阿散蒂的历史。阿杜·博亨因其在历史研究方面的贡献，尤其是对加纳历史研究的卓越成就，被誉为"非洲史的教父之一"[3]。

肯尼亚著名历史学家奥戈特出版多部关于东非历史的著作，如《南卢奥人的历史》《东非：过去和现在》《东非简史》[4]，奥戈特运用大量口述史资料研究肯尼亚和卢奥族的历史。尼日利亚学者托因·法洛拉的《尼日利亚史》充分肯定该国的悠久历史，认为"尼日利亚是一个多民族的国家，其历史可以追溯到史前时代。古文明的遗迹已经在一些地方被发现，包括西南的伊莱-伊费，东部的伊格博-乌克乌和中部的诺克"。作者梳理了尼日利亚现代历史进程，并对该国的未来发展提出自己的设想，"迄今为止，国家有待解决的问题包括：能否继续作为一个民族国家而存在、对人权的保护、《宪法》维护、结束军人干政，以及通过改善经济来提高人民的生活水平"[5]。

1　W. Claridge, *A History of the Gold Coast and Ashanti*, first published in 1915; W.F. Ward, *History of the Gold Coast*, published in 1948; J.D. Fage, *Ghana, An Historical Interpretation*, published in 1961.

2　A. Adu Boahen, *Ghana: Evolution and Change in the Nineteenth and Twentieth Centuries*, Longman, 1975; A. Adu Boahen, *The History of Ashanti Kings and the Whole Country Itself and Other Writings*, Oxford University, 2003.

3　Ivor Agyeman-Duah, "The historian who made history himself", *New African*, July 2006, p. 58.

4　B.A. Ogot, *History of the Southern Luo*, Vol.I, Nairobi, 1967; B.A. Ogot, *East Africa, Past and Present*; B.A. Ogot, *A Survey of East African History*, Nairobi, 1969.

5　Toyin Falola, *The History of Nigeria*, Santa Barbara: Greenwood Press, 1999, pp. 224–225.

最后，在专题史方面，非洲史学家也取得了显著的成绩。殖民统治对于非洲大陆是一段挥之不去的历史，1415年葡萄牙殖民者占领摩洛哥的休达城，标志着近代殖民主义的开端，1990年纳米比亚的独立标志着非洲非殖民化的完成。殖民主义在非洲先后存在了500多年，既给非洲带来血腥的奴隶贸易和殖民侵略，又给非洲带来殖民制度和近代的基础设施。非洲史学家无法回避殖民主义对非洲的影响。阿贾伊认为，殖民主义是非洲历史的一段插曲。坦桑尼亚大学教授罗德尼在《欧洲如何使非洲欠发达》[1]一书中回顾了15—20世纪上半叶欧非关系，认为殖民主义是造成今天非洲落后的主要原因。阿杜·博亨是著名的殖民史专家，著有《非洲殖民主义透视》《殖民统治下的非洲，1880—1935》《不列颠、撒哈拉和西苏丹，1788—1861》，主编《非洲通史》第七卷[2]，对殖民主义有深入的研究。

（三）非洲民族主义学派特点

到20世纪70年代初，非洲民族主义史学已经蔚然成风，他们的历史研究风格与殖民主义学派迥异，民族主义学派的著作"更加关注非洲人的角色——他们的习俗（institutions）、他们的态度（attitudes）和他们的内部力量（internal forces）——而不是欧洲人在非洲的活动"[3]。

第一，从内部的视角研究非洲。非洲国家独立之初，从非洲内部视角研究非洲历史成为非洲民族主义历史学家的一个基本观点，这也是非殖民化思想的一部分，其实质是要使非洲大陆的历史"非洲化"，正如戴克教授在"伊巴丹历史系列"丛书的序言中所言："非洲的历史理应是非洲人民

---

[1] W. Rodney, *How Europe Underdeveloped Africa*, Washington: Howard University Press, 1974.

[2] A. Adu Boahen, *African Perspectives on Colonialism*, Baltimore: John Hopkins University Press, 1987; A. Adu Boahen, *Africa Under Colonial Domination, 1880–1935*, University of California Press, 1985; A. Adu Boahen, *Britain, the Sahara, and the West Sudan, 1788–1861*, Oxford, 1964; A. Adu Boahen, ed., *General History of Africa*, A. Adu Boahen, ed., Vol.VII, Nairobi: East African Educational Publishers Ltd., 1990.

[3] Robert A. Hess, "J.F. Ade Ajayi and the New historiography in West Africa", *African Studies Review*, Vol.14, No.2, 1971, pp.273–285.

自己的历史;唯有他们的活动,而不是占领者的活动,才应当成为非洲史学研究的重点。"[1]

第二,普遍重视口头传说。戴克在研究尼日尔三角洲历史时,使用了尼日利亚当地的口述史资料。肯尼亚的奥戈特在研究南卢奥人的历史的时候,主要依据口述史的资料。一般情况下,民族主义学派的历史学家将口述资料提升至与文献资料等同的地位。

第三,他们是非洲第一代现代专业史学家。他们主要毕业于西方国家的大学,从那里获得博士学位,如尼日利亚的戴克、加纳的博亨、肯尼亚的奥戈特都毕业于伦敦大学东方和非洲研究院,但他们作为非洲历史学家,都希望将现代历史研究法与非洲史学传统结合起来,伊格尔斯说这是"现代史学在撒哈拉以南非洲的兴起"[2]。

20世纪中叶,伴随着非洲国家纷纷走向独立,诞生了非洲民族史学,他们的主要目标是要消除殖民史学的影响,恢复自己的历史。这个过程中,在一定程度上得到欧洲自由主义史学家的支持。20世纪50年代起,非洲民族主义的领头人主要来自英法在几个殖民地创建的大学学院,包括尼日利亚的伊巴丹、加纳的勒贡、塞内加尔的达喀尔、乌干达的麦克雷雷、肯尼亚的内罗毕和坦桑尼亚的达累斯萨拉姆等。[3]其中,最为著名的是尼日利亚的伊巴丹学派和坦桑尼亚的达累斯萨拉姆学派。

二、伊巴丹历史学派

伊巴丹学派是20世纪非洲著名的史学流派,由尼日利亚历史学家肯尼思·翁伍卡·戴克(1917—1983)等人在伊巴丹大学所建立。1948年,伊

1　J.F. Ade Ajayi, *Christian Missions in Nigeria, 1841-1891*, London: Longman, 1965, pp. x-xi.
2　[美]格奥尔格·伊格尔斯、王晴佳:《全球史学史》,杨豫译,北京:北京大学出版社,2011年,第314页。
3　B.A. Ogot, *History as Destiny and History as Knowledge: Being Reflections on the Problems of Historicity and Historiography*, Kisumu: Anyange Press, 2005, p. 40.

巴丹大学开始作为伦敦大学的一个学院,1952年成为尼日利亚最早的大学。历史系是该大学学院最早设立的几个系之一,开始聚集起一批尼日利亚的历史学家。在伊巴丹,1953—1966年被称为戴克时代(Dike years)。[1]戴克毕业于伦敦大学东方和非洲研究院,是第一个担任历史系主任的非洲人。戴克曾任伊巴丹大学历史系教授和副校长,参与尼日利亚国家档案馆、国家图书馆和非洲研究院的筹建,并创办《尼日利亚历史学会杂志》,担任过尼日利亚史学会会长和国际非洲学家大会主席。从1965年开始,由戴克教授主持的"伊巴丹历史系列"丛书开始出版。"伊巴丹历史系列"丛书开始于1965年,结束于1981年。因1967年至1970年的尼日利亚内战中断了30个月。[2]在"导言"中,戴克教授批判了将文字档案等同于历史的欧洲史学传统,批判了将非洲史写成在非洲的欧洲人的历史的殖民史学传统,明确地提出要继承古代及19世纪以来的非洲史学传统,将口头传说和多学科方法引入非洲史学。[3]这篇导言成为伊巴丹历史学派成立的宣言书。[4]

伊巴丹学派的代表人物除了创立者戴克之外,还有比奥巴库(S.O. Biobaku)、阿贾伊、阿菲格博(A.E. Afigbo)、阿杨德勒(E.A. Ayandele)、伊基梅(O. Ikime)、阿拉戈和阿尼恩(J.C. Anene)等人,他们的代表作主要有《西非一千年》《埃各巴和他们的邻居:1542—1872》《尼日尔三角洲的历史》《南部尼日利亚的转型:1884—1906》等[5]。该学派有三个主要观点:(1)非洲和世界其他地方一样有自己的历史;(2)非洲的历史并不是从欧洲人的到来

---

[1] J.F. Ade Ajayi, "The Ibadan School of History", Toyin Falola, ed., *Tradition and Change in Africa: The Essays of J.F. Ade Ajayi*, Asmara: Africa World Press, 2000, p. 383.

[2] *Ibid.*, p. 384.

[3] J.F. Ade Ajayi, *Christian Missions in Nigeria, 1841–1891, The Making of a New Elite*, London: Longman Group Ltd., 1965, pp. x–xi.

[4] 李安山:《论伊巴丹历史学派——其形成、发展及批判》,《世界史研究动态》1990年第3期,第41页。

[5] J.F. Ade Ajayi, *A Thousand Year of West Africa*, Vol.1, London, 1971; S.O. Biobaku, *The Egba and their Neighbours, 1542–1872*, London, 1974; E.J. Alagoa, *A History of the Niger Delta*, Ibadan, 1972; J.C. Anene, *Southern Nigeria in Transition, 1884–1906*, CUP, 1965.

和他们的记录开始的;(3)非洲历史是世界历史的一部分,没有它世界历史就是残缺的。在后期,托因·法洛拉是伊巴丹学派重要的代表人物,而且是"伊巴丹学派最多产的学者"[1]。这些学者不仅著书立说,而且培养了一大批研究生,他们分布在尼日利亚各大学历史系。他们的影响已扩展到非洲以外,获得国际非洲史学界的肯定。

自20世纪50年代以来,伊巴丹学派的学者辛勤耕耘,发表了不少有影响的著作。在这些著作中,涉及的主题有:在欧洲扩张语境下的贸易和政治、宗教使团的影响以及伊斯兰革命等。[2] 该系列丛书有的论及基督教对现代知识分子的影响,如阿贾伊和阿杨德勒的经典著作被收入这一系列。有的是关于非洲近代王国的兴起及对西方殖民入侵的抵抗,如奥梅尔-库柏(Omer-Cooper)的《祖鲁的后果》、拉斯特(M. Last)的《索科托哈里发王国》和奥罗伦蒂梅亨(Oloruntimehin)的《塞古的图库洛尔帝国》等。有的是关于殖民主义入侵后非洲社会的演变,如伊基梅的《尼日尔三角洲的竞争》、阿德勒耶(Adeleye)的《尼日利亚北部的权力和外交,1804—1906》、阿肯托耶(Akintoye)的《约鲁巴兰的革命与权力政治,1840—1893》和阿坦达(Atanda)的《新奥约帝国》。[3] 总的来看,欧洲人的扩张和非洲人的反应是伊巴丹学派的研究主题。在戴克的笔下,研究贸易不仅仅是经济史,而且更重要的是作为欧洲商业扩张语境下的政治历史的重要现象。[4]

首先,伊巴丹学派对口头传说的大胆使用,这不仅是研究方法上的突破,而且也是对非洲历史的重新认识。因为,欧洲正统史学一直认为研究历史只能依靠文字记录,最好是档案资料。德国历史学家兰克认为,撰写

---

[1] Paul E. Lovejoy, "The Ibadan school of historiography and its critics", in Toyin Falola, ed., *African Historiography: Essays in honour of Jacob Ade Ajayi*, Harlow: Longman House, 1993, p. 202.

[2] *Ibid.*, p. 195.

[3] 李安山:《非洲民族主义研究》,北京:中国国际广播出版社,2004年,第20页。

[4] Paul E. Lovejoy, "The Ibadan school of historiography and its critics", in Toyin Falola, ed., *African Historiography: Essays in honour of Jacob Ade Ajayi*, Harlow: Longman House, 1993, p. 196.

历史主要地"依靠目击者的叙述和原始的文献资料"[1]。英国近代史学家阿克顿是兰克的崇拜者[2]，他也认为，文件档案可以为历史学家提供一切。面对西方学者这些历史学的定论，非洲学者勇敢地提出了挑战。戴克批评欧洲史学家崇拜文件资料，乃至将历史等同于文献，他认为："口头传说必须在（非洲）历史重建中被采纳，成为有用的资料。"[1]

其次，伊巴丹学派认为非洲历史具有连续性，这是该学派一个重要的理论观点。不可否认，殖民统治对非洲产生了深远的影响，但这是否意味着非洲历史文化传统的中断呢？对于殖民统治的影响存在两种对立的观点。西方殖民官员和殖民主义史学家普遍认为，殖民统治有功于非洲，现代非洲社会出现的所有积极因素都是殖民统治带来的，而非洲马克思主义学者将所有罪恶归咎于殖民统治。这两种对立的观点却有一个共同的结论，即殖民时期是非洲历史的一个转折点，标志着非洲发展的中断。针对这一观点，阿贾伊提出了"殖民主义只是非洲历史长河中的一个插曲"的著名观点。他认为，应将帝国主义瓜分和殖民统治置于非洲历史发展的长河中来分析，和班图人大迁徙、伊斯兰教的传播、奴隶贸易和非洲王国之间的角逐一样，殖民统治只是一次历史插曲。即使在殖民统治下，非洲人的生活还是像原来一样照样进行，殖民统治前与独立后的非洲还是一个历史发展的连续体，并没有因为殖民统治而突然中断。需要指出的是，阿贾伊和阿杜·博亨等许多非洲学者，他们思想中的非洲殖民统治是十分短暂的，大约从1885年到1960年，不到100年的历史。与我们国内学界的观点有较大的差距，国内学者一致认为从1415年葡萄牙人占领休达，直到1990年纳米比亚独立，有500多年的历史。

再次，关于精英的作用。精英分为传统精英和现代精英。传统精英指

---

1 ［英］乔治·皮博迪·古奇：《十九世纪历史学与历史学家》，耿淡如译，北京：商务印书馆，2014年，第191页。
2 杜廷广：《阿克顿史学思想初探》，《史学史研究》2008年第1期。
1 J.F. Ade Ajayi, *Christian Missions in Nigeria, 1841-1891, The Making of a New Elite*, London: Longman Group Ltd., 1965, p. x.

国王和酋长，现代精英指信仰基督教、接受西方教育的人。伊巴丹学派的学者大多从正面积极的态度评价传统精英，把他们最终被卷入殖民体系看作是一种悲壮的失败，戴克对贾贾崛起的讴歌就是这种观点的反映。[1] 伊巴丹学派更多地关注现代精英，阿贾伊在《尼日利亚的基督教传教团，1841—1891》一书探讨了基督教对非洲社会的影响以及受教育阶层的形成过程。他认为基督教对尼日利亚最重要的贡献就是培养了一批民主主义精英。他们认为，受教育阶层在尼日利亚社会发挥领导作用是历史的必然。作为民族主义者，他们旗帜鲜明地反对殖民主义者，而作为现代受教育者，他们理所当然地反对传统势力，这种特殊的历史地位使他们责无旁贷地担负起民族主义运动的领导重任。

"从非洲观点观察非洲"，是戴克为首的伊巴丹学派的座右铭，这也就是说要还非洲历史的本来面貌，改变殖民史家从外部看非洲历史的不正确做法。因此，该学派重视口述史在非洲历史研究中的作用，运用口述史的资料挖掘非洲悠久的历史，增强非洲人的自信心和自豪感。伊巴丹学派的形成标志着非洲史学已趋成熟。"伊巴丹历史学派从非洲自身的角度写出了非洲历史的演进和发展。他们对19世纪西非各国的政治结构和殖民统治的影响做了系统的分析和研究，从而勾画出西非历史发展的总轮廓，完成了重建尼日利亚历史编年的任务。……是尼日利亚文化民族主义的具体表现。"[2] 其局限性也是十分明显的。首先，在选题上主要集中于政治史，王国兴替、政权演变或殖民统治是伊巴丹历史学派最感兴趣的课题，而经济史、社会史和思想史几乎无人问津；在时间上主要集中在19世纪到20世纪前期。由此带来两个后果：一是强调精英史而忽略人民大众的历史；二是强调大的王国，忽略小的部落。其次，研究方法不够多样化，表现在不善于吸收其他学科的方法和研究成果上，选题的局限和方法上的

1　K.O. Dike, *Trade and Politics in the Niger Delta, 1830–1885*, Oxford University Press, 1956, pp. 182–202.
2　李安山：《论伊巴丹历史学派——其形成、发展及批判》，《世界史研究动态》1990年第3期，第43页。

单一从根本上说是由于理论上的欠缺所致。

20世纪70年代以后,伊巴丹历史学派出现了新的变化,研究主题从原先的政治史,包括王国兴替、政权演变和殖民统治,开始转向对经济史的研究。如加文(R.J. Gavin)和因科里(E.J. Inikori)是后期伊巴丹最重要的学者,但他们超越了伊巴丹的传统,从事的研究既不是政治问题,也不是外交。加文专注于经济问题,而因科里则研究与奴隶贸易有关的统计数据。[1]

20世纪50年代,伊巴丹历史系的创始人戴克出版了一部开拓性的著作,即《尼日尔三角洲的贸易和政治,1830—1885》[2](作于1956年,以下简称《三角洲》),这是在他的博士学位论文基础上修改而成的。戴克在英国留学时,将博士学位论文的选题从帝国史改为非洲前殖民史,从原先的英国对尼日利亚殖民政策,变为"1830—1885年间尼日尔三角洲的贸易和政治"。为此,他不得不于1947年从牛津来到伦敦。[3]

尼日尔河三角洲位于尼日利亚南部,大致东起克罗斯河,西至贝宁河,北与伊博地带相接,南北纵深约120英里。从15世纪到19世纪初叶,瓦里的伊策基里王国是西尼日尔三角洲最重要的政治和商业中心。伊策基里王国的东部和西部,居住着人口众多的伊乔人,他们没有发展成为规模较大的能够进行有力竞争的中央集权国家。紧靠伊策基里王国的内陆腹地,乌荷博人和伊索科人也大多是组织分散的族群。他们先是伊策基里王国奴隶的生产者和供应者,后来提供棕榈油和棕榈仁。居住在东三角洲地区的伊乔人建立了许多城市或居民聚居点,如嫩贝、波尼、埃勒姆-卡拉巴里和奥克里卡,并在此基础上发展成为国家。这些国家,K.O. 戴克称之为城邦。在这些国家,无论是内陆的长途贸易还是大西洋沿岸的奴隶贸

---

1 Paul E. Lovejoy, "The Ibadan school of historiography and its critics", in Toyin Falola, ed., *African Historiography: Essays in honour of Jacob Ade Ajayi*, Harlow: Longman House, 1993, p. 199.

2 K.O. Dike, *Trade and Politics in the Niger Delta, 1830–1885*, Oxford University Press, 1956.

3 J.F. Ade Ajayi, "The Ibadan School of History", Toyin Falola, ed., *Tradition and Change in Africa: The Essays of J.F. Ade Ajayi*, Asmara: Africa World Press, 2000, p. 378.

易，都掌握在政治领导人——国王和族长手里。[1]

《三角洲》实际上是尼日利亚的经济和政治史。戴克说："这一时期的尼日尔三角洲的历史，在一定程度上是尼日利亚的经济和政治史。这一地区从16世纪起，就成为几内亚湾非洲人与欧洲人贸易的主要中心。在17和18世纪，三角洲是西非最重要的奴隶市场之一。在19世纪最初的三十年里，在三角洲地区，棕榈油贸易取代了奴隶贸易，该地区出口的棕榈油比西非其他地区的总和还要多。"[2]

该书对1830年以前的历史进行了回顾。在第一章"西非贸易和政治格局，1481—1830"中，戴克说："西非近代500年的历史，在很大程度上是与欧洲国家贸易的历史。"这一漫长的贸易史可以分为两个阶段：第一阶段，由葡萄牙人肇事到1807年禁止奴隶贸易而结束；第二阶段从1807年到1885年。15至16世纪，黄金是主要的商品，17至18世纪，奴隶贸易占统治地位。据估计，从1450年到1850年，有1000万西非人跨越大西洋到达新大陆。18世纪是非洲输出黑奴最多的世纪，平均每年输出7万至8万。[3]

第二章"三角洲和它的人民"，类似年鉴学派的做法。从拉各斯到喀麦隆分布着尼日利亚沿海平原地区，这里就是尼日尔河三角洲地区，该地区"沿大西洋沿岸长270英里，纵深120英里"。在地理上，三角洲可以分为两部分，北部比南部地势高，相对干燥。从内地迁入尼日尔三角洲的人大致有两波，第一波是伊贾瓦人（Ijaws），时间距葡萄牙人到达西非的时间相当。该地区最重要的人口迁徙发生在1450至1800年间。在此期间，少数伊贾瓦人渔村发展成为城邦国家。第二波迁徙伴随着奴隶贸易的发展，许多部落来到三角洲地区。他们中伊博人（Ibos）占支配地位。[4]

他研究了尼日尔三角洲地区奴隶贸易向合法贸易的转变，以及沿海贸

---

[1] [尼日利亚] 阿德·阿贾伊主编：《非洲通史》第六卷，北京：中国对外翻译出版公司，1998年，第543—545页。

[2] K.O. Dike, *Trade and Politics in the Niger Delta, 1830–1885*, Oxford University Press, 1956, p. v.

[3] *Ibid.*, pp. 1, 3.

[4] *Ibid.*, pp. 19, 24.

易向内地贸易的发展，分析了经济和政治的互动。在19世纪40年代，三角洲地区年均生产棕榈油15000—20000吨，平均价值50万英镑。在高峰的1845年价值75万英镑，每吨34英镑。[1]1850年三角洲出口棕榈油21723吨，1851年为29000吨，1853年为30000吨。1855—1856年，整个非洲生产棕榈油平均40000—42000吨。同期，三角洲生产棕榈油总共25060吨，超过整个非洲产量的一半。到1864年，三角洲生产26000吨棕榈油，价值80万英镑，整个非洲的棕榈油价值为150万英镑。1846年三角洲棕榈油出口锐减至18000吨，是波尼—安道尼战争（Bonny-Andoni war）造成的。[2] 棕榈油的出口为非洲购买欧洲工业品提供了资金。从19世纪30年代到40年代，英国出口到西非的年均商品价值从23.4万英镑上升到49.2万英镑。其中主要是棉纺织品，同期，英国棉纺织品输到西非的价值从7.5万英镑上升到26.1万英镑。[3]

1837—1854年尼日尔三角洲地区的棕榈油出口

年份	1834	1837	1845	1846
棕榈油（吨）	13945	11000	25000	18000

资料来源：K.O. Dike, *Trade and Politics in the Niger Delta, 1830–1885*, Oxford University Press, 1956, p.97

他还研究了三角洲地区对殖民侵略的反抗，如第八章"奴隶反叛"、第十章"贾贾的崛起"。贾贾1821年出生于伊巴丹的中心地带阿迈格博（Amaigbo），大约在12岁时被卖为奴隶。[4] 19世纪60年代，波尼国内部的权力斗争导致1869年以贾贾为国王的新国家奥波博的成立。波尼国王乔治·佩普尔（1866—1888）无力阻止渐渐滑向战争的宗派分裂。1887年，英

1　K.O. Dike, *Trade and Politics in the Niger Delta, 1830–1885*, Oxford University Press, 1956, p.99.

2　*Ibid.*

3　*Ibid.*, pp.100–102.

4　*Ibid.*, p.183.

国人借口贾贾反对他们直接在伊莫河流域从事贸易,而将他推翻。[1]

在资料引用上,戴克所走的研究路线与西方学者并没有太大的差别,戴克说,他在《三角洲》一书中使用了两种资料来源:英国的和非洲的。[2] 他在此书中,也很重视引用尼日利亚和英国方面的第一手资料,包括官方的档案资料,英国方面就分外交部和议会的档案资料。此外,还有未出版的学位论文、已经出版的著作等。稍有不同的是,戴克在《三角洲》一书中,部分地使用了非洲口述史的资料。如该书的第十章"贾贾的崛起",作者运用了自己的访谈和当地的口述史资料。在阿乌卡(Awka),作者遇到了贾贾王御医的孙子,这个人告诉了戴克一些关于贾贾王的情况。[3]

三、达累斯萨拉姆历史学派

达累斯萨拉姆历史学派是20世纪非洲著名的民族主义历史学派,与尼日利亚的伊巴丹学派齐名。

1961年10月,达累斯萨拉姆学院作为东非大学的一个分院正式成立。1964年,历史系开始招生。兰杰是该系第一位教授,他和两位刚从北美学成回国的坦桑尼亚学者一起,为达累斯萨拉姆历史学派的创立奠定了基础。1965年,达累斯萨拉姆大学学院历史系举办了国际非洲历史学家会议,对非洲史研究起了重要的推动作用。随后,坦桑尼亚历史学会成立,开始出版丛书和论文,达累斯萨拉姆历史学派由此形成。[4]

达累斯萨拉姆学派随着20世纪60年代初达累斯萨拉姆大学历史系的成立而逐步发展起来,这一学派的学者主要是达累斯萨拉姆大学历史系的教师。起初,该学派的核心人物是达累斯萨拉姆大学历史系首位主任兰杰教

---

1 [尼日利亚]阿德·阿贾伊主编:《非洲通史》第六卷,北京:中国对外翻译出版公司,1998年,第548—549页。
2 K.O. Dike, *Trade and Politics in the Niger Delta, 1830–1885*, Oxford University Press, 1956, p.v.
3 *Ibid.*, pp.196-197.
4 李安山:《论达累斯萨拉姆学历史学派的形成和发展》,《世界史研究动态》1990年第4期。

授。兰杰 1957 年在牛津大学获得博士学位，毕业之后，他先去南罗得西亚（今津巴布韦）和尼亚萨兰（今马拉维）大学任教。因参加当地非洲人争取自由的斗争，1963 年 1 月，兰杰被罗得西亚白人政权驱逐出境，来到坦桑尼亚，组建了达累斯萨拉姆大学历史系。

在 20 世纪 60 年代，该学派主要以民族主义为研究重心，力图以民族主义的眼光审视非洲的历史，尤其是殖民时期的历史。兰杰于 1967 年出版的《南罗得西亚的反抗，1896—1897》(*Revolt in Southern Rhodesia, 1896-1897: A Study in African Resistance*) 正体现了达累斯萨拉姆学派的史学思想。该书主要研究了 19 世纪末南罗得西亚针对白人占领者的抵抗，兰杰认为，非洲人民对殖民入侵的反抗产生了积极的历史作用，它不仅促使西方殖民当局做出妥协和让步，而且为日后的民族主义兴起创造了条件，为非洲民族主义者提供了合法性。兰杰在《坦桑尼亚历史中非洲主动性的发现》(1969) 一书中，进一步阐述了他的民族主义史学思想，肯定非洲人在历史进程中的主动性。

20 世纪 70 年代，达累斯萨拉姆学派的研究重心转向寻找非洲落后的历史根源。这一时期的代表人物沃尔特·罗德尼 (1942—1980) 出版了《欧洲如何使非洲欠发达》(1972) 一书，他认为，欧洲列强在非洲的活动，并没有在非洲创造资本主义；相反，它的长期剥削使非洲陷入了不发达的境地。

该学派的主要代表人物还有伊萨利亚·基曼博、阿诺德·泰姆 (Arnold Temu)、约翰·伊利弗 (John Iliffe)、约翰·麦克拉肯 (John McCracken)、罗伯茨 (A.D. Roberts)、内德·艾尔普斯 (Ned Alpers) 等人，他们的代表作有：《帕雷族政治史》(基曼博著，1970)、《坦桑尼亚史》(基曼博和泰姆主编，1969)、《德国统治下的坦噶尼喀》(伊利弗著，1969)、《1900 年之前的坦桑尼亚》(罗伯茨主编，1968) 和《欧洲如何使非洲欠发达》等。[1]

1　T.O. Ranger, *Recovering African Initiatives in Tanzanian History*, Dar es Salaam, 1969; I.N. Kimambo, *A Political History of The Pare*; I.N. Kimambo and A.J. Temu, eds., *A History of Tanzania* Nairobi, 1969; John Iliffe, *Tanganyika under German Rule, 1905-1912*, Cambridge: Cambridge University Press, 1969; A.D. Roberts, ed., *Tanzania Before 1900*, Nairobi, 1968; W. Rodney, *How Europe Underdeveloped Africa*, Washington: Howard University Press, 1974.

达累斯萨拉姆学派的史学思想概括起来说，它关心五种课题：恢复被殖民主义者歪曲的前殖民地非洲的历史；殖民统治时期的初始抵抗；救世主运动和非洲独立教会史；新的受教育者的形成与发展；民族主义运动的根源等。[1] 达累斯萨拉姆学派的民族主义倾向超过了伊巴丹学派，如表现在对殖民主义的态度上，前者基本否定了殖民主义对非洲有什么积极的影响，而且认为殖民主义是造成今天非洲落后的最主要原因，这与独立后坦桑尼亚在尼雷尔的领导下选择走社会主义道路不无关系。

约翰·伊利弗著的《德国统治下的坦噶尼喀》是一本论文集。这本书的开篇是研究 1905 年的马及马及起义（Maji Maji），伊利弗博士改变了以往对非洲社会和德国殖民当局的角色分配，他声称这次起义是非洲的主动行动。[2] 导致这场起义的直接原因是"一个具体的不满"，即强制棉花种植计划。[3] 深层次原因是对德国殖民征服和行政管理所导致的新情况的反应。

1969 年基曼博和泰姆编辑出版的《坦桑尼亚史》值得特别注意，因为它是达累斯萨拉姆学派集体成果。萨顿博士（Dr. Sutton）在第一章"坦桑尼亚人"的开篇认为，坦桑尼亚国家"是数百年甚至数千年的漫长历史过程的产物"，但它实际上并没有试图使南方古猿坦桑尼亚化。[4] 格瓦萨博士（Dr. Gwassa）撰写第五章"德国的干预和非洲的抵抗"，他总结了马及马及起义对坦桑尼亚政治发展的影响，认为这是该国民族主义的起源。[5] 伊利弗博士的第六章的主题是"新一代"作为非洲自强运动的先锋。他特别考察了坦噶尼喀非洲人协会（Tanganyika African Association），这是第一个在全国范围内追求政治目标的组织，是一个协调坦噶尼喀和桑给巴尔的进步协会。[6] 兰

1　Donald Denoon and Adam Kuper, "Nationalist historians in search of a nation: The New Historiography in Dar es Salaam", *African Affairs*, Vol.69, 1970, pp.329-349.

2　John Iliffe, *Tanganyika under German Rule, 1906-1912*, Cambridge: Cambridge University Press, 1969, p.7.

3　*Ibid.*, pp.22-23.

4　I.N. Kimambo and A.J. Temu, eds., *A History of Tanzania*, Nairobi, 1969, p.1.

5　*Ibid.*, p.122.

6　*Ibid.*, pp.152-157.

杰教授撰写的第七章"1850—1939年的思想运动",揭示了初期抵抗到早期抵抗的发展,以及坦桑尼亚现代民族主义的出现。他认为,在第二次世界大战之前,泛非思想比民族思想普遍得多。同时,他也认真考察了东非泛伊斯兰主义和泛非主义之间发生联系的可能性。

从20世纪70年代后期开始,达累斯萨拉姆学派加大了对史学理论的研究和探讨。他们对独立以来的非洲史学进行了反思,批判了民族主义史学和非洲中心论;在此基础上,把研究的视角从少数英雄转到了广大人民群众,从而大大扩展了研究的领域。[1]

《欧洲如何使非洲欠发达》是达累斯萨拉姆历史学派的代表作。作者沃尔特·罗德尼是一位历史学家、民族主义者、政治活动家。1942年3月13日,罗德尼出生于英属圭亚那的首府乔治敦。他从小受到政治熏陶,他的父亲是人民进步党的创始人之一,这是当时加勒比地区一个主要的左翼政党,罗德尼在十几岁的时候,就为该组织散发传单。他受过良好的教育,所读中学皇后学院是当时乔治敦最好的中学。这位"学术型男孩",具有智慧聪明、充满活力和思维清晰的学术潜力,同时在体育方面都很擅长(他打破学校的跳高纪录),这些使他很容易进入位于牙买加的西印度群岛大学学院(UCWI)。

1963年,罗德尼以历史系最优等生的荣誉,从西印度群岛大学学院毕业,进入伦敦大学东方和非洲研究院攻读非洲史的博士学位。在伦敦大学学习期间(1963—1966),是他的政治和学术持续发展最重要的时期。罗德尼当时是年轻的西印度群岛研究组的成员,在当时特立尼达的马克思主义学者詹姆斯(C.L.R. James)的指导下定期会晤。他的博士学位论文题目是《上几内亚海岸的历史,1545—1800》,于1970年出版。

1966年,罗德尼离开伦敦大学,去坦桑尼亚达累斯萨拉姆大学学院教授历史。当时,他计划写一部历史著作,他自己将该著作定位为"一部革

---

[1] 李安山:《论达累斯萨拉姆学历史学派的形成和发展》,《世界史研究动态》1990年第4期。

命性的，以社会主义者和以人为中心视角的历史著作"[1]。1968年，罗德尼回到牙买加，在母校西印度群岛大学学院教历史。这一年，他出版了第一本广为传阅的书《与兄弟为伍》(*Grounding with My Brothers*)。1969年，罗德尼回到达累斯萨拉姆，继续在该大学教授历史，直到1972年。《欧洲如何使非洲欠发达》这本书就是这时候写的，这本书的出版立即引起人们的普遍关注。

1972年罗德尼离开坦桑尼亚，回到西印度群岛。1974年他担任圭亚那大学历史系教授和主任，同时，他从事政治活动，帮助成立了圭亚那劳动人民联盟，以促进圭亚那社会革命性变革。1979年6月，劳动人民联盟正式宣布成为政党，这个政党将不懈努力推翻贝纳姆领导的全国人民代表大会已经建立的政权。之后，劳动人民联盟的领导层不断遭到威胁，甚至暗杀，人们劝罗德尼暂避海外，然而，罗德尼坚持留在国内，继续抗争。1980年6月13日，罗德尼乘坐的汽车发生爆炸，惨遭暗杀，年仅38岁。

罗德尼认为，非洲的欠发达是发达国家剥削造成的。他认为资本主义国家的专家们解释非洲欠发达时混淆是非，他们认为非洲落后是由于缺乏发展所需要的有技术的人员，由于没有工程师，非洲不能自己修建道路、桥梁和水力发电站。罗德尼认为，已有的对非洲欠发达原因的解释，或是源于有偏见的思维，或是源于那种以为可以从欠发达经济内部找到答案的错误想法。"真正的解释存在于找出非洲与发达国家之间的关系并认识到这是一种剥削关系。"[2]

罗德尼认为，在20世纪六七十年代，非洲国家尽管在政治上取得了独立，但在经济上仍然受到原宗主国的剥削，不平等的经济关系仍然在延续。他说："今天，在许多非洲国家，尽管外国列强的军队和旗帜不在了，但这种外国人的所有权仍然存在。只要土地、矿山、工厂、银行、保险公

---

[1] [圭]沃尔特·罗德尼:《欧洲如何使非洲欠发达》，李安山译，北京：社会科学文献出版社，2017年，第4页。
[2] W. Rodney, *How Europe Underdeveloped Africa,* Washington: Howard University Press, 1974, p. 22.

司、运输公司、报纸、电站等为外国人所有，非洲的财富便会长期地外流到这些人的手中。换言之，即使没有直接的政治控制，外国投资也将保证自然资源和非洲劳动力生产的经济价值流出这个大陆。"[1]

罗德尼具体分析了资本主义如何造成非洲欠发达的。他说："将非洲卷入资本主义市场体系的是贸易、殖民统治和资本主义投资。贸易已经存在多个世纪；殖民统治始于19世纪后期并已基本消失；对非洲经济的投资在20世纪内持续增加。在非洲参与资本主义经济的整个时期，两个因素导致了欠发达。首先，由非洲劳动力从非洲资源中创造的财富被欧洲资本主义国家所掠夺；其次，对非洲能力加以限制，使其不能最大限度地利用自身的经济潜力，而这正是发展的关键所在。"[2]

罗德尼认为，非洲对欧洲资本主义的发展做出了重大贡献，也就是说，欧洲的发达是建立在非洲的欠发达的基础之上的。他说："西欧和非洲形成了一种确保财富从后者转移到前者的关系"，即"非洲帮助西欧使之发达，而西欧则以相同程度致使非洲欠发达"。[3] 在17至19世纪，西欧对于非洲和非洲劳动力的剥削是其资本原始积累的重要来源，以奴隶贸易为例，非洲在4个多世纪里，损失了数以亿计的青壮年劳动力，对非洲的社会发展造成了难以估量的损失。因为，在人口密度低的情况下，劳动力远比土地这样的生产要素更加重要。欧洲在奴隶贸易的过程中获利匪浅。马克思在《资本论》中指出："美洲金银产地的发现，土著居民的被剿灭、被奴役和被埋葬于矿井，对东印度开始进行的征服和掠夺，非洲变成商业性地猎获黑人的场所——这一切标志着资本主义生产时代的曙光。"[4]

罗德尼还批驳了西方学者关于非洲黑人奴隶贸易的一些错误观点。这些错误观点主要有：（1）欧洲从事奴隶贸易无疑是一种道德上的邪恶，但

---

[1] W. Rodney, *How Europe Underdeveloped Africa*, Washington: Howard University Press, 1974, pp. 22–23.
[2] Ibid., pp. 24–25.
[3] Ibid., p. 75.
[4] ［德］卡尔·马克思:《资本论》第一卷，中共中央马克思恩格斯列宁斯大林著作编译局译，北京：人民出版社，2004年，第860—861页。

对非洲来说经济上有好处，有人据此认为，某些非洲王国如奥约、贝宁、达荷美和阿散蒂，在经济和政治上发展得益于与欧洲的贸易；（2）奴隶贸易输出数以百万计的俘虏，是非洲避免饥饿的一种方式；（3）在奴隶贸易过程中，非洲也有所收获，因为非洲从美洲大陆获取了新的粮食作物，如玉米和木薯，而这些作物成为非洲的主要食物。

罗德尼认为，这些错误观点是英美一些主要大学的研究成果，也就是资产阶级学者的观点，其目的是为殖民统治服务的。所以，罗德尼提出："最好是对这些垃圾观点不予理睬，让我们的年轻人远离其侮辱；但不幸的是，当前非洲欠发达的表现之一是资本主义出版商和资产阶级学者占主导地位，这有助于使他们的观点形成全球性的观点。"[1]

联合利华公司是一家著名的跨国公司，以生产洗涤产品起家，它主要从非洲获取大部分原材料。罗德尼以联合利华公司为例，剖析该公司是如何对非洲资源和人力进行剥削，而使自己受益的。1885年，英国人威廉·H.利弗（William H. Lever）在利物浦附近的默西赛德郡生产肥皂，这是联合利华公司的前身。20年后，该公司的业务从欧洲扩展到北美。制造肥皂的基本原料是从油和油脂中获取的硬脂，除了动物脂和鲸油，理想的原料来自热带地区，即棕榈油、棕榈仁油、花生油和椰子油。西非正是世界上最大的棕榈油生产区，也是花生的主要种植区。早在1902年，利弗就在刚果获得租借地，并引进机械从棕榈仁中提取棕榈油。1910年后，利弗又收购和兼并了在尼日利亚、塞拉利昂和利比里亚的3家公司，在西非多个国家建立立足点。1929年又在此基础上成立联合非洲公司。"联合利华的重心在欧洲，但显然它最大的成员（联合非洲公司）的生存（按3亿英镑营业额表示）几乎完全依赖于西部非洲的安宁和富裕。"[2]

15世纪末16世纪初，新航路开辟以后，非洲很快被纳入资本主义的世界体系，起初，殖民者在非洲通过贸易，包括奴隶贸易攫取财富，后

---

1 W. Rodney, *How Europe Underdeveloped Africa,* Washington: Howard University Press, 1974, p. 103.

2 *Ibid.*, p. 182.

来，又将非洲变成他们的原料产地和商品销售市场。非洲始终在资本主义体系中处于边缘的地位，受到中心的剥削。罗德尼认为，非洲的欠发达是资本主义世界体系造成的，非洲要取得发展，必要摆脱资本主义的世界体系，所以，罗德尼的学术具有很强的革命性。罗德尼在该书的前言里说："在过去的 500 年，国际资本主义体系一直是致使非洲欠发达的主要作用机制，非洲的发展只有建立在与这一体系进行彻底决裂的基础上才有可能。"[1] 坦桑尼亚前经济事务与发展计划部部长 A.M. 巴布（A.M. Babu）为该书写的跋中说："非常清楚，我们从目前僵局解脱的唯一途径是革命，即完全打破使我们过去和现在遭受所有痛苦的这一资本主义体系。"[2]

四、达喀尔历史学派等

达喀尔历史学派（The Dakar School of History）由迪奥普、李（Abdoulaye Ly）、基-泽博和尼昂（Djibril Tamsir Niane）率先开创。他们关注的是民族主义政治史，尤其是非洲人的抵抗。[3] 然而到了 20 世纪 70 年代，新一代的学者，比如穆迪·西索科（Moody Cissoko）、B. 巴里、阿卜杜拉耶·巴蒂利（Abdoulaye Bathily）、马马杜·迪乌夫（Mamadou Diouf）和鲁卡亚·法尔（Rukhaya Fall）等人，采取了社会科学的研究方法去认识当代不发达和不独立的危机，以便把它作为过去 500 年的衰落的继续来重新解释这段历史。这种研究历史的视角体现了打破殖民地国家边界以回归到大塞内冈比亚历史单位的雄心。

迪奥普，塞内加尔人，非洲著名思想家，是非洲中心主义者的代表，主张古埃及文明是非洲黑人文明。著有《文明与野蛮》等。

基-泽博，上沃尔特（今布基纳法索）人，非洲历史学家，主编联合国

1　W. Rodney, *How Europe Underdeveloped Africa,* Washington: Howard University Press, 1974, p. 1.

2　*Ibid.*, p. 287.

3　B.A. Ogot, *History as Destiny and History as Knowledge: Being Reflections on the Problems of Historicity and Historiography*, Kisumu: Anyange Press, 2005, p. 40.

教科文组织《非洲通史》第一卷。他认为，非洲是有悠久历史的，但长期被殖民者所歪曲，所以他提出"非洲历史需要重写"[1]，要把西方一代又一代的旅行家、奴隶贩子、探险家、传教士、殖民统治者和形形色色的西方学者对非洲历史的歪曲纠正过来。基-泽博重视口头传说在非洲历史研究中的地位和作用，非洲历史资料主要由三部分构成，即书面文献、考古资料和口头传说。对非洲大部分地区而言，"口头传说是保存和传播人民积累的没有文字记载的社会和文化创造品的真正活宝库"。基-泽博还提出，不能用外国的价值观来衡量非洲历史，"必须从非洲内部角度来看待非洲历史"[2]。非洲的历史态度绝不是报复性的，也不是自我满足的，它是旨在恢复历史本来面目的一次重要的集体回忆。

在研究方法上，基-泽博主张学科间相结合的方法，也就是跨学科的方法。因为，非洲历史，特别是撒哈拉以南非洲的历史，其特点是文字材料较少，尤其是16世纪以前的材料。所以，研究非洲历史，必须将文字记载、考古资料、语言资料和口头传说结合起来。以口头传说为例，它由集体记忆传播，有残缺不全和添枝加叶的描述，但也保持了生气和活力。口头传说有它的缺陷，例如它往往不提经济和社会等因素。但即使有缺陷，它仍然是研究非洲历史的重要材料之一。基-泽博提出，在研究非洲历史的时候，"正确解决年代学上的问题，往往需要运用四种不同资料：文字记载、考古资料、语言资料和口头传说"[3]。

尼昂，塞内加尔人，非洲历史学家，主编联合国教科文组织《非洲通史》第四卷。第四卷主要研究12—16世纪的非洲历史，尼昂认为，津巴布韦的巨石古迹的创造者，究竟是黑人土著还是白人已经一清二楚。这些石砌建筑，完全是绍纳人的创造。他进而提出，非洲历史的动力来自非洲内部。他说："当时（指12—16世纪）非洲文明欣欣向荣，绝不是伊斯兰教的

---

[1] ［布基］基-泽博：《总论》，基-泽博主编：《非洲通史》第一卷，北京：中国对外翻译出版公司，1992年，第1页。
[2] 同上，第5—14页。
[3] 同上，第258页。

影响所致，尽管这种观念一直沿袭至今。贝宁、刚果、马蓬古布韦和大津巴布韦等地的卓越的文明，已经证明这个理论与实际情况不符。即或是改信伊斯兰教的国家，它们的精神力量也主要来自基本的非洲传统，而不是得自伊斯兰教。"[1]

尼昂认为，非洲并不是一个人口不足的大陆。没有一定的人口数量，加纳皇帝不可能建筑昆比的大宫殿，马格里布的统治者也不可能建造非斯和凯鲁万那样漂亮的清真寺。由此可见，非洲人口那个时候就相当稠密，尤其是撒哈拉以南、塞内加尔河流域、尼日尔河三角洲，以及乍得湖周围地区，这些地方有几百处从事农业生产的村庄、贸易中心和城镇。当时非洲确实不缺人口，"整个非洲大陆，在伊本·巴图塔生活的时代，估计人口至少也有2亿"[2]。但从北到南、从东到西，人口分布不均，这是因为有沙漠和大森林存在。尼昂对当时非洲人口的估计比国际学者要多，后者估计当时非洲人口只有1亿左右。

尼昂同样对口头传说十分关注。口头传说一方面可以用来与文字记载做对比，另一方面还能引导考古学家进行实地考察。不仅如此，尼昂认为，非洲口头传说包含的内容十分广泛，值得不同学科的研究人员重视。他说："马里的多贡人，还有其他许多民族，早就对天空和星座进行过细心的研究，有些民族则对土壤和植物做过研究；他们留下的口头传说，是可以从多方面进行探讨的。不仅是历史学家或文学作家，就连自然科学家、法学家和政治学者，凡是对古代黑非洲社会制度有研究兴趣的学者，都应该研究这些口头传说资料。"[3]

内罗毕学派，产生于肯尼亚内罗毕大学历史系，他们对口头传说更加重视，这一学派的开创者是奥戈特，还有韦尔、基曼博和基瓦诺卡等

---

[1] [塞内] D.T. 尼昂：《结束语》，D.T. 尼昂主编：《非洲通史》第四卷，北京：中国对外翻译出版公司，1992年，第556页。
[2] 同上，第558页。
[3] 同上，第559页。

人。他们又培养了一代年轻学者，如奥其恩（William R. Ochieng）、姆里乌基（Godfrey Muriuki）和卡如基雷（Samwiri Karugire）等人。民族认同和历史的建设占据了该学派的中心地位，这给了几十个族体一个属于他们自己的历史。口头访谈成为殖民历史的公认的工作方法，特别是普通的非洲人在官方档案记录中几乎查不到自己的历史渊源。他们研究的内容十分广泛，"包括非洲抵抗的历史（马及起义和茅茅运动）、农民、移民劳工、擅自占地者、区域贸易、宗教历史、土地争斗、妇女的历史、知识史、农村话语、为学校斗争和道德平等"[1]。

本章小结

总之，20世纪是非洲史学蓬勃发展的时代，以伊巴丹学派和达累斯萨拉姆学派为代表的民族主义学派，他们的研究，发掘了非洲在殖民统治之前悠久的历史，增强民族自豪感和凝聚力，有利于独立后非洲民族国家的建构。与此同时，非洲历史学家在方法论上也是有贡献的，在非洲史学家的努力和示范下，口述史成为历史研究的重要文献之一，纠正了自黑格尔以来西方学者对口述史的无意忽略和有意贬低。非洲史学是第三世界史学的一部分，在全球史学中占有自己的一席之地。

非洲第一代本土史学家，如尼日利亚的戴克、加纳的博亨、肯尼亚的奥戈特等都毕业于伦敦大学东方和非洲研究院，后来的大多数非洲史学家也是在西方国家获得硕士和博士学位，他们作为职业史学家，容易走精英化的道路，为普通民众服务不够，如尼日利亚的伊巴丹学派被批评为"脱离群众"。20世纪70年代中叶至80年代初，非洲历史学界已经感觉到非洲民族主义史学的危机，兰杰呼唤更加"有用的"史学（"usable" historiography）。[2] 1980年在伊巴

---

[1] B.A. Ogot, *History as Destiny and History as Knowledge: Being Reflections on the Problems of Historicity and Historiography*, Kisumu: Anyange Press, 2005, p. 41.

[2] T.O. Ranger, "Towards a Usable African Past", in C. Fyfe, ed., *African Studies Since 1945*, London, 1975, pp. 17–30.

丹召开的尼日利亚历史学会第 25 届会议上,该协会主席阿贾伊说:"今天非洲历史学家对非洲历史研究的贡献还不及 15 年前。"[1] 此外,非洲 20 世纪史学发展存在不平衡性,一般而言,英语非洲国家的史学发展水平高于法语非洲国家和葡语非洲国家。总的看来,非洲史学的发展尽管取得了一定的成绩,但是与世界水平相比还有较大的差距,因此非洲史学的发展潜力依然很大。

---

1 A.O. Adeoye, "Understanding the Crisis in Modern Nigerian Historiography", *History in Africa*, Vol.19, 1992, pp.1–11.

第四章

非洲马克思主义史学

马克思主义史学是20世纪史学一个重要的组成部分。不仅中国和苏联等社会主义国家的历史研究长期坚持马克思主义的指导,而且在一些西方发达国家也出现了马克思主义史学,比如"英国马克思主义史学就是当代西方颇具影响的史学流派之一"[1]。英国学者杰弗里·巴勒克拉夫在《当代史学主要趋势》一书中,总结了马克思主义对历史学家的思想产生的五个影响:一是促进了历史学研究方向的转变,从孤立的政治的事件转向对社会和经济的复杂而长期的过程的研究;二是马克思主义使历史学家认识到需要研究人们生活的物质条件;三是马克思促进了对人民群众历史作用的研究,尤其是他们在社会和政治动荡时期的作用;四是马克思的社会阶级结构观念以及他对阶级斗争的研究,对历史研究产生了广泛影响;五是马克思主义的重要性在于它重新唤起了对历史研究的理论前提的兴趣以及对整个历史学理论的兴趣。[2] 马克思主义史学在1945年以后迅速发展,许多社会主义国家历史学的研究重点转移到农民运动、工业资本主义的发展以及工人阶级的形成等方面。

马克思主义对非洲历史学家同样也产生了重大影响,在非洲也出现了马克思主义历史学派。肯尼亚肯雅塔大学历史、考古与政治研究系原系主任

---

[1] 何兆武、陈启能主编:《当代西方史学理论》,上海:上海社会科学院出版社,2003年,第432页。
[2] [英]杰弗里·巴勒克拉夫:《当代史学主要趋势》,杨豫译,上海:上海译文出版社,1987年,第27页。

卡卡伊博士认为："马克思主义学派自20世纪60年代末在非洲就已存在，一直到冷战结束都在学界流行。这一学派的支持者认为后殖民地时期的非洲国家仍然是新殖民地，因为他们仍然被之前的殖民者控制。根据这一学派，非洲国家依赖于之前的殖民者。"[1] 奥戈特认为，马克思主义史学与自由主义史学是截然不同的，"马克思主义被视为可以挑战自由主义史学垄断地位的一种理论观点，吸引了越来越多的、年轻的非洲知识分子，他们对非洲和世界各地的资产阶级和资本主义的理论、发展进程和做法表示不满，并希望通过另一种形式或范例来阐明非洲的发展"[2]。

一、非洲马克思主义史学产生的背景

非洲马克思主义历史学派的产生也是有深刻历史背景的。从非洲方面来看，非洲国家独立后，许多国家纷纷选择走社会主义的道路，经过独立初期的较快发展之后，非洲国家在20世纪80年代经济停滞不前，被称为"失去的十年"。这样为非洲马克思主义的产生提供了土壤。此外，非洲从来不是与世隔绝的，它自然受到西方马克思主义的影响。当然，还有学者的个人因素，例如罗德尼出生在西印度群岛，从小就受革命家庭的熏陶，成为一个激进的左翼思想家。

（一）非洲社会主义的影响

由于数百年的殖民统治，非洲新独立国家的经济都有以下几个特点：

第一，经济十分落后。长期的殖民掠夺和剥削，使非洲成为世界上最贫穷落后的大陆。原始公社制度的残余以及普遍存在的部落制度仍然是非

---

[1] Pius Wanyonyi Kakai, "Schools of African Historiography in the 20th Century", 系2015年11月6日，上海师范大学非洲研究中心召开的"全球视野下非洲史学研究"国际学术研讨会的会议论文。
[2] B.A. Ogot, *History as Destiny and History as Knowledge: Being Reflections on the Problems of Historicity and Historiography*, Kisumu: Anyange Press, 2005, p.43.

洲广大地区的社会基础，并影响着非洲的进步。非洲国家的农村许多地方仍然停留在刀耕火种的相当原始的状态。联合国在1971年最初确定的25个最不发达国家中，21个是非洲国家。

第二，外国的垄断资本控制着非洲各国的经济命脉。非洲各国独立之初，银行、矿山、铁路、海关以及其他有关国计民生的行业都控制在外国资本的手里。如号称"铜矿之国"的赞比亚，铜是它的经济支柱，占该国外贸收入的92%—95%，占该国财政收入的50%。该国铜的生产、销售都掌握在英国、南非、美国等外国资本手里。总的来看，非洲国家在独立之初，虽然在政治上赢得了独立，但依然被束缚在殖民主义的经济枷锁中，前宗主国依然把非洲新独立国家看作是它们的海外领地或势力范围，操纵它们的经济命脉。

第三，经济上的二元结构。现代部门与传统部门并存，即现代工矿业与传统农业并存，交换性和开放性的沿海、城市货币经济与自给性和封闭性的乡村自然经济并存，并且在其二元经济结构中，自然经济仍占优势地位。根据世界银行的统计，非洲经济的商品化程度在世界上最低，至少有20%—30%的产品未进入流通领域。

第四，单一经济畸形发展。这种畸形经济是殖民主义在非洲殖民地片面发展经济作物和采矿业的结果。它使得非洲国家在独立后依然依靠一种或少数几种农矿产品作为出口的主要商品和国家收入的重要来源。单一经济的主要特点和危害就在于生产与消费的严重脱节，即生产本国不消费或少量消费的产品，而消费本国不生产或少量生产的产品。国家必须通过出口原料来换取工业品和粮食。

非洲国家独立后，究竟采取什么方式来发展民族经济，非洲各国情况不同，差异很大。从非洲各国发展民族经济所走的道路来看大致可以分为三类：走"社会主义道路"；走"自由资本主义道路"；走"有计划的自由主义"道路，即介于前两者之间。在独立初期，宣布走社会主义的非洲国家居多数，超过后两者之和。非洲国家或者以伊斯兰文化为基础，或者以村社制为基础，提出了各种各样的"社会主义"。在走"社会主义道路"的旗帜下，非洲各国又可以分为与传统的村社制度相结合的非洲社会主义和同马克思主义挂钩的非洲"科学"社会主义两大类。前者如恩克鲁玛领导下的加纳，杜尔领导下的几内亚，尼雷尔领导下的坦桑尼亚，卡翁达领导下的赞比亚，桑戈尔领导下的塞内加尔。他们对社会主义的称呼不同，恩克鲁玛、杜尔称之为村社社会主义，尼雷尔称之为"乌贾马"社会主义，卡翁达称之为人道社会主义，桑戈尔（Leopold Sedar Senghor）称之为民主的社会主义。其核心是他们都认为社会主义是非洲社会固有的宝贵遗产，非洲传统的村社制度的基本原则就是"人道主义和平等"。莫桑比克、埃塞俄比亚、安哥拉、贝宁都宣称奉行科学社会主义，甚至还把马克思主义写在党纲里作为指导原则。[1]

非洲独立之初的经济状况以及非洲社会主义思潮，是非洲马克思主义史学流派产生的土壤。实际上，提出新殖民主义论的恩克鲁玛本身就是非洲社会主义者，同时他又是一个坚定的泛非主义者。另外，主张欠发达和依附理论的罗德尼也是一个社会主义者，他是在达累斯萨拉姆大学任教时写成那本著名的《欧洲如何使非洲欠发达》一书的。这说明，社会主义和马克思主义史学之间有着天然的联系。

（二）受西方马克思主义的影响

马克思主义历史理论产生于19世纪40年代，它不仅是科学共产主义的重要组成部分，而且是马克思主义史学的理论基础。20世纪30年代，资本主义世界性的经济危机和社会危机爆发之后，西方马克思主义史学的影响迅速扩大。在欧美各国中，英国马克思主义史学所取得的成就最大。1920年英国共产党成立后，一批信仰马克思主义的历史学家团结在它的周围，编辑《近代季刊》等历史研究刊物，努力以唯物史观为理论指导研究历史。

英国马克思主义史学的代表人物有莫里斯·多布、罗德尼·希尔顿、

---

[1] 张铁：《非洲"社会主义"思潮浅谈》，《西亚非洲》1984年第2期。

克里斯托弗·希尔、埃里克·霍布斯鲍姆（Eric Hobsbawm）和 E.P. 汤普森（E.P. Thompson）等人。1938 年，莫尔顿出版了第一部用马克思主义观点写成的英国史，即《人民的英国史》；1946 年，多布又发表了《资本主义发展研究》一书。这两部书可以看作英国早期的马克思主义史学的代表作。英国马克思主义史学的特点：(1) 他们用马克思主义的方法研究历史；(2) 发扬了英国经验主义的史学传统；(3) 研究下层人民的历史；(4) 具有深刻的理论色彩。[1]

第二次世界大战后，英国马克思主义史学得到迅速发展，霍布斯鲍姆和 E.P. 汤普森等创立了"新社会史学派"。这里所说的"新"，主要是相对于战前以 C.M. 屈维廉为代表的英国传统的社会史而言。C.M. 屈维廉认为社会史是除了政治史以外的"所有的历史"，而实际上更多地指生活方式的历史，因此，经济活动、军事活动等被排除在外。新社会史则强调研究总体的"社会的历史"，即社会是一个有机的整体，整个社会都是历史研究的内容；新社会史还提出了"从底层向上看的历史"等主张，重视研究生活在社会下层的普通民众的历史，包括他们的物质生活、思想意识，以及历史地位、历史作用等。新社会史学家从广阔的社会史的视角从事历史研究，较多地采用了社会学、心理学和人类学的理论与方法，重视意识形态、社会心理、民族文化传统等历史进程中的作用，这一切对西方史学发展产生了重要的影响。[2]

E.P. 汤普森的《英国工人阶级的形成》(1963) 是研究工业革命时期英国工人阶级状况的奠基性著作之一。作者认为，"阶级"是一种历史现象，是历史的产物。研究工人阶级的形成，首先应该研究工人阶级的"阶级意识"是如何形成的。霍布斯鲍姆著有《革命的年代（1789—1848）》《资本的年代（1848—1875）》《帝国的年代（1875—1914）》《极端的年代（1914—1991）》等，对两个世纪的世界历史进行了认真回顾和思考，并努力对近代

---

[1] 何兆武、陈启能主编：《当代西方史学理论》，上海：上海社会科学院出版社，2003 年，第 432—436 页。
[2] 于沛主编：《20 世纪的西方史学》，武汉：武汉大学出版社，2009 年，第 5 页。

以来的人类历史进程中的一系列重大理论问题做出了马克思主义的回答。霍布斯鲍姆对创建新社会史做出了重要贡献。他对传统社会史进行改造，极大地拓宽其研究范围，把整个社会作为社会史的研究对象。传统的社会史研究范围是生活方式、社会风俗等，其中没有政治和经济的地位，也没有阶级和斗争，看不到历史发展的巨变，只是一部日常生活的历史，如屈维廉的《英国社会史》(1942)。霍布斯鲍姆受年鉴学派"总体史"观的影响，号召建立范围广泛的"社会历史"。[1]

法国马克思主义史学主要代表人物有勒费弗尔、索布尔、伏维尔等。他们的主要研究领域是工人运动史、欧洲1848年革命、巴黎公社和法国大革命史等。法国的年鉴学派公开声明自己深受马克思主义的影响。

二、恩克鲁玛的新殖民主义论

（一）泛非运动的激进派

泛非主义兴起于20世纪初，旨在动员非洲人民和美洲黑人联合起来，积极开展非暴力的斗争，以争取黑人的自由和平等，进而争取非洲的独立和统一。在第一代非洲领导人当中，不光恩克鲁玛具有泛非主义思想，其他领导人也有泛非主义思想，如坦桑尼亚总统尼雷尔、几内亚总统塞古·杜尔、埃塞俄比亚皇帝海尔·塞拉西一世、赞比亚总统卡翁达、肯尼亚总统肯雅塔等。非洲国家独立之后，在统一的问题上存在较大的分歧。当时形成两大派别，一个是以恩克鲁玛和纳塞尔为首的卡萨布兰卡集团，另外一个是以大多数法语非洲国家为主体的蒙罗维亚集团。后者强调维护经过艰苦斗争赢得的民族独立和国家主权，强烈反对恩克鲁玛的非洲政治统一。关于非洲统一的路径，尼雷尔与恩克鲁玛不同，尼雷尔主张在各

---

[1] 何兆武、陈启能主编：《当代西方史学理论》，上海：上海社会科学院出版社，2003年，第463页。

国自愿和平等协商的基础上建立一个联邦制的非洲合众国。他还认为，非洲统一应该是一个循序渐进的过程，通往统一的最好途径就是通过地区联合，还要发挥非洲统一组织的作用。[1]而恩克鲁玛与尼雷尔不同，他属于泛非运动的激进派。

恩克鲁玛于1909年9月18日，出生在黄金海岸恩济马地区一个临海的小村落恩克罗富尔。当时，黄金海岸是英国在西非重点经营的一个所谓"模范殖民地"，以盛产黄金著称。1915年，恩克鲁玛进入本村的罗马天主教小学念书，并接受洗礼加入了天主教。1927年恩克鲁玛来到阿克拉，进入阿克拉公立师范学院，同年转入阿奇莫塔学院学习。1930年毕业后，回到家乡教会学校任教。1935年，26岁的恩克鲁玛到美国留学，就读于林肯大学，从此开始了他在美国长达十年的艰苦留学生活。在这期间，他"以很大精力来专门研究革命和革命的方法"，并努力寻找一条能使非洲殖民地走向自由的道路。旅美期间，恩克鲁玛形成了他的泛非主义思想，并且成为泛非主义的激进派，力主非洲统一。恩克鲁玛成为泛非主义运动激进派的原因如下：

第一，深受加尔维泛非主义思想的影响。恩克鲁玛曾说："在我读过的一切书籍中，最能激发我的热情的一本书就是马库斯·加尔维的哲学和思想。而其哲学和思想主要是他的'非洲人的非洲'哲学和'回到非洲去'的运动。"[2]在加尔维思想的影响下，恩克鲁玛迅速地从一个民族主义者发展成为一个坚定的泛非主义者。他指出，"除非一个属地的自由运动最后和解放整个非洲大陆的泛非运动联系起来，否则非洲人和世界各地的非洲人的后裔都没有希望获得自由和平等"[3]。在宾夕法尼亚大学学习期间，恩克鲁玛参与成立了一个非洲研究小组，出版《非洲讲解员》的刊物，宣传

---

1 张忠祥：《尼雷尔非洲统一观析论》，《历史教学问题》2017年第3期。
2 [加纳]克瓦米·恩克鲁玛：《新殖民主义》，北京编译社译，北京：世界知识出版社，1966年，第48页。
3 [加纳]克瓦米·恩克鲁玛：《恩克鲁玛自传》，国际关系研究所翻译组译校，北京：世界知识出版社，1960年，第47页。

争取非洲民族解放的思想。

第二,受社会主义思想的影响。留学期间,恩克鲁玛广泛阅读了黑格尔、马克思、恩格斯、列宁和马志尼等人的著作。他在自传中写道:"他们的著作对于我的革命思想和活动产生了很大的影响,马克思和列宁对我的影响特别深,因为我确信他们的哲学能够解决全部殖民地问题。"[1]

第三,基于他对殖民主义的深刻认识。恩克鲁玛出生于英国殖民地黄金海岸,加之长期的留学生涯,这种生活上的反差有助于他深刻认识殖民主义的罪恶,向往民族独立和非洲的联合。1945年,他积极参加在曼彻斯特召开的第五届泛非会议,并且起了卓越的作用。他担任第五届泛非大会工作委员会的秘书长,同时还担任"西非国民大会"秘书长。实际上,恩克鲁玛等人在这次会议上从杜波依斯手中接过了领导泛非主义运动的旗帜。"曼彻斯特泛非大会成为泛非运动历史上的重大转折点。"[2] 恩克鲁玛在第五届泛非大会上起草了著名的《告殖民地人民书》,提出了组织群众,建立最广泛的统一战线,开展以"非暴力的积极行动策略"。恩克鲁玛认为,非洲各殖民地虽分属不同的帝国主义国家,但它们所遭受的剥削和压迫是没有差别的,是同命运、共患难的。1956年在人民大会党获得大选胜利时,恩克鲁玛对公众的一次讲话中谈道:"我们的责任是作为一支先锋力量,尽我们的可能帮助那些现在正在进行着我们自己从事过的并且取得了胜利的斗争的人们。在殖民主义的最后痕迹在非洲消灭以前,我们的任务没有结束,我们的安全也没有保障。"[3]

加纳独立后,恩克鲁玛把率先赢得独立的加纳看成是推动全非联合的核心,致力于非洲的解放和统一事业。他在加纳独立庆典上宣称,"除非与整个非洲大陆的自由解放联系在一起,否则加纳独立是毫无意义的"[4]。

---

1 [加纳]克瓦米·恩克鲁玛:《恩克鲁玛自传》,国际关系研究所翻译组译校,北京:世界知识出版社,1960年,第48页。

2 P.O. Esedebe, *Pan-Africanism, The Idea and Movement, 1776–1991*, Howard University Press, 1994, p.144.

3 [加纳]克瓦米·恩克鲁玛:《恩克鲁玛自传》,国际关系研究所翻译组译校,北京:世界知识出版社,1960年,第297页。

4 P.O. Esedebe, *Pan-Africanism, The Idea and Movement, 1776–1991*, Howard University Press, 1994, p.165.

恩克鲁玛还建立一个特殊的机构——"非洲事务中心"[1]以推动泛非主义运动。为了实现非洲统一的理想，恩克鲁玛想方设法与周边国家进行联合，以此为核心实现西非的联合，最终实现非洲的统一。1958 年，塞古·杜尔顶住法兰西第五共和国总统戴高乐的压力，拒不加入法兰西共同体。几内亚因此遭到法国的报复，法国从几内亚撤出一切资本和行政官员，致使几内亚的社会经济陷入困境。在这种情况下，恩克鲁玛主动与几内亚总统塞古·杜尔接触，两国于 1959 年 5 月 1 日签署《加纳—几内亚联盟宣言》，同意合并为"非洲独立国家联盟"，并邀请其他非洲独立国家参加，作为实现非洲统一的核心。加纳还援助几内亚 1000 万美元，帮助几内亚渡过经济难关。恩克鲁玛把这个联盟看作"西非国家联盟的核心"[2]。1959 年 7 月 19 日，恩克鲁玛与塞古·杜尔和利比里亚总统杜伯曼在利比里亚边境小村桑尼奎利会晤，发表了《桑尼奎利宣言》，提议建立"非洲独立国家共同体"，他们设想"（1）共同体成员国或联邦应根据共同体的根本目标——自由、独立、统一、非洲个性和非洲各民族的利益来决定它们的行动。（2）每一成员国或联邦的行动或政策不应违背共同体的精神和目标"[3]。

1960 年 6 月 30 日，刚果共和国（1964 年改国名为刚果民主共和国）独立，恩克鲁玛邀请该国总理卢蒙巴访问加纳，8 月 8 日，两国领导人在阿克拉签署秘密协议，建立一个"非洲国家联盟"，这个联盟"实行联邦体制，并有一部共和国宪法"，联邦政府负责"外交事务""国防""发行一种共同的货币""经济计划和发展"。[4]1960 年 12 月 24 日，经过恩克鲁玛的撮合，加纳与几内亚、马里发表联合宣言，建立了上述三国的联盟。联盟制定"共同的经济和金融政策"，最终要模仿欧共体的形式建立非洲共同

---

[1] Ronald W. Walters, *Pan Africanism in the African Diaspora*, Wayne State University Press Detroit, 1993, p.95.

[2] P.O. Esedebe, *Pan-Africanism, The Idea and Movement, 1776–1991*, Howard University Press, 1994, p.169.

[3] 唐大盾选编：《泛非主义与非洲统一组织文选（1900—1990）》，上海：华东师范大学出版社，1995 年，第 115 页。

[4] 同上，第 125 页。

市场。恩克鲁玛把这个联盟看成"非洲合众国的核心"[1]，欢迎其他非洲国家加入。1962年后，恩克鲁玛主张立即实现非洲联合，建立"全非联邦政府"。1966年2月，恩克鲁玛政权被推翻之后，他的非洲统一思想更趋激进，设想用"武力"来统一非洲。他认为"非洲革命已进入了武装斗争的新阶段"，要求建立"全非人民革命党"和"全非人民革命军"。[2]但是，直到1972年他去世，都没有看到"全非联邦政府"的出现。

由于恩克鲁玛在非洲统一运动中的积极表现，他领导下的加纳，"成为泛非运动的中心"，被许多非洲人看作"黑人世界的中心"。[3]

（二）恩克鲁玛的新殖民主义论

第二次世界大战后，特别是万隆会议后，非洲大陆迅速走向觉醒。反对殖民统治、争取民族独立的运动很快席卷整个大陆。1960年独立的非洲国家有17个之多，这一年被称为"非洲年"。到1963年底非洲已经有34个国家赢得了独立。与此同时，新老殖民主义不甘心失败，对新独立的非洲国家进行干涉，甚至发动侵略战争，如苏伊士运河战争和刚果事件等。恩克鲁玛认为，只有非洲统一才能对付新老殖民主义，捍卫非洲国家的独立。1963年5月24日，恩克鲁玛在亚的斯亚贝巴举行的非洲国家首脑会议上指出："除了非洲联合的统一行动之外，其他办法都是徒劳无益的。我们已经达到这样一个阶段，我们一定要团结起来，否则就会重蹈拉丁美洲的覆辙，它在获得一个半世纪的政治独立之后又不情愿地重新遭受帝国主义的苦难折磨。"[4]在恩克鲁玛看来，当时非洲国家面临的最大威胁是新殖民主义。

新殖民主义是第二次世界大战之后出现的一个新名词。其基本含义是：

---

1 P.O. Esedebe, *Pan-Africanism, The Idea and Movement, 1776–1991*, Howard University Press, 1994, p. 171.
2 唐大盾：《试论恩克鲁玛的政治思想》，《西亚非洲》1983年第4期。
3 Ronald W. Walters, *Pan Africanism in the African Diaspora*, Wayne State University Press Detroit, 1993, p. 101.
4 K. Nkrumah, *Revolutionary Path*, New York, 1973, pp. 233–234.

某一个殖民地虽然正式地摆脱了殖民主义的桎梏,但并不意味着它们能必然获得真正的独立和发展。"如果说殖民主义是一种凭借强权来直接进行统治的制度,那么新殖民主义就是一种以让予政治独立来换取经济控制和剥削的间接统治制度。"[1]

恩克鲁玛对新殖民主义有深刻的认识,1965年他出版了一本很有影响的著作——《新殖民主义》。在这本书中,恩克鲁玛站在第三世界的立场上,吸收了马列主义的一些观点,以非洲为基本研究对象,对新殖民主义进行了深入的研究。恩克鲁玛认为:新殖民主义之所以在战后产生与发展,主要是由于在第二次世界大战中英、法等老牌殖民帝国遭到了全面打击,这使得战前的那种世界体系已经无法继续维持下去。同时,社会主义体系的出现又使得独立的国家有了新的选择。因此,只有借助新殖民主义来更好地加强对欠发达地区的干涉和控制。恩克鲁玛不仅把新殖民主义看作一种统治形式,而且还把它看作是一个历史发展阶段,他认为,在第二次世界大战结束之后,"帝国主义出现了一个新的阶段,即使殖民主义适应殖民国家(宗主国)失去政治霸权地位新局面的阶段,即通过另一种手段来保持殖民主义的阶段"[2]。恩克鲁玛指出:"新殖民主义是以这样一个原则为基础的:把从前联合在一起的大块殖民地分割成许多难以生存的小国。这些小国没有独立发展的能力,在国防方面乃至国内安全方面,都要依靠以前的帝国。它们的经济体系和财政体系像在殖民地时代一样,都是同从前的殖民统治国的经济和财政体系联结起来的。"[3] "新殖民主义的实质是,在它控制下的国家从理论上讲是独立的,而且具有国际主权的一切外表。实际上,它的经济制度、从而它的政治政策,都是受外力支配的。"[4]

新殖民主义对非洲独立国家危害极大:

---

[1] 高岱、郑家馨:《殖民主义史·总论卷》,北京:北京大学出版社,2003年,第168页。
[2] [加纳]克瓦米·恩克鲁玛:《新殖民主义》,北京编译社译,北京:世界知识出版社,1966年,第51页。
[3] 同上,第5页。
[4] 同上,第1页。

其一，经济领域垄断非洲初级产品的价格，阻碍非洲的发展。新殖民主义利用它们强大的经济实力，操纵国际市场，继续扩大工农业产品的剪刀差，在经济上剥削非洲。恩克鲁玛曾经对加纳和尼日利亚两国可可生产和销售做过统计，1964—1965年度，加纳和尼日利亚可可的产量是1954—1955年度的2倍，但是同期，可可的销售收入却从12500万英镑下降为11700万英镑。恩克鲁玛指出："只要非洲仍然处于分裂状态，那么操纵非洲经济作物价格的就将是那些富有的消费国家。"[1]新殖民主义在经济上的另一手段就是采用高利率。1962年的数字表明，71个亚洲、非洲和拉丁美洲国家负有外债约计270亿美元，而它们为这些外债付出的利息和服务费达50亿美元左右。[2]"多边援助"也是新殖民主义的另一种圈套，因为"援助"的全部内容并不只体现在数字上，围绕着它的还有种种条件：商务和航海条约的缔结、经济合作协定、干涉国内财政（包括通货和外汇在内）的权利、减少贸易壁垒以利于贷款国的货物与资本、保护私人投资的利益、决定贷款的用途、强迫受援国设置对等基金、向贷款国供应原料以及用这种款项——实际是其中的大部分——购买贷款国的货物等。[3]

恩克鲁玛以奥本海默帝国和英美有限公司等为例，分析新殖民主义如何剥削非洲。英美有限公司在南非经营的最突出的业务中，有开采金矿、铀矿、铁矿、石棉矿和煤矿，它在南北罗得西亚主要是开采铜矿。它还把投资范围扩展到坦噶尼喀、乌干达、刚果、安哥拉、莫桑比克、西非，甚至扩展到北非。英美公司是非洲一个强有力的、居于控制地位的、分布最广的工业和金融机构。它支配着这个大陆千百万人的命运，并且把它的势力扩张到海外。[4]

其二，其他领域干涉非洲事务。好莱坞大片、传教、和平队都可以成

---

[1] ［加纳］克瓦米·恩克鲁玛：《新殖民主义》，北京编译社译，北京：世界知识出版社，1966年，第11页。
[2] 同上，第248页。
[3] 同上，第250页。
[4] 同上，第133—143页。

为新殖民主义的手段。恩克鲁玛说:"也许新殖民主义最阴险的手法之一就是传教。随解放运动之后蜂拥而来的是形形色色的宗教教派。这些教派中绝大多数是美国的。其中一个典型的例子是耶和华见证人会,这个教派最近忙于教导某些发展中国家的公民不要向他们的新国旗致敬,从而在这些国家中制造了一些麻烦。"[1]和平队也扮演了不光彩的角色,和平队自1961年成立以来,它的成员由于进行颠覆或危害活动而在非洲、中东和亚洲的许多国家中被揭露和被驱逐。[2]

恩克鲁玛深切感受到新殖民主义的危害,他对新殖民主义也是深恶痛绝,他说:"新殖民主义也是帝国主义的最恶劣的形式。对于那些奉行新殖民主义的人来说,它意味着只讲强权而不负责任;对于那些身受新殖民主义之害的人来说,它意味着遭受剥削而得不到补偿。"[3]恩克鲁玛把矛头指向美国,"天字第一号的新殖民主义者就是美国"[4]。

总之,恩克鲁玛认为:"新殖民主义也是帝国主义最恶劣的形式,对于那些奉行新殖民主义的人来说,它意味着只讲强权而不负责任;对于那些身受新殖民主义之害的人来说,它意味着遭受剥削而得不到补偿。"[5]恩克鲁玛强调:"除非在世界各地消灭帝国主义和新老殖民主义,否则就不可能实现持久和平。"[6]恩克鲁玛认为,对付新殖民主义的最后办法是非洲联合起来,组成一个强大的合众国,并且呼吁立即实行联合,他说:"如果我们不是以共同的态度和共同的目的来解决非洲的问题,那么我们之间将会争吵不休,直到我们重新沦为殖民地,成为比迄今的遭遇更惨得多的殖民主义的工具。"[7]

---

1 [加纳]克瓦米·恩克鲁玛:《新殖民主义》,北京编译社译,北京:世界知识出版社,1966年,第254页。
2 同上,第256页。
3 同上,第3页。
4 同上,第246页。
5 同上,第3页。
6 陈仲丹:《加纳——寻找现代化的根基》,成都:四川人民出版社,2000年,第154页。
7 唐大盾选编:《泛非主义与非洲统一组织文选(1900—1990)》,华东师范大学出版社,1995年,第291页。

(三)非洲统一是对付新殖民主义的最佳办法

恩克鲁玛研究新殖民主义的目的有两个:"我在分析新殖民主义时,打算首先研究非洲大陆的状况,说明新殖民主义在当前是怎样人为地使非洲处于贫穷状态的。其次,我打算说明非洲统一(这种统一本身只有在击败新殖民主义之后才能建立)如何在实际上能大大地提高非洲的生活水平。"[1]

非洲统一的思想不是恩克鲁玛最早提出来的。早在20世纪20年代,"返回非洲"运动的创始人马库斯·加尔维(1887—1940)竭力提倡"非洲人的非洲",主张世界各地的黑人返回非洲去,号召建立一个自由、统一和强大的非洲合众国,作为所有黑人的祖国。但是,恩克鲁玛的非洲统一思想影响最大。因为,加纳是战后撒哈拉以南非洲最早赢得独立的国家,独立之后,加纳领导人恩克鲁玛致力于非洲大陆的统一大业。

1958年12月,恩克鲁玛在阿克拉发起召开第一次全非人民大会,他的非洲统一思想在这次会议上得到初步的反映,大会通过的决议宣布,"最终目标是成立一个自由非洲国家联邦"。作为实现这一宏伟目标的第一步,"非洲各独立国家应在地理接近、经济相互依赖、语言和文化相似的基础上联合成若干集团"[2]。1962年初,在克瓦米·恩克鲁玛意识形态讲习所的结业仪式上,恩克鲁玛对来自非洲各地的讲习所学员演说时,勾画出未来统一非洲的蓝图,"未来的统一的非洲应当建立一个包括上下两院的议会,两院议员一律由各个非洲独立国家选出,不分幅员大小和人口多寡"[3]。次年,恩克鲁玛在他撰写的《非洲必须统一》一书中,系统地阐述他关于非洲统一的思想。他说:"作为非洲人,我们的最大利益只有通过团结在一个非洲共同体内才能得以实现。""从北非的丹吉尔或开罗到南非的开普

---

1 [加纳]克瓦米·恩克鲁玛:《新殖民主义》,北京编译社译,北京:世界知识出版社,1966年,第11页。
2 唐大盾选编:《泛非主义与非洲统一组织文选(1900—1990)》,上海:华东师范大学出版社,1995年,第57页。
3 *Ghana Today*, February 14, 1962.

敦，从东非的瓜达富伊角到西非的佛得角群岛，非洲是一个不可分割的整体。"恩克鲁玛主张建立一个具有统一经济、军事和外交政策的非洲合众国。他说："我们必须抓住良机……为了非洲的更大光荣和无限幸福，迅速地汇合在一起，建立一个非洲合众国。"他认为，一个统一的非洲应该谋求实现三个目标："第一，我们应该拥有一个以大陆为基础的全面的经济计划。""第二，我们应该建立一种统一的军事和防御策略。""第三，我们必须采取一种统一的对外政策和外交。"至于具体步骤，恩克鲁玛主张分两步走，首先，"从地区性（如西非）联盟着手，逐步扩大全非洲"。"我们可以由那些愿意创建一个核心的国家发起，暂时建立一个宪政体制，并向其余非洲国家敞开大门……我们的目标是确保非洲的尊严、进步和繁荣。"[1]其次，在此基础上建立统一的非洲合众国。

为了捍卫独立、发展民族经济以及支持未独立地区的非洲人民的斗争，非洲统一几乎成了非洲第一代领导人的共识，但是，关于非洲统一的具体模式，分歧很大。大多数非洲领导人主张建立一个松散的联盟，而恩克鲁玛主张实质性的统一。1963年5月21日在亚的斯亚贝巴举行的非洲国家首脑会议上，恩克鲁玛呼吁，"……我们现在的目标是立即实现非洲的统一。没有时间可耽误了。我们要么联合，要么灭亡"。恩克鲁玛解释道："我们一定要联合。我们可以在此时此地，在不牺牲我们大大小小的主权的情况下，建立一个以共同防卫、统一的外事和外交、共同的国籍、统一的非洲币制、统一的非洲货币区和统一的非洲中央银行为基础的政治联盟。为了争取我们大陆的完全解放，我们必须联合。我们需要有共同的防卫体系和全非最高司令部，来确保非洲的稳定和安全。""只有一个统一的非洲，在联合政府领导下，才能有力地动员我们各自国家的物质和精神资源，加以充分有效的运用，为我们人民的生活条件带来迅速的变化。"[2]

在参加这次会议的非洲国家元首和政府首脑中，只有塞古·杜尔总统

---

[1] K. Nknumah, *Africa Must Unite*, London, 1963, pp. 217–222.

[2] K. Nkrumah, *Revolutionary Path*, New York, 1973, pp. 240–241.

支持恩克鲁玛,表示可以为实现非洲统一而放弃部分国家主权。最后,会议决定按照大多数国家的意见,建立一个松散的国家联盟——非洲统一组织。

后来,在非洲统一组织的第二届首脑会议上,恩克鲁玛再次提出了建立"非洲联邦政府"等建议,但是大多数非洲国家领导人对此态度冷淡,甚至激烈反对。显然,在非洲国家独立不久,要他们"放弃"或"交出"部分国家主权,合并为一个国家,这种思想是很超前的。多数非洲国家对来之不易的主权十分珍视,不忍轻易放弃。

恩克鲁玛积极提倡非洲统一,建立一个具有共同经济政策、军事战略和外交政策的非洲合众国。这是因为他从美利坚合众国和苏联的迅速崛起中得到启示,看到统一的力量,更重要的是非洲统一是恩克鲁玛泛非主义思想发展的产物,是泛非运动激进派的目标。此外,在恩克鲁玛看来,非洲统一是对付新殖民主义的最佳办法。[1]

三、萨米尔·阿明的依附理论

(一)依附理论的概念和产生背景

依附理论产生于20世纪60年代的拉丁美洲,它是"研究当代资本主义积累运动在不发达国家的特殊表现形式的一种理论"[2]。后来依附理论扩展到其他地区和国家。它主要从宏观层面探讨第三世界的不发达问题,批判传统的资产阶级的发展理论,强调第三世界不发达的根源主要在于西方大国的控制和剥削,认为资本主义世界体系是"中心—外围"结构,在这种结构中,外围的发展只能是"不发达的发展",因此,如果它们不脱离世界资本主义体系,就不能摆脱其依附地位。[3]

---

[1] 张忠祥:《试析恩克鲁玛的非洲统一思想》,《西亚非洲》2004年第2期,第16—21页。
[2] [巴西]特奥托尼奥·多斯桑托斯:《帝国主义与依附》,毛衍永、齐海燕、毛金里、白凤森译,北京:社会科学文献出版社,1999年,中译本序,第1页。
[3] [埃]萨米尔·阿明:《不平等的发展:论外围资本主义的社会形态》,高金舌译,北京:社会科学文献出版社,2017年,译者序,第IV页。

依附理论是在批判资产阶级的发展理论,如现代化理论的基础上产生的。现代化理论认为,传统农业社会可以向现代工业社会转变。影响较大的是美国著名经济学家罗斯托的"经济成长阶段论",1960 年,罗斯托在《经济成长阶段论》一书中认为一个国家的经济发展经历 5 个阶段:传统社会,为起飞创造前提,起飞,向成熟挺进,高额群众消费阶段。起飞阶段必须具备三个条件:(1)较高的资本积累率;(2)建立能够带动整个经济增长的"主导部门";(3)变革政治和社会制度,建立起与经济起飞相适应的经济体制、社会结构和政治法律制度及思想意识等。

拉美学者根据拉美独立之后发展的滞后,率先提出依附理论。他们认为当代资本主义已经发展成为一个世界体系,在这个世界体系中,发达国家是"中心",发展中国家是"外围"。在这个体系中外围必然依附中心,而不平等的交换是外围依附中心的基础。外围国家的发展要经历三个阶段:殖民主义阶段、替代进口工业化阶段、外围真正自力更生阶段。

什么是依附?巴西学者多斯桑托斯说:"依附是这样一种状况,即一些国家的经济受制于它所依附的另一国经济的发展和扩张。两个或更多国家的经济之间以及这些国家的经济与世界贸易之间存在着互相依赖的关系,但是结果某些国家(统治国)能够扩展和加强自己,而另外一些国家(依附国)的扩展和自身的加强则仅是前者扩展的反映,这种相互依赖关系就呈现依附的形式。"[1]这样,统治国就对依附国拥有技术、贸易、资本和社会政治方面的优势,从而使它们得以对依附国强加条件,进行剥削并掠走其国内生产的部分盈余。因此,依附的基础是国际分工,这种国际分工使某些国家的工业获得发展,同时限制了另一些国家的工业发展,使后者受到由世界统治中心控制的增长条件的制约。[2]

多斯桑托斯认为,依附的形态大致有三种类型:(1)殖民地商业—出口依附。在这种形态内,与殖民主义国家机构结盟的商业和金融资本通过

---

1 [巴西]特奥托尼奥·多斯桑托斯:《帝国主义与依附》,毛衍永、齐海燕、毛金里、白凤森译,北京:社会科学文献出版社,1999 年,第 302 页。
2 同上,第 302—303 页。

贸易垄断支配着欧洲和殖民地国家的经济关系。(2)金融—工业依附。这种依附形态在 19 世纪末得以巩固,其特点是大资本在各统治中心居领导地位及其对外扩张,向原料和农产品生产部门投资,以满足各统治中心的消费之需。这种生产结构,有人称之为"出口经济"。(3)技术—工业依附。这是战后时期获得巩固的一种新型依附,其基本特点是跨国公司的技术—工业统治。[1]

(二)萨米尔·阿明依附理论的内涵

萨米尔·阿明(1931—2018)是非洲著名的主张依附理论的学者。他 1931 年出生于开罗,父亲是埃及人,母亲是法国人,父母都是医生。阿明的童年和青年时期是在塞得港度过的,他上了当地的法语高中。1947 年离开埃及去法国求学,在巴黎,阿明加入了法国共产党。1957 年获得法国巴黎大学的经济哲学博士学位后,回到了埃及。1957—1960 年担任埃及经济发展组织的高级经济学家。后来他又去国外工作。1960—1963 年担任马里政府计划部顾问;1963 年起先后担任法国普瓦蒂埃大学、巴黎大学和塞内加尔达喀尔大学的教授和设在达喀尔的联合国非洲经济开发与计划研究所所长。1980 年起担任第三世界论坛主席等。阿明著述颇丰,主要有《世界规模的积累》(1970)、《不平等的发展》(1973)、《帝国主义的危机》(1975)、《帝国主义和不平等的发展》(1976)、《价值规律和历史唯物主义》(1977)和《今日阿拉伯经济》(1982)等。

阿明认为,资本主义世界是一个由"中心"和"外围"两种"社会经济形态"构成的体系。在这个体系中,"中心"利用不平等的国际分工剥削"外围",从而实现其世界规模的资本积累;而"外围"的经济发展则被"滞阻",并位于对"中心"的依附地位。在作者看来,这是发达与欠发达

---

[1] [巴西]特奥托尼奥·多斯桑托斯:《帝国主义与依附》,毛衍永、齐海燕、毛金里、白凤森译,北京:社会科学文献出版社,1999 年,第 309—310 页。

的根本原因,欠发达国家只有摆脱这种依附关系,才能获得经济发展。

阿明从历史角度,梳理了资本主义不平等发展的形态,并将其归纳为3种形态:(1)工业革命以前的重商主义形态(1500—1800),其表现为商业资本在大西洋主要中心区域盛行以及外围区域(美洲)的出现,它的出现完全符合商业资本积累的逻辑。(2)工业革命过程中产生的所谓经典模式,它成为此后资本主义的基本模式。在这一形态中,外围先是拉丁美洲,后来是除日本以外的亚洲和非洲。外围通过农业生产和矿业生产参与世界分工。这一重要的分化伴随着一批核心工业体系的形成。(3)战后时期(1945—1990),这是一个外围国家工业化的时期,当然是不平等的工业化。[1]中心国家利用五大垄断,即技术垄断、金融垄断、自然资源垄断、传媒和通信垄断、大规模杀伤性武器垄断,以维护自己的中心地位。[2]

阿明认为,尽管各个时期的具体形态不同,但是,中心与外围的机构没有变。仅仅是国际专业化的方式变了,"以外围向中心输出农产品和矿物的基础的增长'滞阻'仍然不可避免"。今天,不平等仍在继续。"欠发达"国家专门从事只需简单劳动的"古典"生产,其中包括古典的重工业生产(冶金、化学等),中心则保留最现代化的产业(自动化、电子技术、征服太空、核技术)。"这些就是不平等国际专业化过去的、现在的——或许是将来的——各种方式,它们始终体现着有利于中心的原始积累机制,而一直让外围扮演同样的角色——尽管形式有所更新。"[3]

阿明分析了非洲的外围形态。阿明首先承认非洲的多样性,他说,"从内部看,黑非洲似乎是极其多种多样的。现在的国家(它们都是人为划分的结果)中确实没有一国具有这样多样性的全部或主要的基础"。他将非洲划为三大部分:第一部分,传统的西非(包括加纳、尼日利亚、塞拉利昂、冈比亚、利比里亚、几内亚比绍、多哥、前法属西非)、喀麦隆、

---

[1] [埃]萨米尔·阿明:《世界规模的积累——欠发达理论批判》,杨明柱、杨光、李宝源译,北京:社会科学文献出版社,2017年,中文版序言,第1页。
[2] 同上,第2页。
[3] 同上,第75—77页。

乍得以及苏丹一起构成"老殖民地经济的非洲";第二部分,传统的刚果河流域,"拥有租借地的公司的非洲";第三部分,非洲的东部和南部,是"劳动力后备军的非洲"。重商主义时期从17世纪延伸到19世纪早期,其特点是奴隶贸易。不仅是沿海地区受到这种贸易的影响,整个非洲大陆的生产力下降了。奴隶贸易随着重商主义的结束而消失,此后,资本的重心从商业部门转移到工业。非洲成为一个新的外围,向中心提供原料和农产品。"然而,在19世纪末以前,中心地区的资本只有有限的手段来做到这一点。只是当中心地区出现垄断资本的时候,才可能大规模输出资本。"[1]

外围对中心的依附,尤其是对中心的金融依附,造成外围利润的外流,因此增长就会受阻。例如在埃及,在1945—1952年之间,外资利润为资本报酬总额的20%—30%,而输出的利润为15%。外资利润的输出使埃及国内生产总值在1914—1950年之间的增长率从每年的3%或4%减少到1.4%。又如西非九国,在1960—1970年的十年间,流出920亿西非法郎,相当于九国国内生产总值的10%。[2]

第三世界的进口替代工业化也改变不了依附关系。第三世界的工业化遵照的是进口替代的模式,它的发展进程是从生产消费品的轻工业"上升"到半产品的工业,然后再到生产设备的工业。外围地区的工业化发生较晚——拉丁美洲是在两次世界大战之间,亚洲和非洲是在1945年以后。进口替代是根据特权阶层的需求而发展起来的,根本无视广大群众的需求。"进口替代工业化模式的普遍化为外国资本提供了新的机会,但没有从根本上影响外围经济的外向性。"[3] "在非洲,进口替代工业化的外围模式出现得很晚。直到独立时,对殖民地政府进行接管的当地阶层才构成国内奢侈品市场的一个因素。"[4] 非洲"无论在哪个国家,即使是独立以后,工业化几乎无一例外地由外国资本包揽。由于现代工业,即使是轻工业,需要很多

---

[1] [埃]萨米尔·阿明:《不平等的发展:论外围资本主义的社会形态》,高金舌译,北京:社会科学文献出版社,2017年,第217—222页。

[2] 同上,第170页。

[3] 同上,第145页。

[4] 同上,第223页。

资金,因此当地民族资本不可能参与工业化运动,它不具备东方大土地所有制那样的积累源泉。这种情况导致的结果是几乎不存在非洲小工业"[1]。

那么,外围国家的出路何在?阿明的结论是打破世界资本主义的世界体系,外围国家才有发展的可能。他说:"对世界规模的积累的分析表明,这种积累总是对中心有利:不是发达国家向'欠发达'国家提供资本,而是相反。这就说明了后者的'滞阻',说明了'欠发达'的发展。由此可见,外围国家只有走出世界市场,发展才有可能。"[2]其实,阿明这个结论是说,发展中国家只有走社会主义道路,才有可能发展自己。

四、非洲经济史

非洲经济史经过半个多世纪的发展,几乎成为非洲史当中一个独立的学科,凝聚起一批专业学者,发表了大量的研究成果,并创办了一些专业刊物。事实上,非洲经济史的发展脉络与非洲史基本吻合,经历殖民学派、民族主义学派、修正主义学派和新自由主义学派等阶段,其中修正主义学派即为马克思主义学派。

(一)非洲经济史的形成与发展

非洲经济史是非洲历史的重要组成部分。尽管20世纪上半叶就出现了像麦克菲(McPhee)、伯维尔、弗兰克尔(Frankel)、德·基维特(de Kiewiet)和汉考克(Hancock)这些非洲经济史研究先驱,但非洲经济史在20世纪下半叶才成为一个独立的研究领域。[3] 20世纪五六十年代,非洲经

---

1 [埃]萨米尔·阿明:《世界规模的积累——欠发达理论批判》,杨明柱、杨光、李宝源译,北京:社会科学文献出版社,2017年,第274—275页。
2 同上,第117页。
3 Gareth Austin and Stephen Broadberry, "Introduction: The renaissance of African economic history", *Economic History Review*, Vol.67, No.4, 2014, pp.893–906.

济史的研究重心在西非，六七十年代转移到了东非，80年代又转移到南非。这种研究重心的转移反映了非洲独立运动的进展。

非洲经济史同非洲历史一样，最初也有一个去欧洲中心论的过程，以纠正殖民主义带来的偏见。长期以来，欧洲中心论在非洲经济史研究中盛行。关于前殖民时期的非洲经济，欧洲学者一直流行一种悲观的观点，认为"传统非洲社会"是"非经济社会"，这是一种孤立的、静止不变的实体，它的发展几乎可以忽略不计。[1] 于是，西方学者认为，非洲大陆在西方殖民主义入侵之前，不存在什么经济活动。按照这个逻辑，非洲就没有什么经济史可言。非洲国家独立后，非洲学者发掘史料，努力恢复非洲大陆的经济活动历史的原来面貌。这方面的奠基之作是戴克于1956年出版的《尼日尔三角洲的贸易和政治，1830—1885》。该著作揭示了19世纪尼日尔河三角洲社会所发生的巨大变化，其重要表现是非洲人重新塑造了其体制，从而修正了传统的政治、经济战略，以应对各种新的内外环境的变化。作者通过对尼日尔三角洲历史的长期观察，推翻了长期以来流传的关于非洲社会停滞不前的神话。[2] 之后，这类研究成果不断涌现，有力地回应了欧洲中心论。[3]

20世纪七八十年代非洲经济史研究出现了一个高潮，代表作有霍普金斯（A.G. Hopkins）的《西非经济史》、格雷和伯明翰（R. Gray and D. Birmingham）主编的《前殖民时期的非洲贸易》、阿里吉（G. Arrighi）的《从历史视角看劳动力供给》和柯廷的《前殖民时期非洲经济变化》。1987年拉尔福·奥斯腾（Ralpf Austen）出版《非洲经济史》，这是一部研究撒哈拉以南非洲经济史的著作；查尔斯·费恩斯坦（Charles Feinstein）的《南非经济史》2005年才出版，但那却是在他在20世纪80年代完成的；1987年约

---

1 David William Cohen, "Agenda for African Economic History", *The Journal of Economic History*, Vol.31, No.1, 1971, p.209.
2 K.O. Dike, *Trade and Politics in the Niger Delta, 1830–1885*, Oxford University Press, 1956.
3 Polly Hill, *The Migrant Cocoa-Farmers of Southern Ghana*, Cambridge, 1963; R. Szereszewski, *Structural Changes in the Economy of Ghana*, London: Weidenfeld and Nicolson, 1965; B. Davidson, *Old Africa Rediscovered*, London: Victor Gollancz Ltd., 1959.

翰·伊利弗出版《非洲贫困史》。[1]

20世纪八九十年代，少数历史学家通过财产权、交易理论、信贷保护、寻租交易成本将新制度方法运用于非洲经济史研究。[2]然而，新制度史的最新表现是由于传统发展理论的局限和非洲大陆上日益深化的贫困问题的吸引而发生转向。1987年，帕特里克·曼宁（Patrick Manning）考察了非洲经济的状况后指出：世界银行和相关经济学家相信非洲历史或者至少部分与发展政策有关的历史开始于1960年。[3] 1981年发布的"伯格报告"批评了非洲政府采取的干预主义，建议实施市场驱动型政策。这些政策通过"结构调整"在非洲实施。但是，这些政策很少考虑诸如罗伯特·贝茨（Robert Bates）、萨拉·伯里（Sara Berry）和帕特里克·曼宁等学者的研究，而实际上他们已经在用不同的方式探索历史、制度和发展之间的关系。[4]

新制度主义者最有影响的论述来自达龙·阿西莫格鲁（Daron Acemoglu）、西蒙·约翰森（Simon Johnson）和詹姆斯·鲁滨逊等人。他们认为，许多遭到欧洲殖民的国家，包括非洲在内，在1500年还是相对富裕的，但如今却变得相对贫穷。这种"命运扭转"（Reversal of Fortune）不能用地形和其他环境影响进行解释，而是要理解为欧洲海外扩张的不同特征及其对制度不同

---

1 A.G. Hopkins, *Economic History of West Africa,* London, 1973; R. Gray and D. Birmingham, eds., *Pre-colonial African Trade: Essays on Trade in Central and Eastern Africa before 1900,* Oxford, 1970; G. Arrighi, "Labour supplies in historical perspective: A study of the proletarianization of the African peasantry in Rhodesia", *Journal of Development Studies,* No.3, 1970; P.D. Curtin, *Economic Change in Precolonial Africa: Senegambia in the Era of the Slave Trade,* Madison, Wis., 1975; Ralpf Austen, *African Economic History: International Development and External Dependency,* London, 1987; Charles H. Feinstein, *An Economic History of South Africa,* Cambridge, 2005; John Iliffe, *The African Poor: A History,* Cambridge, 1987.

2 A.G. Hopkins, "The New Economic History of Africa", *Journal of African History,* Vol.50, No.2, July 2009, pp.155–177.

3 Patrick Manning, "Prospects for African Economic History: Is Today Included in the Long Run?" *African Studies Review,* Vol.30, No.2, 1987, pp.49–62.

4 Robert H. Bates, *Markets and States in Tropical Africa: The Political Basis of Agricultural Policy,* Berkeley, 1981; Bates, *Essays on the Political Economy of Rural Africa,* Cambridge, 1983; Sara S. Berry, *Fathers Work for Their Sons: Accumulation, Mobility and Class Formation in an Extended Yoruba Community,* Berkeley, 1985; Berry, *No Conditions is Permanent: The Social Dynamics of Agrarian Change in Sub-Saharan Africa,* Madison, 1993.

影响的结果。[1]

纳桑·努恩（Nathan Nunn）考察了非洲的奴隶贸易。他认为，1500年前非洲经济社会发展的水平与世界其他相对繁荣的地区相类似。奴隶贸易催生了无效的掠夺性政权，而殖民统治则长期通过土地扩张、强制劳动和压迫性税收进行控制。努恩认为，现在非洲最贫穷的国家是那些被掠奴隶数量最多的国家。不仅如此，奴隶贸易还削弱了民族关系，阻碍了更大程度的民族认同和大国家的发展。在这些方面，非洲的历史有助于解释其独立后的不佳表现。[2]

威廉·伊斯特利（William Easterly）和罗斯·莱文（Ross Levine）认为民族因素在非洲经济史的研究中非常重要。他们利用数据说明，非洲比其他发展中国家尤其是亚洲更具民族多样性。他们认为，民族多样性不利于人们在重要公共产品的供应上达成一致。[3]事实上，民族多样性形成了损害发展政策的动力。它将投资转移到特殊利益上，鼓励了民族间寻租竞争，助长了腐败，也打开了暴力之路。其结果是不充分的教育、落后的金融体系、扭曲的外汇市场、政府负债累累、不完善的基础设施和政治不稳定等。[4]

20世纪80年代末非洲经济史研究进入了衰退期，一直持续到21世纪初。究其原因主要有三点：其一，非洲经济走下坡路，人们的研究兴趣开始下降。其二，非洲经济史太难做了，资料太少，尤其是非洲独立以前的经济史，资料更加缺乏，所以，人们往往找一些有资料的做一下，都是零零星星地在做。其三，20世纪90年代，后现代主义的盛行使历史学家们的

---

1 Daron Acemoglu, Simon Johnson and James A. Robinson, "Reversal of Fortune: Geography and Institutions in the Making of the Modern World Income Distribution", *Quarterly Journal of Economics*, Vol.17, 2002; Acemoglu, Johnson and Robinson, "The Colonial Origins of Comparative Development: An Empirical Investigation", *American Economic Review*, Vol.91, 2001.

2 Nathan Nunn, "Historical Legacies: A Model Linking Africa's Past to Its Current Underdevelopment", *Journal of Development Economics*, Vol, 83, 2007; Nunn, "The Long-term Effects of Africa's Slave Trades", *Quarterly Journal of Economics*, Vol.23, 2008.

3 William Easterly and Ross Levine, "Africa's Growth Tragedy: Policies and Ethnic Traditions", *Quarterly Journal of Economics*, Vol.112, 1997.

4 A.G. Hopkins, "The New Economic History of Africa, *Journal of African History*", Vol.50, No.2, July 2009, pp.155-177.

注意力由物质转向文化层面。经济史学科本身发现自己身陷实证主义经济理论和文化分析之间，前者专业而无历史感，后者则跳出经济思考且对历史资料的利用存在欠缺。这样一来，经济史研究的衰落可谓顺理成章。

（二）修正主义学派对非洲经济史的研究

修正主义学派（The Revisionist school），也被称为"激进派史学流派"，它出现于20世纪70年代的南非，是在对《牛津南非史》的批判过程中产生的。马丁·拉盖西克（Martin Legassick）等人批评自由主义学派在解释种族主义时过分强调了边疆的作用，而忽略了对阶级关系的分析。修正学派认为，南非的种族隔离制度并非种族主义使然，而是资本主义发展的恶果。他们强调用唯物主义观点来分析阶级和种族的关系，反对以文化或种族主义来解释南非现状。20世纪80年代以后，修正主义学派或激进派史学流派扩展研究范围，对非洲经济史的研究蔚然成风。[1]

汤普森（Leonard Thompson）和威尔森（Monica Wilson）主编的《牛津南非史》（1969—1971）是第二代南非自由主义史学的代表作。自由主义史学的一些基本观点在书中得到详细阐释：南非历史的主题是各民族之间的互动；南非冲突和不平等的根源是种族主义；解决的根本途径是恢复建立在人道主义基础上的自由主义经济。

修正主义学派代表了一种对南非历史的重新解释，它是英国大学里来自南非的说英语的白人移民发起的，他们开始反对自由主义学派。他们对南非白人在南非的政治霸权和因此带来的像非洲其他地方正在发生的那样，任何形式的非殖民化都无法成功而感到沮丧。因此，他们在马克思主义历史唯物主义的基础上进行史学研究，来解释这一现象。南非历史要追溯到其根源，并重新提出南非的历史是由国际资本主义和南非资本主义创建

---

[1] Wessel Visser, *Trends in South African Historiography and the Present State of Historical Research*, Paper presented at the Nordic Africa Institute, Uppsala, Sweden, 23 Sept, 2004.

的等级支配的社会里阶级斗争的历史。资本主义与帝国主义的殖民主义或黑色征服的策略是密切相关的。反过来,殖民主义是政治和经济独立的前资本主义时期的黑人人口转变为无产阶级城市社区中的雇佣劳动力的原因。

大部分激进派史学家把南非黑人看作是这片土地唯一真正的居民和继承人。与资本主义相关的白人只能在历史舞台上占据一小块空间:他们是殖民者、剥削者和压迫者。因此,对于激进的修正主义者,南非的历史应该从那些"殖民地"(由资本主义占领的),用黑人工人阶级的观点来重新改写。

修正主义者受到像汤普森和埃里克·霍布斯鲍姆这些英国左派史学家著作的影响,也受到反殖民主义的马克思主义者的理论解释和像尤金·吉诺维斯(Eugene Genovese)、路易·阿尔都塞(Louis Althusser)、葛兰西(Gramsci)和尼科·布朗扎(Nicos Poulantzas)这些构造主义者的影响。修正主义者选择一种积极的态度对待历史,这种积极的态度针对南非革命性的变化。

这种新的史学趋势的领导人物最初是马丁·拉盖西克、斯坦利·特拉皮多(Stanely Trapido)和弗雷德里克·约翰斯顿(Frederick Johnstone)等人。这个新学派的主要论坛是伦敦大学的联邦研究所,1969年舒拉·马克斯(Shula Marks)举办了一场研究研讨会,在这场研讨会上很多新修正主义观点是第一次提出。激进的修正主义者认为理论对于历史问题的阐述至关重要。桑德斯(Saunders)认为他们的唯物主义方法使得20世纪70年代的十年成为南非历史知识盛产的"黄金时代"[1]。

这种新方法在南非的大学中实行,其中最重要的要数约翰内斯堡的威特沃特斯兰德大学的历史工作坊,这个历史研讨会由这所大学社会学系的贝琳达·博佐利(Belinda Bozzoli)指导。第一次在1978年举行,此后每3年一次,他们不关注"伟人"和精英的历史,也不关注旧式政治历史。1976年索韦托起义之后,作为回应,修正主义史学家开始着手研究特定的非洲乡镇的历史和早期城市斗争的历史,而在主要都市地区大规模棚

---

1 C. Saunders, *Writing History: South Africa's urban past and other essays*, Pretoria, 1992, p. 72.

户区的增长促使一些史学家去研究非洲人向城镇移民的悠久历史和那段历史与政治行动之间的关系。威特沃特斯兰德大学历史研讨会第一本合订本《劳工，乡镇和抗议：威特沃特斯兰德的社会史研究》，由博佐利编辑并在1979年出版，这本书的重点强烈指向阶级斗争。[1]

修正主义者试着写"自下而上"的历史或者"底层"的历史，关注"普通人"的历史，无论他们是否有正式的工作，是警察还是罪犯，是住在自己的住宅里或是出租屋里，无论是过得相对舒适还是贫穷。他们试图从历史叙述的裂缝里重新获得在此之前这些人有过的经历，特别是被边缘化的人和失去产业被逐出的人，从佃农和农民到匪徒和保育员。20世纪70年代末与新的社会历史的兴起密切相关，它试图捕捉到城镇"普通"居民的日常经历和意识。在这一研究中，口述证据的收集和使用至关重要。[2]

20世纪80年代社会历史的方法迄今为止在说英语的历史学家的工作中占主导地位，毫无疑问，不论是在出版的数量和多样性上，修正主义者已经取代自由主义者成为南非史学中主要传统的作者。例如，伦敦大学联邦研究所系列研讨会的参与者对把南部非洲社会的物质基础作为史实记录感兴趣。出发点是确定政治经济的性质，是非洲前殖民地社会，或是商人/移民或是后来的工业资本。参会者受到法国年鉴学派和生态辩论以及受到非洲历史的反思的影响，并从事发展和不发达研究。伦敦大学的舒拉·马克斯培养出一批博士研究生，这些博士成为20世纪80年代这种新的历史方法的高产者。[3]

20世纪80年代，南非局势的特点是反复出现广泛的抗议浪潮和国家出面镇压抗议。与此同时，经济陷入了真正的危机。这种情况影响了进步史学家研究题材的选择，使新的主题成为焦点。例如，无产阶级化进程，工业化的社会效应，黑人工人阶级的组织和文化，大众运动的优势与

---

[1] C. Saunders, *Writing History: South Africa's urban past and other essays*, Pretoria, 1992, p. 14.

[2] *Ibid.*, p. 73.

[3] A. Cobley, "Does Social History have a Future? The Ending of Apartheid and Recent Trends in South African Historiography", *Journal of Southern African Studies*, Vol.27, No.3, 2001, p. 615.

缺陷,黑人政治意识的发展,农村被遗忘了的斗争和其他地方自由斗争形式成为热门的研究领域。[1]约翰斯顿的《阶级,种族和黄金:南非阶级关系和种族歧视》(1976)是20世纪早期黄金矿业中阶级关系的研究,而艾兰·杰夫斯(Alan Jeeves)的《南非金矿业经济中的流动劳工》(1985)讲述矿主如何用将近三十年的时间建立招募垄断。[2]

对民众运动的研究改善了围绕重要冲突的群众动员的理解。汤姆·洛奇(Tom Lodge)的黑人抵抗综述,《1945年以来南非的黑人政治》(1983)和海伦·布拉德福德(Helen Bradford)对工商业工会深入调查,《一次自由的尝试:1924—1930年南非农村的工商业工会》(1987)代表了这一趋势。一些研究调查了像音乐和舞蹈、体育和文学这些流行文化,流行文化拓宽了乡镇居民和农民工对日常生活的理解。[3]

查尔斯·范·奥塞伦将他的意识转向威特沃特斯兰德早期,甚至是1976年索韦托起义之前的历史,最终出版了以威特沃特斯兰德早期社会和经济历史为主题的两卷本著作:《1886—1914年威特沃特斯兰德的社会和经济史研究》(1982)。他对大都市里被边缘化的群体所发生的事情特别感兴趣,并且关注在南非最大的城市群中互动的人们的一些后果。范·奥塞伦的作品关注新大都市中下层群体的工作,像祖鲁的洗衣工和南非砖厂的劳工。同样,罗布·特勒尔(Rob Turrell)在《金伯利钻石领域的资本和劳动力》(1987)和威廉·沃吉尔(William Worger)在《南非的钻石城》(1987)中研究了金伯利早期历史。[4]

一些在威特沃特斯兰德大学的历史研讨会框架内写作的学者也研究

---

[1] E. Webster, ed., *Essays in Southern African Labour History*, Johannesburg, 1978; B. Bozzoli, ed., *Town and Countryside in the Transvaal. Capitalist Penetration and Popular Response*, Johannesburg, 1983; B. Bozzoli, ed., *Class, Community and Conflict*, Johannesburg, 1987; P.L. Bonner, "Family, crime and political consciousness on the East Rand, 1939–1955", *Journal of Southern African Studies*, Vol.14, No.3, 1988.

[2] C. Saunders, *Writing History: South Africa's urban past and other essays*, Pretoria, 1992, pp.76–100.

[3] D. Coplan, *South Africa's Black City Music and Theatre*, London, 1979.

[4] C. Saunders, *Writing History: South Africa's urban past and other essays*, Pretoria, 1992, p.77.

并发表了所谓的"反历史",作为"自下而上的历史"方法的一部分。鲁力·卡里尼科斯(Luli Callinicos)在这方面出了两本书:第一本,《1886—1924年黄金与工人》(1980)是一部毫无伪装的、基于阶级的威特沃特斯兰德市城市环境中黑人工人经验的反历史;第二本,《劳碌的生活:1886—1940年兰德的工厂、乡镇和流行文化》(1987),通过更深层次的、基于经验的方法分析社会结构,且不忘阶级的观点。到20世纪80年代中期,关于资本与国家之间关系的性质的大量详细研究可以追溯到19世纪90年代晚期,历史上二者的密切关系是毫无疑问的。《1910—1984年南非资本主义和种族隔离制度》(1985)是这一领域最重要的作品之一,梅尔·立顿(Merle Lipton)认为,资本家们被迫接受他们反对但无力推翻的种族秩序。[1]

丹·欧米拉(Dan O'Meara)在《大众资本主义:1934—1948年南非白人民族主义发展中的阶级、资本和意识形态》(1983)中研究了国民党内部的阶级结构和阶级斗争。在1934—1948年间主抓经济发展的阶段,他对南非白人这些年的物质生活和小康阶级的增长进行了第一次的认真研究。欧米拉试图展现由于20世纪40年代的经济进步,南非白人经历了根本性的变化。邓巴·穆迪(T. Dunbar Moodie)的《阿非利坎人王国的崛起:权力、种族隔离和阿非利坎人国内宗教》(1975),分析南非白人民族主义如何解释世界本身,不同于欧米拉的是,他也非常侧重于分析南非白人民族主义在其内部的政治发展。[2]

(三)新非洲经济史的出现

进入21世纪,非洲经济史研究出现了新变化,非洲经济史的研究再次被人们所重视,出现了复苏的迹象,究其原因,主要有两点:其一,非

---

1 C. Saunders, *Writing History: South Africa's urban past and other essays*, Pretoria, 1992, p.78.
2 K. Smith, *The Changing Past: Trends in South African Historical Writing*, Johannesburg, 1988, pp.182-185.

洲经济出现较快增长，增加了人们对非洲经济史研究的兴趣。自20世纪90年代中叶以来，非洲经济出现中速发展，这一势头一直持续了二十年左右。其二，许多经济学家加盟到非洲经济史研究的队伍中，他们把经济学理论、方法、技术带到非洲经济史研究领域，出现了一些学者所称的"新非洲经济史"[1]。

新非洲经济史采用多学科的研究方法，广泛运用新的研究技术，拓展新的研究领域。比如运用历史国民经济核算的方法、人体测量学的方法、价格工资和财富的分析方法、人口与劳动力分析的方法，对前殖民时期的经济史、非洲商业史、非洲国家独立后的经济增长等领域进行了研究。[2]

新非洲经济史的出现为非洲经济史的研究增加了新的研究路径，从而推动了非洲经济史的研究向新的深度和广度发展。

本章小结

20世纪的史学深受马克思主义的影响，不仅中国和苏联等社会主义国家在历史研究领域坚持马克思主义的指导，而且像英国这样的西方发达国家，马克思主义史学也曾经颇为盛行。即使是20世纪的非洲史学，也曾经出现了马克思主义史学。

马克思主义不仅给非洲历史研究予以理论指导，而且也是新的研究视角和解释方案，推动着非洲历史研究走向深入。比如，通过对抵抗运动中阶级形成的分析，深化了非洲人民反抗殖民主义历史的研究。另外，马克思主义还丰

---

[1] 舒运国：《国外非洲史研究动态述评》，《上海师范大学学报》（哲学社会科学版）2015年第6期，第130—138页。

[2] Morten Jerven, "Comparing colonial and post-colonial output: Challenges in estimating African economic change in the long run", *Utrecht University*, June 2011; Alexander Moradi and Jorg Baten, "Inequality in Sub-Saharan African new data and new insights from anthropometric estimates", *World Development*, Vol.33, 2005; Denis Cogneau and Lea Rouanet, "Living Conditions in Cote d'Ivoire and Ghana 1925-1985, What Do Survey Data on Height Stature Tell Us?", *Economic History of Developing Regions*, Vol.26, 2011; Richard J. Reid, "Past and presentism: The procolonial and the foreshortening of African history", *Journal of African History*, Vol.52, 2011.

富了非洲民族解放斗争的研究,例如,在津巴布韦,人们对解放斗争中的农民意识及其意义,以及社会问题感到无比关切。但也存在着一些批评,指出统治精英阶层和游击队员相勾结,将后殖民时代的社会分配的剩余部分蚕食殆尽。但在肯尼亚却相反,执政精英是和外国资本之间相互勾结,并牺牲了自由战士和社会其他人士的利益。[1]

必须指出的是,无论是中国国内学术界,还是国际学术界,对非洲马克思主义史学的研究还十分地薄弱。在国际学术界,依附理论与南非史是非洲马克思主义史学的两个重点与亮点;在国内学界,对非洲马克思主义史学的研究基本上是空白。

---

1 B.A. Ogot, *History as Destiny and History as Knowledge: Being Reflections on the Problems of Historicity and Historiography*, Kisumu: Anyange Press, 2005, pp. 43–44.

第五章

非洲新史学

从世界范围来看，新史学产生于20世纪初，它是对兰克史学的修正。而非洲新史学大致产生于20世纪80年代，在内涵上与鲁滨逊倡导的新史学也是有区别的。20世纪80年代以来，尤其是冷战结束之后，非洲史学深受国际史学变化的影响，越来越多的非洲学者放弃民族主义学派和马克思主义学派的研究方法，采取了新自由主义或者后结构主义的史学方法，在社会文化史、日常生活史等研究领域着力颇多。肯尼亚肯雅塔大学历史、考古与政治研究系原系主任卡卡伊博士将该学派称为"后结构主义学派"。他认为：这一学派兴起于20世纪80年代，直到20世纪末。该学派强调文本解读的多重性。这一时期，口述历史等工具的重要性得到提高。[1]

后结构主义、解构主义和语言学转向等又被称为"后现代主义"。"后现代主义"标示着所有与"现代主义"相左的特征和思潮。20世纪60年代末以来，它作为挑战当代西方主流文化和学术的思潮，其影响遍及文学、哲学、音乐、建筑、历史、艺术等许多领域。后现代主义批判启蒙运动以来确立的许多传统观念，包括理性行为的标准、真理的标准、知识的含义以及正义、诚实、平衡、匀称和美等传统的理论和美学价值观。

后现代主义史学，或者后结构主义史学，在西方出现于20世纪六七十年代。怀特（Hayden Whites）的《元史学》（1973）和巴特（Roland Barthes）

---

[1] Pius Wanyonyi Kakai, "Schools of African Historiography in the 20th Century", 系2015年11月6日，上海师范大学非洲研究中心召开的"全球视野下非洲史学研究"国际学术研讨会的会议论文。

的《历史的话语》(1967)推出了这个运动,该运动达到它的高峰期是20世纪90年代。[1]后现代主义史学的论点可以归纳如下:第一,历史叙述的是具有本体论意义的研究对象;第二,并没有确定的历史过去或文本,而只有对它们的解释;第三,历史的过去仅是当代历史家的创造;第四,历史叙述的语言和文本如诗歌一样,它不参照现实。……他们的观点带有极端唯心主义和虚无主义的特征。[2]

20世纪80年代在非洲兴起的新史学,主要指新自由主义学派或后结构主义学派,它的研究内容主要是微观历史、下层人民的历史,从领域来看有医疗疾病史、环境史、妇女性别史等。

一、非洲新史学兴起的背景

20世纪80年代以来,非洲史学的变化是有深刻根源的,一方面,是非洲经济发展陷入困境,整个20世纪80年代,被称为是非洲"失去的十年"。国际货币基金组织和世界银行随后在非洲推行新自由主义的结构调整计划,其核心是经济自由化、市场化。20世纪90年代,西方国家利用两极格局的瓦解,在非洲推行多党制和政治民主化。这种非洲国内经济和政治的变化,不可能不反映到史学研究领域。另一方面,这一时期,西方史学的发展变化,尤其是新文化史的兴起,也迅速传导到非洲,促使非洲出现新自由主义学派或后结构主义学派。

(一)非洲经济和政治背景

非洲国家独立之初,非洲经济取得了较快的发展。据联合国统计,20世纪60年代非洲国家国内生产总值年均增长达4.7%,比独立前的20世

---

[1] B.A. Ogot, *History as Destiny and History as Knowledge: Being Reflections on the Problems of Historicity and Historiography*, Kisumu: Anyange Press, 2005, p.248.
[2] 何平:《西方历史编纂学史》,北京:商务印书馆,2010年,第372页。

纪50年代几乎增长了1倍。非洲国家的国内生产总值由1960年的390亿美元，增长到1975年的730亿美元。民族经济的形成是这一时期的主要成就。一些国家开始掌握自己的经济命脉，如埃及从1956年起对外资实行国有化，国家控制了金融、交通、公用事业、进口贸易等。赞比亚独立后将矿业、交通运输业等收归国有，又建立了水泥、化肥、制糖等企业，控制了国家的经济命脉。肯尼亚独立后15年内工业平均增长率为11.75%，其产值由1964年的3370万肯尼亚镑增加到1982年的3.84亿肯尼亚镑，成为东非地区工业最发达的国家，绝大部分工业消费品都能由本国生产。独立后，尼日利亚的石油开采业得到大发展，原油生产从1965年的1330万吨，增加到1974年的1.12亿吨，成为"非洲石油巨人"，世界产油大国之一。[1]

20世纪70年代末，西方世界爆发了严重的经济危机，非洲大陆受到发达资本主义国家转嫁经济危机、实行贸易保护主义和提高贷款利率等方面的猛烈打击，又恰逢连年旱灾，再加上政策失误逐渐显现，非洲经济急剧恶化，陷入严重的经济困境之中。20世纪80年代成为非洲"失去发展机会的10年"[2]。据世界银行和国际货币基金组织的有关统计，1980—1987年撒哈拉以南非洲国民生产总值年均增长率为0.2%，人均国民生产总值为-2.9%。20世纪80年代全世界30个最贫穷的国家中，非洲就占了22个。这一历史时期的非洲，农业发展缓慢，对外贸易状况恶化，债务负担沉重，国家财政赤字增加，非洲经济全面衰落。

非洲在20世纪80年代发展经济方面受到了很大的挫折。由于受到资本主义世界经济危机的影响，大宗商品价格暴跌，非洲损失惨重，加之经济发展战略的失误，非洲经济雪上加霜。自20世纪80年代起，非洲国家被迫接受西方国家的结构调整方案，换取国际货币基金组织和世界银行的援助。

非洲大规模的民主化浪潮开始于20世纪90年代初，撒哈拉以南非洲

---

[1] 陆庭恩：《试论非洲国家独立后的经济发展》，北京大学非洲研究中心编：《非洲：变革与发展》，北京：世界知识出版社，2002年，第16—31页。
[2] 谈世中主编：《反思与发展——非洲经济调整与可持续性》，北京：社会科学文献出版社，1998年，第22页。

绝大多数国家实行多党民主制，其政治体制和政党制度发生了急剧的变化。这一事件的发生，从内部原因来看是群众反对政府腐败，反对经济停滞和经济危机，要求改善和提高生活水平。从外部原因来看，在冷战格局瓦解的背景下，美英法等西方国家把援助与实施民主挂钩，迫使非洲国家就范。多党民主制一度激活了长期压制的部族矛盾，造成政局动荡、战乱频仍。

经过20多年的政治发展，除少数国家外，撒哈拉以南非洲国家普遍接受了多党民主制，虽然在这一进程中也有与非洲的实际相结合，有一个本土化的过程，但不可否认的是民主主义成为非洲当今主要政治思潮之一。非洲国家普遍在法律上确认、民意上认同普选制度，并且接受民主、人权、良治等价值观，通过民主程序实现政权和平更迭已经成为非洲政治生活的主流。[1]

政治民主主义在非洲表现为：(1) 大选常态化。多党民主制逐渐被非洲各国政党和多数民众所接受，大选在非洲变得常态化。时至今日，撒哈拉以南非洲国家的大选普遍经历了4—5轮。(2) 对民主化评价发生变化。随着民主政治正效应的显现，无论是国际社会还是非洲内部，对非洲民主化持正面评价呈上升趋势。[2] 非洲社会精英越来越认可民主化，当权者的态度变化更大。在民主化浪潮初兴之时，当权者普遍对此持抵制态度。进入21世纪，非洲新生代领导人对政治民主化普遍持肯定的态度，甚至将之视为非洲值得炫耀的政治经验。(3) 对民主价值观的认同。经过多年发展，民主、人权与良治等价值观已成为非洲政治价值观，成为非洲政治文化的主要内容。[3] 非洲联盟近年来在加强机制建设的同时，在政治上努力构建和平、民主、人权等共同价值观。《非洲联盟宪章》明文指出，非盟致力于促进和保护人权，稳固民主机制和民主化，确保非洲的良治和法制。善政、

---

[1] 张忠祥：《试论当今非洲社会思潮及其对中非关系的影响》，《西亚非洲》2014年第6期。
[2] 张宏明：《中非政治互信在价值层面互动所面临的困局与破解思路》，张宏明主编：《非洲发展报告（2012—2013）》，北京：社会科学文献出版社，2013年，第108—128页。
[3] Helen Lauer, "Depreciating African Political Culture", *Journal of Black Studies*, Vol.38, No.2, 2007, pp.288-307.

民主和人权已经成为《2009—2012年非盟战略目标》的主要内容之一。[1]

非洲政治的民主化对史学产生影响,史学研究多元化,既有继续坚持民族主义的传统,又出现了流派纷呈的新史学。

(二)西方史学转向的影响

第二次世界大战后,世界历史进入了一个新的发展阶段,世界政治格局和人类社会生活深刻变革,不断提出新的问题,需要人们从历史与现实的结合上做出回答。随着史学家历史视野的开拓,研究领域迅速扩大,使得传统史学同其他哲学社会科学各学科的界限,变得越来越模糊,在广泛采用新的史学方法的基础上,出现了一系列历史学的分支学科。这些分支学科主要有社会史学、文化史学、人口史学、心智史学、心理史学、新经济史学、新政治史学、家庭史学、妇女史学、城市史学、口述史学、计量史学、比较史学等。[2]

自20世纪以来,历史研究典范就经历了多次转向,但不管如何变化,还是有没有改变的东西——历史学家对历史事实的认识没有发生根本的改变,历史学家认识过去的基本方法没有受到挑战——实证主义和理性分析依然是史家的最后立场。但从20世纪60年代后,一切都不一样了,揭竿而起的后现代主义对史家只有用实证主义和理性分析才是历史认识之路的立场开始了质疑。对于这个挑战,比较早的反应要从美国历史哲学家海登·怀特1973年发表的《元史学》一书算起。该书被作为历史的语言学转向标志。伊格尔斯认为,这一时期史学转向的特点是"从制度分析转向了文化领域",这一转变往往被称为"文化转向"。[3]

就后现代主义在历史学的一般表现而言,最明显的是它对历史客观性和真实性的质疑,后现代理论家否定了启蒙运动以来盛行的"理性"和

---

[1] *African Union Commission, Strategic Plan 2009–2012*, AUC, May 19, 2009.
[2] 于沛主编:《20世纪的西方史学》,武汉:武汉大学出版社,2009年,第10页。
[3] [美]格奥尔格·伊格尔斯、王晴佳:《全球史学史》,杨豫译,北京:北京大学出版社,2011年,第291页。

"进步"的现代性观念。后现代主义一般都否认历史著作乃是过去曾真正发生之事，认为这些无非是历史学家对过去的一种诠释，而从来不是名副其实的历史真实。[1]后现代理论应用于下层研究、文化研究与性别研究等方面，取得了丰硕成果，诸如性别史、疾病史、环境史、阅读史、身体史等新研究领域的开拓可为证明。新文化史（new cultural history）的兴起与流行正反映了后现代主义的冲击所造成的这些积极成果。

受文化转向（或语言学转向）的影响，20世纪60年代开始逐渐兴起了一种新的文化史研究倾向，强调意义的阐释而非执着于历史因果的追求，重视文化建构力，拒绝对人类经验做实证主义或功能主义等科学的研究取向，趋向赞同文学模式的路径。文化史研究作为一种明确的研究新取向，要从戴维斯1965年出版的《近代法国早期的社会与文化》算起。到20世纪80年代，新文化史在欧美史学界全面繁盛，以1989年美国女历史学家林·亨特主编的《新文化史》为标志。这种文化史之所以被冠以"新"字，正表明它区别于以往的文化史研究典范的鲜明立场。此后，原本自说自话但采取新方法研究历史的诸如文化史、社会文化史、微观史学、心态史学、历史人类学等名目的著作，就被评论家称之为"新文化史"。

20世纪七八十年代以来，文化转向的代表作是：伊曼纽埃尔·勒华拉杜里（Emmanuel Le Roy Ladurie）的《蒙塔尤：1294—1324年奥克西坦的一个山村》（1975），以及卡洛·金兹堡（Karlo Ginzburg）的《奶酪与虫子：一位16世纪磨坊主的世界观》（1975）和娜塔莉·戴维斯（Natalie Davis）的《马丁·盖尔归来》（1984）。

《蒙塔尤》是一本完全不同的历史著作，它不是研究重大历史事件和人物，而是研究一个只有200名居民的小村庄。在这本著作中，个人和家庭处于中心位置，所使用的资料是宗教裁判所的档案。这本书的开头几章是按照年鉴学派的方法写作的，介绍了地理背景和经济，以及社会背景。之后大量的笔墨是写村民对社会的看法，他们的信仰以及他们对死亡的看

---

[1] 于沛主编：《20世纪的西方史学》，武汉：武汉大学出版社，2009年，第224页。

法。总之,这是一本日常生活史的著作。

《奶酪与虫子》的主人公是一位名叫多门尼科·斯坎德拉的磨坊主,人们一般叫他梅诺乔。他于1532年出生在意大利弗留利地区的一个村庄里,他离经叛道,创造了一幅与天主教正统相反的世界图景,结果两次受到宗教裁判所的审判,并被烧死。作者使用的史料来自审判中的供词。梅诺乔是一个很有文化的人,他的阅读面相当广,他阅读了大量的哲学经典,并以农民的世界观解读这些经典。作者对梅诺乔被处死的解释是:他的死因不是因为异端信仰,而是由于威尼斯的世界要现代化,就必须根除梅诺乔所代表的那种古老的农民文化。

《马丁·盖尔归来》也是社会史的题材,反映的是宗教改革时期法国南部农村社会史,读起来像一本小说。这本书的主人公是一位名叫贝特朗·德罗尔斯的农村妇女,被丈夫马丁·盖尔抛弃后,守寡多年,直到一个自称马丁·盖尔的男人出现,她接受了这个男人,他们一起幸福地生活着,直到真正的马丁·盖尔归来。作者把贝特朗的行为解释为妇女在男人统治的世界里采取的一种策略。与此同时,作者还原了村民之间的关系,从而使这本书呈现出那个时代法国农村历史的一幅画卷。作者承认,"她在重现贝特朗·德罗尔斯所生活的那个农民的世界时运用了想象"[1]。

彼得·伯克(Peter Burke)曾对新文化史在西方近三十年的发展情况做过总结,他依据不同的研究课题把新文化史分成了七类:(1)物质文化史,亦即饮食、服装、居所、家具及其他消费品如书的历史;(2)身体史,它与心态史、性别史相联系;(3)表象史(representation),即对自我、民族及他人等的形象、想象及感知的历史,或如法国人所称的"表象社会史",它正逐渐取代"集体心态史";(4)文化记忆或社会记忆;(5)在西方20世纪六七十年代,相比于社会史的兴旺,政治史、外交史都已经成为冷门学问,不过在新文化史家这里,他们已经重新发现政治,从全新的视角来研

---

1 [美]格奥尔格·伊格尔斯、王晴佳:《全球史学史》,杨豫译,北京:北京大学出版社,2011年,第290页。

究政治，集中于政治态度和政治实践的社会史；(6)受社会语言学家的启发，社会语言史成了一门由历史学家来从事的史学新学科；(7)旅行文化史的兴起。[1]

综上，新文化史吸收了后现代主义的内容，不再认为历史研究的目的是为了还原过去真实的历史，历史只是一种史家智识上的训练和依据材料的主观建构。作为一种治学途径，历史学家自然可以从文化的角度来诠释历史、诠释世界。不过由于太注重文化分析，这也导致了一种"过度诠释"与"文化决定论"流弊的产生，人们日常生活的政治、经济等因素被忽略了。

二、非洲环境史

20世纪下半叶以来，新文化史逐渐兴起，人们致力于研究历史分支学科，如妇女和性别史、劳工史、城市史、人口史，等等，也包括环境史。

历史与环境向来密不可分，一方面，历史事件以地理环境为舞台；另一方面，地理环境对历史发展产生深远影响，比如古希腊历史学家希罗多德认为，埃及是尼罗河的"赠赐"[2]。而作为历史学与环境科学和生态学的一个交叉学科的环境史，则兴起于20世纪70年代，它致力于研究人与自然的历史关系，以此看待并考察不同时代、不同地方人类所处、所做和所思的历史，从而将人类史与自然史结合起来，使历史成为完整的、真正的整体史。[3]

（一）环境史兴起的背景及研究内涵

环境史是一个新兴的研究领域，许多学科为环境史的兴起奠定了基础，包括历史地理学、人类生态学、边疆史、法国年鉴学派的整体史等。[4]

---

1 于沛主编：《20世纪的西方史学》，武汉：武汉大学出版社，2009年，第254—256页。
2 [古希腊]希罗多德：《历史》，王以铸译，北京：商务印书馆，2001年，第111页。
3 梅雪芹：《环境史研究叙论》，北京：中国环境科学出版社，2011年，第8页。
4 William Beinart and Peter Coates, *Environment and History: The Taming of Nature in the USA and South Africa*, London: Routledge, 1995, p. 1.

实际上，环境史的产生除了这些学科背景之外，还有社会背景，即现代环境保护运动的产物。

随着工业文明的发展，在物质文明日益丰富的同时，人们也日益遭受环境污染困扰和伤害。1962年，美国海洋生物学家蕾切尔·卡逊（Rachel Carson，1907—1964）出版了《寂静的春天》一书，指出在我们时代人类面临的主要问题是环境污染。以DDT为代表的杀虫剂的广泛使用，不仅能够杀死害虫，还危害那些食用了经过食物链染上DDT的食品的人类。核试验和核战争不仅威胁人类的生存，还会渗透到遗传细胞中，造成发育的变异。该书的出版引发人们对环境问题的关注，促使联合国于1972年6月在斯德哥尔摩召开了"人类环境大会"，并签署《人类环境宣言》，推动了世界范围的环保事业。所以，《寂静的春天》成为一本"现代环境运动"肇始的书。[1]因为该书在树立公众的环境意识方面起了极大的作用，该书被誉为环境保护运动里的《汤姆叔叔的小屋》。[2]

在环境意识日渐觉醒的时代，人们开始从环境史的视野来撰写世界史。1991年，英国学者克莱夫·庞廷著《绿色世界史：环境与伟大文明的衰落》，研究环境变迁对历史的深刻影响。他在该书的第一章中，以复活节岛的教训为案例，说明环境对人们的生活，乃至历史的演进的影响有多么深远。复活节岛位于太平洋之中，距离南美洲的西海岸有3200公里，岛上散布着600多尊巨大的石像，表明岛上曾经有过一段繁荣和发达的时期，但是后来衰落了，其主要原因是岛上居民长期对环境的破坏。作者认为："复活节岛的历史并不是什么失落的文明之一，也不必用深奥的理论来解释。相反，它是一个令人震惊的例证，说明这人类社会对环境的依赖以及环境破坏所带来的不可挽回的后果。"[3]针对工业化造成的环境污染和全球

---

[1] ［美］蕾切尔·卡逊:《寂静的春天》，吕瑞兰、李长生译，长春：吉林人民出版社，1997年，第12页。

[2] William Beinart and Peter Coates, *Environment and History: The Taming of Nature in the USA and South Africa*, London: Routledge, 1995, p. 94.

[3] ［英］克莱夫·庞廷:《绿色世界史：环境与伟大文明的衰落》，王毅译，北京：中国政法大学出版社，2015年，第2页。

变暖，作者予以高度关注，并引起读者的广泛共鸣。自该书1991年问世至2007年，已经被译成13种文字。

法国年鉴学派的整体史主张也对非洲环境史产生了影响。吕西安·费弗尔认为应在环境整体内研究人类历史，应通过文化理解来认识环境对人类发展的复杂影响。布罗代尔主张环境是社会政治史的基础。布罗代尔在《菲利普二世时代的地中海和地中海世界》一书中，以地中海世界的自然环境为基本的地理空间，描绘了一幅绚丽多姿的地中海历史画卷。该书由三部分组成：第一部分"环境的作用"，论述地中海的地理环境，它的山川地貌、海洋岛屿、气候、交通、城市等，并将地中海的地理条件置于广袤的空间和时间框架内加以考察；第二部分"集体的命运和总的趋势"，主要讲地中海世界的经济；第三部分"事件、政治和人"，是传统的历史部分。所以，年鉴学派对地理环境十分重视。非洲环境史著名研究学者威廉·贝纳特（William Beinart）认为，环境史继承了年鉴学派将人类历史置于自然环境的框架内进行分析的"遗产"。[1]

环境史研究的是人及其社会与自然界的其他部分的历史关系。它包括四个部分：第一，环境的演变过程，尤其是在人的作用下的环境演变。第二，经济或者物质环境史，它强调人类的经济活动与环境相互作用的关系。第三，政治环境史，它主要研究权力关系对环境造成的影响以及由环境问题引起的政治变化。第四，文化或知识的环境史，主要研究人类如何感知环境，这种认识反过来又是如何影响人类对环境的适应和利用的。[2]

（二）非洲环境史的兴起与发展

非洲环境史出现于20世纪70年代前后。第一篇由历史学家撰写的非洲环境史的论文，是1968年美国非洲史学家柯廷发表在《政治学季刊》上

---
[1] William Beinart, "African History and Environmental History", *African Affairs*, Vol.99, No.395, 2000, pp.269–302.
[2] 包茂红：《环境史学的起源和发展》，北京：北京大学出版社，2012年，第6—8页。

的《流行病学与奴隶贸易》。第一本环境史著作是由达累斯萨拉姆大学高级讲师 H. 克耶柯舒斯 1977 年出版的《东非史中的生态控制和经济发展：以 1850—1950 年的坦噶尼喀为个案》[1]，该书开创了非洲史研究的新领域，是非洲环境史研究的奠基之作。[2]

非洲环境史一经诞生，便迅速发展起来，涌现出一批代表作。比如《土地守望者：坦桑尼亚历史中的生态和文化》反映了东非环境史研究二十年来的最新成果；《环境与历史：美国和南非驯化自然的比较》从国际视野分析了南非环境史；《沙漠边疆：1600—1850 年西撒赫勒地区的生态和经济变迁》分析了西非沙漠化与生产方式和经济发展的关系；《绿土地、棕土地、黑土地：1800—1990 年的非洲环境史》通过研究毁林和土壤侵蚀探讨了几个国家的非洲人与环境关系的演变。[3]

非洲环境史的主要观点有：

1. 前殖民时期非洲环境史。对前殖民时期非洲人与环境的关系有两种截然不同的观点："原始非洲"（Primitive Africa）和"快乐非洲"（Merrier Africa）。"原始非洲"是 A. 马绍尔在 1938 年提出的，指古代非洲人与自然相互敌对，人们为了生存要进行艰苦劳动，还要经受惨烈的部落战争，遭受饥荒、流行病和人口减少的威胁。只有殖民者到来后才带给非洲安全。"快乐非洲"是 A. 霍普金斯在 1973 年提出的，指那时的非洲，人与自然和谐相处，人们不用辛苦劳动就可以生活得充裕，沉浸在无休止的歌舞愉悦中，不像殖民时代那样遭受人口减少、生态恶化和经济剥削的灾难。[4]

2. 殖民时期的非洲环境史。殖民征服和殖民统治对非洲环境造成了破坏。在殖民统治期间，盲目扩大经济作物种植面积，扩大木材和矿产资源

1　H. Kjekshus, *Ecology Control and Economic Development in East African History*, Heinemann, 1977.

2　包茂红：《非洲史研究的新视野——环境史》，《史学理论研究》2002 年第 1 期。

3　Gregory Maddox, James Giblin, Isaria N. Kimambo, eds., *Custodians of the Land: Ecology and Culture in the History of Tanzania*, Athens: Ohio University Press, 1996; William Beinart, *Environment and History: The Taming of Nature in the USA and South Africa*, London: Routledge, 1995; J. Webb, *Desert Frontier: Ecological and Economic Change along the Western Sahel 1600–1850*, Madison, 1995; J.C. McCann, *Green Land, Brown Land, Black Land: An Environmental History of Africa 1800–1990*, Heinemann, 1999.

4　A.G. Hopkins, *An Economic History of West Africa*, Longman, 1973, p.10.

的开采量，造成严重的土壤侵蚀、森林减少、矿产资源枯竭以及野生动物灭绝。环境破坏加剧了干旱和饥荒。环境问题与种族、阶级关系也是这一时期环境史研究的重点之一。比如在南部非洲，快速畸形的工业化、城市化并未给非洲人带来健康环境，黑人只能住在拥挤不堪、空气污浊、垃圾遍地的环境中。白人政府修建的水坝和水渠都是为了满足白人农场和工业用水，非洲人被完全排除在外。[1]

3. 独立后的非洲环境史。非洲经济严重依赖自然资源，为了巩固政治独立，非洲千方百计地追求高速增长，继续给环境造成破坏，继而出现环境难民。环境难民指那些因为明显危及其生存或严重影响其生活质量的环境中断而暂时或永久离开其传统居住环境的人。[2] 非洲环境危机严重，走出危机的唯一办法是实行可持续发展战略。可持续发展就是把发展置于生态环境所能够承受的范围内，达到经济发展和环境保护之间的平衡。事实上，今天可持续发展已经成为广大非洲国家制定经济社会发展的基本战略思想或共识。

通过对非洲环境史研究的考察，可以发现有三个值得注意的变化。第一，把非洲环境史的研究置于英帝国史和世界环境史的大范围来考察。非洲人不光是非洲史的主人，也是跟其他人种平等的一个历史创造者，这点很重要，这会有效地避免非洲人低人一等的说法。第二，非洲环境史研究注重探讨科学的作用，尤其是要用外史的方法来分析地方性知识的价值。科学史研究中有两个基本路径趋向，一个是内史，内史就是物理学家做的物理学史，这个实验怎么做的，怎么演化的，然后做出了什么成果，是这样的一个过程。外史的方法就是社会科学家或者人类学家做的科学史研究，把科学发展置于整个科学发展的大趋势中进行研究。我们研究非洲的地方性知识，研究殖民科学、殖民地国科学等，都要放在这样一个外史的范围里面，放在这样一个框架中进行研究，然后我们就会发现整个殖民扩张的历史是不断的殖民知识被应用与被赋权的一个过程，所以我们如果要

1　包茂红：《环境史学的起源和发展》，北京：北京大学出版社，2012年，第95页。
2　E. Hinnawi, *Environmental Refugees*, Nairobi, 1985, p. 4.

改变这种状况，要做的是对殖民知识，或者说西方的现代性，有一个重新的认识，要重新认识当地人的这种文化的价值，这个用我们通常的话来说，可能就是要打破西方现代性一元论的传统框架，要形成一个多元现代性的格局，这个做法在东亚已经做了很多年了，因为东亚的崛起做了很多年，但是在非洲现在刚开始做。第三，话语权的分析正在成为非洲环境史研究的重要方法。这里最关键的是我们对萨义德的东方学要有一个清醒的认识，东方学的分析方法不光适用于中东阿拉伯地区，同样也适用于非洲。[1]

从20世纪末至今的二十年来，非洲环境史研究取得了新进展。研究主要关注农牧业经济的生态环境问题、野生动物保护、林业资源利用与保护、水资源利用、牲畜疾病的环境维度、非洲本土知识和西方科学在非洲环境变迁进程中的作用等方面。相关研究侧重环境史与社会史的结合，注重分析殖民主义对于非洲生态环境的深刻影响，研究取向契合当前非洲所面临的紧迫的发展问题。同时，存在研究的不平衡，在研究内容上，关于疾病的环境维度、城镇化的环境史、非洲工业化进程中的污染问题、非洲野生动物和自然景观的文化意蕴、矿业和自然资源采掘，以及野火在生态变迁进程中的作用，这些方面的研究总体仍然较少。在研究队伍上，非洲本土学者的研究相对较少。尽管有一些非洲黑人学者从事非洲环境史研究，不过非洲环境史研究整体上仍然是由欧美国家的白人学者所主导。[2]

（三）案例：《环境与历史：美国和南非驯化自然的比较》[3]

威廉·贝特纳，1951年1月19日出生于南非开普敦，先后就读于开普敦大学和伦敦大学亚非学院。1983—1997年在英国布里斯托大学任教，现

---

[1] 包茂红：《国际非洲环境史研究》，2014年12月1日，在上海师范大学非洲研究中心举办的"国外非洲史研究最新趋势与中国的非洲史研究"的工作坊上的发言。
[2] 李鹏涛：《近二十年来非洲环境史研究的新动向》，《史学理论研究》2018年第4期。
[3] William Beinart and Peter Coates, *Environment and History: The Taming of Nature in the USA and South Africa*, London: Routledge, 1995. ［英］威廉·贝特纳、彼得·科茨：《环境与历史：美国和南非驯化自然的比较》，包茂红译，江苏：译林出版社，2011年。

任牛津大学圣安东尼学院的罗得斯讲席教授。

威廉·贝特纳是研究非洲环境史的著名学者，撰写了多部非洲环境史的著作，除了《环境与历史：美国和南非驯化自然的比较》之外，重要的还有三部：第一部是《南非保护主义的崛起》。[1] 这本著作实际上是研究南非的卡鲁地区和东开普的草原地区被殖民者占了以后整个环境的变迁，以及科学思想引入到这个地区以后使保护主义兴起的过程。这一研究是延续了他当年从事的修正派的研究，南非史研究中有一个修正派，或者称为新马克思主义派，以威廉·贝特纳等人为代表。修正派在研究黑人的农民起义的时候，他们发现农民起义很重要的一个原因是环境恶化，所以这样很自然地把环境史和农民起义史结合在一起，在本书中，他把这个研究路径往前推进了一步，研究了殖民科学与南非的环境主义兴起的关系。第二部著作是《社会史与非洲环境》。[2] 这是一部论文集，由三部分内容组成，第一是非洲人对环境的认识和实践；第二是殖民科学与非洲人的应对；第三是殖民者对非洲环境的认识。这实际上是一部环境文化史，但是研究非洲环境文化史都离不开一个种族关系的问题，即殖民者和非洲人的关系问题，所以该著作是从社会史的角度来研究非洲环境文化历史。第三部著作是《环境与帝国》。[3] 这是牛津英帝国史参考读物中的一本，这部书是把英属非洲放在整个英帝国史里面研究，重点在于商品链的形成和转移。我们从这三部书的层次来看，一部是对一个国家的研究，即对南非的研究，一部是对非洲一个洲的研究，一部是对英帝国史的研究，分三个不同的层次。从具体的内容来看，涉及了经济环境史、文化环境史、社会环境史、政治环境史，所以威廉·贝特纳是一个当之无愧的非洲环境史的领军人物，因为他在引导非洲环境史研究的走向。[4]

1　William Beinart, *The Rise of Conservation in South Africa: Settlers, Livestock, and the Environment, 1770–1950*, Oxford: Oxford University Press, 2003.

2　William Beinart and JoAnn McGregor, eds., *Social History and African Environment*, Ohio: Ohio University Press, 2003.

3　William Beinart and Lotte Hughes, *Environment and Empire*, Oxford: Oxford University Press, 2007.

4　包茂红：《国际非洲环境史研究》，2014 年 12 月 1 日，在上海师范大学非洲研究中心举办的"国外非洲史研究最新趋势与中国的非洲史研究"的工作坊上的发言。

在这里，主要是以《环境与历史：美国和南非驯化自然的比较》为个案。该著作使用比较的研究方法，对美国和南非的驯化自然的历史进行比较。本书分为六章，分别是第一章"环境史的特点：美国与南非的比较"、第二章"狩猎和动物：从狩猎到野生动物"、第三章"树木的兴衰：森林、采伐和林业"、第四章"农业：无限和有限的开发"、第五章"自然保护区和国家公园：荒野的重新估价和自然化"、第六章"从资源保护到环境主义运动和其他"。

第一章具有总论的性质，首先对环境史做了定义，并分析了环境史若干研究重点。作者认为："环境史致力于研究历史上人与自然的其他组成部分的各种对话，它关注的焦点是这两者之间的相互影响和相互作用。"[1]环境史是一个历史学科的新兴分支学科，"它把研究范围从人类制度扩大到给这些制度提供舞台的自然生态系统"[2]。在目前的环境史研究中，有一个广为人知的核心概念。那就是退化。然而，把所有的变化看成退化，忽略了一个根本问题，即人类生存都具有合法性。当前的环境史并非仅仅沉溺于对现代环境破坏的痛苦的思索，前工业化时代的人也得到了重视。大津巴布韦在16世纪的衰落可能也是在心脏地带周围过度放牧了数世纪造成的。

其次，分析了比较研究的重要性，以及在环境史研究方面比较的重点所在。由于重视历史发生的时间和地点的特殊性，历史学家历来比地理学家、人类学家和其他社会科学家更加少地采用比较研究的方法。作者认为："比较的核心问题是种族关系和边疆，双方都有令人着迷的对应之处。"[3]美国和南非都是从殖民地发展起来的，殖民征服和奴隶制的结合催生了种族关系体系，所以，种族关系是美国和南非环境史共同的研究课题。与此同

1　William Beinart and Peter Coates, *Environment and History: The Taming of Nature in the USA and South Africa*, London: Routledge, 1995, p. 1.

2　William Cronon, *Changes in the Land: Indians, Colonialists, and the Ecology of New England*, New York: Hill &Wang, 1983, p. vii.

3　William Beinart and Peter Coates, *Environment and History: The Taming of Nature in the USA and South Africa*, London: Routledge, 1995, p. 6.

时，边疆扩张也是美国和南非历史上所共有的，南非从17世纪中叶的好望角，一直到19世纪60年代，扩张到南非全境，美国从大西洋沿岸的十三洲一直向西扩张到太平洋东岸。埃里克·沃克对南非边疆传统的分析，明显地借用了美国历史学家弗里德里克·杰克逊·特纳的环境决定论思想。

再次，在比较的同时，要注意两国的差异性。殖民者对南部非洲的冲击比较弱，而美洲却是欧洲殖民者自1492年以来殖民扩张的关键边疆。北美土著人比非洲人在面对白人入侵时更脆弱，因为非洲人并不像美洲土著人那样与世隔绝。"非洲许多酋邦发展出更多样化的、农耕的、畜牧的和使用铁器的经济。殖民者在这一地区的入侵越是深入，其影响就越苍白。"[1]

第二至五章，作者分别从狩猎、林业、农业和自然保护区等四个方面，就美国和南非驯化自然进行比较。

第二章主要论述狩猎在环境变迁中的作用。狩猎是南非各族青年和美国苏格兰—爱尔兰农家男孩成长过程中的一个重要仪式，也是当地人和殖民者维持其社会凝聚力的一个工具。作者对狩猎者进行了分类：前殖民时期和殖民时期当地人的狩猎；殖民者为了生计和贸易而进行的狩猎；运动型狩猎，即精英们为了追求刺激而进行的狩猎。在19世纪那个极度狂热的时期，狩猎几乎摧毁了南非和美国物种的丰富性，导致了对狩猎的管制，以及早期狩猎保护地和野生动物避难所的建立。19世纪90年代在南非祖鲁兰建立的保护区之一的乌姆弗洛齐，就是专门保护白犀牛。1900年，欧洲列强签署了《非洲野生动物、鸟类和鱼类保护协定》，这个国际条约由英德共同发起，旨在保护濒临灭绝的动物，并倡议建立更多的狩猎保护区。[2]

第三章主要讨论人类对于树木依赖情况的变化以及关于树木保护的争论。第四章主要讨论农业与环境问题，其发展过程是从无限开发到有限开发。新作物的种植和动物的饲养极大地改变了这两个地区的自然环境，

---

[1] William Beinart and Peter Coates, *Environment and History: The Taming of Nature in the USA and South Africa*, London: Routledge, 1995, p. 7.

[2] *Ibid.*, pp. 28–29.

同时也催生了一些最为复杂的法规。第五章作者研究了两地的自然保护区和国家公园。受到保护的区域面积不大，在美国（不含阿拉斯加），只有1.75%的土地作为国家公园受到保护；南非这个比例略高一些，大约是3%。[1] 在南非，推动建立保护区的基本动力来自19世纪后期对掠夺性狩猎和当地丰富猎物种群消失的关注。1886年开普制定法规，试图对大型猎物进行有效的保护；1889年在斯威士兰以南建立了庞戈拉保护区，在东德兰士瓦建立了萨比和辛格维齐保护区后，自然保护区的思想就扎下根来。

第六章"从资源保护到环境主义运动和其他"是该著作的结论。作者首先考察了环境思想，19世纪初的浪漫主义和原始主义通常被视为环境思想的开端，它们把个人的创造力、幸福和满足感与亲近未经改变的自然联系起来。山岳俱乐部（1892）的创始人约翰·缪尔在世纪之交接过了火炬，当时由于边疆逐步关闭和旧世界城市—工业灾祸涌现，也形成了日益同情自然的舆论环境。到了20世纪60年代环境主义首次成为流行的中产阶级意识形态。其次，作者分析了种族、环境主义与社会不公的关系。经济剥夺与环境退化之间的关系在南部非洲长期以来都是明显的，许多经济上被剥夺最厉害的区域也是生态上最为脆弱和遭受蹂躏最严重的地方。在南非农村，对自然资源控制权的争夺偶尔会引起暴动。最著名的一个事件是1960年的庞多兰起义。政府出动了装甲部队和直升机，才恢复了对当地的控制。1982年，南非通过了一项影响深远的综合性《环境保护法》，以及《农业资源保护法》（1983），根据后一项法案，农场主在未知会地方官员之前，甚至不能在其私有土地上开辟新的粮田。最后，作者指出："我们试图写一部环境史，而不是环境主义者的历史。这要求我们试着去考察生态变化与经济/文化变迁之间的相互关系。"[2]

不足之处，因该书出版于1995年，材料截至20世纪80年代末，对新南非建立之后，环境问题的新发展及其应对的最新发展反映不够。"20世

---

[1] William Beinart and Peter Coates, *Environment and History: The Taming of Nature in the USA and South Africa*, London: Routledge, 1995, p.73.

[2] *Ibid.*, pp.99–107.

纪80年代末,南非环境史可以说仍然处于被忽视的境地,此后,环境史的作品迅速增加,主题涉及生物多样性的保护、生态正义、殖民农业政策和科学,以及风景遗产等。"[1]

三、非洲医疗史[2]

自20世纪70年代以来,在全球史学转向的影响下,非洲史学向纵深发展,其史学流派更加精彩纷呈,如口述史、医疗史[3]、环境史、经济史和妇女史等都取得不同程度的进展。国内对于非洲史学的研究十分薄弱,对非洲疾病史的研究几乎是一片空白,目前仅见一两篇论文[4],本节目的是通过对非洲医疗史的研究管窥非洲史学的新进展。

---

[1] Jane Carruthers, "Tracking in Game Trails: Looking Afresh at the Politics of Environmental History in South Africa", *Environmental History*, Vol.11, 2006, pp.804-829.

[2] 张忠祥:《20世纪70年代以来非洲史学的新进展——以医疗史研究为个案》,《史学集刊》2015年第4期。

[3] 以非洲医疗史为例,自20世纪70年代以来代表性的成果有: John Ford, *The Role of the Trypanosomiasis in African Ecology: A Study of the Tsetse fly Problem*, Oxford: Oxford University Press, 1971; Maynard Swanson, "The Sanitation Syndrome: Bubonic plague and urban native policy in the Cape Colony, 1900-1909", *Journal of African History*, Vol.18, 1977, pp.387-410; G.W. Hartwig and K. David Patterson, eds., *Disease in African History: An Introductory Survey and Case Studies*, Durham: N.C. University Press, 1978; Kenneth F. Kiple and Virginia H. King, *Another Dimension to the Black Diaspora: Diet, Disease and Racism*, Cambridge: Cambridge University Press, 1981; Dennis G. Carlson, *African Fever: A Study of British Science, Technology, and Politics in West Africa, 1787-1864*, Canton: Mass Press, 1984; Maryinez Lyons, "From Death Camps to Cordon Sanitaire: The Development of Sleeping Sickness Policy in the Uele District of the Belgian Congo, 1903-1914", *Journal of African History*, Vol.26, 1985, pp.69-91; Cole P. Dodge and Paul D. Wiebe, *Crisis in Uganda: The Breakdown of Health Services*, Oxford: Oxford University Press, 1985; R.C. Chirimuuta and R.J. Chirimuuta, *AIDS, Africa and Racism*, London: Free Association Books, 1987; Joseph C. Miller, *Way of Death: Merchant Capitalism and the Angolan Slave Trade, 1730-1830*, Madison: University of Wisconsin Press, 1988; James Giblin, "Trypanosomiasis Control in African History: An Evaded Issue?", *Journal of African History*, Vol.30, 1990, pp.59-80; Maureen Malowany, "Unfinished Agendas: Writing the History of Medicine of Sub-Saharan Africa", *African Affairs*, Vol.99(2000), pp.325-349; Lotte Hughes Beinart, *Environment and Empire*, Oxford: Oxford University Press, 2007; Andra le Roux-Kemp, "A Legal Perspective on African Traditional Medicine in South Africa", *The Comparative and International Law Journal of Southern Africa*, Vol.43, 2010, pp.273-291.

[4] 于红:《非洲昏睡病历史研究》,《西亚非洲》2001年第4期;文少彪、王畅:《全球治理视角下的中国对非洲医疗援助》,《国际关系研究》2014年第1期。

（一）非洲医疗史的兴起与发展

对医疗史的研究在欧美国家有较长时间的历史，不过，最初的研究者是医学专家，而非历史学家。他们的目的很简单，主要是服务于医学教学。西方最早的医疗史甚至可以追溯到 17 世纪，1696 年丹尼尔·勒克勒刻著的《医疗史》是一部编年体的医疗史。1804 年 W.H. 威廉姆斯写的《1573 年以来医学进步简史》是一部著名的早期医疗史，讲述医学发展史上的各种观点。[1] 进入 20 世纪以后，医学专家对医疗史的研究仍然在继续，如 1940 年意大利医学史家卡斯蒂廖尼（Arturo Castiglioni）著的《医疗史》。进入 20 世纪以来，欧美一些知名大学建有医疗史研究机构，如伦敦学院大学维尔康医史研究中心（The Wellcome Trust Centre）是世界著名的医疗史学术研究机构之一。牛津大学维尔康医疗史系建于 1972 年，研究的项目有"非洲疟疾史"和"非洲医疗传教士史"等。美国著名的医疗史研究机构是哈佛大学医学院社会医疗史系，而霍普金斯大学医疗史系建于 1929 年，是美国最古老的医学史系，负责出版《医学史会刊》。

从 20 世纪中叶起，历史学家开始关注医疗史的研究，特别是在 20 世纪最后三十年里发展更快。"疾病史研究的突破和振兴，是 20 世纪最后三十年里国际史学极为重要的进展之一。"[2] 1970 年医疗社会史协会（Society for Social History of Medicine）在英国成立，该协会的成员包括各学科领域的成员，如历史学、公共健康学、人口统计学、人类学、社会学、社会管理和健康经济等。该协会办有《医疗社会史会刊》（1970—1987），自 1988 年以后，《医疗社会史会刊》改为《医疗社会史》期刊，由牛津大学出版社定期出版。医疗史的研究范围十分广泛，它包括：疾病史、医疗记录、流行

---

1 赵秀荣：《英美医疗史研究综述》，《史学月刊》2007 年第 6 期，第 117—125 页。
2 王旭东：《新疾病史学：生态环境视野中的全球疾病史研究——跨学科整体综合探索的理论思考》，《甘肃社会科学》2014 年第 6 期，第 76 页。

病学、生态史、营养和健康、国际调查和公共健康。[1]

欧美对非洲医疗史的研究至少开始于20世纪30年代。1930年,毛里克在《皇家医疗队杂志》发表《苏丹昏睡病的历史》[2]一文,比较系统地研究了昏睡病在苏丹的流行历史及现状,目的是服务于英国对当地的殖民统治。1937年马格雷特著《加族的宗教和医疗》,这是一本最早的非洲医疗史著作,是关于黄金海岸地区加族(Ga)的宗教和医疗的著作。之后有乔治·哈尔利著的《非洲传统医疗:以利比里亚马诺部落的实践为例》。[3]以上这些都是西方学者研究非洲医疗史比较早的成果。

历史学家对非洲医疗史的研究开始于20世纪60年代,美国非洲史学家柯廷于1968年发表《流行病学与奴隶贸易》一文。[4]柯廷曾经任美国历史协会主席,该文刊登在美国《政治学季刊》上,影响较大,是一篇由历史学家撰写的较早的非洲医疗史论文。该文研究了奴隶贸易对欧洲、非洲和美洲传染性疾病的影响。之后,美国学者哈特维格和帕特森联合编辑出版了《非洲疾病史》[5],该书的作者全部是美国人,包括4名历史学家、1名地理学家和1名政治学家。这本书研究的问题主要有:1908—1951年间苏丹的回归热、1890—1940年间乍得南部的流行病、1884—1939年喀麦隆种植园工人的健康等。[6]近年来,对非洲医疗史的研究进入了快速发展时期,研究更加深入和个案化。如2008年卡仁·弗林特著《传统医疗:1820—1948

---

[1] Gert Brieger, "The Historiography of Medicine", in W.F. Bynum and Roy Porter, eds., *Companion Encyclopedia of the History of Medicine*, Vol.1, London: Routledge, 1993, pp.24-44.

[2] G.K. Maurice, "The History of Sleeping Sickness in the Sudan", *Journal of Royal Army Medical Corps*, Vol. 55, 1930, pp.161-241.

[3] K. David Patterson, "Disease and Medicine in African History: A Bibliographical Essay", *History in Africa*, Vol.1, 1974, pp.141-148.

[4] Philip Curtin, "Epidemiology and the slave trade", *Political Science Quarterly,* Vol.83, 1968, pp.190-216.

[5] G.W. Hartwig and K.D. Patternson, eds., *Disease in African History: An Introductory Survey and Case Studies*, Durham, N.C.: Duke University Press, 1978.

[6] Ralph Schram, "Review: Disease in African History", *Journal of African History*, Vol.21, No.2, 1980, pp.281-283.

年间南非的非洲医疗、文化交流和竞争》[1],该书的第一部分分析了1820—1879年间,祖鲁王国医疗、社会和医者政治角色的变化;第二部分探讨了从19世纪30年代至1948年南非国民党上台期间,南非健康和治疗观念的变化。[2]

当前,医疗史在非洲史研究中是一个热门的话题,非洲本土研究非洲医疗史的学者越来越多,呈现出新的特点:首先,一些非洲知名大学的历史系,如开普敦大学、约翰内斯堡大学和内罗毕大学的历史系纷纷开设非洲医疗史和医疗社会史的课程。其次,一流的历史学家转向研究非洲医疗史。开普敦大学历史系的霍华德·菲利普(Howard Phillips)教授,毕业于开普敦大学和伦敦大学,研究医疗社会史、大学史,在开普敦大学人文学院和卫生科学院工作。娜塔莎·埃尔兰克(Natasha Erlank)系约翰内斯堡大学历史系主任,她是开普敦大学学士和硕士,剑桥大学博士,主要研究领域是非洲医疗史和非洲性别史。卢塞尔·维乔恩(Russel Viljoen)教授系南非大学历史系主任,他是西开普大学硕士、莱顿大学博士,主要研究非洲医疗史、开普殖民地早期历史和非洲史学。密尔卡·阿可拉(Milcah Amolo Achola)教授研究医疗史,她是肯尼亚籍,内罗毕大学学士、加拿大达尔豪斯(Dalhousie)大学博士,1993—1996年任莫伊大学历史系主任,2000年起任内罗毕大学历史系主任,研究非洲医疗史和非洲妇女史,担任内罗毕大学非洲妇女研究中心主任。再次,研究的成果影响力不断扩大。开普大学历史系的霍华德·菲利普著《黑色的十月:1918年西班牙流感流行对南非的影响》《19世纪开普医生:一部社会史》[4]。南非金山大学地理系的鲁尔夫·道斯卡特教授在《传统医疗的地理变化》一文中,重点研究了南非兰

---

1 Karen E. Flint, *Healing Traditions: African Medicine, Culture Exchange, and Competition in South Africa, 1820–1948*, Athens: Ohio University Press, 2008.
2 Preston Bakshi, "Book Review", *The Business History Review*, Vol.83, No.4, 2009, pp.867–869.
3 Howard Phillips, *Black October: The Impact of the Spanish Influenza Epidemic of 1918 on South Africa*, Pretoria: Government Printer, 1990.
4 Howard Phillips, *The Cape Doctor in the Nineteenth Century: A Social History*, Amsterdam: Rodopi, 2004.

德地区的草药交易和传统医疗模式。[1] 内罗毕大学历史系主任密尔卡·阿可拉教授研究殖民统治时期内罗毕的城市卫生以及卫生、贫穷和种族三者之间的关系。[2]

（二）非洲医疗史研究兴起的原因

为什么非洲医疗史的研究能在20世纪70年代兴起并蓬勃发展？其原因是多方面的，既是非洲史学发展的内在需要，又有学科交叉和学术传播的全球影响，还有非洲医疗史研究的现实需要。

首先，非洲医疗史的兴起是非洲史学发展的内在需要。

非洲史学的发展经历了传统史学、殖民史学、民族主义史学和修正史学四个阶段。非洲传统史学指殖民入侵前的非洲史学。非洲不仅有着悠久的历史，而且非洲传统史学也是相当久远的。非洲学者乔·阿拉戈曾说："有必要记住的一点就是在伊斯兰和西方的书面史学传统传入之前，非洲早就存在历史书写的传统。"[3] 古埃及留下丰富的历史文献，非洲黑人也使用自己的语言文字，如斯瓦希里文、巴蒙文和瓦伊文撰写历史。此外，西方文献、印度文献、波斯文献、中国文献都保留着大量非洲史的资料。但是非洲传统史学最大的特点是口述史，大量的历史资料以口述史的方式在说书人口中代代相传，著名的长篇口述史诗《松迪亚塔》记述了马里帝国开拓者松迪亚塔的丰功伟绩。

长期的殖民统治对非洲史学是极大的摧残，殖民统治者否定非洲的

---

[1] Rolf P.A. Dauskardt, "The Changing Geography of Traditional Medicine: Urban Herbalism on the Witwatersrand, South Africa", *GeoJournal*, Vol.22, No.3, 1990, pp.275-283.

[2] Milcah Amolo Achola, "Colonial Policy and Urban Heath in Nairobi", in Azania, *Journal of the British Institute in Eastern Africa*, Vol.XXXVI-XXXVII, 2001-2002; Milcah Amolo Achola, "Health, Poverty &Race in a Colonial Setting: Maternal &Child Welfare in Colonial Nairobi", in D. Mwanzia Kyule and George Gona, eds., *Mizizi: A Collection of Essays on Kenya's History*, Nairobi: UON Press, 2013.

[3] Ebiegberi Joe Alagoa, *The Practice of History in Africa: A History of African Historiography*, Port Harcourt: Onyoma Research Publications, 2006, p.45.

本土历史,殖民史学笔下的非洲历史是一部殖民征服的历史,这符合殖民统治的需要。从 20 世纪中叶开始,随着非洲国家纷纷独立、非洲民族的复兴,非洲历史进入蓬勃发展的时代,涌现出一批非洲本土历史学家,他们的历史著作相继问世,并形成非洲史学流派,这些都标志着非洲史学的复兴。[1]

民族主义史学的兴起是很有意义的,它顺应了非洲民族独立的时代需求。非洲国家独立之后,对历史研究的需求增加,从国家层面而言需要重写本国的历史,清除史学研究领域的殖民主义影响,增强国民对国家的凝聚力,对民众而言需要了解本民族的历史,加强集体记忆。当然,民族主义史学也有局限,一方面,它在破除非洲史研究的"欧洲中心论"方面是有贡献的,但它又在某种程度上陷入"非洲中心论"的泥潭;另一方面,民族主义史学主要研究非洲政治史,尤其重视非洲人对殖民统治的反抗。因此,到了 20 世纪七八十年代,以非洲医疗史和非洲环境史为代表的新社会史在非洲兴起,就是非洲史学研究向纵深发展的内在要求。

其次,非洲医疗史的兴起与发展,与全球史学的影响息息相关。

非洲史学是全球史学的一部分,非洲史学的理论方法自然受到全球史学研究方法变化的影响,欧美研究非洲的学者尤其如此,那些从欧美留学回去,从事非洲历史研究的非洲本土学者也或多或少地受到不断变化的史学方法的影响。

自 1911 年美国历史学家詹姆斯·鲁滨逊的《新史学》问世后,新史学迅速在欧美国家兴起。新史学与 19 世纪兰克学派有明显的不同,它与那种把政治和精英摆在中心地位上的传统历史学的不同之处,在于给社会、经济和文化以更多的关注。接着,欧洲年鉴学派兴起,以更加宽阔的视野研究历史,将历史放在更长的历史时段中进行研究,如布罗代尔著《物质文明、经济和资本主义》和《菲利普二世时代的地中海和地中海世界》等。新史学的影响在 20 世纪中叶以后不断得到强化,直接促使了冷战后世

---

[1] 张忠祥:《20 世纪非洲史学的复兴》,《史学理论研究》2012 年第 4 期。

史学研究的新变化,伊格尔斯和王晴佳等合著的《全球史学史》归纳了冷战后三十年历史研究的五点变化:(1)文化转向和语言学转向导致了"新文化史"的兴起,历史研究转向了以下层阶级和底层社会为研究对象的"自下而上的历史学";(2)妇女史和性别史的持续发展;(3)历史学与社会科学的新联盟,对社会科学的方法论予以更多的关注;(4)对民族主义历史学的新挑战;(5)全球史的兴起。在这五个方面的变化中,又以新文化史和全球史的影响最为显著。[1] 当前,历史学的几个次学科如环境史、社会史、性别史、经济史、医疗与科技史、物质文化史、外交史都受到这波"全球转向"风潮的影响。[2]

非洲学界与欧美学界有着广泛的联系,大多数非洲历史学家也是欧美高校的毕业生,所以,在20世纪80年代非洲民族主义史学流派衰落之际,新文化史和新社会史在非洲的影响日益盛行,正如非洲学者乔·阿拉戈所言:"到了20世纪的最后十年,非洲史学家完全浸没在了西方传统之中。"[3]

再次,非洲医疗史的研究有其很强的现实需要。

疾病与人类相伴相生,每个大陆都曾经遭受疾病的困扰,但是,没有一个大陆像非洲大陆这样遭受疾病困扰的历史这么久、程度这么深。非洲的疾病有很悠久的历史,在狩猎采集阶段,非洲人就时常受昏睡病、登革热、黄热病和疟疾的困扰。定居以后常受寄生虫危害。各村庄所处的位置不同,遭受的寄生虫危害也不同,主要有龙线虫病、血吸虫病、丝虫病(包括盘尾丝虫病和罗阿丝虫病),大批人群密集地居住在一起互相传染的雅司病和麻风,等等。随着欧洲人的到来以及与外部世界越来越频繁的接触,感染传染病的概率也随之增加,天花、麻疹、水痘、肺结核、梅毒、淋病、霍乱等相继传入非洲。以肺结核为例,19世纪后半叶,这种疾病在

---

[1] [美]格奥尔格·伊格尔斯、王晴佳:《全球史学史》,杨豫译,北京:北京大学出版社,2011年,第391—417页。
[2] 蒋竹山:《"全球转向":全球视野下的医疗史研究初探》,《人文杂志》2013年第10期,第84—91页。
[3] Ebiegberi Joe Alagoa, *The Practice of History in Africa: A History of African Historiography*, Port Harcourt: Onyoma Research Publications, 2006, p.186.

撒哈拉以南非洲地区"很猖獗",而在18世纪,欧洲观察者很少见到此病,称这种病(在非洲很)罕见。而霍乱,在1821年、1836—1837年及1858—1859年曾光顾过东非。[1]

撒哈拉以南非洲热带疾病的长期流行是由多种因素造成的。许多灵长类动物携带这些疾病,然后再传给人类,显然是其原因之一。另一个原因跟平均温度和湿度高有关,植被繁茂,使得热带非洲成为无数昆虫的天堂,没有温带地区季节变换的影响,它们能够一年四季地伤害人类。此外,疾病的流行与经济发展状态密切相关,非洲是世界上经济发展水平最落后的大陆,防治疾病的投入严重不足,生活在贫困线以下的人口超过总人口的半数,以至于出生在非洲大陆的人们没有更好的营养来对抗疾病,实际上疾病常与营养不良相伴随。疾病和营养不良的受害者首当其冲的是孩子。婴儿的死亡率惊人,儿童也是如此,出生于撒哈拉以南非洲地区的孩子50%可能活不到5岁。[2]

以昏睡病为例,这是一种非洲古老的疾病,但它直到今天也没有完全被消灭,仍然危害着非洲人民的身体健康。昏睡病又称非洲锥虫病,它是通过舌蝇属成员之一的采采蝇叮咬来传播。昏睡病大致分布于贯穿撒哈拉以南非洲的一个广阔地带,大约覆盖1100万平方公里。非洲昏睡病有两种类型:一种由布鲁斯罗得西亚锥虫引起的急性型,只有短短5—7天的潜伏期,分布在非洲的东部和南部。另一种由布鲁斯冈比亚锥虫引起的慢性型,其发病需要几周到几个月,甚至数年时间,分布在非洲西部和中部。大多数被采采蝇叮咬后的患病者都会经历局部发炎,接着寄生虫扩散到血液、淋巴液、组织液,到达脑脊液。最后,所有的器官都被侵害,伴随中枢神经系统的受损导致死亡。在20世纪70年代后期和80年代,在喀麦隆、安哥拉、中非共和国、象牙海岸、坦桑尼亚,以及苏丹、赞比亚、乌干达和扎伊尔都出现了严重的昏睡病的暴发。其中,扎伊尔、乌干达以及

---

1 Kenneth F. Kiple, ed., *The Cambridge World History of Human Disease*, Cambridge: Cambridge University Press, 1993, pp. 296-297.

2 *Ibid.*, p. 297.

苏丹南部地区，是20世纪80年代昏睡病最重要的疫源地。由于战争、人口流动和生态的破坏，昏睡病在非洲国家独立后卷土重来，世界卫生组织估计，20世纪90年代末，非洲有5500万—6000万人受昏睡病的感染，只有400万人能够得到治疗。[1]

欧洲人对非洲疾病的最初研究是为殖民统治服务的。19世纪初，到达西非的欧洲人死于疾病（往往是黄热病和高度地方性的疟疾）的数目惊人，年死亡率为35%—80%，西非海岸因此被称为"白人的坟墓"[2]。所以，最初的非洲医疗史大多出自欧洲人之手，他们首先关心的是他们自己以及欧洲同胞的健康，而对非洲人健康的关注主要局限于那些欧洲人所需要的劳工和生产者，服务于对非洲的殖民统治。疾病与经济社会发展的关系密切，非洲国家独立后，为了民众的健康和卫生保健制度的建立，也有研究非洲医疗史的现实需要。

20世纪80年代初在非洲最早发现的艾滋病现在已经成为全球性的疾病，2014年在西非利比里亚、塞拉利昂和几内亚肆虐的埃博拉病毒再次拉起全球公共安全的警报。这一切都说明，对非洲疾病的研究具有世界范围的现实意义。在经济全球化的背景下，随着越来越多的中资企业和中国人走进非洲，研究非洲疾病和非洲疾病史对于中国学者来说也很有现实意义。

（三）非洲医疗史研究的主要内容

近半个世纪以来，尤其是自20世纪70年代以来，非洲医疗史的研究取得了显著的进展，丰富了非洲史学流派，是非洲史学的发展日益精彩纷呈的标志之一。非洲医疗史的重点主要有如下一些方面：

---

[1] Maureen Malowany, "Unfinished Agendas: Writing the History of Medicine of Sub-Saharan Africa", *African Affairs*, Vol.99, No.395, 2000, pp.332-333.

[2] Kenneth F. Kiple, ed., *The Cambridge World History of Human Disease*, Cambridge: Cambridge University Press, 1993, p.298.

1. 疾病与非洲经济的关系

历史学家从20世纪70年代开始研究疾病对非洲社会稳定和经济发展的影响。昏睡病在非洲的历史既久远又复杂，绵亘数千年，时至今日仍威胁着无数的人。研究者普遍认为，昏睡病阻碍了非洲大陆广大地区的养牛业，因而严重地影响到非洲人口的营养。[1] 生态学家约翰·福特在《锥虫病在非洲生态学中的角色》[2] 一书中，从政治经济发展的生态代价的角度，对采采蝇成为开发、利用非洲广大地区不可逾越的障碍的论断提出了挑战。[3] 詹姆斯·吉伯林在《非洲历史中昏睡病的控制》一文中，对坦桑尼亚北部地区的昏睡病历史所做的研究支持了这一观点，它表明采采蝇并未阻止人们占据土地及饲养牲畜。[4]

非洲昏睡病长期得不到根治，也是有经济因素的。一是非洲贫困人口众多，防治存在问题；二是西方制药公司的逐利行为，导致药品开发滞缓。患病者大多数是穷人，是生活于农村的非洲人，这就意味着很少或没有经济利益驱使制药公司向该病投入研究资金。大多数制药公司不愿大规模投资研发用以治疗主要是世界上欠发达地区贫困人口——常常是农业人口——所患疾病的药物。治疗非洲锥虫病的化学疗法仍然是陈旧的，并且没有任何有意义的进展，确切地说，在20世纪30—80年代间几乎没有做什么研究。[5]

还有一些学者专门研究了贸易，尤其是奴隶贸易与疾病传播的关系。如前引美国非洲史学家柯廷在《流行病学与奴隶贸易》一文中，研究了奴

1　Kenneth F. Kiple, ed., *The Cambridge World History of Human Disease*, Cambridge: Cambridge University Press, 1993, pp. 554–555.

2　John Ford, *The Role of the Trypanosomiasis in African Ecology: A Study of the Tsetse fly Problem*, Oxford: Oxford University Press, 1971.

3　P. Richards, "Ecological Change and the Politics of African Land Use", *African Studies Review*, Vol.126, No.2, 1983, p. 19.

4　James Giblin, "Trypanosomiasis Control in African History: An Evaded Issue?", *Journal of African History*, Vol.31, 1990, pp. 59–80.

5　Kenneth F. Kiple, ed., *The Cambridge World History of Human Disease*, Cambridge: Cambridge University Press, 1993, pp. 301–302.

隶贸易对欧洲、非洲和美洲传染性疾病的影响。研究疾病与奴隶贸易关系的还有伍德的《黑人多数派》以及肯尼思·基普尔和弗吉尼亚·基普尔著的《非洲联系：奴隶制、疾病和种族主义》[1]。查尔斯·古德在《盐、贸易和疾病》一文中讨论了贸易与疾病传播的关系。[2]

2. 殖民主义与非洲疾病的关系

殖民主义与非洲疾病的关系是比较复杂的，一方面，殖民入侵和殖民统治，带来了新的疾病，对原有疾病的防控造成不利影响；另一方面，殖民者也带来了西医和西药，对疾病的控制起到一定的作用。

殖民主义在非洲存在了500多年，殖民主义入侵打断了非洲历史原有发展进程，生产方式的改变，社会组织与结构的解体，战乱与饥荒的频仍，使得非洲原有的生态系统和社会控制趋于崩溃，其后果是采采蝇感染区急剧扩大。19世纪晚期昏睡病在刚果盆地大流行，这次大流行在乌干达造成了巨大的破坏，从1896年到1906年的十年里，在乌干达的新英国保护领地，因破坏性昏睡病大流行而死的非洲人超过25万，同样，据估计刚果盆地有50万居民死于这场流行病。[3] 据德国人在1913年估计，德属东非有1/3的地区感染采采蝇。[4] 殖民者还带来诸如梅毒、天花等流行性传染病，造成人口减少。

在殖民地统治时期，欧洲统治者往往害怕新的"脱离部落的"人移向新建城市中心时会传播疾病。于是，到19世纪末，几乎所有的非洲殖民地都实施了种族隔离的公共卫生政策，以保证白人的健康。有的非洲国家甚至很早就建立了医疗研究机构，如1913年，南非医疗研究所成立，目的是

---

1 Kenneth Kiple and Virginia Kiple, "The African Connection: Slavery, Disease and Racism", *Phylon*, Vol.41, No.3,1980, pp.211-222.

2 Charles M. Good, "Salt, Trade, and Disease: Aspects of Development in Africa's Northern Great Lakes Region", *International Journal of African Historical Studies*, 1972, pp.543-586.

3 Kenneth F. Kiple, ed., *The Cambridge World History of Human Disease*, pp.556-557.

4 John Iliff, *A Modern History of Tanganyika*, Cambridge University Press, 1979, pp.163-164.

为了控制矿上非洲劳工的死亡率。[1]

从1905年到1921年,伴随着殖民地行政制度的建立,科特迪瓦也有了卫生保健服务组织,还有一个负责殖民军队的医疗卫生处,以及传染病、地方病防疫处和健康及卫生公共部。这些组织是服务于殖民地征服事业的,它们依靠的主要是军队的医生。1918年,在达喀尔成立了非洲医学院,1919年增设药学科和兽医科。该院的目标主要是培养初级医务人员,如助理医士、药剂员和接生护士。为法国人和欧洲人提供医疗服务的,主要是战地流动卫生中心和医疗队;而对于土著居民,主要通过土著医疗辅助部(Indigenous Medical Assistance Department)办一些医务室来提供部分的服务。[2]

肯尼亚的国家卫生保健体系建立于殖民统治下的20世纪50年代早期,包括地区级医院、区级医院和农村诊所网。与其他非洲国家一样,西方式的卫生保健主要是由国家提供的,几乎都集中在大城市的中心。不只是肯尼亚,非洲其他国家如尼日利亚、加纳、撒哈拉以南非洲,包括南非也是如此。[3]

3. 独立后非洲国家对疾病的控制和社会保健

非洲国家独立后,对疾病的防控和社会保健做过一些努力,但总的效果不佳,主要原因还是经济普遍落后,医疗投入严重不足。在非洲普遍存在城市和农村二元的卫生保健模式,即使像南非这样的中等发达的国家也是如此。南非医学社会学家范·伦斯伯格(H.C.J. van Rensburg)认为,南非卫生保健的主要特征作为固定的模式已持续了300多年。虽然该地区的各部落有他们传统的医生和医疗服务体系,但西洋医学早在1652年以后,即荷兰东印度公司在开普敦登陆后就传到了南非。长期以来,南非的卫生保

---

1 Maureen Malowany, "Unfinished Agendas: Writing the History of Medicine of Sub-Saharan Africa", *African Affairs*, Vol.99, No.395, Apr., 2000, p.336.

2 [科]哈里·梅默尔-弗代:《科特迪瓦:非洲医疗模式的一个例子》,张大川译,《国际社会科学杂志》2000年第3期,第65—79页。

3 [美]威廉·科克汉姆:《医学社会学》,杨辉、张拓红等译,北京:华夏出版社,2000年,第303页。

健体系是无计划、不协调的,各种族各自形成其自身的卫生保健体系。卫生保健提供结构被分成了几种方式。第一,在大多数城市中以西洋医学为主,而在农村地区则主要依靠传统医疗。前者主要为白人和一小部分城市黑人服务,而后者只为黑人服务。直到今天这种双重体制仍然存在,很多南非黑人都接受传统医疗,或者既接受传统疗法又接受西方医学治疗方法。第二,种族分化的西方体制导致了卫生保健提供者和医院的等级分化。白人接受白人医生,黑人则去找黑人医生,亚洲人找亚洲人,如此类推。每个种族有自己的医务人员,但白人控制着全国的卫生保健行政管理。第三,形成了混合的筹资机制。其中既有按服务收费体系,也有对穷人和老年人的政府公共投资。[1] 在南非,各种族间在卫生保健水平上存在明显的不平等。卫生保健服务质量最好的是面向白人的私立按服务收费体系。目前,南非的医院已经废除了种族隔离政策,但那些面向富人的私立医院比公立医院医疗质量更高。[2]

肯尼亚的国家卫生服务体系包括由国家雇用的医生和其他卫生人员,国家拥有医院。此外,居民也可以获得私人医生、教会诊所以及传统的本地民间医生的服务。肯尼亚的国家卫生保健体系建立于殖民统治下的20世纪50年代早期,包括地区级医院、区级医院和农村诊所网。与其他非洲国家一样,西方式的卫生保健主要由国家提供,几乎都集中在大城市的中心。肯尼亚的城市卫生机构平均每年获得80%—85%政府总卫生预算[3],几乎所有的医院都建在市中心。卫生保健的提供在城市和农村之间有着明显的差距。85%的肯尼亚居民住在农村,而那里的药房和诊所都非常简陋,

---

[1] H.C.J. van Rensburg, "South African Health care in change", *South African Journal of Sociology*, Vol.22, 1991, pp. 1–10; H.C.J. van Rensburg, A. Fourie and E. Pretorius, *Health Care in South Africa: Structure and Dynamics*, Pretoria: Academia, 1992. [美] 威廉·科克汉姆:《医学社会学》,杨辉、张拓红等译,北京:华夏出版社,2000年,第297页。

[2] Solomon R. Benatar and H.C.J. van Rensburg, "Health Care Services in a New South Africa", *Hastings Center Report*, Vol.25, 1995, pp. 16–21.

[3] S. Ogoh Alubo, "Debt Crisis, Health and Health Services in Africa", *Social Science and Medicine*, Vol.31, 1990, pp. 639–648.

也缺乏受过训练的医务人员。肯尼亚每2万人口中有1名医生，但农村医生的比例还不到肯尼亚医生的10%。在农村，非洲人一旦生病，他们往往用各种家庭疗法进行自我医疗，用热灰烧灼伤口，喝用草根和树皮熬成的汤药。要是还不奏效，他们就去找草药师或传统疗法师。要不是诊所特别近的话，他们只有在急诊时才去找医生。有一个马赛部落的病人被水牛严重刺伤，设法来到一家离他家相当远的诊所。医生是一名新手，认为如果把这个人送到条件好的内罗毕，可能他就会在路上死去，于是就给他实施了手术。他没有经验，没有对病人实施麻醉，也没有输血用的血液，唯一的止痛药就是阿司匹林。这名医生把教科书摊在面前以便照着教科书实施手术。次日凌晨，当医生去看这位病人时，病人已经离开了诊所。过了几个月，这位完全康复的病人带着一头山羊来拜谢医生。[1]

西非的科特迪瓦的医疗模式与南非、肯尼亚也是大同小异。科特迪瓦有四种本源不同的医疗传统，构成该国当前的医疗模式，即非洲信奉万物有灵的医疗传统、源于阿拉伯的医疗传统、源于欧洲的西方医疗传统，还有近期颇具影响的中华医疗传统。科特迪瓦独立后，西方医疗得到较快的发展，但在20世纪八九十年代因结构调整受挫而限于困顿。20世纪90年代以后，科特迪瓦医疗体系向本土化发展，将传统医学纳入国家医疗体系。1996年3月，科特迪瓦发布政令，对卫生部做出调整，在"卫生设施及职业监理会"内设一名专门负责传统医学的副主管。[2]

非洲独立后，在疾病控制方面尽管取得了一定的成绩，许多非洲人口的健康比他们上一代要好得多，许多国家的疫苗接种已经常规化，有些地区，通常是城市中心，公共卫生计划已经对疟疾实行了有力的控制，但情况也不是完全乐观的。如在东非，1996年新生儿的死亡率仍然高达100‰，而英国是14‰，产妇死亡率为300—400/10万，相比之下，英国是17/10万。

---

[1] [美]威廉·科克汉姆：《医学社会学》，杨辉、张拓红等译，北京：华夏出版社，2000年，第303—304页。

[2] [科特]哈里·梅默尔-弗代：《科特迪瓦：非洲医疗模式的一个例子》，张大川译，《国际社会科学杂志》2000年第3期，第65—79页。

东非每人的健康预算是 3—4 英镑，而英国和北美在 600—1000 英镑。今天，世界上 90% 的疟疾患者都在非洲。[1]

4. 个案研究及其他

饥荒在非洲是一个不幸的、经常性的话题。里查德·潘克霍斯特在《1888—1892 年埃塞俄比亚大饥荒》一文中分析了引起这场大灾难的原因。[2] 克拉克·布鲁克在《坦桑尼亚中部饥荒的影响》一文中概述了从 19 世纪中叶到独立的坦桑尼亚中部的饥荒。[3] 威廉·福斯特在《乌干达科学医疗的早期历史》一文中着重研究 1870—1910 年间乌干达的医疗史。[4] 里查德·潘克霍斯特在《埃塞俄比亚天花的历史和传统治疗》一文中，讲述了埃塞俄比亚孟尼利克国王鼓励接种牛痘。[5]

奥勒·雷克达尔（Ole Bjorn Rekdal）系卑尔根（Bergen）学院健康和社会科学系的教师，他在《东非传统兽医的跨文化治疗》一文中，以坦桑尼亚北部伊拉奎（Iraqw）地区的传统医者为例，研究如何治疗牲畜的疾病。[6] 安德拉·肯普是西开普大学的教师讲师，他在《南非传统医疗的法律视角》一文中，从法律的视角研究非洲的传统医疗。[7] 还有的学者研究非洲传统兽医，肯斯坦斯·迈克柯克和埃维林·穆迪在《非洲传统兽医》一文中

1　Maureen Malowany, "Unfinished Agendas: Writing the History of Medicine of Sub-Saharan Africa", *African Affairs*, Vol.99, No.395, Apr., 2000, pp.325-349.

2　Richard Pankhurst, "The Great Ethiopian Famine of 1888-1892: A New Assessment", *Journal of the History of Medicine*, Vol.XXI, 1966, pp.95-124.

3　Clarke Brooke, "The Heritage of Famine in Central Tanzania", *Tanzania Notes and Records*, Vol.67, 1967, pp.15-22.

4　K. David Patterson, "Disease and Medicine in African History: A Bibliographical Essay", *History in Africa*, Vol.1, 1974, pp.141-148.

5　Richard Pankhurst, "The History and Traditional Treatment of Smallpox in Ethiopia", *Medical History*, Vol.9, 1965, pp. 343-355; K. David Patterson, "Disease and Medicine in African History: A Bibliographical Essay", *History in Africa*, Vol.1, 1974, p.143.

6　Ole Bjorn Rekdal, "Cross-Cultural Healing in East African Ethnography", *Medical Anthropology Quarterly*, Vol.13, No.4, 1999, pp.458-482.

7　Andra le Roux-Kemp, "A Legal Perspective on African Traditional Medicine in South Africa", *The Comparative and International Law Journal of Southern Africa*, Vol.43, No.3, 2010, pp.273-291.

详细研究了非洲兽医的发展历史,内容涉及药物学、毒物学、疫苗、手术等。他们认为,非洲传统医学也有手术,手术的方式有治伤、烧灼、放血和阉割等。非洲传统兽医用尿混合牛粪灰涂抹伤口来疗伤。[1]

近年来,研究非洲医疗史的学者将中国援非医疗队纳入他们的研究视野。例如,伊丽莎白·苏(Elisabeth Hsu)在《流行与联系:中国医疗队在肯尼亚》一文中,论述了中国医疗队在非洲的肯尼亚抗击疾病方面所发挥的作用,并关注到中国医疗队"中西医结合"的治疗特色。[2]

(四)非洲医疗史研究的评价

非洲医疗史的研究已经取得了一定的成绩,内容涉及疾病与非洲社会经济发展的关系、殖民统治与非洲疾病、独立后非洲国家对疾病的控制与医疗保健制度,以及非洲传统医疗的研究等。总的来看,欧美学者对非洲疾病的研究早于非洲本土学者,不过,最近一二十年非洲本土的医疗史研究有迅猛发展的势头,医疗史进入大学生和研究生的课堂,一些一流的学者转向研究非洲医疗史。当然,非洲医疗史也存在一些不足之处,由于资料的问题,个案研究总体上比较缺乏,从专门史和科学史的视角研究非洲医疗史居多,而从整体史或全球史的视角研究非洲医疗史比较少。另外,以医疗史和环境史为代表的新社会史的兴起,并不说明传统的政治史就失去了生命力,对于非洲国家来说,民族建构是一个长期又迫切的问题,非洲国家的政治史和经济史仍然具有强大的生命力。所以,新社会史和政治史两者之间的关系应该是相互补充,而不是取代对方。

1　Constance M. McCorkle and Evelyn Mathias-Mundy, "Ethnoveterinary Medicine in Africa", *Journal of the International African Institute*, Vol.62, No.1, 1992, pp.59-93.

2　Elisabeth Hsu, "Mobility and Connectedness: Chinese Medical Doctors in Kenya", in Hansjörg Dilger, Abdoulaye Kane, and Stacet A. Langwick, eds., *Medicine, Mobility, and Power in Global Africa*, Bloomington: Indiana University Press, 2012, pp.295-315.

四、非洲妇女史[1]

非洲独立后，非洲学者怀着民族主义的强烈情感，燃起重新挖掘非洲历史的激情。20世纪六七十年代在全球史学、非洲史学、全球妇女运动蓬勃发展的影响下，非洲妇女开始进入史学家研究的范畴。20世纪70年代开始大量涌现对非洲妇女的研究，但是这个时期的研究整体上还是处于发展的萌芽阶段。随着妇女研究的发展，非洲妇女研究的对象也从一开始的精英妇女向普通的城市和乡村女性扩展，包括妓女、女佣、女巫、女工、女奴和农业妇女等。20世纪90年代以后随着非洲社会性别研究的兴起，非洲妇女研究呈现跨学科多元化的特点。

很长一段时期内，欧洲学术界一直认为非洲黑人既没有历史也没有文明，只有黑暗和停滞。这样的观点从20世纪50年代开始就受到批判，但是仍在西方无声传递——"非洲在与欧洲有直接联系之前没有历史。没有创造自己历史的非洲人民显然也没有发展自己。因此他们不是正常的人类，不能自我发展，而必须通过他人'引导'才能进入文明；他人即指欧洲人民"[2]。自20世纪中叶开始，非洲大陆上的各个国家纷纷从殖民统治下获得独立并开始民族复兴之路，非洲人开始追溯自己的历史。

在非洲史学蓬勃发展以及20世纪六七十年代西方女性主义运动和理论的推动下，"非洲妇女，不管是作为历史的主体还是客体（或者较小程度上作为历史的书写者）在非洲史学中都不再是被遗忘的社会角色"[3]，而开始进入史学家的研究范畴。国内对于非洲史学的研究本就十分薄弱，而对撒哈拉以南非洲妇女史的研究更是一片空白。本节旨在梳理自非洲独立以来非洲妇女史研究的脉络，从一个侧面以管窥非洲史研究的新进展。

---

1 该节由课题成员郑晓霞撰写，并以《书写"她"的历史》为题，发表于《史学理论研究》2017年第2期。
2 Basil Davidson, *Africa in History: Themes and Outlines*, New York: Collier Books, 1991, p.xxii.
3 Nancy Rose Hunt, "Placing African women's history and locating gender", *Social History*, Vol. 14, No. 3, 1989, p.359.

（一）非洲妇女史研究的兴起

早在19世纪下半叶至20世纪上半叶，西方学者就开始了对妇女的研究，但是第一批对非洲妇女产生兴趣的学者却是始于20世纪中期。直到20世纪60年代，研究非洲妇女问题的主要还是人类学家，且研究内容主要围绕生产与生育问题展开，关于妇女角色的讨论主要夹杂在婚姻习俗或生育仪式、巫术和家务劳动等的描述中。妇女在非洲历史的史料中几乎如同隐形人。例如女性在家庭和农业方面的工作被忽视，在许多经济调查中被忽略不计。尽管加纳妇女在经济上非常活跃，但是只有极少数调查才会提及女性的状况。[1] 作为殖民前非洲史的支柱史料之一的口述史，除了个别例外[2]，也极少有对非洲妇女日常生活活动变化的记录。而传统史学更倾向于描述整个社会群体的政治史，除非这个群体里出现一个女王或王太后或女性酋长，否则通常情况下女性都是属于被忽略的对象。在殖民时期，"政府文献只有在妇女出现问题的时候才有记载或报告，如妇女作为性病的传播者、妓女或非法酿酒者等"[3]。再者，20世纪中叶以前、殖民时期，甚至是后殖民时期的史学视角在某种程度上也都忽视了女性书写女性，在文本上极少有女性的声音和身影的出现。由于这些研究缺乏女性视角，很多解读都是不准确的。因此如果没有近距离观察非洲妇女，她们的角色就会被忽略，或者在男性支配的环境下塑造出来的女性形象难免失真。然而，正如非洲女性学者指出的，在某种意义上，非洲妇女已经开口说了几个世纪，只是妇女的言论仅限于部落或家庭的范围内。公共领域里的语言环境注定了妇女通常被视为社会边缘化的群体。例如女性格里奥（griottes）在一些国家也很盛行，但却通常被认为是邪灵附身。[4] 例如在塞内加尔和喀

1　Margaret Strobel, "African Women's History", *The History Teacher*, Vol. 15, No. 4, 1982, p. 510.

2　Mary Smith, *Baba of Karo*, London: Faber and Faber, 1958, reprint Yale University Press, 1981; Marcia Wright, "Women in Peril: A Commentary Upon the Life Stories of Captives in Nineteenth-Century East Central Africa", *African Social Research* 20, 1975, pp. 800–819.

3　Margaret Strobel, "African Women's History", *The History Teacher*, Vol. 15, No. 4, 1982, p. 510.

4　Christopher Miller, *Theories of Africans*, Chicago: University of Chicago Press, 1990, p. 164.

麦隆，女格里奥过去以及现在都是口述传统的守护者和传承者。女性故事讲述者与男格里奥一样，传承了一代又一代的口述传统。[1]

20世纪六七十年代，非洲妇女史研究开始兴起。尽管兴起的原因多种多样，但其中最主要的因素有三个：新史学的发展、非洲史学的复兴以及西方女性主义运动和理论的繁荣。

1. 当代史学变革是妇女史研究兴起的基本要素。20世纪上半叶，史学经历了由传统的"科学历史学"向"新史学"的过渡。"新史学"代表性的一批历史学家，如法国学者西米昂、亨利·贝尔和美国学者鲁滨逊、比尔德等人对强调实证主义、将研究内容局限在政治史和军事史的"旧史学"提出了质疑。他们认为历史学家关注的内容应该包括人类社会的全部领域，"历史这种东西好像'一个果园，里面种有各种不同的树木；而且生出各种味道不同的果子'"[2]。同时，历史学科应该加强同其他学科的相互合作，强调历史学与现实的联系，拓宽历史学研究的领域。"新史学这样东西，……它一定能够利用人类学家、经济学家、心理学家、社会学家关于人类的种种发明……将我们对于人类的来源、进步同希望、种种观念革命了。"[3] 到了20世纪七八十年代，"新社会史"在"新史学"中日趋风行。"新社会史"强调在历史过程中社会普通群体的行为和意识的作用，确立了新型的研究对象。它扭转了传统史学只注意研究占人口2%的上层人物的偏向，主张研究被压迫者和下层民众，如奴隶、穷人和妇女。同时，新社会史所提倡的研究方法，诸如运用人类学、社会学等方法分析教区记录、税务账、法庭档案、结婚登记簿以及其他可能利用的史料等，对妇女史学的影响极大。妇女史正是吸收了"新社会史"的这些理论和方法，并且作为它的一个组成部分而获得了迅速发展，形成了当代史学研究中的一个热点。[4]

---

1 Valerie Orlando, "Writing New H(er)stories for Francophone Women of Africa and the Caribbean", *World Literature Today*, Vol. 75, No. 1, 2001, pp. 40–50.
2 ［美］鲁滨逊：《新史学》，何炳松译，北京：中国人民大学出版社，2011年，第9页。
3 同上，第13页。
4 侯建新：《西方妇女史研究述评》，《天津师大学报》1991年第5期，第53页。

2. 非洲史学的兴起与发展使非洲妇女研究成为可能。在全球史学发展的推动下，非洲史学也具有自己独特的发展道路。非洲史学的发展主要经历了传统史学、殖民史学、民族主义史学和修正史学四个阶段。20世纪20年代非洲各个殖民地民族主义运动的出现，改变了知识分子历史学术追求的氛围。民族主义运动试图在殖民地重振与殖民者价值观不同的非洲文化。随着民族主义者开始取得胜利，非洲历史拒绝西方强加在他们身上的观点和限制，试图创建一个"新历史"：一个更加丰富的历史。从20世纪中叶开始，在摆脱了将近长达半个世纪的外国统治的束缚后，非洲史作为公认较新的学术领域进入快速发展阶段，非洲历史进入蓬勃发展的时代。一批非洲本土历史学家的著作相继问世，非洲史学流派开始形成，这些都标志着非洲史学的复兴。在新兴的非洲本土大学接受教育和培训的非洲本土学者的快速成长和逐步被认可，帮助解决了当时的民族志和帝国主义的偏见问题，同时非洲国家的独立也使研究的重点从在非洲生活的白人转移到对本土非洲人的研究上，这就使非洲妇女研究被纳入史学研究范畴成为可能。随着史学家们对新的研究方法产生兴趣，例如非洲口述史等的兴起[1]，以及对史学方法展开的各种辩论，使非洲史学向纵深发展的同时也促进非洲妇女史走向全面发展，普通妇女亦成为研究的主体。

3. 西方女权主义运动和理论的发展直接推动非洲妇女史发展。在西方学术界，学术与运动紧密关联。19世纪末受法国大革命自由平等思潮的影响，掀起了妇女运动的第一次浪潮。发生在1840—1925年的第一波女性主义运动，其目标主要是争取与男性平等的政治权利。在运动浪潮进入尾声时，女性在选举权、受教育权、就业方面取得了极大的成就。女性运动的第二次浪潮发生在20世纪六七十年代，最早兴起于美国，主要目标是批判性别主义、性别歧视和男性权利。在此次运动中也形成了女性研究的热潮。女性研究（又称性别研究）作为正式的研究领域于20世纪60年代首

---

[1] 例如 Jan Vansina, *Oral Tradition*, Chicago: Aldine, 1965; David Henige, *Oral Historiography*, New York: Longman, 1980; Paul Irwin, *Liptako Speaks: History from Oral Tradition in Africa*, Princeton: Princeton University Press, 1980。

先在美国和英国出现。在过去的几十年间,女性研究在西方学界已经发展成为一个重要的研究领域。有人认为女性研究本身就是女性主义运动在学术领域的延伸。[1] 20世纪90年代以来,女性主义与后现代主义融合,开始进入第三次浪潮——后现代女性主义发展时期。在法国思想家米歇尔·福柯以及德里达等人的影响下,后现代女性主义强调差异基础上的平等,主张女性应该有自己的特性、话语权以及女性的思维模式,强调女性是独立的社会个体。在三次女性主义运动的浪潮中,第二波浪潮对非洲妇女史发展的兴起起到了直接的推动作用,引领西方与非洲本土学者开始关注并研究被历史遗忘的非洲妇女。同时第二波女性运动同步出现的"社会性别"一词,旨在强调生理性别与社会性别二者的区别,这为非洲妇女研究提供了新的理论视角。七八十年代,女权主义学术研究和运动在妇女和发展论辩中有了自己的据点。许多女性主义者在1977年参与成立非洲妇女研究和发展联盟(Association of African Women for Research and Development),期望通过学术和运动为非洲女性主义发展开辟道路。[2]

(二)非洲妇女研究的发展

非洲妇女史发展既受全球妇女史发展,尤其是西方妇女史发展的影响,又因非洲独特的历史经历,如帝国主义和殖民统治的双重压迫而形成了自己独特的发展道路。

在非洲各国纷纷独立并进行民族复兴的历史转折时期,零星出现了对非洲妇女的研究作品。[3] 随着欧美女权主义运动的推动和埃斯特·博塞拉

---

1 李银河:《女性主义》,山东:山东人民出版社,2005年,第15—35页。
2 Mama Amina, *Women's Studies and Studies of Women in African During the 1990s*, Working paper series 1995/1996, Dakar, Senegal: CODESRIA, p. 6.
3 例如 Denise Paulme, ed., *Femmes d'Afrique Noire*, Paris: Mouton, 1960; H.J. Simons, *African Women: Their Legal Status in South Africa*, London: C. Hurst, 1968; Suzanne Comhaire-Sylvain, *Femmes de Kinshasa Hier et Aujourd'hui*, Paris: Mouton, 1968;以及到现在还是非常经典的 Mary Smith, *Baba of Karo*, London: Faber and Faber, 1958; reprint Yale University Press, 1981。

普的《经济发展中的妇女角色》[1]一书的出版,对非洲妇女史研究兴趣开始爆发。作者分析了一系列农业社会中妇女的地位,并得出结论性的观点:由于殖民统治的父权定位,殖民主义使非洲妇女地位大幅下降。这一著作也成为之后许多论述的基础。

尽管当代非洲妇女研究不断涌现新的发展趋势,但是自70年代中期以后构成非洲妇女研究的主题主要有三个。虽然每个时期之间总会存在重叠,但是每个时期主题还是可以进行大概的划分:70年代的兴趣点在于把女性当作"被遗忘的女英雄",80年代和90年代早期女性被当作"下层阶级的演员",而90年代以后成为"性别化主体"。[2]

1."被遗忘的女英雄"——精英妇女研究

自60年代末70年代初,怀着民族主义的强烈情感,非洲学者燃起重新挖掘非洲历史的激情,对非洲过去的历史成就感到自豪。这种自豪感激起历史学家们研究非洲历史上"女王"的兴趣——为了寻找辉煌的过去,因此在传统的政治结构中特别强调精英妇女的作用。这里的"女王"不仅仅指国王的伴侣或者母亲,而是泛指相对独立和有特权的妇女,包括在殖民前非洲政治圈中有重要地位的女性。例如,费利西亚·埃克吉乌巴(Felicia Ekejiuba)(1967)和卡罗尔·霍夫尔(Carol Hoffer)(1972)就是首批记录殖民前在尼日利亚和塞拉利昂扮演重要政治和经济角色的妇女的研究者。[3]克劳德-海琳·佩罗特(Claude-Helene Perrot)探索殖民前象牙海岸阿格尼(Agni)妇女的政治主动性。[4]约瑟夫·米勒(Joseph Miller)(1975)的研究重点放在17世纪敢于抵抗葡萄牙人并与之共谋的安哥拉女王恩津加

---

1 Ester Boserup, *Women's Role in Economic Development*, New York: St. Martin's Press, 1971.

2 Iris Berger, "African women's history: Themes and perspectives", *Journal of Colonialism and Colonial History*, Vol.4, No.1, 2003, p.5.

3 Felicia Ekejiuba, "Omu Okwei, The Merchant Queen of Ossormari: A Biographical Sketch", *Journal of the Historical Society of Nigeria* 3, No.4, 1967, pp.633-646; Mende Carol P. Hoffer & Sherbro, "Women in High Office", *Canadian Journal of African Studies* 4, No.2, 1972, pp.151-164.

4 Claude-Helene Perrot, "Femmes et pouvoir politique dans l'ancienne societe anyi-ndenye (Cote d'Ivoire)", *Cahiers d'etudes Africaines* 19, 1973-1976, pp.219-224.

（Njinga）的事业上。恩津加开拓了自己的疆域和奴隶贸易，而由于她的女性身份，她的女王地位被认为不合法。[1] 博兰勒·阿韦（Bolanle Awe）（1977）关注传统约鲁巴政治体系中的女性政治领导者。[2] 同样，艾格尼丝·艾杜（Agnes Aidoo）（1981）强调19世纪阿散蒂女王的核心角色[3]，而这一角色一直以来被英国殖民当局和男性史学家所忽略。"女王"的关注——或者更宽泛地讲对独立和有特权的妇女的关注是早期非洲史学的政治历史自豪感所推动的结果。

非洲精英妇女参与到民族主义运动的研究强调了另外一种"女王"角色——例如拉赖·登策尔（LaRay Denzer）和里娜·奥孔库沃（Rina Okonkwo）研究的西非的个人女英雄康斯坦丝·卡明斯-约翰（Constance Cummings-John）和阿德莱德·凯斯利-海福德（Adelaide Casely-Hayford）。[4] 布兰特利（Brantley）（1986）描述了一个富有号召力的寡妇玛卡特丽丽（Makatlili）在1913年发动的包括男性和女性在内的誓言宣誓（oath-swearing）运动中煽动吉里亚马人（Giriama）抵抗英国。[5] 盖革（Geiger）（1982）描述了50年代中期，坦桑尼亚达累斯萨拉姆一个妇女音乐组织的领导者比比·提提·穆罕默德（Bibi Titi Mohamed），在组织城市啤酒酿造者和其他妇女成立坦噶尼喀非洲民族联盟（TANU）妇女分支中所做的贡献。独立的时

---

1 Joseph Miller, "Nzinga of Matamba in a New Perspective", *Journal of African History* 16, No. 2, 1975, pp. 201-216.

2 Bolanle Awe, "The Iyalode in the Traditional Yoruba Political System", in Alice Schlegel, ed., *Sexual Stratification: A Cross-Cultural View*, New York: Columbia University Press, 1977, pp. 144-159.

3 Agnes Akosua Aidoo, "Asante Queen Mothers in Government and Politics in the Nineteenth Century", in Filomena Steady, ed., *The Black Woman Cross-Culturally*, Cambridge, Massachusetts: Schenckman, 1981, pp. 65-77.

4 Denzer, LaRay, "Towards a Study of the History of West African Women's Participation in Nationalist Politics: The Early Phase, 1935-1960", *Africana Research Bulletin* 6, No. 4, 1976, pp. 65-85; "Constance A. Cummings-John: Her Early Political Career in Freetown", *Tarikh* 7, No. 1, 1981, pp. 20-32; "Pan-African Influences on Cummings-John's Career", in Robert Hill, ed., *Pan African Biography*, Los Angeles: Crossroads Press, 1987; Rina Okonkwo, "Adelaide Casely-Hayford", in Okonkwo, ed., *West African Nationalists*, Enugu: Delta, 1986; Adelaide Cromwell Gulliver and Adelaide Casely-Hayford, *Victorian Feminist: Adelaide Smith Casely-Hayford*, London: Cass, 1986.

5 Brantely Cynthia, "Mekatalili and the role of women in Giriama Resistance", in Donald Crummey, ed., *Rebellion and Social Protest in Africa*, Banditry London: James Currey; Portsmouth: Heinemann, 1986, pp. 333-350.

候,她和坦桑尼亚独立后的第一任总统尼雷尔是全国所知的仅有的民族主义领导者之一。[1]谢丽尔·约翰逊(Cheryl Johnson)、妮娜·姆巴(Nina Mba)和朱迪思·范·艾伦(Judith van Allen)都描述了尼日利亚南部妇女在殖民时期利用政治影响和经济权力所做出的努力。[2]

此外由于受经济独立的影响,一些西部的学者开始探索妇女的经济活动,特别关注成功的女商人,即西非的"市场妇女"。许多作品热情地描述了在纺织、渔业或棕榈油贸易方面的半文盲或靠自学的妇女以及拥有卡车,建造起欧式房子并把儿子送往国外教育的"商人公主"。例如,乔治·布鲁克斯(George Brooks)对塞内加尔(1976)和几内亚比绍(1983)早期女商人的描述和谢丽尔·约翰逊对拉各斯市场妇女的研究(1978)。[3]而这些历史研究很大程度上受人类学家肯尼思·利特尔(Kenneth Little)对西非都市妇女的研究所启发,结果出现了一系列主要针对西非女精英的作品。作品展示了女性在家庭的地位和经济自主权以及妇女在更广泛的社会政治和经济中存在的"被隔离但几乎平等"的角色。

2."下层阶级的演员"——作为受害者的非洲妇女

到了70年代末80年代初,对女英雄的研究热度开始慢慢消退,而越来越多的作品开始关注作为受害者的女性角色,包括妓女、女佣、女巫、女工、女奴和农业妇女等。深受马克思女性主义的影响,这些妇女史学家特别关注阶级以及生产和生育问题。他们把性别不平等与殖民主义联系在一起,同时也对非洲社会内部的不平等产生浓厚兴趣,并以当地父权结构

---

1 Geiger Susan, "Umoja wa Wanawake wa Tanzania and the needs of the rural poor", *African Studies Review*, Vol.25, No.2/3, 1982, pp.45–65.

2 Cheryl Johnson, "Women in anti-colonial activity in southwestern Nigeria", *African Studies Review*, Vol.25, 1981, pp.137–158; Cheryl Johnson, "Grass roots organizing: Women in anti-colonial activity in southwestern Nigeria", *African Studies Review*, Vol.25, No.2/3, 1982, pp.137–157; Nina Mba, *Nigerian Women Mobilized: Women's Political Activity in Southern Nigeria, 1900–1965*, University of California / Institute of International Studies, 1982; Judith van Allen, "Sitting on a man: Colonialism and the lost political institutions of Ibo women", *CFAS*, Vol.vi, No.2, 1972, pp.165–181.

3 George Brooks, "The Signares of Saint-Louis and Goree: Women Entrepreneurs in Eighteenth-Century Senegal", in Hafkin and Bay, eds., *Women in Africa*, Marketing Flyer, 1976, pp.19–44; Cheryl Johnson, "Madam Alimotu Pelewura and the Lagos Market Women", *Tarikh*, Vol.7, No.1, 1978, pp.1–10.

和殖民主义来解释妇女的地位——社会学家贝琳达·博佐利把这种观点称之为"父权制大杂烩"[1]。

专注于非洲城市地区研究的大部分学者为非洲城镇妇女勾勒了一幅黯淡的前景图:殖民地城镇的女性只有通过非法的、不道德的或两者兼而有之的活动才能获得经济上的独立,尤其是非正规经济部门中的啤酒酿造者和妓女。由于殖民当局对妇女行为道德上的偏见以及他们出于规范劳动力的需求,妇女参与啤酒酿造和销售都属于非法。然而,酿啤酒是妇女在城市里找不到工作而得以生存的一个关键途径。[2] 这个研究领域里发展最快的是南部非洲针对城市妇女的研究——妇女作为妓女、啤酒酿造者、女仆以及工厂女工。这些研究反映了南非城市化和劳动力市场的特殊需求,同时也反映了从殖民前的历史向更现代的历史主题的微妙转变。伊利斯·伯杰从早期对殖民前东非妇女的宗教角色的研究(1976)转向新的对南非工厂女工的研究(1986)就可窥见一斑。[3]

到 70 年代末,我们可以注意到文献中出现的另一个新趋势——"单就女性本身无法构成研究分析的合理范畴,还必须考虑其他的因素,如阶级、年龄、民族身份或宗教以及男女差异"[4]。由此,历史学家开始把非洲妇女研究与阶级形成、城市无产阶级的出现和社会中存在的奴隶或较低地位的人等结合在一起,非洲妇女研究的领域进一步扩大,越来越多研究开始围绕非洲妓女和女奴这两大主题进行。

一些研究以特定城市区域的妓女史(特别是内罗毕、金沙萨或约翰

---

[1] Belinda Bozzoli, "Marxism, Feminism and South African Studies", *Journal of Southern African Studies*, Vol.9, No.2, 1983, pp.139-171.

[2] Claire Robertson, "Developing Economic Awareness: Changing Perspectives in Studies of African Women, 1976-1985", *Feminist Studies*, Vol.13, No.1, 1987, p.117.

[3] Iris Berger, "Rebels or Status-Seekers: Women as Spirit Mediums in East Africa", in Hafkin and Bay, eds., *Women in Africa*, Marketing Flyer, 1976, pp.157-181; "Sources of Class Consciousness: South African Women in Recent Labor Struggles", in Robertson and Berger, eds., *Women and Class in Africa*, New York: Africana Publishing Company, 1986, pp.216-236.

[4] Margaret Jean Hay,"Queens, Prostitutes and Peasants: Historical Perspectives on African Women, 1971-1986", *Canadian Journal of African Studies/Revue Canadienne des Études Africaines*, Vol. 22, No. 3, *Special Issue: Current Research on African Women*, 1988, p.434.

内斯堡）作为理解城市或乡村生活变化的交叉点。性交易被看作是没有技术的非洲女工的一种主要就业机会。路易斯·怀特（Luise White）和查尔斯·范·奥塞伦[1]是这个领域里最著名的历史学家，尽管历史研究很大程度上受人类学家，如珍妮特·卜吉拉（Janet Bujra）、珍妮特·马克加菲（Janet MacGaffey）（1983）以及社会学家莎伦·史迪奇（Sharon Stichter）（1975/1976）对殖民时期妇女的描述所影响。[2]如果说路易斯·怀特笔下描述的妓女是受害者，那是对其作品简单化的总结。实际上，她呈现的妓女是在困难的环境下创造她们自己生活的独立主体。怀特描述了卖淫妇女的经济效用以及在没有皮条客的情况下可能出现的各种形式。最初时期非洲妓女与领薪女工的角色是等同的，殖民时期内罗毕妓女为许多外来男工提供无性服务，如休息场所、早餐和洗衣等，然而随着殖民主义越来越具有剥削性，非洲人和妓女的实际工资变得越来越少。到了20世纪30年代末，出现了越来越趋同于欧美的新模式，即只提供性服务的短暂邂逅。

80年代非洲妇女研究的另一个热门主题是奴隶。显而易见，奴隶贸易和家务奴隶的存在对非洲妇女产生了广泛的影响。克莱尔·罗伯森和马丁·克莱因（Martin Klein）编辑的《妇女和奴隶》[3]，不仅开创性地提出性别对奴隶制的影响，同时也打破了所有妇女都是"被迫害者"的观念。它体现了存在于妇女当中的隔离和阶级，让我们看到了"姐妹关系"之外的妇

---

[1] Luise White, "A Colonial State and an African Petty Bourgeoisie: Prostitution, Property and Class Struggle in Nairobi, 1936–1940", in Fred Cooper, ed., *Struggle for the City*, Beverly Hills, California: Sage, 1983, pp. 167-194; "Prostitution, Identity, and Class Consciousness in Nairobi During World War II", *Signs* ii, No. 2, 1986, pp. 255-273; Charles van Onselen, "Prostitutes and Proletarians, 1886–1914", in van Onselen, ed., *Studies in the Social and Economic History of the Witwatersrand*, Vol.1, Harlow: Longman, 1982.

[2] Janet M. Bujra, "Women Entrepreneurs of Early Colonial Nairobi", *Canadian Journal of African Studies* 9, 1975, pp. 213-214; "Sexual Politics in Atu", *Cahiers d'etudes Africaines* 65, 1977, pp. 13-39; Janet MacGaffey, "How to Survive and Get Rich Amidst Devastation: The Second Economy in Zaire", *African Affairs* 82, 1983, pp. 351-366; Sharon Stichter, "Women in the Labor Force in Kenya, 1895–1964", in Audrey Wipper, ed., *Rural Women: Development or Undevelopment?*, Special Issue of Rural Africa 29, 1975/1976, pp. 45-67.

[3] Claire C. Robertson and Martin A. Klein, eds., *Women and Slavery in Africa*, Madison: University of Wisconsin Press, 1983.

女关系。[1]受这部书的影响，许多学者试图在非洲的背景下定义"奴隶"，但是却发现很难界定"奴隶"和"妻子"的区别。以下的一个例子可以说明历史上妻子和女奴的重叠：在受19世纪奴隶贸易破坏的中非和南部非洲，马西亚·怀特（Marcia Wright）认为男人获得奴隶当妻子以及卖掉妻子当奴隶的行为改变了妻子和奴隶的角色，并使所有妇女成为弱势群体。[2]

当然六七十年代也有一些研究针对妇女受害者的角色，而80年代也还是有学者关注女精英的生活。这里的时间分界并不是绝对的。然而整体上我们还是可以看到主题的转变：从强调女王到妓女，从女英雄和特权妇女到受害者和被利用者。

3. "性别化的主体"：跨学科多元化的研究视角

90年代后非洲妇女研究呈现出多学科交叉的特点——社会学、人类学、语言学、考古学、生物学、医学等多个学科交叉合作，研究的领域进一步深化与多元，包括妇女健康、性行为和同性恋、教育、工作、政治参与等。

妇女健康，特别是妇女生育健康一直是多学科视角下，尤其是社会学和生物医学领域的关注点。许多研究观察特定的性别传统，如婚姻制度（早婚、一夫多妻、隐居、夫兄弟婚）以及其他的一些文化传统如女性割礼等如何影响产妇发病率和死亡率以及生育行为等。同时，由于这片大陆上艾滋病的泛滥，公共健康问题越来越引起重视，有关妇女对艾滋病的经历和反应的研究也是一个快速发展的领域，其中领军人物有谢丽尔·麦柯迪（Sheryl McCurdy）、兰德尔·帕卡德（Randall Packard）等。[3]

---

1 Nancy A. Hewitt, "Beyond the search for sisterhood: American women's history in the 1980s", *Social History*, Vol.10 1985, pp.299–321.
2 Marcia Wright, "Bwanikwa: Consciousness and Protest Among Slave Women in Central Africa, 1886–1911", in Robertson and Klein, eds., *Women and Slavery in Africa*, 1983, pp.246–267; *Women in Peril: Life Stories of Four Captives*, Lusaka: NECZAM, 1984.
3 Sheryl McCurdy, "Urban Threats: Manyema Women, Low Fertility and Venereal Diseases in British Colonial Tanganyika, 1926–1936," in Dorothy Hodgson and Sheryl McCurdy, eds., *"Wicked" Women and the Reconfiguration of Gender in Africa*, Portsmouth, NH: Heinemann, 2001; Randall Packard, *White Plague, Black Labor: Tuberculosis and the Political Economy of Health and Disease in South Africa*, Berkeley: University of California Press, 1989.

尽管在80年代后期一批人类学家、人口学家和历史学家[1]已经对性问题开始研究，90年代学术界还是出现了对20世纪知识分子和政治传统把性问题边缘化的无情批判的势头。这些批评与非洲史领域外涌现的"后"主义（后现代主义、后殖民主义、后结构主义）交织在一起。[2]在邓巴·穆迪关于南非矿工的开创性作品的基础上[3]，一群年轻的历史学家开始调查男性和同性恋的思想。这些学者包括丽莎·林赛（Lisa Lindsay）、斯蒂芬·米舍（Stephen Miescher）和罗伯特·莫雷尔（Robert Morrell）。[4]通过公开男女同性恋史，他们为这片欠开发的研究领域打开了大门，开辟了对非洲历史复杂的跨文化理解的可能性。

有关男子气概的观念改变的研究清晰表明，把社会性别（gender）等同于妇女是忽略了性别属于关系范畴的特点。研究者把社会性别看成是父权制下的社会建构，使之成为分析性行为的基础。在这个框架下，性被当作是妇女受压迫和性别不平等的因素之一，必须与其他性别制度和社会、经济进程联系在一起考虑。这些研究不仅把性行为当作是跨学科的问题，同时也是非洲妇女种族化和性别化历史以及其他社会、政治、宗教和经济关系不可分割的部分。他们把女性主义理论与殖民后离婚以及种族、性行为、文化研究等分析联系在一起来处理今日非洲复杂的性行为问题，同时他们也把抵抗和赋权作为分析女性性行为重要的因素。[5]非洲性行为研究者

---

[1] Charles van Onselen, Luise White, Claire Robertson and Martin Klein, John Caldwell, Nancy Rose Hunt, Jane Parpart.

[2] Musisi Nakanyike, "Gender and Sexuality in African History: A personal Reflection", *Journal of African History*, Vol.55, 2014, pp.304-305.

[3] Dunbar Moodie, *Going for Gold: Men, Mines and Migration*, Berkeley: University of California Press, 1994.

[4] Lisa Lindsay and Stephen Miescher, eds., *Men and Masculinities in Modern Africa*, Westport, CT: Heinemann, 2003; Lisa Lindsay, *Working with Gender: Wage Labor and Social Change in Southwestern Nigeria*, Portsmouth, NH: Heinemann, 2003; Robert Morrell, ed., *Changing Men in Southern Africa*, London: Zed Books, 2001.

[5] Akosua Adomako Ampofo, Josephine Beoku-Betts Wairimu Ngaruiya Njambi and Mary Osirim, "Women's and gender studies in English-speaking sub-Saharan Africa", *Gender and Society*, Vol. 18, No. 6, 2004, p.695.

认为，殖民主义侵略下产生的焦虑，把性区分为"正常的"（异性恋、一夫一妻）和"不正当的""不道德的""危险的"（同性恋、一夫多妻、婚外恋和妓女）两个类别。官方试图通过监测、管理、医疗、教育和法律控制个人的性行为，史学里也充满了有关殖民政策对个人产生的分裂影响的研究记录。这种分裂削弱了已有的社会界定，形成了殖民统治下所认为的"不正常"的性行为。总之，史学上压倒性的趋势认为霸权殖民上层建构形成了殖民地独特的性欲望和性行为的经验。[1]

对非洲女权主义学者而言，正规教育是殖民主义影响非洲社会的另一个重要因素。殖民前的非洲社会的教育作为一个概念化和实用的目的，旨在适应社会和物质环境的需要。虽然意识到不同社会和政治环境中存在性别阶级，但是妇女却以不同的知识水平占据不同领域里的领导位置，如在宗教信仰体系里、在母系政治系统里、在秘密组织里，通过日常活动参与农业、家庭管理、贸易和卫生保健等领域活动。而殖民时期的教育受殖民主义影响，其目的发生了改变。例如加伊德赞瓦（Gaidzanwa）[2]解释了殖民时期津巴布韦妇女教育的目标就是让妇女成为合格的家庭主妇和维持生活的农夫。关于非洲殖民后妇女和教育的研究主要关注性别歧视在小学、中学和高等教育等各个阶段产生的影响。不同地区在入学率、毕业率、学业水平、课程内容等方面都存在性别差异。同时学者们还分析了女子教育恶化的因素，如早婚、早育、家务和农活的压力、某些职业的性别化及潜在的失业风险等。新自由主义的影响，特别是结构调整计划（SAPS）也与妇女教育息息相关。比较一致的意见认为结构调整计划减弱了国家给市民提供基础教育的能力，中小学教育不断私有化以及严重的政府资金的削减让

---

[1] Musisi Nakanyike, "Gender and Sexuality in African History: A personal Reflection", *Journal of African History*, Vol.55, 2014, p.306.
[2] Rudo B. Gaidzanwa, "Gender analysis in the field of education: A Zimbabwean example", in Ayesha Imam, Amina Mama and Fatou Sow, eds., *Engendering African Social Sciences*, Dakar, Senegal: CODESRIA, 1997.

许多穷人的孩子离开了学校,而这对妇女和女孩子的影响更加严重。[1]

在过去十几年间,非洲性别研究者对妇女工作的研究方面也发展迅速。一部分学者关注妇女在正规和非正规经济部门的角色转变,而另有部分学者把注意力投向结构调整计划对非洲妇女就业产生的影响。在过去二十几年间,非正规部门成为日益重要的社会经济和政治现象。比起非洲经济的其他领域,越来越多的研究围绕妇女在非正规部门的工作展开。这是对经济危机和结构调整计划后非洲男女参与到非正规部门工作不断增加的一种反应。非正规经济一方面提高了妇女的经济地位,而另一方面对部分女性而言却意味着更大的工作负担,因为女性经历不同的歧视,如缺乏信贷、缺乏财产、低水平的社会资本和警察骚扰等。全球化对妇女就业的影响也非常大。[2] 大部分学者认为全球化以及国际货币基金组织施加的结构调整计划导致劳动力市场中低层职业的女性化、从事性工作的女性增加、女性工作量加大以及女性贫困进一步增加。一些学者也指出全球化给非洲妇女既带来利益也带来问题。

---

[1] N'Dri Assie-Lumumba, "Educating Africa's girls and women: A conceptual and historical analysis of gender inequality", in Ayesha Imam, Amina Mama and Fatou Sow, eds., *Engendering African Social Sciences*, Dakar, Senegal: CODESRIA, 1997; Florence E. Etta, "Gender Issues in contemporary African education", *Africa Development*, Vol.19, No.4, 1994, pp.57–84; Rudo B. Gaidzanwa, "Gender analysis in the field of education: A Zimbabwean example", in Ayesha Imam, Amina Mama, and Fatou Sow, eds., *Engendering African Social Sciences*, Dakar, Senegal: CODESRIA, 1997; Rosalia Katapa and Magdalena Ngaiza, "Debt in Tanzania: Are women silent or concerned?", in *Visions of gender theories and social development in Africa: Harnessing Knowledge for social justice and equality*, Dakar, Senegal: AAWORD, 2001; Joy Kwesiga, *Women's Acess to Higher Education in Africa: Uganda's experience*, Kampala, Uganda: Fountain, 2002; Marjorie Mbilinyi, "Searching for utopia: The politics of gender and education in Tanzania", in Marianne Bloch, Josephine A. Beoku Betts and B. Robert Tabachnick, eds., *Women and Education in Sub-Saharan Africa: Power, opportunities, and constraints*, Boulder, CO: Lynne Rienner, 1998; Ruth N. Otunga, "School Participation by gender: Implications for occupational activities in Kenya", *Africa Development*, Vol.22, No.1, 1997, pp.39–64.

[2] Akosua Darkwah, "Trading goes global: Market women in an era of globalization", *Asian Women* 15, 2002, pp.31–49; Yassine Fall, "Globalization, its institutions and African women's resistance", in Yassine Fall, ed., *Africa: Gender, globalization and resistance*, Dakar, Senegal: AAWORD, 1999; Munguti, Kabui and Isoilo, "The implications of economic reforms on gender relations: The case of poor households in Kisumu Slums", in Aicha Tamboura Diawara, ed., *Gender, Economic Integration, Governance and Methods of Contraceptives*, Dakar, Senegal: AAWORD, 2002.

妇女参政议政也是学者比较关注的主题之一。尽管习惯法、成文法和宗教法在许多东部和中部非洲国家仍然对妇女保持歧视[1]，但在包括南非、卢旺达和乌干达等许多国家的教育、健康和平等权利方面还是推进了对女性有利的政策。[2]三十几年来，撒哈拉以南非洲女性代表权的增长一直是令人震惊的。1990—2010年间，妇女在非洲议会议员的数量上翻了三倍。非洲妇女在国民议会中的平均席位为22.4%，略高于世界平均水平的21.8%（IPU 2014）。影响非洲妇女参政议政因素有很多，包括左倾政党、殖民主义、外国援助、国际组织、经济发展、妇女在社会结构中的地位变化、政治文化、制度因素——选举制、配额制等。[3]

鉴于21世纪新史学的背景，关于全球化、移民和跨国主义也逐渐影响妇女和性别的新研究。至关重要的是90年代以来，越来越多的非洲学者开始参与针对妇女和性别的研究当中。

（三）非洲妇女研究的特点

如果说独立前的非洲妇女研究还是一片荒芜，那么独立之后七八十年代大量涌现的针对非洲妇女的研究表明非洲妇女不再是被历史遗忘的角色。非洲妇女史的研究既是新史学与非洲史学兴起的结果，也是妇女运动和理论发展的产物。非洲妇女史的研究涉及非洲的政治、经济、法律、财

---

[1] A.M. Tripp, "Women's Movements, Customary Laws and Land Rights in Africa: The Case of Uganda", *African Studies Quarterly*, Vol.7, No.4, 2004, pp.1–19.

[2] G. Bauer and H.E. Britton, "Women in African Parliaments: A Continental Shift", in G. Bauer and H.E. Britton, eds., *Women in African Parliaments*, Boulder Co.: Lynne Rienner, 2006, pp.1–44; A. Huggins and S.K. Randell, "Gender Equality in Education in Rwanda: What is Happening to Our Girls?", Paper presented at the South African Association of Women Graduate Conference on "Drop-outs from School and Tertiary Studies: What is Happening to Our Girls?", Cape Town, May, 2007.

[3] Sarah Bush, "International Politics and the Spread of Quotas for Women in Legislatures", *International Organization*, Vol.65, No.1, 2011, pp.103–137; Staffan I. Lindberg, "Women's Empowerment and Democratization", *Studies in Comparative International Development*, Vol.39, No.1, 2004, pp.28–53; Mi Yung Yoon, "Explaining Women's Legislative Representation in Sub-Saharan Africa", *Legislative Studies Quarterly*, Vol.29, No.3, 2004, pp.447–468; Aili Mari Tripp, "Regional Networking as Transnational Feminism: African Experiences", *Feminist Africa* 4, 2005, pp.46–63.

产、文化、艺术、教育、家庭、婚姻、生育等多方面问题，为更全面了解非洲大陆提供了新的视角。缺少妇女研究的非洲史学是不完整的。同时，非洲妇女研究有利于更全面把握全球妇女史乃至全球史学发展的全貌。

第 24 届非洲联盟首脑会议确定 2015 年为"面向非洲 2063 议程的妇女赋权与发展年"。非盟委员会主席德拉米尼·祖玛表示，之所以确定为"妇女赋权年"，是因为非洲迫切需要解决与妇女地位相关的问题，同时女性可以在整个非洲的生存和发展中发挥关键作用。随着中非关系的进一步深化，我们更应该关注这片大陆上至关重要的"半边天"。

本章小结

1989 年柏林墙倒塌后，新自由主义思想占据了统治地位。新的模式需要将共性、认同和自我结合起来。换句话说，学者们开始对历史，尤其是非洲历史的普遍性和单一性持怀疑态度。非洲大陆状况所包含的独特特征将不仅仅被纳入一个统一的理论下。因此，非洲历史上的争议主要集中在普遍性与特殊性上，尤其是后现代主义所强调的特殊性。非洲的历史从强调全球化转向局部意义的重要性，这些研究还重点关注在非洲土著居民和他们的历史贡献，换言之，就是主要强调个体性和主观性。

在非洲新史学的社会历史研究中，非洲人被描绘成真正的人，有他们自己的声音和意志，这些研究还揭示了过去常被结构主义者所忽视的非洲人民生活的主要范围。例如，有些关于殖民主义和文化的研究，特别是在关于殖民地环境新知识的研究中，就要重新研究殖民时期的档案（包括法院档案、警察报告、监狱档案、医疗部门档案、使命信等），以及来自非洲和非洲以外的幸存者的回忆，这样的研究以更有意义的方式讲述非洲人民生活的故事。

到 20 世纪 80 年代末 90 年代初，非洲史的研究更加重视社会生活史，并且运用口述史的方法。口头采访被看作是获得历史的另一种方式，一种记录私人、个人和政治对话的类型。这些作品大都以性别为切入点研究非洲历史，最初集中在殖民统治对妇女和男性的差异影响。然而，他们揭示了一个未来可能使用的口述方法，这远远超出了社会历史学家们通常所说的经历。非洲口述历史专家不认为口述历史和文档记录的历史一样准确、可靠、准确,相反,他们认为可以从口述历史中得到关于过去的观念。历史学家让非洲的男人和女人谈论他们的个人生活,分享他们在殖民地环境中所经历的压抑和反抗。一些历史研究者,特别是那些专注于女性的研究者,通过聆听他们的口述逐渐开发了一种新的历史记载方法,即通过收藏或发布生活史的方式。两个典型的例子是简·戴维森(Jean Davidson)的《来自穆提拉的声音:吉库尤农村妇女的生活》(1989)和马格里特·斯切尔(Margaret Strel)的《三名斯瓦希里妇女:肯尼亚蒙巴萨生活史》(1989)。这两本书的作者借用了人类学家的方法,而人类学家从20世纪20年代就开始出版生活史了。[1]

　　新自由主义史学尽管也取得了一些进展,包括对妇女史和社会生活史的研究,更加注重对下层人民的研究,但是,非洲一些历史学家对此仍然十分担忧,担心失去非洲史学的传统。例如肯尼亚历史学家奥戈特对后现代主义不以为然,他说:"我也和詹姆森一样,对后现代主义的概念已产生了厌倦,并摒弃了对其的使用。"[2] 尼日利亚知名历史学家乔·阿拉戈对于非洲史学发展的前景感到十分担忧。乔·阿拉戈把将非洲民族主义史学流派看作西方史学传统在非洲影响日益深远的表现之一,因为第一代非洲专业史家大多毕业于西方名校,他们除了使用点口述资料之外,整个学术规范还是西方式的。所以,乔·阿拉戈把20世纪下半叶非洲专业史学的发展看作是西方传统在非洲成熟度和影响度的重要表现。他认为:"20世纪的最后十年,非洲史学完全浸没在了西方传统之中。"[3] 如果非洲史学传统选择模仿西方或任何其他传统,那它就不可能转变成一种新的非洲史学,只有在口述传统本身稳固的基础上进行创新才能实现。正如乔·阿拉戈所言:"我们就必须创造出焕然一新的非洲史学。"[4]

1　B.A. Ogot, *History as Destiny and History as Knowledge: Being Reflections on the Problems of Historicity and Historiography*, Kisumu: Anyange Press, 2005, pp. 45–52.

2　*Ibid.*, p. 263.

3　Ebiegberi Joe Alagoa, *The Practice of History in Africa: A History of African Historiography*, Port Harcourt: Onyoma Research Publications, 2006, p. 186.

4　*Ibid.*, p. 220.

第六章

20 世纪南非史学[1]

在非洲史的研究中，南非史几乎成了一门独立的学科分支。[2] 这种独特地位的产生有多种原因。第一，由于南非特殊的历史发展进程所致，特别是多民族和多元文化使南非的历史研究具有自己的特点。第二，长期的种族隔离制度以及复杂的现实政治和国际舆论的关注使它有别于其他非洲国家，从而对其史学产生了重要的影响。第三，南非史学与英、荷、美史学的紧密结合。由于英国对南非的长期统治以及存在着同时具有两地工作经历甚至国籍的学者，英国史学传统在这里可谓根深蒂固，多种史学流派各显其能。荷兰早期移民传统使荷兰史学对南非也有影响。此外，一些南非学者因种族隔离制移民美国（例如20世纪50年代在开普敦大学教书后来到美国教书的伦纳德·汤普森，原在纳塔尔大学后来转到耶鲁大学教书的利奥·库柏），南非与美国学界的关系密切。第四，南非史家面临的诸多问题如种族主义、边疆精神以及阶级与种族、黄金与国家、资本与劳力等

---

[1] 本章作者系李安山教授。这是李安山教授正在撰写的南非史学史的论纲，在以下两篇文章的基础上补充而成：李安山：《论南非早期自由主义史学》，《西亚非洲》1993年第1期；李安山：《南非近现代研究述评》，《世界历史》1994年第6期。需要说明的是，受本人知识面的局限，南非史学中阿非里卡语史学著作未能引用。作为补充，阿非里卡著名历史学家贾尔斯维尔德的两部著作《阿非里卡人民族主义的觉醒》和《阿非里卡人对历史的解释》的相关研究在本文中有所体现。有关这方面的研究还可参见以下著述：L.M. Thompson, "Afrikaner Nationalist Historiography and the Policy of Apartheid", *Journal of African History*, Vol.3, No.1, 1962, pp.125–141; Shula Marks, "African and Afrikaner History", *Journal of African History*, Vol.11, No.3, 1970, pp.435–447。

[2] 这种独特性可能是一些有关非洲史学史的著作较少提及南非史学的一个原因，参见[尼日利亚]埃比戈贝里·乔·阿拉戈：《非洲史学实践——非洲史学史》，郑晓霞、王勤、胡皎玮译，张忠祥、郑晓霞译校，上海：上海社会科学院出版社，2016年，第100—102页。

各种因素在世界历史过程中均具有普遍意义。囿于篇幅，笔者不可能完全呈现丰富复杂的南非史学，只能列出主要线索和大致脉络。本章分为五个部分，分别对19—20世纪之交、20世纪上半叶、20世纪下半叶以及新南非等四个阶段的史学研究进行阐述，分析每个阶段的特点，最后是总结。

一、南非官方史学的初建（19—20世纪之交）

这一时期的南非史学是英帝国南非史学与白人殖民者史学的结合。这种特性与南非当时的地位相吻合。当时南非的三个主题相互交错：英国开普殖民地的设置、布尔人共和国的建立和英帝国的扩张，最终导致南非联邦的成立。所谓的"殖民者"包括两方面，英国移民和荷兰移民即布尔人。两者的意识形态一致——建立在伪科学基础上的种族主义；两者的心态一致——定居者心态；两者的目的一致——侵占土地以求发展。他们之间确实存在冲突。19世纪时一些阿非里卡人为抵制英帝国史学而开始撰写历史。双方日益意识到他们的共同敌人是黑人，黑人问题是"出现的所有困难中首位的，最大的和最紧迫的问题"[1]。

（一）英帝国史学的影响

津巴布韦学者恰内瓦认为，南非研究中英帝国史学传统的主要特征是它的"欧洲取向"[2]。应该说，"英帝国取向"是更合适的字眼。这一学派的明显特征是从英国的角度来分析南非史：南非是英帝国版图的一块，南非史是英帝国史的延伸，英国在南非的使命是传播文明。这一史学传统与英帝国的扩张密切相关。这一时期较早研究南非历史的是一些英国学者，他

1　A.R. Colquboun, *The Africander Land*, London, 1906, p. xiv.
2　David Chanaiwa, "Historiographical Traditions of Southern Africa", *The Historiography of Southern Africa*, The General History of Africa: Studies and Documents (4), Proceedings of the Experts Meeting held at Gaborone, Botswana, from 7 to 11 March 1977, 1980, p. 25.

们将南非各地作为英帝国的殖民地进行考察和研究,例如早期出版的霍尔登的《纳塔尔殖民地史》与威尔莫特和恰斯的《好望角殖民地史》等著作。[1] 恰斯还出版过其他著作,如《纳塔尔文件》等。[2] 这些著作对荷兰移民即布尔人好感不多,虽然也有同情,但对其举止或可怜,或鄙视,或批判。[3] 第一次英布战争[4]后,海格德的《开芝瓦约和他的白人邻居》(1882)和约翰·尼克松的《德兰士瓦的完整故事》(1885)对布尔人的揭露毫不留情,批评英国首相格莱斯顿的自由主义政策,为兼并德兰士瓦寻找合理依据。威尔莫特的《我们时代的历史》(四卷本,1897—1899)不仅明显带有英布战争的印记,且为英帝国扩张大唱赞歌。这些成为英帝国史学传统的早期代表作。第二次英布战争前后,英帝国史学充满了仇视布尔人的气氛,这种情况一直持续,一方面将布尔人描写为"野蛮的""落后的"民族,指责他们对非白人的态度是非人道的,另一方面为英帝国在南非的扩张辩护。[5]

这一传统注重英帝国扩张史,研究集中在南非的国际战略地位,英帝国的南非政策,以及南非与帝国的关系。英国的南非扩张或被解释为对布尔人和非洲人之间战争的制止,或被解释为对其他欧洲对手干涉入侵的防范。这种"不列颠文明使命"是英帝国史学传统的主要基调。非洲人在南非这块土地上的发展没有提及,他们在南非历史上没有任何地位。

---

1 W.B. Boyce, *Notes on South African Affairs*, London, 1839; W. Holden, *History of the Colony of Natal*, London, 1855; A. Wilmot and J.C. Chase, *History of the Colony of the Cape of Good Hope*, Cape Town, 1869; John Noble, *South Africa Past and Present*, London, 1877.

2 J.C. Chase, *Natal Papers*, Grahamstown, 1843; J.C. Chase, *The Cape of Good Hope and the Eastern Province of Algoa Bay*, London, 1843.

3 W. Holden, *History of the Colony of Natal*, p. 349; A. Wilmot and J.C. Chase, *History of the Colony of the Cape of Good Hope*, pp. 157, 367, 419; John Noble, *South Africa Past and Present*, pp. 15, 169, 173.

4 第一次英布战争是指于1880年12月16日至1881年3月6日英国与南非布尔人之间的一次小规模战争。双方于1881年3月6日签订停战协定。8月3日双方又签订《比勒陀利亚协定》。英国同意德兰士瓦布尔人成立自治政府,享受有限的独立。为了区别于1899—1902年的英布战争,史称"第一次英布战争"。

5 L.S. Amery, *The Times History of the War in South Africa*, 7 volumes, London, 1900-1909; A.M.S. Methuen, *The Tragedy of South Africa*, London, 1901; W.B. Worsford, *Lord Milner's Work in South Africa*, London, 1906; E.B. Iwan-Muller, *Lord Milner and South Africa*, London, 1902.

（二）殖民者史学的建立：官方史学家蒂尔与科里

与此相对应的是阿非里卡人对自己历史和传统的记录和研究。19世纪中期，一些阿非里卡人为抵制"英帝国史学"而开始撰写自己的历史。1877年，第一部用阿非里卡语写成的历史问世，书名强烈反映了阿非里卡人的民族意识：《用我们民族的语言写的我们国家的历史》。当时的评论是"它是照亮我们眼睛的南非光芒"；有人提议"将这本小小的历史书印几千册，让每一个真正的阿非里卡人人手一册，这样每个人都知道他们的祖先为南非付出的代价"。[1] 然而，这类历史既不系统，亦无专业水平可言。

真正为殖民者史学奠基的是加拿大移民乔治·麦考尔·蒂尔（1837—1919）。蒂尔虽未受到过专业历史训练，但穷其一生于南非史的资料整理和研究、著作等，促成了殖民者史学的形成。他的祖父母于1783年从加拿大的新斯科舍移民至南非，他在18岁时来到开普殖民地，开始关注南非的政治和社会发展。在1875年至1880年间，他一直是传教士，随后被任命为地方治安法官。1877年，他妥善解决了当地一起与盖卡卡佛尔人（the Gaika Kaffirs）的争端事件，后来被招聘到开普殖民地政府的土著部工作。由于他对早期南非有过研究，因而被任命为档案保管员。1895年，他被当时的开普殖民地总理罗得斯派往欧洲，整理和搜索葡萄牙、丹麦和英国的档案，以收集与南非相关的资料。通过对这些资料的利用，他完成了有关南非历史的著述，如十卷本《南非史，1505—1884年》和《南非布尔人史》等，为殖民者史学奠定了基础。蒂尔的贡献主要是整理了一大批有关南非和南部非洲的史料，便于以后的专业史学研究参考。[2]

蒂尔在南非史学史上的重要性表现在三个方面。第一，他开始系统整

---

[1] F.A. van Jaarsveld, *The Afrikaner's Interpretation of South African History*, Cape Town, 1964, pp.39-40.

[2] G.M. Theal, *Kaffir Folk Lore*, London, 1882; G.M. Theal, *Basutoland Records, copies of official documents of various kinds, accounts of travels, etc.*, 3 volumes, Cape Town, 1883; G.M. Theal, *Records of Cape Colony from 1793 to 1827*, 36 volumes, London, 1897-1905; G.M. Theal, *Records of South Eastern Africa from 1895 to 1903*, 9 volumes, Cape Town, 1898-1903; G.M. Theal, *History and Ethnography of Africa, South of the Zambesi, from 1505 to 1795*, 3 volumes, Cape Town, 1907; G.M. Theal, *History of South Africa Since September 1795*, 5 volumes, London, 1908-1910. 蒂尔的著述甚多，这里列出的是他的主要著作。

理有关南非的历史资料,广泛搜集欧洲各国所存的有关南非的官方档案并整理出版;他还同时搜集了一些非洲人的口头传说和民间故事。这些资料为后人研究南非史提供了宝贵文献。第二,他撰写的南非史注重叙述了英国对开普殖民地的控制以及荷兰人对英国移民的反应,探讨了多个布尔人共和国建立的政治后果以及祖鲁人势力的壮大,从而不仅提供了南非政治的一些细节,也揭示了当代人对这些政治发展特别是殖民过程及其观念的态度。他的著作成了当时的权威读物,为英国议会辩论南非问题时经常引用的论据,曾长期被牛津大学作为参考书使用。第三,南非政府和学界对其学术地位的承认和他的国际认可度。他在1891—1895年成为开普殖民地政府的"殖民历史学家",后又成为官方历史的整理者。南非大学理事会在他去世前通过决议,肯定他为南非史学所做的贡献,其生平和学术成就成为学界研究的对象或学位论文的题目。[1]《大英百科全书》(第13版)提到"在后来的历史研究工作者中,蒂尔的名字显著地突出了他为留下原始记录而付出的不懈的努力,这些成果正是那些未来历史学家的工作所赖以建立的基础"[2]。

蒂尔的研究成果带有双重性——英帝国史学与殖民者史学。他所处的正是英帝国扩张时代,他是从英帝国在南非的开拓先锋罗得斯手上接受的整理史料的任务,他的研究也是从英帝国的立场出发。因此,他的研究被学术界理解为"英帝国历史研究"的一部分。然而,他的南非史学色彩十分明显。他的著作被阿非里卡人和非洲人广泛应用,也成为南非史学的开山之作。他出生于移民家庭,自己是一位南非移民;他又被开普殖民政府委任为"殖民历史学家"。南非学界还对他的贡献加以肯定。正是由于这种双重特征,希伦德将他称为"作为殖民地民族主义者的帝国史学家"[3]。

---

[1] W.A. Norton, "Dr. Theal and the Records of South-East Africa", *South African Journal of Science*, 1922; Merle Babrow, "A Critical Assessment of Dr. George McCall Theal", *M.A. Thesis,* University of Cape Town, 1962; Christopher Saunders, "George McCall Theal and Lovedale", *History in Africa,* Vol.8, 1981.

[2] 早在1932年就出现了对他的研究专著: I.D. Bosman, *Dr. George McCall Theal as die Geskiedskrywer van South Africa*, Amsterdam, 1932。

[3] D.M. Schreuder, "The Imperial Historian as 'Colonial Nationalist': George McCall Theal and the Making of South African History", in G. Martel, ed., *Studies in British Imperial History*, Palgrave Macmillan UK, 1986, pp. 95-158. 这是有关蒂尔的学术成果及其研究与时代关联的较全面的阐述。

虽然蒂尔的著作有很强的种族偏见，但有一点不容否认，即他收集和采用了大量的口头传说，同时非洲人在其书中占了较大篇幅。蒂尔在研究南非早期白人移民史的同时，注意到了非洲人的因素。尽管这种转向并非根本性的，但他的努力使后来的研究者注意到本土因素的存在。

　　与蒂尔同时代的乔治·爱德华·科里（1862—1935）的著作也充满了种族意识和白人优越感，虽然书名为《南非的兴起》，但他写的主要是东部省的历史。他出生在英国一个并不幸福的家庭，生活经历丰富，求知欲极强，曾自学希腊语、拉丁语、化学、物理、电子学等，最后有机会在剑桥大学接受教育。后来，求职生涯将他带到南非，先后在南非多个学校教授化学，最后在罗兹大学创立了化学系并一直到1926年退休为止。他对南非特别是东开普历史的兴趣始于1906年。当时，他为了通过摄影保留当地的历史遗迹曾先后两次申请到各100英镑的资助，便决定留下一些文字成果。1910年，六卷本的《南非的兴起》的第一卷完成。从此，他对南非历史的研究工作一发不可收拾，一直到他去世为止。[1] 他继蒂尔之后成为南非政府的官方历史学家，后来又成为南非联邦政府的"荣誉档案保管员"（Honorary Archivist）。在1916、1919年，他先后完成了第二、三卷，第四、五卷分别完成于1926、1930年。直到他于1935年4月28日去世时，第六卷尚未完成，直到1939年才出版。[2]

　　在殖民者史学著作里，南非只存在"两个同源的民族"——英国人和阿非里卡人。[3] 他们认为布须曼人不可能进步，也不可能与其他种族和平共处，对班图人更是恶毒咒骂，称有色人种为"败类""恶棍"。总而言之，白人统治是"完全必要的"，欧洲人完全有权利夺取那些被黑人占用的土地，

---

[1] George Cory, *The Rise of South Africa*, Vol.5, London, 1910-1930. 南非政府每年给他500英镑的资助以鼓励他进行历史研究。Graham Botha to Cory, 24.1.1925 (Cory Library MS 1403), J.M. Berning, ed., *The Historical "Conversations" of Sir George Cory*, Maskew Miller Longman, Rhodes University, 1989, pp.1-18.

[2] C.G.A. Cory, "Sir George Cory: Eastern Cape Historian", *Annuals of the Grahamstown Historical Society*, Vol.3, No.3, 1973, pp.65-69.

[3] G.M. Theal, *Progress of South Africa in the century*, Toronto, 1902, p.510; G.M. Theal, *History of South Africa under the Administration of the Dutch East India Company 1652 to 1795*, London, 1897, pp.15-16.

而这种"夺取"不可能不使用暴力。[1] 这种殖民者史学完全无视非洲人的存在，缺乏道德感和同情心，鼓吹的是基督教的神职观和欧洲文化优越感。这种带有强烈种族歧视和文化偏见的历史却成了南非的官方史学。

（三）非洲人的视角

所谓"非洲人的视角"主要包括两个方面，一是指在南非出生或成长的非洲人对自己历史的叙述和认识；二是指一些白人传教士或学者从非洲人的角度撰写的有关非洲人社会的早期历史或资料汇编。后者的著述虽然带有一些偏见，但却保存了有关非洲社会的原始资料。

南非大学历史教授贾尔斯维尔德曾认为，"只是在第二次世界大战以后，南非的非白人才对史学做出了他们的初次贡献"[2]。这一结论似乎忽略了一些基本史实。一些南非人接受了基督教教育，认识到要书写自己的历史。较早撰写非洲人历史的是弗兰西斯·佩雷格里诺（Francis Peregrino），他父亲来自加纳。《南非土著部落简史》（1899）虽然大部分资料取自蒂尔的著作，但他的叙述远比蒂尔的更为公允平衡。有的非洲作者因各种原因致使著作未能出版，如阿兰·克尔克兰·索加（Alan Kirkland Soga）有关南非白人与非洲人关系的历史长达 500 页，包括"古老的布须曼人""霍屯督人或科伊科伊人"和"卡佛尔爱国者"等章节。沃尔特·卢布萨纳（Walter Rubusana）也完成了一部"从土著人角度看南非历史"的著述，他用科萨语于 1906 年出版了一部有关当地历史的著作。[3] 这些著作有一些共同特征。非洲学者对自己种族的敏感和对西方文明的崇拜使他们在黑人意识和精英主义之间摇摆不定；对现状的不满激起了他们对历史的兴趣，但研究又往

1　G.M. Theal, *History of South Africa Since September 1795*, Vol.2, p.492; George Cory, *The Rise of South Africa*, Vol.4, p.299.

2　F.A. van Jaarsveld, *The Afrikaner's Interpretation of South African History*, Cape Town: Simondium Publishers, 1964, p.151.

3　Christopher Saunders, *The Making of the South African Past: Major Historians on Race and Class*, Cape Town: David Philip, 1988, pp.105-110.

往停留在殖民政策的实质或影响方面；他们接受的是传教士影响或西方教育，对白人的财富和技术羡慕不已，导致对自己种族和文化的自卑感；他们依靠的是蒂尔或其他受欧洲中心论影响的学者编辑的史料和宗教发行机构，加上主要受知识欲或宗教感的驱使，缺乏一种自觉的意识。这种状况直到"二战"后才有所改变。

南非一些白人业余历史学家如移民、传教士或殖民官员也试图为南非本土社会留下记录。客观地说，有关非洲社会的早期资料离不开一些欧洲人的搜集和整理。不容置疑，蒂尔著述中也有不少关于南非本土民族的资料，特别是他对当地口头传说的搜集为保留这些民族的历史起到了重要作用。此外，约翰·菲利普（1775—1851）和詹姆斯·斯图亚特（1868—1942）为南非本土民族留下了十分宝贵的资料。菲利普是伦敦传教团的一位传教士，长期在南非黑人中从事传教工作。由于他对非洲人抱有同情心并力图阻止欧洲移民的一些非人道行径，引起当地白人的忌恨。[1] 他在1828年发表的《南非的调查》中指出，过去的历史是白人压迫黑人的历史。他去世后，家人拒绝将他长期保存的一批原始资料交给外界。他的后代在了解了自由主义史学家麦克米伦（W.M. Macmillan）的观点后，将这批资料委托给麦克米伦。麦克米伦正是通过阅读这些文件重新认识了南非土著民族和有色民族的生存状况，他的重要论著主要取材于这批资料。[2]

詹姆斯·斯图亚特是纳塔尔的一名官员，他对南非史学的贡献有两点。一是他书写了1906年班巴塔人的反抗斗争的官方历史并于1913年正式出版。二是他搜集了有关祖鲁人的资料，主要是涉及第一批在纳塔尔进行贸易活动的亨利·弗朗西斯·芬（Henry Francis Fynn）的资料，这批被称为"斯图亚特文件"（Stuart Papers）的资料对了解祖鲁人的历史有所帮助。

1　Andrew Ross, *An Enlightened Scot-John Philip (1775–1851): Missions, Race and Politics in South Africa*, Aberdeen: Aberdeen University Press, 1986.

2　W.M. Macmillan, *My South African Years*, Cape Town: David Philip, 1975, pp. 162–192; Christopher Saunders, *The Making of the South African Past: Major Historians on Race and Class*, Cape Town: David Philip, 1988, pp. 19–20, 25–26, 66–68.

这些资料于1944年由英国交给南非收藏,从而在白人中引发了对祖鲁人历史的兴趣,当时的纳塔尔大学还因此设立了祖鲁历史教席。然而,"斯图亚特文件"的真正价值直到1976年出版后才开始引起学术界的重视。

一些欧洲人或传教士记录下南非本土民族的传说、风俗习惯及其生存和发展的历史。例如,19世纪的奥尔朋和卡萨里斯到20世纪初的马丁以及艾伦伯格和麦格里戈尔,他们都对巴苏陀的历史、传说和习惯进行了记录和研究。[1] 此外,还有吉布森对祖鲁人历史和社会的记录、布洛克对绍纳人的研究以及布里安特对祖鲁人社会的探讨[2],斯托对南非各种族的概览。[3] 麦西上校(R.H. Massie)在南非战争后为英国政府编辑了《德兰士瓦地区的土著部落》(1905)等。这些著作的偏见不言而喻。祖鲁人领袖恰卡在"斯图亚特文件"中被称为"嗜血的暴君",艾伦伯格将桑人描述为"完全不负责任的野蛮人","索托人长期以来在巫术的奴役下呻吟"。然而,这些白人作者的价值并不在于他们对非洲民族的描述或研究,而是他们在那个时代保存下来的当地民族的原始历史记录。

(四)小结

这个时期的史学具有叠加的双重性,主要体现为英国移民与荷兰移民(布尔人)观点的对立,英帝国意识与殖民地意识的互动以及英帝国南非史学与殖民者史学的结合等双重因素的相互作用。由于英帝国的扩张直接影响到非洲特别是导致南非地位的转变,即从英国殖民地与布尔人"独立

---

[1] J.M. Orpen, *History of the Basuto of South Africa*, Cape Town, 1857; E. Casalis, *The Basutos, or Twenty-Three Years in South Africa*, London: Nisbet, 1861; M. Martin, *Basutoland, its Legends and Customs*, London, 1903; D.F. Ellenberg and C.J. MacGregor, *History of the Basuto Ancient and Modern*, London, 1912.

[2] J.Y. Gibson, *The Story of the Zulus*, London, 1911; C. Bullock, *The Mashona*, Cape Town: Juta, 1927; A.T. Bryant, *Olden Times in Zululand and Natal, Containing the Earlier Political History of the Eastern Nguni Clans*, London, 1929; A.T. Bryant, *The Zulu people: As They Were Before the White Man Came*, Pietermaritzburg: Shuter & Shooter, 1949.

[3] G.W. Stow, *The Native Races of South Africa*, London, 1905.

共和国"的并存到作为英帝国自治领南非联邦的成立（1910），英国移民观点受英帝国因素的影响随处可见。从意识形态看，南非史学也反映出英帝国和殖民地这两种因素。这种叠加的双重性既是南非这一政治体的特征，也是当地殖民者的特征。毫无疑问，这一特征在南非史学的研究上留下了深深的印记。另一个特征是，这些史学家未受过系统的史学训练。蒂尔从新闻界转入史学研究，其著作多为史料堆砌和编年系列，少综合分析和系统概括。科里也是一名化学教授，历史研究是业余爱好，亦缺乏客观公正的治史态度。一些非洲学者的著述也为这一时期的南非史学做出了贡献，虽然成果甚微，但应该在早期史学中占有一席之地。

二、批判社会现实与自由主义史学（20世纪上半叶）

1910年，南非联邦成立并成为英帝国的自治领。南非史学受这一属地因素变化的影响，其研究主题与意识形态取向也有相应变化。英帝国史学仍然从帝国扩张和治理的角度探讨帝国与南非的关系。1913年，南非政府颁布《土著土地法》，禁止非洲人在"非洲人保留地"之外占有或购买土地。由于南非政府对非洲人土地的掠夺而产生的各种社会问题导致自由主义观点的出现。自由主义史学的出现成为本时期最重要的现象，对南非历史和现状的解释产生了很大影响。

（一）自由主义史学

南非的自由主义史学受欧洲大陆自由主义政治思潮的影响，形成于20世纪20年代。大致说来，南非自由主义史学以第二次世界大战结束为界粗略分为两个阶段。从20年代到40年代为第一阶段。麦克米伦（1885—1974）及其弟子德·基维特是这个学派的早期代表。他们从南非的现实问题着手，开始寻找其历史根源。他们的研究表明，种族问题是南非社会政治问题的症结，要解决"贫苦白人"这一社会问题，只有改善黑人的境况,使他们在自己的土地上从事农业劳动,从而减少黑人为寻找工作而形成的对白人的竞争。麦克米伦的《土地、土著和失业》(1924)、《开普肤色问题》(1927)和《班图人、布尔人和不列颠人》(1963)是具有开拓性的著作,德·基维特的《南非社会经济史》(1941)则进一步分析了问题的实质。在这些著作里,土地和劳动力构成了两个最重要的主题。[1] "二战"后为自由主义史学的第二阶段,《牛津南非史》是代表作。[2]

蒂尔和科里的著述被麦克米伦称之为"钦定版本"的历史,这种殖民者史学激起了自由主义者的强烈反感。麦克米伦公开宣称,其研究正是为了向这种"钦定版本"宣战,他的著述中存在的强烈反对蒂尔和科里的观点为后人所注意。[3] 马瑞斯的著作也在不少地方对殖民者史学提出了批判。[4] 自由主义史学的形成也与南非的社会现实密切相关。19世纪末兴起的金矿钻石业吸引了国际资本和欧洲移民的涌入,随之而来的英布战争给南非留下了一堆烂摊子。移民浪潮在继续,仅仅在英布战争结束后的两年里,就有11.4万人移居南非。金矿业的深层采掘对劳动力的需求增大。为此,南非高级专员(1897—1906)和开普殖民地总督(1897—1901)米尔纳甚至不远万里从中国引进劳工。1906年,在16.3万矿工中,有1.8万白人、9.4万非洲人和5.1万中国人。[5] 为进一步发掘南非本地的劳动力资源,政府发布了一系列法令,尤以《土著土地法》最为重要。[6] 土地买卖被禁止,分

---

[1] Ken Smith, "W.M. Macmillan, A Long History but a Short Life", *South African Historical Journal*, Vol.20, 1990, pp.158-170. 对学派的划分存在争议,例如,克里斯托夫·桑德斯在1988年出版的著作中不同意将麦克米伦划入自由主义学派;伦斯代尔认为麦克米伦是费边社会主义者,将他划为自由主义学派不恰当。

[2] 学者已注意到自由主义史学两个阶段的差别。M.J. Legassick, "The Frontier Tradition in South African History", *Institute of Commonwealth Studies*, Vol.2, 1971, pp.1-33; S. Marks and A. Atmore, eds., *Economy and Society in Pre-industrial South Africa*, London: Longman, 1980, pp.44-79; John Lonsdale, "From Colony to Industrial State: South African historiography as seen from England", *Social Dynamics*, Vol.9, No.1, 1983, pp.67-81.

[3] J.S. Marais, *The Cape Coloured People 1652-1937*, London: Longmans Green, 1939, p.8.

[4] *Ibid.*, pp.27, 29, 93, 102.

[5] Monica Wilson and Leonard Thompson, *The Oxford History of South Africa*, Volume II, Oxford: Clarendon Press, 1971, pp.13-15.

[6] *Ibid.*, pp.126-133.

成制佃农的谋生手段被堵死,非洲人被圈在保留地里维生。这样,大量破产的黑人农民涌入城市,投入无产阶级产业大军队伍。[1]

黑人变为雇佣劳动能力是南非政策之目的所在。同样的现象也发生在白人农民中。从19世纪末期起,特别是在重建过程中,大批白人抛弃土地,涌入约翰内斯堡和其他城市。政府力图用"回到土地去"的口号和各种措施来提高贫苦白人的竞争能力,如对白人农民的援助、福利措施、扩大教育设施等,但未能从根本上解决问题。白人阶级分化日趋严重,贫苦白人问题日益尖锐。[2] 1923年,贫苦白人已达16万人,占白人总数的1/10。用德·基维特的话说,一个"贫苦白人"种族和一个"贫苦黑人"种族已经并存。[3] 这一紧迫的社会危机引起了政府和传教士的严重关注,也激发了学术界的研究兴趣。自由主义史学家麦克米伦从欧洲史转向非洲史的第一个研究课题正是"贫苦白人"问题。[4]

作为一种政治思潮,自由主义在南非的具体主张是反对用种族、肤色或信仰对人加以区分,鼓吹成年人的平等政治权利和合法权利。自由主义者认为虽然黑人和有色人种比白人要落后,但应给予适当机会来达到白人的文明水平,白人有责任促使黑人同化。自由主义者还主张民主的基本信条,如公民自由、法律、新闻自由、司法独立等,并认为议会政治是改变南非政治现状的有效途径。[5] 这种思潮在19世纪后期和20世纪初在南非特别是开普敦地区有一定影响。然而,种族主义思潮日渐盛行,特别是代表阿非里卡人利益的国民党执政后,种族主义在意识形态和政治领域占据统治地位。[6] 不过,自由主义思想对争取自由和平等权利的黑人解放运动仍

---

1 W.M. Macmillan, *Complex South Africa*, London: Faber and Gwyer, 1930, pp. 123–129; Colin Bundy, "The Emergence and decline of a South African Peasantry", *African Affairs*, Vol.71, 1972, pp. 369–387.

2 C.W. de Kiewiet, *A History of South Africa, Social & Economic*, Oxford University Press, 1941, pp. 178–207.

3 *Ibid.*, pp. 181–182.

4 W.M. Macmillan, *My South African Years*, Cape Town: David Philip, 1975, pp. 119–123.

5 Gail M. Gerhart, *Black Power in South Africa: The Evolution of an Ideology*, Berkeley: University of California Press, 1978, pp. 7–9, 36–38.

6 J. Butler, et al., eds., *Democratic Liberalism in South Africa: Its History and Prospect*, Cape Town, 1987, pp. 21–115.

有一定影响。[1] 在 20 年代，麦克米伦等史学家一反殖民者史学只认欧洲白人存在的传统，堂而皇之地将黑人和有色人种作为自己的研究对象，不能不说是受了自由主义思潮的影响。[2]

这一时期最重要的著作是自由主义史家的经典作家麦克米伦与德·基维特的作品。麦克米伦虽然出生在英国，但 6 岁时即随父母来到开普敦。他是第一批牛津大学的罗兹奖学金（Rhodes Scholars）获得者，1911 年到罗兹大学学院教授历史与经济学。1917 年，他出任金山大学的前身——南非矿业学校的历史系主任。他决心选择一个现实社会问题作为研究课题，最后确立了格雷厄姆斯敦的公共卫生问题。这一研究将他引入了一个更广泛、更尖锐的社会问题——"贫苦白人"问题。经过大量的实地考察和调查研究，他于 1919 年发表了有关南非农民问题的系列讲座。[3] "《南非的农民问题》标志着我的生活和工作的一个转折点：从贫苦白人转到了贫苦黑人。迄今为止，我的研究仅仅挨着了冰山的尖顶。"[4]

导致麦克米伦学术兴趣转变的原因有以下几点。首先，针对贫苦白人问题进行的乡村实地考察使他有机会接触到人数更多处境更艰苦的贫苦黑人。其次，约翰内斯堡的广大黑人矿工的贫困及斗争进一步激发了他的研究兴趣。1920 年，他有幸获准使用约翰·菲利普文件。他在此基础上完成的重要著作成为现代南非史学中研究土著问题和种族问题的权威著作。[5] 另外，种族隔离的思想在社会上逐渐形成，为了反对这种趋势，他加紧钻研贫困现状及历史根源，以便更有力地反对种族隔离政策的实施。此前，政治家或史学家一般认为南非社会的主要矛盾是英国人和布尔人的矛盾。

1　Gail M. Gerhart, *Black Power in South Africa: The Evolution of an Ideology*, pp. 39–41, 261–268. 作者也指出存在着反对自由主义的倾向。

2　有关这方面的分析，参见李安山：《论南非早期自由主义史学》，《西亚非洲》1993 年第 1 期。

3　W.M. Macmillan, *The South African Agrarian Problem*, Johannesburg: Central News Agency, 1919.

4　W.M. Macmillan, *My South African Years*, Cape Town: David Philip, 1975, p. 146.

5　W.M. Macmillan, *The Cape Colour Question*, London: Faber and Gwyer, 1927; W.M. Macmillan, *Bantu, Boer and Briton*, London: Faber and Gwyer, 1929; W.M. Macmillan, *Complex South Africa*, London: Faber and Gwyer, 1930; Hugh Macmillan and Shula Marks, *Africa and Empire: W.M. Macmillan, Historian and Social Critic*, London: University of London, Institute of Commonwealth Studies, 1989.

麦克米伦认识到南非问题的症结是黑人的地位以及黑人与白人的关系。他在题为"土著土地和1913年土著土地法条款"的论文中指出:"南非的病根在于过去对这个国家土著地位的忽略。"[1]

麦克米伦的主要观点可以用三个词来概括:肤色、土地和劳力。他认为:肤色问题是世界种族问题的一部分,"白人文明的辩护者必须在世界的道德良知这一最高法院面前申诉"[2]。他注意到金矿业和商品生产对农村的影响,并将土地和劳力结合起来考察。他提出,农村的商品化生产使地主加强了对土地的直接控制,很多分成制农民不得不离开土地。南非的历史既是白人对黑人的征服过程,也是白人强占黑人土地的过程。大迁徙就是"土地饥饿"的一种表现,班图人最后被迫成为只能劳动而无政治权利的无产者。他认为,应该将更多的土地分给非洲人,改善保留地的耕作方法,非洲人可以生产更多的粮食以维持更多的人口。这样,流入城市的黑人必定减少,从而减轻对城市里白人就业机会的竞争。[3]

如果说麦克米伦是南非自由主义史学的奠基人的话,他的学生德·基维特则是自由主义史学家中最出类拔萃的一位,阿非里卡史学家贾尔斯维尔德称他为"闪耀在南非史学天空中最灿烂的星"[4]。德·基维特1902年出生于荷兰,1903年即随父母来到南非。他在麦克米伦指导下完成了硕士学位论文,后在伦敦大学师从牛顿教授,完成了题为"英国殖民政策和南非诸共和国1848—1872年"的博士学位论文。他认为,南非史研究不能脱离英国及其殖民地研究,如南非东部边疆政策的破产与英国在新西兰地位的动摇、克里米亚战争和印度兵变密切相关。南非问题不能简单归于英国政府与阿

---

[1] W.M. Macmillan, *My South African Years*, Cape Town: David Philip, 1975, pp. 162–192: Christopher Saunders, *The Making of the South African Past: Major Historians on Race and Class*, Cape Town: David Philip, 1988, pp. 19–20, 25–26, 66–68.

[2] W.M. Macmillan, *The Cape Colour Question*, London: Faber and Gwyer, 1927, pp. 10–11; W.M. Macmillan, *Bantu, Boer and Briton*, London: Faber and Gwyer, 1929, p. 5.

[3] W.M. Macmillan, *The South African Agrarian Problem and its Historical Development*, Pretoria: State Library, 1974, pp. 63, 78–81; W.M. Macmillan, *Complex South Africa*, London: Faber and Gwyer, 1930, p. 120; W.M. Macmillan, *The Cape Colour Question*, London: Faber and Gwyer, 1927, p. 288.

[4] F.A. van Jaarsveld, *The Afrikaner's Interpretation of South African History*, Cape Town, 1964, p. 141.

非里卡人的冲突,因为黑人在南非局势中起了决定性作用。在《在南非的帝国因素》一书中,他继续研究1872年以后的英国对南非政策。他发现,英国占领开普以及后来的政策与经济有直接关系,他的相关著作中专列章节"战争经济学"和"对政治与经济学的探讨",并指出布尔人大迁徙、钻石矿的开采以及对土地和劳动力的要求,是保留地制度的根本原因。[1]

1937年,应牛津大学邀请,德·基维特开始撰写《南非社会经济史》。与前两部著作不同,他在此书中着重探讨了南非社会和经济问题,并将白人与黑人之间的互动作为19到20世纪南非史的主题。他重点研究了黑人如何逐渐成为白人统治的南非经济的一部分,认为"南非史的主题是一个新社会的成长。在这个社会里,白人和黑人相互依存,被紧密地维系在一起"[2]。他不仅分析了英国统治开普殖民地的思想观念及土地政策,白人和黑人劳动力也构成了他的重要主题。他的主要贡献是将金矿业的发展与黑人的贫困化联系在一起。这一著作成为极重要的南非史读本,从1941年到1968年多次重印。桑德斯认为,这本书流传最广,是"迄今南非史的最伟大的著作"[3]。

德·基维特认识到资本主义工业给南非带来的巨大变化,这包括大量资本的投入和农业的商品化,以及不断增加的无地现象和贫困化。钻石和金矿业占用大量土地,同时城市的兴起和新市场的产生使传统的自给自足经济已不能满足需要,农业必须走上资本主义和商业化的道路。在分析贫苦白人问题时,他甚至跳出了种族观点,"在19与20世纪之交,白人社会逐渐产生了令人头痛的不平等现象。……白人中间的种族平等并未阻止他们中经济不平等的发展"[4]。他在1981年4月25日致《华盛顿邮报》的信中说:"在20年代初期,我们在约翰内斯堡将土著问题……变为一个可信的历史、经济和社会的重点,我是这群人中活下来的最后一位成员。这是一

---

1 C.W. de Kiewiet, *The Imperial Factor in South Africa*, Cambridge University Press, 1937.

2 C.W. de Kiewiet, *A History of South Africa, Social and Economic*, New York: Oxford University Press, 1941, p.79.

3 C. Saunders, "The Writing of C.W. de Kiewiet's 'A History of South Africa, Social and Economic'", *History in Africa*, Vol.13, No.5, 1986, pp. 323, 329.

4 C.W. de Kiewiet, *A History of South Africa, Social and Economic*, New York: Oxford University Press, 1941, p.181.

项孤独的、对于我们中有些人甚至是代价极高的事业。我们写出了将非洲人作为主体并将其置于南非社会恰当位置的历史。我们为这种展示非洲人在社会上的作用和条件的经济、社会观奠定了基础。"这表明，他们力图将黑人遭受的厄运与白人的扩张和南非工业的发展联系起来。他的探索角度之新、研究范围之广、综合能力之强，在南非史学史上是颇为突出的。

　　自由主义史学家还包括马瑞斯（1898—1969）等人。马瑞斯是阿非里卡人，从小受到蒂尔等人著作的熏陶。麦克米伦的著作使他认识到南非种族问题的严重性。他的《开普有色人种，1652—1937年》是对南非只存在英国人和阿非里卡人这种说法的直接挑战。他在书中考察了荷兰人来到南非后的历史，探讨了有色人种的起源，认为他们是四种人的混合产物：布须曼人（桑人）、霍屯督人（科伊科伊人）、欧洲人和早期奴隶（其中包括东非人和亚洲人）。他认为，从文明的标准看，有色人与欧洲人没有什么差别，有些有色人甚至比一些欧洲人更加文明，"对他们的歧视不仅是因为他的贫穷，更是因为他们的肤色"，从根本上否认了蒂尔关于有色人种低下的传统看法。[1] 他的其他著作也对殖民者的南非史学进行批判，力图客观地分析南非各种现实问题的历史根源。[2]

　　自由主义史学家考察了边疆地区种族矛盾的逐渐发展过程，更加注意不同种族的经济交流、文化交流及其相互依存的关系。德·基维特明确指出，南非最重要的历史现象既不是布尔人与英国人的斗争，也不是白人与黑人或欧洲文化与部落文化的矛盾，"实际上，白人与土著的历史的最突出的特点不是种族或肤色，而是经济的密切结合"[3]。马瑞斯也认为南非的历史是不同的种族和文化不断交流融合，各种不同因素汇合成一个单一的社会的过程。但他对有色人种的前途则持悲观态度。[4] 麦克米伦甚至极力

---

[1] J.S. Marais, *The Cape Coloured People 1652–1937*, London: Longmans Green, 1939, pp. 281–282.

[2] J.S. Marais, *Maynier and the First Boer Republic*, Cape Town: Maskew Miller, 1944; J.S. Marais, *The Fall of Kruger's Republic*, London, 1961.

[3] C.W. de Kiewiet, *A History of South Africa, Social and Economic*, New York: Oxford University Press, 1941, p. 179; C.W. de Kiewiet, *The Imperial Factor in South Africa*, Cambridge University Press, 1937, p. 1.

[4] J.S. Marais, *The Cape Coloured People 1652–1937*, London: Longmans Green, 1939, pp. 7, 282.

反对班图研究系的设立,认为这样做只能扩大种族之间的鸿沟,而不利于白人与黑人之间的相互融合。[1]

自由主义史学家都受过正规的历史学训练,其学术造诣是早一辈殖民者史学家无法比拟的。自由主义史学家受传统欧洲史学精神的陶冶,强调以客观科学的态度治史。麦克米伦明显地受克罗齐"每一真正的历史都是当代史"的思想影响,立足于社会现实找研究课题,强调研究普通人的日常生活的意义。[2] 德·基维特对社会、经济等大量史料的综合显示了精湛的理论概括能力,同时他治史的客观态度也令人钦佩。在写《南非社会经济史》之前,他告诉麦克米伦:"我将会如实地叙述土著民族,正如他们确实是整个社会不可分离的一部分那样。"[3] 马瑞斯宣称他要写的是科学的历史,"我的目的一直是建立事实并从中得出有效的结论,其他考虑都只能有意识地从属于这一目的"[4]。正是这种科学态度,使这位阿非里卡历史学家得出了实事求是的结论:所谓的"肤色问题"实源于欧洲统治者内心对非洲人的歧视态度。

(二)英帝国与殖民者史学的立场

沃克是这一时期的重要历史学家之一,其学术倾向比较复杂。他的著作有英帝国史学的传统,有些观点(如对祖鲁人的扩张问题)又受到蒂尔的影响。在1928年发表的《南非史》多次再版,直至70年代仍为大学读本。沃克受美国历史学家特纳的"边疆学说"影响,将毕生精力倾注在这一课题上,特别重视对"边疆传统"对南非历史的影响,认为这是南非史上持续最长、影响最大的因素,甚至比资本这一因素更重要。特纳认为美

---

1 Christopher Saunders, *The Making of the South African Past: Major Historians on Race and Class*, Cape Town: David Philip, 1988, p. 56.

2 W.M. Macmillan, *The Cape Colour Question*, London: Faber and Gwyer, 1927, p. 1.

3 De Kiewiet to Macmillan, March 14, 1938, Quoted from Saunders, "The Writing of C.W. de Kiewiet's 'A History of South Africa, Social and Economic'", *History in Africa*, Vol.13, No.5, 1986, p. 326.

4 J.S. Marais, *The Cape Coloured People 1652–1937*, London: Longmans Green, 1939, p. 9.

国的民主精神源于边疆传统，沃克则认为南非的种族主义源于边疆传统。[1] 过分强调边疆传统必然导致对其他因素的忽略，后来的史学家未能对南非资本主义与种族主义的关系进行透彻的分析，这与沃克重文化轻经济、重种族轻阶级的研究取向有关系。

沃克对大迁徙的研究以及对现实问题的探讨在南非史学界产生了一定影响。他认为，大迁徙是南非史的一个重要事件，它是导致南非各种冲突分裂的主要原因。由于布尔人将"边疆传统"引进内地，这次迁移从根本上说是一场悲剧，是一次大灾难。[2] 沃克又与麦克米伦和德·基维特关系密切，曾多次对麦克米伦的学术帮助表示谢意。他既是德·基维特硕士学位论文的校外指导教师，又推荐他撰写英国领地系列丛书中的南非史。他与麦克米伦和德·基维特在《剑桥英帝国史》第八卷（南非卷）的学术合作（三人各自撰写三章）在一定程度上反映了他们学术观点的默契。他的研究资料和各种著作笔记以"沃克文件"命名，存于开普敦大学。

南非学者仍在对大迁徙这一重要历史事件进行研究，内森的著作即是研究大迁徙中的布尔人的著作。[3] 有的学者对南非经济史问题进行了综合研究，《南非现代经济史》也是这一时期的重要著作。[4] 有的著作从历史和心理学的角度对南非种族问题进行研究。[5] 一些出版的讲座集对当时的殖民政策和种族关系进行了分析，但总的基调是为南非的种族政权辩护。[6]

1　E.A. Walker, *The Frontier Tradition in South Africa*, London, 1930; E.A. Walker, *The Great Trek*, London, 1934.

2　E.A. Walker, *A History of South Africa*, London, 1928; E.A. Walker, *The Frontier Tradition in South Africa*, London, 1930; E.A. Walker, *The Great Trek*, London, 1934; E.A. Walker, *The Cape Native Franchise*, Cape Town, 1936.

3　M. Nathan, *Voortrekkers in South Africa*, London, 1937.

4　M.H. de Kirk, Selected Subjects in the Economic History of South Africa, Cape Town, 1924; D.M. Goodfellow, *Modern Economic History of South Africa*, London, 1931.

5　I.D. MacCrone, *Race Attitudes in South Africa: Historical, Experimental and Psychological Studies*, Oxford University Press, 1937.

6　Edgar H. Brookes, *The Colour Problems of South Africa: Being the Phelps-Stokes Lectures, 1933, Delivered at the University of Cape Town*, Lovedale, 1934; R.F. Alfred Hoernlé, *South African Native Policy and the Liberal Spirit, Being the Phelps-Stokes Lectures, Delivered Before the University of Cape Town, May, 1939*, Cape Town, 1939.

一些英国学者开始反思英帝国的南非政策,表露出对布尔人的亲善,他们从党派利益反对英国保守党的战争政策,支持布尔人的反抗。[1] 有趣的是,不论是支持英国出兵还是支持布尔人抵抗,这些作者的出发点基本上是为了维护英帝国的利益。

阿非里卡人的史学仍保持着一定势头。作为移民或殖民者,他们缺乏一种属于南非本土的合法性,必须以依靠强调自己的历史来获得某种心理支撑。这样,史学的作用表现在力图通过对带领他们在南非这块土地上打拼的精英人物的缅怀来提升日益强烈的民族意识,特别是大迁徙和英布战争。[2] 以大迁徙的研究为例,从1906年到1949年,有关领导大迁徙的阿非里卡人领袖传记以及重要年表就有十多部。[3] 另一位阿非里卡人历史学家雷兹(W.J. Leyds)博士专门对英布战争进行研究。他声称,他的研究是为了使自己的民族知道过去,更好地理解当今局面的来源。他的著作《德兰士瓦的第一次吞并》(1906)得到了奥兰治自由邦斯泰恩(Martinus Theunis Steyn, 1857—1916)总统的肯定:"您的著作必须成为每一位阿非里卡人的手册。"他自己宣称:"我们的领袖们都对我最近出版的著作表示首肯,他们都希望这本书能分发到我们的人民手上。"[4] "二战"前,殖民者史学家普雷勒(G.S. Preller)撰写的雷提夫传风行一时,在阿非里卡人中广为流传,重印十多次。他认为大迁徙是阿非里卡人的民族运动,他还广泛利用媒介将历史普及化,对阿非里卡人民族主义的发展起了重要作用。

殖民者史学的缺陷十分明显。早期作者多不是专业史家,对历史事件的处理多以编年为体例,重资料堆积,多繁文细节,少分析概括。这些著作多以地方档案为资料来源,加上作者的狭隘眼光,没有将南非置于宏观构架中去考察。题材狭窄是另一缺陷,主要集中在宗教神职感、内地

---

[1] Cecil Headlam, *The Milner Papers*, 2 volumes, London, 1931-1932; E. Crankshaw, *The Forsaken Idea: A Study of Lord Milner*, London, 1952; E. Wrench, *Lord Milner*, London, 1958; Edgar Holt, *The Boer War*, London, 1958.

[2] F.A. van Jaarsveld, *The Afrikaner's Interpretation of South African History*, Cape Town, 1964, pp.73-75; F.A. van Jaarsveld, *The Awakening of Afrikaner Nationalism, 1868-1881*, Cape Town: Human and Rousseau, 1961.

[3] F.A. van Jaarsveld, *The Afrikaner's Interpretation of South African History*, Cape Town, 1964, pp.71-73.

[4] *Ibid.*, p.94.

迁徙、边疆征服和对英国人的反抗上。研究主题亦局限于大迁徙、丁干战争、詹姆斯袭击、英布战争几个突发事件或雷提夫、比勒陀利乌斯等几个民族英雄上。更重要的是，其治史目的明确：写一部白人定居者的历史。这种强烈的种族意识和文化偏见既局限了研究者的视野，又影响了对史料的客观处理。因而，他们的历史或是对阿非里卡人的赞扬，或是对英国政府和传教士的攻击，或是对非洲人的肆意贬低。

（三）有关非洲人的历史著述

20世纪前期出版了几部非洲人的历史著作。虽然这些非洲作者寥若晨星，但却为南非人民史留下了自己的记录。[1] 金伯利地方报纸《人民之友》的编辑、南非土著国民大会的第一任总书记索尔·普拉吉（Solomon Tshekisho Plaatje，1876—1932，亦作索罗门·普拉吉）的《欧战和布尔人起义前后的南非土著生活》是一部经典著作，不仅对19世纪当地非洲人的生活进行了描述，对奥兰治自由邦在1913年颁布的《土著土地法》之后果和影响的分析颇有参考价值。[2] 普拉吉在南非历史上的地位颇高，有人认为他至少可以与曼德拉齐名。他不仅对非洲出版和媒体有极大的贡献，他有关南非本土民族生活的著作也受到极高评价，被认为是每个南非人的必读书。[3]

南非知识分子西拉斯·莫迪里·莫勒玛（1891—1965）是一位医生，面对大部分南非历史著作是由殖民者撰写的这一事实，他决定为自己的民族写出真实的历史。他的著作一方面使用了蒂尔的资料及其观点，同时也为后来的研究者提供了当代黑人对南非历史的理解。作为一位非专业的历

---

[1] C. Saunders, *The Making of the South African Past: Major Historians on Race and Class*, Cape Town: David Philip, 1988, pp.105-111. 桑德斯对这方面的研究比较全面，有关早期非洲人著述的情况一部分取自此书。

[2] S. Plaatje, *Native Life of South Africa before and since the European War and the Boer Rebellion*, London, 1916.

[3] 他的传记已出版。B. Willan, *Sol Platje A Biography*, London: Heinemann, 1979.

史学家和人类学家,他对传教士的工作持肯定态度,这一立场引起了一些非洲人的不满。他参与了非国大(ANC)并投身于反对种族主义的斗争中。莫勒玛在50年代出版了一本酋长的传记,主要资料也是来源于蒂尔的著作。[1] 黑人亨德逊·索加(1859—1941)的著作对东南部的班图人进行了探讨。[2] 南非国家学生联合会(National Union of South African Students)的创建者和前主席利奥·马尔夸德十分关注奥兰治自由邦的农民困境,曾在以假名"约翰·伯格"发表的《黑人的负担》上表达了激进的行动派观点。[3]

戴维逊·唐·腾戈·贾巴伍(D.D.T. Jabavu, 1885—1959)是早期一位受人尊敬的南非知识分子。他在南非和英国受的教育,是第一批获得英国学位的非洲人之一。他发表了多篇文章,如《黑人问题》(1920)、《本土议案之批判》(1935)和《南非的本土障碍》(1935)等,后来续集出版。[4] 他从学生开始,经历了老师、卫理公会教徒和政治家的成长过程,对南非政治发展的影响引起学术界的重视。[5] 马吉玛·福泽是祖鲁人,他的著作不仅叙述了自己民族的历史,也描写了"布须曼和霍屯督人"(即桑人和科伊科伊人)及其他民族的起源。他的著作虽然出版很早,但直到1979年被纳塔尔大学出版后才引起学术界的重视。[6] 姆恩戈尼的《三百年》(1952)系统考察了1652年荷兰人在桌湾登陆后的历史,认识到"南非的历史是压迫者和受压迫者之间三百年斗争的历史"。此外,还有托马斯·莫科普·莫福洛(Thomas Mokopu Mofolo)的《东方旅行者》和《恰

---

1 Silas Modiri Molema, *The Bantu, Past and Present; An Ethnographical and Historical Study of the Native Races of South Africa*, Edinburgh, 1920; S.M. Solema, *Chief Moroka*, Cape Town, 1951.

2 Rev.J. Henderson Soga, *The South-Eastern Bantu (Abe-Nguni, Aba-Mobo, Ama-Lala)*, Johannesburg, 1930; J.H. Soga, The Ama-Xosa, *Life and Customs*, Lovedale, n.d., 1932.

3 John Burger, *The Black Man's Burden*, London: Gollancx, 1943.

4 D.D.T. Jabavu, *The Black Problem*, Lovedale, 1920; D.D.T. Jabavu, *The Life of John Tengo Jabavu, Editor of Imvo Zabantsundu, 1884-1921*, Lovedale, 1922; D.D.T. Jabavu, *The Segregation Fallacy and Other Papers: A Native View of Some South African Inter-Racial Problems*, Lovedale, 1928.

5 W.M. Tsotsi, "Gallery of African Heroes Past and Present: Davidson Don Tengo Jabavu", *Inkundla ya Bantu (The Bantu Forum)*, June 1941.

6 Magema M. Fuze, *Abantu Abamnyama*, Pietermaritzburg, 1922.

卡》。[1] 在这些非洲知识分子的笔下，对恰卡、丁干、莫泽利卡齐和莫谢希等南非历史上的黑人领袖虽然存在着不同意见，但大多数著作将他们描绘成非洲人的英雄。第二次世界大战以后，受非洲民族主义的影响，黑人历史学家开始形成独立的历史意识。深沉的痛苦感和与现实斗争的紧密联系成了"二战"后非洲人史学的基本特征。

另一个非洲视角指白人对非洲本土社会的资料收集与关注。一些白人学者或传教士对非洲人的关注或同情使他们对非洲本地社会进行研究，如佩拉对科伊桑人的研究和利特尔对恰卡的祖鲁帝国的探讨。[2] 传教士布里安特在收集和保存非洲人特别是祖鲁王国和恩古尼人的相关资料方面做出了贡献。[3] 布里安特意识到保存当地非洲人相关资料的紧迫性，收集了不少有关祖鲁王国的史料，为后来的研究提供了非常重要的基础。[4] 他还发表了不少有关祖鲁王国的文章，这些研究资料终于在1964年结集出版。[5]

（四）小结

不言而喻，自由主义传统为这一阶段的南非史学留下了深深的印记。自由主义史学的最大贡献则是将南非金矿业与土地、劳力及其贫困化现象联系起来，从而开始了对南非资本主义发展及其弊病的分析研究。他们认为，大量土地的掠夺，"贫苦白人"和"贫苦黑人"的产生，劳动力的分工，无产阶级的出现以及土著部落制度的崩溃，这些无一不和南非

---

1 ［尼日利亚］埃比戈贝里·乔·阿拉戈：《非洲史学实践——非洲史学史》，郑晓霞、王勤、胡皎玮译，张忠祥、郑晓霞译校，上海：上海社会科学院出版社，2016年，第101页。

2 I. Schapera, *The Khoisan People of South Africa*, London, 1930; E.A. Ritter, *Shaka Zulu The Rise of the Zulu Empire*, London, 1955.

3 S. Marks, "The Traditions of the Natal 'Nguni': A Second Look at the Work of A.T. Bryant", in L. Thompson, ed., *African Societies in Southern Africa, Historical Studies*, London: Heinemann, 1969.

4 A.T. Bryant, *Olden Times in Zululand and Natal, Containing the Earlier Political History of the Eastern Nguni clans*, London, 1929.

5 Alfred T. Bryant, *A History of the Zulu and Neighbouring Tribes*, Cape Town: C. Struik, 1964.

工业的发展水平相关。这些观点实际上为 70 年代以来兴起的南非激进派史学提出了具有启发性的理论课题。[1] 由于英国殖民统治的确立,这一时期的南非史学的最大特点是自由主义史学与英帝国传统的结合。两者之间联系密切。有的学者既有英帝国史学的传统,也表现出自由主义的倾向,麦克米伦、德·基维特或马瑞斯等人的著作都清楚地表明这一点。

这些作者一方面研究土地、当地人、肤色与就业等民生问题,另一方面又强调英帝国要以传播文明作为自己在非洲的使命。[2] 麦克米伦到约翰内斯堡贫民窟进行调查研究,还前往西开普、格雷厄姆斯敦和东部省农村进行了实地考察,并遵循"仔细倾听人们说的和想要说的,注意控制不让自己表达意见或卷入争论"的原则。[3] 他多次向政府官员阐述自己的观点,企图影响政策的制定。1924 年赫尔佐格竞选胜利后,麦克米伦要求马上会见并通报了自己对非洲保留地拥挤状况的调查。他后来因为批评政府而受到警告。[4] 1932 年,麦克米伦对赫尔佐格制定的土著和白人劳工政策极为不满,写信批评司法部长,最后不得不离开南非。尽管他离开了南非,他与南非政府的关系仍然影响着他的学术生涯。颇为讽刺的是,他的这份苦心并未得到英国政府的理解。他曾申请担任《非洲概览》的编写工作,但伦敦政府方面担心"如果我们给他这份工作,我们将会受到南非联邦政府和所有东非定居者的反对"[5]。最后,这部著作的编写工作交给了对非洲一无所知的海利勋爵。德·基维特则因为与麦克米伦的关系而受到歧视,不得不一直留在美国。[6] 为了纪念麦克米伦,他的儿子与

---

[1] S. Marks and A. Atmore, eds., *Economy and Society in Pre-industrial South Africa*, "Introduction", pp. 1–43; S. Marks and R. Rathbone, eds., *Industrialisation and Social Change in South Africa, African class formation, culture, and consciousness, 1870–1930*, "Introduction", Longman, 1982, pp. 1–43.

[2] W.M. Macmillan, *Africa Emergent* (revised and expanded edition), Penguin Books, [1938], 1949.

[3] W.M. Macmillan, *My South African Years*, Cape Town: David Philip, 1975, p. 146.

[4] Hugh Macmillan and Shula Marks, *Africa and Empire: W.M. Macmillan, Historian and Social Critic*, pp. 212–231.

[5] Macmillan, *My South African Years*, Cape Town: David Philip, 1975, p. 244.

[6] Christopher Saunders, *The Making of the South African Past: Major Historians on Race and Class*, Cape Town: David Philip, 1988, p. 79.

舒拉·马克斯主编了《非洲与英国：作为历史学家和社会批评家的麦克米伦》。英帝国史专家约翰·弗林特认为麦克米伦在历史与政治的关联上超过任何历史学家，因为他从自己的研究中得出结论后，对英帝国殖民政策进行批判并提出殖民政策的改革建议。[1] 德·基维特认为，英帝国不仅是一种政治制度或经济结构，也是一种表现在各方面的精神成就。[2]

南非早期自由主义史学有突出的两个特点，一是这些历史学家均受过正规的史学训练，二是他们善于将理论与实际相结合，表现在选题紧密联系社会现实和自己亲自参加社会实践。[3] 自由主义史学家一方面希望摆脱对南非历史解释的唯白人论，从当地非白人的角度来分析问题，另一方面则希望英帝国能更有效地制定殖民政策，对南非的非白人特别是黑人表现出某种同情，从而使英帝国殖民政策更为有效。黑人作者一方面为非洲民族主义的发展提供了养分，另一方面也引发了学术界的关注，他们的贡献主要是在社会实践方面。

三、种族隔离制下修正史学的兴起（20世纪下半叶）

（一）英帝国史学的留存与阿非里卡人的史学

1948年，南非国民党上台执政，这意味着种族隔离制开始系统实行。种族隔离制是以种族为划分基础的经济、政治和社会结构的等级制度；以对非洲黑人（也包括有色人种）的歧视并剥夺他们的一些基本权利为特征。种族隔离制度在1948年正式成为南非国民党种族关系政策的核心，

---

1 Hugh Macmillan and Shula Marks, *Africa and Empire: W.M. Macmillan, Historian and Social Critic*, pp. 212–231; Bruce Murray, "The Wits Years and Resignation, 1917–1933", *South African Historical Journal*, Vol. 65, No. 2, 2013, pp. 317–331.
2 C.W. de Kiewiet, *A History of South Africa, Social and Economic*, New York: Oxford University Press, 1941, p. vi.
3 李安山：《论南非早期自由主义史学》，《西亚非洲》1993年第1期。

极力制止各种族之间的交流和融合,并通过政府法律得以强化。20世纪五六十年代可以说是南非种族主义政权最为疯狂的时代,任何企图改变种族隔离制的人都被裁定为"共产主义者"。1959年,南非知名教授杜·特瓦特明确警告:将选举权扩大到非白人无异于白人的自杀。[1] 在严酷的社会氛围里,客观的学术研究难以存在,更不可能繁荣。

20世纪60年代的非洲民族独立运动推动了非洲民族主义史学的兴起,一批从欧洲国家留学归来的非洲学者不仅先后开始非洲国家历史和民族历史的教学,也成立了历史学会并启动了各种研究项目,一些进步的欧洲学者也在非洲大学帮助建立非洲国家的民族史学。多个非洲大学的研究机构、历史研究计划(如"贝宁计划"和"约鲁巴计划")和非洲史研究杂志(如《尼日利亚历史学会杂志》)相继产生。尼日利亚的伊巴丹学派、坦桑尼亚的达累斯萨拉姆学派、加纳的勒贡学派和塞内加尔、扎伊尔(今刚果民主共和国)和肯尼亚等国的民族主义史学应运而生。非洲史学可谓欣欣向荣。[2]

20世纪50年代以后,南非史学仍然因袭原来的传统,产生了一些学术成果,主要集中在早期殖民者在南非的活动,英国移民与荷兰移民的争斗与妥协,以及英帝国与南非的关系或是南非政治精英等主题。[3] 也有学

---

[1] F.A. van Jaarsveld, *The Afrikaner's Interpretation of South African History*, Cape Town, 1964, p.23.

[2] 参见[尼日利亚]埃比戈贝里·乔·阿拉戈:《非洲史学实践——非洲史学史》,郑晓霞、王勤、胡皖玮译,张忠祥、郑晓霞译校,上海:上海社会科学院出版社,2016年,第93—106页。中国学者的相关研究参见王建华:《当代非洲史学及其民族主义流派》,《西亚非洲》1988年第6期;李安山:《论伊巴丹历史学派——其形成、发展及批判》,《世界史研究动态》1990年第3期;李安山:《论达累斯萨拉姆历史学派的形成与发展》,《世界史研究动态》1990年第4期;李安山:《论黑非洲历史的非殖民化》,北京大学亚非研究所编:《亚非研究》第4辑,北京:北京大学出版社,1994年;张忠祥:《20世纪非洲史学的复兴》,《史学理论研究》2012年第4期;刘鸿武、王严:《非洲实现复兴必须重建自己的历史——论B.A.奥戈特的非洲史学研究与史学理念》,《史学理论研究》2015年第4期。

[3] Sidney Welch, *Portuguese and Dutch in South Africa, 1641–1806*, Cape Town: Juta Press, 1951; J.J. McCord, *South African Struggle*, Pretoria, 1952; E. Robbins, *This Man Malan*, Cape Town, 1953; G.B. Pyrah, *Imperial Policy and South Africa, 1902–1910*, Oxford University Press, 1955; John Bond, *They were South Africans*, Oxford University Press, 1956; D.W. Kruger, *The Age of Generals*, Johannesburg, 1958.

者开始探讨阶级与种族的关系。[1] 牛津大学出版社在 60 年代仍继续出版南非史研究系列丛书,有的关于南非政治,有的研究南非的土著问题,有的与英国的殖民政策相关,其中马尔夸德、汤普森、马瑞斯和麦克米伦等人的著作或是名著,或是再版。[2] 加尔布雷斯的《犹豫不决的帝国》(1963)专门分析英帝国在 19 世纪前期对南非的政策。[3]

剑桥大学的鲁滨逊和加拉格尔合著的《非洲与维多利亚时期的人》(1962)成为论述英帝国对瓜分世界的卷入及其南非政策的经典著作。作者分析了南非金矿的发现和德兰士瓦的兴起,认为这一地区危机(与埃及赫提夫倒台造成的危机一起)影响了欧洲各国与非洲的战略关系,最后导致了瓜分非洲的浪潮。两人在《新编剑桥近代史》中合著的《非洲的瓜分》章节重新阐述了这一观点。南非的历史成了英帝国扩张的历史。首先,作者认为,南部非洲"是由白人开拓的"。"自从金矿发现后,殖民地化的进程在深度和广度上更有了显著的增长。"其次,由于钻石矿的发现和铁路的修建,英国人在南非的扩张"明显地具有帝国色彩",布尔人(即阿非里卡人)的民族主义油然而生。再次,面对阿非里卡人的强烈反抗,英国政府在南非活动的目的在于保证:英国在最终在此建立联盟时,"帝国的成分可占优势"。最后,英国人对黄金和钻石矿的占有、投资和扩张以及铁路的修建,这些活动在阿非里卡人中间产生了针锋相对的情绪,伦敦政府"从外交上把南非再一次拉回到帝国路线上来"的企图未

1　H. Jack Simons and Ray E. Simons, *Class and Colour in South Africa, 1850–1950*, Harmondsworth, 1969.

2　G.B. Pyrah, *Imperial Policy and South Africa, 1902–1910*, Oxford University Press, 1955; John Bond, *They Were South Africans*, Oxford University Press, 1956; Leo Marquard, *The Peoples and Policies of South Africa*, Oxford University Press, 1962 (Third Edition); L.M. Thompson, *The Unification of South Africa, 1902–1910*, Oxford University Press, 1960; J.S. Marais, *The Fall of Kruger's Republic*, Oxford University Press, 1961; W.M. Macmillan, *Bantu, Boer, and Briton: The Making of the South African Native Problem*, Oxford University Press, 1965(Second edition); G. Le May, *British Supremacy in South Africa*, Oxford University Press, 1965; Alan Paton, *Hofmeyr*, Oxford University Press, 1965; T.R.H. Davenport, *The Afrikaner Bond The History of a South African Party*, Oxford University Press, 1966.

3　John S. R. Galbraith, *Reluctant Empire: British policy on the South African frontier 1834–1854*, Berkeley, 1963.

能实现。英国人与阿非里卡人最后只能通过一场战争来解决问题,即英布战争。[1]

阿非里卡人历史学家贾尔斯维尔德是南非20世纪最杰出的历史学家之一。他的著述多用阿非里卡语。在有关阿非里里卡人民族主义的起源的分析中,他指出,导致这种民族主义产生的相关因素包括对不公正待遇的感受、受到冒犯的尊严、对民族(volk)和祖国的依恋以及自我民族意识的觉醒等。与有关民族主义应强调文化和智力因素的观点不同,他认为民族主义是一种政治现象,强调政治因素在民族主义起源和发展中的作用。奥伯霍尔兹(J.J. Oberholzer)和斯库尔(M.C.E. van Schoor)等南非荷兰语历史学家认为,阿非里卡人民族主义的起源可以追溯到19世纪初,贾尔斯维尔德提出,阿非里卡人的民族主义起源于1868—1888年期间,这是一种对英帝国主义在南非扩张的反应。[2] 1969年,由南非大学历史系教授主编的《五百年的南非史》则是殖民者史学在当代的代表作。作者毫不掩饰地宣称这是一本关于"南非白人发现南非、移民南非的历史"。

由于阿非里卡人移民南非已有3个世纪左右,加之南非成为英国殖民地,这些人犹如荷兰政府的"弃儿",他们对自己的历史需要重新认知,对自己命运需要重新解释。在这种意义上,他们对自己的历史——抵达南非后的奋斗史和领袖人物的精英史特别看重。[3] 贾尔斯维尔德的另一部著作研究了阿非里卡人对南非历史的解释。这是他以前用阿非里卡语所做的讲座和发表的研究文章,内容涉及两个方面:一是阿非里卡人对历史的理解,包括阿非里卡人关于感召与使命的观念、民族意识的觉醒及对历史的认知、阿非里卡人的历史形象、英布战争及其历史著述、历史与政治的关系、对南非史的解释与趋势。二是历史教学中的相关主题,如历史教学

1　Robinson and J. Gallagher (with Alice Denny), *Africa and the Victorians*, London: Macmillan, 1962;[英] F.H. 欣斯利编:《新编剑桥世界近代史》第十一卷,中国社会科学院世界历史研究所组译,北京:中国社会科学出版社,1987年,第875—884页。

2　F.A. van Jaarsveld, *The Awakening of Afrikaner Nationalism, 1868–1881*, Cape Town: Human and Rousseau, 1961.

3　"Biographies of Voortrekker Leaders", in F.A. van Jaarsveld, *The Afrikaner's Interpretation of South African History*, Cape Town, 1964, pp. 71-93.

的目的和意义、历史教学的潜在危险、南非学校中一般史与民族史的讲授等。他敏锐地意识到，随着学术界注意力从传统的英国人—布尔人的冲突中转移开来，研究重点将集中到白人—非白人以及一般的种族关系。[1]

（二）自由主义史学的延续

"二战"以后，特别是罗斯托的《经济增长的阶段》发表以来，大部分研究发展经济学和现代化理论的学者认为，在发展中国家存在着一种普遍现象：双重经济的并存。一方面是现代的资本主义工业经济，另一方面是传统的农业经济；前者是能动的，蓬勃向上的，后者是静止的，阻碍经济发展的。这种观点对南非史学界很有影响。自由主义史学在一些领域延续，他们的研究着重于南非经济和种族隔离制的关系。

南非自由主义学者的主要观点是对种族主义的批评和对资本主义本质的推崇。自由主义史学家认为种族歧视对工业经济的发展起的是反作用，限制黑人劳动力的流动性和将就业机会保留给白人的政策没有经济意义。对种族隔离制的起源解释繁多，有的追溯到布尔人的边疆传统，有的归结于传教士设立保留地，有的归咎于开普殖民地，有的则追根到南非金矿业。概括起来，一种认为南非问题的症结是其历史和种族的复杂性，布尔人成了种族隔离制的罪魁祸首；另一种则认为资本主义的发展特别是19世纪末的钻石金矿业是种族隔离制的滥觞。自由主义史学习惯于将种族隔离的起源追溯到种族主义的阿非里卡人边疆传统，有的甚至认为，种族隔离制的根源是"前工业社会的纳塔尔"的政策。[2] 他们倾向于认为种族隔离与资本主义经济制度存在着本质矛盾；资本主义的发展除钻石和金矿的发现外，还得益于南非的诸文化因素，主要是大批白人的存在。他们对于黑人遭受的超经济剥削和非人道待遇分析不多，认为经济发展将导致社会和政治一体化。

1　F.A. van Jaarsveld, *The Afrikaner's Interpretation of South African History*, Cape Town, 1964, p.156.

2　D. Welsh, *The Roots of Segregation*, Cape Town, 1969.

《牛津南非史》是自由主义史学的代表作，为学术界带来了新视角和新观点。南非开普敦大学的社会人类学家莫尼卡·威尔森和著名历史学教授伦纳德·汤普森任主编。[1] 第一卷从古代到 1870 年。由于南非历史往往被写成白人移民者的历史，桑人、科伊科伊人和班图人成了历史上的"问题"；他们成为人类学的研究对象，与南非历史没有多少关系；非洲社会或是一成不变，或是原始落后。《牛津南非史》力图改变这种刻板印象。对白人移民者到来之前的历史用早期考古发现进行实证说明，莫尼卡从人类学角度对各个民族进行了描述。[2] 第二卷的时限是 1870—1966 年。这一卷体现了多学科的合作，历史学家的贡献相形见绌。作者中社会人类学家、社会学家和报刊编辑各一位，加上两位经济学家和两位政治学家。只有主编之一的汤普森是历史学家。[3] 一些反对南非种族隔离制的学者参与写作，如利奥·库柏有关非洲民族主义的论述等。[4]《牛津南非史》体现了自由主义史学的基本观点：南非史的主题是民族之间的互动；南非的冲突，暴力和极度不平等的原因是种族主义，根源在于早期布尔人的故步自封和停滞不前；问题的症结是种族主义，解决办法是恢复建立在人道主义基础上的自由主义经济；工业化是一个进步的现代化过程，这一过程需要新的社会关系；如果工业化顺利发展，它将建立一个合理的、自由的社会秩序。虽然《牛津南非史》对非洲人历史的研究尚有一定欠缺[5]，但威尔森和

---

[1] "Monica Hunter Wilson", http://www.sahistory.org.za/people/monica-hunter-wilson; T. Davenport, "Leonard Thompson and South African History", *South African Historical Journal*, Vol.24, No.1, 1991, pp.224–228; C. Saunders, "Leonard Thompson's Historical Writing on South Africa: An Appreciation", *South African Historical Journal*, Vol.30, No.1, 1994, pp.3–14.

[2] M. Wilson and L. Thompson, eds., *The Oxford History of South Africa, Volume I, South Africa to 1870*, New York: Oxford University Press, 1969.

[3] L. Thompson, *A History of South Africa*, Yale University Press, 1990; L. Thompson, *Survival in Two Worlds: Moshoeshoe of Lesotho, 1786–1870*, Oxford: Clarendon Press, 1976; L. Thompson, *The Political Mythology of Apartheid*, Yale University Press, 1985.

[4] M. Wilson and L. Thompson, eds., *The Oxford History of South Africa, Volume II, South Africa 1870–1966*, Oxford: Clarendon Press, 1971.

[5] A. Atmore and N. Westlake, "A Liberal Dilemma: A Critique of the Oxford History of South Africa", *Race*, Vol.14, 1972, pp.107–136; Shula Marks, "Liberalism, Social Realities and South African History", *Journal of Commonwealth Political Studies*, Vol.10, Nov. 1972, pp.243–249.

汤普森具有公认的学术水平，其研究方法也具有一定的独创性。达温波特的重要著作《南非现代史》对南非各种社会力量的历史综合得到了学术界的认可。[1]

另一位重要的自由主义学者是利奥·库柏，曾被称为纳塔尔大学自由主义学者的领军人物。他是社会学家，但其著作不仅具有历史视角，对南非学术界也影响颇大。他于1952年在伯明翰大学获得社会学博士学位，来到南非纳塔尔大学教书。他支持反对南非种族主义政权的斗争，了解南非种族隔离制和非洲人的社会生活，因参与反对种族隔离制的集会而受到指控，不得不去美国教书。[2]《南非的被动抵抗》深入探讨了各种形式的被动抵抗。他从社会学的角度认为"被动反抗"是为"通过减少互动（interaction）来推进变化"，"减少互动"是为表达意愿而不遭遇野蛮镇压。除了描述当时存在的非白人对种族隔离制进行的被动反抗外，他还揭示了另一个被人们忽略的事实：当非白人开始改变其种姓与部落主义时，白人却开始拥抱这些制度；当非白人逐渐倾向于普世伦理时，白人却宣告了他们的排外伦理。[3] 他的《非洲资产阶级——南非的种族、阶级和政治》主要通过采访所获资料，对非洲人中间较高阶层从事的较体面职业与所处的低级社会地位的矛盾进行了深刻的分析。他认为，这种不相称状况的出现令人不能容忍。如果这种情况长期存在，种族间的内战很难避免。然而，他提出的解决办法有些理想化——联合国可以通过和平和非种族的方式来解决这一矛盾。[4]

---

[1] T.R.H. Davenport, *South Africa: A Modern History*, University of Toronto Press, 1977. 此书后来多次重印和修订再版。

[2] Jeffrey Butler, Richard Elphick and David Welsh, eds., *Democratic Liberalism in South Africa: Its History and Prospect*, Middletown: Wesleyan University Press/Cape Town and Johannesburg: David Philip, 1987, p.122.

[3] Leo Kuper, *Passive Resistance in South Africa*, New Haven: Yale University Press, 1957, p.210; Leo Kuper, "African Nationalism in South Africa, 1910–1964", M. Wilson and L. Thompson, eds., *The Oxford History of South Africa, Volume II, South Africa 1870–1966*, pp.424–476.

[4] Leo Kuper, *An African Bourgeoisie: Race, Class, and Politics in South Africa*, New Haven: Yale University Press, 1965.

(三) 修正派史学的兴起

从 70 年代开始,日益兴起的工人运动暴露了南非史学研究的一些缺陷,激发了学者对工人阶级的研究,南非史学出现了新气象。修正派史学(revisionist historiography)应运而生。比较突出的学者有约翰斯顿、拉盖西克和特拉皮多等人。此外,被戏称为"四人帮"(Gang of Four)的罗伯特·戴维斯(Robert Davies)、大卫·卡普兰(Dave Kaplan)、迈克·莫里斯(Mike Morris)和丹·欧米拉也十分突出。这四位学者同在萨塞克斯大学受过研究生教育,其历史著述均具有社会学的方法,又深受结构主义的马克思主义的影响。他们从内部角度书写南非史,分析资本塑造国家政策的逻辑,力图反映真实的南非。这批学者被冠之以各种名号,如"马克思主义学派""新马克思主义学派""激进学派"或"修正派史学"。[1]

1971 年,拉盖西克在英联邦研究学院宣读的开拓性论文不仅对边疆在南非历史上的作用进行了精辟的分析,同时对南非史学界关于"边疆传统"的流行观点提出质疑。自由主义史学认为阿非里卡人到 1800 年已形成了一种排外的文化和社会,以及一种反对进步的种族态度。在东部边疆地区,他们遇到了比桑人和科伊科伊人强大得多的班图文化,因而导致了一连串的战争及贸易和文化的互动。1806 年英国人带来的是崭新的工业社会及思想和制度;为抵制英国人带来的政治与法律平等的原则,布尔人进行了大迁徙。白人种族主义实源于布尔人向内地扩张的边疆传统。[2] 拉盖西克认为这种解释受美国奴隶制史学家吉诺维斯的影响,过分强调了边疆的作用,从而忽略了对阶级关系的分析。拉盖西克的论文拉开了向

---

[1] F. Johnstone, "'Most Plainful to Our Hearts': South Africa Through the Eyes of the New School", *Canadian Journal of African Studies*, Vol.16, No.1, 1982, pp.1–26; D.E. Kaplan, "Class, Conflict, Capital Accumulation and the State: An Historical Analysis of the State in Twentieth Century South Africa", PhD Dissertation, University of Sussex.

[2] 对布尔人大迁徙的分析,可参见拙文《布尔人大迁徙的经济因素浅析》,《西亚非洲》1988 年第 1 期。

自由主义史学全面论战的序幕。[1]《牛津南非史》第二卷的出版，使修正派史学对自由主义传统的批判更为激烈。仅在1972年一年中，就有4篇极有分量的评论文章问世。[2] 修正派史学强调用唯物主义观点来分析阶级和种族的关系，反对以文化差异或种族主义来解释南非现状。他们将矛头指向南非资本主义，认为种族隔离制度并非种族主义使然，而是资本主义发展的恶果。

自由主义史学认为资本主义发展是理性的，是自由的选择，任何文明人都有公平竞争的机会；他们谴责种族隔离制，因为种族隔离制否认一部分人的权利，是一种非人道、非理性的制度；资本主义与种族隔离制的并存是奇特的、不正常的。修正派史学认为阶级和种族是两个根本不同的概念，但在南非这两者联系紧密。种族之间的差距是南非资本主义发展的结果，资本主义的畸形发展又得益于种族隔离制。经济发展绝不会给种族隔离制带来根本变化。种族隔离制会日益强化，而白人统治会趋于灵活，要根本废除种族隔离制，只有通过不断的斗争。历史的发展已证明了这一论点。实际上，资本主义并未创造种族主义，而是利用和扩大了种族主义意识，通过建立种族隔离制而使其剥削合法化。在南非的历史和现实中，资本与种族主义是一种互动关系；资本的积累和扩张需要种族主义，种族隔离制通过资本而得到强化。两者的并存并非理性或非理性的问题，而是南非特殊历史发展带来的一种社会现实。

19世纪末，兰德金矿的深层开采吸引了大批国际资本，同时需要大量的劳动力，这对南非社会的转变产生了根本性影响。金矿工业资本家是

---

[1] M.J. Legassick, "The Frontier Tradition in South African History", Institute of Commonwealth Studies, Vol.2, 1971, pp.1-33; S. Marks and A. Atmore, eds., *Economy and Society in Pre-industrial South Africa*, London: Longman, 1980, pp.44-79.

[2] Shula Marks, "Liberalism, Social Realities and South African History", *Journal of Commonwealth Political Studies*, Vol.10, Nov. 1972, pp.243-249; Colin Bundy, "The Emergence and decline of a South African Peasantry", *African Affairs*, Vol.71, 1972, pp.369-387; H. Wolpe, "Capitalism and Cheap Labour Power in South Africa: From Segregation to Apartheid", *Economy and Society*, Vol.1, No.4, 1972, pp.425-456; A. Atmore and N. Westlake, "A Liberal Dilemma: A Critique of the Oxford History of South Africa", *Race*, Vol.14, No.2, 1972, pp.107-136.

种族隔离制的始作俑者。为了降低劳动力成本,他们制定了种种政策:建立在通行证制度基础上的流动劳工制度;为减少社会福利而又可达到劳动力再生产目的的保留地政策,将工人阶级分为有技术的高薪白人阶层和无技术低工资的黑人工人,这些政策成为后来实行的种族隔离制的起源和基础。国家的干预和以种族为基础的劳动分工,不仅没有阻碍生产,反而是南非工业化的关键因素。约翰斯顿从1970年起就发表了有关南非白人的经济统治与种族优越地位两者结合的论文,他的著作探讨了保留地与金矿工业的关系。自由主义历史学家未能将经济的发展与种族统治制度的演变联系起来,也未能探讨工业化的历史意义。这是修正派史学开始承担的任务。约翰斯顿提出了一个论点:工业资本主义对种族隔离制度的许多关键要素负责。[1] 戴维斯运用历史唯物主义和阶级分析方法,通过研究资本、国家和劳动力三者的互动考察了南非工人阶级分裂的过程。约尔德曼则通过考察金矿劳动力的运作分析了国家、资本和劳工的关系。[2] 利普顿则对白人农业资本、矿业资本和制造业资本以及白人劳动力等各方利益进行了分析,揭示了白人寡头地位与种族隔离制的关系。[3] 与自由主义学派不同,修正派史学家逐步放弃了那种将黑人看作资本主义制度被动的受害者的简单化解释,转向对黑人主动性的研究,开始探讨黑人社会本身的阶级分化以及保留地内部对劳动力的控制。[4]

---

[1] F.A. Johnstone, "White Prosperity and White Supremacy in South Africa", *African Affairs*, Vol.69, 1970, pp.124–140; F.A. Johnstone, *Class, Race and Gold: A Study of Class Relations and Racial Discrimination in South Africa*, London: Routledge and Kegan Paul, 1976.

[2] R. Davies, *Capital, State and White Labour in South Africa, 1900–1960: An Historical Materialist Analysis of Class Formation and Class Relations*, Brighton: Harvester, 1979; David Yudelman, *The Emergence of Modern South Africa: State, Capital, and the Incorporation of Organized Labor on the South African Gold Fields, 1902–1939*, Greenwood Press, 1983.

[3] Merle Lipton, *Capitalism and Apartheid, South Africa, 1910–1984*, Rowman & Allanheld, 1985.

[4] S. Trapido, "South Africa in a Comparative Study of Industrialization", *Journal of Development Studies*, Vol.8, No.3, 1971, pp.309–320; M. Legassick, "South Africa: Capital Accumulation and Violence", *Economy and Society*, Vol.3, 1974, pp.253–291; D. O'Meara, "The 1946 African Miners Strike and the Political Economy of South Africa", *Journal of Commonwealth and Comparative Politics*, Vol.13, No.2, 1975, pp.146–173.

自由主义学派一般认为，南非存在着双重经济；白人的现代资本主义经济和黑人落后的农民经济；黑人的"部落经济"不能适应日益发展的工业经济。邦迪的研究从根本上否定了这种观点。他考察了四个省农民的历史发展，发现南非农民在1870—1886年期间对南非经济形势的变化相当敏感，并做出相应调整。结果，黑人农民远远强于白人农民，生产发展很快。但在1886—1913年期间，由于资本主义的发展和南非政府超经济手段的干预，黑人农民受到极大打击，生产随之下降。他的结论是：南非黑人农民对市场经济的反应比一般学者想象的要积极得多。少数农民经过调整，从传统的自给自足的农业经济中分离出来，成功地与白人农民展开竞争。然而，白人统治政权运用强迫的非经济手段迫使黑人农民在竞争中处于劣势地位，导致了黑人农民生产利润的下降。他认为，黑人农民的衰落并转化为雇佣劳动力是资本主义发展的结果。[1]

修正派史学的另一个重要贡献是对国家的作用进行唯物主义分析。他们认为南非的国家机器从根本上说是南非资产阶级压迫、剥削和控制南非人民的工具，其作用体现在以下几个方面。第一，在阶级形成中的双重作用。一方面，国家通过立法剥夺了黑人农民的土地，使其不可能继续从事自给自足的农业经济，从而将其转化为无产阶级。另一方面，通过给予白人工人优越的待遇，它将一大批白人工人变为自己的社会基础，从而模糊了无产阶级的阵线。第二，作为资本家阶级的代表，南非国家机器长期以来运用超经济手段来剥夺和镇压敌对阶级，立法是经常采用的手段之一。首先是对非洲农民土地的剥夺，继而是对黑人工人阶级的压迫，最后是种族隔离制的确立。第三，南非政权利用种族主义来巩固自己的统治，资本家阶级通过国家机器来使种族主义合法化和制度化。[2]

---

[1] C. Bundy, *The Rise and Fall of the South African Peasantry*, Berkeley, 1979.
[2] H. Wolpe, "Capitalism and Cheap Labour Power in South Africa: From Segregation to Apartheid", *Economy and Society*, Vol.1, No.4, 1972, pp.425–456; M. Legassick, "Legislation, Ideology and Economy in Post-1948 South Africa", *Journal of Southern African Studies*, Vol.1, No.1, 1974, pp.35–35; Merle Lipton, *Capitalism and Apartheid, South Africa, 1910–1984*, Rowman & Allanheld, 1985.

（四）南非史学的成就

从20世纪70年代以后，南非史学致力于为普通民众服务，表现在两方面。一是作为成年黑人识字项目的一部分，在报刊上出现了一系列的通俗历史文章，以启发民智并重新认识自己的历史。二是一些出版社如拉文出版社（Raven Press）出版了一批历史著作，这些著作以平装廉价出版，帮助普通民众学习自己的历史。此外，1977年开办的"金山大学历史工作坊"（Wits History Workshop, Johannesburg History Workshop）推动了南非历史认识和研究，成为一个以社会科学为主要研究对象的跨学科研究群体。以金山大学历史系为中心的历史学家群体为南非史学贡献了一大批优秀的著作，如揭示南非农民主动性的《南非农民的兴衰》，研究19世纪德兰士瓦地区佩迪人与布尔人和英国人关系的《土地属于我们》，探讨南非农村反抗的著作《南非农村的隐蔽斗争》等。[1] 南非的学术杂志如开普敦大学的著名社会科学杂志《社会动力》（Social Dynamics）不时以专刊刊登具有方法论意义的文章，这些著述不仅推动了南非史学，也对国际社会科学研究产生了影响。[2] 南非的资本、种族与国家的三者关系成为学者们重点注意的主题，阶级分析成为主要研究方法之一。他们强调用唯物主义观点来分析阶级和种族的关系，反对以文化差异或种族主义来解释南非现状。

七八十年代南非史学的另一个突出成果是在社会史方面。查尔斯·范·奥塞伦是南非著名的历史学家，他于1976年出版的专著《赤巴

---

[1] C. Bundy, *The Rise and Fall of the South African Peasantry*, Berkeley, 1979; Peter Delius, *The Land Belongs to Us: The Pedi Polity, the Boers and the British in the Nineteenth-Century Transvaal*, Johannesburg, 1983; Peter Walshe, *The Rise of African Nationalism in South Africa: The African National Congress, 1912–1952*, Johannesburg, 1983; William Beinart and Colin Bundy, *Hidden Struggle in Rural South Africa: Politics & Popular Movements in the Transkei and Eastern Cape, 1890–1930*, London: James Currey, 1987; C. Bundy, *Remaking the Past: New Perspectives in South African History*, University of Cape Town, 1987; C. Bundy, *History, Revolution, and South Africa*, University of Cape Town. 1987.

[2] R. Elphick, "Methodology in South African Historiography: A defence of idealism and empiricism", *Social Dynamics*, Vol.9, No.1, 1983; Deborah Postel, "Rethinking the 'Race-Class-Debate' in South African Historiography", *Social Dynamics*, Vol.9, No.1, 1983; John Lonsdale, "From Colony to Industrial State: South African historiography as seen from England", *Social Dynamics*, Vol.9, No.1, 1983.

洛》对1900—1933年南罗得西亚的非洲矿工进行了深入研究。他除了描述矿工的恶劣生产条件外，还分析了矿工在住宿地围场的封闭性、流动性以及矿主的控制手段，并展示了矿工对强迫劳工经济制度的反抗。[1] 奥塞伦的《1886—1914年威特沃特斯兰德社会和经济史研究》包括主题不同但相互关联的两卷《新巴比伦》和《新尼尼微》。第一卷不仅分析了作为南非社会经济基础的矿业经济和矿工阶级，还在分析矿山资本对矿工进行社会控制方面展现了独特的视角。他研究了专为矿工服务的酒类销售和妓女（包括白人和黑人）行业的目的——为了驯化和麻痹工人并从他们手上榨取所剩无几的工钱。他还剖析了该地区公共交通的控制，这一行业在1889—1899年间被农业资本家控制，在1900—1914年被矿业寡头所控制。第二卷主要探讨了为白人中产阶级服务的家庭佣工的工作环境，白人无产者为保持自己的生活条件所付出的努力以及最后沦为流氓无产者的黑人的谋生方式。[2] 他的著作涵盖了黑人和白人工人阶级的构成、矿业资本对矿工的控制手段、白人中产阶级的生活以及当地犯罪团伙的成因等重要内容，为社会经济史研究开拓了新的观察视角和研究领域。

  南非女历史学家卡里尼科斯的父母是希腊人，出生在约翰内斯堡，早年积极参加反对种族主义的斗争。她是最早提出要重视研究南非民众即"普通"南非人（"ordinary" South Africans）的学者，研究重点是社会经济史。卡里尼科斯有关南非工人的三部曲《黄金与工人》（1980）、《劳碌的生活》（1987）和《城市之地》（1993）对研究南非工人阶级及下层民众的历史具有重要的学术价值。《黄金与工人》分三个部分阐述了这一经济史主题，并分别研究了华工（第14章）、白人矿工和黑人矿工，指出了诸种因素造成工人之间的分歧。《劳碌的生活》曾获非洲出版业的诺玛奖（Noma Award）。[3] 她也完成了其他历史著作，如兰德的城市史和与曼德拉成长的社会

---

1 Charles van Onselen, *Chibaro: African Mine Labour in Southern Rhodesia, 1900–1933*, London, 1976.
2 Charles van Onselen, *Studies in the Social and Economic History of the Witwatersrand 1886–1914 Volume 1, New Babylon, Volume 2, New Nineveh*, Longman, 1982.
3 Luli Callinicos, *Gold and Workers, 1886–1924*, Johannesburg, 1981; L. Callinicos, *Working Life 1886–1940: Factories, Townships, and Popular Culture on the Rand*, Ravan Press, 1987; L. Callinicos, *A Place in the City: The Rand on the Eve of Apartheid*, Cape Town: Ravan Press, 1993.

环境有关的历史等。

90年代突出的研究成果仍然是社会史。范·奥塞伦有关卡斯·梅恩这位南非佃农的个人传记在南非史学界引起极大反响,被列为20世纪非洲100本最佳读物之一,受到国际学术界的高度评价。[1] 南非学者阿特金于1986年在金山大学历史系取得博士学位,目前在密执安大学历史系教书,其研究集中在南非的社会史研究。她曾发表过有关祖鲁人的社会史论文,研究纳塔尔洗衣工协会的历史和所谓的"卡佛尔时间"观念。[2] 她有关纳塔尔非洲工人道德的文化起源的著作获得了美国非洲研究会1994年赫斯科维兹奖,并被推荐为1995年度的杰出学术著作。[3] 开普敦大学历史系的高级讲师帕特里克·哈里斯对莫桑比克和南非流动劳工在工作、文化和认同方面进行比较研究,揭示了两个地方的流动工人如何在新的环境中对原有的仪式、传统、信仰和价值观进行改造和调整,以更恰当地面对自己和他人,从而更好地适应新的环境。[4] 有关妇女史的主题集中在她们的生存环境和应对策略以及对种族隔离制的反抗。[5]

曼德拉于1990年2月11日被南非当局宣布无条件释放。这无疑宣布

---

1 Charles van Onselen, *The Seed is Mine The Life of Kas Maine, A South African Sharecropper 1894–1985*, Happer Collins, 1996.

2 Keletso E. Atkins, "Origins of the AmaWasha: The Zulu Washerman's Guild in Natal, 1850-1910", *Journal of African History*, Vol.27, 1986; K.E. Atkins, "'Kafir Time': Preindustrial Temporal Concepts and Labour Discipline in Nineteenth Century Colonial Natal", *Journal of African History*, Vol.30, 1989.

3 Keletso E. Atkins, *The Moon Is Dead! Give Us Our Money! The Cultural Origins of an African Work Ethic, Natal, South Africa, 1843–1900*, Portsmouth, Heinemann/London: James Currey, 1993.

4 Patrick Harries, *Work, Culture, and Identity- Migrant Laborers in Mozambique and South Africa, c.1860–1910*, Portsmouth: Heinemann/London: James Currey/Johannesburg: Witwatersrand University Press, 1994.

5 Hilda Bernstein, *For their Triumph and for their Tears - Conditions and Resistance of Women in Apartheid South Africa*, International Defense and Aid Fund, 1975; C. Walker, *Women and Resistance in South Africa*, Onyx Press, 1982; Cherryl Walker, ed., *Women and Gender in Southern Africa to 1945*, Cape Town: David Philip, 1990; Julia Wells, *We Now Demand! The History of Women's Resistance to Pass Laws in South Africa*, Johannesburg: Witwatersrand University Press, 1993; Belinda Bozzoli with Mmantho Nkotsoe, *Women of Phokeng: Consciousness, Life Strategy, and Migrancy in South Africa, 1900–1983*, London: James Currey, 1991; Penelope Hetherington, "Women in South Africa: The Historiography in English", *The International Journal of African Historical Studies*, Vol.26, No.2, 1993, pp.241–269.

了南非新时代的到来。1990年冬季,《激进历史评论》出版主题为《来自南非的历史》的专刊,内容包括作者通过对在农加乌斯灾难（Nongqawuse Catastrophe）[1]中出现的自杀与大屠杀的细致分析来折射对科萨人的看法、修正派史学对南非农业资本主义转型的研究、兰德地区1944—1952年黑人占地者运动（Black Squatter Movement）的分析、美国和南非历史的比较、南非文学与历史的关系、非国大及其史学传统、团结运动的历史觉悟及遗产、对南非劳工办的史学评价、知识分子与历史的关系等众多的话题。除了论文之外,专刊还有9篇关于各种学术活动的简讯,涉及南非史学的多个方面。此专刊于1991年由天普大学用原标题出版,说明了美国学界对南非历史研究的推崇和借鉴。[2]

南非史学既有对荷兰殖民统治、大迁徙等传统主题的研究,也有对种族与阶级以及政治经济的关系、城镇黑人反抗以及资本与阶级关系的探讨。[3]南非的历史往往被描述成白人的历史,桑人和科伊科伊人永远是沉默的。其他非洲人则要根据他们自己的历史学家的记忆,而这些记忆往往被忽略、歪曲和删除。《法罗之屋》的作者突破了这一禁忌。科萨人一直在查维（Tshawe）后人领导下,在18世纪分为两支,一支为现今特兰斯凯的

---

[1] 这是指19世纪中期在南非科萨人中发生的一次由于本土宗教所导致的灾难。农加乌斯是南非一位15岁的科萨姑娘,她在1856年的时候自称三位祖先之灵告诉她,如果科萨人通过摧毁他们的庄稼和杀死他们的牛来表达其信仰,那么在指定的日子里,精灵将会让死者复活,慷慨地还原所有的财富,并将英国人冲进大海。数以千计的人相信这个预言,从而造成了极大的灾难。

[2] J. Brown, B. Bozzoli, et al., eds., *History from South Africa Alternative Visions and Practices*, Temple University Press, 1991.

[3] Rowland Raven-Hart, eds., *Cape Good Hope, 1652–1702: The First Fifty Years of Dutch Colonisation as Seen by Callers*, 2 volumes, Cape Town: A.A. Balkema, 1971; Thomas Pakenham, *The Boer War*, London: Weidenfeld and Nicolson, 1979; Shula Marks, *Reluctant Rebellion: The 1906–1908 Disturbances in Natal*, Oxford University Press, 1970; F.A. Johnstone, *Class, Race and Gold: A Study of Class Relations and Racial Discrimination in South Africa*, London: Routledge and Kegan Paul, 1976; B. Bozzoli, *Labour, Township and Protest*, Johannesburg: Ravan, 1978; S.B. Greenburg, *Race and State in Capitalist Development: Comparative Perspectives*, New Haven: Yale University Press, 1980; B. Bozzoli, *The Political Nature of the Ruling Class: Capital and Ideology in South Africa, 1890–1933*, London: Routledge, 1981; W. Beinart, *The Political Economy of Pondoland, 1870–1930*, Cambridge University Press, 1982; Tom Lodge, *Black Politics in South Africa since 1945*, Johannesburg: Ravan Press, 1985.

卡勒卡人（Gcaleka），另一支是西斯凯的人。作者希望还科萨人历史的本来面目，通过书面档案和口头资料（系谱、赞歌和传说），描述了历史上7次边疆战争的缘由、过程和结果，力图从整体上把握科萨人的历史。该书是第一部从科萨人角度研究科萨人的历史著作，这也是作者用"科萨人独立时期的历史"作为副标题的原因。[1]

（五）小结

这一时期，英帝国史学在20世纪五六十年代仍对南非史学有所影响，特别体现在对瓜分非洲及英布战争的解释上。阿非里卡人史学注重民族意识形成中的重大事件和重要领袖，贾尔斯维尔德的两部英文著作对南非史学产生了一定影响，揭示了史学在阿非里卡人民族形成中的作用。自由主义史学因《牛津南非史》的出版达到高峰，也因此成为激进的南非史学即修正派史学崛起的重要原因之一。自由主义学派与修正派史学在对种族与阶级的关系、种族隔离制起源的解释、国家与资本的关系和资本主义的影响以及黑人农民的作用等问题上产生了严重分歧。

这一时期的南非史学有三个特点。第一，在方法论上的突破以修正派史学为代表，他们注重唯物史观的分析方法。修正派史学的出现为南非史学增添了新的活力。这表现在一批新学者、新观点和具有新方法的历史著述的出现，学者们注重资本与国家的关系，强调非洲人在历史中的主观能动性，为学术研究提供了新视角。第二，在研究领域的开拓以范·奥塞伦为领军人物，社会史研究为这一时期的南非史学拓展了新的空间，为后来的研究打下了基础。一批社会（经济）史著作得到世人及国际学术界的认可。第三，历史知识的普及化以金山大学历史工作坊为楷模。在致力于历史知识的平民化方面，金山大学历史工作坊功不可没，各种论坛、讲座和平民读物给历史知识的普及带来了便利。

---

[1] J.B. Peires, *The House of Phalo: A History of the Xhosa People in the Days of Their Independence*, Jonathan Ball Publishers, 1981.

四、百花齐放的局面（新南非成立后）

新南非的成立使史学得到了充分的发展，这表现在多个方面：重构历史的需求、对民族史和地方史的重视和研究领域的拓展。

（一）重构历史的需求

新南非的成立使重构历史的要求骤然提升。首先是将面向高雅读者的需求转为向为大众服务，历史研究呈现出大众化与多元化的趋势，出版了一大批雅俗共赏的历史著作。一些长期被人忽略的地区（城市）、民族（族群）和机构组织及政治领袖纳入历史研究的视野，一些长期被认为是社会边缘的地区和群体成为研究的对象。被人们忽略的地区或人群受到历史学家的青睐。[1] 有关南非黑人领袖索尔·普拉吉、阿尔弗雷德·B. 苏玛和贾巴伍、非国大领导人奥利弗·坦博（Oliver Tambo）和曼德拉以及叛国罪辩护基金（Treason Trial Defence Fund，1956—1961）主席、南非辩护和援助基金（SA Defence and Aid Fund，1960—1964）主席、南非劳工党领袖亚力克斯·赫普尔等诸多著名人物也成为历史学和传记学的研究对象。[2]

有的学者对种族隔离制时期的工会组织进行了深入探讨。[3] 非洲大陆

1　C. Glaser, *Bo-Tsotsi: The Youth Gangs of Soweto, 1935–1976*, Portsmouth NH: Heinemann, 2000; Sampie Terreblanche, *A History of Inequality in South Africa, 1652–2002*, University of Natal Press, 2002; Robert Ross. *The Borders of Race in Colonial South Africa: The Kat River Settlement, 1829–1856*, Cambridge University Press, 2014; Tshepo Moloi, *Place of Thorns: Black Political Protest in Kroonstad since 1976*, Wits University Press, 2015.
2　Luli Callinicos, *The World that Made Mandela: A Heritage Trail: 70 Sites of Significance*, Real African Publishers, 2000; Luli Callinicos, *Oliver Tambo: Beyond the Engeli Mountains*, Claremont: David Philip, 2004; Seetsele Modiri Molema, *Lover of his People, A Biography of Sol Plaatje*, Other Publication, 2012（由茨瓦纳语读本首次译成英语）; Catherine Higgs, *The Ghost of Equality: The Public Lives of D.D.T. Jabavu of South Africa, 1885–1959*, Cape Town: David Philip, 1997; Steven D. Gish, *Alfred B. Xuma: African, American, South African*, SAHO Publication, 2012; Bob Hellpe, *Alex Hepple: South African Socialist*, SAHO Publication, 2011。
3　Kally Forrest, *Metal That Will Not Bend: The National Union of Metal Workers of South Africa, 1980–1995*, Johannesburg: Wits University Press, 2011.

上最古老的非洲民族主义组织非国大在 2012 年 1 月 8 日举行了百年庆典，这一历史事件在非国大和南非社会中引起了广泛的辩论。南非和国际历史学家对这一政党的历史轨迹以及它长期反对殖民主义和种族隔离的斗争历史进行了批判性反思，并试图在历史与现实的关系之间进行历史思考，为未来的研究提出新的议程。[1] 以前对非国大历史的许多研究主要集中在国家层面或城市区域。安德鲁·曼森等人集中研究非国大在南非西北省这一重要战略活动区域。该书使我们更好地了解非洲人国民大会在地方上寻求政治自由的历程。三位作者都是专门从事历史研究的专家，对非国大有较深入的了解。[2] 此外，美国历史学家保罗·兰道目前正在研究非国大及曼德拉的历史。他注重研究南非历史上大众政治的问题，曾两次获得美国非洲研究的殊荣——"赫尔斯科维茨奖"（Herskovits Award）。[3]

以前的历史多为教育者或知识阶层服务，这一现象得到根本改变。这一时期的历史研究继承了 70 年代以来的传统，表现出大众化和多元化的趋势。除了继续金山大学历史工作坊这种学术沙龙外，设立了一些面向历史的普及教育系统，如"南非在线历史"项目注重民众教育，设置了历史档案、专题讲座、在线教育、研究项目、荣誉奖励等栏目，使感兴趣的一般民众获得学习自己历史的机会。[4] 南非历史项目（The South African History Project）是由时任教育部长卡德尔·阿斯马尔（Kader Asmal）教授和威尔莫特·詹姆斯（Wilmot James）教授领导的"价值观、教育和

---

[1] Arianna Lissoni, et al., eds., *One Hundred Years of the ANC: Debating Liberation Histories Today*, Johannesburg: Wits University Press, 2013.

[2] Andrew Manson, Bernard Mbenga and Arianna Lissoni, *A Short History of the ANC in the North West Province from 1909*, UNISA, 2016. 安德鲁·曼森是南非大学历史系的研究员和历史学教授，伯纳德·姆本加是西北大学历史学教授，阿里安娜·利索尼是金山大学历史讲习班研究员，也是南非历史杂志的编辑之一。

[3] Paul S. Landau, *The Realm of the Word: Language, Gender and Christianity in a Southern African Kingdom*, Portsmouth: Heinemann, 1995; Paul S. Landau, *Public Politics in the History of South Africa, 1400–1948*, Cambridge University Press, 2010.

[4] 南非历史在线（South Africa History Online, SAHO）是一个无党派的人民历史项目，注重于批判、开放和民主的南非历史。它由奥马尔·巴夏创立并于 2000 年 6 月注册为非营利部门（注册号：033-117NPO）。

民主工作组"于 2000 年提交报告后建立的。这份报告强调了历史教学对于促进人类价值，包括宽容的巨大价值。该报告建议成立一个历史学家、教育家和学者小组，就如何加强南非学校的历史教学向政府提出建议。这一项目为普及南非历史知识做出了巨大的贡献，也培养了一批南非历史学家。[1] 南非遗产资源局（the South African Heritage Resources Agency, SAHRA）等机构在保存、发掘、研究南非各民族文化历史方面也做出了贡献。

（二）对民族史和地方史的重视

南非各民族史的研究得到重视，这包括本土的非洲民族以及各种移民的历史。格里夸人在现代南非是一个几乎被遗忘的民族。《格里夸人的过去与南非历史的缺陷，1902—1994》是作者在硕士学位论文基础上修改而成的，对有关格里夸人的学术研究进行了全面梳理。虽然格里夸人在1820—1870 年间的南非西部高地政治史上举足轻重，后来却无人关注。当时很多地图只标出了格里夸人，却未标出布尔移民或其他民族。然而，这一民族在 1870 年以后却逐渐消失在历史记录中。种族隔离制试图将格里夸人划入"有色人"（Coloured）。"这似乎很不寻常，在一个时间点，格里夸人的祖先、南非白人、索托人和茨瓦纳人在德兰斯奥兰治（Transorangia）有各自的政治共同体，在权力和影响力方面大致相等，然而，在下一个世纪，一种巨大的史学分歧重新调整了格里夸人的历史位置，使它们处于'啄食顺序'的底部。"[2] 这意味着民族认同与流逝的时间和政治相匹配。作

---

[1] 卡里尼科斯博士、乌玛·杜佩利亚-梅斯特里教授、恩德罗伍（Sifiso Ndlovu）博士、蒂桑尼（Nomathamsanqa Tisani）博士、格伦宁（Albert Grundlingh）教授、盖伊（Jeff Guy）教授、皮埃雷斯（Jeff Pieres）教授、埃斯特胡森（Amanda Esterhuysen）、恩琴基（Lindi Nqonji）等历史学家和知识分子积极参与此项目之中。

[2] Edward Cavanagh, *The Griqua Past and the Limits of South African History, 1902–1994*, New York: Peter Lang, 2011, p.104. 啄食顺序是美国经济学家梅耶（Mayer）提出的有关公司融资的原则，即优先考虑使用内部的盈余，其次是采用债券融资，最后才考虑股权融资。

者的另一本有关格里夸人历史的著作随后发表。[1]

南非对西北部茨瓦纳人的历史研究较少。曼森和姆本加的著作从种族、土地和矿产这三个因素的互动中分析 300 年来这一地区的发展历程。历史告诉我们，在茨瓦纳人社会，土地不属于任何个人，它已经确定了自然、酋长与人民之间的关系。然而，采矿活动的出现增加了对土地所有权的利用以及相关的经济利益，从而激化了外来资本、当地酋长和普通民众的关系并催生了各种社会矛盾。作者分析了资本的进入、土地的征用、酋长的角色、民众的利益以及农村反抗与解放斗争等诸因素之间的关系。本书不仅使我们更好地理解该地区的社会冲突与历史发展，也为进一步研究矿业经济地区拓宽了视野。[2]

有关移民群体的研究成果不断出现。对阿非里卡人的历史著述很多，但对其历史的系统综合由吉里奥米完成。《阿非里卡人的民族传记》连续两年获奖。[3] 西蒙尼从 80 年代起研究犹太人在南非的历史，有关南非犹太人历史的著作不断出版。[4] 印度人是南非的重要族群，有关其社会和宗教的著作不少，70 年代他发表过通过甘地在南非的活动来批评英帝国南非政策的著述。著名历史学教授、甘地家庭成员乌玛·杜佩利亚-梅斯特里后来撰写了南非印度人从农场劳工到自由者的历史。[5]《肤色、迷茫与让步：

1　Edward Cavanagh, *Settler Colonialism and Land Rights in South Africa: Possession and Dispossession on the Orange River*, Palgrave Macmillan, 2013.

2　Andrew Manson and Bernard K. Mbenga, *Land, Chiefs, Mining: South Africa's North West Province Since 1840*, Wits University Press, 2015.

3　Hermann Giliomee, *The Afrikaners—Biography of a People*, Tafelberg, 2003. 吉里奥米是政治学教授和历史学教授，他对南非学术研究影响很大，2004 年获历史科学斯托尔斯奖，2005 年获非小说类雷切特·马兰奖。

4　Gideon Shimoni, *Jews and Zionism: The South African Experience 1910–1967*, Cape Town: Oxford University Press, 1980; Gideon Shimoni, *Community and Conscience: The Jews and Apartheid South Africa*, Hanover: University Press of New England, 2003; Mendel Kaplan and Marian Robertson, eds., *Founders and Followers: Johannesburg Jewry 1887–1915*, Cape Town: Vlaeerg Publishers, 1991; Margot W. Rubin, *The Jewish Community of Johannesburg, 1886–1939*, University of Pretoria, 2006.

5　Robert A. Huttenback, *Gandhi in South Africa: British Imperialism and the Indian Question, 1860–1914*, Cornell University Press, 1971; Uma Dhupelia-Mestrie, *From Cane Fields to Freedom: A Chronicle of Indian South African Life,* Kwela Books, 2000.

南非华人史》是一项南非华人历史研究计划的结晶,这项计划由德兰士瓦中华公会提出,1988 年开始由南非中华总公会全力推动,耗时 9 年之久。作者使用了大量的政府档案、华人社区资料和华人组织文件,采访了众多华人,参考文献包括数十种报刊,像南非比较著名的报刊《星报》(The Star)、《兰德每日邮报》(Rand Daily Mail)、《礼拜天时报》(Sunday Times)、《礼拜天快报》(Sunday Express)、《比勒陀利亚新闻》(Pretoria News)等都在其列。作者希望纠正一个普遍错误的观点——南非华人祖先是 19 世纪末 20 世纪初来南非开采金矿的华工。本书揭示了南非华人 300 年的遭遇,涉及南非华人的经济、社会、宗教、文化及其在种族隔离制松动后表现出来的政治热情。[1]

地方史(城市史)成为这一时期的研究重点之一。菲尔·邦纳是当代南非最有影响的历史学家之一,他的代表作是有关斯威士国王的研究。[2] 邦纳 1971 年就在金山大学历史系工作,任历史系主任(1998—2003)。他是金山大学历史工作坊的创建者之一,从 20 世纪 80 年代后期起一直担任工作坊的负责人,直到 2012 年退休为止。[3] 他和诺尔·尼夫塔戈迪恩合著的《亚历山德拉的历史》充分展现了这个城镇的历史。亚历山德拉是南非历史上最古老的乡镇之一。这部著作探讨了这座城镇从 1912 年建立后直到后种族隔离时代的社会生活史,平民百姓的故事是这一乡镇历史的核心。作者通过访谈和记录,生动描绘了各种政治组织的艰苦斗争和各阶层民众的苦难日子。作者突出了政治抵抗的历史,也通过描写乡镇生活的社会复杂性和不同阶层之间的紧张关系,展现了亚历山德拉人的社区精神和居民对这个城镇的热爱。[4]

---

1 Melanie Yap and Dianne Leong Man, *Colour Confusion and Concessions, The History of the Chinese in South Africa*, Hong Kong University Press, 1996. 作者为两位华裔女性叶慧芬和梁瑞来,第三代华人。叶女士毕业于金山大学,曾任南非中华总公会秘书长和杜省(德兰士瓦)中华公会副会长;梁女士毕业于金山大学。
2 Phil Bonner, *Kings, Commoners and Concessionaires*, Cambridge University Press, 1983.
3 "Obituary: 'Comrade Professor—Phil Bonner Emeritus Professor, 31 March 1945–24 September 2017", *South African Historical Journal*, Vol.69, No.4, 2017, pp. 639–644.
4 P. Bonner and N. Nieftagodien, *Alexandra — A History*, Johannesburg: Wits University Press, 2008.

两人合作的另一部著作是约翰内斯堡东部的艾库尔胡勒尼的形成史。从19世纪末到21世纪，该地区有许多独特的城镇，都有自己的历史。这些城镇于2000年合并成一个大都市区。作者通过大量的具有原创性的研究，对以前称为"东兰德"地区的历史线索进行了追踪和分析。尽管种族隔离制造成了不同区域或城镇之间的重要差别，但该地区的历史具有显著的共同特征。南非重要矿业工程的中心地带赋予了艾库尔胡勒尼这一地区显著的经济特征。[1]除了对城市史的回顾和梳理外，也有一些研究对种族隔离制后的城市形成进行了探讨。[2]

索韦托的西奥兰多是一个有着重要历史意义的城区。维拉卡兹（Vilakazi）大街是两位诺贝尔奖得主曼德拉和图图的家庭所在地。对于南非人而言，由于西奥兰多在1976年的学生起义中扮演了十分重要的作用，它成为反对种族主义斗争史的代名词。诺尔·尼夫塔戈迪恩和高尔的著作为索韦托和约翰内斯堡的历史做出了重大贡献。著作分为两部分，第一部分是奥兰多的历史，第二部分由人物和风景照片及散文组成。该项目还催生了一部关于奥兰多历史的纪录片。尼夫塔戈迪恩后来对索韦托起义进行了专项研究。[3]开普敦历史也是重点研究领域之一。[4]

（三）研究领域的大力拓展

新南非史学发展既表现出对黑人历史的重视，也呈现出百花齐放的学术风格，一批颇有造诣的南非黑人历史学家应运而生。伯纳德·姆本加是

---

[1] P. Bonner and N. Nieftagodien, *Ekurhuleni — The Making of an Urban Region*, Johannesburg: Wits University Press, 2012.

[2] Richard Tomlinson, et al., *Emerging Johannesburg: Perspectives on the Postapartheid City*, New York, 2003.

[3] Noor Nieftagodien and Sally Gaule, eds., *Orlando West, Soweto: An Illustrated History*, Johannesburg: Wits University Press, 2012; Noor Nieftagodien, *Soweto Uprising*, Athens, Ohio: Ohio University Press, 2015.

[4] Nigel Worden, Elizabeth van Heyningen, Vivian Bickford-Smith, *Cape Town: The Making of a City*, Cape Town: David Philip, 1998; "Artisan conflicts in a colonial context: The Cape Town blacksmith strike of 1752", *Labor History*, Vol.46, No.2, May 2005, pp.155-184; Nigel Worden, "After Race and Class: Recent Trends in the Historiography of Early Colonial Cape Society", *South African Historical Journal*, Vol.62, 2010.

其中之一。对南非本土居民的专门研究也不断增多。姆本加和曼森的两部著作都是研究与采矿业联系紧密的南非社区。巴佛肯人在南非众所周知,因为他们的主要财富源自铂矿开采和直接投资采矿业。姆本加和曼森通过使用书面、口头和考古学资料,追溯了巴佛肯人的早期历史,他们在西部高地的定居以及在18世纪30年代到20世纪初白人统治时期的各种活动,特别提到非洲人的主动性。除其他话题外,它还探讨了巴佛肯人与传教士的历史、土地征用及他们与白人少数民族的争执。这部研究巴佛肯人的第一部著作为两人的合作研究打下了基础。[1]

  作为金山大学的非洲文学教授,霍夫梅尔是一位文化史专家。她通过口头故事、文字以及历史叙事三者的关系探讨了口头历史叙述对研究南非王国的重要意义。[2] 开普敦大学历史教授安妮·凯尔克·马杰注重社会史特别是历史上性别因素的研究。她对西斯凯班图斯坦形成过程中的性别因素进行了分析,她还对南非社会里啤酒与男性的关系进行了研究。[3] 在18—19世纪开普殖民地有关社会地位与责任之关系的文化史研究中,作者通过对服饰、建筑、饮食、语言、礼仪和习俗的关注研究这一时代的家庭关系、性别、教育和宗教,通过挖掘社会各阶层的思想价值和思维方式分析这些文化因素、社会身份与政治发展的关系,揭示了开普殖民地从荷兰到英国统治的过渡以及白人种族主义和反抗白人统治思想的历史发展。[4] 有的学者继续对早期开普的奴隶制进行研究。[5]《南非经济史》被认为是自

---

1 Bernard K. Mbenga and Andrew Manson, eds., *People of the Dew: A History of the Bafokeng of Rustenburg District, South Africa, from Early Times to 2000*, Jacana Media, 2011.

2 Isabel Hofmeyr, *"We Spend Our Years as a Tale That is Told"*: Oral Historical Narrative in a South African Chiefdom, Witwatersrand University Press, 2001.

3 Anne Kelk Mager, *Gender and the Making of a South African Bantustan: A Social History of the Ciskei, 1945-1959*, London: James Currey, 1999; Anne Kelk Mager, *Beer, Sociability, and Masculinity in South Africa*, Indiana University Press, 2010.

4 Robert Ross and David Anderson, *Status and Respectability in the Cape Colony, 1750-1870 : A Tragedy of Manners*, Cambridge University Press, 1999.

5 Karel Schoeman, *Early Slavery at the Cape of Good Hope, 1652-1717*, Pretoria: Protea Book House, 2007; Karel Schoeman, *Portrait of a Slave Society: The Cape of Good Hope, 1717-1795*, Pretoria: Protea Boekhuis, 2012.

德·基维特以来最优秀的一部经济史著作，它不是注重于各种统计数据，而是面对一般读者的通史著作。[1] 南非宗教史以及历史上传教士和基督教的作用继续受到重视[2]，还有学者从新角度对祖鲁国王恰卡进行研究[3]。

沃尔登（1955— ）兼有英国和南非双重国籍，任开普敦大学历史学教授和历史系主任，他在南非受的大学教育，在剑桥大学获历史学硕士和博士学位。他的研究领域广泛，重点放在荷兰统治时期的南非奴隶制，并善于将当地奴隶制放在全球史的框架中进行分析，他还从事奴隶史料的编撰。[4] 他通过剖析开普法律档案记录中有关奴隶的反抗行为后指出，"这些来自开普的司法记录显示，奴隶的抵抗决不仅仅是公开的身体力行的暴力行为。当我们通过文化象征的角度进行阅读时，这些记录展示了来自印度洋和大西洋世界的全球力量是如何与当地环境相互作用的，从而在这个'革命时代'中促使奴隶意识的重大转变。相对他们的主人而言，开普奴隶不是更少（可能是更多）地受到当时席卷全球的意识形态力量的深刻影响"[5]。他有关近代南非史的著作多次再版。[6]

1　Charles H. Feinstein, *An Economic History of South Africa: Conquest, Discrimination, and Development*, New York: Cambridge University Press, 2005.

2　Jonathan Neil Gerstner, *The Thousand Generation Covenant: Dutch Reformed Covenant Theology and Group Identity in Colonial South Africa, 1652–1814*, Leiden: E.J. Brill, 1991; Henry Bredekamp and Robert Ross, *Missions and Christianity in South African History*, Witwatersrand University Press, 1995; Henry Bredekamp and Robert Ross, eds., *Missions and Christianity in South African History*, Witwatersrand University Press, 1995.

3　Carolyn Hamilton, *Terrific Majesty: The Powers of Shaka Zulu and the Limits of Historical Invention*, Harvard University Press, 1998.

4　Nigel Worden, *Slavery in Dutch South Africa*, Cambridge: Cambridge University Press, 1985, reprinted 2010; N. Worden and G. Groenewald, eds., *Trials of Slavery: Selected Documents Concerning Slaves from the Criminal Records of the Council of Justice at the Cape of Good Hope, 1705–1794*, Cape Town: Van Riebeeck Society, 2005; N. Worden, "Cape Slaves in the Paper Empire of the VOC", *Kronos*, Vol.40, 2014, pp.23–44; N. Worden, "Indian Ocean Slaves in Cape Town, 1695–1807", *Journal of Southern African Studies*, Vol.42, 2016, pp.389–408.

5　Nigel Worden, "Between Two Oceans: Slave Resistance at the Cape of Good Hope in the Age of Revolutions", in *FORUM: Indigenous Peoples in the Global Revolutionary Era*, World History Connected, Vol.15, No.2, 2018, http://worldhistoryconnected.press.uillinois.edu/15.2/forum worden.html.

6　N. Worden, *The Making of Modern South Africa: Conquest, Apartheid, Democracy*, Blackwell, 2007.

21世纪最重要的史学研究成果之一是《剑桥南非史》(两卷本),主编和作者中均包括非洲学者,分别完成于2009年和2011年。第一卷从早期历史到1885年,第二卷从1885年在威特沃特斯兰德发现黄金到1994年第一次民主选举。这部著作汇集了四年的研究成果,涵盖了南非的政治、经济、社会和文化等各方面的发展及其互动方式,也是对南非各个时期发生的重大历史事件的阐述与反思。无疑,《剑桥南非史》是从新角度了解南非的一次尝试,它将成为国际非洲史学界的重要参考书。[1]

(四)小结

在新南非成立后的二十余年里,历史研究变化很大。第一,历史为民众服务不仅成为历史学家的愿望,也通过国家政策得以落实。广大民众希望知道自己的历史,他们在历史学家的帮助下通过各种渠道熟悉甚至研究自己地区和民族的历史。第二,由于扫清了种族隔离制这一破坏性因素,历史研究的领域和视野大大拓展。除民族史和地方史得到重视外,政治史、经济史、社会史、文化史、性别史、个人传记等领域得到拓展,一些以前受到忽略的内容也开始探索,史学展现出百花齐放的局面。第三,随着对黑人历史研究的重视,不仅涌现了一批黑人学者,白人与黑人历史学家合作的现象不断增多。这不仅表现在新领域的开拓上,也表现在《剑桥南非史》这种大型项目的撰写上。

本章小结

20世纪南非史学题材丰富,内容复杂。一个特征是与现实的密切联系。无论是早期的殖民者史学对英帝国史学的承继和攻讦,或是自由主义史学的话

---

1 Carolyn Hamilton, Bernard K. Mbenga and Robert Ross, eds., *The Cambridge History of South Africa, Volume 1, From Early Times to 1885*, Cambridge University Press, 2010; Robert Ross, Anne Kelk Mager and Bill Nasson, eds., *The Cambridge History of South Africa: Volume 2, 1885–1994*, Cambridge University Press, 2011.

语,还是修正派史家的辩论,无一不是围绕着南非的现实而展开。同时,每个时期的史学课题也带有强烈的现实政治色彩。如果说,南非的史学研究基本上是受现实社会政治问题的激发,这并不夸张。蒂尔、麦克米伦、邦迪和吉里奥米的研究直接针对南非的现实,有的直接参与社会实践。以吉里奥米为例,他的研究直击种族力量的动员、南非国家的建构以及南非政治力量的谈判等问题。[1] 他既是开普敦大学的政治学教授,也是斯泰伦博希大学的历史学教授。由于他对种族问题的客观研究,他在南非新政府产生后担任南非种族关系研究所的所长(President of the South African Institute of Race Relations, 1995—1997)。著名的历史学家菲尔·邦纳不仅在学术上注重那些与南非政治相关的主题,他还直接参与南非的现实斗争,人们在悼念时称他为"教授同志"。

南非史学的另一个特征是交叉学科的研究方法。除了历史学家纷纷利用相关学科的研究成果和方法外,一大批相关学科的学者亦加入了历史研究的行列,如社会人类学家的贡献是历史学家公认的。汤普森曾指出:"我们对白人统治建立以前的非洲社会的有关知识应归功于社会人类学家;往往是社会人类学系而不是历史学系为一代南非学生提供了学习非洲社会的机会。"[2]《牛津南非史》即充分体现了多学科的合作,其作者包括了不少其他学科的学者,如社会学家利奥·库柏撰写了有关非洲民族主义的章节。[3] 经济学家和经济史学家霍维兹和豪顿是"二战"后用现代化理论解释南非历史的主要学者,他们对史学

---

[1] Heribert Adam and Hermann Giliomee, *Ethnic Power Mobilized—Can South Africa Change?*, Yale University Press, 1979; Hermann Giliomee, *The Parting of the Ways: South African Politics 1976-1982*, David Philip, 1982; Hermann Giliomee and Lawrence Schlemmer, eds., *Up Against the Fences: Poverty, Passes, and Privilege in South Africa*, St. Martin Press, 1985; Richard Elphick and Hermann Giliomee, eds., *The Shaping of South African Society, 1652-1840*, Wesleyan University Press, 1988; Hermann Giliomee and Lawrence Schlemmer, *From Apartheid to Nation-building*, Oxford University Press, 1989; Hermann Giliomee and Lawrence Shlemmer, *Negotiating South Africa's Future*, Palgrave Macmillan, 1989; Hermann Giliomee, Lawrence Shlemmer and Sarita Hauptfleish, eds., *The Bold Experiment: South Africa's New Democracy*, Southern Book Publishers, 1994; Hermann Giliomee and Charles Simkins, *The Awkward Embrace: One-party Domination and Democracy*, Routledge, 1999.

[2] L. Thompson, ed., *African Societies in Southern Africa*, p.1.

[3] M. Wilson and L. Thompson, eds., *The Oxford History of South Africa, Volume II, South Africa 1870-1966*, Oxford: Clarendon Press, 1971, pp.424-476.

界影响也很大。[1] 政治学家对阿非里卡人和南非黑人的民族主义研究也正在成为南非近现代史的主要课题之一。1979 年，金山大学正式设立了"口头历史项目"，以调查从 19 世纪中叶到 20 世纪中叶南非农村的无产阶级化过程。到 1987 年为止，该校非洲研究所已收集整理了 500 件口头史料的磁带和抄本。

与意识形态相关的主题论争是南非史学最显著的特征。在南非近代史上，非洲人土地被掠夺、国家机器的建立、英帝国与殖民者的冲突、金矿的发现和资本的投入、贫苦白人和贫苦黑人的产生、对劳动力的需求和分工、无产阶级的出现、土著部落制度的崩溃和种族隔离制的设立等，这些现象无一不和南非工业的发展水平相关。这些实际问题成为各个时期各个学派研究的重点。[2] 应该强调的是，南非各个学派都有其局限性。对这种局限性不应该用今天的观点来求全责备，而应将其置于历史背景中考察，以求客观公正的评价。

从 19 世纪末到 20 世纪，英帝国的殖民统治、种族主义的话语、平等人道的观点、种族隔离制的来源、国家与资本的关系等都是史学主题。在 20 世纪 20 年代以前，执南非史学之牛耳的是以蒂尔和科里为首的官方殖民者学派的话语。殖民者史学简单地接受现实，认为南非社会存在着的不同种族定义明确、等级分明，强调边疆战争和种族冲突，白人天生就是征服者和统治者。自由主义史学对这个似乎不容置疑的命题提出了疑问：一个种族主义的南非社会是如何形成的？自由主义史学正是在批判这种官方史学的过程中逐渐奠定了自己的学术地位。

麦克米伦认为这种现象绝非蒂尔所说的那样天经地义，必然有一个历史过程；布尔人扩张的边疆传统与种族主义的形成有关。自由主义史学家认为南非是一个整体，包括各人种和各地域（殖民地和自由邦）。他们批判蒂尔等人对非洲民族的歧视，揭露布尔人侵占黑人土地和奴役黑人，强调非洲民族在这

---

[1] H. Houghton, *The Economy of South Africa*, Capte Town: Oxford University Press, 1964; R. Horwitz, *The Political Economy of South Africa*, London, 1967.

[2] S. Marks and A. Atmore, eds., *Economy and Society in Pre-industrial South Africa*, "Introduction", pp. 1–43; S. Marks and R. Rathbone, eds., *Industrialisation and Social Change in South Africa, African class formation, culture, and consciousness, 1870–1930*, "Introduction", pp. 1–43.

块土地上的合法生存权利。他们认为白人比黑人文明进步,但应该给非洲人机会以帮助他们达到文明境界。具有道义力量以及欧洲中心论的家长式口吻和屈尊态度是自由主义史学的一个特点。德·基维特注意到边疆地区白人与黑人之间不仅经常发生战争,经济交往也很频繁。虽然他承认19世纪末的钻石金矿业标志着南非历史的新纪元,但坚持认为种族隔离制度根源于白人在南非建立统治,并指出了这种对立的种族关系的实质:"一个世纪来,南非历史上最大的社会经济事实既不是黄金,也不是钻石,甚至也不是农业,而是对黑人劳动力的全盘依赖。"[1] 他们指出,欧洲人的殖民过程不是一个启蒙和解放土著的过程。欧洲人对土地的占有将土著民族变成了无产阶级。政策是他们研究的主要内容,正是对土著政策的研究才引发了对贫苦白人、贫苦黑人、土地和劳力的注意。[2] 他们揭露布尔人给非洲人带来的灾难和痛苦,同时赞赏英帝国统治,认为英国政府代表进步力量,在南非的成就不可否认。他们的著作为英帝国的殖民统治起到了辩护作用。

修正派史学强调用唯物主义观点来分析阶级和种族的关系,反对以文化差异或种族主义来解释南非现状,其观点受到依附理论的影响。[3] 这一学派拒绝承认存在着现代的白人与落后的黑人这样两个经济体的观点,认为黑人"边缘"的不发达是以白人为中心的南非资本主义发展的结果。他们研究国家与资本的联姻、资本主义对劳动力的需求以及白人和黑人之间不平等的结构性关系,解释了种族隔离制的经济根源。对非洲农民主观能动性的研究是修正派史学的另一个成就。邦迪的研究激发了对南非农民在整个工业化进程中地位转变这一课题的探讨。他揭示了黑人农民在面对环境和社会挑战时远比白人农民应对能力强,这表现在他们的竞争能力上,也向人们展现了国家政策及其超经济力量在将黑人农民转变为流动劳工以巩固白人资本在农业和采矿业方面的优

---

[1] C.W. de Kiewiet, *The Imperial Factor in South Africa*, Cambridge University Press, 1937, pp. 1–2.

[2] 这种忽略南非本地民族的研究倾向直到60年代末期才被逐渐纠正。L. Thompson, ed., *African Societies in Southern Africa: Historical Studies*, London: Heinemann, 1969.

[3] 关于依附理论与历史研究的关系,参见李安山:《依附理论与历史研究》,《历史研究》1992年第6期。

势起到的重要作用，从而对南非史学研究具有方法论的意义。修正派史学认识到国家机器是南非资产阶级控制南非人民的工具，体现在三个方面：阶级形成中的双重作用——通过立法来打压黑人农民和剥削黑人工人，同时提升白人工人的待遇以模糊无产阶级阵线；运用超经济手段来剥夺和镇压南非黑人——完成了对非洲农民土地的剥夺、对黑人工人阶级的压迫以及白人种族政权的确立；南非政府利用种族主义来巩固自己的统治，通过国家机器强行实施种族隔离制以使其统治合法化和制度化。[1]

随着新南非的诞生，南非史学的研究范围日益拓展。历史学家把眼光转向农村在工业化转型中的地位和作用以及都市化及其相关现象，将犯罪酗酒、色情、大众文化等现象与流动劳工和政治控制结合起来分析。还有些则着重于黑人反抗的各种形式，如爵士音乐与种族意识、妇女斗争与种族隔离等。随着新南非的发展，历史学家在进一步思考南非的前景。[2]

---

[1] 有关各个学派，可参见李安山：《南非近现代研究述评》，《世界历史》1994 年第 6 期。

[2] Joyce Peter, *The Making of a Nation South Africa's Road to Freedom*, Zebra Press, 2004; Hermann Giliomee and Bernard Mbenga, *New History of South Africa*, NB Publishers: 2 edition, 2010; R.W. Johnson, *South Africa's Brave New World: The Beloved Country Since the End of Apartheid*, Overlook Press, 2011; Carolyn Hamilton and Nessa Leibhammer, *Tribing and Untribing the Archive*, Volume I & II, University of KwaZulu-Natal Press, 2016.

第七章

阿杜·博亨

20世纪中叶以来，伴随着非洲民族独立运动的兴起，非洲民族主义史学迅速发展，涌现出一批国际知名的史学家。在他们中间，阿杜·博亨（1932—2006）就是著名的一位，他是"加纳最杰出的历史学家，也是（当代）非洲大陆非洲史研究的开创者之一"[1]。阿杜·博亨对非洲史的研究重点主要集中在两个方面：一是对加纳史和西非史的研究，很好地回应了西方学者关于"非洲没有历史"的主观臆断。二是对非洲殖民史的研究，认为在非洲历史长河当中，殖民主义统治仅仅是一个插曲或阶段；殖民主义尽管在政治、经济和社会等方面对非洲产生了严重的影响，但不能把它看成沉重的历史包袱；阿杜·博亨对非洲人民抵抗殖民主义统治英勇行为予以充分的肯定。

一、阿杜·博亨生平

阿杜·博亨于1932年5月24日出生在加纳东部的奥西姆（Osiem）村。他的父亲阿亚·阿曼克瓦（Agya Amankwaa）是阿基姆人（Akyems），是一名可可商贩；母亲玛梅·基西娃（Maame Kisiwaa）是阿散蒂人（Asantes），是一名鱼贩。他们共育有7个孩子，阿杜·博亨排行第三。阿散蒂人的传统是按照母系来确定血统关系的，所以，阿杜·博亨也是阿散蒂人。阿基姆

---

[1] John Parker, "A Pioneer Historian of Ghana", *Journal of African History*, Vol.45, No.1, 2004, pp.126–128.

人和阿散蒂人都属于阿肯族，阿肯族是加纳人口最多的民族，占全国人口的49%。阿散蒂人在加纳是一个具有光荣历史的民族，尤其在反对外来入侵方面。17世纪初，阿散蒂人在今天加纳中南部迅速崛起，以库马西为中心建立了阿散蒂王国。1695年，阿散蒂第四代国王奥塞·图图（Ose Dutu，1695—1731年在位）继位，为了凝聚阿散蒂人，建立了对金凳子的崇拜。经过奥塞·图图与他的军师兼大祭司克瓦米·安诺基（Kwami Aanokye）的精心策划，一个星期五的下午，各部落的酋长被召集到库马西集会。在这次集会上，突然天色昏暗、雷声隆隆，从空中降下一张用黄金装饰的凳子，慢慢地落在奥塞·图图的膝上。安诺基当即宣布：这是天神赐给国王的金凳子，它是阿散蒂人精神和力量的象征。金凳子的安危关系到全体阿散蒂人的安危。[1]从此，金凳子成为阿散蒂人团结的象征和精神力量的源泉。19世纪阿散蒂人同殖民强国——英国进行了一个世纪的殊死斗争，对殖民入侵进行了英勇的抵抗。阿杜·博亨长大以后，对阿散蒂的历史很感兴趣，专门撰写了几部反映阿散蒂人民反抗殖民侵略和殖民统治的历史著作。

1938年，阿杜·博亨在家乡奥西姆教会小学开始接受教育。该校是一所基督教长老会学校，在传播知识的同时，也在传播宗教思想，为殖民统治服务。小学毕业后，1943年在他舅舅克瓦希·阿萨雷（Kwasi Asare）的帮助下，阿杜·博亨进入了阿索科尔（Asokore）教会学校念书。学校没有住宿，阿杜·博亨不得不每天步行10多公里走读。但是他刻苦学习，并于1947年以优异成绩考入黄金海岸著名中学——姆范茨平（Mfantsipim）高级中学，继续深造。

姆范茨平高级中学也是一所教会学校，成立于1876年，是黄金海岸（现为加纳）第一所高中。这所具有浓厚宗教氛围的中学培养了一批知名人物，他们当中有联合国前秘书长科菲·安南（Kofi Annan）、加纳前总理科菲·布西亚（Kofi Abrefa Busia），以及非洲著名史学家阿杜·博亨等。阿

1　任泉、顾章义编著：《加纳》，北京：社会科学文献出版社，2010年，第46—47页。

杜·博亨对母校很有感情，后来他专门写了一本书《姆范茨平和加纳的缔造：一个世纪的历史，1876—1976》。[1]在这本书中，阿杜·博亨着重叙述该校是如何影响现代加纳的诞生与发展的故事。作者肯定了现代教育对非洲发展的积极作用，认为该校影响和改变了一批加纳家庭的命运，同时学校对于加纳国家建设也有贡献，因为它为国家建设输送了很多优秀的人才，他们成为各行各业的中坚力量。

第二次世界大战后，非洲民族开始觉醒，反对殖民统治、争取民族独立的运动风起云涌。当时的黄金海岸也爆发了一系列反对英国殖民统治的运动。阿杜·博亨在中学期间，就开始参加反抗殖民统治的运动。1948年，阿杜·博亨读高中二年级的时候，英国殖民当局的镇压行动，激起了殖民地人民的反抗。当时黄金海岸有6位著名的民族主义领导人，即J.B.丹夸赫、阿库福·阿杜、威廉·阿塔、奥伯特比·拉姆珀泰、克瓦米·恩克鲁玛和阿克·阿德杰伊，被英国殖民当局未经审判就投到监狱。姆范茨平的学生对英国殖民当局的这一行径非常气愤，纷纷举行罢课。学生们参加罢课很可能被学校开除学籍，但是阿杜·博亨还是毅然参加了这场抗议活动。参加抗议殖民当局的活动，这对阿杜·博亨的人生观和历史观都产生了比较大的影响，此后，阿杜·博亨开始思索学习历史的意义，从阿散蒂民族英雄身上汲取精神营养。阿散蒂历史上勇敢的奥塞·图图和欧克姆弗·安诺基（Okomfo Anokye），以及雅阿·阿散蒂娃（Yaa Asantewaa）女英雄的事迹，不仅有利于凝聚民族精神，而且有利于启发人们的思想。

中学毕业后，阿杜·博亨考入黄金海岸大学学院（1961年改称加纳大学）继续深造。黄金海岸大学学院是伦敦大学在非洲殖民地创办的大学学院之一，完全按照英国的教育模式进行管理。1956年阿杜·博亨在黄金海岸大学学院取得历史专业学士学位。之后他进入伦敦大学东方和非洲研究院学习，跟随英国著名非洲史专家罗兰·奥利弗教授学习非洲史。伦敦大

---

[1] A. Adu Boahen, *Mfantsipim and the Making of Ghana: A Centenary History, 1876–1976*, Accra: Sankofa Educational Publishers, 1996.

学东方和非洲研究院在20世纪40—60年代培养了一大批非洲民族主义史学家，他们当中有戴克、阿贾伊和奥戈特等人。1959年阿杜·博亨获得博士学位，成为加纳获得伦敦大学东方和非洲研究院博士学位的第一人。他的博士学位论文研究英国与西非的关系，其中不仅考察了欧洲人在非洲的活动，还关注非洲人的活动。1964年，他出版了博士学位论文《不列颠、撒哈拉和西苏丹，1788—1861》。

1959年，获得博士学位的阿杜·博亨回到加纳，成为黄金海岸大学学院历史系的一名教师。从此，他开始了在加纳大学的教学生涯。阿杜·博亨讲课幽默，善于调动学生的学习积极性。在讲课时，他总是能想办法吸引同学们的注意力，启发他们的思考。1967年阿杜·博亨晋升为副教授，1967—1975年担任加纳大学历史系主任，成为该校历史系的首任非洲籍系主任。1971年晋升为教授。1973—1975年，他担任加纳大学研究生院院长。1985年阿杜·博亨从加纳大学退休。[1]

阿杜·博亨积极参加国际学术交流，先后在澳大利亚国立大学（1969）、哥伦比亚大学（1970）、约翰·霍普金斯大学（1985）、康奈尔大学（1990）和纽约城市大学（1990—1991）等校做高级访问学者。这些交流活动，一方面，有利于他将自己的非洲史研究新成果与国际同行分享。例如，《非洲殖民主义透视》一书，就是1985年阿杜·博亨在美国约翰·霍普金斯大学历史系做访问学者期间，将他的系列讲座编辑出版的。该讲稿由约翰·霍普金斯大学出版社1987年出版。另一方面，方便他接触到国际上史学研究的新动态，促进非洲史的研究。

阿杜·博亨不仅是一名著名的历史学家，而且还是一名政治家。在他身上反映出非洲知识分子强烈的现实关怀和民族主义情感。加纳独立于1957年，是撒哈拉以南非洲最早赢得独立的国家。泛非主义者恩克鲁玛成为加纳首任总统。由于恩克鲁玛把更多的精力投入到非洲的联合与统一，

---

[1] Editorial, "Professor Emeritus Albert Adu Boahen(1932-2006)", *Journal of African History*, Vol.47, No.3, 2006, pp.359-361.

忽视了加纳的自身利益，遭到国内反对派的不满，西方国家也不愿意看到加纳倒向社会主义国家的阵营，1966 年加纳发生政变，恩克鲁玛被赶下台。此后，加纳政变频繁，国家长期处于军政权的统治之下。从 1981 年至 1992 年，加纳的统治者是军人出身的杰瑞·约翰·罗林斯。从 20 世纪 80 年代中叶开始，阿杜·博亨勇敢地站出来，公开反对加纳军事独裁统治。1987 年阿杜·博亨在加纳首都阿克拉的英国文化中心，发表题为"加纳的斯芬克斯"的演讲。在这次演讲中，他借用食人怪兽斯芬克斯的故事，来比喻自己的国家惨遭军事独裁统治的厄运。阿杜·博亨还利用阿散蒂战争之歌，鼓励民众起来反抗罗林斯的独裁统治。这次演讲，后来被收录到《加纳的斯芬克斯：加纳当代历史，1972—1987》一书中。[1]

1992 年，加纳实行民主选举。阿杜·博亨作为"新爱国党"（New Patriotic party）的候选人参加了加纳总统大选。新爱国党成立于 1992 年 6 月，成员大多为知识界人士。该党走中右路线，高举自由主义旗帜，承诺保护私有财产，主张政治民主化和市场经济，奉行务实外交。大选结果是阿杜·博亨输给了罗林斯。阿杜·博亨质疑这次选举的公平性，认为选举幕后有巨大的势力操纵。为此，阿杜·博亨领导新爱国党与民族独立党、全国代表大会联合起来进行抵制，但是这一抵制没有取得实质性的成果。[2] 后来，阿杜·博亨转而支持库福尔，后者最终在 2000 年赢得加纳总统大选。

1999 年，阿杜·博亨因为主编《非洲通史》第七卷，获得阿维森纳银质奖章（Avicenna Silver Medal）。[3] 他活到老，学到老，在 2000 年和 2001 年两次中风之后，仍然撰写并出版了两本书：《阿散蒂王与整个国家的历史》（2003）、《雅阿·阿散蒂娃和 1900 至 1901 年的阿散蒂—英国战争》（2003）。2006 年 5 月 24 日，阿杜·博亨因病去世，享年 74 岁。

1　Ivor Agyeman-Duah, "The historian who made history himself", *New African*, July 2006, p.59.
2　Richard Jeffries and Claire Thomas, "The Ghanaian Elections of 1992", *African Affairs*, Vol.92, No.368, 1993, pp.331-366.
3　Editorial, "Professor Emeritus Albert Adu Boahen(1932-2006)", *Journal of African History*, Vol.47, No.3, 2006, pp.359-361.

二、对加纳史和西非史的研究

长期以来,在西方主流学者看来,非洲是没有历史的大陆。他们声称,假如非洲有历史,也是西方人在非洲活动的历史。19世纪德国哲学家黑格尔认为,非洲本土不是一个历史的大陆,"还笼罩在夜的黑幕里,看不到自觉的历史的光明"[1]。1923年,英国伦敦大学教授A.P.牛顿同样认为非洲没有历史,原因是非洲缺乏文字资料,他说:"这片土地在远古时代就被数不清的人居住过,他们给人类学家和语言及原始风俗的研究者提供了广阔的空间。但是历史只有被人们书写下来才能成为历史,考古学家和人类学家所关注的留存材料只能起到辅助的作用。"[2] 直到1963年,牛津大学的休·特雷弗-罗珀教授仍然坚持非洲没有历史的错误观点。

所以,非洲国家独立后,恢复和还原非洲历史的本来面貌成为第一代史学家的首要任务。在这方面,非洲大陆最初建立的一批大学发挥了积极作用,譬如尼日利亚的伊巴丹大学、加纳大学、乌干达的麦克雷雷大学、坦桑尼亚的达累斯萨拉姆大学以及肯尼亚的内罗毕大学等,这些大学都成立了历史系,集聚了一批民族主义史学家,他们以非洲的视角重新评判非洲历史,对殖民统治前非洲历史的重建做出了重要贡献。

阿杜·博亨与戴克、阿贾伊、奥戈特等人一样,为非洲历史研究做出了杰出贡献,被称为"现代非洲民族主义历史学派的台柱子"[3]。阿杜·博亨对殖民统治前非洲历史的研究,很好地回应了西方学者关于"非洲没有历史"的主观臆断。他对殖民统治前非洲历史的研究侧重于加纳史和西非史的研究,代表作有:《加纳:19至20世纪加纳的发展与变革》《西非历史主题》《革命时代:1800年以来的西非》《不列颠、撒哈拉和西苏丹,1788—1861》等。阿杜·博亨对西非史和加纳史的研究,主要有如下特点:

---

1 [德]黑格尔:《历史哲学》,王造时译,上海:上海书店出版社,2006年,第85页。
2 S. Ademola Ajayi, ed., *African Culture & Civilization*, Ibadan: Atlantis Books, 2005, p.16.
3 Ivor Agyeman-Duah, "The historian who made history himself", *New African*, July 2006, p.59.

第一,从非洲内部的视角研究非洲历史。

从非洲内部视角研究非洲历史,这是非洲民族主义历史学家的一个基本观点。非洲民族主义历史学家强调用非洲内部的视角来研究非洲历史。这也是非殖民化思想的一部分,其实质是要使非洲大陆的历史"非洲化",正如戴克在"伊巴丹历史系列"丛书的序言中所言:"非洲的历史理应是非洲人民自己的历史;唯有他们的活动,而不是占领者的活动,才应当成为非洲史学研究的重点。"[1]

阿杜·博亨在研究非洲历史的时候,坚持从非洲内部的视角研究非洲历史。以加纳史研究为例,在阿杜·博亨之前,西方学者已经写了三部著作,即克莱里奇的《黄金海岸和阿散蒂史》(1915)、瓦德的《黄金海岸史》(1948)和 J.D. 费奇教授的《加纳简史》(1961)。这三部著作的共同特点是从外部看待加纳的历史,重点叙述欧洲人在加纳活动的历史。克莱里奇的《黄金海岸和阿散蒂史》全书1224页,反映欧洲人到来之前的黄金海岸历史的内容仅有8页;瓦德的《黄金海岸史》有413页,写欧洲人到来之前的内容也只有43页,此书于1957年再版后,改名为《加纳史》,共有16章。第一章"土地面貌"介绍加纳地理概况,第二章"人口和史前史"和第三章"在葡萄牙人到来之前"对加纳的族群和历史稍加介绍,从第四章开始主要讲欧洲人在加纳的历史,最后两章简单讲一下加纳独立以后的情况。总之,在瓦德的著作中,加纳人民自己的历史被放到一个次要的位置来写。

阿杜·博亨从内部的视角研究非洲历史,也就是站在非洲的立场上研究历史。例如他写的《加纳:19至20世纪加纳的发展与变革》一书,将加纳人民的历史发展作为主体,欧洲对于加纳只是外部因素,他们对于加纳只有局部影响,加纳的发展是由加纳人民自己决定的。同样,在《西非历史主题》一书中,阿杜·博亨也提出了类似的观点,他说:"西

---

[1] J.F. Ade Ajayi, *Christian Missions in Nigeria, 1841–1891*, London: Longman, 1965, pp. x–xi.

非历史的发展，和世界上其他地区和国家一样，是内外因素共同作用的结果。但内部因素或者说当地的因素通常发挥着更加基础和更加重要的作用。"[1]

在《西非历史主题》一书中，他重点回答的问题主要有：非洲人是如何创造了悠久历史的？古代强大的王国是怎样被君主所有效统治的？非洲大陆的生产力是如何发展的？例如，撒哈拉商道是非洲古代历史上的交通大动脉，阿杜·博亨分析了撒哈拉商道对西非的广泛影响：第一，促进了西非地区诸王国的产生，如加纳、马里和桑海；第二，促进了商道沿线城市化，一些小村子或居民点因商道贸易发展成为大的城镇或城市，如昆比·撒利赫、杰内、廷巴克图和加奥等；第三，商道还促进了伊斯兰教的传播。[2]

在加纳，第一大族群是阿肯人（Akans），约占加纳总人口的49%。阿肯人进一步分成11个子群，其中几个比较大的分别为阿散蒂人、芳蒂人（Fante）、阿基姆人、阿克瓦姆人（Akwamu）和恩兹马斯人（Nzimas）。他们的语言都非常接近，属于克瓦（Kwa）语群。阿散蒂人作为加纳的主体民族之一，他们的历史成为加纳历史的重要组成部分。早在17世纪，阿散蒂人以库马西为中心，建立了阿散蒂王国（帝国）。1807—1901年间，阿散蒂王国（帝国）与英国进行了近百年战争，阿散蒂王国成为加纳抗击殖民侵略的中坚力量。阿杜·博亨在《加纳：19至20世纪加纳的发展与变革》一书中用3个章节叙述阿散蒂帝国的历史，即第三章"阿散蒂帝国的兴起"、第四章"阿散蒂、芳蒂和北方"、第五章"阿散蒂帝国的衰落"。阿散蒂历史是加纳主体民族的历史，阿散蒂王国的兴衰是加纳重要的历史事件，阿杜·博亨说，"阿散蒂帝国的兴起是19世纪之前加纳一次真正的政治变革"[3]。

第二，在资料运用方面更加多元。

---

[1] A. Adu Boahen, *Topics in West African history*, London: Longman House, 1966, p. 1.
[2] *Ibid.*, pp. 8–10.
[3] A. Adu Boahen, *Ghana: Evolution and Change in the 19th and 20th*, London: Longman House, 1975, p. 15.

长期以来，西方对非洲史学存在严重的偏见。首先，历史本身被认为是语言字母的使用和书写能力的掌握的代名词，因此那些不具备读写能力的社会或时期是与历史无关，或是属于史前时期。其次，判定一个社会是否是文明社会的指标，如国家的形成、与西方的来往、轮子的使用、石头建筑以及其他文化元素，才能决定这个社会是否属于历史的范畴。[1] 因此，西方学者在研究非洲历史的时候，主要运用已经出版的文献资料，以及探险家的笔记和商人的账簿，总之，西方学者研究历史推崇文字资料，尤其是档案材料，而对非洲大陆非常丰富的口述资料不予相信和采纳。

阿杜·博亨作为第一代非洲民族主义史学家，他在研究非洲历史的时候，在资料运用方面更加多元，不仅使用文字资料，包括档案资料，而且也大胆使用非洲宝贵的口述资料。他在研究加纳史或西非史的时候，挖掘没有出版的文献资料，不仅是英文，还包括荷兰文、丹麦文和葡萄牙文。另外，他还运用阿拉伯文资料、考古资料和人类学的口述资料等。[2]

阿杜·博亨主编的《阿散蒂王与整个国家的历史》一书，就是大量运用口述资料和文献资料写成的。该书根据阿散蒂王普伦佩一世的口述、自传和其他文献资料写成的，还原了普伦佩一世时期的加纳真实状态，对于如实研究加纳历史有很好的帮助。普伦佩一世因反抗英国殖民统治，于1900年被放逐到塞舌尔群岛，直到1924年被释放，1931年去世。[3] 在这本书中，阿杜·博亨主要研究普伦佩一世从1900年被放逐到塞舌尔直到1924年被放出来这段时期的历史。他以普伦佩一世在塞舌尔群岛的生活为一个点，向相关方向延伸，包括阿散蒂民族的历史、阿散蒂和其他民族的关系、英国统治下的加纳的历史等。通过他的研究，我们知道普伦佩一世是如何为维护自己国家的主权而进行各方面斗争的。

---

[1] Ebiegberi Joe Alagoa, *The Practice of History in Africa: A History of African Historiography*, Port Harcourt: Onyoma Research Publications, 2006, pp. 177–178.

[2] Cameron Duodu, "How Adu Boahen unlocked Ghana's history", *New African*, October 2006, p. 67.

[3] A. Adu Boahen, *The History of Ashanti Kings and the Whole Country Itself and Other Writings*, Published for the British Academy by Oxford University Press, 2003, p. 22.

总之，阿杜·博亨对西非史和加纳史的研究，是想要恢复非洲人对自己历史和文化的自信，希望非洲国家屹立于世界民族之林。正因为他在恢复殖民主义统治前非洲历史研究方面所做出的贡献，他被誉为是"拯救非洲历史的人"[1]。

三、对非洲殖民史的研究

对非洲殖民主义史的研究是阿杜·博亨非洲史研究的又一重大贡献。虽然之前已经有许多非洲殖民主义史的著作问世，但大多是持欧洲中心主义的观点。为了更加全面和透彻地研究殖民主义在非洲的历史以及非洲人民的抗争，他撰写了《非洲殖民主义透视》《殖民统治下的非洲，1880—1935》《不列颠、撒哈拉和西苏丹，1788—1861》和《雅阿·阿散蒂娃和1900至1901年的阿散蒂—英国战争》等著作，并主编联合国《非洲通史》第七卷。概括起来讲，阿杜·博亨对非洲殖民主义史的研究呈现出以下三个主要观点：

其一，阿杜·博亨从长时段来看待非洲殖民史。

中国学者一般认为，1415年葡萄牙占领摩洛哥休达城，标志着近代殖民主义的出现，1990年纳米比亚独立标志着非洲非殖民化的完成，所以，殖民主义在非洲有五百多年的历史。正如郑家馨先生所言："近代殖民主义在五百多年历史中在非洲大陆扮演了十分特殊的角色。它最早窜入非洲大陆（1415），几乎最晚退出这块大陆。"[2] 阿杜·博亨从长时段来考察殖民主义在非洲的历史，倾向于将它看成一个插曲或阶段。

阿杜·博亨认为殖民主义在非洲人民多种多样、丰富多彩的经历中，仅仅是一个插曲或阶段，其存在时间在非洲任何地方都没有超过八十年。阿杜·博亨说："殖民主义在非洲绝大部分地区的存在不足百年，即从19

---

[1] Cameron Duodu, "The man who rescued African history", *New African*, July 2006, p. 60.
[2] 郑家馨主编：《殖民主义史·非洲卷》，北京：北京大学出版社，2000年，第3页。

世纪80年代到20世纪60年代。就一个种族和整个大陆的历史而言,的确这只是一瞬间的事。"[1] 他认为1880年是一个非常重要的时间点,这一年是欧洲列强争夺非洲的正式开始。[2]

阿杜·博亨将非洲殖民主义八十年的历史细分为三个阶段:(1) 1880—1919年为第一阶段,其中1880—1900年为征服时期,1900—1919年为占领时期,除了埃塞俄比亚和利比里亚外,非洲被欧洲列强瓜分完毕;(2) 1919—1935年为第二阶段,殖民主义在非洲建立了政治和经济等方面的统治,与此同时,非洲民族主义也在酝酿;(3) 1935—1960年为第三阶段,非洲人民不断反抗,与殖民统治做斗争,直至最后国家独立,这是"使用积极行动战略的独立运动时期"[3]。

尼日利亚伊巴丹学派的阿贾伊也主张殖民主义在非洲是一个插曲。他认为,在殖民主义统治下,非洲政治制度仍然保持连贯性。他说:"毋庸置疑,殖民主义对非洲的影响被人们夸大了,殖民主义在漫长的历史进程中仅是一个插曲,并没有使非洲历史的延续性中断。"[4]

阿杜·博亨与阿贾伊都主张"插曲论",但是,殖民主义对非洲历史影响程度是大不一样的。阿贾伊所主张的"插曲论",殖民主义对非洲的影响微乎其微,基本上可以忽略不计,在阿贾伊等人看来,"殖民主义对非洲的影响是表面的,他们把殖民主义看作是没有持续打断与非洲过去联系的一个小插曲"[5]。而阿杜·博亨认为"尽管殖民主义仅仅是一个插曲,它在非洲任何地方持续的时间不超过100年,但它是一个极其重要的插曲。它是非洲历史的分水岭,非洲后来的发展很大程度上受殖民主义遗

---

1 [加纳]A.阿杜·博亨主编:《非洲通史》第七卷,北京:中国对外翻译出版公司,1991年,第634页。
2 A. Adu Boahen, *African Perspectives on Colonialism*, Baltimore: Johns Hopkins University Press, 1987, p.1.
3 [加纳]A.阿杜·博亨主编:《非洲通史》第七卷,北京:中国对外翻译出版公司,1991年,第13页。
4 [尼日利亚]J.F.A.阿贾伊:《殖民主义下非洲政治制度的连贯性》,孙晓萌译,北京外国语大学亚非学院编:《亚非研究》第2辑,北京:时事出版社,2008年,第156页。
5 A. Adu Boahen, *African Perspectives on Colonialism*, Baltimore: Johns Hopkins University Press, 1987, p.109.

产的影响"[1]。

其二，阿杜·博亨客观、全面地看待殖民主义对非洲的影响。

关于殖民主义对非洲的影响，在阿杜·博亨之前已有两种主要观点：

一是坚持欧洲中心论的西方学者的观点，他们为殖民主义在非洲的行径进行辩护。诸如 L.H. 甘恩、P. 杜伊格南、佩勒姆和 P.C. 劳埃德认为，这种影响是得失相当的，对非洲来说，既可以算是幸事，也可以说至少是无害于非洲。甘恩和杜伊格南认为："帝国制度是非洲历史上传播文化最有力的动力之一，算起账来，它是功大于过。"[2] 在他们两人共同主编的五卷本《殖民主义在非洲》第一卷的序言中，他们又一次总结道："我们并不同意被人们广泛接受的假设——殖民主义与剥削应该画等号……因此我们把欧洲在非洲的帝国主义解释为文化变革与政治统治的一种动力。"[3]

二是研究不发达理论和依附理论的学者，他们强调殖民主义给非洲带来的好处实际等于零。圭亚那黑人历史学家沃尔特·罗德尼坚持认为："有人说，一方面，（殖民主义）存在着剥削与压迫，而另一方面，殖民政府做了大量有利于非洲人的事，他们开发了非洲。我们的看法是：这种说法完全是谎言。殖民主义只有一面——它们是一伙武装匪徒。"[4]

关于殖民主义统治对非洲的影响，阿杜·博亨没有简单地肯定或者否定，而是全面地予以评价。在充分肯定殖民统治对非洲社会经济造成严重破坏的同时，又指出其在非洲所发挥的积极作用。阿杜·博亨从政治、经济、文化和社会等方面，全面论述了殖民主义对非洲的影响。

就政治方面的影响而言，阿杜·博亨认为殖民主义有四个方面的积极影响。第一，殖民主义在非洲得到巩固之后，比以前更大程度地建立了持续的和平与稳定。这种状况有利于殖民地开展正常的经济活动和提高社

---

[1] A. Adu Boahen, *African Perspectives on Colonialism*, Baltimore: Johns Hopkins University Press, 1987, p. 111.
[2] L.H. Gann and P. Duignan, *Burden of Empire*, London: Pall Mall, 1967, p. 382.
[3] L.H. Gann and P. Duignan, eds., *Colonialism in Africa, 1870–1960, Vol.1, The History and Politics of Colonialism 1870–1914*, Cambridge: Cambridge University Press, pp. 22–23.
[4] W. Rodney, *How Europe Underdeveloped Africa*, Washington: Howard University Press, 1974, p. 205.

会与物质的能动作用。第二,形成现代独立的非洲国家在地理上的政治形态。过去存在着成千上万个独立氏族、世袭集团、城邦、王国和帝国,被50多个新国家所取代。第三,向非洲绝大多数地区引进了两种新体制,即新的官僚机制和新的司法机制。第四,产生了一种新型的非洲民族主义,而且产生了泛非主义。同时,他认为殖民主义在政治范畴的影响方面,消极面更大。第一,民族主义是殖民主义副产品,如何克服民族主义的消极面是所有独立后非洲国家领导人所面临的共同问题。第二,殖民者人为地划分非洲国家的边界,造成了一系列的消极影响,譬如跨界民族和边界冲突,还有非洲国家的面积大小各不相同,自然资源和经济潜力也不均等。第三,殖民主义削弱了当地原有的政府管理体制。第四,殖民统治造成非洲国家独立后民众对政府的财产漫不经心。第五,常备军的建立也是殖民主义的产物,他的消极影响经常为多数历史学家所忽略。第六,殖民主义最后一个也可能是最重要的消极影响就是非洲主权与独立的丧失,从而使非洲人丧失了决定自己命运的权利以及与外部直接打交道的权利。

就殖民主义对非洲经济影响而言,阿杜·博亨的评价也是祸福参半。经济方面的积极影响主要有:第一,提供了公路、铁路、电讯、电话,有时甚至是机场等基础设施,这是殖民主义入侵前的非洲所没有的。第二,殖民主义在经济方面对初级产品的影响,可可、咖啡、烟草、花生和橡胶等经济作物的种植得以推广,促使了土地的商品化以及某些个人或社会阶层财富的增加。第三,引进了货币经济。在经济方面,殖民主义对非洲的消极影响也是十分明显的:第一,殖民主义所提供的基础设施既不充足也不实用。多数公路和铁路的建设不是为了开发所在国,而仅仅是为了把具有矿藏或发展经济作物潜力的地区与出海口连接起来而已,或者把非洲生产地区与世界商品市场相联络。第二,殖民地的这种经济发展是以该地区的自然资源为基础的。这意味着自然资源贫乏的地区完全被忽视了。第三,殖民经济的一个典型特征就是在绝大多数殖民地内,完全地、有意识地忽视或不鼓励工业化以及对当地所产原料和农产品的加工工业。第四,由于大规模制造的廉价商品涌入非洲,使得在殖民主义入侵前非洲原已存在的一点工业与手工业也几乎被摧毁殆尽,非洲的技术发展就此停顿。第五,殖民者对热带产品的追求,在非洲造成严重的单一产品经济。第六,土地商品化导致一些肆无忌惮的家族头人非法出售村社共有的土地,这引起广泛的贫穷。第七,不管殖民阶段取得了什么样的经济增长,都使非洲人付出了惊人的、不公正的代价。总之,"殖民统治阶段对非洲是一个残忍的经济剥削阶段,而不是经济发展阶段。不难肯定,殖民主义在经济范畴对非洲的影响是最为暗淡的"[1]。

就殖民主义对非洲的社会方面的影响而言,也是积极影响和消极影响并存。阿杜·博亨认为,殖民主义在社会范畴对非洲的积极影响主要有:第一,非洲人口的增长。人口增长的原因是由于修筑了公路和铁路保证食品能够迅速送到灾区,还有对昏睡病、鼠疫和黄热病等传染病所进行的宣传和防治活动。第二,促进城市化。殖民统治的结果是城市化的步伐大大加快。科特迪瓦的阿比让、黄金海岸的塔科拉迪、尼日利亚的哈科特港、肯尼亚的内罗毕、南罗得西亚的索尔兹伯里(今哈拉雷)、北罗得西亚的卢萨卡以及比属刚果的路路阿堡都是全新的城市。人们的生活素质,特别是那些居住在城市中心的人无疑是有所改善的。第三,基督教、伊斯兰教以及西方教育的传播。西方教育的传播有着深远的社会影响,它增加了受过西方教育的非洲精英的人数,这些精英组成了非洲各国统治集团以及文职人员的骨干。第四,殖民主义为每一个殖民地或一系列殖民地提供一种通用语,为殖民地内部和殖民地之间的联系提供了方便。第五,殖民主义向非洲某些地区引进或促成了新的社会结构,以城市为例,城市居民可分为三个主要集团:社会精英(或被称为行政管理—秘书公务—专业资产阶级)、非精英(或称作候补精英)和城市无产阶级。

在社会方面,殖民主义对非洲的影响也存在严重的消极面:第一,创造并扩大了在殖民统治期间发展起来的城市中心与农村地区之间的差别,

---

[1] [加纳] A.阿杜·博亨主编:《非洲通史》第七卷,北京:中国对外翻译出版公司,1991年,第636—644页。

也加剧了人口从一个地方向另一个地方的流动。第二，殖民主义提供的社会服务严重不足和分布不均，而且主要是为极少数白人移民和政府官员服务的，因而集中在城市。第三，殖民主义造成非洲妇女社会地位的下降。第四，殖民主义最严重的负面影响是心理上的，产生对非洲人的种族歧视。[1]

总之，在阿杜·博亨看来，在非洲历史长河当中，殖民统治仅仅是一个插曲或阶段，其存在时间在非洲任何地方都没有超过八十年。他认为殖民主义尽管在政治、经济和社会等方面对非洲产生了严重的影响，但不能把它看成是沉重的历史包袱。虽然今天非洲某些方面还是会受到殖民主义的影响，但非洲人民完全可以把握自己的未来。阿杜·博亨深入研究殖民主义，一个很重要的原因是他想以史为鉴。他说："非洲领导人正确的做法不是把殖民主义一笔勾销，而是了解其影响，设法补救其已经形成的缺陷，并解脱其失败所造成的后果。"[2]

其三，对非洲人民抵抗殖民主义统治的英勇行为予以充分的肯定。

阿杜·博亨对殖民主义统治下非洲人民的反抗予以充分肯定，肯定他们在外来强大侵略者的面前英勇抵抗的精神，重视非洲的能动性。在他的著作中，非洲人民对殖民主义是十分抵制的，绝大多数领导人都有强烈地抵制侵略、维护国家独立的决心。

阿散蒂民族是加纳重要的族群之一，在历史上素有反抗外敌的传统。黄金海岸阿散蒂人对英国人的反抗从18世纪60年代开始，到1824年的一次交战达到顶点，在这次战争中，阿散蒂人击败了英国军队和他们的同盟者，杀死了他们的指挥官，也即当时黄金海岸总督查尔斯·麦卡锡爵士。[3]阿杜·博亨把阿散蒂同英国的战争看作是正义的民族战争，认为阿散蒂是

---

[1] A. Adu Boahen, *African Perspectives on Colonialism*, Baltimore: Johns Hopkins University Press, 1987, pp. 103-106.

[2] ［加纳］A. 阿杜·博亨主编：《非洲通史》第七卷，北京：中国对外翻译出版公司，1991年，第654页。

[3] 同上，第105页。

为自己的民族而战，而英国却是有着邪恶的阴谋。[1] 他对阿散蒂人英勇顽强，驱除外敌的民族战斗精神赞扬不已，并为此感到自豪。

英国殖民军队凭借其精良的武器装备，于 1874 年 2 月攻陷并洗劫库马西。阿散蒂人并未屈服。1888 年继位的阿散蒂国王普伦佩一世励精图治，应对危机。在他即位三年内，他重新团结阿散蒂联盟的成员国。英国随后对阿散蒂进行了大规模的讨伐，于 1896 年 1 月再次进入库马西。普伦佩一世、他的母亲（当时也是女王）、他的叔叔伯伯被英国人逮捕，并被先流放到塞拉利昂，于 1900 年又被流放到塞舌尔群岛。有反抗精神的阿散蒂人民在 1900—1901 年间，再次起来反抗英国殖民统治。这次阿散蒂战争的领导人和总指挥官是一位女性，她是一位 60 岁左右的妇女，名叫娜娜·雅阿·阿散蒂娃（1840—1921），她是阿散蒂联盟内的埃德威索邦的王后（Queen of Edweso）。

1900 年，英国总督弗雷德里克·霍奇森来到库马西索要阿散蒂王权象征金凳子的时候，娜娜·雅阿·阿散蒂娃率领阿散蒂人起来反对英国。失败以后，她与普伦佩一世及其随从一起于 1901 年被流放到塞舌尔群岛，1921 年不幸病死在那里。2003 年阿杜·博亨撰写了《雅阿·阿散蒂娃和 1900 至 1901 年的阿散蒂—英国战争》一书，在这部著作中，阿杜·博亨详细地研究了这位带领阿散蒂人民反抗英国战争中立下汗马功劳的女领袖。他说："在 1880 年到 1901 年非洲人民反抗欧洲殖民者的历史中，没有一个女性比娜娜·雅阿·阿散蒂娃更出名，也没有一场战争比她领导的阿散蒂独立战争更被人经常提起。"[2]

阿杜·博亨在《雅阿·阿散蒂娃和 1900 至 1901 年的阿散蒂—英国战争》一书中，研究的问题主要有：这场战争的原因是什么？战争的领导人是谁？他们采用什么战略，使用什么武器？战争的过程如何？这场战争的结

---

[1] A. Adu Boahen, *The History of Ashanti Kings and the Whole Country Itself and Other Writings*, Oxford: Oxford University Press, 2003, pp. 19–20.

[2] A. Adu Boahen, *Yaa Asantewaa and the Asante-British War of 1900–1901*, Oxford: James Currey, 2003, p. 17.

果如何？这场战争又有什么意义？[1]对于雅阿·阿散蒂娃领导的这场战争，阿杜·博亨用异常坚定的话语肯定其正义性，他说："这是阿散蒂人民保卫金凳子捍卫独立的战争，具有重要意义，所以，阿散蒂诸邦都参加了这次战争。"[2]在阿杜·博亨心中，他以这场阿散蒂民族反抗外辱为自豪。他研究雅阿·阿散蒂娃，不仅仅是研究一位女性，而是研究一个民族如何前仆后继地不怕流血英勇斗争。事实上，"雅阿·阿散蒂娃已经成为阿散蒂、加纳和整个非洲民族主义的象征"。[3]

尽管非洲人民英勇反抗，但是在19世纪末20世纪初，非洲还是被殖民者瓜分了。关于非洲抵抗失败的原因，阿杜·博亨也进行了反思。虽然西非人既不缺乏勇气也并非不懂军事科学，但是他们面对入侵者的时候总是处于极大劣势，每次抵抗和武装暴动总是归于失败。阿杜·博亨分析了西非被征服的原因：首先是非洲军事上的弱势，欧洲人征服非洲一般而言比较容易，经常是一支2万的非洲部队很轻易被一支2000人甚至更少的欧洲人领导的军队打败。其原因就在于武器上的优势，如欧洲人拥有马克沁机枪。1885年欧洲列强达成一致，禁止向西非出口武器。其次，是非洲政治上的弱势。"同19世纪欧洲国家相比，非洲国家没有形成强烈的民主主义认同"，非洲国家的王位继承相当的混乱，内战争权夺利的斗争十分的激烈。在应对西方侵略的问题上也很少形成联合。[4]

关于非洲在19世纪末20世纪初被瓜分，阿杜·博亨认为有五个方面的原因：第一，非洲的失败归因于欧洲探险家和传教士在非洲的活动和报告，到19世纪90年代，帝国主义列强对非洲的了解大大超过非洲人对欧洲的了解；第二，任何一个欧洲帝国主义列强都远比任何一个非洲国家或国家集团富裕，这样帝国主义国家可以支持更长时间的战争，而非洲国家

---

1 A. Adu Boahen, *Yaa Asantewaa and the Asante-British War of 1900–1901*, Oxford: James Currey, 2003, p. 28.

2 *Ibid.*, p. 173.

3 Natasha Gray, "Book Review", *The International Journal of African Historical Studies*, Vol. 38, No. 2, 2005, pp. 383–385.

4 J.B. Webster and A.A. Boahen with M. Tidy, eds., *The Revolutionary Years West Africa since 1800*, London: Longman House, 1981, pp. 177–179.

做不到；第三，帝国主义侵略者比非洲国家有更多的部队，有大量的辅助军，士兵为非洲人，而军官为欧洲人；第四，面对帝国主义的侵略，非洲国家没有联合起来，被各个击破；第五，也是非常重要的一点，就是武器装备远远落后于西方列强。非洲人运用弓箭、矛和过时的枪，而欧洲士兵使用步枪、机关枪。[1]

非洲的抵抗失败了，但是这一抵抗是否有意义和有价值？阿杜·博亨给予肯定的回答："回顾非洲历史上这段英勇史诗，不禁使人提出疑问，非洲人的抵抗是不是'英雄的狂热'或者是一种犯罪的态度。我们的作者否定了这种论点。从他们的立场看来，非洲军队面临装备占优势的敌人肯定是要被打败的，但这没有什么关系，关键之处在于：抵抗者为之献出生命的事业从此萦绕在子孙后代的心中。"[2]

下面以《非洲殖民主义透视》一书为个案，剖析阿杜·博亨对非洲殖民主义的深刻认识。

1985年，阿杜·博亨应约翰·罗塞尔-伍德（John Russell-Wood）教授的邀请，去美国约翰·霍普金斯大学历史系做系列讲座。他选择非洲人对殖民主义的看法为题，内容分为四部分：殖民征服和占领前夕的非洲；殖民制度的建立：非洲人的能动性和反应；殖民制度的实行；殖民主义的影响。该讲稿由约翰·霍普金斯大学出版社1987年出版。

1. 在阿杜·博亨的笔下，殖民征服和占领前夕的非洲并非死气沉沉，一点活力和进步都没有。恰恰相反，阿杜·博亨认为："在殖民征服和占领前夕，非洲远非原始、静止、沉睡或处于一种霍布斯式的自然状态。在所有方面——经济、政治、社会，甚至知识分子层面，非洲都处于变化和革命的氛围中，接受新的挑战，展现出适应和修正的能力。"[3]

---

1 A. Adu Boahen, with J.F. Ade Ajayi and Michael Tidy, *Topics in West African History*, London: Longman House, 1986, p.122.
2 ［加纳］A.阿杜·博亨主编：《非洲通史》第七卷，北京：中国对外翻译出版公司，1991年，第119页。
3 A. Adu Boahen, *African Perspectives on Colonialism*, Baltimore: Johns Hopkins University Press, 1987, p.23.

19世纪80年代，非洲发生的重要的经济变化，就是奴隶贸易被废除，取而代之的是合法的商品贸易，交易的商品包括象牙、树胶、铜、丁香、蜂蜜、咖啡、花生、棉花、棕榈油等。商品贸易取代奴隶贸易的意义是多方面的。首先，奴隶贸易的废除，意味着猎奴战争相应减少，有利于非洲大陆的和平与稳定。其次，财富分配更加公平，这是许多历史学家经常忽略的一个问题。因为，奴隶贸易主要是上层统治集团获益，而商品贸易将惠及更多的平民百姓，包括农村地区。再次，非洲人口的缓慢增长，从1840年的约1.04亿增长到1880年的1.20亿。最后，到19世纪80年代，不仅是沿海地区，而且更重要的是非洲内部或农村的经济已经比先前更深入地融入了资本主义世界经济。[1]

这一时期，非洲政治上也有变革，突出表现在北非一些国家的现代化改革。穆罕默德·阿里领导的埃及，进行了包括土地制度、教育、科技和军事在内的改革。他在全国范围内废除包税制，没收马穆鲁克的土地，分成小块租给农民耕种。阿里建立了埃及近代化的第一批机器工业。他实行有限度的开放，一方面购置西方机器设备，聘请欧洲技师，引进少量外资和外国先进的技术；另一方面进行仿制，以减少进口。他先后建成了火药厂、造船厂、纺织厂、呢绒厂、染料厂等。阿里的主要目标是富国强兵。1820年，他着手创办了一支新式的陆军，征召农民为士兵。阿里还大力发展海军，建立了地中海舰队和红海舰队。为了培养一批懂得近代科学知识的官吏，阿里按欧洲的模式，建立了世俗教育制度，开办了几十所初级学校、中级学校和专科学校。他聘请外国专家来埃及讲学，还先后向法英意等国派遣九批留学生。对外战争与列强干涉导致埃及阿里改革的失败。穆罕默德贝伊时期（1855—1859），突尼斯商业资产阶级和封建地主中的革新派发起了宪政运动（达斯图尔运动），要求限制君权，实行君主立宪。阿杜·博亨认为，1868年在加纳成立的芳蒂联邦，是这一时期非洲政治发展

---

[1] A. Adu Boahen, *African Perspectives on Colonialism*, Baltimore: Johns Hopkins University Press, 1987, pp.4-5, 13.

的重要尝试。1871年,芳蒂联邦通过宪法,成立议会和联邦大会,后者是联邦的立法机构。[1]

非洲教育领域的变化以及非洲民族主义的萌芽。作者肯定基督教传教团在教育方面的作用,培养了非洲现代精英阶层。在19世纪初,基督教很大程度限制在非洲沿海地区。当时,整个西非只有3个传教团,即福音传播团(SPG)、韦斯莱传教团(WMS)、格拉斯哥和苏格兰传教团(GSMS)。在南非也只有两个传教团,即摩拉维亚传团和伦敦传教团。然而,到1840年,在西非的传教团数量超过15个;南非的传教团在19世纪60年代超过11个。1877年在东非的传教团增加到5个。这些传教团不仅活跃在沿海地区,还深入了遥远的非洲内陆。所有的传教团,无论是新教徒和天主教徒,都建立了许多小学和中学,甚至师范学院、神学院和技术学校。"1880年传教使团革命最大社会影响是,造成非洲社会进一步分化,形成一小部分受过基督教教育的精英(特别是在西非和南非)和一个庞大的传统和文盲群体。"[2]西非和南非,受教育精英要求建立非洲民族主义宗教,称为"埃塞俄比亚主义"[3]。这一运动的主要目的是建立非洲人自己控制的教会,其教义和仪式将与非洲的文化和传统保持一致。西非于19世纪60年代开展这一运动,南非于70年代开始,于80年代达到顶峰。知识精英代表爱德华·布莱登倡导非洲是非洲人的非洲、泛非主义、非洲个性思想,这些都是非洲民族主义的渊源。

2. 阿杜·博亨对于殖民征服期间非洲人的能动性和反抗予以高度关注。他引用了阿散蒂国王普伦佩一世(Prempeh Ⅰ)、达荷美国王贝汉津(Behanzin)以及埃塞俄比亚皇帝孟尼利克二世(Menelik Ⅱ)对欧洲殖民者发出的严正警告。1891年,当英国人向加纳的阿散蒂帝国的普伦佩一世提供保护时,他回答说:"你们提出的阿散蒂应该受到印度和英帝国女皇陛下

1　A. Adu Boahen, *African Perspectives on Colonialism*, Baltimore: Johns Hopkins University Press, 1987, pp.10-11.

2　*Ibid.*, p.17.

3　*Ibid.*, p.19.

的保护这一建议是一个非常值得认真的考虑建议,我很高兴可以说:我的阿散蒂王国从来没有对任何这样的政策有过承诺。阿散蒂必须保持以往的状态,同时与所有白人保持友好关系。我并不是骄傲自大,但在明确的意义上……阿散蒂正在进步,没有理由让任何阿散蒂人对前景感到恐慌,或者相信我们的进步已经被过去敌对事件所击退。"[1] 1895年9月,当意大利人在英国和法国的默许下,发动了对埃塞俄比亚的侵略时,孟尼利克二世发表了著名的战前动员:"敌人现在来破坏我们的国家,改变我们的宗教……我们的敌人像鼹鼠一样通过推进和蚕食来侵略我们的国家。在上帝的帮助下,我不会把我的国家交给他们……从今天起,强壮的人给我力量,软弱的人为我祈祷吧。"[2] 阿杜·博亨对此评论说:"从这些非洲领导人即将面对殖民危机的言辞中可以清楚地看出,他们决心捍卫自己的主权,宗教和传统的生活方式同时也想与欧洲人互惠互利,他们对成功非常有信心。"[3]

非洲人对欧洲殖民侵略的反抗是十分普遍的,"如果说普伦佩和其他少数非洲统治者采取外交手段,绝大多数非洲人选择了军事手段"[4]。在南部非洲,祖鲁族、恩德贝莱(现代津巴布韦)、奔巴(赞比亚)和尧族(马拉维)选择武装抵抗。在中非,尧族、马卡瓦、耶克、基昆达、奥维姆邦杜、卢达、切瓦、胡姆比、比河、尚南和恩古尼,主要是安哥拉和莫桑比克,都有力地反抗葡萄牙、比利时和英国殖民侵略。在东非,南迪人、马赛人的一部分、马兹鲁伊(Mazrui)家族以及阿坎巴人(肯尼亚)、姆本加人、马孔德人、赫赫人以及在阿布什里(Abushiri)统治下坦桑尼亚海岸的斯瓦希里人也强有力地抵抗了英国人和德国人。在北非和东北非,非洲人捍卫主权和宗教的斗争尤其激烈。在埃及有艾哈迈德·奥拉比上校领导下

---

1 A. Adu Boahen, *African Perspectives on Colonialism*, Baltimore: Johns Hopkins University Press, 1987, p.24.

2 *Ibid.*, pp.25–26.

3 *Ibid.*, p.26.

4 *Ibid.*, p.46.

的埃及人反抗英国入侵,在苏丹爆发了著名的马赫迪起义。

在具体论及非洲人对殖民侵略的反抗时,作者详细列举了两个典型案例,即西非的萨摩里和东非的孟尼利克是如何反抗的。

"萨摩里·杜尔(Samori Ture)不仅与法国人而且还和英国人进行斗争,捍卫他的帝国的自治权,这是非洲历史上最英勇的事件之一。"[1] 萨摩里当时建立了一个庞大的帝国,覆盖了现代塞拉利昂和几内亚的北部地区,以及塞内加尔的部分地区。他拥有一支强大的军队,分为步兵和骑兵。到 1887 年,步兵的数量在 3 万—3.5 万之间,而骑兵大约有 3000 人。此外,与非洲大多数军队不同,萨摩里将军队武装成一支职业军队,他用一些最新式的欧洲武器武装自己的军队,例如,最适合在潮湿地区使用的来复枪。到 1893 年,他的军队已经拥有了大约 6000 支步枪。他的军队不仅装备精良,而且与其他大多数非洲军队不同,它训练有素,纪律严明,并且整齐划一。他主要靠出售象牙和从布尔金矿区开采出来的黄金来装备军队。在取得一系列战斗的胜利之后,萨摩里的军队在 1898 年被法军打败。

第二个案例是一个成功的例子,事实上是在整个非洲唯一成功的案例,埃塞俄比亚皇帝孟尼利克在阿杜瓦战役中,打败了意大利军队。在 1895 年 1 月,不可避免的冲突发生了,当时意大利人攻击并占领了提格雷省。孟尼利克在 9 月 17 日发表了著名的动员命令,并于 12 月率领一支庞大的军队向北进军,在安巴·阿拉吉(Amba Alagi)和马伽勒(Magale)击败意大利。随后,意大利人撤退到阿杜瓦,1896 年 1 月的最后一战导致了意大利军队的彻底失败。意大利人的伤亡包括 261 名军官、2918 名士官和士兵,约有 2000 名土著兵及当地的部队被杀,954 名意大利士兵失踪,还有 470 名意大利人和 958 名土著兵负伤,超过意大利总兵力的 40%。这场战役具有非常重要的意义,它被描述为"自汉尼拔时代以来,非洲人对欧洲军队的最大胜利"[2],在整个争夺和瓜分非洲时期,是非洲国家取得的唯一

---

1 A. Adu Boahen, *African Perspectives on Colonialism*, Baltimore: Johns Hopkins University Press, 1987, pp. 50–51.
2 *Ibid.*, p. 55.

决定性胜利。

非洲人的抵抗，最后还是失败了，非洲沦为欧洲的殖民地。阿杜·博亨分析了非洲被征服的原因。首先，没有一个非洲国家在经济上有足够的实力对任何帝国主义国家进行持久的战争。因此，在大多数情况下，任何一个国家被打败都只是时间问题。其次，非洲人的抵抗几乎是孤军奋战，大多数非洲领导人未能形成有效的联盟。这种失败不仅削弱了他们的军事力量，而且还使欧洲帝国主义者在非洲实施各个击破。再次，非洲军队武器装备落后，正如希拉尔·贝洛克（Hilaire Belloc）诗中概括的那样：欧洲人有马克沁机枪，而非洲人没有。[1] 所以非洲大陆被瓜分，绝大多数非洲国家失去了独立。

3. 重视殖民统治时期非洲人的反抗。阿杜·博亨不同意许多欧洲历史学家的观点，他们认为，"除受过教育的精英阶层之外，所有的阶级和群体都轻易接受了殖民统治，直到那些在国外接受教育的人回国后（特别是在美国和英国），反抗殖民主义的运动才兴起。根据学者这样的研究，对殖民制度的攻击仅仅是受过教育的精英们关注的问题，而且直到两次世界大战期间或第二次世界大战之后才出现"[2]。在阿杜·博亨看来，在殖民统治时期，非洲的反抗是充斥始终，形式多种多样。

阿杜·博亨将把殖民时代非洲人的反抗分为三个时期：大约是19世纪90年代到第一次世界大战结束；从1910年到1935年；最后从1935年到20世纪60年代。[3] 在第一个时期，非洲人的反抗大多由传统的统治者领导，矛头针对殖民制度——无论是税收、土地转让、强制种植作物、殖民官员的暴虐行为、引进西方教育，并且要维护非洲文化和传统生活方式。西非地区典型例子有：1898年在塞拉利昂爆发的反茅屋税起义；1900年加纳的阿散蒂反抗直接征税，强制劳动和西方教育；尼日利亚东部1898—1902年

---

[1] A. Adu Boahen, *African Perspectives on Colonialism*, Baltimore: Johns Hopkins University Press, 1987, p.57.
[2] *Ibid.*, p.62.
[3] *Ibid.*, p.63.

的起义；1908—1914 年在上沃尔特（今布基纳法索）的古伦西（Gurunsi）地区的起义；1908—1909 年在马里的洛比人（Lobi）起义等。在南部非洲，这些反抗包括 1896—1897 年的恩德贝莱—绍纳起义，1906 年的祖鲁人起义和 1904 年在西南非洲的赫列罗起义，下刚果人民反抗招募劳工的曼加伽（Manjanga）起义，赞比西河谷在 1890—1905 年发生的多次起义等。在东非最著名的起义，是马及马及起义，目的是将德国从坦噶尼喀驱逐出去。所有这些起义和反抗都遭到残酷镇压，成千上万的非洲人丧生。镇压马及马及起义导致坦噶尼喀 7.5 万人死亡，而在西南非洲起义导致该殖民地大约损失一半的人口。[1]

除了起义和逃亡之后，非洲人还采取了一些消极抵抗的方式，如"拒不遵守命令、旷工，假装生病，偷懒和工作缓慢，拒绝种植强制性农作物"[2] 等。

在第二个时期，非洲人的反抗出现了新的情况，在这一时期，特别是在东非和中非的农村地区，越来越多地采用一种策略——使用了舞蹈、歌曲和艺术的文化符号，这对殖民官员来说往往是无法理解的。在许多东非殖民地，舞蹈协会被组织起来，协会创造了舞蹈形式，嘲笑殖民地官员。这些协会不仅在整个非洲东部流行，而且在第一次世界大战后从那里传播到比属刚果。在这里，这个被称为贝尼的协会演奏的歌曲和舞蹈"经常嘲笑欧洲官员，并表达了对殖民统治的深深的民怨"。莫桑比克南部的嘲泊（Chope）创作了一套完整的歌曲，其中有针对殖民政权的歌曲，特别是宣告了对税务官员的憎恨。马夸人和马孔德人艺术家在他们的雕刻中嘲笑国家官员，他们故意歪曲他们的主要特征。[3]

---

1 A. Adu Boahen, *African Perspectives on Colonialism*, Baltimore: Johns Hopkins University Press, 1987, pp. 64–66.
2 *Ibid.*, p. 67.
3 *Ibid.*, pp. 80–81.

四、历史教育思想

阿杜·博亨既是著名的历史学家,又是成功的历史教育家。他亲自编写教材,重视历史教育与普及,发挥了历史教材在加强民族历史记忆、促进民族建构方面的积极作用,反映了第一代非洲民族主义历史学家的担当。他撰写的《西非历史主题》是一部教科书,很受读者欢迎,并在电台上播送,"该书几乎成为西非史的圣经"[1]。阿杜·博亨主编的《革命年代:1800年以来的西非》也是一部教科书,深得读者的喜欢。与此同时,因为编写教材,又在电台上播送,所以,阿杜·博亨变得家喻户晓。

《西非历史主题》是阿杜·博亨影响比较广泛的一本书,首版于1965年,1986年再版。该书写在《加纳:19至20世纪加纳的发展与变革》之前。他坚持将非洲人作为非洲历史的主体,他说:"西非历史的发展,和世界上其他地区和国家一样,是内外因素共同作用的结果。但内部因素或者说当地的因素通常发挥着更加基础和更加重要的作用。"[2]因此他的写作主线是非洲人民的活动,欧洲的到来影响了非洲的发展,但只是一个小的插曲。所以,该书在内容安排上,西非与欧洲的关系只是全书四大编中的一编,占比为25%。他重点关注非洲人是如何创造了悠久的历史,古代强大的王国是怎样被有才智的君主所统治的,非洲大陆的生产力是如何发展的,直到殖民统治到来,非洲人民是如何英勇反抗的,殖民统治者走后非洲人是如何重建自己的家园的。从他的著作中可以看出,他淡化了殖民的影响,希望非洲作为一个有尊严的大陆屹立于世界民族之林。

在《西非历史主题》一书中,阿杜·博亨从政治、社会和经济等方面,分析了撒哈拉商道对西非的影响:促进了西非地区诸王国的产生,如加纳、马里和桑海;促进了商道沿线城市化,一些小村子或居民点因商道贸易发展成为大的城镇或城市,如昆比·撒利赫、杰内、廷巴克图和加奥等;

---

1 Joseph K. Adjaye, "Perspectives on Fifty Years of Ghanaian Historiography", *History in Africa*, Vol.35, 2008, p.11.

2 A. Adu Boahen, *Topics in West African history*, Longman, 1966, p.1.

商道还促进了伊斯兰教的传播。[1]

最早来到西非的西方殖民者是葡萄牙人，他们于15世纪第二个十年就到达西非沿海地区，在西非沿海建立了殖民据点。16世纪90年代，荷兰兴起后，取代了葡萄牙人在西非沿海的地位，后来又夺取了埃尔米纳城堡。从17世纪中叶开始，英国人、法国人、瑞典人和普鲁士人先后到达西非沿海地区，直到19世纪中叶，英国确立了自己在西非沿海地区的殖民统治。阿杜·博亨在《西非历史主题》一书中，分析了15世纪欧洲人扩张到西非的原因：第一是技术方面的原因。帆船的发明和风力的运用代替了人工划桨，使得在大海中的长距离航行成为可能。指南针应用于航海，比观看天象更加准确。第二是经济方面的原因。欧洲国家需要开辟新航路得到黄金和香料，因为，之前需要通过马来西亚人、印度人、埃及人和意大利人中介，价格昂贵。第三是政治方面的原因。14—15世纪所有的东欧国家都受到奥斯曼土耳其入侵的威胁，1453年君士坦丁堡被后者占领。[2] 原有的与东方联系的陆上丝绸之路已经被奥斯曼土耳其人所截断，需要寻找通往东方的新航路，同时，也有联络约翰长老国对抗穆斯林世界的想法。

《革命年代：1800年以来的西非》也是一部教材，是阿杜·博亨与J.B.威伯斯特（J.B. Webster）等人编写的，该书与巴兹尔·戴维逊和阿德·阿贾伊等人主编《1000—1800年的西非》相配套。1967年第一版，1980年第二版。该书承认黑人在奴隶贸易中也有责任，不能以"假如没有欧洲人购买，就没有非洲人贩卖"为自己辩护，而是应该因他们自己在奴隶贸易中的表现"也感到羞耻"。[3]

阿杜·博亨在上述历史教材中，改变了以往非洲历史教科书中的欧洲中心论的观点，阿杜·博亨和他的同事们还原了非洲历史的本来面目，向学生传授全新的非洲历史，让加纳人民和西非人民了解到以非洲本土人民自己的历史为主体的新非洲历史。而传播非洲人民自己的历史有利于增强非洲人对自己文化和历史的自信，有利于民族国家的构建。

1　A. Adu Boahen, *Topics in West African History*, Longman, 1966, pp. 8-10.

2　*Ibid.*, p. 104.

3　J.B. Webster and A.A. Boahen, eds., *The Revolutionary Years West Africa since 1800*, Longman, 1981, p. 61.

本章小结

阿杜·博亨是非洲国家独立之后第一代历史学家,也是非洲民族主义历史学派的代表人物之一。他的历史研究具有开拓性,他的研究清除了殖民主义者所鼓吹的非洲没有历史的错误观点,运用口述资料和其他资料,努力恢复了殖民统治前的西非历史和加纳历史。阿杜·博亨因其在非洲史研究方面的贡献,尤其是对于西非史和加纳史研究的卓越成就,被誉为"非洲史的教父之一"[1]。

非洲民族主义史学流派的一个共同特点是对殖民主义历史学派的否定,主张从非洲内部的视角来研究非洲历史。但非洲民族主义史学流派内部也是有区别的,伊巴丹历史学派与达累斯萨拉姆历史学派不尽相同,阿杜·博亨所代表的加纳学派与前两者又有所区别。比如,达累斯萨拉姆历史学派社会主义色彩比较浓厚,在评价殖民主义的时候,多为全盘否定,而阿杜·博亨对殖民主义对非洲的影响既肯定又否定,从历史的角度予以全面评价。

非洲民族主义历史学派是时代的产物,它产生于20世纪四五十年代,兴盛于20世纪六七十年代,它与非洲民族独立运动相辅相成。一方面,非洲民族独立运动促进非洲民族主义史学流派的产生;另一方面,非洲民族主义历史学派对于非洲国家独立后恢复历史的集体记忆和民族建构都做出了巨大的贡献。当然,非洲民族主义历史学派也存在不足之处,一是容易陷入非洲中心主义;二是非洲民族主义历史学派往往被视为精英史学,脱离群众,对下层人民的历史关心不够。所以,从20世纪80年代以后,非洲民族主义史学流派趋向衰微,新史学在非洲逐渐兴盛,社会史、经济史和环境史成为非洲史研究的新热点。

1　Ivor Agyeman-Duah, "The historian who made history himself", *New African*, July 2006, p.58.

第八章

阿德·阿贾伊

阿德·阿贾伊（1929—2014）是尼日利亚著名历史学家，他是与阿杜·博亨、奥戈特等人齐名的非洲民族主义史学家。阿贾伊是伊巴丹学派的重要代表人物，曾任伊巴丹大学和拉各斯大学副校长，主编《非洲通史》第六卷。同样作为非洲历史学家的托因·法洛拉对前辈阿贾伊予以高度评价，他说："很难衡量阿贾伊教授对20世纪下半叶非洲史学的发展所做出的巨大贡献，他属于第一代非洲专业历史学家。阿贾伊的贡献是多方面的：非洲史研究本身、历史教学、培养人才、建立学术团体、促进学术与社会的联系等。他的学术贡献主要集中在19世纪非洲史学、非洲教育和社会发展史、尼日利亚的基督教使团，以及主编著名的伊巴丹历史系列著作。"[1]

一、阿德·阿贾伊生平

阿德·阿贾伊于1929年5月26日，出生于尼日利亚西部的伊科勒-埃基提（Ikole-Ekiti），那里距奥绍博（Osogbo）不远，属于约鲁巴族。他的父亲名叫埃泽基勒·阿德·阿贾伊（Ezekiel Ade Ajayi），是一名基督徒，做过裁缝，后来成为伊科勒酋长的私人秘书。阿贾伊的母亲弗洛伦斯（Florence

---

[1] Toyin Falola, ed., *African Historiography: Essays in honour of Jacob Ade Ajayi*, Harlow: Longman House, 1993, p. vi.

Bolajoko Ajayi）也是一名基督徒，她是一名成功的商人，拥有一家纺织作坊，还经营可可和棕榈油等生意。

阿贾伊5岁时进入伊科勒教会学校学习。正当他小学毕业，准备升入中学时，他家庭的经济状况发生了重大变化。由于伊科勒老酋长病故，阿贾伊的父亲失业了，母亲的经营也变差了，家庭经济变得拮据。幸好得到亲友的帮助，阿贾伊进入埃基提中学学习，准备毕业后做一名小学教师。1944年，阿贾伊考入伊格博比学院（Igbobi College）。1947年，阿贾伊以优异的成绩从伊格博比学院毕业，作为公费生进入雅巴技术学院学习，在那里毕业后留校任教。[1] 1948年，伊巴丹大学成立后，阿贾伊放弃在雅巴技术学院的教职，进入伊巴丹大学学习，并选择了历史专业。

1952年，阿贾伊到英国莱斯特大学留学。他在莱斯特大学跟随杰克·西蒙斯（Jack Simons）教授研究非洲历史，1957年阿贾伊获得了莱斯特大学的哲学博士学位。经西蒙斯教授的介绍，阿贾伊进入伦敦历史研究所工作。1958年，他回到尼日利亚，在伊巴丹大学历史系任教。

在伊巴丹，阿贾伊遇到了志同道合的好朋友肯尼思·翁伍卡·戴克，由于在非洲史学研究方面的相似观点，阿贾伊与戴克很快建立了深厚的友谊，他们都倾向于用非洲观点研究非洲历史，改变殖民史家从外部看非洲历史的错误做法，以便还原非洲历史本来面貌。他同戴克一起，参与尼日利亚国家档案馆、国家图书馆和非洲研究院的筹建，创办《尼日利亚历史学会杂志》，并将口头传说作为重要史料引入非洲史学之中。在戴克与阿贾伊的共同努力下，伊巴丹大学迅速成为西非地区研究非洲历史的国际学术中心。1965年，阿贾伊辅助戴克推出"伊巴丹历史系列"丛书。

1966年，阿贾伊担任伊巴丹大学历史系主任，几年之后，担任伊巴丹大学副校长。1967—1970年，尼日利亚爆发比夫拉内战，战争蔓延到伊巴丹所在的奥约州，严重威胁着伊巴丹大学的安全。阿贾伊与伊巴丹大学另一位副校长西蒙·阿德博（Simeon Adebo）一起，带领师生全力保护伊巴丹

---

[1] Yakubu and Patrick, "Conversation with J.F. Ade Ajayi", *Journal of Cultural Studies*, Vol.2, No.1, 2000.

大学，使这所尼日利亚重要学府免遭战火的破坏。

1972年，阿贾伊离开伊巴丹大学，担任拉各斯大学副校长。拉各斯作为尼日利亚的首都，是全国政治中心，所以拉各斯大学的政治气氛浓厚。在新的环境下，阿贾伊的学术研究领域发生了一些变化，除了研究非洲历史之外，他也开始研究一些现实问题，展现出他的现实关怀的一面。如撰写了《尼日利亚政治文化的演变》一书，通过对尼日利亚政治文化演变的历史研究，以突显尼日利亚作为一个政治实体应该具有的独立自主的政治地位。

1978年，尼日利亚政府出台政策，要求大学生缴学费。此举遭到大学生的抗议。拉各斯大学是这次学生抗议活动的中心，最后遭到政府的镇压，1名学生被打死。阿贾伊反对政府用武力镇压学生运动，认为这是对学生权利的践踏，并在拉各斯大学举行哀悼活动。结果，阿贾伊却被指控藐视政府法令，被迫辞去拉各斯大学副校长一职。此后，阿贾伊回到了伊巴丹大学历史系，继续从事他的非洲史研究。

因其卓越的研究成就，阿贾伊拥有众多学术头衔。他曾任非洲大学联合会副主席（1970—1980）、国际非洲研究会主席（1975—1987）、国际联合大学校务委员会主席（1976—1977）。[1]1986年，阿贾伊获得尼日利亚政府颁发的国家功勋奖。1989年，阿贾伊教授在伊巴丹大学退休。因其在非洲史学研究方面的巨大贡献，1993年，非洲研究协会授予他"杰出非洲主义者奖"（Distinguished Africanist Award）。1994年，阿贾伊成为伦敦大学亚非学院荣誉研究员。2014年8月9日，阿贾伊教授去世，享年85岁。

二、伊巴丹学派的重要代表人物

阿贾伊自1958年进入伊巴丹大学历史系任教，至1989年退休，除了中间6年（1972—1978）在拉各斯大学担任副校长，在伊巴丹大学工作了

1　Toyin Falola, ed., *African Historiography: Essays in honour of Jacob Ade Ajayi*, Harlow: Longman House, 1993, p. 1.

25年。即便在退休后,也没有停止对非洲历史的研究。所以,阿贾伊的主要学术成果是在伊巴丹大学历史系工作时完成的。不仅如此,阿贾伊坚持伊巴丹学派的治史风格,即反对"欧洲中心论",批驳"非洲文明外来说",坚信非洲有历史并且拥有悠久的历史,非洲人民才是非洲历史的主人;"从非洲观点观察非洲",致力于恢复非洲历史本来面貌,反驳"非洲无史论";重视口述史料在非洲历史研究中的重要作用。阿贾伊出版了《尼日利亚的基督教传教团,1841—1891》一书,作为"伊巴丹历史系列"丛书之一,该书达到了该领域的最高研究水平。从1970年开始,阿贾伊成为该历史系列丛书的总主编。[1] 阿贾伊为伊巴丹学派的发展做出了重要贡献,在伊巴丹学派中是继戴克之后最重要的代表人物。

1965年,阿贾伊出版了《尼日利亚的基督教传教团,1841—1891》一书,该书是阿贾伊1958年向伦敦大学提交的博士学位论文。为了写这部著作,阿贾伊除了在伦敦大学学习之外,还去罗马和巴黎档案馆查过资料,并且访问过美国。

西非是非洲大陆最早遭受殖民主义侵略的地区,也是大西洋奴隶贸易的重灾区。基督教在非洲的传教活动与殖民主义在非洲的侵略殖民活动息息相关,两者互为基础、相互促进。15世纪葡萄牙的亨利王子沿西非的海岸线南下,开辟新航路和进行殖民侵略的同时,也进行着基督教的传教活动,教皇任命他为骑士团长,并拨给他巨额资金供他在西非传教,欧洲基督教开始了在西非与殖民主义侵略相伴相生的传教活动。1841—1891年期间,主要有五大传教团在尼日利亚活动:英国圣公会传教士协会,卫理公会传教士协会,苏格兰联合长老会国外使团委员会,美国南方浸礼会外国使团委员会,法国非洲天主教会。其中,最大、最有成效的使团是英国圣公会传教士协会。[2]

基督教传教士在西方列强入侵非洲的过程中扮演了重要的角色,他们的传教活动对西非历史的发展也产生了不小的影响。阿贾伊着重对尼日利

---

[1] Toyin Falola, ed., *African Historiography: Essays in honour of Jacob Ade Ajayi*, Harlow: Longman House, 1993, p. 2.
[2] J.F. Ade Ajayi, *Christian Missions in Nigeria, 1841–1891: The Making of a New Elite*, London: Longman Group Ltd., 1965, pp. xiii–xiv.

亚的基督教传教士进行了研究,尼日利亚基督教传教团的活动,是后来导致英国对尼日利亚殖民统治的前奏,该活动奠定了英国对尼日利亚扩张的基础。[1] 但在客观上,传教活动也对西非社会产生了一定的积极影响,在西非上层社会形成了一个具有较高文化修养的新精英阶层。阿贾伊肯定传教团在教育、医疗卫生等方面做出的贡献。如该书第五章"使团之家的文明",主要讲传教团在成人教育、星期天学校、小学教育、中学教育,以及建筑、印刷、卫生等方面对殖民地的贡献。[2] "除了建筑和印刷,基督教使团还对医药感兴趣。……传教士教授当地人通过种牛痘防治天花,以密切传教使团与当地社会的关系。"[3]

阿贾伊对福音派基督教会在非洲尤其是西非的传教过程进行了全面研究,他的《尼日利亚的基督教传教团,1841—1891》不仅记述了基督教在尼日利亚的传教活动,而且还分析了基督教思想的传播产生的一系列影响。西式教育的推广、经济作物的大面积种植,公路和铁路等基础设施的建设,都使尼日利亚社会深深印上了殖民主义的烙印,尼日利亚的政治文化进入了殖民主义制度时期。更为重要的是基督教的传教活动造就了一个西方式的新精英阶层,这个精英阶层为以后西非国家的民族独立解放运动和建立民族国家做出了巨大的贡献。所以,阿贾伊说:"基督教(传教)运动为尼日利亚播下了民族主义的种子。"[4]

三、对西非史(含尼日利亚史)的研究

阿贾伊对西非历史颇有研究,著有《西非史》《非洲历史上的人民和帝国》以及《19世纪的约鲁巴战争》。阿贾伊通过研究非洲殖民地前的历

---

1 J.F. Ade Ajayi, *Christian Missions in Nigeria, 1841–1891: The Making of a New Elite*, London: Longman Group Ltd., 1965, p. xiii.

2 *Ibid.*, pp. 126–166.

3 *Ibid.*, p. 159.

4 Toyin Falola, ed., *Tradition and Change in Africa: The essays of J.F. Ade Ajayi*, Asmara: Africa World Press, 1999, p. 71.

史来证明非洲历史的悠久,非洲古代历史的辉煌。尤其是对西非主要文明古国——加纳、马里、桑海——近千年的历史进行了梳理、论述和评价,不仅用可靠的事实回击了"非洲历史荒漠论"的"欧洲中心主义"观点,而且增加了非洲人民对自己民族和国家历史的了解,提升了他们的民族自信心和自豪感,对恢复西非历史的真实面貌发挥了积极作用。

《西非史》是一部通史性质的历史著作,它简明扼要地再现西非几千年来的辉煌历史。该书是伊巴丹大学阿贾伊教授和博茨瓦纳大学迈克尔·克劳德(Michael Crowder)教授联合主编的,于1971年出版,是一部内容翔实、具有较高学术价值和权威性的历史著作,成为当时西非各大学的教科书,也成为许多西非历史研究者的重要参考书目。该书最大的特色是从非洲的视角来撰写西非史,主要撰写西非人民自古到1800年的历史,而不是像西方学者笔下的西非史,他们主要撰写西方人在西非活动的历史。在此,可以拿它与费奇的《西非简史》做个比较,后者大部分的章节是叙述西方人如何在西非活动的。

在《西非史》一书中,非洲人民在西非活动的历史成为重点内容。第一章讲的是西非的土地和人民,涉及西非的主要族群、地质、气候、人口和疾病等,写法类似年鉴学派的手法。第二章讲的是西非史前史,从西非早期人类化石一直讲到铁器时代。第三章讲国家出现前的西非历史。第四章讲西苏丹的早期国家。阿贾伊认为,古代西非的文化主要是黑人文化,黑人对西非古代社会的发展做出了巨大贡献。尼日利亚的诺克文化(Nok culture)代表了西非铁器时代的辉煌成就,是撒哈拉以南非洲迄今所发现的最早的铁器时代文化,充分显示了西非古代文明的历史悠久。[1] 铁器时代以后,西非慢慢地进入阶级社会,产生了国家组织,文化的发展也得到进一步提升。阿贾伊对西非历史上出现的一些古代城邦、王国进行了详细的研究,他曾自豪地说过:"在西非地区的这片土地上,曾经出现过一系列经济、政治、文化都较为发达的国家,像西苏丹的加

---

[1] J.F. Ade Ajayi and Michael Crowder, *History of West Africa,* London: Longman, 1985, p.49.

纳、马里、桑海三大帝国,东部地区的豪萨城邦和博尔努王国等。"[1]这些国家在各自时期都拥有着比较发达的文化,代表着西非古代历史的辉煌成就。阿贾伊详细地分析了这些国家兴起强大以及最后衰落的各方面原因,他认为这些国家的崛起主要都是靠强大的武力支撑,但同时也离不开生产力的支持,正是由于生产力发展慢慢地停滞,武力也渐渐衰落,这些国家的强盛才没有一直持续下去,不能形成巩固中央集权国家的经济基础。[2]

阿贾伊对西非历史上族群之间的战争进行了研究。比如,他研究了约鲁巴战争。这场战争发生在19世纪的20—90年代,主要是西非约鲁巴各邦之间,以及它们与周围的富拉尼人和达荷美人之间发生的战事。公元8—10世纪,在尼日利亚的西南部地区兴起了伊费、伊杰布、奥伍以及伊洛林、奥约等王国,随后,奥约帝国开始强大起来,统治了整个约鲁巴地区。阿贾伊认为,英国在西非进行的奴隶贸易增加了约鲁巴各族之间的矛盾,也正是由于英国变本加厉地干涉约鲁巴各国的内政,才导致整个约鲁巴地区在1897年全部沦为英国的保护国。[3]奥约帝国在西非地区占有重要的地位,其发达的文化对周边许多地区影响甚大。阿贾伊认为奥约帝国的崩溃对西边操阿贾语的民族以及东边的贝宁帝国都产生了重要影响。在约鲁巴战争中,伊洛林地区的地位从奥约帝国的一个省份变成富拉尼圣战的一个边疆前哨。[4]正是由于约鲁巴各族之间的不断内战,才给了英国殖民者以可乘之机,将整个约鲁巴地区纳入其殖民统治之下。总之,约鲁巴战争严重破坏了约鲁巴各国的经济发展和社会进步,是造成约鲁巴民族发展滞后的重要原因。

阿贾伊对西非的殖民史进行了研究。他研究了奴隶贸易以及对西非的

---

1 J.F. Ade Ajayi and Michael Crowder, *History of West Africa,* London: Longman, 1985, p. 323.

2 *Ibid.*, pp. 323–371.

3 J.F. Ade Ajayi and Okon Uya, *Slavery and Slave Trade in Nigeria: From earliest times to the nineteenth century,* Safari Books, 2010, pp. 221–263.

4 *Ibid.*

影响。西非地区是西方列强猎捕奴隶的重要地区,在非洲四百多年的奴隶贸易的黑暗历史之中,有一多半的奴隶是从西非贩卖出去的,臭名昭著的大西洋"三角贸易"更是将西非当成了"猎奴后花园"。阿贾伊以尼日利亚为例,对19世纪的尼日利亚的黑奴和奴隶贸易进行了详细的研究。他认为西方的奴隶贩子之所以从西非大量贩卖黑奴到美洲,主要是因为黑人耐热带劳动,熟谙农业,并且将他们运到美洲后人生地疏,不易逃亡,更重要的是黑奴价格低廉,数量巨大,极易获取巨额利润。[1]西方奴隶贩子将黑奴称作"黑色象牙",这种极具侮辱性的称呼将黑人当作一种商品进行买卖交换,深深地践踏了黑人的种族尊严。奴隶贸易对西非社会造成了巨大破坏。人口的大量流失,导致西非各国生产力的不断衰退,昔日繁盛的城市变成了荒凉的村落,阻碍了非洲国家社会的正常发展。阿贾伊认为,奴隶贸易并不是非洲社会独立发展的产物,而完全是西方殖民主义者强加给西非人民的一种"侵略"。因此,他不会对西非社会产生任何积极的意义而只能导致西非社会的不断衰退。[2]奴隶贸易也遭到西非各国人民的反抗,他们以各种方式对贩奴予以回击。

作为尼日利亚历史学家,阿贾伊对尼日利亚的历史予以关注,1985年,阿贾伊撰写了《尼日利亚政治文化的演变》一书,通过对尼日利亚政治文化演变历史的梳理,发表他对尼日利亚政治的看法,以显示出历史学家对现实的关怀。

20世纪五六十年代非洲国家独立以来,族群矛盾始终困扰着非洲国家。尼日利亚同样如此,1963年,尼日利亚联邦共和国成立,联邦政府与地方政府之间的权力划分也存在着种种矛盾,三大部族(豪萨-富拉尼族、伊博族和约鲁巴族)之间为各自民族利益而进行争权夺利,"部族主义"弥漫在尼日利亚政治文化当中,不利于联邦国家整体的政治团结与统一。所以,国家主义与部族主义的矛盾冲突是妨碍尼日利亚政治稳定统一和民

---

[1] J.F. Ade Ajayi and Okon Uya, *Slavery and Slave Trade in Nigeria: From earliest times to the nineteenth century*, Safari Books, 2010, pp. 125–176.

[2] *Ibid.*, pp. 331–367.

主进步的重要因素。独立后的尼日利亚在国家主义与部族主义之间摇摆不定，有时倾向部族主义，有时倾向国家主义。1967年至1970年，年轻的尼日利亚发生了内部动乱——比夫拉内战。虽然最终联邦政府军队取得了胜利，维护了尼日利亚的国家统一。但经过这场战争，尼日利亚的政治、经济和社会秩序遭受了严重的破坏，人民是这场残酷战争的最大受害者。阿贾伊认为，国家的政治民主进步需要国家和各个民族的团结，只有在国家内部各个民族和平相处、国家统一的前提下，作为一个政治实体的尼日利亚联邦共和国才能稳步前进发展。[1]

阿贾伊认为影响尼日利亚政治文化演变的因素颇多：传统的政治统治者——酋长，尼日利亚的高层政治精英，即尼日利亚民族知识分子，基督教和伊斯兰教的宗教性因素，英国殖民主义的统治以及尼日利亚第一共和国的成立，都对尼日利亚政治文化的演变产生着影响。[2]

尼日利亚历史上存在的过去传统因素对尼日利亚政治文化的进化演变有着重要影响。各个家庭、村社以及种族的家庭族长式结构，即各个等级的酋长是尼日利亚传统的政治统治者。阿贾伊研究发现，酋长的权力以及他们的社会责任和功能都对尼日利亚政治文化进步演变有着重要作用。同时，他认为尼日利亚社会近一千年以来的各种社会、经济、宗教信仰和其他历史性因素都对尼日利亚政治文化进步演变有着重要作用。[3]

阿贾伊认为国家统治阶层政治觉悟的高低也会对政治民主的发展产生重大影响。如果领导者破坏司法公正、宪法和选举制度，将会使得民主法治的稳定和发展极为困难。因此应当健全国家法律机制，尤其是法律监察机制，促使国家领导阶层能够严于律己，以身作则，推动国家民主进程的健康发展。同时，阿贾伊认为，"精英统治论"的观点进入了民主政治发展的歧途，不能过分地夸大政治精英们的领导性作用，他们领导的民族独立

---

[1] J.F. Ade Ajayi and Bashir Ikara, *Evolution of political culture in Nigeria*, University Press, Kaduna State Council for Arts and Culture, 1985, pp. 173–177.

[2] *Ibid.*

[3] *Ibid.*, pp. 121–163.

运动是在尼日利亚广大人民群众的支持下开展起来的，民族国家的建立离不开广大人民群众的默默付出。

四、主编《非洲通史》第六卷

联合国教科文组织编写的八卷本《非洲通史》，是一部主要由非洲学者撰写的非洲历史，在39名编写《非洲通史》的国际科学委员会成员中，三分之二是非洲人。这部书的指导思想是从非洲内部的视角研究非洲历史，用口述资料和考古资料，甚至是语言等手段还原非洲古代历史，所以，这部《非洲通史》被看作是非洲民族主义史学的一大成就。

《非洲通史》第六卷是由阿贾伊主编的，这一卷的主题是"19世纪80年代以前的非洲"，主要是对欧洲人在非洲进行"大角逐"和建立殖民统治之前的19世纪非洲历史做一概述。这个被称为"殖民地前的世纪"在很大程度上影响到第二次世界大战后对非洲历史的重新解释。

阿贾伊总结了19世纪非洲史的特点：第一，资料丰富，这一时期已经有了丰富的文字资料，有利于对这一时期的历史进行更深入的研究。他说："由于这个时期可靠的口头材料相当丰富，欧洲人这时期在非洲广泛活动而写出的新的文字资料也很多，诸如欧洲旅行家、传教士、商人、领事官员和深入大陆腹地的各种代理人编写的报告，而且往往是首次发表。所以，对19世纪非洲许多地方的情况以有较多的了解，而且也比先前各个时期得到更深入的研究。"[1] 第二，非洲经济日益与世界体系相融合。他说："19世纪不仅被看作是殖民地时期的前奏，而且实际上就是殖民地时期的开端。"[2]

同样是伊巴丹学派，但是，阿贾伊和戴克对于19世纪非洲历史有不同的观点。阿贾伊对戴克的"贸易和政治"的论断，提出了自己的不同看法。戴克的"贸易和政治"的论断，是在他著名的《尼日尔三角洲的贸易和政

---

1 ［尼日利亚］阿德·阿贾伊主编：《非洲通史》第六卷，北京：中国对外翻译出版公司，1998年，第1页。

2 同上，第2页。

治,1830—1885》中提出来的,其主要观点是:西非的近代史主要就是五个世纪以来同欧洲各国通商贸易的历史;海外贸易、商路的变化,以及内地市场网络和为海外贸易服务的长途贸易,长期以来一直被认为是19世纪非洲历史的主要动因,即使不是唯一的动因。[1]阿贾伊认为,非洲的历史演进应该主要从内部寻找原因。他举例说,19世纪埃及的变化,不应该全部归因为拿破仑·波拿巴的影响,而是早在18世纪就已形成的各种内因的总和所造成的,这些内因促成了阿尔巴尼亚人穆罕默德·阿里为首的民族运动。他说:"如果不从非洲社会的内部动因中寻求答案,欧洲的工业化和世界经济对非洲的影响便很容易成为另一种假说。"[2]

在《非洲通史》第六卷中,阿贾伊撰写了"结束语:欧洲征服前夕的非洲",既是对这一时期非洲历史的总结,也表达了作者的一个观点。重要的一点,是阿贾伊对19世纪非洲内部改革的重视。他说:"最突出的是19世纪非洲领导人在各个不同地区所进行的社会改革。有些改革是由于受到非洲文化遗产的激励,另外一些改革则是由于受到伊斯兰教改革思想的影响。"[3]这样的改革在19世纪的非洲是很多的,比如在北非有著名的埃及穆罕默德·阿里的改革,那是一场以富国强兵为目的,引进西方的科学技术,创办近代工厂,训练西式军队的近代化运动。在南部非洲有姆菲卡尼运动,这是北恩古尼国家采用年龄等级制度来建立实际上的常备军。但是,这些改革大多遭到失败,阿贾伊认为,这主要是西方破坏的结果。他说:"非洲领导人所做的这些改革努力遭到非洲领导人试图利用的欧洲商人、传教士和猎人们的这些活动的系统破坏。"[4]阿贾伊认为,对于19世纪非洲内部的改革努力,还没有引起学术界的重视,所以,在这一卷的结束语部分,他重点谈论这一问题。他认为,非洲19世纪的内部改革努力表现

---

[1] K.O. Dike, *Trade and Politics in the Niger Delta, 1830–1885*, Oxford University Press, 1956, p.1.
[2] [尼日利亚]阿德·阿贾伊主编:《非洲通史》第六卷,北京:中国对外翻译出版公司,1998年,第2页。
[3] 同上,第579—580页。
[4] 同上,第580页。

在政治结构、军事体制、社会和经济变革等方面。

在政治结构方面,在大多数情况下,人们的日常生活主要围绕着往往超越国家疆界的亲属关系、宗教、司法以及经济结构运转。只有在马格里布和埃及,因实行了几个世纪的伊斯兰法律,产生了相当持久的政治结构。非洲其他地方,在19世纪只有投入巨大的力量才能产生新的、有可能延续较长时间的政治结构。这种情况在19世纪的非洲是比较普遍的,比如阿散蒂、达荷美和布干达,它们依靠不断提高统治者的效率,以加强中央集权,削弱其部属势力,从部属那里获得更多的剩余价值;垄断主要的经济和战略资源;建立一种由统治者直接任命、提升、惩戒的官员等级制度;通过建立和控制一支常备军来维持政权,指挥常备军的军官依附统治者。[1]

在军事体制方面,这一时期的非洲也有明显的变化。军事体制对于政治结构关系重大,因为,政治结构持续时间的长短最终取决于军事力量,在面对殖民入侵危险的19世纪的非洲更是如此。在非洲,长期以来,士兵与民众是结合在一起的,当受到外来攻击时,在旱季的短暂时期(两个正常的农作物周期之间),他们会自带武器和干粮为保卫家乡而战。19世纪军事体制的主要变革是出现了职业军人。政治对手之间的激烈斗争以及频繁的战争使得职业军人应运而生。不过,在通常情况下,常备军的规模不大。南部非洲祖鲁王国的创建者恰卡就亲手建立了一支常备军——同龄兵团。他组织他们进行战术和军纪方面的训练,提供职业军人所需要的给养和装备。在战术方面,19世纪非洲军队也发生了重大变化。在西方火器引进之前,非洲统治者喜欢使用训练有素的骑兵部队,"几个世纪以来骑兵一直是军队中的骨干和精锐部队,现在有步枪装备、受过训练的职业步兵一跃成为精锐部队。骑兵开始降到作为防御和后备力量的第二线,因此大

---

[1] [尼日利亚]阿德·阿贾伊主编:《非洲通史》第六卷,北京:中国对外翻译出版公司,1998年,第581页。

大加快了非洲军事体制的变革"[1]。

在社会和经济变革方面，随着大西洋奴隶贸易的最后废止，正常的商品贸易很快填补了这一空缺。欧洲对西非的黄金、棕榈油、棕榈仁和花生，对毛里求斯、留尼汪和马斯克林群岛的蔗糖，对东非、中非的象牙和丁香的需求量日益增长。商人的增加和地位的提高，说明这时已经出现了本地资产阶级。"许多人年轻时经商起家，发家后组织其他人继续经商，并用经商所得购买担任传统决策职位的权利。同时，他们还经营农场，管理牲畜和其他财产，并组织由食客和支持者组成的准军事机构。"[2]

19世纪是非洲变革的时期，许多非洲探险家和传教士进入非洲，为西方殖民非洲做准备。对此，阿贾伊还是比较清醒的。他说："探险家不能仅仅为了满足科学上的好奇心，还要鼓励他们收集战略情报和商业机密。传教士不仅仅是上帝的奴仆，遵从神的呼唤来传播福音，而被认为是有组织地进行文化植入的国家代理人。他们的部分目的是为了削弱所在国的文化和商业上的排外性。"[3] 阿贾伊对传教士的观点："大多数非洲领导人对欧洲传教士持怀疑态度。如果传教士减少宗教皈依的因素而强调教育，多数领导人最终是欢迎他们的。许多统治者对于他们的某些奴隶，甚至奴隶的儿子有机会读、写、识字表示欢迎，他们可以因此获得打开白种人知识库的钥匙，为开展商业活动打下基础。如果传教士讲授诸如图书印刷、建房、机械耕作、疫苗结种等新技术，他们会更受欢迎。传教士有时还被请去传授造枪、造火药和其他战略器材的技术，或至少帮助当地进口这些武器。到1870年代已经更加清楚，文化移植的过程就是不断削弱东道国的特性，以及他们保持独立的决心。传教士的活动也成为一种分裂因素，致使一些非洲国家支持某国的欧洲侨民，而另一些非洲国家则加以反对。"[4]

---

[1] [尼日利亚]阿德·阿贾伊主编：《非洲通史》第六卷，北京：中国对外翻译出版公司，1998年，第585页。
[2] 同上，第587页。
[3] 同上，第588页。
[4] 同上。

阿贾伊还分析了19世纪晚期，欧洲为了削弱日益壮大的非洲国家政权，采取了相应的战略，这为日后的瓜分做了准备。首先，欧洲传教士、探险家、商人和领事代理人以前总是单独行动的，彼此间经常不和，此时为了共同的利益开始联合起来。其次，垄断武器，以反对奴隶制运动的名义禁止向非洲统治者提供武器。再次，欧洲列强对非洲国家采取各个击破的战略，与某些非洲国家表示友好，对另外一些国家则开战。所以，阿贾伊最后的结论是非洲国家"应该团结起来一致对外"[1]。

五、殖民主义插曲论

如何评价殖民主义对非洲的影响？这是非洲历史学家绕不过去的一个话题。达累斯萨拉姆学派的罗德尼倾向于全盘否定殖民主义对非洲的历史作用。阿杜·博亨则是洋洋洒洒从正面和反面全面论述殖民主义对非洲的影响。阿贾伊对殖民主义影响的论述虽然没有阿杜·博亨冗长，但是也很有代表性。他提出"插曲论"，阿贾伊认为，"在非洲漫长和有许多大事的历史中，殖民主义阶段所代表的只是一段插曲"[2]。阿贾伊在一系列著作中始终坚持：殖民主义对非洲的影响被夸大了，殖民主义"仅代表一个插曲"，并没有使非洲历史的延续性中断，非洲人仍然掌握着自己的命运，"其程度可使非洲人继续保持能动精神，欧洲人要使非洲完全脱离自己历史轨道的能力是受到限制的"[3]。

其中，阿贾伊在《殖民主义下非洲政治制度的连贯性》一文中，对他所主张的插曲论进行了比较详细的阐述。阿贾伊认为，非洲殖民史为人们所普遍地曲解，非洲的殖民时期不应作为一个历史问题来研究，因为历史

---

[1] [尼日利亚]阿德·阿贾伊主编：《非洲通史》第六卷，北京：中国对外翻译出版公司，1998年，第591页。

[2] Toyin Falola, ed., *Tradition and Change in Africa, The Essays of J.F. Ade Ajayi*, Africa World Press, 2000, p.174.

[3] [加纳] A. 阿杜·博亨主编：《非洲通史》第七卷，北京：中国对外翻译出版公司，1991年，第651—652页。

是研究人的行为和动机,而殖民时期不是真正人与人之间的关系,而是神与凡人、美与丑、欧洲人和非洲本土人之间的关系。因此非洲殖民时期被看作神话,而非历史。

关于非洲殖民时期存在两种假设:第一种是欧洲人的观点,把非洲一切进步都归功于殖民者。他们认为非洲大陆几乎从未创造过任何有价值的东西,也没有历史可言,欧洲殖民者可以随心所欲地在非洲这张白纸上进行创造。正如英国前殖民官员菲利普·米切尔所言,热带非洲人至少有3万年没有创造或发明过任何东西了,在殖民者建造的城市出现前非洲本土毫无建树。因此,殖民时期意味着同非洲自身历史的割裂,是从静止和生产力极低的传统文化以直线方式过渡到生机勃勃的现代化。第二种假设是非洲文人和政治家们所持有的观点,他们将非洲的落后归结于殖民统治,认为非洲曾经拥有辉煌的过去,正是因为殖民统治,使得非洲荣耀的历史被迫中断。殖民主义和帝国主义毁坏了非洲人民田园诗般的世界,留给他们的是动乱、贫穷和边缘化,使得非洲人民无助地迷失在两个世界之间。

在阿贾伊看来,上述两种假设都是不切实际的神话,是没有根据的。他认为,变化是人类历史的本质,殖民时期也是一样,一些制度会变化,而另一些得以延续,而人们必须理智地适应变化。[1]

阿贾伊充分肯定殖民主义给非洲带来的变化。他认为,殖民主义给非洲带来的变化不能一概而论,有些地区的人民彻底转变,而有些地区却全然不知欧洲殖民者的到来。殖民政权常常与非洲社会中最保守的势力结盟,竭力遏制社会和政治变革的脚步,因为,殖民者的首要任务不是推行改革,而是维持社会秩序,以最大限度地获取经济利益。欧洲的殖民统治还是给非洲带来一些根本性的变化:

第一,伴随着殖民统治而来的是欧洲文化对非洲的影响,包括基督

---

[1] [尼日利亚]阿德·阿贾伊:《殖民主义下非洲政治制度的连贯性》,孙晓萌译,北京外国语大学亚非学院编:《亚非研究》第2辑,北京:时事出版社,2008年,第153—154页。

教、西方教育、西方的政治观,这些都给非洲政治制度带来深刻影响。

第二,摒弃与西方社会伦理相悖的人祭、杀婴等非洲传统陋习,用科学的术语来解释死亡、下雨和疾病等现象,从根本上打击非洲人的宗教信仰和禁忌,摧毁了将非洲社会凝聚在一起的传统力量,从而动摇了非洲社会的基础。

第三,殖民政府支持一夫一妻制,鼓励西方倡导的个人主义和父系传统。

第四,殖民政策、新经济规划、矿业、工业、公路和铁路、西方教育和其他因素导致了非洲城市化进程的加快。

第五,非洲政治制度,尤其是传统酋长制度受到强大的压力,国家受到冲击、压迫,分裂和合并,酋长势力的此消彼长。

阿贾伊认为,殖民主义之所以对非洲产生如此深远的影响,主要不是基督教的传播和西方教育的出现,而是源于非洲主权的丧失。因为,主权的丧失使非洲人失去决定自己命运的权利,以及与外部世界直接打交道的权利。总之,殖民主义剥夺了非洲作为一个民族的最基本、最不可分割的权利——自由。

尽管殖民主义对非洲影响深远,但是,阿贾伊仍然认为,不能过分夸大殖民主义对非洲的影响,他仍然认为殖民主义仅是非洲历史长河中的一个插曲,非洲历史的延续性并未中断。他说:"毋庸置疑,殖民主义对非洲的影响被夸大了,殖民主义在漫长、多事的历史中仅是一个插曲,并没有使非洲历史的延续性中断。非洲人仍然掌握着自己的命运,非洲人继续保持能动精神,欧洲人要使非洲完全脱离自己历史轨道的能力是受限制的。在与民族冲突、种族冲突、帝国兴衰和战争中,在语言、文化和宗教变化以及新思潮、新生活方式和经济发展相关的种种问题中,殖民主义者不能完全摆脱非洲的过去,而过去是非洲历史长流中的一节。"[1]

---

[1] [尼日利亚]阿德·阿贾伊:《殖民主义下非洲政治制度的连贯性》,孙晓萌译,北京外国语大学亚非学院编:《亚非研究》第2辑,北京:时事出版社,2008年,第156—157页。

阿贾伊认为，殖民主义时期只不过是非洲整个历史洪流中与其他历史时期一样的一个时间段而已，仅仅是非洲历史上的一个插曲，非洲人民才是非洲历史的主体，不能过分地夸大殖民主义对整个非洲历史的影响。

阿贾伊的插曲论代表了一部分非洲历史学家对殖民主义的看法，在他们看来，殖民主义在非洲真正统治时间并不长，在整个非洲大陆不超过一百年，这与非洲悠久的历史相比，只有一个瞬间，所以，阿贾伊用了"插曲"这个词。插曲论在独立后的非洲是具有积极意义的，它可以增强非洲人民的信心，消除殖民侵略和殖民统治期间形成的低人一等的那种自卑思想，从而放下包袱，把精力投身到国家建设和发展的任务当中去。这一思想，其实与19世纪以来，非洲思想家所追求的目标也有相似性，可以追溯到布莱登的非洲个性，布莱登提出非洲个性，也旨在焕发非洲人的自尊和自豪感，从而追求非洲的自治、独立、发展与统一。

六、历史教育思想

阿贾伊不仅是一位著名的历史学家，而且也是一位杰出的教育家。非洲国家独立后，建立民族国家的教育体系是各国教育事业的首要任务，阿贾伊是西非教育改革的佼佼者，他推动了尼日利亚中学教育体系和大学高等教育模式的变革，对尼日利亚甚至西非的教育事业做出了重要的贡献。

阿贾伊努力提倡非洲教育的本土化，包括非洲史学教育本土化，实现非洲国家教育的去殖民化，这也是摆在独立之初非洲教育工作者面前的重要任务。

15世纪末，葡萄牙的天主教传教士就开始为配合本国的殖民探险活动而到非洲进行传教活动。随着殖民主义不断侵入非洲，基督教在非洲的传教活动也如火如荼地进行，同时基督教会在非洲尤其是在西非地区兴建了许多教会学校，正是通过这些教会学校，西方式教育在西非蔓延开来。

1827年在塞拉利昂建立的福拉湾学院（Fourah Bay College）就是这些教会学校中著名的一所，通过基督教神学研究来传播西方文明。"西方教育到1935年已经取代了殖民统治之前的所有其他教育制度。"[1]

阿贾伊从小受教于教会学校，亲身体会到这些教会学校采用西方的教育模式，与非洲传统的教育模式大大不同，而且由于西方殖民主义国家缔造"非洲无史论""非洲文明外来说"等种族主义观点，非洲学生学习到的"非洲历史"皆由"外人"创造，非洲人自己却没有历史可寻，非洲几千年来就是一片"历史的荒漠"，非洲大陆一直被认为是"黑暗的大陆"。阿贾伊认为这种明显带有种族主义观点的教育模式只会慢慢消除非洲人民对自己传统文化的认同感，导致非洲大陆真正的传统文化被遗忘在非洲历史的长河之中。西非各国的初等、中等以及年轻的高等教育都笼罩在这种西方教育之中，哪怕是非洲国家独立之后这种情况依然存在。[2]

1958年，阿贾伊从英国获得博士学位回到尼日利亚。虽然阿贾伊从小学到大学接受的都是西式教育，但他对尼日利亚的本土教育十分重视。他认为非洲有过许多辉煌灿烂的古代文明，以这些古代文明为主体的非洲本土教育，符合非洲人民的切身利益，能够提高非洲人民对自己民族文化的认同感和自豪感。而非洲国家独立之初所实施的教育仍然是西式教育，他认为这种状况亟待改变。为了抵制西式教育，阿贾伊对非洲尤其是西非古代历史进行研究，希望能从非洲本身的传统文化中汲取精华，形成一套具有非洲本土特色的非洲教育模式。[3]

阿贾伊反对西方教育模式的目的就是为了在非洲推行本土化的教育模式，他并不是闭门造车，单纯地恢复非洲的传统教育模式。阿贾伊认为西方教育模式在非洲尤其是西非的教育体系中已经根深蒂固，要想完全清除

---

1 ［肯］马兹鲁伊主编：《非洲通史》第八卷，屠尔康等译，北京：中国对外翻译出版公司，2013年，第574页。

2 J.F. Ade Ajayi, "A Thousand Years of West African History: A Handbook for Teachers and Students", *Journal of African History*, Vol.8, No.1, 1967.

3 J.F. Ade Ajayi, "Higher Education in Nigeria", *African Affairs*, Vol.74, No.297, 1975.

西方教育，既不现实，也并不可取。西方教育和基督教文化已经在非洲开始了"本土化"的进程，因此阿贾伊希望在融入西方文化的同时，实行一种保持非洲本土特色的教育制度，变革非洲主要是西非的教育模式。

阿贾伊重新创立了一种建立在非洲本土传统文化特色基础之上的教育模式。阿贾伊将新式的非洲教育从非洲本身的传统文化中汲取精华，更是将大学建造成了承继非洲传统与革新的重要阵地。1965年在伊巴丹大学邀请尼日利亚和其他地区大学里的非洲史研究人员参加一场专门为中学历史老师的教学工作撰稿并讨论的"历史研讨会"，将会议的文章编辑成一部适合教师和学生阅读的小册子——《西非千年史》。阿贾伊从中学教师的培养者角度出发，即着手增加大学师范生教育的培养，开设具有非洲传统文化特色的师范教育课程，提高了未来走向中学教师岗位的师范学生非洲传统文化知识的掌握程度，方便于他们日后对中学学生加强非洲传统文化的教育。同时，阿贾伊以及伊巴丹学派出版了一系列非洲古代历史方面的书籍，增加了中学教师了解非洲古代辉煌文明的机会。他编辑出版了《西非千年史》和《19和20世纪的非洲史》两本重要非洲历史著作，尤其是《西非千年史》成为中学师生酷爱阅读的掌中书。[1]

阿贾伊认为，大学更应该成为承继非洲传统与革新的重要阵地。他曾为改革发展非洲大学教育专门写过《尼日利亚的高等教育》一文。自英国学成归来后，阿贾伊一直在大学里工作，大学一直是他推行非洲本土教育的主战场。尤其是他在担任伊巴丹大学和拉各斯大学副校长的时期，更是积极推动非洲大学教育模式的变革，或者说是推动西方高等教育的"非洲化"。西方高等教育在非洲各大学一直实施的是"精英模式"，接受高等教育的学生远远少于非洲各国的实际需求。阿贾伊认为，应该扩大大学的招生数量，推动大学精英教育向大众教育的过渡。[2]

阿贾伊在拉各斯大学增加了研究非洲传统文化的相关专业，增强对非

---

[1] J.F. Ade Ajayi, *A Thousand Years of West African History: A handbook for teachers and students*, Neson, 1965, pp. 232–254.

[2] J.F. Ade Ajayi, "Higher Education in Nigeria", *African Affairs,* Vol.74, No.297, 1975.

洲传统文化更加全面深入的研究。不仅丰富了大学教育的内容，扩大了学科范围，更提高了非洲传统文化的地位，使西方高等教育同具有非洲本土特色的非洲教育相融合，加快了西方高等教育在非洲的"非洲化"进程，可以形成适合非洲大学教育发展的"非洲高等教育模式"。

阿贾伊直接参与了西非大学尤其是尼日利亚大学"非洲化"教育模式的改革。利用先后担任伊巴丹大学和拉各斯大学副校长的有利机会，阿贾伊推动了大学高等教育模式的"非洲化"。设置了许多非洲本土化的教育课程，消除西方高等教育中的殖民主义影响，同时扩大了大学招生的规模，一改过去西方高等教育的"精英教育"路线，推动大学教育的大众化。阿贾伊并没有盲目地废除大学的西方教育，而是努力促使非洲大学教育"去西方化"，促进西方高等教育与具有非洲本土特色的教育模式相融合，形成适合非洲国家高等教育发展的"非洲化"高等教育模式。[1]

阿贾伊还十分重视中学教育，认为中学教育能对非洲学生以后的成长道路产生巨大影响，是学生学习教育阶段的转折点。他分析了尼日利亚的中学教育，并进一步延伸到整个西非国家的中学教育。他发现独立之初西非的中学教育没有走简明直接的道路，反而趋向复杂发展。教育模式的继续西方化，但作为授业者的中学教师本身的教学技能和非洲传统文化知识的掌握程度却远远不足。阿贾伊认为只有创作更多介绍非洲历史知识的书籍，增加中学教师对非洲传统历史文化知识系统学习，才能更好地促进具有非洲本土特色的非洲教育的发展，彻底清除西方教育在非洲中学教育中的影响。[2]

总之，阿贾伊不仅是一位著作颇丰的历史学家，同时，他也为尼日利亚甚至西非地区培养了大批历史人才，为尼日利亚历史研究和历史教育做出了杰出贡献。

---

[1] J.F. Ade Ajayi, "Higher Education in Nigeria", *African Affairs*, Vol.74, No.297, 1975.

[2] J.F. Ade Ajayi, *A Thousand Years of West African History: A handbook for teachers and students*, Neson, 1965, pp.178-201.

本章小结

阿贾伊是非洲国家独立后，民族主义史学流派的代表人物之一，在他的历史研究中处处体现出他对尼日利亚及整个非洲黑人民族的深厚感情。他在回击"非洲无史论"这一种族主义观点的过程中，不断用详细的史料证明非洲悠久历史的辉煌，坚定地认为非洲历史是由非洲人民自己创造的，非洲本土人民才是非洲历史的主体，并在其研究中突出强调了西非民族主义知识分子在西非民族国家独立的过程中发挥的重要作用，彰显他们浓烈的民族主义情怀。

他反对"欧洲中心论"的殖民主义观点，批驳"非洲文明外来说"的种族主义理论，坚信非洲有历史并且拥有悠久的历史，非洲人民才是非洲历史的主人。通过撰写非洲古代的历史，向非洲人民展现了非洲传统文化中的灿烂辉煌，提升了非洲人民对本民族传统文化的认同感和自豪感。其民族主义史学思想在西非广泛传播，为西非各国民族主义独立解放运动提供了理论上的指导，培养了一批具有强烈爱国热情的民族主义知识分子。阿贾伊开创了一种对传教士活动历史和作用影响研究的一种历史研究的新模式——"传教士史学"，为非洲史学研究提供了一个新的研究领域。阿贾伊重视口头传说在非洲历史研究中的作用，提倡使用口述史料来研究非洲历史。他采用跨学科的方法，运用人类学、社会学等多学科的理论研究非洲历史。同时，他提倡非洲研究的国际合作，联合国八卷本《非洲通史》的编纂就体现了这种研究的国际化。马兹鲁伊曾将阿贾伊和奥戈特称为"联合国教科文组织《非洲通史》执行委员会中最有影响力的两位非洲史学家"[1]。

非洲史研究的同行对阿贾伊做出高度的评价："阿德·阿贾伊为20世纪下半叶非洲史学趋向更加合理性的发展做出了重大贡献，他不仅自身著作丰富，还培养了一批非常优秀的弟子，更为重要的是阿贾伊教授影响了许多研究非洲历史的后辈学者，他是一名优秀的大学教授、严格的编辑、出版事业的领袖，

---

[1] Toyin Falola and E.S. Atieno Odhiambo, *The Challenges of History and Leadership in Africa,* Africa World Press, Asmara, 2002, p.57.

更是一位不知疲倦的国际演说家和顾问。"[1]

不可否认,阿贾伊在非洲史学领域做出了巨大贡献,但同时,他的史学研究也存在着一些不足之处。由于反对殖民主义统治,争取民族解放、国家独立的时代需要,他的史学研究主要集中于反殖民主义史学、基督教传教士史学和国家政治史方面,对于经济、社会等其他方面的研究甚少涉猎。而且,阿贾伊的史学研究过于集中于对非洲历史上英雄人物的研究,夸大了这些社会上层的少数"精英"的作用,导致他的研究脱离人民大众。尤其是他对基督传教士活动所形成的非洲"精英阶层"的研究中,虽然突出了这些日后对非洲民族国家建立过程中做出巨大贡献的精英群体的作用,但却过于夸大他们的作用,忽略了创造非洲历史的非洲普通人民的至关重要作用。

---

1 Toyin Falola, *Tradition and Change in Africa: The Essays of J.F. Ade Ajayi*, Africa World Press, 1992, pp. 1–7.

第九章

贝思韦尔·奥戈特

贝思韦尔·奥戈特（1929—　　），肯尼亚人，非洲著名的历史学家，他毕业于伦敦大学东方和非洲研究院，曾任内罗毕大学历史系主任，后为莫伊大学校长，主编《非洲通史》第五卷。独立之初的肯尼亚与非洲其他国家一样，都需要加强各民族之间的团结，推动国家的统一。在这个过程中，需要从尊重差异的共同认同出发，构建一个共同体，这就需要跨越两大鸿沟：一是族群之间的分裂；二是代际之间的断裂。克服这两大鸿沟的过程，也就是发展"国家文化"的过程。[1] 肯尼亚有 42 个民族，其界限是由欧洲人随意划定的，因此要在肯尼亚人中确立爱国主义是一个真正的挑战。民族感情的缺失可以转化为一种部落团结，使肯尼亚无法管理。所以，从 20 世纪五六十年代开始，奥戈特等历史学家担负起"文化的去殖民主义"的责任，将恢复肯尼亚人的集体记忆看作推动国家统一的重要途径。因此，奥戈特与阿贾伊、阿杜·博亨、迪奥普和基-泽博等人一样，都是非洲第一代著名民族主义历史学家。

一、奥戈特的教育及学术经历

1929 年 8 月 3 日，奥戈特出生于肯尼亚尼扬扎（Nyanza）省卢安达（Luanda）镇的卢奥族（Luo）家庭，他是父亲是马塞诺中学（Maseno school）

---

[1] ［美］盖尔·普雷斯贝：《肯尼亚跨民族与跨世代的"国家文化"构建》，贺慧玲译，《第欧根尼》2014 年第 2 期。

的一名教师。肯尼亚当时是英国殖民地，1895年6月，英国宣布建立东非保护地，其疆界东起沿海，西到裂谷。东非保护地最初由英国驻桑给巴尔总领事分管，1907年，内罗毕成为东非保护地的首府。1920年，英国政府将东非保护地改名为肯尼亚殖民地。

奥戈特先在卢安达的阿姆比拉（Ambira）小学上学，之后就读于马塞诺中学。1950年进入乌干达的麦克雷雷大学学院读书，在这里他主修数学，但他对历史和文化更加感兴趣。1951年，他撰写了第一篇历史论文《1920年之前卢奥族的社会变化》。为了写好这篇文章，他通过访谈，广泛搜集卢奥族的口头文学、口头文化和宗教仪式。功夫不负有心人，因为这篇文章，他获得了麦克雷雷大学学院的艺术研究奖。

1952年奥戈特大学毕业，成为一名数学教师，曾先后在肯尼亚的卡普萨贝特（Kapsabet）、卡古莫（Kagumo）和马塞诺等中学任教。但他的兴趣不是数学，而是历史，所以，他千方百计寻找机会，要在历史学习和研究的道路上继续走下去。

1955年奥戈特去苏格兰的圣安德罗斯大学读研究生，学习哲学和历史。当时，西方学界盛行非洲大陆无历史论。比如，曾任东非和中非英国殖民地的官员，1944—1952年任肯尼亚总督的菲利普·米切尔爵士就是持这种观点的代表，他认同非洲历史是欧洲人在非洲的历史，所以他认为他自己就是非洲历史"开始"的亲历者。殖民史的学者也认为研究非洲的历史毫无价值。[1]比如，在麦克雷雷大学学院，直到1951年非洲历史还没有被列入教学大纲。西非的情况要好一些，早在1949年戴克就被任命为伊巴丹大学的历史系讲师。

在圣安德罗斯大学，奥戈特开始从数学转向历史研究，并开始重视非洲历史的地位。非洲历史因为常常缺乏文献资料而不被西方看好，奥戈特转而挖掘口述传统，利用口头传说，寻求新的解决办法。1959年他从圣安

---

[1] M.S.M. Kiwanuka, "African colonial history: A challenge to the historian's craft", *Journal of Eastern African Research and Development,* Vol.2, 1972, p.70.

德罗斯大学毕业，获得硕士学位。

1959年底，奥戈特拒绝在牛津大学学习英国殖民史，取而代之的是选择伦敦大学的东方和非洲研究院攻读博士学位，学习他感兴趣的专业，运用口述资料研究肯尼亚卢奥人的历史。

在当时，运用口述传统，而没有文字资料，来撰写博士学位论文是有很大困难和挑战的。比利时历史学家和人类学家简·范西纳在20世纪50年代在刚果等地做类似的研究，但他主要著作的英文翻译1965年才有。

在伦敦大学的东方和非洲研究院一些教师如罗兰·奥利弗教授等人的鼓励下，奥戈特开始全身心地投入到他的研究中。1961年他去东非做田野调查，花了两年时间在苏丹、乌干达、肯尼亚和坦桑尼亚北部做调查。他工作在卢奥人和帕德荷拉（Padhola）人中间，记录南卢奥人的历史。他用笔和录音搜集家谱、迁徙故事、家族歌曲和历史、部落崇拜，以及社会组织的历史等。

1965年奥戈特完成他的博士学位论文《1500—1900年间南卢奥人的迁徙与定居——以作为历史资料的口头传说史为例》。经过修改后于1967年出版，题目改为《南卢奥人的历史：第一卷，迁徙与定居》。该书被认为重建了东非历史。这也是独立后第一代非洲历史学家的职责。

奥戈特从圣安德罗斯大学研究生毕业后，回到麦克雷雷大学学院当了助教，不久成为讲师。1962—1964年，他成为麦克雷雷大学学院委员会成员。1964年他进入内罗毕大学学院，不久，升为高级讲师。在内罗毕大学，他与一些年轻同事一起，改革教学大纲，加强非洲历史的教学。1965年，奥戈特担任内罗毕大学历史系主任。1967年，奥戈特晋升为历史教授。1967—1969年，为内罗毕大学艺术学院院长。1970—1972年，为内罗毕大学副校长。1965—1975年，为内罗毕大学发展研究所主任。

1966年奥戈特成为肯尼亚历史协会首任主席，1972年该历史协会推出《肯尼亚历史协会杂志》(The Journal of the Historical Association of Kenya)，不久，改名为《肯尼亚历史评论》(Kenya Historical Review)。

1970—1984年，奥戈特成为联合国教科文组织编写的《非洲通史》国际科学委员会副主席和主席,担任《非洲通史》第五卷主编。

1984年,奥戈特成为肯尼亚肯雅塔大学历史系教授,在那里,他又培养了一大批非洲史研究的硕士生和博士生。奥戈特被誉为"肯尼亚历史之父",不仅因为他个人的研究,而且因为他培养了一大批(非洲历史专业的)学者和教师。[1]

因为在非洲史研究方面所做出的贡献,奥戈特获得了很多奖项,如联合国教科文组织的金质奖章阿维鲁斯奖(Averos Medal),以及2001年获美国非洲研究协会的杰出非洲主义者奖。2012年美国非洲研究协会设立奥戈特图书奖,奖励每年在东非研究领域取得杰出成绩的学者。[2]

奥戈特研究领域广泛,除了对卢奥人历史及肯尼亚历史的研究外,还对东非史、非洲史,以及史学理论等都有涉及。代表作有《殖民统治下肯尼亚的政治与民族主义》(1972)、《东非史概览》(1974)、《东非历史和社会变迁》(1976)、《非洲通史》(第五卷,1992)、《本土构建:文献选编,1981—1998》(1999)、《历史作为命运和历史作为知识》(2005)、《东非卢奥人历史》(2009)等。

二、对东非史、肯尼亚历史的研究

1968年,奥戈特主编了《扎马尼:东非史概览》,该书以东非人民自己的历史为主线,而不是像殖民者笔下的非洲人,他们往往是以欧洲人在非洲的活动为主线。该书最大的特点是对东非古代历史的研究和叙述,所以,主标题用了"扎马尼"(Zamani)这个词。"扎马尼"是斯瓦希里语,意思是"古代"或"过往"。[3]

要撰写一部从古到今的东非历史是非常不容易的,甚至是相当困难

---

[1] Hudson A. Liyai, *Bethwell A. Ogot: A Bio-Bibliography*, http: erepository uonbi.ac.ke(2017年12月1日访问)。

[2] 同上。

[3] B.A. Ogot, ed., *Zamani: A Survey of East African History*, Nairobi: Longman Kenya, 1973, p.v.

的，主要原因是东非古代历史的文献资料的稀缺。[1] 所以，该书的作者们利用当代历史研究的新的方法，包括考古学、人类学、口头传说、文学、遗传学等多学科的手段，对东非古代历史进行复原和重构。当然，文献资料也不是一点都没有，有一部分文献资料保存在与东非地区接触过的印度人、波斯人、阿拉伯人、葡萄牙人，以及我们中国人的记载当中。到了19世纪，还出现东非当地的斯瓦希里文献。

该书根据最新的考古资料，对东非的史前史进行了梳理和叙述。我们知道第一个能够直立行走的生物是南方古猿，它的遗骨在东非和南非等地有发现。1959年，在坦桑尼亚的奥杜凡·高吉（Olduvai Gorge）发现早期石器时代的重要化石，僧祇人（Man of Zinj）属于南方古猿，他的脑容量为450—550毫升，而现代人是1500毫升左右，所以，僧祇人的脑袋比较小。[2] 1969年，在肯尼亚的考比·佛拉（Koobi Fora），该地位于鲁道夫湖（Lake Rudolf）的东岸，考古学家理查德·利基（Richard Leakey）发现了距今261万年前的石器工具。[3] 东非地区是人类最早完成进化的地区，1972年，在肯尼亚的图尔卡纳湖东岸的库彼福拉发现了一个编号为ER1470的头骨，脑容量750毫升（一说800毫升），距今280万年。后来又在埃塞俄比亚发现了露西，号称是人类的老祖母，其生存的年代早于1470号人。

殖民入侵和殖民统治显然不是该书的重点，但是，这部分历史，作者也没有回避，第6章是"葡萄牙入侵之后的沿海地区"，分析葡萄牙入侵后，对东非沿海地区所带来的变化。第12—16章，都与殖民主义有关，分别是"19世纪：殖民主义的前奏""英国统治下的肯尼亚，1895到1963""德国和英国统治下的坦桑尼亚""英国统治下的乌干达""独立之前的经济和社会发展"。相对于全书18章，涉及殖民主义的仅有6章，确实不是重点。在殖民史方面，作者比较重视非洲人的能动性和反抗，如奥戈特对肯尼亚茅茅运动的关注。

1　B.A. Ogot, ed., *Zamani: A Survey of East African History*, Nairobi: Longman Kenya, 1973, p. 2.
2　*Ibid.*, p. 54.
3　*Ibid.*, p. 69.

茅茅运动，最初是指"二战"后吉库尤人进行的旨在团结群众保护土地、反抗白人压迫和争取自由的秘密宣誓活动。宣誓活动由基安布扩大到中央省其他地区以及裂谷省的吉库尤人聚居地，由农村发展到城市，有些地方出现了暴力斗争。殖民当局于 1950 年 8 月宣布取消"茅茅协会"。1951 年 6 月，一些激进的工会领袖掌握了非洲人联盟内罗毕支部，成立了领导茅茅宣誓运动的秘密机构。1952 年 5 月，宣誓中加进了杀敌、驱逐和杀死欧洲人等内容。随后，茅茅运动进入高潮，殖民当局进行镇压，1952 年 10 月，殖民总督巴林宣布肯尼亚进入紧急状态，随后又逮捕了肯雅塔、卡吉雅、库巴侬、保罗·恩盖等 183 名肯尼亚非洲人联盟各级领导人。[1] 肯雅塔等人被受审判刑。关于茅茅运动，殖民主义史学家认为，这是少数吉库尤人发动的一场"阴谋"，有的人认为这是一场"宗教运动"，还有的人认为这是吉库尤人当中有产者和无产者之间的一场"内战"。奥戈特倾向于认为，茅茅运动是民族主义革命运动，它的目的是寻求肯尼亚的政治独立。[2]

奥戈特是肯尼亚的卢奥人，他运用口述资料，对东非地区卢奥人的历史进行了深入的研究。卢奥族目前是肯尼亚第三大民族，仅次于吉库尤和卢希亚族，约占肯尼亚人口的 13%。该族属尼罗特语族，相传其祖先居住在苏丹加扎勒河与尼罗河汇合处以南地区，于 16 世纪初至 17 世纪中叶逐渐经乌干达迁徙到今天肯尼亚的卡维隆多湾沿岸。卢奥人主要从事农耕及畜牧、捕鱼，也有不少人经商。现在卢奥人聚居在尼扬扎省，但有不少卢奥人散布在大城市，如内罗毕和蒙巴萨。[3]

在《南卢奥人的历史》一书中，奥戈特利用所收集的口头资料包括族谱、迁徙故事、氏族歌曲、氏族历史、部落崇拜等还原卢奥人的历史。据此，奥戈特勾勒出南卢奥人的迁徙路线，从而证明了南卢奥人所隶属的尼罗特人是有历史的民族。奥戈特运用口述传统，将南卢奥人迁徙到肯尼亚

---

[1] 高晋元编著：《肯尼亚》，北京：社会科学文献出版社，2004 年，第 86 页。
[2] B.A. Ogot, ed., *Zamani: A Survey of East African History*, Nairobi: Longman Kenya, 1973, pp.288-289.
[3] 高晋元编著：《肯尼亚》，北京：社会科学文献出版社，2004 年，第 26 页。

西部的时间追溯到16代。[1] 该著作也成为运用口头传说研究非洲史的经典之一。

三、主编《非洲通史》

联合国教科文组织编写的八卷本《非洲通史》，是非洲民族主义历史学派的代表作之一。肯尼亚历史学家奥戈特担任《非洲通史》国际科学委员会主席，可见，他的学术地位被大家公认。作为编委会主席，奥戈特为《非洲通史》制定了编写原则：（1）虽然《非洲通史》的目标是尽可能达到最高科学水平，但是它并不追求面面俱到，而是一部摆脱教条主义的综合性著作；（2）将非洲作为一个整体来看待，重视非洲大陆各部分之间的历史关系，而到目前为止所出版的著作都是过于经常地把它分成若干部分；（3）《非洲通史》特别是一部思想、文明、社会和制度的历史，它所依据的材料范围很广，包括口头传说和艺术形式；（4）《非洲通史》实质上是从内部来观察的，在很大程度上是非洲作者如何看待自己文明的忠实反映。致力于从内部观察事物的做法是本书的新颖独到之处，本书还具有现实意义，有利于非洲大陆的团结。[2]

上述编写原则，反映了非洲本土学者对这样一部非洲通史的总要求和新期盼，同时也体现了奥戈特所代表的非洲民族主义历史观。从总要求来看，即尽可能达到最高科学水平，现在回过头来看，这一点已经基本达到了。该部通史已经译成多种文字，包括中文，成为世界上一部著名的《非洲通史》，资料也十分丰富。上述编写原则所反映出来的非洲民族主义史学历史观，主要包括：将非洲作为一个整体来看待；对口头传说的重视；从内部来观察非洲历史；等等。我们知道，殖民史家是从外部看待非洲历史的，在他们的眼里，非洲史实际上是西方人在非洲活动的历史。

---

1 B.A. Ogot, *History of The Southern Luo*, Vol.1: Migration and Settlement, 1500–1900, p.28.
2 ［肯］B.A.奥戈特：《编写计划说明》，基-泽博主编：《非洲通史》第一卷，北京：中国对外翻译出版公司，1984年，第xxiii页。

奥戈特既是《非洲通史》的总主编，同时，他又是《非洲通史》第五卷的分主编。这一卷所反映的内容是"十六至十八世纪的非洲"。奥戈特亲自撰写了该卷的结语"1500—1800年非洲诸社会的历史发展：结论"。

（一）奥戈特对非洲这300年历史的基本定位

奥戈特反对将1500—1800年的非洲历史笼统称为"奴隶贸易时代"，他说：在很多史书中，这一阶段被称为"奴隶贸易时代"。这类著作往往过分强调奴隶贸易作为一种因素在非洲历史上的重要性，而忽略了以下事实：在西部和中部非洲，"奴隶贸易时代"延续到约1850年，而在东非，如果我们将早期与穆斯林世界的奴隶贸易排除在外的话，19世纪才是奴隶贸易时代。这一标签还忽略了另一个事实，即在非洲的某些地方，如南非，几乎从未受到奴隶贸易的影响。[1]

奥戈特也反对将这一时期的非洲历史笼统地纳入由欧洲统治的世界资本主义经济。他说：另一些历史学家，特别是新马克思主义者，则认为这一时期的主要特征是非洲被逐渐纳入由欧洲统治的世界资本主义经济。因此，这些历史学家更加强调的是非洲的外部联系而非其内部发展。非洲人被说成是不幸的受害者，对左右他们的世界力量难以理解也无法控制。非洲开始陷入边缘处境，对这一大陆及其人民的种族主义看法更加强化和深入。此外还有一些作者想从一系列生态灾难来论述这300年的历史，他们认为干旱和饥荒是这一时期的主要决定因素。[2]

奥戈特自己对这300年历史的理解是："事实上，1500至1800年这一时期对非洲大陆的社会形成至关重要，比起对迁徙问题的一般性关注更具重大意义，在这三个世纪中，非洲不同地区的大部分居民结合成更广泛的社会、经济、宗教、文化和政治聚合体，这些聚合体构成了今天的非洲诸

---

[1] ［肯］B.A.奥戈特主编：《非洲通史》第五卷，李安山等译，北京：中国对外翻译出版公司，2001年，第700页。
[2] 同上。

民族。"[1]

关于早期殖民侵略和扩张的影响,奥戈特认为,"从 1500 年起,相对隔离的非洲各族人民逐渐与世界经济联成一体。在大多数情况下,这种一体化伴随着社会政治的急剧变化"[2]。

殖民侵略激起了非洲人民的反抗,奥戈特对非洲人民的能动性予以关注。劫掠性经济是西班牙和葡萄牙扩张主义的结果,主要依靠的是海盗活动、贡赋和关税,而不是像 1500 年以前那样依靠贸易和手工业。在地中海和印度洋次体系被劫掠性经济彻底破坏。这种劫掠性经济使农村贫困化,农村后来又因奴隶贸易而进一步遭到破坏。依靠海盗和劫掠活动的军事集团逐渐出现,他们利用自由人和奴隶提供服务。这一压迫和剥削制度激起了几次农民反抗,特别是在西部苏丹、尼日尔—乍得地区、埃塞俄比亚和赞比亚南部等地。奥戈特提出要对这些反抗进行研究,他说:"急需对 17 和 18 世纪发生的这些农民起义进行彻底的研究。首先,我们需要对这些农民抵抗运动进行类型学研究。其次,在很多地区,底层阶级并非属于同源群体,有些甚至不是农民。但一般而言,不管底层经济是哪些人,可以认为他们是因其地位的恶化而反抗,至少是为了保持现状。"[3]

(二)如何看待"奴隶贸易"

奴隶贸易尽管是非洲历史上最黑暗的一页,在长达 400 多年的奴隶贸易过程中,非洲的社会经济遭到毁灭性的破坏,损失非洲人口 2.1 亿,使得非洲人口在从 16 世纪到 19 世纪末的 4 个世纪里,几乎没有增长。但是,奥戈特从世界历史的发展大势出发,希望非洲人忘却奴隶贸易,这个忘却意思是不要把奴隶贸易当作非洲沉重的历史包袱,而是要树立信心,轻装

---

1 [肯] B.A. 奥戈特主编:《非洲通史》第五卷,李安山等译,北京:中国对外翻译出版公司,2001 年,第 700—701 页。
2 同上,第 702 页。
3 同上,第 703 页。

前行。他说：非洲历史应在多大程度上强调奴隶贸易？换言之，作为非洲历史学家，我们对奴隶贸易感兴趣的是什么？在历史上，所有的种族均被奴役过，甚至"奴隶"（slave）一词即从东欧的"斯拉夫人"（slavs）衍生而来。但是，所有其他族群均找到了将此经历从其意识中清除出去的办法。"非洲人喜欢过分强调其历史上奴隶身份的重要性，以致'奴隶'一词几乎等同于'非洲人'。"[1]

奥戈特还提出，需要对非洲奴隶的作用进行根本性的重新评估。非洲奴隶对以大西洋为基点的地缘政治经济体系的发展和西欧的工业化是至关重要的。还有洲际奴隶贸易是使黑人遍布世界的一条最重要的途径，产生了非洲海外移民的主体，特别是在美洲和加勒比地区，由此奠定了19世纪和20世纪泛非运动的基础。此外，从美洲引进新作物是大西洋贸易体系积极的一面。玉米、木薯、西红柿和花生的引进，改变了非洲人的食物结构，从而促进了非洲人口的增长。同时也要看到，一些后来反复出现的灾祸如天花等新的疾病正是这段时间进入非洲的。

（三）奥戈特提出要恰如其分地评估环境在非洲历史中的作用

奥戈特反对主要依据气候条件来划分非洲历史，但他认为，这一课题值得历史学家给予更多注意。

《非洲通史》第五卷已经开始关注非洲历史上的自然灾害，"大湖地区的任何重要区域，实际上中东部非洲的任何重要区域，都未能逃脱16世纪后期和17世纪初期干旱造成的气候灾害和由此引起的饥荒"。该章作者J.B.威伯斯特等人将1580—1680年这100年称为"旱灾和饥荒年代"。旱情最严重的四个时期是：1588—1590年、1601—1602年、1613年、1617—

---

1 [肯] B.A. 奥戈特主编：《非洲通史》第五卷，李安山等译，北京：中国对外翻译出版公司，2001年，第704页。

1621 年。在整个干旱和饥荒阶段，粮食产量只有两年属正常水平，11 年颗粒无收，24 年歉收。"半数人死亡，其余的人大部分被迫迁徙或逃亡到避难区域。"[1]

奥戈特反对过分强调自然环境的重要性。他说："有人试图主要依据气候条件来划分非洲历史，并认为严重的干旱期与主要历史事件之间存在一种有意义的联系。……这种分析过分强调自然环境的重要性，把非洲人说成是在大自然面前束手无策的牺牲者。此外还存在忽略正常年景及好于常年的情况而强调旱灾之年的危险。……这些历史学家从未论及非洲人如何发挥创造性对付旱灾。例如，这些旱灾如何影响并促使改变生产和分配制度、树立崇尚粮食作物的态度以及改善粮食储存方法？"[2] 奥戈特还指出，要关注非洲出现精耕细作的技术。1500—1800 年期间出现了土地精耕细作的技术，特别是在西部和中部非洲。"在这些地区已开始采用先进的农业方法，如梯田、轮作、使用绿肥、混合农作和定期的沼泽地耕种。这些课题值得历史学家给予更多注意，而不是对非洲饥荒和干旱问题的一般性归纳。"[3]

（四）关于宗教在非洲历史中的作用

在 1500—1800 年期间，基督教在非洲已经衰落，特别是在埃塞俄比亚和东非海岸；在刚果，衰落的程度小一些。而另一方面，在西非、苏丹、埃塞俄比亚和东非海岸，伊斯兰教的传播已形成势头。

在这一时期，基督教与伊斯兰教对不同信仰均采取调和的态度。例如，基督教在刚果即与传统宗教共存。组织独立教会的尝试亦始于这一时期。在刚果，建立本地教会的尝试始于 17 世纪 30 年代，在 18 世纪初达到

---

1 ［肯］B.A. 奥戈特主编：《非洲通史》第五卷，李安山等译，北京：中国对外翻译出版公司，2001 年，第 611 页。
2 同上，第 705 页。
3 同上，第 706 页。

高潮。当时，唐纳·比埃特里斯·金帕·维达开始宣讲一种反对传教士和白人的改革了的基督教，称为"安东尼主义"。从那以后，一种本土的天主教教义在刚果流行。[1]

十分明显，伊斯兰教在非洲的扩张构成了1500—1800年这一时期的重要主题之一。例如，在下几内亚海岸，伊斯兰教由曼德和豪萨商人引进，并沿着北部商道于18世纪50年代传到阿散蒂和鲍勒。到1800年，库马西已建起一个生气勃勃的穆斯林居民区，并有一所讲授《古兰经》的学校。这一时期除了伊斯兰教在非洲单纯地理上的扩张之外，穆斯林原教旨主义在很多地区也是一个重要的因素。例如，纳西尔·丁运动从毛里塔尼亚开始并向南扩展。其部分动机是经济的（控制谷物和奴隶贸易），部分是宗教的（通过以穆斯林神权政治取代专制政权来纯洁和改革伊斯兰教）。

最后，应该指出的是，非洲人以调和的态度对待伊斯兰教和基督教。他们在接受伊斯兰教的同时仍忠于传统宗教。正如伊扎德和基-泽博指出的那样，这种宗教信仰调和的态度后来与非洲的基督教以及巴西、海地与古巴的美洲黑人崇拜得到共同发展。因此，"伊斯兰教给班巴拉人带来了诸如多妻、离婚、休妻及奴隶制等各种制度，但这对其自己的信仰并未构成系统的挑战"[2]。

四、对非洲史学史的研究

2005年奥戈特出版了一本著作《历史作为命运和历史作为知识》，对非洲历史、非洲史学、肯尼亚历史和大学历史教育都有论述，相当于他自己非洲历史研究的总结。这本书的内容极其丰富，结合本课题研究的重点，仅就奥戈特对非洲史学的认识进行介绍和论述。

---

1 ［肯］B.A. 奥戈特主编：《非洲通史》第五卷，李安山等译，北京：中国对外翻译出版公司，2001年，第707页。

2 同上。

（一）关于非洲史学的发展

与其他民族主义非洲历史学家相类似，奥戈特也认为非洲有着悠久的历史，在《历史作为命运和历史作为知识》一书中，他重视挖掘非洲历史的独立性与真实性，他使用了"非洲声音"（African Voices）一词。当然，"非洲声音"这个不是奥戈特最早使用的，之前，路易斯·怀特和戴维·威廉等人主编的《非洲文字和非洲声音：口述史的批评性实践》[1]一书中已经加以使用。

奥戈特认为，"非洲之声在非洲历史中有着非常久远的历史，因为非洲人民就像其他民族一样，也认为历史能够为现代所借鉴并能成为未来的基础。因此，不论专业还是民间的历史学家都认为，非洲的历史都非常久远以至于难以寻到源头。早在公元前3000年，古埃及就已经存在文字记载的历史文献了。中王国时期，公元前2000年，已经存在一个叫作生命之殿（House of Life）的机构。这个机构存放了很多纸莎草记载的资料，功能类似于现代的大学"[2]。这个机构存放的资料囊括了医学、天文、数学、神学、地理、历史、宗教和哲学等学科的资料。因此，"非洲声音"最早的内容是用古埃及象形文字记载下来的，19世纪由法国学者商博良所破译。

埃塞俄比亚也保持了丰富的阿姆哈拉语（Amharic）或吉兹语（Ge'ez）的文献资料，值得学者们研究。尽管吉兹语早在12—13世纪就已经停止使用了，但目前仍然保留着该语言的语法及宗教。现在的埃塞俄比亚语，比如提格雷语、阿姆哈拉语、哈拉里语（Harari）和古拉格语（Gurage）都源于吉兹语，就像西班牙语、法语、意大利语和其他罗马语系都源自拉丁语一样。[3]

1　Luise White, Stephen F. Miescher and David William Cohen, eds., *African Words, African Voices: Critical Practices in Oral History*, Indiana University Press, 2001, p. 3.

2　B.A. Ogot, *History as Destiny and History as Knowledge: Being Reflections on the Problems of Historicity and Historiography*, Kisumu: Anyange Press, 2005, pp. 29–30.

3　*Ibid.*, pp. 30–31.

"非洲声音"还大量保存在阿拉伯文献当中。公元8—15世纪,许多伊斯兰富豪、旅行家和学者去到苏丹及非洲东海岸,并带来大量穆斯林文献,这些人包括艾尔·马苏迪、艾尔·巴克利、伊本·卡尔敦、伊本·白图泰以及艾尔·瓦赞。这些资料是基于穆斯林的教义并十分反对无神论者的。但是16世纪之后,非洲的伊斯兰学者已经与当地传统相融合。然后出现了包括廷巴克图的阿拉斯代尔1665年记录的苏丹史、1664年的法塔赫史以及由哈迈德·本·法图瓦记录的麦伊德里斯史等在内的编年史、穆罕默德言行录、史、志。18世纪,东海岸出现了斯瓦希里伊斯兰教,这从城邦历史,如"帕特编年史"或19世纪抵抗诗歌如蒙巴萨、穆亚卡等中可以得到证实。豪萨州也出现过类似情况,这些使卡诺编年史成为一种通用的格式。以上这些变化主要集中在国家权力之间,而不是更为广泛的社会大众阶层。19世纪开始,伊斯兰教在尼日利亚的索克托地区也蓬勃发展,卡利普·谢胡(Caliph Shehu)、乌苏曼·丹·佛迪奥(Usuman Dan Fodio)及其继任者的大量著作就是其中的代表。

奥戈特提出,要关注非洲人自己撰写的非洲历史,哪怕是十分稚嫩的。随着人们开始识字,一些热带非洲的历史学家开始用非洲语言记录历史,造福他们的社会。这些作者大多是第一批非洲基督徒中的精英,包括布干达的阿波罗·卡格瓦(Apolo Kagwa)、布尼奥罗的约翰·尼亚卡图拉(John Nyakatura)和提特奥·闻伊(Kabalega Tito Winyi)、约鲁巴的塞缪尔·约翰逊,以及贝宁的埃格巴雷瓦(J. Egbarehva)等。他们根据19世纪和20世纪初流传的传说来书写历史。同样,氏族历史成了保罗·姆博亚(Paul Mboya)、埃泽基尔·阿平迪(Ezekiel Apindi)和沙得拉克·马罗(Shadrack Malo)等人书写关于卢奥族历史的更为广泛的资源。非洲人已经用自己的语言为他们的社会写了超过5000年的历史。这意味着非洲历史研究拥有它自己的术语、概念及思想,而不像我们平时所说的通用历史研究。因此,"面对这些由不够专业、不够著名的历史学家记录的历史记录,我们需要解决的主要问题是如何平衡他们与专业历史协会历史学家之间截然不同的语法应用及语言表达"[1]。

从19世纪中期开始,包括20世纪的大部分时间,殖民史学是与非洲的历史以及文学作品割裂开的,那时的观点认为研究非洲历史是可以不联系非洲当地的生活和实践的。与此同时,一小拨西化的非洲知识分子开始使用西方的思想传统来挑战欧洲的统治。例如,1904年,索罗门·普拉吉(南非记者,语言学家和诗人)出版了首份茨瓦纳语报纸《茨瓦纳语报》(*Koranta ea Bechwana*),并开始反对白人对黑人的人权侵犯问题。1916年,他发表《在南非的土著生活》一文,抗议南非联盟1913年通过的《土著土地法》。该法案不承认非洲人对南非联邦土地的所有权,禁止非洲人在"非洲人保留地"之外占有或购买土地,而所谓的"'非洲人保留地',总共约900万公顷,仅占南非领土的7.35%,而且是一百多片互不相连的地块。除特兰斯凯保留了较大的一片土地和海岸线之外,其他的'非洲人保留地'都分散在内地的贫瘠地带"[2]。普拉吉坚定地肯定了财产所有权和社会进步之间的联系,强调这种联系是基督教自由主义的公理。他控诉土地法剥夺了非洲人努力工作及通过财产所有权来赢得更好生活的机会。[3]

肯尼亚乔莫·肯雅塔(Jomo Kenyatta)在1938年写了《面对肯尼亚山》。与普拉吉一样,肯雅塔反对殖民者占领非洲土地。但与普拉吉不同的是,肯雅塔使用人类学的论据做他的支撑。当时人类学学说认为每一个种族或一群人都将自己的发展速度和社会制度发展成一种文化。在这个想法的基础上,肯雅塔在《面对肯尼亚山》中指出,欧洲人占领基库尤人的土地抑制了基库尤这个族群的演变,因为它危及基库尤的社会制度,特别是家庭。当时的科学种族主义坚持认为西方文明独属于欧洲,非洲人必须发展属于自己的、源于他们种族历史的文化。肯雅塔支持这个论点,并指出欧

---

[1] B.A. Ogot, *History as Destiny and History as Knowledge: Being Reflections on the Problems of Historicity and Historiography*, Kisumu: Anyange Press, 2005, p.32.

[2] 杨立华主编:《南非》,北京:社会科学文献出版社,2010年,第79页。

[3] B.A. Ogot, *History as Destiny and History as Knowledge: Being Reflections on the Problems of Historicity and Historiography*, Kisumu: Anyange Press, 2005, pp.33–34.

洲的行为正在中断欧洲人寻找自身文化的过程。肯雅塔清楚地知道社会科学是他的有力后盾。因此他在《面对肯尼亚山》中确信基库尤占据了道德的高地，并且总有一天会被证明是正确的。在一个用男人代表基库尤人，用大象代表欧洲的故事中，肯雅塔阐述了男人如何诱使动物进入他的小屋后放火把它们全部烧死，而最后的结局中那个男人"永远快乐地生活着"。[1]从这些事例中，可以看到，20世纪30年代，非洲大陆已经形成民族主义的思想。

20世纪60年代的政治独立为非洲新历史学的发展创造了必要的条件。非洲的历史学家们一起庆祝新历史学的产生，并高度赞扬了非洲民族主义者的成就。因此，这种新历史学就向非洲民族主义者提供了合法化的、可以有的意识形态。

20世纪60年代末和70年代初，一些激进的批评家（他们中大多数是非洲历史"创始人"的学生）开始批评他们的导师，并成了虚假自主性理论的牺牲品，这种理论结合了神秘的前殖民文化和对西方现代化理论的误解。他们认为这种自主性理论只促进了政治精英集团的合法化，这些政治精英其实是新殖民主义的工具，只遗留下来了未经考验的社会经济基础以及停滞不前的发展。克服这场危机所需要的是一种历史，这种历史能够超越政治到底层的决定因素。

接着，历史学家的研究和写作出现了新发展。经济学和"发展"取代了国家、贸易和政治，激进的学者则认为农民、工人和以后的妇女是历史变革的重要推动者。社会矛盾的重点从领袖、政治和未分化的"非洲人"逐渐转移到社会历史上来。新的研究领域——人口历史学也很快地出现了，气候、干旱、饥荒、技术、农业、粮食和营养、健康和治疗系统等研究领域的历史随后接踵而至。但口述历史的传统来源却受到严格的审查和拒绝，因为其可靠性问题始终得不到解决。手写记录的历史，特别是殖民记录，也受到了严格审查。

总而言之，20世纪70年代和80年代初，激进人士通过运用其他国家

1　Jomo Kenyatta, *Facing Mount Kenya: The Tribal Life of the Gikuyu*, London: Secker and Warburg, 1938, pp. 47-51.

在非洲试验的理论、观点和技术，将非洲人的历史带入历史学科的主流。非洲历史从最初未分化的状态逐渐扩散到与之相似的一系列领域，如经济史、性别、历史人口、社会历史和生态史等。

但是，这种学术和辩论大部分还停留在理论层面，它对实际研究的影响更为有限。到了20世纪80年代初期，70年代时抽象结构主义者所着重强调的和被非洲历史学家所批评的内容已经几乎完全被西方的认识论同化了。非洲历史学家没有阐明新的自主权定义方式，并认同了普遍的定义方式，非洲之声又一次被禁锢了。因此，正如我们上面所讨论的那样，它们在许多地区已存在了数千年，并促进了非洲历史学的异化和日益西化，直到最后成为非洲社会中的新"发明"（然后作为知识对象被排除在社会之外）。实际上，真正属于非洲自己的思想和理论正在被"西方"理论重新定义。[1]

20世纪80年代，一个从机构到社会及其内部变革的新时期开始了。后结构主义和后现代主义成为新的福音。非洲大陆状况所包含的独特特征将不仅仅被纳入一个统一的理论下。因此，非洲历史上的争议主要集中在普遍性与特殊性上，尤其是后现代主义所强调的特殊性。非洲的历史从强调全球化转向局部意义的重要性，这些研究还重点关注在非洲土著居民和他们的历史贡献；换言之，就是主要强调个体性和主观性。

在非洲新史学的社会历史研究中，非洲人被描绘成真正的人，有他们自己的声音和意志，这些研究还揭示了过去常被结构主义者所忽视的非洲人民生活的主要范围。研究殖民时期历史就要重新研究殖民时期的档案（包括法院档案、警察报告、监狱档案、医疗部门档案、使命信等），以及来自非洲和非洲以外的幸存者的回忆，这样的研究以更有意义的方式讲述非洲人民生活的故事。

到20世纪80年代末90年代初，相对于口头传说研究，非洲口述历史增加了"非洲声音"的方式并取得了合法性，因为大家认为它和任何殖

---

[1] B.A. Ogot, *History as Destiny and History as Knowledge: Being Reflections on the Problems of Historicity and Historiography*, Kisumu: Anyange Press, 2005, pp.44-45.

民主义记录相比,更真实、更客观。口头采访被看作是获得历史的另一种方式,一种记录私人、个人和政治对话的类型。这些作品大都以性别为切入点研究非洲历史,最初集中在殖民统治对妇女和男性的差异影响。然而,他们揭示了一个未来可能使用的口述方法,这远远超出了社会历史学家们通常所说的"经历"。非洲口述历史专家不认为口述历史和文档记录的历史一样准确、可靠,相反,他们认为可以从口述历史中得到关于过去的观念(ideas)。他们进一步认为,历史记忆非常有价值,但可能不一定是一个准确的历史。他们面临的挑战不是确认事实或这些证言的虚假,而是通过搜集并解释这些证言,让非洲人看到他们的生活,他们的世界,他们的历史。他们以主体性为核心关注点,而"生活史"是作为获取这种主体性的方法。

(二)奥戈特对后现代史学的认识

后现代主义诞生在法国,在美国学术界受到广泛追捧,后现代主义提出以新术语重写所有熟悉的东西,从而提出修改、新的理想观点以及对规范感觉和价值观的重新洗牌。通过这种方式,后现代主义变成了一个基础文化分类并占有支配地位。其承诺可以摒弃任何使你拘束的、不满意的或者枯燥的现代、现代主义或者现代的东西(无论你怎么理解这些概念)。

后现代主义者选择处理"上下文"而不是"共识"或"元解释"。他们然后询问历史学家是否应该"封闭"叙述,以便读者忘记作者,或者叙事的正确结构是否应该成为说明的一部分。也就是说,辩论是那些认为他们在谈论真实、活着的经验以及那些认为他们在谈论文本的人之间的辩论,作为对主体历史的中心难题。总之,辩论是关于"文本的历史性"和"历史的文本性"。

两篇文章推出了这个运动:海登·怀特的《元史学》(1973)和罗兰·巴特早期的文章《历史的话语》(1967)。20世纪90年代运动达到它的高峰期。对于后现代主义者,文本解构导致了组织重构,他们利用后结构主义理论来精确地实现历史学家传统上称为"语境化"的新方法。情境化的概念是历史实践的核心——事实上它是历史理解和实践的主要方法。但是这种上下文作为同步整体的概念，位于的时间和地点被后现代主义者所拒绝。因此，简单的"文档"为历史解释提供丰富的收获。[1]

虽然后现代研究方法在过去二十年的非洲史学研究中占主导地位，并毫无疑问地为论述主题和大众提供了一种令人耳目一新的分析框架。但是该方法的可用性仍然存在争议。20世纪80年代，后现代主义哲学就曾在学术圈引起激烈的辩论，这里不再赘述。后现代主义是实用主义科学家们的复兴，他们加入了法国后结构主义者的阵营，强调当代价值，并向现代科学和社会知识的主要原则发起挑战。他们认为社会价值的构建应该聚焦在论述、多样性和知识上。

非洲思想理论的保留源于几个因素。首先，后现代主义理论力图揭示并偏好任何所谓普遍的社会理论，然而它并没有对资本主义进行彻底的批判。后现代主义其实基本上近似于以欧洲为中心的新自由主义。因此，它本身是一个宏大的理论，也是普遍的论述。运用后现代主义对非洲研究也就等于引入一个概念，即非洲其实是新殖民主义。

其次，后现代主义所强调的价值与传统价值是相反的，其与殖民地时期的史学所强调的异国情调、家族主义和反家族主义思想是存在差异的。在大多数情况下，这种差异往往意味着劣质、原始和落后，但是，我们不能永远将非洲与世界其他部分隔离开来。仅仅承认这种差异就足够了吗？奥戈特认为是时候将非洲历史重新整合，并归入到世界历史中了。这有助于从世界的角度了解非洲，非洲的文化历史也将是全球传统文化的重要来源。

再次，后现代主义强调，所有身份都是有局限的、偶然的和自由选择的。因此，创造知识的人也变得非常重要，因为自我代表性是任何理论的唯一特性。一方面，普遍主义理论假定所有社会实体都可以以同样的方式

1　B.A. Ogot, *History as Destiny and History as Knowledge: Being Reflections on the Problems of Historicity and Historiography*, Kisumu: Anyange Press, 2005, pp. 250–251.

研究，该理论为社会构成方面的比较奠定了基础。非洲作为世界上许多地区中的一个，几乎没有自己的地位，这也是为什么该理论在20世纪七八十年代间被拒绝的原因。另一方面，特别是在更广泛的背景下，我们不能认为，只有非洲的特殊问题（如后现代主义者的存在）是受全球力量驱动产生的。因此，非洲历史需要多元化知识的竞争，如果被一种思想控制了霸权其实是不幸的。[1]

奥戈特对后现代持否定态度，弗雷德里克·詹姆森（Fredric Jameson）作为美国最尖锐和最多产的后现代主义翻译家，他也承认了对后现代主义概念的厌倦并摒弃了对其的使用。[2] 奥戈特说："我也和詹姆森一样，对后现代主义的概念已产生了厌倦，并摒弃了对其的使用。"[3]

奥戈特强调非洲历史的自主性，他说："非洲历史具有自主性吗？这是一个困扰着几代非洲历史学家和知识分子的问题。难道我们要永远迷惑吗？又或是我们问错了问题，不加批判地接受欧美地区的历史观念，从而无意中把自己的历史和灵魂丢在了西方？"[4] 可见，奥戈特不愿随波逐流地接受西方的历史观念，照搬照抄他们的历史研究方法，而是主张基于非洲特点的创新。

（三）奥戈特对非洲历史的反思

奥戈特首先肯定非洲历史所取得的成就，他说："过去五十年，非洲历史研究领域是从一个相对模糊的边缘概念兴起的，如今它存在的意义和重

---

[1] B.A. Ogot, *History as Destiny and History as Knowledge: Being Reflections on the Problems of Historicity and Historiography*, Kisumu: Anyange Press, 2005, pp. 52–53.

[2] Charles Altieri, *Postmodernisms Now: Essays on Contemporaneity in the Arts*, Pennsylvania: University of Pennsylvania Press, 1998, p. 1.

[3] B.A. Ogot, *History as Destiny and History as Knowledge: Being Reflections on the Problems of Historicity and Historiography*, Kisumu: Anyange Press, 2005, p. 263.

[4] *Ibid.*, pp. 61–62.

要性已被非洲、欧洲和美国北部的大学所承认。"[1] 1958—1959 年，在 1735 名历史专业的学生中，只有一个研究非洲历史的研究生；而到 20 世纪 70 年代末，美国已有 600 个专业的非洲历史学家，而且这个数量仍在持续增长。现在已经出现了关于非洲历史研究的几十种期刊，有关其历史研究的通史有两部：多卷本《剑桥非洲史》和联合国教科文组织编写的多卷本《非洲通史》，在全球各地的图书馆中仍非常重要，中学也已将非洲历史纳入专业课程。现在非洲拥有一段真正的历史，非洲人民不再是"没有历史的人"。这是一项非常伟大的突破。

奥戈特肯定历史对于非洲国家的重要意义。20 世纪 60 年代，非洲认为一个好的公民应该具备工作、价值观、态度和知识。如今，非洲正为了能够对自己的文化进行定义而奋斗。历史一直是个热门话题，也应该是非洲学者和领导人用来建立新国家的武器。例如，20 世纪 60 年代和 70 年代，肯尼亚有很多卓有成效的历史教育。老师们启发学生仔细观察与历史相关的主要档案，对其进行调查，然后对肯尼亚和世界历史中的关键转折点进行辩论，分析棘手的历史问题，并听取来自过去的真实的声音。教室和演讲剧场中也充满了大家对历史的热爱，与此同时，学生们也获得了成为有责任感公民所必备的知识和技能。

但是，非洲历史研究和历史教育存在比较严重的问题。到了 20 世纪末，学校历史课程的教学并没有处于一个健康发展的状态。以肯尼亚为例，肯尼亚的学生其实并没有学习过太多的历史，他们甚至不喜欢历史。历史研究似乎正在从高校和中学消失。青年人为自己国家的历史感到可悲。现在我们需要重视学校日益萧条的历史研究项目，否则很可能会严重破坏国家的民族团结。

奥戈特认为，作为非洲人，我们应该深切地关心我们的孩子所学习的历史。人们似乎需要一个有用的过去，因为历史记忆是自我认同的关键，

1　B.A. Ogot, *History as Destiny and History as Knowledge: Being Reflections on the Problems of Historicity and Historiography*, Kisumu: Anyange Press, 2005, p.61.

是了解某时某地的一种方式,也是使人类历史更有意义的一种方法。我们不可能控制时间,也不可能切断自己的过去。另外,历史研究还能揭示人类为争取尊严而必经的漫长且艰难的道路。历史知识和视野在帮助我们理智思考当代问题的同时,还能进一步帮助我们塑造世界观和宗教观。历史的根本作用是"在于民族认同与共同的历史记忆"[1]。

奥戈特认为,肯尼亚与其历史之间存在惊人的脱节,属于这个国家的集体记忆似乎处于危险中,如果高中毕业生想了解更多不肤浅的、真实的历史,首先,学者、教师、公共历史学家和博物馆负责人等历史守护者应该开展更紧密的合作,学校的历史教师们也要像他们之前那样开展合作,开发新的课程和项目。他们必须讨论出更开放、更好的方式,给儿童和大学生们教授肯尼亚历史和世界历史。为了振兴肯尼亚的历史,治愈我们的历史健忘症,关乎历史的教育方式必须改进。我们的孩子必须了解更多关于我们国家和整个世界的历史(主要包括重要事件、长期变革、伟大转折、成就、灾难、主题、英雄和罪犯等,并能够对这些事情有一定反思),从而能够探索并使用历史信息,研究历史论点,揭露偏见和虚假的逻辑,解决关于过去的问题,并将历史教训和当代的事件和趋势联系起来。

其次,我们必须扩大历史教育的范围,以确保所有阶级、制度、民族经历和性别,都包括在其中,这表达了对民主观念的忠诚。我们的历史应该反映所有人民的经历、贡献、愿望和痛苦。换句话说,我们必须给历史课程设定一个远大的目标:包含或者超越代表多元化群体的文化。我们需要明确的是:我们希望学生理解重要的历史发展过程、阶段和转变,需要构建我们希望学生能解决的历史问题,需要制定学生使用的人文科学和社会科学词汇,并为他们创造有意思的、与社会互动的课程,能拓展他们的眼界。我相信这样的做法一定能产生明确的、包容性的历史。

---

[1] B.A. Ogot, *History as Destiny and History as Knowledge: Being Reflections on the Problems of Historicity and Historiography*, Kisumu: Anyange Press, 2005, p. 63.

本章小结

作为非洲独立后第一代民族主义史学家,奥戈特主要致力于非洲历史的再发现与"去殖民化",反对"非洲人没有历史"的错误观点;重视发掘口头传说的史料价值;主张通过非洲历史的重建,以达到非洲国家建构与复兴的目的。作为非洲独立后的第一代民族主义史学家,奥戈特的历史研究与非洲大陆解放和肯尼亚国家的独立这些重大时代事件联系在一起。他倡导历史研究应该服务于现实非洲发展的理念,主张将非洲看成一个整体;他认为当代非洲国家建构与复兴离不开非洲历史的重建;重视口头传说的史料价值,运用跨学科的方法来揭开非洲历史的迷雾。[1] 在奥戈特看来,研究非洲历史的基本目的在于启迪今天非洲人的智慧,促使非洲国家和民族走向独立和成熟。奥戈特反复强调,他所从事的非洲历史研究,"是一门有着特定时代语境的学科",一门基于今天非洲人自己的特定生存环境与面临问题为背景的思想活动。非洲历史教学与研究的基本目的是通过历史学的知识传播与训练,让非洲人民从自己历史经验与传统智慧中获得精神启迪,在重新感受自己文化的过程中走向精神上的成熟和自信。[2]

---

[1] 刘鸿武、王严:《非洲实现复兴必须重建自己的历史——论 B.A. 奥戈特的非洲史研究与史学理念》,《史学理论研究》2015 年第 4 期,第 79 页。

[2] 同上,第 80 页。

第十章

特伦斯·兰杰

特伦斯·兰杰（1929—2015）是著名的非洲史学家，他出版和编辑了《南罗得西亚的反抗，1896—1897》（1967）、《南罗得西亚的非洲声音》（*The African Voice in Southern Rhodesia*，1970）、《东非舞蹈和社会，1890—1970》（1975）、《传统的发明》（1983）、《岩石的声音》（*Voices from the Rocks*，1999）、《暴力与记忆》（*Violence and Memory*，2000）、《燃烧的布拉瓦约》（*Bulawayo Burning*，2010）和《书写抵抗》（*Writing Revolt*，2013）等数十部著作。尽管兰杰是英国人，但是他的思想感情更加倾向于非洲人，他是一位著名的非洲民族主义者（Africanist）。兰杰是非洲民族主义重要学派之一的"达累斯萨拉姆学派"的创始人，对非洲殖民地人民的反抗，尤其是津巴布韦人民的反抗有深入的研究。20世纪90年代以后，兰杰将他研究的重点转向非洲社会史的研究，包括城市史、疾病史、宗教、社会习俗等。他的非洲史研究路径与独立之后非洲史的发展高度吻合，反映出兰杰不故步自封，而是站在非洲史研究的最前沿。由于兰杰在非洲史研究方面的杰出贡献，他成为首位入选英国国家学术院（the British Academy）的非洲史院士。[1]

一、生平与学术经历

1929年11月29日，兰杰出生于伦敦东南部的南诺伍德（South Norwood）

---

[1] "Trence_Ranger", https://en.wikipedia.org/wiki/Trence Ranger（2017年12月20日访问）。

一个富裕的中产阶级家庭，他的父亲经营一家电镀公司。小时候，兰杰过着富足的生活，住在漂亮的房子里，还养了一匹小马驹。他接受了当时英国一流的教育，毕业于伦敦北部的海格中学（Highgate School），该校创办于 1565 年，是英国一所著名的私立中学。在高中阶段，兰杰的学习成绩平庸，他的数学经常不及格，科学课缺乏兴趣，因拉丁语不及格，延期一年申请去牛津深造。兰杰所擅长的运动是乒乓球，不是当时校园的主流运动项目。后来，兰杰回忆起自己的中学时代时说："除了文学和历史，我根本就没有什么头脑。"[1]

在海格中学，兰杰对历史学习表现出浓厚的兴趣，这得益于该校历史老师 T.N. 福克斯的指导和鼓励。这位历史老师虽然穿着怪异，但是他学识渊博，是一位苏格拉底式的老师，在他的指导下，兰杰在文史方面打下良好的基础，这对兰杰以后从事历史研究产生了积极的影响。

兰杰在牛津大学的皇后学院完成历史本科学习后，成为牛津大学圣安东尼学院的研究生。在导师约翰·普莱斯特维奇（John Prestwich）的指导下，研究 17 世纪的英国历史。这时，兰杰立志将来做一名大学历史教师。兰杰在牛津大学完成了博士阶段的学习，博士导师休·特雷弗-罗珀，是一位声名狼藉的否认非洲历史存在的英国历史学家。他属于传统的历史学家，承袭 19 世纪兰克史学的宗旨，对档案十分重视。事实上，大量的档案堆砌附之论述，是当时牛津大学学院派颇为欣赏的研究方法。兰杰在导师的指导下，广泛搜集档案资料，研究 17 世纪的爱尔兰人科克伯爵，在博士学位论文中，兰杰研究了科克伯爵是如何通过欺诈实现自己财富的积累。

在牛津大学圣安东尼学院，兰杰爱上希拉·克拉克（Shelagh Campbell Clarke）。希拉当时是圣安东尼学院会计科的秘书，1953 年兰杰与她结婚，育有 3 个女儿。

---

[1] Terence Ranger, *Writing Revolt: An Engagement with African Nationalism, 1957–1967*, Woodbridge: James Currey Limited, 2013, p. 1.

兰杰比较早就形成了种族平等和阶级平等的思想。第二次世界大战以后伴随着非洲独立运动的兴起，激起了兰杰对殖民地人民反抗的同情和正义感。1957年，兰杰在《泰晤士报》上看到罗得西亚和尼亚萨兰大学学院（后来改称津巴布韦大学）的副校长巴兹尔·弗莱切（Basil Fletcher）写的一篇文章，激起了兰杰到非洲去的愿望。这篇文章说，罗得西亚和尼亚萨兰联邦与英国和南非保持伙伴关系，大学是建立在多种族联合基础之上的一块希望之地。于是，兰杰来到南罗得西亚（独立后，称津巴布韦），兰杰在该大学谋得了一个讲师的教职，教授古代中世纪和英国近代史。正是在津巴布韦，兰杰开始对非洲历史产生兴趣。

为了加强对非洲殖民地的控制，1953年英国不顾非洲人民的反对，将南北罗得西亚和尼亚萨兰组成中非联邦，首府设在南罗得西亚的索尔兹伯里（独立后称哈拉雷）。白人在中非联邦霸占大量的肥沃土地，并且有各种政治特权，引起当地非洲人的不满，加速了民族主义运动的兴起。1963年中非联邦被迫解体，北罗得西亚独立后称赞比亚，尼亚萨兰独立后称马拉维。1965年，南罗得西亚史密斯政权单方面宣布独立，实施种族隔离政策。

1957年，兰杰到达南罗得西亚以后，很快就感受到非洲黑人所遭受的不公平待遇，积极抗议针对非洲人的种族歧视。兰杰曾参与了多个非洲民族主义组织的创建工作，这其中包括津巴布韦非洲人民联盟（Zimbabwe African Peoples Union，简称"津人盟"）。此外，兰杰还于1959年同怀特菲德·福伊（Whitfield Foy）和约翰·里德（John Reed）等人一起创办了名为《异见》的杂志。1961年，兰杰创办了"公民反对种族隔离"组织，领导黑人和白人学生抗议餐馆、理发店和游泳池等公共场所的种族隔离。在反抗南罗得西亚白人政权的过程中，兰杰结识了乔舒亚·恩科莫（Joshua Nkomo）、罗伯特·穆加贝（Robert Mugabe）、莫里斯·尼亚古博（Maurice Nyagumbo）、詹姆斯·齐克勒玛（James Chikerema）等非洲民族主义领导人。[1]

---

[1] Terence Ranger, *Writing Revolt: An Engagement with African Nationalism, 1957–1967*, Woodbridge: James Currey Limited, 2013, pp.60–87.

在南罗得西亚，兰杰积极营救遭到当局迫害的非洲民主主义者，揭露白人当局的迫害行径。1963年，兰杰被驱逐出南罗得西亚，转而去坦噶尼喀（1964年与桑给巴尔联合，称坦桑尼亚）的达累斯萨拉姆大学任教。当年离开机场的照片，成了兰杰2013年出版的自传《书写抵抗》的扉页。这张照片反映的是兰杰遭到驱逐后，他的黑人朋友，也是南罗得西亚的民主主义运动领导人乔舒亚·恩科莫和罗伯特·穆加贝到机场为他送行。兰杰对他自己这段历史是很自豪的，认为投入当地人民的民主主义运动中去是正确的。兰杰后来回忆说："从1957年到1967年在非洲的十年，回答了我带到南罗得西亚的大部分问题。我知道现在我和希拉有足够的勇气，我们可以得到信服的理由同时保持我们自己的意识。我知道我可以用那样的理由服务于领导津巴布韦解放战争的人们。我是在很多磨炼和错误后，找到一条书写非洲历史之路。希拉收到很多来自非洲人的信，告诉她我是一个多么杰出的人。我不再是普通人，这些都是我非常高兴地知道的事情。"[1]

在达累斯萨拉姆大学，兰杰将他的研究重点放在非洲民族主义史学的研究，当时他的同事有约翰·伦斯代尔、约翰·伊利弗和约翰·麦克拉肯等人。在这期间，兰杰写了《南罗得西亚的反抗，1896—1897》，在这本书里，兰杰讲述了罗得斯1890年到达前非洲人就生活在那里，他着重写了津巴布韦两个民族——绍纳族（Shona）和马塔贝莱族（Matabele）反抗欧洲殖民者的活动，认为殖民初期的抵抗运动是有组织的、有领导的理性活动，并非殖民者所宣称的是迷信、消极的活动。1970年兰杰著《南罗得西亚的非洲声音》。这两本书都是研究非洲民族主义的发展。

1969年，兰杰离开坦桑尼亚，去了美国，在加州大学洛杉矶分校教授非洲历史。在那里，他重点研究殖民统治背景下的非洲宗教，出

---

[1] Terence Ranger, *Writing Revolt: An Engagement with African Nationalism, 1957–1967*, Woodbridge: James Currey Limited, 2013, p. 181.

版《非洲宗教史》。1974年他回到英国,担任曼彻斯特大学的教授,在那里,他继续研究非洲历史,不过,他的研究方法发生了明显的改变,转向社会史的研究,代表作有《东非舞蹈和社会,1890—1970》和《传统的发明》。

1987年兰杰离开曼彻斯特大学,来到牛津大学,担任罗得斯种族关系学院教授。20世纪90年代,兰杰继续研究津巴布韦马塔贝莱兰(Matabeleland)的历史,相继出版了《岩石的声音》和《暴力与记忆》。同时,兰杰对非洲的医疗社会史也产生了浓厚的兴趣,1992年他与保罗·斯莱克(Paul Slack)共同编辑出版了《流行病与观念》[1]一书。

1997年兰杰从牛津大学退休,在牛津大学的圣安东尼学院担任荣誉研究员。他又去了津巴布韦,为津巴布韦大学历史系的研究生授课。这时,兰杰转向研究非洲城市,比较非洲城市与欧洲城市的差异,非洲城市文化又是如何产生的。2010年兰杰出版了《燃烧的布拉瓦约》,向读者展示了这个津巴布韦重要城市的历史变迁和城市文化。2013年他出版他的自传《书写抵抗》。

兰杰积极参加社会活动,尤其是学术团体的组建以及学术刊物的编辑。1980年,兰杰与G.C.布鲁克(Guy Clutton Brock)一起成立英国津巴布韦协会(the Britain Zimbabwe Society),2006—2014年,他担任该协会主席。英国津巴布韦协会旨在通过教育来消除因殖民统治而形成的英国人与津巴布韦人之间的隔阂,加深彼此之间的理解和友谊。该协会充当英国人民与津巴布韦人民之间的纽带。1980年至1982年间,兰杰还曾担任英国非洲研究协会主席。

在学术刊物方面,兰杰编辑《异见》《过去和现在》《南部非洲研究》等杂志。他作为《过去和现在》杂志的董事会成员,通过组稿和编辑论文,将非洲史研究的新成果和新观念带给读者。他所合著的《传统的发明》和

---

[1] Terence Ranger, Paul Slack, eds., *Epidemics and Ideas: Essays on the Historical Perception of Pestilence*, Cambridge: Cambridge University Press, 1992.

《流行病与观念》都是《过去和现在》杂志历次学术会议成果集辑而成。对于《南部非洲研究》杂志（简称 JSAS），兰杰付出了许多心血。他担任该杂志董事会主席长达 15 年之久，他定期召开编委会讨论杂志的发展，从最初的每年 2 期，发展到后来的每年 6 期，而且杂志鼓励跨学科研究，使之成为国际非洲史研究的重镇。

由于兰杰在非洲史研究方面的杰出贡献，他成为首位入选英国国家学术院的非洲史院士。

2015 年 1 月 3 日，他在牛津的家中去世，享年 85 岁。

二、达累斯萨拉姆历史学派的创始人

尽管兰杰是英国人，但他自 1957 年到南部非洲以后，很快从一位非洲民族独立运动的同情者变成非洲民族独立运动的参与者，导致他被南罗得西亚当局驱逐出境。回顾他在达累斯萨拉姆大学待的 6 年时间，以及他的学术贡献和研究成果，他无疑是非洲民族主义史学家的重要一分子。这期间，他创造了著名的达累斯萨拉姆历史学派，开展了对非洲抵抗史的研究。当然，兰杰与以迪奥普等为代表的非洲本土史学家中的"非洲中心主义"保持着理性的距离，兰杰认为自己是一个"自由的民族主义者"[1]。

在坦噶尼喀非洲人协会的领导下，经过当地人民的斗争，1961 年 12 月，坦噶尼喀取得了独立，次年 12 月坦噶尼喀宣布成立共和国，尼雷尔当选总统。1963 年 12 月，桑给巴尔宣布独立。1964 年坦噶尼喀与桑给巴尔联合，成立"坦桑尼亚联合共和国"（简称坦桑尼亚），尼雷尔任总统。坦桑尼亚是一个多民族的国家，有 126 个民族。所以，独立之初的坦桑尼亚与非洲其他新独立的国家一样，迫切需要组织编撰以国家为单位的历史，来

---

1 Terence Ranger, *Writing Revolt: An Engagement with African Nationalism, 1957–1967*, Woodbridge: James Currey Limited, 2013, p. 182.

培养对坦桑尼亚国家的认同。

1963年,兰杰到达坦噶尼喀之后,着手创建达累斯萨拉姆大学历史系,开展对非洲民族主义历史的研究,主动服务于非洲国家历史的建构。他在达累斯萨拉姆大学历史系的同事约翰·伦斯代尔、约翰·伊利弗和约翰·麦克拉肯等人,他们都有海外留学的背景,并且年轻、富有热情,相信非洲历史具有研究价值。达累斯萨拉姆大学的历史系作为非洲民族主义史学阵地之一,其贡献不仅包括构建符合新独立国家需要的国家历史,而且拓展了非洲民族主义史学研究的范围,还举办了非洲历史国际会议。

1965年9月,非洲历史学国际会议在坦桑尼亚召开,阿贾伊、范西纳、奥利弗等非洲史学家参加了这次会议,探讨了非洲民族主义史学的主题和走向。这次会议由非洲文化协会发起,达累斯萨拉姆大学和坦桑尼亚政府部门合作组织召开,坦桑尼亚政府出资支持。坦桑尼亚总统尼雷尔在这次会议的开幕式上致辞,他强调召开非洲历史学国际会议以及研究非洲历史的重要意义,他说:"因为我们相信了解并且理解非洲历史对于这块土地的崛起非常重要。"[1] 在他的发言中,尼雷尔还谈到对非洲历史研究的态度与方法,比如,"非洲历史的第一手资料在非洲";研究非洲历史,需要将文字资料和口头传说资料相结合;大量的非文字历史资料,需要各种不同的证据反复核实。[2]

1969年,坦桑尼亚历史学会成立,该学会的主体成员由兰杰领导的达累斯萨拉姆大学历史系的同事们所构成。同年,由坦桑尼亚历史学会主编的《坦桑尼亚史》出版,该书的前言写道:"本书作为第一部坦桑尼亚历史纲要,力求多少满足实现非洲人自己的历史这一需要。"[3] 这说明,以兰杰为代表的这些来自海外的学者,在撰写坦桑尼亚历史的时候,力图站在非

---

[1] [坦桑]朱利叶斯·尼雷尔:《尼雷尔文选》第二卷,李琳、徐宜修、王磊译,上海:华东师范大学出版社,2015年,第43页。

[2] 同上,第39—43页。

[3] [坦桑]伊·基曼博、阿·特穆:《坦桑尼亚史》,钟丘译,北京:商务印书馆,1976年,第1页。

洲人民的一边，尽可能地采取非洲的视角。在这本书中，兰杰撰写了第七章"1800—1939 年坦桑尼亚的思想交流"，重点阐述早期殖民地人民的反抗以及现代坦桑尼亚民族主义的诞生。这一时期，达累斯萨拉姆大学历史系出版了《南罗得西亚的反抗，1896—1897》《中非史》[1]和《非洲历史新主题》[2]等著作，肯定了非洲人历史发展过程中的主动性，尤其是对殖民统治抵抗的能动性。

1970 年，两位南非学者杜纳德·德农和埃德姆·库珀对达累斯萨拉姆大学历史系的研究成果和特点进行评估，总结出他们比较一致的研究方法和共同研究的主题，冠之以"达累斯萨拉姆历史学派"的称呼。[3]这两位学者对达累斯萨拉姆历史学派也提出了批评，如他们的民族主义史学研究过于激进，该学派仅仅关注坦桑尼亚人的历史活动，对非洲其他地区的历史研究关心不够，等等。

对此，兰杰进行了回应。独立后的非洲国家并不受殖民主义筛选和训练出来的非洲中产阶级所掌控，而是由那些追求国家独立、蕴含巨大能量、带来重大变革的民族主义运动的领导人所掌控。强调研究民族主义历史，是民族主义者对国家独立梦想的追求。因此，以兰杰为代表的达累斯萨拉姆学派对非洲民族主义运动进行了比较多的研究，如津巴布韦 1896 年恩德贝莱—绍纳起义，1905 年坦噶尼喀的马及马及起义和 1888—1889 年东非斯瓦希里人的起义等。兰杰认为，达累斯萨拉姆学派是将坦桑尼亚历史置于东非甚至整个非洲的历史背景之中。[4]他通过纵向比较和横向联系的方法，就非洲对欧洲干涉的回应模式、早期抵抗与后来民族主义运动的联系，以及坦桑尼亚与邻国之间的相互影响等都做了深入的研究。

在达累斯萨拉姆大学历史系工作期间，兰杰在开展研究的同时，还积

1　T.O. Ranger, *Aspects of Central African History*, London: Heinemann, 1968.

2　T.O. Ranger ed., *Emerging Themes of African History*, Nairobi: EAPH, 1968, pp. 196–197.

3　Donald Denoon and Adam Kuper, "Nationalist historians in search of a nation: The 'new historiography' in Dar es Salaam", *African Affairs*, 1970, pp. 329–349.

4　Terence Ranger, "The 'New Historiography' in Dar es Salaam: An Answer", *African Affairs*, 1971, pp. 50–61.

极构建课程体系,重视对学生的培养。非洲历史无疑是达累斯萨拉姆大学历史系学生的主干课程,另外,还有3门与之密切联系的课程:一是"工业国家的兴起",由约翰·伊利弗教授讲授,介绍工业革命在英国、德国和美国的兴起,以及对经济、社会和政治的影响;二是"历史学家和革命",让学生熟悉史学史,培养学生的历史思维;三是"殖民主义和民族主义的比较研究",由兰杰和沃尔特·罗德尼主讲,培养学生的民族主义感情。兰杰鼓励学生参加历史实践,鼓励学生参与口述资料的收集和整理,如参加马及马及运动研究项目和《坦桑尼亚史》的口述资料收集工作。同时,兰杰要求学生重视阅读档案资料。兰杰说,要成为历史学家,不仅要通过研究生的训练,而且需要自己去大量的实践,包括如何收集和引用材料。[1]

三、非洲民族主义史学的研究

兰杰对非洲民族主义史学的研究,重点放在非洲人面对殖民统治的能动性,尤其是抵抗史方面的研究。

非洲是最早遭受殖民侵略的大陆,1415年葡萄牙人占领摩洛哥的休达城就是最早的标志性事件。但是,长期以来,西方殖民者主要在非洲的沿海地带进行殖民活动,这一情况到19世纪七八十年代开始彻底改变。布鲁塞尔会议和柏林会议,直接推动了西方殖民列强对非洲的瓜分。到19世纪末20世纪初,非洲已经基本被瓜分完毕。兰杰认为,19世纪最后20年,欧洲征服和占领是不可逆转的,同时,在这一过程中,非洲又是有条件进行抵抗的。他说:"从1880年至1900年这20年间,热带非洲出现既新奇又残酷的矛盾现象。欧洲征服和占领的过程分明是不可逆转的,但这种征服和占领却又显然是有条件进行抵抗的。之所以不可逆转是由于技术革命,白人第一次在武器方面取得了决定性优势;同时,铁路、电报和轮船的发

---

[1] Diana Jeater and Stuff Happens, "People Make it in Happen: Theory and Practice in the Work of Terence Ranger", *History Workshop Journal*, 2012, pp. 193–210.

明,也第一次使他们能够解决非洲内部和非欧之间的部分交通问题。之所以有条件进行抵抗,是因为非洲幅员辽阔;因为那里各族人民具有力量;因为当时欧洲并没有调动大量人力和众多技术。"[1]

关于非洲抵抗运动,在"欧洲传统编史工作者"(即殖民主义史学家)看来,是一边倒的贬低和否定。在他们的笔下,不进行抵抗的民族被描写为"爱好和平",而进行反抗的民族却被描写为"嗜血成性"。他们为欧洲殖民征服充当辩护人,殖民主义者的到来对于非洲人来说是"幸运"的,把"他们从自相残杀的战争中、从邻近部落的暴政下、从流行病和周期性的饥荒中解救出来的救星"。因此,在欧洲殖民史学家的笔下,许多书籍大量记述称为"绥靖"的事迹,给人的印象是大多数非洲人以感谢的心情接受所谓"殖民地式的和平",而非洲人进行抵抗的事迹则被一笔抹杀。[2]

兰杰认为,实际上每一种非洲社会都进行了抵抗,在欧洲人入侵的每一个地区,实际上都存在抵抗。人们现在可以接受这是一个不再需要详细阐述的事实。目前我们所要做的是从分类转入解释;从仅仅宣扬抵抗转入评价和阐明它的激烈程度。在北罗得西亚(现在的赞比亚)确实发生过武装抵抗,但其规模和持久程度不能与南罗得西亚(现在的津巴布韦)相比,反过来说,南罗得西亚的斗争,其频繁程度又不能和赞比西河流域发生的反抗葡萄牙人的抵抗相比。[3]

殖民地辩护士诬蔑非洲人民的武装抵抗是丧失理性和不顾死活地蛮干,而且这种斗争往往是"迷信"所导致的,否则,非洲人民会心甘情愿接受殖民统治。对此,兰杰在研究非洲殖民地抵抗运动的时候,引入了主权的观念,强调非洲人民的抵抗是有意识形态因素的。他说:"欧洲冲击的最根本的方面是丧失主权……一个民族一旦失去他们的主权,他们被迫接

---

[1] [英]T.O.兰杰:《非洲人对瓜分和征服的能动性和抵抗》,[加纳]A.阿杜·博亨主编:《非洲通史》第七卷,北京:中国对外翻译出版公司,1991年,第37页。
[2] 同上,第37—38页。
[3] 同上,第38—39页。

受别种文化,他们至少要失去一点自信和自尊。"[1] 兰杰列举了一些非洲传统社会的领导人认清殖民者的真面目,并对此进行抗争的事例。

比如尧人国王马琴巴1890年对德国的威胁,表示绝不能牺牲主权为代价,他对德国司令官赫尔曼·冯·维斯曼回复道:"我已经听到你讲的话,但是我没有理由一定要服从你——我宁愿先去死……而绝不拜倒在你的脚下,因为正和我一样,你也是上帝创造的……这里在我的国土上,我是素丹,你是那里在你国土上的素丹。听着,我没有叫你必须服从我,因为我知道你是一个自由人……至于我,我不会向你屈服,如果你有足够力量,那么你来杀死我吧。"[2] 莫桑比克中部巴鲁埃族的首领马康珀·汉加也是如此。他在1895年对一位来访的白人说:"我知道你们有人怎样在非洲得寸进尺,一步一步推进……但是我要一如祖辈那样仍旧是马康珀。"[3] 纳米比亚的赫列罗人反抗德国殖民侵略,以及坦噶尼喀的马及马及起义,都是这类性质。兰杰倾向于将非洲的抵抗分为两种类型:一种是统治阶级集团为了保持他们的剥削权力所发动的抵抗;另一种抵抗规模更大,既针对殖民压迫,同时也对准非洲统治者的独裁主义。[4]

兰杰考察了抵抗运动中宗教观念的作用。他发现,宗教观念与殖民者所说的"狂热的巫医"或者"绝望的魔术"很少有相似之处。相反,宗教的教导和信条往往与主权和合法性问题直接有关。统治者通过宗教仪式的认可合法化,每当统治者及其人民决心保卫他们的主权时,他们自然而然地大大依靠宗教的信条和观念。兰杰深信这种情况也曾在南罗得西亚发生。1896年的起义是由宗教领导人激励和协调的。1905年的马及马及起义中,反抗思想从伊斯兰教和非洲千年至福的热情中得到力量。兰杰认为,应该客观评价宗教在反抗运动中的作用,因为在这个问题上存在两种偏差:

---

1 T.O. Ranger, ed., *Emerging Themes of African History*, Nairobi: EAPH, 1968, pp. 196–197.

2 B. Davidson, *The African Past*, London: Longman, 1964, pp. 357–358.

3 A. Isaacman, *Anti-Colonial Activity in Zambesi Valley, 1850–1921*, Berkeley: University of California Press, 1976, pp. 128–129.

4 [英] T.O. 兰杰:《非洲人对瓜分和征服的能动性和抵抗》,[加纳] A. 阿杜·博亨主编:《非洲通史》第七卷,北京:中国对外翻译出版公司,1991年,第41页。

一方面有些学者认为把宗教在抵抗运动中的作用估价过高了；另一方面又有些学者认为夸大了抵抗运动在宗教中的作用。[1]

兰杰充分肯定了非洲抵抗运动的意义。在 20 世纪 70 年代前后，人们一直普遍地接受一种看法，即抵抗运动是死胡同，没有出路。但是，兰杰经过他的研究，认为非洲人民的抵抗运动是十分有意义的：首先，就它们与主权的关系而言，可以认为它们是恢复主权和非洲民族主义胜利的预演；其次，就它们所具有的先知思想而言，可以把它们看作对新社会概念的一种贡献；再次，有些抵抗运动的结局改善了参加起义的民族的地位，其他一些抵抗运动则涌现出新的领导人取代为当局承认的首领。总之，兰杰认为，抵抗运动联结着群众的民族主义，因为实质上它是群众参与的运动，它始终具有群众运动在过渡阶段所贯穿的气氛和表征，并且具有民族主义运动从过去英雄历史的回忆中吸取的明显的激情。[2]

兰杰在《南罗得西亚的反抗，1896—1897》一书中，以南罗得西亚为个案，研究了当地人民的反抗。1896 年 3 月到 1897 年 10 月，绍纳族和恩德贝莱族人民先后发起了对罗得西亚白人殖民者的抵抗运动，打死 450 名白人殖民者。在这本书中，兰杰详细叙述了早期殖民者如何在津巴布韦高原建立殖民统治的，深入分析马绍纳兰和马塔贝莱兰地区反抗运动的组织的形成及模式。对于 1896—1897 年起义的起因，兰杰分析后认为，这主要是自然灾害以及当地人对白人统治暴行的不满而引起的。[3]

1999 年，兰杰出版了《岩石的声音》一书，他试图理解津巴布韦西部马托波斯山（Matopos Hill）山区以及周边的马塔贝莱兰地区的冲突根源。马托波斯山在英帝国历史上具有重要意义，这里是帝国主义者塞西尔·罗得斯的葬身处，贝登堡（Lord Baden-Powell）也是在这里萌生了创立童子军

---

1 ［英］T.O. 兰杰：《非洲人对瓜分和征服的能动性和抵抗》，［加纳］A. 阿杜·博亨主编：《非洲通史》第七卷，北京：中国对外翻译出版公司，1991 年，第 43 页。
2 同上，第 45—46 页。
3 T.O. Ranger, *Revolt in Southern Rhodesia, 1896–1897: A study in African resistance*, London, 1967, pp. 212–218.

运动的设想。到 20 世纪 80 年代中期，津民盟和津人盟在该地区发生激烈冲突。在这部著作中，兰杰将"文化、历史与自然结合起来进行分析"，揭示了白人移民和非洲人在宗教和政治上的冲突。[1]《岩石的声音》在很大程度上延续了兰杰之前对于农民意识的关注，更为重要的是，这本书也表明他对于新兴的环境史以及非洲人反抗史研究的关注。[2]《岩石的声音》是最为详细讨论非洲的一个国家公园的形成的著作之一，同时也是将这与更为广泛的地区历史结合起来加以讨论的最为全面的著作之一。

四、对非洲社会史的研究

兰杰的研究大多围绕非洲历史而展开，但他的领域比较广泛，研究的重点经常会发生变化，20 世纪七八十年代，兰杰将社会史作为他的研究重点，如研究东非的舞蹈和社会，与霍布斯鲍姆合著《传统的发明》，后来又转向研究疾病史和城市史。

（一）贝尼舞蹈协会与社会转型

兰杰在 1975 年出版的《东非舞蹈和社会，1890—1970》一书中，研究东非地区的大众文化。他选择贝尼·恩哥玛（Beni Ngoma）作为主要的研究对象。贝尼·恩哥玛是舞蹈的名称，它流行于东非地区，借鉴了传统土著舞蹈，吸收了一些欧洲元素，如欧洲服饰、军乐队、训练，以及采用欧洲头衔的官阶等。在贝尼舞蹈中，舞者和乐手按照等级组织起来，领头人被称作是"国王"，多支队伍在类似军事操练过程中相互竞争。它的歌词采用斯瓦希里语，流行于传统的斯瓦希里城镇，以及新的港口和工业城市，

1　Terence Ranger, *Voices from the Rocks: Nature, Culture and History in the Matopos Hills of Zimbabwe*, Indiana University Press, 1999, p.2.

2　William Beinart, "Terence Ranger as Rhodes Professor of Race Relations", *Journal of Southern African Studies*, Vol.41, No.5, 2015, p.1114.

它流行的时间至少达到60年。[1]

关于贝尼的起源,兰杰认为它与殖民统治密切相关。他说:在贝尼舞蹈的起源地,与殖民统治存在着共生关系。例如,在拉穆(Lamu),贝尼舞蹈协会首次出现于19世纪90年代。[2] 贝尼舞蹈的传播在"一战"期间达到高潮,当时很多来自周边殖民地的人被迫卷入英德在东非地区的战争,来到坦噶尼喀充当士兵和搬运工。此后,他们将贝尼舞蹈带到家乡或者矿区、种植园和城镇,贝尼舞蹈为他们提供了一种社交网络、互助协会以及世俗的文化表现形式。兰杰试图通过研究贝尼舞蹈来反映殖民统治时期非洲社会变迁,以及非洲人对于这一变迁的认知。随着东非国家纷纷走向独立,贝尼在20世纪60年代趋于消亡。[3]

传统的西方学者常常将贝尼舞蹈看作是20世纪东非社会欧洲化的表现。兰杰却不认可这样的观点,他认为,贝尼舞蹈根植于东非传统社会,舞蹈的动作模仿战斗,舞蹈的训练实际上起源于斯瓦希里地区的舞蹈比赛的传统。贝尼舞蹈在发展后期,舞蹈者穿着欧洲的服饰,可以看作是非洲人对现代化的向往。贝尼舞蹈内容是非洲的,而形式是欧洲的。兰杰把东非舞蹈协会的奏乐和舞蹈形式理解为殖民时期非洲人情感内涵的反映,这些内容表达了非洲人愤恨或者反对殖民规则,它体现了非洲当地的社会形态,反映社会的紧张关系。贝尼反映了斯瓦希里人和非斯瓦希里人之间、时髦和粗俗之间、老人和年轻人之间的紧张关系。年轻的斯瓦希里人,利用欧洲象征,如衣服、徽章和仪式,表达自己的政治野心,他们想要领导近代的民族主义。[4]

事实上,兰杰以贝尼舞蹈协会为案例,反映的是东非地区的社会转型。在殖民时代,宗主国的政治、经济和文化不可避免地对殖民地产生影响。在殖民统治机构和经济制度建立起来的同时,欧洲的文化因素对非洲

---

1 T.O. Ranger, *Dance and Society in Eastern Africa, 1890–1970*, California: University of California Press, 1975, p. 5.

2 *Ibid.*, p. 9.

3 *Ibid.*, p. 141.

4 *Ibid.*, pp. 164–165.

的舞蹈也产生了影响，如欧洲的服饰、徽章和仪式等，但是，贝尼舞蹈的内容还是非洲的，反映的是非洲人的情感。并且斯瓦希里年轻人利用贝尼舞蹈，企图掌握当地的民族主义的领导权，这不能不说体现了非洲的智慧。这说明，殖民地对于宗主国的文化渗透并非只是单纯地接受，也会加以利用，这反映出适应殖民化的社会内部关系的复杂性。

（二）"传统的发明"与族性的创造

1983年，兰杰与埃里克·霍布斯鲍姆共同主编出版《传统的发明》。该书核心观点是，那些表面看来是古老的"传统"，其起源时间往往相当晚，有的甚至是被"发明"出来的。目前欧洲人所热衷的那些传统，至多只能追溯到19世纪末。像苏格兰的格子呢、英国王室的浮夸等，这些现象远没有传说的那么古老，它们只能追溯到维多利亚时代。

在《传统的发明》一书中，兰杰撰写了第六章"殖民统治时期非洲传统的发明"，着重研究欧洲殖民者同样在非洲大肆发明传统，并且把这些所谓的传统强加给非洲人。他写道："19世纪70至90年代是欧洲发明传统（教会的、教育的、军事的、共和国的、君主制的）的极大繁荣时期。同时，它们也是欧洲人大量涌入非洲的时代。"[1]

兰杰认为，欧洲殖民者为了加强对非洲殖民者的统治，在许多方面进行了传统的发明：第一，将欧洲的从属关系移植到非洲，如军团内的等级传统、乡绅大宅的主仆传统、学校内的高低年级传统。他们利用欧洲发明传统来确定和证实自己的地位，并且提供有时能吸引非洲人的从属形式。因此，在非洲，一整套发明出来的学校、职业和军团传统比在欧洲更为明显地成为命令和控制措施。[2]第二，发明了君主制传统。为强化宗主国的影响力，神话英王的权威，鉴于非洲不存在固有的帝国体系，也没有为他们

---

[1] ［英］E. 霍布斯鲍姆、T. 兰杰：《传统的发明》，顾杭、庞冠群译，南京：译林出版社，2004年，第270页。

[2] 同上。

提供现存的有关荣誉和地位的主要仪式，所以利用英帝国的君主制意识形态创造出帝国体系所需要的荣誉以及地位相关仪式。英国人在非洲比他们在英国或印度更加广泛地使用了"帝国君主制"（Imperial Monarchy）的观念。有关一个无所不知、无所不能和无所不在的君主的"神学理论"，几乎是呈现给非洲人的帝国意识形态的唯一内容。[1]第三，针对本土传统的发明。殖民政府不希望通过不断的武力镇压实现统治，所以它需要寻找更多的本土合作者，尤其是乡村的酋长、村长和长老等人。所以英国统治者着手为非洲人发明非洲传统。他们自己对"传统"的尊重使得他们青睐那些在非洲是传统的东西。他们着手整理和传播这些传统，由此将那些灵活多变的习俗转变成确定无疑的东西。[2]第四，一些定居者的城镇成功地将那些其传统曾赋予英国统治阶级以法律效率的学校复制到非洲。如1927年，模仿英国伊顿公学在肯尼亚建肯尼亚公学，最终，这所学校被以国王乔治五世的名字命名。[3]

欧洲殖民者在非洲殖民地发明诸传统，其目的是为了将非洲人纳入欧洲统治传统之中，加强对殖民地的统治。兰杰写道："欧洲人以两种非常直接的方式来寻求利用他们的发明传统以使非洲人的思想行为发生转变与现代化。一种是接受这一观念，即某些非洲人能够成为殖民地非洲统治阶级的成员，并由此将在新传统背景中的教育扩大到这些非洲人。第二种（这更普遍）是尝试利用已有的欧洲发明传统来提供一种重新界定的统治者与被统治者之间的关系。毕竟军团传统确定了军官和士兵的地位；乡绅的大宅传统确定了主人和仆人的地位；公学传统确定了级长和低年级学生的地位。所有这些都可以用来创造一个明确界定的等级社会，其中欧洲人发号施令，非洲人接受命令，但是两者都是在一个共同的骄傲与忠诚体系之中。"[4]

---

1 ［英］E. 霍布斯鲍姆、T. 兰杰：《传统的发明》，顾杭、庞冠群译，南京：译林出版社，2004年，第271页。
2 同上。
3 同上，第278页。
4 同上，第283页。

兰杰通过研究发现,在非洲的大部分地区,部落认同即非洲的族性,也是最近才被发明或构想出来的。在族性出现之前,非洲人的认同通过地域、家庭、职业、政治、宗教朝拜和地位表现出来,类似中世纪和近代早期的欧洲人,而不是与血缘亲属关系、语言和宗教相关。

兰杰认为,在殖民者到来之前,津巴布韦并没有绍纳族,绍纳这一预示种族语言、文化和政治特征的字眼是殖民者带有歧视性的创造出来的称呼。在他看来,族性表现得像是一种原生的认同。"一旦族性被想象出来,它当然像是原生的,而且想象任何优先的族性都变得不可能。"[1]在非洲存在很多庞大的家庭体,实际上其组成却是权威等级制的统一体。例如,拥有奴隶的混合大家族,当中的认同感是类似欧洲贵族体系认同。

在研究族性认同时,兰杰发现语言也不是原生的构成物。兰杰对津巴布韦的研究发现,19世纪的西津巴布韦是剧烈的语言融合区。语言是不统一的,但是在恩德贝莱王国,形成了基于宗教崇拜的认同。供奉神龛的神职人员与贡献神物的成员以及姆瓦里的朝圣民众形成了认同。生活在恩德贝莱王国的人维持着多样化的认同:神权下的臣民、地方家族群体的亲属、祭拜神龛的宗教崇拜,由于朝圣的流动性,有着认同感的地域是不固定的。

兰杰认为,族性是在近代受殖民主义的影响被创造出来的,随着文化发展的进程,族性越来越受到非洲知识阶层的控制。白人可以坚持某些语言的初创权,但非洲人自己将真实的想象和道德内容填充进族性。[2]

传统的发明,反映了兰杰的后现代史学的思想。后现代主义在西方学术界产生并在20世纪60年代流行开来是对社会和学术界的新现象和动乱的反映,是对旧的国际社会秩序带来的南部殖民地区反抗(例如越南战争)、公民权、学生和妇女运动、水门事件和冷战时期的社会主义与资本主义危机的挑战。简单地说,后现代主义反映并重造了时间的分裂、不确

---

1 [英]爱德华·莫迪默、罗伯特·法恩主编:《人民·民族·国家——族性与民族主义的含义》,刘泓、黄海慧译,北京:中央民族大学出版社,2009年,第29页。
2 同上,第45页。

定和不稳定。解构主义迫使历史教学大纲和教科书改写,以至于以前的沉默群体(例如种族少数群体、妇女和同性恋者)的"被压制的知识"可以占据公共智力空间。对多文化主义和多样性的朝拜代替了左翼、社会主义者和工人阶级意识形态和支持的位置。两篇文章推出了这个运动:海登·怀特的《元史学》(1973)和罗兰·巴特的早期文章《历史的话语》(1967)。20世纪90年代运动达到它的高峰期。对于后现代主义者,文本解构导致了组织重构。他们利用后结构主义理论来精确地实现历史学家传统上称为"语境化"的新方法。

(三)对非洲疾病史和城市史的研究

到了20世纪末,兰杰对非洲的医疗社会史的研究也产生了浓厚的兴趣,1992年他与保罗·斯莱克编辑出版了《流行病与观念》一书。

该书是一次会议的论文集。1989年9月22日,在牛津学院(Exeter College)召开了以"流行病与观念"为主题的研讨会,会后,兰杰与保罗·斯莱克主编了这本书。这是医疗社会史的范畴,也是在20世纪后半期兴起的史学研究的新领域之一。该书的研究范围比较广,涉及欧亚非三大洲;时间跨度也很大,从古代到现代都有。兰杰写了其中的一章,研究了东南非地区折磨动物和人的几种大的流行病:针对人的流行病有天花和流感;针对动物的流行病有牛肺疫和牛瘟。[1] 在这篇文章中,兰杰对天花传入东南部非洲进行了历史的回顾,认为早在1713年,天花就由荷兰东印度公司的舰队传入了开普地区。这一流行病首先在开普的黑人奴隶中传播,随后传给了他们的主人,从城镇传向农村地区,从黑人奴隶和他们的主人传

---

1 Terence Ranger, "Plagues of beasts and men: Prophetic responses to epidemic in eastern and southern Africa", in Terence Ranger, Paul Slack, eds., *Epidemics and Ideas: Essays on the Historical Perception of Pestilence*, Cambridge: Cambridge University Press, 1992, p.241.

向霍屯督人(科伊科伊人)。[1]兰杰按照黑人地区、伊斯兰地区和基督教地区,分析了东南部非洲应对流行病的三种类型:非洲人采取的是传统的公共控制系统,发挥草药和巫医等传统医疗手段的作用,并附之以隔离病患、埋葬死者等措施以应对流行病;非洲的伊斯兰地区在防治流行病方面与黑人地区的手法相类似;基督教地区一般是通过良好的生活方式和医院、诊所等机构,以西医的手段进行防治。

2010年,兰杰出版了《燃烧的布拉瓦约》一书。布拉瓦约是津巴布韦的第二大城市,北马塔贝莱省省会,1893年被英国人侵占,原系马塔贝莱首领洛本古拉(Lobengula)的驻地。津巴布韦独立后,布拉瓦约是该国的主要工业基地。1998年2月,兰杰从牛津大学退休,他到津巴布韦大学担任为期3年的访问教授。在津巴布韦,他发现,他的好朋友,小说家伊冯娜·维拉(Yvonne Vera)撰写了一部关于布拉瓦约的小说《燃烧的蝴蝶》,这激起了这位历史学家的兴趣,要从历史学的角度撰写一部布拉瓦约的城市史。兰杰在津巴布韦朋友,包括布拉瓦约档案馆馆长马克·恩库贝(Mark Ncube)的帮助下,写成了此书。[2]这是一部南部非洲的城市社会史著作,兰杰在书中详细考察了1893—1960年间布拉瓦约的发展史,在这本书中兰杰不仅关注布拉瓦约的黑人,同时也研究白人群体在城镇史上的地位。兰杰试图通过探讨布拉瓦约城镇的演变,探究土著、保王派、传教士、雇佣军、白人移民、帝国主义者和民族主义者的相互影响。事实上,兰杰是以布拉瓦约为个案,以此来剖析南部非洲城市社会史的共同特点,主要是传统与现代的关系,以及黑人与白人之间的种族关系。

---

1 Terence Ranger, "Plagues of beasts and men: Prophetic responses to epidemic in eastern and southern Africa", in Terence Ranger, Paul Slack, eds., *Epidemics and Ideas: Essays on the Historical Perception of Pestilence*, Cambridge: Cambridge University Press, 1992, p. 243.

2 Terence Ranger, *Bulawayo Burning: The Social History of a Southern African City, 1893–1960*, Oxford University Press, 2010, pp. 1–3.

本章小结

在长达半个世纪的学术生涯中，兰杰的研究涵盖宗教史、民族主义史、农村史、城镇史、文化史和环境史等诸多领域。兰杰的非洲史研究生涯，恰恰折射出非洲史学半个世纪的发展演变。

第一，兰杰强调非洲人的历史能动性。[1]非洲史学科是伴随着20世纪60年代非洲民族国家独立而诞生的。强调非洲人在非洲历史发展过程中的能动性，这从一开始就是非洲史学科与以往的帝国史研究的重要区别。非洲史研究在80年代经历了重要转变，社会史和文化史研究日益受到关注，研究领域大大扩展。尽管如此，强调非洲人的能动性，以及殖民霸权的有限性，这逐渐成为非洲史学家的一个共识，并涌现出一大批重要研究成果。兰杰及其非洲史研究著作在这一过程中发挥了重要作用。

第二，兰杰的非洲史研究紧跟时代，表现出他强烈的现实关怀。兰杰的非洲史研究具有明确的问题意识，他所选取的问题往往与当时非洲发展所面临的紧迫问题相结合，从而使其史学研究表现出鲜明的时代特征。兰杰早年参与津巴布韦的反种族隔离斗争，并且与津巴布韦民族解放运动领袖结下了深厚友谊，这成为他参与建立非洲民族主义学派的重要现实背景。20世纪80年代，在非洲国家发展遭遇发展困难情况下，包括兰杰在内的非洲史学家试图从殖民时代历史经历中探寻非洲发展遭遇挫折的原因。到2000年津巴布韦危机发生前后，兰杰开始深入探究冲突和暴力的历史根源。

第三，在研究方法上，档案资料与口述资料并重。从接受的训练和学术背景来看，兰杰根本上是一个档案历史学家。他的博士学位论文是有关理查德·波义耳，第一代科克伯爵的人物传记，就是要通过复杂的商业交易的书面记录来挖掘的案例。约翰·麦克拉肯在他为《南部非洲研究》杂志写的《兰杰的人格评价》中评价兰杰："在成为一名非洲历史学家之前，研究爱尔兰历史进行的档案学训练，比从帝国历史或者殖民历史或者其他方式进入非洲历

---

1 李鹏涛:《特伦斯·兰杰及其非洲史研究》,《史学理论研究》2016年第3期。

史研究更好。"[1] 兰杰利用自己在津巴布韦国家档案馆（在津巴布韦当时首都索尔兹伯里）的工作，开始研究民族主义运动的来源，著《南罗得西亚的反抗，1896—1897》和《南罗得西亚的非洲声音》。到了坦桑尼亚的达累斯萨拉姆，兰杰一方面埋头国家档案馆，另一方面也搜集口述资料，兰杰认为通过口述资料的收集，可以得到与阅读殖民记录相悖的信息，从而对殖民档案新的解读。实际上，兰杰在他来到达累斯萨拉姆的第一年，就开始接触到利用口述资料的启蒙。那时候整个非洲的口述史研究并没有兴起，范西纳也才刚刚开始其口述传统的工作。在达累斯萨拉姆的档案并不像索尔兹伯里那样完整，因此必须要利用口述历史，整个达累斯萨拉姆学派的学术研究都离不开口述资料，包括约翰·伊利弗著《坦噶尼喀现代史》(1969)其中很多脚注就是来自达累斯萨拉姆大学的学生收集的口述资料。兰杰开展的马及马及运动研究项目的资料收集也是利用同样的办法。1999年兰杰著《岩石的声音》、2000年合著的《暴力与记忆》等著作，大量使用口述资料。

1　John McCracken, "Terry Ranger: A Personal Appreciation", *Journal of Southern African Studies*, Vol.23, No.2, June 1997, pp.175-186.

第十一章

谢赫·安塔·迪奥普

20世纪，在法语非洲出现了一批著名的史学家，如布基纳法索的J.基-泽博，塞内加尔的谢赫·安塔·迪奥普、D.T.尼昂，刚果共和国的T.奥邦加等人。本章仅以迪奥普为个案，以此研究法语非洲学者对20世纪非洲史研究的贡献。

谢赫·安塔·迪奥普（1923—1986），是一位历史学家、人类学家、物理学家和政治家，他研究人类起源和前殖民时期的非洲文化。他的主要著作有：《黑人民族与文化》(1954)、《前殖民时期的黑非洲》(1960)、《史前时期的黑人文明：神话还是历史事实？》(1967)、《非洲文明的起源：神话还是现实》(1974)、《黑人民族与文化：从埃及古代黑人到今天黑非洲的文化问题》(1979)、《文明与野蛮》(1981)。他是非洲历史哲学的奠基人，是著名的"非洲中心论者"(Afrocentricity)。他的思想对非洲产生了广泛的影响，塞内加尔学者巴巴卡尔·迪奥普（Babacar Diop）认为："无可争辩的是，谢赫·安塔·迪奥普的影响一直笼罩着非洲的人文科学。他的作品跨越史前史、古代、中世纪、现代和当代，涉及古生物学、精确科学和政治制度……他对艺术、文学、哲学、文化特性以及非洲的政治、文化、经济和科学复兴的思考是灵感的源泉。"[1]

1　Babacar Diop, "African Civilizations between the Winds of East and West", *Diogenes*, No.184, 1998.

一、迪奥普生平

1923年12月29日,迪奥普出生于塞内加尔的久尔贝勒(Diourbel),久尔贝勒是非洲西海岸的一个镇,"在这里有产生穆斯林学者和口述历史学家的悠久传统"[1]。迪奥普出生于一个穆斯林家庭,属于沃洛夫族(Wolof)。在那里,迪奥普接受了传统的伊斯兰教育。

沃洛夫族是塞内加尔第一大民族,约占塞内加尔人口的40%。他们属于苏丹尼格罗人,主要居住在塞内加尔的北部和中部的沿海地区,多数人信奉伊斯兰教。沃洛夫族有辉煌的历史,13世纪建立沃洛夫王国,15世纪发展成为强大的沃洛夫帝国,还建有瓦洛王国和卡约尔王国。独立之后,沃洛夫族在塞内加尔的商业和行政部门中占有重要地位,许多商界和政界成功人士是该民族人士。

1946年,23岁的迪奥普到巴黎继续求学,他最初学习高等数学,很快在索邦大学的艺术学院改学哲学。1948年他获得的第一个学位证书是哲学,后来又转到科学学院,1950年获得化学文凭。1949年迪奥普在加斯通·巴切拉德(Gaston Bachelard)教授的指导下,申报博士学位论文选题"非洲思想的文化未来"。1951年在马塞尔·格里奥勒(Marcel Griaule)教授的指导下,申请第二个博士学位论文选题"史前埃及人是谁"。1954年,他完成了他的学位论文《史前埃及人是谁》,但不能为它找到答辩委员会。不久,他在《黑人民族与文化》一书中阐述了其中的主要观点。迪奥普在他1954年出版的《黑人民族与文化》一书中认为,古埃及人是黑人,他还说,埃及语言和文化后来传播到西非。《黑人民族与文化》一书,使他成为他那个时代最有争议的历史学家之一。

1956年迪奥普重新申报了新的博士学位论文选题"古代母权制和父权制诸领域"。从1956年开始,直至进入法兰西学院之前,迪奥普先后在巴

1　Cheikh Anta Diop, *Civilization or Barbarism: An Authentic Anthropology*, Lawrence Hill Books, 1991, p. xiii.

黎两所中学担任物理和化学教师。1957年他申请新的学位论文选题"欧洲和非洲政治和社会系统的比较研究，从古代到现代国家的形成"。1960年，他获得博士学位。

迪奥普在巴黎求学期间，就开始在政治上崭露头角，积极参加政治活动。1950年至1953年他在由博瓦尼领导的非洲民主联盟（RDA）中担任总书记，该组织是非洲民族主义者的组织，推动西非的自治与独立。在迪奥普的领导下，战后首届泛非学生大会于1951年召开，与会的学生不仅来自法语非洲国家，也来自英语非洲国家。1956年他参加了在巴黎召开的第一届黑人作家和艺术家世界大会，1959年他参加了在罗马召开的该大会的第二届会议。

1960年，迪奥普回到塞内加尔，继续他的研究和政治生涯。他在黑非洲研究所（IFAN）之下，建立放射性实验室，并担任该实验室主任。他积极参与创建了若干个政党，包括1961年成立的"塞内加尔人民联盟党"（BMS）和1963年成立的"塞内加尔民族阵线"（FNS）。塞内加尔人民联盟党的任务是"努力建立民主自由的塞内加尔国家，建立健全经济基础，促进社会改造，实现自身物质条件，建立和谐社会"。该党比较激进，如在政治上加强非洲内部联合，具体内容有：建立黑非洲联盟；欧洲的殖民政治结构不适合建设真正的非洲国家；反对在南非建立白人国家；净化政治和社会，消灭一切形式的腐败；塞内加尔应在全世界范围内发挥外交合作，但首先要保持非洲大陆之间的对话；支持一切解放国家的活动；团结一切反帝力量；尽早解放南非的种族隔离，防止该政策扩散至整个黑非洲。此外，在文化上恢复非洲传统语言；在社会上保障公民的经济安全；在经济上加大工业比重。[1]迪奥普在政治上不敌桑戈尔，桑戈尔领导的塞内加尔进步联盟成为执政党，它使用立法、谈判和禁止等手段，将迪奥普和其他人建立的政党取消，实行塞内加尔进步联盟的一党统治。

---

[1] 法国外交部档案馆，达喀尔致法国大使馆电报，档案编号：349QO/25 NO.1066/CP，日期：达喀尔1961年10月1日，主题："塞内加尔人民联盟党的任务"（Programme du B.M.S.）。

迪奥普将自己的精力集中于学术研究。1974年，迪奥普成为联合国教科文组织编委会成员，为《非洲通史》撰写一章"古代埃及人的起源"。

迪奥普第一本被译为英语的著作是《非洲文明的起源：神话还是现实》。迪奥普相信，如果不承认非洲文明从古埃及开始，谋求非洲独立的政治斗争就不会成功。[1] 在这本书中，他宣称，考古和人类学的证据都支持古埃及人是黑人。

迪奥普认为非洲文化具有统一性，非洲文化是南部摇篮的一部分。在《通向非洲复兴：文化与发展文集，1946—1960》和《黑非洲文化的统一：古代母权制和父权制诸领域》等著作中，他比较了以埃及为代表的南部摇篮和以希腊为代表的北部摇篮之间的文化差别：在经济方面，埃及以农业为主，希腊以游牧和打猎为主；在性格上，埃及人具有温和、理想、和平的天性和正义的精神，希腊人是凶猛、好战的自然和生存精神；在妇女地位上，埃及妇女在家庭生活中得以解放，希腊是奴役妇女；在对外方面，埃及人喜欢域外事物，希腊人有仇外心理；在社会方面，埃及重集体主义，希腊重个人主义；在生活方面，埃及重物质，希腊人重精神；在人生态度方面，埃及人是乐观主义，希腊人是悲观主义；在文学方面，埃及人喜欢寓言和喜剧，希腊人喜欢悲剧。

迪奥普认为，论证非洲文化和语言的统一是极具政治重要性的，统一的基础建立在埃及的过去上。他反对20世纪早期的一些有关种族和语言的理论，包括塞利格曼的"含米特假设"。迪奥普在1977年提出新观点，非洲本土语言起源于古埃及语言。[2]

1986年2月7日，迪奥普在塞内加尔的达喀尔去世，享年62岁。1987年，塞内加尔的达喀尔大学改名为谢赫·安塔·迪奥普大学。

---

[1] C.A. Diop, *African Origins of Civilization: Myth or Reality*, Chicago: Lawrence Hill Books, 1974, p. xiv.

[2] Cheikh Anta Diop, *Parenté génétique de l'egyptien pharaonique et des langues négro-africaines*, Dakar: Les Nouvelles Éditions Africaines, 1977, pp. xxiii–xxv.

二、著名的非洲中心论者

谢赫·安塔·迪奥普在非洲历史学家当中，著作不是太多，但是，他的观点非常明确，而且影响深远。他是非洲中心论最执着的捍卫者，始终抱有一种使命感，毕生为奠定非洲人的历史意识而奋斗。他研究的目的是非常明确的，即驳斥"非洲历史荒漠论"及"非洲文明外来说"，肯定非洲文明的价值及其对世界文明的贡献。他本人因此被尊奉为非洲历史哲学的奠基人和非洲文化统一的引路人。[1] 塞拉利昂学者兰萨纳·凯塔（Lansana Keita）在《黑格尔和迪奥普：非洲历史的两种哲学》一文中，将迪奥普与黑格尔相提并论，认为他们两人的非洲历史观代表两个极端：如果说黑格尔是欧洲中心论者，那么迪奥普就是非洲中心论者。[2]

（一）非洲中心论的主要观点

迪奥普相信，撒哈拉以南非洲不但是有历史的，而且非洲的历史同欧洲的一样都是有意识的历史，非洲学者面临的主要任务就是通过艰苦的科学研究揭示非洲历史的源流。他自己主动承担起这项伟大的工作。迪奥普在《黑人民族与文化》一书中首次系统阐述了非洲中心主义思想，古埃及人的主体是尼格罗人种，古埃及文明是由黑人创造的"黑人—埃及"文明，"黑人—埃及"文明对世界文明特别是古希腊文明产生了重大影响。[3]

《黑人民族与文化》一书奠定了迪奥普非洲中心主义理论框架的雏形。他后来的许多著作基本上都是围绕这一中心观点展开的。迪奥普深知历史延续性的重要性，也懂得历史与文明之间有机联系的重要性。因此，他在探究非洲历史源流的同时，十分注重研究非洲历史的连续性及非洲文明之间的有机联系。为此，在《前殖民时期的黑非洲》（1960年的博士学位论

---

1 张宏明：《非洲中心主义——谢克·安塔·迪奥普的历史哲学》，《西亚非洲》2002年第5期。
2 Lansana Keita, "Two philosophies of African History: Hegel and Diop", *Presence Africaine*, No.91, 1974.
3 Cheikh Anta Diop, *Nations Negros et Culture*, Paris, 1954, pp.258–260.

文)中,迪奥普试图通过对在国家形成过程中非洲与欧洲的比较,来揭示黑非洲社会政治结构的演化过程,进而连接古埃及与黑非洲古王国之间的联系。迪奥普在该书序言中说,他撰写此书的目的旨在证实以年代记述事件来撰写黑非洲文明史的可行性,因为迄今为止有关黑非洲历史的年轮仍然混沌不清。[1]

1967年,迪奥普在《史前时期的黑人文明:神话还是历史事实?》一书中,继续阐释他的非洲中心主义观点,他列举了古埃及与黑非洲在文化传统、宗教信仰和风俗习惯等方面存在亲缘关系的例证,并据此认为,尼罗河文明是"黑人文明",后者在人类历史和世界文明进化过程中起到了决定性的作用。[2]

迪奥普不仅通过著书立说阐述他对非洲历史和非洲文明的认识,而且想方设法,通过国际平台,宣传他的非洲中心主义思想。由于他的研究成就,1971年迪奥普被联合国教科文组织《非洲通史》编委会吸收为创始成员,在他的倡议下,1974年1月28日至2月3日,联合国教科文组织在开罗举办了主题为"古埃及居民和辨读麦罗埃手稿"的国际会议。会上,谢赫·安塔·迪奥普阐述了他的主要观点:(1)地球上最初的人类在种族上是同一的,都属于尼格罗人;(2)人类首先出现于尼罗河发源处的大湖地区,早期的人类由此外移,分布于其他大陆;(3)古埃及人,即王朝前时期的埃及人基本上为尼格罗人,只是在波斯人占领时期,上埃及的黑种居民才开始后撤。

关于黑人是地球上最初的人类,迪奥普认为,人类于530万年前已出现于非洲。现代人大约于我们纪元前15万年出现。迪奥普认为,"尼格罗-格利莫尔德种人大约出现于我们纪元前32000年;白色种族的原始类型克鲁马农人大约出现于我们纪元前20000年;黄色人种的原始类型商斯拉德人大约出现于我们纪元前15000年的马格德林时期。至于闪米特人种,

---

[1] Cheikh Anta Diop, *L'Afrique Noire Pre-coloniale*, Paris: Présence Africaine, 1960, pp. 4–6.

[2] Cheikh Anta Diop, *Antériorité des civilisations nègres: Mythe ou vérité historique?*, Paris: Présence Africaine, 1967, p. 218.

作为黑种与白种的混血种,则属于一种社会现象,体现着城市环境的特征"。他由此毫不怀疑,尼罗河流域的最初居民属于黑色人种。[1]

迪奥普说:"最初的人类必然属于同一人种,而且都是尼格罗种人。按照格洛格氏定律,在温暖潮湿的气候中进化的热血动物,会分泌出一种黑色素(真黑色素),而人类看来也不例外。因此,人类如果起源于约在大湖地区那种纬度的热带,从最初起便必然具有棕色色素;只是由于在其他气候中产生分化,原来的人种后来才分成了不同的种族。"[2] 这一观点非迪奥普所独创,利基教授就提出过人类起源于非洲的"一祖论"的假设,他是1971年在亚的斯亚贝巴召开的第七届泛非史前史会议的最后报告中提出这一观点的。达尔文也有类似的表述,他在《物种起源》一书中说,有可能现代人类的祖先出现在非洲。

关于人类首先出现于尼罗河发源处的大湖地区,迪奥普说:"15万余年之前,已有和今天的人类形态相同的生物存在,他们出现于尼罗河发源处的大湖地区,而不见于其他地方。""早期的人类由此外移,分布于其他大陆,只有两条道路可循。这就是撒哈拉与尼罗河流域。"[3] "在尼罗河流域,这一扩散发生在旧石器时代早期和原始历史时期之间,是沿着自南而北的方向逐步进行的。"[4]

关于古埃及人是黑人,迪奥普认为:

第一,从人类学观点看,古埃及人是黑种人。现代人大约出现在距今15万年前非洲尼罗河发源处地区。地球上最初的人类在种族上是同一的,都属于尼格罗人。人类从这一原始地区扩散到世界其他区域,唯有两条道路:尼罗河流域及撒哈拉。在尼罗河流域,这一扩散发生在旧石器时代早期和原始历史时期之间,是沿着自南而北的方向逐步进行的。迪奥普认

---

1 [埃] G. 莫赫塔尔主编:《非洲通史》第二卷,北京:中国对外翻译出版公司,1984年,第56页。
2 Cheikh Anta Diop, "Origin of the Ancient Egyptians", in Ivan van Sertima and Larry Williams, eds., *Great African Thinkers, Cheikh Anta Diop*, Vol.1, The Journal of African Civilizations Ltd., 1987, p.35.
3 *Ibid.*
4 [埃] G. 莫赫塔尔主编:《非洲通史》第二卷,北京:中国对外翻译出版公司,1984年,第47页。

为，整个王朝初期的埃及居民，作为一个整体来说，实际上都是黑种人。即使从血型上来看，也是如此。值得注意的是，今天的埃及人，尤其是上埃及人，和西非居民一样属于同一血型，即 B 型，而不是属于 A2 型。A2 血型是白色种族的特征之一。[1]

第二，从肖像研究来看，古埃及人是尼格罗人。迪奥普认为黑色人种分为两种，一种头发平直，另一种头发卷曲。他认为古埃及肖像画的人物是黑人，没有必要对一些细节进行争论。例如同一陵墓壁画中的尼格罗人与其他人有细微区别，因为后者是贵族，他们肤色的差别源于社会地位的差别，不是种族的差别。因为，"普通人与统治阶级成员在肖像画上是有区别的"[2]。当然，也有不同观点，如韦库泰教授认为，自十八王朝以来的埃及肖像画中才出现具有黑人特征的肖像，这在过去是没有的。因此，这些肖像就意味着至少是从十八王朝以来埃及人便与种族上和他们不同的民族有交往。[3]

第三，古代著作的证据。迪奥普指出，希腊和拉丁学者都把埃及人描写为尼格罗人。他引用了希罗多德、亚里士多德、卢西安、阿波罗佐鲁斯、埃斯奇里斯、阿基里斯·塔蒂乌斯、斯特拉波、狄奥多勒斯·西库卢斯、迪奥吉尼斯·拉尔蒂阿斯，以及安米亚努斯·马塞利努斯等人的话为证。18 世纪的沃尔内也认为古埃及居民是尼格罗人。沃尔内于 1783 年至 1785 年间在埃及旅行，就真正的埃及种族，亦即产生历代法老的同一种族（科普特人）做了如下的记载："他们全部面庞虚肿、眼皮重垂、厚嘴唇，总之，属于地道的黑白混血人面孔。我原想这是由于气候的原因，以致去参观狮身人面像，它的模样却给我提供了解开这个谜的线索。观察它的头部，无处不表现着典型的黑种人特征……古埃及人是地地道道的尼格罗人，与非洲其他土著民族同属一种。"[4]

---

[1]〔埃〕G. 莫赫塔尔主编：《非洲通史》第二卷，北京：中国对外翻译出版公司，1984 年，第 47—51 页。
[2] 同上，第 48 页。
[3] 同上，第 56 页。
[4] Cheikh Anta Diop, "Origin of the Ancient Egyptians", in Ivan van Sertima and Larry Williams, eds., *Great African Thinkers, Cheikh Anta Diop*, Vol.1, The Journal of African Civilizations Ltd., 1987, p.45.

第四，文化上的根据。迪奥普说：根据历史记载，埃及与当代黑非洲之间在文化方面有数不清的共同之处。他在论述文化方面的共同之处时，选择了割礼和图腾崇拜两项。他说，割礼源于非洲，而对埃及木乃伊的研究表明，"我们纪元前4000年以前，割礼已经在埃及人中通行"[1]；图腾崇拜在古埃及也十分盛行，直到罗马统治时期，埃及人的图腾崇拜仍然奉行不衰。

第五，语言的密切关系。迪奥普认为，古埃及语和非洲各种语言之间存在着亲属关系，这重论断并非假设，而是一种确立的事实。他以自己塞内加尔家乡的沃洛夫语为例，他将沃洛夫语与埃及的古老语言科普特语在词形、词义等方面进行比较之后认为，"沃洛夫语——非洲最西部大西洋沿岸的一种塞内加尔语言——也许和科普特语同样与古埃及语近似"[2]。

迪奥普由此推论，"埃及在王朝前时期的居民基本上为尼格罗人。这一理论与尼格罗成分是在后来才进入埃及的理论相对立"[3]。迪奥普的观点引起了学界的兴趣和争议，联合国教科文组织认为，观点富有建设性，同时建议进行深入研究。

此后，迪奥普在这个问题上，继续研究。迪奥普从语言学的角度，对他的观点进行论证，因此，他在《法老时期的埃及语与非洲黑人语言的遗传亲缘关系》（1977）和《对古埃及语和现代非洲黑人语言的最新研究》等著作中，否定了法老时期的埃及语属于含米特语的假设。

（二）迪奥普非洲中心主义的目的和影响

迪奥普的非洲中心主义学说的提出，并非为了标新立异，而是为了非洲历史的命运和非洲未来的前途。具体来说，迪奥普非洲中心论所要达到

---

1 Cheikh Anta Diop, "Origin of the Ancient Egyptians", in Ivan van Sertima and Larry Williams, eds., *Great African Thinkers, Cheikh Anta Diop*, Vol.1, The Journal of African Civilizations Ltd., 1987, p.48.
2 *Ibid.*, p.49.
3 ［埃］G. 莫赫塔尔主编：《非洲通史》第二卷，北京：中国对外翻译出版公司，1984年，第47页。

的目的有三:

其一,通过揭示非洲是人类历史和文明的发源地来确立非洲人的历史意识。正如迪奥普自己所言:"对于我们而言,重要的不是在于跟在希罗多德、亚里士多德、斯特拉波和沃尔内等西方学者之后重复埃及人的始祖是黑人的观点,而在于借此建立非洲人自己的历史意识。"[1]

迪奥普重视历史意识,他说,历史意识是捍卫文化安全最坚固的堡垒。历史延续性是人们反对外来文化入侵最有效的武器。他说,没有历史意识的人只能是人口。他相信缺乏历史延续性将导致(社会的)停滞和倒退,就像埃及人在罗马统治下那样。正像桑戈尔所言:"黑人重感性,希腊人重理性。"[2]

其二,通过证明非洲远古文明为尼罗河文明来恢复非洲人对自己历史的自信。迪奥普认为:"非洲人在各个方面真正、系统地回归埃及是实现非洲文明与历史衔接、重塑非洲现代人文科学和革新非洲文化的必要条件。"总之,古埃及应成为构筑非洲未来文化的起点。他说:"非洲文化只有将古埃及文明作为参考系才能再现其深刻的意义及其协调性。"[3]

其三,服务于非洲复兴,说明迪奥普具有强烈的泛非主义思想。他研究古埃及史的目的是"非洲各族人民昔日真情实况的再度发现不应当成为分裂的因素,而是应当有助于他们的团结,使整个非洲大陆的每一个民族,从南到北,共同结成一个整体,从而使他们能够为人类的更大利益共同完成新的历史使命"[4]。通过论证古埃及文明是西方文明的远祖来证明历史发展的相对性。"正像现代科学技术来自欧洲那样,在古代,带有普遍性知识是从尼罗河流域流向世界各地,尤其是流向作为纽带的希腊。所以,实际上没有什么思想和意识形态对非洲来说是外来的,非洲是各种思

1　Cheikh Anta Diop, *Civilisation ou Barbarie*, Paris: Présence Africaine, 1981, p. 10.

2　Cheikh Anta Diop, *Civilization or Barbarism: An Authentic Anthropology*, New york: Lawrence Hill Books, 1991, p. 218.

3　Cheikh Anta Diop, *Civilisation ou Barbarie*, Paris: Présence Africaine, 1981, pp. 10, 387–388.

4　Cheikh Anta Diop, "Origin of the Ancient Egyptians", in Ivan van Sertima and Larry Williams, eds., *Great African Thinkers, Cheikh Anta Diop*, Vol. 1, The Journal of African Civilizations Ltd., 1987, p. 54.

想和意识形态的发源地。"[1] 迪奥普希望借此说明历史的相对性,向非洲人说明他们的大陆并非总是在科学技术方面落后,非洲通过自身努力仍有希望实现复兴。

迪奥普是他同时代法语非洲最重要和最具影响力的学者之一,并且是去世后仍然享有盛誉的学者,他的非洲中心主义学说仍然是学术界关注和争论的焦点。迪奥普的某些论点已经重新为公众所知并越来越为人们所接受。例如,认为起源于黑人埃及思想的希腊主题引出了马丁·贝纳尔的题为《黑色雅典娜》的著名多卷本著作(《黑色雅典娜:古典文明的亚非之根》第一卷《编造古希腊:1785—1985》,第二卷《考古学和书面证据》,第三卷《语言学证据》)。这部著作继续推动了关于近东、非洲和地中海欧洲等文明之间关系的争论。塞内加尔学者巴巴卡尔·迪奥普在《东风和西风之间的非洲文明》一文中称"迪奥普是一位传达从过去到现在和从现在到未来之演变的学者,……因此在讨论非洲在各种文明的和谐或冲突中的地位时,都不可能绕开迪奥普的学术和观点"[2]。

(三)产生的背景和思想来源

迪奥普的非洲中心主义思想也不是凭空产生的,是有特定的历史背景,并且也是受许多泛非主义思想家的影响,经过迪奥普本人的发展而形成的。

1. 产生的背景

在欧洲中心论的影响之下,非洲没有历史,代表性的观点像黑格尔在《历史哲学》中将撒哈拉以南非洲看成是没有历史的黑暗大陆。直到 20 世纪 30 年代初,面对"白人种族主义优越论"的泛滥和黑人文化在"同化"中泯灭的危险,非洲的有识之士团结一致,要为黑人的生存去争取权利。"黑人传统精神"一词是由埃梅·塞泽尔首先提出来的。桑戈尔进一步提出,

---

[1] Cheikh Anta Diop, *Civilisation ou Barbarie*, Paris: Présence Africaine, 1981, pp.3-4.
[2] Babacar Diop, "African Civilizations between the Winds of East and West", *Diogenes*, No.184, 1998.

为了纠正歪曲"被同化者"的形象,"我们首先必须抛弃借来的'同化'外交,以表明自身的存在。也就是说,要自豪地看待黑人传统精神"。为了能为黑人的权利进行辩护,他们在1934年创办了一份刊物《黑人大学生》。

20世纪40年代,桑戈尔写了许多反映黑人文化的诗篇,如《幽灵之歌》《黑人牺牲者》和《奈特之歌》等。他的诗歌表现了两大主题:第一,歌颂黑人非洲古老文明的传统;第二,反对殖民主义的斗争精神。除了创作诗歌之外,桑戈尔还发表了不少其他方面的著作,如《非洲黑人精神的建设因素》《黑非洲的文明》等。[1]

迪奥普当时也在巴黎留学,深受桑戈尔思想的影响,尤其是桑戈尔提倡的"黑人性"思想对迪奥普影响巨大,迪奥普的非洲中心主义思想就是"黑人性"思想的继承与发展。非洲中心主义既是对欧洲中心主义的反抗,也是符合非洲国家独立之后,恢复对历史和整个大陆复兴自信的需要。

2. 思想来源

迪奥普是著名的坚持非洲中心论的学者,而且是最深入、最系统研究非洲中心论的学者,但不是最早持这一观点的人。布莱登是最早系统阐释泛非文化思想,同时也是第一位将黑人种族的文化特性概括为"非洲个性"的非洲知识分子。布莱登本人因此被非洲学界誉为"非洲中心论"观点的鼻祖和"泛非主义之父"。

早在1869年1月,布莱登在纽约出版的《卫理会季刊》上发表了一篇题为《古代历史中的黑人》的论文,提出古埃及文明是黑人文明的观点。布莱登为了写这篇论文,花了很长的时间,并于1866年前往埃及实地考察。在埃及的发现使布莱登确信黑人对古埃及文明做出过重要贡献。布莱登的依据是埃及的狮身人面像酷似黑人,他说,"很明显,她的面部特征是尼格罗人种类型,有着那种'张开的鼻孔'"。因此,布莱登推论古埃及

---

[1] 顾章义:《杰出的诗人政治家——塞内加尔开国元勋桑戈尔》,陆庭恩、黄舍骄、陆苗耕主编:《影响历史进程的非洲领袖》,北京:世界知识出版社,2005年,第74页。

居民的主体为尼格罗人种,金字塔是黑人的杰作。[1]

威廉·爱德华·伯格哈特·杜波依斯,是20世纪上半叶最有影响的黑人知识分子,泛非运动的创始人之一,也是美国有色人种协会的创建者之一。1868年,杜波依斯出生于马萨诸塞州的大巴灵顿,毕业于菲斯克大学,获哈佛大学哲学博士学位,他也是第一个获得哈佛大学博士学位的非裔美国人。

1895年,他完成了他的博士学位论文《美国压榨下的非洲黑奴贸易,1638—1870》,接着,在1895—1940年时间里,杜波依斯陆续发表了《费城黑人》《黑人的灵魂》《约翰·布朗》《黑人的礼物》《非洲:地理、人口和物品》《非洲在现代历史上的地位》等。其中,于1903年诞生了其最著名的著作《黑人的灵魂》,在本书中,杜波依斯准确地预言道:"二十世纪的问题是种族歧视下的肤色界线问题。"

杜波依斯进一步发挥了布莱登的观点,他说:"我的基本观点是黑种非洲人是同白种欧洲人和黄种亚洲人同样的人。"[2] 他同样认为,古埃及人是黑人。他观察了埃及法老图特摩斯三世的花岗岩雕像后认为,其头部"具有黑种人的特征"[3]。他进而认为,古埃及人和非洲其他人本质上没有差别,他说:"古代埃及人是一个非洲民族,他们同非洲其他各民族之间的差别,正如斯堪的纳维亚人同其他的欧洲人、日本人同其他的亚洲人之间的差别一样微小。"[4]

迪奥普的思想还受同时代的利奥波德·塞达·桑戈尔(1906—2001)和阿里奥奈·迪奥普(Alioune Diop,1910—1980)等人的影响。桑戈尔在法国留学、工作30多年,直到1960年回到塞内加尔。1928年到巴黎留学,1932年获得文学硕士学位,1933年申请加入法国国籍。桑戈尔倡导的黑人性运动

---

[1] Edward Wilmot Blyden, *From West Africa to Palestine*, Freetown, 1873, p.112. 转引自张宏明:《近代非洲思想经纬》,北京:社会科学文献出版社,2008年,第267—268页。

[2] [美]威·爱·伯·杜波依斯:《非洲:非洲大陆及其居民的历史概述》,秦文允译,北京:世界知识出版社,1964年,第3页。

[3] 同上,第37页。

[4] 同上,第59页。

（the Negritude Movement），对迪奥普也是一种启迪。"在 20 世纪 30 年代在巴黎出现的黑人运动，这实际上是非洲人对欧洲人关于文明和种族之间的联系思想的回应。这是一场由居住在巴黎的讲法语的非洲人和非洲裔加勒比学生发起的知识运动，目的在于识别和宣扬非洲意识的本质。""这场运动代表了非洲之声的多元性并且本质是多学科性质的。它的机构是 Presence Africaine 杂志，其名字的含义就是简单的'非洲的存在'，由阿里奥奈·迪奥普创建于1947年。它成为以往一直沉默的非洲开始发出声音的典型。"[1]

阿里奥奈·迪奥普是塞内加尔的作家和编辑，出生于塞内加尔的圣路易的穆斯林家庭，1937年留学法国，1947年在巴黎创办著名的《现代非洲》（Presence Africaine）杂志，促进非洲文化认同，解放黑人和海外黑人的思想，后来建立现代非洲出版社（Présence Africaine Editions），服务于非洲学者。阿里奥奈·迪奥普是黑人性运动的核心成员。

迪奥普深受阿里奥奈·迪奥普的影响，是《现代非洲》杂志的忠实读者和撰稿人，也是黑人性运动的积极支持者和积极参与者。迪奥普在他有生之年出版的最后一部专著《文明与野蛮》（1981）里说："我将此书献给阿里奥奈·迪奥普。"他说："阿里奥奈，你知道你来到这个世界上该做什么：你将自己的一生完全地献给他人，没有为自己做任何事情。什么事情都考虑别人，你的心充满着善良和慷慨，你的灵魂是如此高尚，你的心灵总是那么安详，你表现得如此朴素。"[2]

三、《文明与野蛮》

迪奥普在他有生之年出版的最后一部著作《文明与野蛮》，是他学术思想的自我概括和总结，并对质疑他的观点做了回应。在这本书中，迪奥

---

[1] B.A. Ogot, *History as Destiny and History as Knowledge: Being Reflections on the Problems of Historicity and Historiography*, Kisumu: Anyange Press, 2005, pp. 35-37.

[2] Cheikh Anta Diop, *Civilization or Barbarism: An Authentic Anthropology*, New york: Lawrence Hill Books, 1991, p. v.

普认为：尼罗河是世界文化的源头。迪奥普解释了非洲早期发展以及非洲文化和宗教如何影响西方世界。他说："既然埃及是西方文化和科学的远祖，那么正如在阅读本书时可以看到的，大多数我们称之为外来的观念往往只不过是我们非洲祖先的创造物的混合的、颠倒的、改变了的和精心制作的影像，例如犹太教、基督教、伊斯兰教、辩证法、存在理论、精确科学、算术、几何学、机械工程、天文学、医学、文学（小说、诗歌、戏剧）、建筑学和艺术等等。"[1]

古埃及文明发展了数千年，在科学和技术领域建树颇丰。古埃及人在科技领域取得的最重要成就是在实用技术方面。数学产生于尼罗河一年一度泛滥后对土地的重新丈量；几何学是在建筑金字塔活动中发展起来的；天文学是因为制定历法和计算时间；医学是在治病救人和制作木乃伊过程中发展起来的。在《文明与野蛮》的第16章，迪奥普从几何学、代数学、算术、天文学、医学、化学、建筑学等方面论述了非洲在科学方面对世界的贡献。[2]

以医学为例，在古埃及的科学中，医学成就十分引人注目。在荷马史诗《奥德赛》中，埃及的医生被认为是最熟练的。西方历史学之父希罗多德几次提到埃及医生，说他们每个人都是专家；他还说居鲁士派人到埃及去请一名眼科医生；大流士也坚信埃及人的医术是最高明的。在埃及发现的医学纸草卷，为了解古埃及医学的真实情况提供了有力的佐证。在所有的医学文献中，埃伯斯（Ebers）纸草卷最长，也最有名。它于1862年与埃德温·史密斯纸草卷一起被发现，几年后为埃及学家埃伯斯获得，随后以其名字命名。这部纸草卷保存完整，正面记述医学和巫术，反面则是一部历法。埃伯斯纸草卷一般认为约写于第十八王朝初期，它的主要内容是治疗各种疾病的药方，载明药名、剂量和服用方法。有几章涉及胃病、心血管疾病，以及囊肿等的治疗。此外，古埃及的解剖学有很高的成就。制作

---

[1] Cheikh Anta Diop, *Civilization or Barbarism: An Authentic Anthropology*, Lawrence Hill Books, 1991, pp. 3-4.

[2] Ibid., pp. 231-308.

木乃伊的实践,使古埃及人熟悉了人体内部器官的形状、特性和位置,认识到盐、树脂等物质的防腐性。在古埃及象形文字中,有100多个解剖学名词,古埃及人无疑已经能够辨别并称呼许多器官和器官的结构。古埃及医学的专业化程度很高,在外科学中分工也很细。一位医生或精于治疗创伤或骨折,或擅长治疗人体某一部位或器官的外科疾病。

在《文明与野蛮》的第17章,迪奥普主要论述了非洲哲学对世界哲学思想的贡献。他认为,古埃及在哲学方面的巨大成就,埃及哲学思想已经蕴含了作为经典哲学摇篮的希腊哲学思想;希腊哲学所论及的几乎所有主题,都源于埃及思想。[1]

迪奥普重视历史记忆在人的个性形成过程中的重要作用。他认为,在人的个性形成过程中有三大因素:历史、语言和心理。[2] 历史因素是文化黏合剂,它是将分散的人结合成一个整体(民族)的重要因素。迪奥普曾经说过,"没有历史意识的人只是人口"[3]。

本章小结

迪奥普是20世纪非洲著名的知识分子,他不仅是一位历史学家,同时也是人类学家、物理学家和政治家。迪奥普在非洲历史学家当中,他的著作不是太多,但是,他的观点非常明确,而且影响深远。他是非洲历史哲学的奠基人,是著名的"非洲中心论者",他的思想对非洲产生了广泛的影响。

刚果学者泰奥菲尔·奥邦加认为,迪奥普关于古埃及文明的创造者是黑人的发现和科学论证,对非洲编年史来说是一次真正意义上的革命,它猛烈地冲击了以黑格尔为代表的欧美学者关于黑非洲大陆没有历史的臆断,并由此奠

---

1 Cheikh Anta Diop, *Civilization or Barbarism: An Authentic Anthropology*, Lawrence Hill Books, 1991, pp. 309-375.

2 *Ibid.*, p. 211.

3 Leonard Jeffries, "Civilization or Barbarism: The Legacy of Cheikh Anta Diop", in Ivan van Sertima and Larry Williams, eds., *Great African Thinkers, Cheikh Anta Diop*, Vol.1, The Journal of African Civilizations Ltd., 1987, p. 151.

定了非洲黑人的历史意识。[1] 加拿大历史学者朱西维克基认为："在从学术和科学上同欧洲中心论的斗争中，谢克·安塔·迪奥普扮演了先驱者的角色。"[2] 美国学者约翰·克拉克（John Henrik Clarke）教授评价迪奥普说："因为谢赫·安塔·迪奥普的个性和著作，所有非洲人民，不论他身处何地，都更加理解他们的历史和使命。"[3]

迪奥普的非洲中心主义是有时代意义的，是对长期流毒非洲以及世界其他地方的欧洲中心论的拨乱反正，增强非洲人民对自己文化和历史的自信，积极投身到各自国家的建设当中去。所以，在非洲独立之处，提倡非洲中心主义是很有益处的。当然，从长远来看，非洲中心主义也是有危害的，容易故步自封，影响外界的学习。

---

1 Theophile Obenga, "Methode et Conceptions historiques de Cheikh Anta Diop", *Presence Africaine*, No.74.
2 张宏明:《非洲中心主义——谢克·安塔·迪奥普的历史哲学》,《西亚非洲》2002 年第 5 期。
3 Cheikh Anta Diop, *Civilization or Barbarism: An Authentic Anthropology*, Lawrence Hill Books, 1991, p. xiv.

第十二章

托因·法洛拉

托因·奥莫耶尼·法洛拉（1953— ）是当代非洲著名的历史学家，他出生于20世纪50年代初，与非洲独立后第一代历史学家，如戴克、阿贾伊、阿杜·博亨、奥戈特等人相比，整整相差一代人。将托因·法洛拉作为20世纪非洲历史学家的代表之一，主要有三点考虑：其一，托因·法洛拉成果丰硕，他撰写或主编的著作超过100部，涉及非洲历史、非洲政治、非洲经济、非洲文化和非洲史学等方方面面。其二，托因·法洛拉在20世纪非洲史学家队伍中承前启后，他在20世纪八九十年代业已成名，进入21世纪依然活跃在学术舞台上。其三，托因·法洛拉出生于尼日利亚，在尼日利亚取得硕士和博士学位，又长期在美国得克萨斯州立大学奥斯汀分校从事非洲史研究和教学工作，身份上比较特殊，兼有本土学者和海外学者的一些特点。

一、托因·法洛拉的成长经历与学术成就

1953年1月1日，托因·法洛拉出生于尼日利亚的伊巴丹。伊巴丹位于拉各斯的北部，是约鲁巴人的居住地，这里离大西洋不远，与外界交往比较频繁，贸易也比较发达。法洛拉的父亲詹姆斯·阿德西纳·法洛拉（James Adesina Falola）是一名裁缝，母亲格雷斯·法洛拉（Grace Falola）是一名商人。尼日利亚原是英国殖民地，1960年10月1日获得独立，并在1963年成立共和国。独立后，年轻的尼日利亚面临许多突出的问题，其中主要

的有种族矛盾和日益严重的腐败。20世纪60年代，在约鲁巴地区爆发了阿戈比科亚（Agbekoya）农民起义，当时法洛拉还在读高中，他勇敢地加入到这场反抗斗争中去。后来，法洛拉写道："我们努力抗争是为了更好的生活，但结局却是死亡。"[1] 这场起义也影响了法洛拉对今后职业的设计，最初他是打算学习科学或医学，此后他立志学习人文科学。经过刻苦学习，他考入伊费大学，成为历史系的一名学生，于1976年和1981年分别拿到了硕士和博士学位。1981年法洛拉与比茜（Bisi）结婚，比茜是一名计算机程序设计员。[2]

法洛拉做过中小学教师和政府公职人员。1970年法洛拉担任帕哈伊（Pahayi）小学教师，开启了他的职业生涯。1973年他成为一名高中教师。1977年，他供职于尼日利亚奥约州的公共服务委员会，成为一名公务员。1981年，获得博士学位之后，法洛拉成为伊费大学的讲师，3年后，晋升为高级讲师。1988年至1989年，法洛拉在英国剑桥大学交流1年。1989年回国后，法洛拉在尼日利亚国际事务研究所担任高级研究员，该研究所位于拉各斯，法洛拉在那里负责整理口述档案中的一个项目。1990年，法洛拉受约克大学邀请，成为加拿大约克大学的历史学教授。1991年，法洛拉开始就职于美国得克萨斯州立大学奥斯汀分校，直至今日。作为当代著名的非洲史学家，法洛拉经常受到世界各地大学的邀请，除了访学过英国剑桥大学、加拿大约克大学之外，他还到美国马萨诸塞州的史密斯大学、澳大利亚国立大学等校做过访问教授。

法洛拉最初研究19世纪以来的非洲史，主要集中于尼日利亚历史研究。后来，研究领域不断扩大，涉及大西洋史、散居和移民史、帝国主义和全球化、国际关系史，以及宗教和文化等。法洛拉是一位高产的历史学家，至今已撰写和编辑出版百余部著作。就其撰写的著作而言，包括《民

---

[1] Toyin Falola, *Counting the Tiger's Teeth: An African Teenager's Story*, Ann Arbor: University of Michigan Press, 2014, p.xiv.
[2] Abdul Karim Bangura, "Mwalimu Toyin Falola: The Man and His Work", *Journal of Third World Studies*, Vol.25, No.1, 2008, p.25.

族主义和非洲知识分子》(2004)、《尼日利亚的经济改革和现代化, 1945—1965》(2004)、《尼日利亚史》(2008)、《文化身份和民族主义》(2009)、《尼日利亚的殖民主义和暴力》(2009)、《伊巴丹：建立、发展和变化, 1830—1960》(2012)和《离散非洲人》(2013)等；就其编辑的著作而言，包括《非洲历史大事件》(2002)、《美国和西非》(2007)、《跨大西洋移民》(2007)、《艾滋病、疾病和非洲人的健康》(2007)、《非洲人和人口文化政治》(2009)、《非洲战争与和平》(2010)、《五十年后的非洲》(2013)和《尼日利亚的战争、种族和民族身份》(2013)等。他的工作效率十分惊人，仅2000年至2005年期间，就编辑出版近40部著作，涉及非洲史学与史学家、非洲经济、非洲城市化、非洲文化、青年问题、奴隶贸易和殖民主义、非洲军队等不同主题，几乎囊括了非洲历史和现实研究的各个领域，目的在于"纠正一连串的对非洲大陆的误解"[1]。

法洛拉还是一些学术期刊的编委会成员，1991年至2000年间，他担任《非洲历史杂志》编辑，他是《非洲经济史杂志》的主编之一，同时也是一些系列丛书的主编，这些系列丛书包括剑桥非洲研究系列、罗切斯特(Rochester)非洲史和离散非洲人研究系列，以及格林伍德非洲文化和习俗系列等。

法洛拉因其卓越的研究成就，拥有众多学术头衔，他是美国历史协会、美国非洲研究协会，以及加拿大非洲研究协会、尼日利亚历史协会和尼日利亚人文科学院(the Nigerian Academy of Letters)等学术机构的成员。法洛拉还是剑桥大学克莱尔霍学院(Clare Hall College)的终身成员，并在2015年当选为美国非洲研究协会的主席。法洛拉获得过众多奖项，如2006年获得谢赫·安塔·迪奥普奖，2009年获得印第安纳大学颁发的非洲研究的全球杰出学者终身成就奖，2010年获得尼日利亚海外移民学术贡献奖，2011年获得美国非洲研究协会颁发的杰出非洲主义者奖。尼日利亚政府授予法洛拉著名泛非主义者奖和约鲁巴酋长等荣誉。在得克萨斯大学奥斯汀

---

[1] Vik Bahl and Bisola Falola, *The Long Arm of Africa: The Prodigious Career of Toyin Falola*, Brooklyn, NY: Saverance, 2010, p. viii.

分校，他获得简·霍洛威学院卓越教学奖、研究生教学优秀奖和卓越研究奖等。他还被乔斯大学授予荣誉文学博士学位，美国林肯大学也在2014年授予法洛拉荣誉博士学位。

学术界对法洛拉的研究早已开始，从2002年至2011年，法洛拉的学生和同事们编辑六部文集来表达他们对法洛拉的敬意和感谢。这六部文集分别是：阿德巴约·奥耶巴德（Adebayo O. Oyebade）编辑的《尼日利亚的转型：托因·法洛拉文集》(2002)、《尼日利亚的基础：托因·法洛拉文集》(2003)，阿金·奥冈迪让（Akin Ogundiran）编辑的《沦为殖民地之前的尼日利亚：托因·法洛拉文集》(2005)，维克·巴赫尔（Vik Bahl）和比索拉·法洛拉（Bisola Falola）编辑的《非洲巨擘：托因·法洛拉的杰出事业》(2010)，阿福拉比（Niyi Afolabi）教授编辑出版的一部传记批判式著作《托因·法洛拉：伟人、表象和智者》(2010)，主要研究托因·法洛拉教授在非洲史、非洲研究和海外非洲人领域的学术贡献，以及阿金·阿拉奥（Akin Alao）和罗蒂米·泰沃（Rotimi Taiwo）编辑的《非洲研究的视角：托因·法洛拉文集》(2011)。这六部文集反映了法洛拉在非洲研究领域所取得的巨大成就，同时也是当代非洲学者对法洛拉所取得成就的肯定与褒奖。[1]

总之，法洛拉是从事非洲研究的国际学者中最多产和博学的一位，加上他积极参与国际活动，以及对泛非主义的责任感，使法洛拉成为当今最具影响力的非洲史学者之一。

二、对约鲁巴史的研究

法洛拉研究非常广泛，涉及历史、政治、经济和文化方方面面，为了紧扣史学的主题，主要就法洛拉在约鲁巴史、尼日利亚史和非洲史学等领域展开论述。

---

[1] Vik Bahl and Bisola Falola, *The Long Arm of Africa: The Prodigious Career of Toyin Falola*, Brooklyn, NY: Saverance, 2010, p. xii.

尼日利亚是一个多民族的国家，它的主体民族有豪萨人、伊格博人和约鲁巴人，他们形成相对固定的人口居住区。豪萨人主要生活在北方，伊格博人生活在东南部，约鲁巴人主要生活在西南部。约鲁巴地区在16世纪建立奥约帝国，18世纪达到鼎盛，国土囊括约鲁巴的大部分、努佩的一部分、博尔古的部分地区，以及现在的贝宁共和国。[1]不过，在19世纪以前，不存在"约鲁巴"（Yoruba）一词，没有人会自称"我是约鲁巴人"，也没有"约鲁巴民族"的说法。19世纪晚期，对于居住在约鲁巴兰（Yorubaland）的人而言，他们才接触到"约鲁巴"一词，并开始共享该名称。[2]因此，民族的概念是殖民者带到非洲的，目的是对非洲国家和地区实行分而治之。

法洛拉出生于约鲁巴，他在那里长大，并接受教育。所以，他对自己的家乡约鲁巴很有感情。约鲁巴自然成为法洛拉最初研究的领域，也是他的重点研究领域。法洛拉以他个人的独特视角和亲身经历，通过实地调查所获得的口述材料，结合文本材料以及档案资料等，描绘了一幅清晰的约鲁巴历史图景，展现了约鲁巴的活力，以及约鲁巴多样性的文化。

1897年，塞缪尔·约翰逊著《约鲁巴史》是研究约鲁巴历史的先驱之作。[3]法洛拉从文化、宗教和知识精英等视角研究约鲁巴，并且撰写了大量的研究约鲁巴的著作。正如他在2012年的一次采访中所言，他不会忘记故土，那是他来自的地方，也是他的根。法洛拉说："我写伊巴丹是件持续性的工作，不仅是学术上的原因，也是一种实际考察和爱国主义的情怀。我会每隔三年出一本关于伊巴丹的著作，不忘记过去，提醒自己过去永远不会过去，会延续至今。"[4]

---

[1] Toyin Falola, *The History of Nigeria*, Greenwood Press, 1999, p.20.
[2] 蒋俊：《从多元到聚合：尼日利亚约鲁巴民族的历史透视》，《世界民族》2015年第4期。
[3] Toyin Falola and Ann Genova, eds., *Yoruba Identity and Power Politics*, Rochester: University of Rochester Press, 2006, p.1.
[4] Tokunbo Olajide, "Why I Write About Ibadan, An Interview with Professor Toyin Falola", in PM News (pmnewssnigeria.com) in Lagos, July 16, 2012.

（一）伊巴丹的政治与经济

法洛拉对伊巴丹的研究开始于他博士学习阶段，1981年他向伊费大学提交了博士学位论文《伊巴丹的政治经济，1830—1900》，在这篇论文中，法洛拉用政治经济学的方法对殖民前的伊巴丹进行全面的历史分析。1984年，这篇博士学位论文公开出版，题为《殖民前非洲国家的政治经济：伊巴丹，1830—1900》。[1]

为了撰写这篇博士学位论文，法洛拉收集了关于伊巴丹历史的大量资料，他到约鲁巴实地走访和查阅资料，所收集的资料包括口述史、当地历史学家和编年史家的著作，以及档案资料等。经过对所掌握资料的系统分析，法洛拉驳斥了早先学者的一些错误观念，尤其是欧洲中心论。在欧洲中心论的指导下，以前的学者往往把非洲经济体系描述成：（1）缺乏多样化且不够专业；（2）集中于维持生计，而不是面向出口；（3）缺少市场准则；（4）未能使土地和劳动力商业化；（5）信贷和银行业不健全；（6）缺乏货币化和市场化；（7）强调休闲和福利，而不是工作和盈利；（8）技术和交通设施落后；（9）存在复杂的公共土地所有权和大家庭制度。按照这些学者的观点，上述这些弊端使非洲经济体系严重僵化，并阻碍了当前的发展和现代化。法洛拉揭开了这些言论的伪装，并以充足的证据驳斥他们。他的研究表明，伊巴丹的社会组织十分适合经济体系的需要，绝不会成为发展或盈利的阻碍；绝对不是欧洲中心论的经济学家所讲的非洲传统经济体系严重僵化，而是十分适合经济发展的需要。法洛拉总结道："伊巴丹的经济是多样化的、货币化的并且充满活力，有运作良好的市场和信贷机构作为支撑。"[2]

1989年，法洛拉出版的《伊巴丹的政治与经济，1893—1945》一书是上面那本书的续篇，在《伊巴丹的政治与经济，1893—1945》中，法洛拉

---

[1] Toyin Falola, *The Political Economy of A Pre-colonial African State: Ibadan, 1830–1900*, Ile-Ife: University of Ife Press, 1984.
[2] Abdul Karim Bangura, *Toyin Falola and African Epistemologies*, New York: Palgrave-Macmillan (St. Martin's Press), 2015, p. 28.

提供了更多的证据来证明殖民统治前伊巴丹经济的活力,反而是殖民入侵阻碍了伊巴丹经济的发展。他进一步认为,英国殖民者把传统主义和原生主义引入伊巴丹的政治经济体系,他们使政治精英依赖外部的捐款和租金,以薪水的名义,由殖民政府发放。[1] 法洛拉的基本观点是殖民前的伊巴丹经济和社会政治制度是多样化的,并且有能力实现自身的转型。法洛拉的这一观点是对帝国主义史学的回击,因为在帝国史学那里,欧洲人殖民者被看作是现代化的代理人,无视非洲本土的自主性和能动性。

2012年,法洛拉在《伊巴丹:建立、发展和变化,1830—1960》一书中,继续研究伊巴丹历史。在这本书中,他分两个时段进行研究:一是1830—1900年间的伊巴丹历史,二是从20世纪初至英国结束在尼日利亚的殖民统治。[2] 对不同的历史时期,法洛拉都重点研究政治和经济两个主题,以及民众如何应对重大挑战。伊巴丹原来是一个拥有独立政府和经济体系的自治国家,与英国有外交接触,19世纪下半叶,英国在拉各斯建立了一支强大的军队。伊巴丹也在1893年并入了英帝国成为其庞大的尼日利亚殖民地之一。到1919年,伊巴丹形成了一个新的殖民社会。不同的社会阶层对殖民主义反应不同,这些反应在20世纪30年代被清晰明确地表达出来。第二次世界大战的爆发将反殖民主义的情绪让位于和英帝国的合作,英国当时采用了宣传鼓动和强迫政策,以取得战争的胜利。法洛拉在该书中叙述伊巴丹殖民时期发生的一系列迅速变化,导致了19世纪部分社会结构的解体。这些变化提供了有用的背景资料,帮助人们理解伊巴丹这座西非城市所面临的问题与挑战。

(二)约鲁巴的社会生活和风俗

法洛拉写了两部回忆录,一部是《良药苦口:一个非洲人的回忆录》,另一部是《数数老虎的牙齿:一个非洲青少年的故事》。在这两部书中,他

---

[1] Toyin Falola, *Politics and Economy in Ibadan, 1893–1945*, Modelor Design Aids, 1989, p.52.

[2] Toyin Falola, *Ibadan: Foundation, Growth and Change 1830–1960*, Utah: Bookcraft, 2012, pp.6–8.

用回忆录的方式再现了约鲁巴人民的生活和社会风俗。

在《良药苦口：一个非洲人的回忆录》一书中，法洛拉将约鲁巴历史事件、部落传说与他个人经历结合在一起，呈现出 20 世纪中期约鲁巴人民的生活和社会风俗。在这本书中，法洛拉不仅描述他的童年故事，更重要的是他向读者展现了约鲁巴文化和部落群体——它的历史、传统、娱乐、神秘、家庭环境、权力轮廓、辛勤劳动和复杂的社会分工等。而《数数老虎的牙齿：一个非洲青少年的故事》作为《良药苦口：一个非洲人的回忆录》的姐妹篇，将记叙的时间跨度向后延长到了 1970 年。《数数老虎的牙齿：一个非洲青少年的故事》记述了 1968—1969 年的阿戈比科亚农民起义，法洛拉作为这一事件的亲历者，并以青少年的视角，为后人提供了第一手的研究资料。

《良药苦口：一个非洲人的回忆录》是法洛拉的回忆录，作者回忆了在伊巴丹成长的日子，尤其是个人身份认同的获得。这其实是一部 1953—1966 年间的伊巴丹社会生活史，这一时期正是尼日利亚独立前后，充满希望和理想的时期，也包含着冲突和抗争。尽管这本书的每个章节都是一个个独立的故事，法洛拉巧妙地将它们组合到一起。故事的主要情节是各种各样的英雄角色逐渐浮现，让约鲁巴少年托因·法洛拉了解，之后是对伊巴丹的赞颂，这是祖先们创造辉煌的地方，也是滋生暴力行为的地方。后来，主人公发现了谁才是自己的母亲，受家族历史的熏陶，他变成一个真正的约鲁巴人。在这过程中，他遇到了药材商乐库（Leku），引导他认识了很多未知的事物。随后，这个孩子离开城市去了农村，他的外祖父是村子里的一名牧师，是当时政治不公平的见证者。不久之后，他参加了阿戈比科亚农民起义。书的结尾部分，穿插了各种宗教信仰的节日娱乐，以及牧师争取合法的斗争，在此期间，英雄最终获得他的个人身份。[1]

《良药苦口》一书受到学术界的好评。南非斯坦陵布什大学教授安

---

[1] Toyin Falola, *A Mouth Sweeter than Salt*, Ann Arbor: The University of Michigan Press, 2004. pp. 269-270.

妮·嘎嘉诺（Annie Gagiano）指出，当法洛拉在描述他的童年经历时，同时也唤起了一位有洞察力的杰出历史学家的记忆。她注意到了法洛拉的自传是一个地位重要且有影响力的城市的历史，也几乎是尼日利亚经济和政治转型的历史。还是小孩子时，法洛拉就从市中心搬到郊区，更多地接触了约鲁巴城郊的乡村生活，这使他能够逐渐扩大并更深刻地理解家族和当地的文化活动，在尼日利亚将迎来独立这样的历史背景下。嘎嘉诺评论道，法洛拉回忆录的每一章都"从观察转向调解，最先考虑了'时间和季节'的重要性和不同含义"[1]。

简·范西纳认为，《良药苦口》并不是一本传统体裁的回忆录，书中包含了丰富的故事，关于诚实的讽刺和言语的智慧，法洛拉无疑是一位叙事高手。所以，这本书无疑是一部文学巨著，但它不仅仅是文学作品，同时也再现了过去的人和事物。除此之外，本书给予我们更加至关重要的教育意义。它以实例告诉我们要学习自身社会文化的优势，并且含蓄地指出了外人有必要克服在这一问题上的不足。因为这种经验总是会受到限制和一些人为因素的影响，还需要内化所有那些如今被历史学家所鄙视的人类学描述，并且把这些与个人的田野调查经验结合起来。这样，对那些知道如何战胜自己的人而言，人类学的价值才可能成为一门意料之外的经验。范西纳评价道："几乎所有相关的人类学主题应运而生，但出乎意料的是，最后却是民间故事和小说情节完全改变了它们的含义，把一个苍白僵化的人类学幽灵转变成一个具有感染力的社会史，充满生机。"[2]

查尔斯·泰勒（J. Charles Taylor）指出，法洛拉为我们展现了外国文化是怎样逐渐地对他童年时的非洲增强影响。通过他的早先经历作为例子来说明差异和二元性——因此精心创作了一部令人印象深刻的回忆录，揭示20世纪中期新生的非洲国家多元化遗产的融合。泰勒指出，法洛拉审视了

---

[1] Annie Gagiano, "A Mouth Sweeter than Salt: Wonderfully Entertaining and Unobtrusively Instructive", LitNet, October 29, 2008, retrieved on January 3, 2012, from http://www.litnet.co.za/.

[2] Jan Vansina, "Young Falola, A Mouth Sweeter than Salt: An African Memoir", *Journal of African History*, Vol.46, No. 2, 2005, pp. 362–363.

西方殖民主义对独立后非洲的影响，以他个人的视角来描述这段历史。正如法洛拉将故事塑造成一位年轻人努力建立他的生活目标，他将"漫无目的的存在"这种感觉应用在回忆录中非同寻常的一段时空，即后殖民时期的非洲。因此，法洛拉的自传就不仅是一位非洲年轻人的回忆，而且记述了一块年轻的大陆被西方野心家掠夺以获取经济利益的过程。[1]

《数数老虎的牙齿：一个非洲青少年的故事》记述了尼日利亚历史上的一个重大事件，即1968—1969年的阿戈比科亚农民起义。在这本书中，那些参加起义的农村公社和揭竿而起的农民，被描述成前所未有的，甚至富有诗意的社会组织和具有能动宇宙观的群体。

法洛拉1968年从高中辍学，和他的祖父一起参加了阿戈比科亚起义，当时的主要目的是反抗高税收和日益恶劣的生活条件。法洛拉还参加了1970年的后续反抗活动，直到斗争最终失败。20世纪60年代的尼日利亚各种矛盾错综复杂，既有殖民统治遗留下来的族群间的矛盾，又有不同宗教派别间的冲突，还有地主与农民之间的阶级矛盾，所以在尼日利亚西部形成一段激烈动荡的岁月。法洛拉祖父没有考虑到他的行动所带来的结果，将年轻的法洛拉带入一场后殖民时期的政治和暴力事件中。法洛拉在这部回忆录前言里表示要感谢他的祖父，没有他，这本回忆录就不会面世。法洛拉的祖父和教母乐库都在起义中牺牲，很多人在起义中丧生，连名字都没有留下，仿佛他们的死毫无价值。而尼日利亚依然在倒退着，我们如今看到的腐败和政府失职现象，使得那段时期成为幸福的一瞬间，对此，法洛拉写道："我们努力抗争是为了更好的生活，但结局却是死亡。"[2]

在这两部回忆录中，法洛拉建构了他自身的独特经验，令人回想起遥远的非洲习俗。法洛拉生动描述了尼日利亚后殖民时期，传统和现代之

---

[1] J. Charles Taylor, "Review of A Mouth Sweeter Than Salt: An African Memoir", *Journal of Third World Studies*, Vol.23, No. 2, 2006, pp.224-226.

[2] Toyin Falola, *Counting the Tiger's Teeth: An African Teenager's Story*, Ann Arbor: University of Michigan Press, 2014. p.xiv.

间的复杂关系，就像一位年轻人努力让自己适应一个瞬息万变的社会。法洛拉用一种简单的、易于理解的描写方式直接和读者对话，运用他的叙述技巧和能力，以一种优雅和幽默的方式描写当地的事件，给读者展现了生动的约鲁巴社会生活场景，以及复杂的传统文化。通过将谚语融入他的写作中，法洛拉展现了如何将谚语、方言和传统图像运用到日常会话的描写中。我们可以了解到约鲁巴人的生活观是整体性的，基于一种综合而成的世界观。对约鲁巴人来说，所有的生命都是一体的，所有的人类活动都是紧密相连的。

（三）约鲁巴的宗教

大多数约鲁巴人信仰伊斯兰教或基督徒，但传统的约鲁巴宗教信仰依然保留。法洛拉研究了约鲁巴地区的宗教问题，提倡宗教宽容，认为这是保持社会稳定的基础。

早在11世纪，伊斯兰教就传入加涅姆-博尔努王国。14世纪又在豪萨人中传播。几个世纪以后，伊斯兰教传到尼日利亚的西部地区，即后来的约鲁巴地区，到18世纪，在奥约帝国的部分地区已经建立了完善的穆斯林社区。19世纪，基督教传入尼日利亚之后，在约鲁巴地区，基督教不得不与伊斯兰教共存。

穆斯林精英通常能够宽容非伊斯兰教的宗教活动。法洛拉提到在约鲁巴地区，穆斯林发现他们需要适应并融入一些地方的宗教仪式中，倾向于给约鲁巴伊斯兰教一个不同的定位，这种倾向一直延续到今天。尼日利亚西南部的穆斯林很少批判约鲁巴的宗教仪式和政治权威，也没有要求用伊斯兰法取代当地法律。这种宽容的做法被证明是能够解决地区宗教紧张和暴力的方法。[1]

1　Toyin Falola, *Violence in Nigeria: The Crisis of Religious Politics and Secular Ideologies*, Rochester, NY: University of Michigan Press, 1998, pp. 25–27.

与尼日利亚北部穆斯林排斥西方教育体制所不同的是，约鲁巴穆斯林意识到了一个现实，即要想充分参与政治和行政工作，就必须接受西方教育。教育使得穆斯林能够用约鲁巴语、阿拉伯语和英语创作宗教文学。到1930年，许多出版社已经开始出版关于伊斯兰的祈祷文和故事书。法洛拉精辟地指出："与大多数人的想法不同，伊斯兰教帮助它的信徒适应现代世界。《古兰经》和圣训虽然是古代文献，但是它们能够解释并适应现代社会。现代尼日利亚的国情则使这种创新的、合适的解释成为可能。"[1] 在尼日利亚的基督徒中间，有些人反对殖民主义，怀疑对西方的依赖，反对西方教育中过度的精英主义。作为反殖民运动的一部分，这些基督徒把非洲的文化价值观和基督教教义糅合起来。

　　在尼日利亚西部，基督教和伊斯兰教之间的竞争很常见，但两个宗教有过长时期和平共处的历史。在19、20世纪的大多数时间里，穆斯林将他们的孩子送往基督教学校，使用基督教医院、药房和妇产中心。因此，一些基督徒在20世纪80年代宣称伊斯兰教反对多元社会是没有根据的。实际上，伊斯兰教有一段和解的历史，当时穆斯林允许自身或多或少地融入一个非伊斯兰教社会。

　　尼日利亚穆斯林能够沉着应对世俗国家。一方面，部分穆斯林希望看到殖民状态的结束，他们满足于能够实践他们的信仰，并对西方观念和反伊斯兰教的价值观保持距离。另一方面，其他一部分穆斯林倾向于与世俗政权和传统文化的和解，毫无顾虑地投入他们自身的伊斯兰教事业。实际上在20世纪六七十年代，很多穆斯林和基督徒试图推动不同宗教间的对话，并寻求不同信仰的共同基础。

　　约鲁巴地区的传统宗教也是根深蒂固的。约鲁巴人信仰巴巴拉沃（babalawo）（即神秘之父的意思）的力量，他们认为巴巴拉沃是了解神秘知识的先知，能够预言未来和避免失败，甚至信仰基督徒和穆斯林在内的许

---

[1] Toyin Falola, *Violence in Nigeria: The Crisis of Religious Politics and Secular Ideologies*, Rochester, NY: University of Michigan Press, 1998, p. 31.

多人都会向巴巴拉沃神请教咨询。巴巴拉沃依赖于伊发（Ifa）——一个风水占卜系统，还能够解读256篇古老的诗句。巴巴拉沃居住在他们遍布伊巴丹的私人住宅中。[1]

根据约鲁巴的神话传说，约鲁巴的至高神是奥罗杜马（Olodumare），奥罗杜马给了创造之神奥巴塔拉（Obatala）一只五指鸟、一些土和一串链子，命令他去创造世界。可是奥巴塔拉在路上遇到了其他的神，便一起喝酒，大醉不醒。其中一个神奥杜杜瓦（Oduduwa）知道了奥罗杜马的旨意，便拿着这些物件自行创造世界。土从天降，五指鸟的巨爪凿出山川沟壑，银链狂舞，土地向四面八方延展开来。伊费的约鲁巴语全称是Ilé-Ifè，可以直译为拓展的土地，意思是世界从此地而诞生。奥杜杜瓦后来被尊为百神之王。在创造人类之前，奥罗杜马先将他的下属神灵带来，他们是管理宇宙事务的权威者，而且在必要时他们要帮助那些求助的人。这些守护神包括奥里萨拉（Orisanla），也被称作奥巴塔拉、奥贡（Ogun）、奥伦米拉（Orunmila）、尚戈（Shango）、伊苏（Esu）等。传统的说法，按照博拉吉·艾杜乌（E. Bolaji Idowu）的研究，奥罗杜马创造出的神大约有400位。[2]

法洛拉小时候的村子也盛行传统宗教的信仰。奥贡神，即金属之神，坐落在伊莱普村的入口处。人们把旧机器、硬币、一些食物和棕榈油放在村口的一个小石块边上。每次法洛拉经过那个地方，他都能看到那些东西，特别是新鲜的棕榈油。他广泛阅读了约鲁巴神的相关资料，看到了众多约鲁巴的男女祭司，了解了大量女性崇拜、生育崇拜和其他事物，正是在伊莱普法洛拉亲眼看见了当地人对奥贡神的崇拜和其他与狩猎相关的活动。他们都被看作是狩猎大象者（ode aperin）——作为对他们勇气的认可。

法洛拉注意到了狩猎、宗教和巫术之间的联系。一小部分猎人同时也是草药师，能够治愈疾病，提供配药建议，关于草根、植物和动物的药用

---

1 Toyin Falola, *A Mouth Sweeter than Salt*, Ann Arbor: The University of Michigan Press, 2004, p.172.
2 John A. I. Bewaji, "Olodumare: God in Yoruba Belief and the Theistic Problem of Evil", *African Studies Quarterly: The Online Journal for African Studies 2*, No. 1, 1998, retrieved on March 18, 2012, http://www.africa.ufl.edu/asq/v2/v2i1a1.htm.

重要性。猎人们两次把其他村子和城里的同行都召集到一起，在伊莱普村开会。他们轮流在不同的村子和城镇举行会议，当他们身穿统一制服时，看起来十分壮观。但他们的会议成员受到限制，所有受邀与会的成员在会议结束时加入他们的歌曲和表演。和教堂里的牧师一样，猎人们赞颂他们自己的神灵奥贡。奥贡是铁神，亦称金属之神。铁匠负责打造狩猎、农业、战争所用的各种器具，同时也是一名出色的勇士。在约鲁巴神话里，他是雷神桑戈（Xangô）、狩猎之神奥绍熙（Oxóssi），还有河流女神奥顺（Oxun）的同胞兄弟。他的代表物品是一柄宝剑。[1]

每年的3月份，都会举行一个持续一天的盛大狂欢，以庆祝奥克巴丹节（Okebadan festival）。这是用来赞颂奥克山（Oke hill）——城市守护神的精神力量。山上耸立着一块比城里大多数别墅都大的巨石，成为奥克山力量的象征。可以在一些家庭中发现为避免厄运而设的奥克山小神龛。这种信仰来自奥克保护的那些最早的居民，奥克将他们从敌人那拯救出来，并提供住所和庇护。狂欢节把山转变成一位神灵，成为所有不同信仰的居民都参与的年度庆典，而且创作了很多赞颂奥克山的歌曲。

伊巴丹的穆斯林要多于基督徒。那儿有很多古兰经学校，向周边所有想接受伊斯兰教育的居民开放。[2]非穆斯林会加入穆斯林庆祝开斋节、圣纪节和斋月。伊巴丹的穆斯林并没有脱离主流文化，基督徒也不会去触犯穆斯林，并且当地所有人都同意吃用伊斯兰方式宰杀的牛，即在动刀屠宰前会进行一个简短的祈祷仪式。法洛拉在《数数老虎的牙齿：一个非洲青少年的故事》一书中也记述了这一传统习俗："只有穆斯林才能屠宰牛进行出售，他们宰杀前的祈祷能够免除所有食肉者的罪过。如果没有祈祷的话，人们将会受到诅咒。"[3]事实上，这反映出伊巴丹人对宗教信仰的宽容态度，法洛拉对此是十分赞赏的，他写道：

---

[1] Toyin Falola, *A Mouth Sweeter than Salt*, Ann Arbor: The University of Michigan Press, 2004, p. 206.
[2] *Ibid.*, p. 238.
[3] Toyin Falola, *Counting the Tiger's Teeth: An African Teenager's Story*, University of Michigan Press, 2014, p. 326.

我居住的城市创造了宗教的和谐与平衡，提供了令人愉悦的生活空间。它同时协调了不同性别的利益：奥克巴丹是一位女性神灵，赐予女性力量，而奥洛罗是一位男性神灵，赐予男性力量。桑戈是一位具有男子气概的神，但他的妻子奥亚也同样强大，奥米崇拜也代表女性的利益。伊斯兰教和基督教的仪式跨越了年龄和性别的界限。甚至将生者和死者的世界联结起来，和埃冈冈[1]一样，为联系"祖先的灵魂"提供了强大的沟通渠道。[2]

法洛拉的贡献在于，证实了尼日利亚的三大宗教：约鲁巴教、基督教和伊斯兰教有着某些相同的价值观，而宗教迫害是建立在蒙昧无知的基础上，只有在认识和理解的基础上才能实现和平。因此，可以说所有的传统都存在让人理解之处。和平不能通过神灵和宗教传统来实现，强调宗教间的竞争和优越性只会带来暴力。成功的唯一希望是人们的个体传统让位于更广阔的事物，更多的理解和团结可以成为和平共处的基础。不论未来会怎样，所有人都需要习惯其他人的信仰和价值观。强制手段是不能解决问题的，互相尊重才是关键。

（四）约鲁巴的精英

在《约鲁巴的精神领袖们：非洲本土知识的创造者》这本书中，法洛拉研究了约鲁巴知识分子。他对约鲁巴知识分子用英语和约鲁巴语写成的文本进行仔细分析，得出了三点结论：第一，为了促进"普遍知识"（universal knowledge）的传播，并在非洲创造西方式的教育机构，非洲的知识创造者们没有大学学位或者没上过西方的学院，这使得他们被曲解、被

---

1 广义上指所有的约鲁巴化装舞会，这里特指一种能和祖先产生感应的化装舞会。
2 Toyin Falola, *A Mouth Sweeter than Salt*, Ann Arbor: The University of Michigan Press, 2004, p.245.

忽视或边缘化。第二，有一些非洲学者和思想家没有学历参与重要的学术工作，他们仅仅被当作"资料的提供者"。第三，西方的学术范式通常将自身视为在其他知识生产和声音之上的特许地位。相应地，法洛拉声明知识的贡献既不能脱离对本土的关注，也不能故意地制造助长叙述上的不平等和距离感。[1]

法洛拉认为从19世纪中期开始，约鲁巴的传统就已经发生转变，他们培养出了众多受教育精英，他们接受基督教和西方教育，奠定了他们在撒哈拉以南非洲的领导地位。"二战"后，在约鲁巴地区的伊巴丹建立了尼日利亚第一所大学，其他的大学建在伊费（Ile-Ife）、拉各斯（Lagos）、阿戈伊沃（Ago-Iwoye）、阿贝奥库塔（Abeokuta）、奥博莫绍（Ogbomoso）、伊洛林（Ilorin）、阿多–埃基提（Ado-Ekiti）等地区。因为这些高等教育机构的存在，约鲁巴可以说出现了非洲最好的研究团体。

接受西方的教育以及学习西方文化有关的知识，成为这些精英的典型特征。正是这些精英人士中产生了最初的政府行政人员，出现了劳工、书商、进出口商和编年史家。19世纪欧洲人的出现妨碍了新精英阶层的崛起，以及约鲁巴的写作传统。这一时代还见证了奴隶贸易的废除，很多被解放的非洲人定居在弗里敦（塞拉利昂首都）和利比里亚。非洲大陆因此按照社会经济地位划分成不同阶层。[2]

19世纪30年代受"回到非洲去"运动影响，有很多被解放的非洲人从塞拉利昂、巴西回到约鲁巴，这也是废除奴隶制的结果。当时那些从巴西回来的非洲人沉浸在西班牙文化中，而且信奉天主教；那些从塞拉利昂回来的非洲人则沉浸在西方文化中，而且信奉基督教。很多的遣返者（repatriates）都帮助促进了基督教的扩展，并宣扬西方教育。读写能力，特别是英文方面，成为许多遣返者拥有的一种强有力的资源，特别是在那些大多数国民都是文盲的国家。遣返者可以和外国的商人、政府官员交流，

---

[1] Toyin Falola, *Yoruba gurus: Indigenous Production of Knowledge in Africa*, Trenton, NJ: Africa World Press, 1999, p. 1.

[2] Ibid., pp. 2-4.

也可以代表受过教育的传统精英。直到 70 年代，约鲁巴的精英分子依然有很大优势去获得待遇更好的工作，比如殖民政府秘书处、教堂和学校。很多约鲁巴精英迅速实现了职业和社会阶层的上升。他们中的一部分人成为成功的律师和医生，这是当时最有声望的职业。随着时间的推移，有些人经过培训成为工程师、测量员，以及其他十分受人尊敬的高薪职业人员。通过各种手段，新兴的约鲁巴精英阶层将收入进行投资，去获得更多的财富。

法洛拉指出，19 世纪 40 年代中期之后基督教的影响上升并迅速发展，是对遣返活动的补充。发展的根据地有拉各斯、伊巴丹、巴达格瑞（Badagry）、阿贝奥库塔和伊贾耶（Ijaye）——1862 年被破坏之后居民纷纷撤离。基督教化并形成主导文化势力是基督教在任何地方的主要任务。基督教精英认为他们的文化习俗更具优越性。基督教鼓励教育和写作文化，约鲁巴的精英纷纷效仿西方传教士，将他们自己的经历书写记录下来。

当时的欧洲人在拉各斯扩张自己的势力是为了进行贸易（主要是奴隶贸易）。之后的几个世纪里，棕榈油加工取代了奴隶贸易。由于在内地加工棕榈油，拉各斯逐渐成为进出口贸易的重要港口。19 世纪 40 年代英国的世俗商人开始出现在拉各斯，到 1851 年他们已经占据了这座城市。1861 年，英国人获得了更大的政治权力来统治拉各斯，因此创造了新的行政和司法机构，由他们和受过教育的非洲人进行管理。90 年代，英国人将拉各斯作为大本营，入侵并殖民控制了整个约鲁巴地区。[1]

法洛拉认为这些事件都加速了约鲁巴知识分子的成长。为了开设学校，传教士们将《圣经》翻译成约鲁巴语。结果那些之前是奴隶的非洲人对教育产生了兴趣。在拉各斯、伊巴丹、阿贝奥库塔和其他地区，传教士都有着强大的势力，一个新兴的精英阶层出现了。因为这些精英和欧洲人的频繁互动，他们实际上担当起外国人和当地人沟通的媒介，因此 19 世纪

---

[1] Toyin Falola, *Yoruba gurus: Indigenous Production of Knowledge in Africa*, Trenton, NJ: Africa World Press, 1999, pp.4–5.

的欧洲人和约鲁巴精英都充满了优越感。

法洛拉提到约鲁巴作家中流行一种"约鲁巴属性"（Yorubaness）的观念，这是一种身份认同，表示出身相同、历史悠久和特殊身份的一个族群。这是19世纪分裂战争的背景之一，可以和族群认同相提并论。例如，塞缪尔·约翰逊提供了一份约鲁巴历史的详细记载，把奥约（Oyo）置于中心地位，其他族群置于从属地位。这种轻视了其他部落感受的行为，导致了一些狭隘的嫉妒心理产生，而这种情绪在约鲁巴人中普遍存在。一些学者认为，早期的约鲁巴作家创造出了约鲁巴族的概念，以构建民族主义。这一创造是经过深思熟虑和评估出来的，正如在巴西和塞拉利昂的约鲁巴前奴隶们，产生了一种普遍的集体意识，和其他地方的非洲人完全不同。因此，这些前奴隶们利用写作和语言来宣传他们的身份特征，并在传教士的帮助下更加团结。

法洛拉认为，很多约鲁巴学者反对"创造约鲁巴"这种观念，极力证明约鲁巴意识在19世纪之前就已经存在。对于那些描写泛约鲁巴问题和寻求约鲁巴统一性的人而言，约鲁巴是一个民族共同体。尽管约鲁巴地区存在不同的方言、饮食习惯、鼓乐和歌曲，这些思想家指出约鲁巴形成了独特的族群，利用历史的和文化的论据来支撑他们的观点。在法洛拉看来，最大的理由是他们宣称所有的约鲁巴人都有一个共同的祖先——奥杜杜瓦。伊费城被视为民族的起源地，众多的王朝和城市建立者正是从此地发展延续下去的。文化的相似性也是这种观点的理由之一，例如普遍使用的 oríkì orile（城市的美称）、语言上的相同词汇（不考虑方言的话）、农场的土地占用、国王的权力、城镇的居住习惯、对奥贡（金属之神）和伊发（预言之神）的崇拜、共同的服装风格，以及婚嫁、生育和丧葬的庆祝方式。[1]

殖民统治的建立创造了大量新工作岗位，其中大多数要求具备英语能

---

1 Toyin Falola, *Yoruba gurus: Indigenous Production of Knowledge in Africa*, Trenton, NJ: Africa World Press, 1999, pp. 6–7.

力。随着教育的需求越来越大，殖民政府使英语成为学校授课语言。英语的普遍使用是在 20 世纪，而尼日利亚政府将英语定为官方语言。约鲁巴的作家开始用英语表达他们的精英主义思想，并培养了一批欧洲读者。到 20 世纪，他们用英语写作瞄准更广的国内外读者群。[1]

当英语在尼日利亚盛行时，用约鲁巴语写作的传统延续了下来。尽管遭到了教会和行政相关人员的反对，整个 20 世纪作家依然大量使用约鲁巴语写作。殖民时期学校甚至会教授约鲁巴语。真正的革命发生在约鲁巴写作中：约鲁巴和非约鲁巴的作家们用约鲁巴语写作，无疑是这场革命的主角。其中有塞缪尔·阿贾伊·克劳泽（Samuel Ajayi Crowther），一位 19 世纪时期的自由奴，后来成为圣公会（CMS）主教、著名的行政官员和作家。圣公会在 19 世纪 40 年代早期委任他主管约鲁巴的教会事务。1851 年，圣公会出版了他翻译的《新约全书》译本。1852 年，克劳泽出版了《约鲁巴语的语法和词汇》，显示了约鲁巴语获得巨大进步，在元音、重音和音调上获得很大提升。克劳泽在塞拉利昂和尼日利亚都有办公地点，1864 年他成为主教，1890 年卸任并在一年后去世。

殖民地期间精英阶层的队伍不断扩大，因为他们依然保留着些许特权，以及使用英语和约鲁巴语的能力。他们大多居住在拉各斯，也有不少人在约鲁巴其他地区立足，担当学校教师、教会工作人员和普通职员。他们通过参与殖民地职务或贸易活动获得财富，相对于大多数尼日利亚人而言，许多精英人士享有富足的生活方式。

19 世纪 70 年代，与之前不同的是，殖民政府花费了三十年来暗中侵蚀约鲁巴精英，降低他们的贸易地位，诉诸种族政策来限制他们的公职活动，并且削弱他们在教会的影响力。80 年代的经济萧条导致了棕榈油价格的下跌，并导致了约鲁巴精英地位的边缘化。欧洲的大型公司有足够的实力应对经济冲击，但是经济大萧条却严重影响了拉各斯和其他地区的约鲁

---

[1] Toyin Falola, *Yoruba gurus: Indigenous Production of Knowledge in Africa*, Trenton, NJ: Africa World Press, 1999, pp. 8–9.

巴精英。黑人传教士和白人传教士之间的敌意打破了教堂的权力平衡，紧接着一些本土教堂纷纷建立起来。另外，不断变换的政治局势见证了殖民统治的强行施压，以及大量欧洲人纷纷涌入尼日利亚。这些欧洲人纷纷在殖民政府获取重要职位，或者进入其他专业领域。约鲁巴精英丧失了部分政治特权，并且遭到欧洲人的歧视，欧洲人认为他们比当地人更具优越性。早些年前的友谊消逝，殖民当局开始更多地关注传统的和伊斯兰教的精英，认为他们的威胁性更小。为了重新夺回他们的权力，约鲁巴精英变得更加激进并开始要求改革。教堂里，精英要求获得权力地位或者创建独立教会；职业工作上，精英抗议他们缺少晋升机会，并从属于白人职员。意识到政治动员是他们的最好武器后，约鲁巴精英开始在舆论报道上攻击英国，并且成立了反殖民主义的政治组织。[1]

法洛拉进一步指明，英国殖民当局鼓励这些组织的发展，这样他们就可以利用他们的行政权力决定边界问题、总部位置，以及国王和酋长的级别高低。20世纪二三十年代，殖民地政府出台了智力报告，他们需要寻找知识信息和本土历史学家。作为回应，本土历史学家也会撰写当地的历史。1960年之后，这种思想传统的成功，使那些没有出版地方志的地区开始组织人员撰写地方志。通过效仿专业历史学家，一些1950年后的编年史家提供资料注释或列出参考书目。

三、对尼日利亚史的研究

法洛拉对尼日利亚有发自内心的热爱与牵挂，并不会因为他长期旅居美国而改变，他始终对尼日利亚关切着。他写下了《尼日利亚史》（2008）、《尼日利亚历史字典》（2009）、《尼日利亚的发展计划和去殖民化》等研究尼日利亚的著作。

---

[1] Toyin Falola, *Yoruba Gurus: Indigenous Production of Knowledge in Africa*, Trenton, NJ: Africa World Press, 1999, p.11.

（一）殖民统治与尼日利亚国家结构

2008年，法洛拉在《尼日利亚史》一书中，对殖民前的尼日利亚国家结构提出了五项假设。第一项假设来自考古学证据，数千年来，社会在最开始就是分散的，人们关注的重点在于村落。第二项假设是尽管外来移民将新的物品和观念带进尼日利亚，给尼日利亚的文化、经济和政治都打上了印记，所有的集权或分散的国家都将植根于非洲当地农业经济。第三项假设是在第二个千禧年，伊斯兰教在萨凡纳地区的迅速发展对集权国家的成长做出巨大贡献。法洛拉描绘了伊斯兰教在17世纪末的首次出现，成为今天尼日利亚国家的组成部分，并介绍了19、20世纪前期的尼日利亚历史。第四项假设是关于森林地带的社会状况，那儿的人们从事贸易活动，贩卖当地的物品，诸如盐、木材和可乐果，换取牲畜和其他外国商品，很大程度上受殖民前跨撒哈拉贸易的发展，以及伊斯兰教的影响。法洛拉指出，在西非地区，伊斯兰教的扩张和跨撒哈拉贸易的发展是紧密联系的。10—11世纪之初，伊斯兰教作为长途贩运商所偏好的宗教而兴起，同样地，这些商人也会在经商过程中传教。14世纪的商人和伊斯兰学者，将伊斯兰教和经商活动从尼日尔刚果地区的马里和桑海，扩展到萨凡纳中部的豪萨城邦，这很好地证明了宗教和经济活动之间的联系。在豪萨城邦和博尔诺建立之前，跨撒哈拉贸易继续存在并发展为萨凡纳和萨赫勒地区的重要经济因素，直到20世纪的到来。第五项假设是，到1500年，尼日利亚和周边地区在社会经济、政治和文化交往上都更加复杂，使这一地区成为相互联系的经济实体。[1]

到殖民地时期的尼日利亚（1860—1960），法洛拉进一步指出：英国在19世纪末施加的殖民统治，对尼日利亚国家的现代化起到了至关重要的影响。

---

[1] Toyin Falola and Matthew M. Heaton, *A History of Nigeria*, New York: Cambridge University Press, 2008, pp.16–27.

法洛拉声称到 1860 年的时候，英国人已经在拉各斯驻扎了军队。此后，他们以拉各斯为据点开始干涉其他地区的事务，特别是在尼日尔三角洲地区。20 世纪的最后四分之一时间里，英国人加大了其侵略的步伐，到 1903 年尼日利亚完全沦为殖民地。忽略人民和制度的历史，英国建立了一套行政系统，包括新的官僚体制，并保留了当地的一些政治特色。酋长们管理他们自己的人民，尽管如此，他们还要对殖民政府负责。一些酋长发现他们比之前获得了更高的地位和更多的权力，但其他人却发现他们的权力遭到了剥夺。尼日利亚的现代经济体制也是英国人建立的基础。这一经济体系重视生产经济作物和开采矿产以对外出口。国家的大量收入都是来自农作物出口。为了建立统治地位和获得狭隘的经济目标，殖民政府采取了强制手段。建立在镇压征服的基础上，尼日利亚殖民国家不过是人为建立起来的，由不同种族和其他松散团体组成。因此，尼日利亚从未获得政权合法性，以及来自不同土著群体和民族的信任支持。作为英帝国众多自治领地之一，尼日利亚缺乏统一的中央机构，直到"二战"结束后。因此，在去殖民化阶段，尼日利亚决定在独立后实行联邦制的政治体制，到 20 世纪 50 年代初，东部、北部和南部形成了尼日利亚三大自治区。[1]

至于后殖民时期的尼日利亚国家（1960—1980），法洛拉提出，由于缺少一个强有力的中央政府去抑制过度的民族主义和地方自治，导致了 20 世纪 50 年代地方主义的膨胀，并延续到整个第一共和国时期（1960—1966），管理一个复杂的新国家压垮了新独立的尼日利亚人。法洛拉认为尼日利亚的三个地区中，种族划分和地方主义使他们显得更强大。每个地区的少数族群对多数族群的统治心怀怨恨。尼日利亚北部的中心地区，很多非穆斯林反对豪萨-富拉尼族穆斯林的统治，富拉尼人占据了当地的大多数团体，并且把转向基督教的行为视为一种反抗形式。由蒂夫人反抗尼日利亚清教徒委员会的统治引起，1960 年和 1965 年都发生了政治动机引发

---

[1] Toyin Falola, *Violence in Nigeria: The Crisis of Religious Politics and Secular*, Rochester, NY: University of Rochester Press, 1998, pp. 51–53.

的骚乱。三角洲东部地区的少数族群抱怨伊博人的统治,类似的不满同样存在于西部地区的少数族群中。然而,这些少数族群同样打着自己的政治牌,强迫国家分解三大自治区,而且他们的政客与各种多数派组织联盟以达到他们的目的。[1]

关于现代尼日利亚国家(1980—1997),摆脱了英国殖民统治的尼日利亚,在独立发展的道路上,并没有人们原本预想的那么顺利,不管是政治上还是经济上都是危机四起。法洛拉对此十分痛心,在《尼日利亚史》一书的后记部分,他痛心疾首地说道:"尽管尼日利亚有丰富的自然宝藏和人力资源,但始终无法克服政治动荡和经济落后这两大问题。"[2]

法洛拉认为两个核心问题贯穿了整个尼日利亚的历史——政治和经济,并决定了尼日利亚的未来走向。尼日利亚近几十年来连续几届的军政府、政变和命途多舛的共和政府,20世纪八九十年代发生的一系列政治经济事件,再加上宗教冲突,使得原本就存在的问题更加严峻。法洛拉断言,那些权力弱小者艰难地与政治精英们进行斗争,这些精英从20世纪80年代起就掌控着地方和中央的政治权力。地方政府的权力能获得更高的威望和收益,而整个国家的财政收入反而是持续减少。举例来说,掌握石油的地方部门比其他任何州的州长都更有权势和影响力。如今的政治家们,像以往一样,通过政治获得财富和个人权力,成为滥用职权的受惠者,而不是利用他们的政治权力来发展国家,让人民摆脱贫困。与现代化过程伴随的还有自然资源的严重退化和惊人的失业率,尤其是在南方地区,赞助成了获得重要职位或商业来往的唯一途径。[3]

法洛拉的论调充满感情色彩,公开谴责"尼日利亚作为一个拥有成为世界强国的所有必备资源的国家,却一再出现治理不当和丧失机遇的历

---

[1] Toyin Falola, *Violence in Nigeria: The Crisis of Religious Politics and Secular*, Rochester, NY: University of Rochester Press, 1998, p. 54.

[2] [尼日利亚]托因·法洛拉:《尼日利亚史》,沐涛译,上海:中国出版集团东方出版中心,2010年,第211页。

[3] Toyin Falola, *Violence in Nigeria: The Crisis of Religious Politics and Secular*, Rochester, NY: University of Rochester Press, 1998, pp. 59–60.

史"[1]。这样看来，法洛拉认为尼日利亚的政客们要为贪污腐败和家长式专制制度负责，正如他将这些问题归因于殖民主义的遗产和被西方国家控制的国际金融体系。

（二）殖民统治与尼日利亚的经济发展

尼日利亚在殖民地和去殖民化时期也出台过国家发展计划，然而结果都以失败告终。法洛拉在《尼日利亚的发展计划和去殖民化》一书中采用了经济史的研究方法，详细地调查了计划的起源，以及1940—1960年发展方案在全国施行后的影响。尼日利亚殖民时期有三个发展计划框架：1940—1945年，殖民地的发展和社会福利；1946—1955年，十年计划；1955—1960年，全面发展计划。[2]法洛拉分析了每个发展计划的内容和理念，描述了实施这些计划的机构，对其影响做出评价。这二十年的计划，把工业化排除在外，因此，并没有提高国民人均收入和大多数尼日利亚人的生活水平。更确切地说，负责监管计划实施的英方人员，巩固了尼日利亚经济发展对英国的依赖。他们将重点集中在融资、预期和成果，24项计划方案的设计与实施主要集中于农业，自然资源开发，学校，卫生事业，通讯、电力和供水系统。法洛拉认为计划的主要问题包括：采购过程的不透明性，没能动员公共舆论和利用地方资源，部分计划落实到地方时缺乏对当地的了解，出现发展瓶颈，以及长期的资金不足。

法洛拉采用了一些从尼日利亚的三所档案馆搜集到的政府文件、专业报告、会议记录、年度报告、公开出版物和口头访谈等资料，以及参与过这些计划的退休官员的证词，全面再现了经济发展计划的历史记录。法洛拉叙述了导致计划失败的两大主要因素：一是英国殖民政府，只寻求最低

---

[1] ［尼日利亚］托因·法洛拉:《尼日利亚史》，沐涛译，上海：中国出版集团东方出版中心，2010年，第1页。

[2] Toyin Falola, *Development planning and decolonization in Nigeria*, Gainesville, Florida: University Press of Florida, 1996, p.vii.

目标;二是尼日利亚的精英们,追求的目标过高。第一个主要因素是直到"二战"爆发,殖民者对尼日利亚也没有长期的发展规划,殖民者为尼日利亚发展进行的微弱尝试,仅涉及初级产品的增长。第二个因素是殖民前的计划合法化了政府干涉和控制经济[1],结果是高估了的外汇汇率、控制贸易管理和效率低下的国有企业一直延续至今。法洛拉在最后记下了沉重的一笔:很少有人能够预见到这段历程的混乱失控,而他们的愿景需要足够的时间来实现。[2]对法洛拉而言,殖民前的计划对国家的迅速改变抱有太高期望,但没能规划出一个清晰明确的图景,希望注定要落空。

法洛拉十分注重统计数据的使用。仅在《尼日利亚的经济改革和现代化,1945—1965》一书中就运用了44份表格,几乎全方位展现了尼日利亚独立前的经济发展情况。它们大多取自政府出版物,其中13份用在正文中,剩下的31份列在附录中,把这些统计指标搜集到一本单独的书中十分实用,也方便读者查阅。但是法洛拉也意识到这些数据的局限性,并引用斯托尔珀(W.F. Stolper)的名著《脱离实际的计划:尼日利亚发展中资源配置的教训》来反讽并赞同其观点[3],这是一部没有关于尼日利亚的关键信息,却尝试写一份发展计划的书。

20世纪40—70年代这段时间尼日利亚的一系列发展计划都是精心制订的,但是收效甚微。无能的精英达成一致阻碍计划的成功推行,同时专家们承受着实现政治目标的巨大压力,而不是达成实际的目标。另外,制订计划的专家们不是计划的施行者,使问题更加严重。领导者们只在乎政治资本而不顾计划的推行是否现实。[4]

法洛拉认为,当时的英国面临着经济危机,并在"二战"后欠美国巨

---

1 Toyin Falola, *Development planning and decolonization in Nigeria*, Gainesville, Florida: University Press of Florida, 1996, pp. 158-160.

2 *Ibid.*, p. 177.

3 W.F. Stolper, *Planning Without Facts: Lessons in Resource Allocation from Nigeria's Development*, Cambridge, 1966.

4 Toyin Falola, *Economic reforms and modernization in Nigeria, 1945-1965*, Kent, Ohio: Kent State University Press, 2004. p. xii.

额债务,事实上对任何尼日利亚的经济发展都没有兴趣,而尼日利亚人则抱怨他们被剥削的处境。因此,英国人为了缓解矛盾,推出了一个迅速转变尼日利亚经济和政治的方案,导致了20世纪50年代的权力交接,即权力由英国殖民者转向尼日利亚第一代新的政治权贵。当时的发展理念和措施主要在使尼日利亚能够发展基础设施、公共医疗服务、教育和工业——现代化的第一个关键步骤。经济发展问题在尼日利亚早期的议程中已经提出。对大多数尼日利亚人来说,发展的定义就是赚更多的钱,住更好的房子,穿好看的衣服,吃得健康,并且能够送他们的子女上学。对他们而言,独立意味着贫困的终结。不幸的是,殖民主义的结束带来了族群间的激烈争夺,而不是对新殖民主义的对抗。结果,人们把对经济发展的关注,转移到观察他们新的政治领导人会如何使用他们赢得的权力。"政治家们的目的让人疑虑:获得权力是为了得到劫掠财富的手段,而不是提高穷人的生活水平。"[1]

关于石油产业对尼日利亚经济发展和结构调整的影响,法洛拉认为石油对于尼日利亚来说既是福也是祸,特别是1965年以后石油对尼日利亚发展的影响。在给尼日利亚带来巨大财富的同时,石油也将尼日利亚变成了一个食利国家。[2] 法洛拉陈述了一个事实,而不是说尼日利亚不靠石油也可以发展很好。日渐膨胀的石油收益,导致各种利益集团争相控制石油部门,损害了其他生产部门,尤其是农业。石油收益对尼日利亚联邦区域收入分配的影响,这点十分重要,特别是考虑到不同政策的基础,可能被领导人用来当作在三个选区获得政治支持的筹码。用法洛拉的话说,"石油收入才能够使国家存活下去,并且让国民想象一个更美好的未来。然而,石油资金也容许了一小部分统治阶层享有高度政治自主权,同时却侵犯了大多数人的权利"[3]。

---

[1] [尼日利亚]托因·法洛拉:《尼日利亚史》,沐涛译,上海:中国出版集团东方出版中心,2010年,第212页。
[2] 同上,第134页。
[3] 同上,第224页。

对尼日利亚的发展前景,法洛拉并不乐观,他认为"变革是不可避免的,但要达到预期的结果很难"[1]。政治上的腐败、行政官员的能力低下、石油经济的混乱管理,以及宗教暴力冲突都在不断消耗着尼日利亚,造成国家的日益羸弱和民众的分裂。法洛拉认为尼日利亚要先实现民主和法治,才能真正使国家的形势好转。

(三)尼日利亚的暴力事件

尼日利亚的暴力冲突事件十分频繁,一方面,是来自底层民众的起义斗争,比如1929年由阿巴妇女发动的反抗殖民税收和其他不公平待遇的战争,或者由政变而引发的1967—1970年席卷全国的比夫拉内战;另一方面,更多的是由于宗教和种族问题而产生的各种冲突,比如巴班吉达政府时期(1985—1992),由于巴班吉达加入伊斯兰会议组织(OIC),引起基督徒和穆斯林之间爆发了多次大规模冲突。而尼日利亚独立后的状况就像一个濒临爆炸的炸药桶,不断受到一系列充满破坏性和暴力的事件冲击。法洛拉研究了暴力在尼日利亚的地位,时间跨度从19世纪末英国人的入侵到"二战"结束后激进的民族主义运动的蓬勃开展。对殖民时代给独立后的尼日利亚留下的暴力遗产进行了简要的思考,试图阐明这些暴乱的本质和特点。

关于殖民时期的暴力行为,及殖民政府任意使用暴力手段,他在《尼日利亚的殖民主义和暴力》一书中指出"殖民统治者不常见的、非典型的沉默和不情愿"[2]应为20世纪40年代的武装镇压行为负责。法洛拉充分揭露了尼日利亚殖民时代的暴力行为。

法洛拉没有过多讨论战术策略。反之,他成功地利用有限的资源来确认尼日利亚政治、经济和文化的整合,并且从当时的背景出发,来解释英

---

[1] [尼日利亚]托因·法洛拉:《尼日利亚史》,沐涛译,上海:中国出版集团东方出版中心,2010年,第218页。

[2] Toyin Falola, *Colonialism and Violence in Nigeria*, Bloomington: Indiana University Press, 2009, p.167.

国殖民者和尼日利亚统治集团使用暴力的原因。其中一项贯穿整本书的线索是殖民政策对普通尼日利亚人的经济影响。另外，种族意识在授权维护殖民暴政中起到重要作用，不可避免地，在殖民地造成了民众的反抗，其中妇女是反抗的重要力量。法洛拉对尼日利亚南部的研究要远远超过北部，主要介绍了索科托哈里发国（Sokoto Caliphate）的冲突，后面的内容只偶尔提及北部地区，通常是在税务问题、间接统治和民族主义运动方面与南部地区进行比较。英国人的入侵和尼日利亚政治家们的早期抵抗，强调了暴力行动在巩固殖民统治和非洲人的反抗斗争中的体现，尤其是抗税运动。

1929年阿巴妇女的反抗运动，毫无疑问是尼日利亚殖民地时期非洲和欧洲关系中最重要的事件之一。1929年11月，数千名来自本代（Benda）地区的妇女拉开了反抗序幕，抗议委任酋长限制了妇女在政府中的作用。作者通过延伸暴力的定义创造概念空间，暴力不仅是物质力量，而且包括"由于人格侮辱导致的暴力反应"[1]，以此来反对殖民统治时期将民族主义者和工人视为"暴力组织"的背景。托因·法洛拉和亚当·帕多克（Adam Paddock）在《1929年的妇女战争》中给读者细致分析了1929年妇女反殖民运动和20世纪30年代的其他反抗运动。他们提供给读者一份经济结构和政治现实的详细清单，正是这些导致了反抗运动。他们阐述了女性是如何利用文化因素表达她们的抗议，以及这次运动对英国的殖民政策产生了怎样的长期影响。他们最大的贡献在于收集了大量相关的一手资料。有志于从性别角度研究尼日利亚殖民时期反抗运动的学者，可以从这些资料中获得很大帮助。

女性在殖民前的地位，为理解她们反抗活动和阿开木（Oloko）叛乱这一特殊事件的爆发提供了历史背景。英国控制了尼日利亚东南部，并企图在这一地区建立霸权。法洛拉分析了英国人驻扎在伊博人中间，而争端的关键在于这一地区的税务开征问题；还分析了反抗运动的表面原因，以及

---

[1] Toyin Falola and Adam Paddock, *The Women's War of 1929: A history of anti-colonial resistance in eastern Nigeria*, Durham NC: Carolina Academic Press, 2011, p. ix.

那些女性参战的动机。历史学家和女权主义者认为 1929 年妇女战争主要是由政治不平等引起的，与主流历史学界观点相反，法洛拉认为经济而非政治原因是导致这些农村妇女起义的重要因素。虽然起义爆发有政治、经济和文化多方面的原因，但导火线是税收制度的引进。[1]

尽管殖民当局将妇女反抗运动认定为扰乱正常秩序，并对参与起义的社区施行"集体惩罚"。但妇女们认为自己是当地社会结构和殖民地政治的重要组成部分。这种自我认同在发展对话和辩论中十分重要，它将妇女们的行动与她们的权利意识联系起来，支持传统的价值观，拒绝那些被视为霸权的、外国的和欧洲的观念。尽管是暴力的反抗行为，但妇女战争让这些女性发出了自己的声音，也让人们认识到了非洲女性是如何敢于反抗压迫和不公。

在法洛拉的研究中，宗教冲突和暴力事件在尼日利亚的起因、结果和解决方案也是他的关注对象。为了理解这些现象，在《尼日利亚的暴力事件：宗教政治和世俗意识形态的危机》一书中，法洛拉采用跨学科的研究方法，从经济、历史、政治和宗教相关方面展开研究，诸如尼日利亚的政治动荡、多元化差异、贫穷、现代化、外交事务和军队情况。通过交互式研究手段来展现宗教暴力的制度化，以及伊斯兰教和基督教对宗教控制权的长期激烈争夺，这些都不断威胁着尼日利亚国家的和平与共存。书中全面独到地研究了尼日利亚当前面临的各种宗教暴力冲突事件，包括穆斯林内部矛盾冲突，穆斯林和基督徒的暴力冲突，宗教与种族冲突，过激言辞和仇恨言论，以及宗教机构的暴力鼓动等。[2]

法洛拉并没有探讨宗教和政治这两个重大问题的各个方面，而是围绕着暴力和冲突这两个关联的主题展开讨论。法洛拉认为宗教冲突并不是仅仅在尼日利亚存在的现象，同时他指出尼日利亚社会在种族、信仰和文化

---

[1] Toyin Falola and Adam Paddock, *The Women's War of 1929: A history of anti-colonial resistance in eastern Nigeria*, Durham NC: Carolina Academic Press, 2011, pp. 221–253.

[2] Toyin Falola, *Violence in Nigeria: The Crisis of Religious Politics and Secular Ideologies*, Ann Arbor: University of Michigan Press, 1998, p. vii.

的多元化特征，使其极易受到宗教冲突的侵袭。书的关注重点在尼日利亚北部，事实上大部分的宗教暴动都发生在这里，法洛拉称之为"尼日利亚最危险的地区"[1]，虽然这样的论断有些过于直接。伊斯兰教是法洛拉研究的重点，此外他强调基督徒和穆斯林的冲突，以及穆斯林之间的冲突，关于基督徒之间的冲突提到的很少。书中展示了宗教信仰是如何强化种族划分的，强调了不同信仰团体所划定的身份认同。没有像大多数学者那样着重于宗教教义和宗教活动，法洛拉论述了尼日利亚独立后的国情和问题，暴力冲突成为尼日利亚社会崩坏、经济衰退和政治惨淡的主要原因。他展现了尼日利亚统治阶层是如何通过宗教获得权力、削弱政治、巩固选民，在各个方面加强种族身份认同，导致了无法挽回的严重后果。

法洛拉在尼日利亚进行了大量的实地访问。他和他的研究助手们通过访问上百名宗教冲突的受害者、宗教领袖、政治家和军队人员，以及其他一些尼日利亚政局的关键人物，搜集了丰富的材料。他们还在发生伊斯兰教徒和基督教徒暴乱的主要地区收集到复杂详细的人类学数据。法洛拉进行的大量独立研究有力证实了他的中心论题，即宗教分歧在尼日利亚将基督徒和穆斯林分离，而长期存在的内部宗教冲突进一步分裂了民众。

最后，按照法洛拉的观点，各种因素导致了上述情形的出现。第一，由于复杂的种族差异，造成伊斯兰教和基督教的信徒分布不均。尼日利亚北部（不包括中部，即所谓的中间地带）大多是穆斯林，南部地区则主要是基督徒。结果导致宗教暴力制度化，以及伊斯兰教和基督教对宗教控制权的激烈争夺，这些都对尼日利亚的政权造成消极影响。

第二，19世纪由英国人创造出来的尼日利亚国家，把不同种族、信仰和文化的人聚到一起，置于一种单一的政治实体统治之下。在殖民统治时期，伊斯兰教和基督教发展迅速。然而，英国人的宗教偏向使基督徒在尼日利亚享有特权，形成一种新的精英阶层，他们掌握了后殖民时期的国家经济和政

---

[1] Toyin Falola, *Violence in Nigeria: The Crisis of Religious Politics and Secular Ideologies*, Ann Arbor: University of Michigan Press, 1998, p. 295.

府。这种情况引起了穆斯林的强烈不满。

尽管如此,法洛拉提醒道,在尼日利亚政体形成之前断言尼日利亚没有宗教问题将会产生误导。正如他指出的那样,数世纪以来,这块成为现代尼日利亚的地方见证的紧张关系要多于和平局势。就拿19世纪来说,乌苏曼·丹·佛迪奥[1]以圣战的名义创造了索科托哈里发帝国,成为西非最大的国家,直到1903年被英国殖民者征服。同样,20世纪50年代期间,尼日利亚北部的地方势力企图将伊斯兰教扩大到中部地区,结果遭到十分强烈的抵制。

为了解决尼日利亚的宗教冲突,法洛拉呼唤建立一个切实可行的民主国家。他承认,这样的一个国家也许不能成为解决问题的灵丹妙药,但法洛拉认为,鉴于宗教冲突的分歧不和,以及尼日利亚的国情,这是最有希望的出发点。他试图提出国民宗教的概念作为解决方法,认为尼日利亚宗教冲突的解决应该建立在一个能独立生存的国家。他试图用国民宗教、身份认同这些概念解决尼日利亚宗教冲突问题,比较有争议。但法洛拉的贡献不在于提供解决宗教冲突的策略和选择,更不在于它试图将宗教冲突视为尼日利亚的合理危机,而是在于详细叙述了尼日利亚社会中的各种宗教冲突,以及宗教压力给尼日利亚造成的困难和挑战。

四、对非洲史学的研究

法洛拉对非洲历史的研究涉猎非常广泛,他不断地拓宽非洲史学的研究领域。密西西比州立大学历史学教授G.N.乌佐伊威(G.N. Uzoigwe)说道:"法洛拉是优秀非洲人和历史学家的化身,他和其他历史学家的不同之处在于,他以充沛的精力、无限的智慧、闪光的人格魅力,几乎挑战了史学的各个领域。"[2]这其中,就包括非洲史学,他对非洲城市史、非洲疾病史、

---

[1] 乌苏曼·丹·佛迪奥(1754—1817),西非伊斯兰教学者、政治家,富拉尼帝国的缔造者。
[2] Niyi Afolabi, ed., *Prologue to Toyin Falola: The Man, the Mask, the Muse*, Durham, NC: Carolina Academic Press, 2010, p.xiii.

非洲环境史和妇女史都有涉及，这与20世纪70年代以后国际史学的文化转向是相吻合的，因为法洛拉长期在美国德州大学奥斯汀分校工作，对国际史学的转向感觉更为直接和敏锐。

（一）对非洲史学史的研究

法洛拉著《非洲历史大事件》，该著作列举了史前时期到当代非洲的36件重大历史事件，供高中生和大学生学习非洲历史时参考。该书用10个题目（分别是史前史、农业革命、古埃及文明、铁器时代与班图人的扩张、库施和阿克苏姆的兴起、在北非的希腊人和罗马人、埃塞俄比亚基督王国的出现、伊斯兰教的传播、西非王国、斯瓦希里城市的兴起）对非洲悠久的历史做了比较充分的反映。法洛拉说："即使是在一个世纪以前，说非洲有丰富的历史是不可能的，因为那时人们相信非洲没有历史值得撰写。"[1]

18世纪早期，英国讽刺作家J. 斯维夫（Jonathan Swift）写了一首关于非洲的诗：

> 地理学家在绘制非洲地图时，
> 常常用野蛮人的图片填充空隙。
> 当没有什么城镇可画时，
> 就用大象来代替。[2]

持续了4个多世纪的大西洋奴隶贸易，使得非洲损失了大量的青壮年人口，超过1300万人被带离非洲大陆，还有大量的非洲人死于猎奴战争和运输途中。法洛拉认为这是"非洲的灾难"[3]。奴隶贸易带来了非洲人口的世界流动，非洲人分布到美国、加勒比、拉丁美洲、欧洲和亚洲。美洲的

---

[1] Toyin Falola, *Key Events in African History, A Reference Guide*, London: Greenwood Press, 2002, pp. 3-4.

[2] Robert Stock, *Africa South of the Sahara: A Geographical Interpetaion*, New York: The Guiford Press, 1995, p. 13.

[3] Toyin Falola, *Key Events in African History, A Reference Guide*, London: Greenwood Press, 2002, p. 110.

物种，如木薯、玉米和甜薯等传到了非洲。

关于非洲史学史，早在 1993 年法洛拉就主编了《非洲史学：向雅各布·阿德·阿贾伊致敬文集》。阿贾伊是非洲独立后第一代历史学家，他对 20 世纪非洲史学的发展做出了重大贡献。法洛拉出版这部著作，总结阿贾伊的学术成就，向阿贾伊致敬。作者当中有阿贾伊同时代的历史学家，如兰杰和阿拉戈，也有阿贾伊以前的学生，如阿菲格博教授、拉斯特博士和奥莫莱娃（Omolewa）教授。[1] 该著作实际上是对 20 世纪非洲史学的梳理和总结，涉及非洲口述历史、殖民主义史学、非洲教会史学、伊巴丹史学流派、非洲主义者史学（Africanist historiography）和 20 世纪 80 年代非洲史学的新发展等。该书是研究 20 世纪非洲史学发展的一本重要的参考书。

法洛拉本人在该书中撰写了第七章"阿贾伊论塞缪尔·约翰逊"。塞缪尔·约翰逊是尼日利亚约鲁巴历史学家，1897 年写成《约鲁巴史》一书。该书于 1921 年出版，因为它是第一本研究约鲁巴历史的专著，所以，成为约鲁巴历史的"标准读物"（standard text）[2]，影响深远。阿贾伊的第一篇论文发表于 1964 年，写的内容就是研究塞缪尔·约翰逊，文章的标题是《塞缪尔·约翰逊：约鲁巴历史学家》，他说："他（指塞缪尔·约翰逊）没有经过正规的历史训练，但他卓越的历史意识，尤其是在以史诗题材歌颂（约鲁巴）烂漫事件和英雄人物之时。"[3]

2002 年法洛拉与杰宁斯（Christian Jennings）合编了《非洲化的知识：非洲研究突破陈规》。该书也基于一次研讨会，即 2001 年 3 月 30 日至 4 月 1 日在得克萨斯州立大学奥斯汀分校召开的"通往非洲过去的蹊径"。该书第一篇是阿铁诺-奥迪安波（Atieno-Odhiambo）写的《从非洲史学到非洲历史哲学》。[4]

1　Toyin Falola, ed., *African Historiography: Essays in honour of Jacob Ade Ajayi*, Harlow: Longman House, 1993, p. vi.

2　*Ibid.*, p. 80.

3　J. Ade Ajayi, "Samuel Johnson: Historian of the Yoruba", *Nigeria Magazine*, Vol.81, June 1964, pp. 141-146.

4　Toyin Falola and Christian Jennings, eds., *Africanizing Knowledge: African Studies Across Disciplines*, New Brunswick: Transaction Publishers, 2002, pp. 13-64.

（二）对非洲经济史和城市史的研究

法洛拉在非洲经济史、文化史方面成就显著。奥耶巴德认为法洛拉在殖民地经济的研究中，不仅全面长久地影响了政治经济学科，更是推动了对殖民经济史的认识。[1]

关于非洲城市史的研究，2005 年，法洛拉与斯泰文·萨勒姆（Steven J. Salm）联合主编《历史视野下的非洲城市空间》一书。这是一部研究非洲城市史的著作，是一本论文集。法洛拉在该书的前言中说："非洲有着漫长而丰富的城市化的历史，长达数千年。在欧洲殖民者到来之前，城市长期存在于古埃及、西苏丹、尼日利亚、埃塞俄比亚、东非城邦和南部非洲。"[2] 该书的论文主要来自 2003 年在得克萨斯州立大学奥斯汀分校召开的非洲城市史研究会议。该书分为四个部分：第一部分解决一些城市空间等概念问题；第二部分探讨肯尼亚、南非等地非洲城市空间的种族和族群因素；第三部分探索非洲城市发展的复杂性；第四部分聚焦非洲城市社会的问题。对非洲城市史的研究可以追溯到 20 世纪 60 年代，阿金·马博古杰（Akin Mabogunje）著的《尼日利亚城市化》是非洲城市史研究的先驱。

（三）对非洲医疗史、环境史和妇女史的研究

关于非洲医疗史的研究，2007 年，法洛拉与马修·希顿（Matthew M. Heaton）联合主编《艾滋病、疾病和非洲人的健康》一书。该书是一部论文集，论文主要来自在 2005 年 3 月在得克萨斯州立大学奥斯汀分校召开的"非洲卫生和疾病"研讨会。[3] 该书分为四部分：讨论的语境；非洲疾病个案

---

[1] Adebayo Oyebade, ed., *The Foundations of Nigeria: Essays in Honor of Toyin Falola*, Trenton, NJ: Africa World Press, 2003, pp. 2–3.

[2] Steven J. Salm and Toyin Falola, eds., *African Urban Spaces in Historical Perspective*, Rochester: University of Rochester Press, 2005, p. xi.

[3] Toyin Falola and Matthew M. Heaton, eds., *HIV/AIDS Illness and African Well-Being*, Rochester: University of Rochester Press, 2007, p. ix.

研究；全球化、发展和卫生；艾滋病。法洛拉与希顿为全书写了概述，对全书做了介绍。[1]

关于非洲环境史，法洛拉与艾米里·布劳内尔（Emily Brownell）合编了《殖民和后殖民时代非洲的景象、环境和技术》。这是一本论文集，论文主要来自一次学术研讨会，即2009年在得克萨斯州立大学奥斯汀分校召开的"科学技术和环境在非洲"研讨会，关注非洲环境史。[2]

关于妇女史，2012年法洛拉和娜娜·安朋莎（Nana Akua Amponsah）合著《撒哈拉以南非洲妇女的角色》。非洲妇女史历史悠久，在古代非洲产出了杰出的非洲女性领导人，如在古代阿克苏姆王国有著名的示巴女王（Queen Sheba），在17世纪中叶的安哥拉，恩东戈（Ndongo）女王恩津加，在马坦巴（Matamba）建立巩固的基地，抗击葡萄牙殖民入侵，保家卫国。[3] 该著作分为七章，分别是妇女与恋爱婚姻、妇女与家庭、妇女与宗教、妇女与工作、妇女与艺术文学、妇女与政府、妇女与教育。

本章小结

法洛拉是一名跨世纪的非洲历史学家，他在20世纪下半叶业已成名，进入21世纪，他继续研究非洲历史，至今也没有搁笔。

法洛拉身份上集本土学者与海外学者于一身，感情上和实践上还是以非洲为中心，反对欧洲中心论。法洛拉以其丰富著作跻身于当代知名非洲史学家的行列。他是一位充满活力的学者，他以极大的热忱和充分的证据来赞扬非洲的历史和文化转型。作为一位尼日利亚人，他从历史的和文化的视角，来总结过去二三十年以来的非洲研究。尽管有大量的非洲学者致力于非洲的知识进步

---

[1] Toyin Falola and Matthew M. Heaton, eds., *HIV/AIDS Illness and African Well-Being*, Rochester: University of Rochester Press, 2007, pp. 3–15.

[2] Toyin Falola and Emily Brownell, eds., *Landscape Environment and Technology in Colonial and Postcolonial Africa*, New York: Routledge, 2012, p. 1.

[3] Toyin Falola and Nana Akua Amponsah, *Women's Roles in Sub-Saharan Africa*, Oxford: Greenwood, 2012, pp. 2–3.

和团结，但非洲的本土学者在欧美学界往往容易被忽视，因为欧美学界认可的是出版物的数量，并要求是英语或法语作品。法洛拉出众的语言能力也是他获得巨大成就的原因之一，并且他的学识和成就被其他所有非洲大学的同事认可。法洛拉的研究对非洲史学的发展演进贡献巨大，与此同时，大多数非洲本土的学者们往往缺少充足的图书馆资料、稳定的出版环境和便捷的网络设施。他发出了非洲人的声音和观点，这极大修正了欧洲和北美学者们所使用的材料，并经常以其出众的文采、创造性的研究思路引发欧美学界的共鸣。法洛拉对现代化和经济发展理论中的欧洲中心论所进行的反驳同样十分令人惊叹。[1]

法洛拉是一名承前启后的非洲历史学家，在他的身上体现了继承与发展。他的反思和批判的观点，得益于阿贾伊、阿拉戈等前辈建立的优良尼日利亚史学传统。法洛拉热衷于传播非洲知识，致力于普及扩大非洲史的研究，并且在研究方法上对非洲研究做出巨大贡献。他所进行的广泛研究鼓舞了非洲人民，极大地促进了非洲人对非洲历史和非洲文化的理解。

---

[1] Adebayo Oyebade, ed., *The Transformation of Nigeria: Essays in honor of Toyin Falola*, Trenton, NJ: Africa World Press, 2002, p. xiii.

第十三章

非洲史研究在中国

中国与非洲交往的历史源远流长，但中国的非洲史研究起步比较晚，大致肇始于新中国成立之后。1955年的万隆会议促进了新中国与非洲邦交关系的开启，加之非洲民族独立运动的高涨，中国视非洲为外交上的依靠力量。从这时候起，我国开始重视对非洲的研究，一批从事世界史其他专题研究的学者转到非洲史领域。

时至今日，中国的非洲史研究已经走过半个多世纪的历程，尽管中间遭受"文革"的冲击，但是经过几代非洲研究者的不懈努力，取得了可喜的成绩；与此同时，我们也应该清醒地认识到中国的非洲史研究与国际水平相比，仍然存在着较大的差距。中国的非洲史研究和国内其他的历史领域相比起步比较晚，研究力量也比较薄弱，但是对于非洲史自身的研究总结的文章还是比较多的，比较重要的有这样一些，详见注释。[1]

---

[1] 参见许永璋：《四十年来我国的非洲史研究》，《郑州大学学报》（哲学社会科学版）1989年第5期，第110—118页；郑家馨：《近年国内的非洲史研究》，《世界历史》2006年第1期，第111—112页；李安山：《20世纪中国的非洲研究》，《国际政治研究》2006年第4期，第108—129页；张宏明：《中国的非洲研究发展述要》，《西亚非洲》2011年第5期，第3—13页；沐涛：《非洲历史研究综述》，《西亚非洲》2011年第5期，第14—18页；刘兰：《十一五期间非洲史研究状况》，《世界历史》第4期，第128—131页。舒运国在《非洲史研究入门》（北京：北京大学出版社，2012）一书中专门论及国内非洲史研究状况。

一、中国非洲史研究的基本历程

近代中国学者对非洲已经做了局部的研究。张星烺先生1930年出版的《中西交通史料汇编》，共有6册，其中涉及古代中非关系史；岑仲勉先生在1935年的时候发表了中非关系的文章，他是写唐朝时候中非交往的情况。1936年吴遵存、谢德风著《阿比西尼亚国》（上海正中书局1936年版），这是一本研究埃塞俄比亚历史、地理、民族、政治、经济、宗教和文化的书，当时正值意大利法西斯入侵埃塞，中国也面临日本侵略的民族危机，在书中作者对埃塞抗击意大利法西斯的入侵表示出强烈的同情。李安山教授认为此书是"第一部由中国学者所著的关于非洲的著作"[1]。20世纪40年代初，还有两本关于非洲的通俗性著作问世，即黄曾樾著的《埃及钩沉》（商务印书馆1940年版），任美锷、严钦尚著的《苏伊士大运河》（上海道中书局1941年版）。民国时期，中国学者对非洲的介绍和研究十分有限，据统计，共出版有关非洲的著作19种，含译著14种，通俗读物5种。[2] 总之，新中国成立之前国人对非洲处于感知的阶段，缺少深入系统的研究，对非洲的了解都是部分的、片断式的。

1949年新中国成立以后，中国对非洲的了解和研究也进入了新的阶段。这一时期主要偏重于民族解放运动史的研究，意识形态色彩很明显，为我们国家外交服务的特点也是比较明显的，民族解放运动史研究的文章也比较多。

20世纪50年代中期，随着非洲民族解放运动的兴起和发展，特别是万隆会议的召开，为了加强对非洲的研究，一批从事世界史研究的学者转到非洲史领域。如北京大学杨人楩先生原先研究法国史，中国社科院西亚非洲所的吴秉真先生最初从事英国问题研究，华东师范大学历史系艾周昌先生早年从事亚洲史的教学和研究。他们纷纷响应国家的号召，转到非洲

---

[1] 李安山：《20世纪中国的非洲研究》，《国际政治研究》2006年第4期。
[2] 张毓熙编：《非洲问题研究中文文献目录，1990—1996》，中国社科院西亚非洲所、北京大学亚非研究所、中国非洲史研究会，1997年，第258—259页。

史的研究领域。

进入20世纪60年代以后，我国非洲史研究的一个重大举措是，1961年中国科学院哲学社会科学部设立亚非研究所，这是今天西亚非洲所的前身，该研究机构的成立对中国非洲的研究起到了非常好的推动作用。此外，1962年成立了中国亚非学会，1964年北京大学成立了亚非研究所。这一时期，也出现了非洲史研究的一些成果，代表性的有：著名的阿拉伯史专家纳忠先生出版的《埃及近现代史》(1963)，该书是新中国成立后出版的第一部非洲国别史专著，具有很高的学术价值；张铁生先生出版的《中非交通史初探》(1965)，这是一部古代中非关系的论文集，也是中国学者研究中非关系的开拓之作。此外，还有一些重要论文的发表，如张芝联先生的《1904—1910年南非英属德兰斯瓦尔招用华工事件的真相》(《北京大学学报》1956年第3期)、顾章义的《第二次世界大战与非洲的觉醒》(《历史研究》1963年第5期)、陆庭恩的《关于殖民主义者贩卖黑人的若干史实》(《学术月刊》1964年第6期)、艾周昌的《美国对非洲的早期侵略》(《人民日报》1965年)。

"文革"时期，我国的非洲史研究工作和其他学科一样，受到了很大的冲击，基本处于停顿状态。值得一提的是，在"文革"后期，在中央的领导下，组织力量翻译了一批有关非洲史的著作，比如巴兹尔·戴维逊的《古老非洲的再发现》、罗伯特·罗特伯格的《热带非洲政治史》、费奇的《西非简史》、理查德·格林菲尔德的《埃塞俄比亚新政治史》、西克·安德烈的《黑非洲史》，等等。这些书尽管是40多年前翻译的，到现在还有一定的参考价值。

1978年以后，随着中国改革开放的不断推进，中国的非洲史研究逐渐进入了蓬勃发展的新阶段，从而进入到一个真正研究非洲的阶段。主要有三个方面的表现：

第一，形成了一支非洲史研究队伍。在改革开放之前，中国研究非洲历史的学者寥寥无几。改革开放之后，这种情况有了很大的改观。1980年3月17—23日，中国非洲史研究会成立大会暨学术讨论会在湖南省湘潭市举行，宣告了中国非洲史研究会的成立。[1] 经过三十多年的发展，到 2018 年底，中国非洲史研究会的会员逾 300 人，他们主要为高校教师、科研机构的研究人员和政府部门从事涉非工作的人员。现在，一个重要的变化是，随着中国国力的不断增强，中国的非洲研究者到非洲实地考察的比例越来越高，越来越容易。

第二，形成了一批新的研究平台。2011 年教育部设立 42 家区域和国别研究培育基地，北京大学非洲研究中心、浙江师大非洲研究院和上海师大非洲研究中心 3 家单位榜上有名。稍后，外交部又推出中非智库 10+10 合作伙伴计划，中国社会科学院西亚非洲研究所等 10 家单位成功入选其中。从学术刊物来看，除了传统的《西亚非洲》之外，一些机构还有以书代刊的形式，如北京大学非洲研究中心的《非洲研究评论》，浙江师范大学非洲研究院的《非洲研究》，上海师大非洲研究中心的《非洲经济评论》。近年来，非洲史领域的国家社科基金逐渐增多，甚至在重大招标项目上也有新的斩获，如 2014 年舒运国教授领衔的多卷本《非洲经济史》，2016 年沐涛教授领衔的《中非关系历史文献和口述史料整理与研究》。

第三，发表了一批有较高学术价值的专著和论文。专著有杨人楩的《非洲通史简编》(1984)，杨灏城的《埃及近代史》(1985)，陆庭恩的《非洲与帝国主义》(1987)，艾周昌、陆庭恩主编的《非洲通史(三卷本)》(1995)，郑家馨主编的《殖民主义史·非洲卷》(2000)，李安山的《非洲华侨华人史》(2000)，等等。此外，还发表了非洲史的一些重要学术论文，如彭家礼的《清末英国为南非金矿招募华工始末》(《历史研究》1983 年第 3 期)、艾周昌的《近代时期的中国与非洲》(《西亚非洲》1984 年第 1 期)、何芳川的《层檀国考略》(《社会科学战线》1984 年第 1 期)、李安山的《20 世纪的中国非洲研究》(《国际政治研究》2006 年第 4 期)、许永璋的《我国古籍中关于非洲的记载》(《世界历史》1980 年第 6 期)，等等。

---

[1] 宁骚:《三十而立，奋发有为——纪念中国非洲史研究会成立三十周年》,《中国非洲史研究会三十年》编委会:《中国非洲史研究会三十年》(未刊稿)，北京，2011 年，第 3 页。

这一时期，中国学者在研究非洲的同时，继续将国际上研究非洲历史的最新成果翻译介绍给中国读者，最著名的是将联合国教科文组织编写的八卷本《非洲通史》译成中文。经过中国非洲史研究界的通力合作，特别是中国非洲史研究会的大力协助和支持，自1984年出版中文版的《非洲通史》第一卷，耗时近二十年，至2003年，八卷本《非洲通史》全部面世，极大地丰富了中国学者和民众对非洲历史的认识。

二、研究的主要议题

非洲史研究里涉及的面很广，比如政治、经济、文化、军事等，甚至在经济方面还可以细化到商业史、农业发展史等。概括起来，国内研究学者所涉及的非洲史研究领域大致有十个方面。

（一）非洲通史

新中国成立后，中国学者以马克思主义为指导，努力编写出具有中国特色的非洲通史，为高校的教学和非洲史的普及服务。自20世纪60年代起，杨人楩先生在北京大学讲授非洲史，在讲稿的基础上写成《非洲史纲要》初稿。杨先生去世后，北京大学历史系的郑家馨、陆庭恩等教授对原书稿进行修改和整理，将该书正式出版，书名为《非洲通史简编》。这部书从远古写到1918年，资料丰富、观点公允，具有很高的学术价值。

在20世纪80年代，还有一部中国学者集体编写的《非洲通史》（北京师范大学出版社1984年版）。这是为适应高校开设非洲史课程的需要，中国非洲史研究会委托国内16所高校的专业教师，集体编写的一部教材。全书分古代、近代、现代3个部分，内容比较全面系统，叙述简明扼要。陈翰笙先生题名，纳忠先生作序。该书有助于非洲史的教学以及社会对非洲历史的了解。

1990年艾周昌先生受国家教委委托，又和北京大学亚非研究所所长陆庭恩教授联合编著了《非洲史教程》，作为高等学校文科教材。由于该书写作严谨、观点公允，尽管出版已有二十多年，至今仍然被当作大学非洲史的教科书使用。

由艾周昌、陆庭恩担任总主编的三卷本《非洲通史》（华东师范大学出版社 1995 年版），也是集体之作，反映了 20 世纪 90 年代中国非洲史研究的最高水平。该书是我国"七五"哲学社会科学重点研究课题，几乎动员了全国的非洲史研究力量，历经十年完成。它由古代卷、近代卷和现代卷 3 本组成，近 200 万字，采用历史发展的统一性和多样性相结合的手法，系统介绍了非洲的发展历史，在非洲奴隶贸易、古代印度洋贸易、伊斯兰文明在非洲的传播、奴隶贸易、殖民主义的双重影响、非洲民族解放运动等问题上做了深入的探讨。编著一部有中国特色和风格的《非洲通史》是我国几代非洲史学者梦寐以求的，三卷本《非洲通史》的出版可以说是圆了这个梦。李安山教授评论说："三卷本《非洲通史》的出版是我国非洲史研究的一个里程碑。尽管她表明我国的非洲史研究与国外的研究尚有一定差距，尽管还存在着这样那样的缺陷，但她仍不失为我国学者史论结合的呕心沥血之作，是集体研究的结晶。"[1] 该书获得了多项省部级以上的奖励，包括 1995 年上海市优秀图书一等奖、1995 年上海市社会科学优秀著作二等奖、1996 年中国图书优秀奖、教育部普通高校第二届人文社会科学研究成果一等奖等。

（二）非洲殖民史

殖民主义是如何入侵非洲的，这是新中国成立后急需了解的问题，尤其是在 20 世纪 60 年代，非洲民族解放运动高涨的时候，更是如此。1961 年 4 月 27 日毛泽东在接见非洲朋友时说："我们对于非洲的情况，就我来

---

[1] 李安山：《新的辉煌，新的起点——评三卷本〈非洲通史〉》，《西亚非洲》1996 年第 1 期，第 19 页。

说，不算清楚。应该搞个非洲研究所，研究非洲的历史、地理、社会经济情况。我们对于非洲的历史、地理和当前情况都不清楚，所以很需要出一本简单明了的书，不要太厚，有一二百页就好。可以请非洲朋友帮助，在一二年内就出书。内容要有帝国主义怎么来的，怎样压迫人民，怎样遇到人民的抵抗，抵抗如何失败了，现在又怎么起来了。"[1] 7月4日，中国社科院亚非研究所应运而生。1962—1966年间世界知识出版社陆续出版了《非洲手册》丛书（分为概论部分和列国志部分）。

1982年艾周昌与程纯合著的《早期殖民主义侵略史》一书，以马克思主义理论为指导，论述了资本原始积累时期欧洲列强侵略、征服和奴役非洲、亚洲、美洲各国人民的历史。该书的主要观点和不少的史料都来自《马克思恩格斯全集》。比如关于资本原始积累的起讫时间，艾周昌教授写道："根据马克思恩格斯的界说，资本原始积累阶段的殖民，开始于15世纪末美洲的发现和新航路的开辟，一直延续到18世纪末。"[2] 1987年陆庭恩教授所著的《帝国主义与非洲》一书，也是研究非洲殖民主义和帝国主义的力作。

进入21世纪以来，国内学界对殖民主义史的研究逐步走向深入。郑家馨主编的《殖民主义史·非洲卷》，系统研究了西方列强在非洲殖民活动的500多年历史。该书是国家哲学社会科学基金"八五"重点研究项目，是北京大学历史系集体合著的多卷本《殖民主义史》中的一卷。该书主要研究1415年以来英、法、葡、德、意等欧洲国家在非洲大陆殖民活动的轨迹，它们在各个时期所奉行的不同殖民政策和制度以及非洲国家反殖民主义斗争的经验教训等。在非洲殖民史上一些重大问题上，如奴隶贸易、帝国主义瓜分非洲、殖民制度的演变、殖民主义的影响和后果等问题，作者都提出了独到的见解，反映了该学科领域目前最新的研究成果。其他研究成果，还有高岱等著《殖民主义史·总论卷》（2003）、张顺洪等著《英美

---

1 《1961年4月27日毛泽东同几内亚、南非、塞内加尔、北罗得西亚（今赞比亚）、乌干达、肯尼亚外宾的谈话》，《西亚非洲》2011年第5期，封二。
2 艾周昌、程纯：《早期殖民主义侵略史》，北京：人民出版社，1982年，第1页。

新殖民主义》(2007)、孙红旗著《殖民主义与非洲专论》(2008)。在这些著作中，学者大都运用了马克思的"双重使命"理论，对殖民主义在非洲的影响做一分为二的评价。郑家馨教授认为，"破坏性使命和建设性使命中都是既有消极方面，又有积极方面。要把两种使命作为一个整体，看作一个过程中互相衔接的两个步骤"[1]。中国学者运用马克思的双重使命理论，一般而言，是在否定殖民主义的基础上，客观上承认殖民主义对非洲的一点建设性作用。这种一分为二，绝对不是等量齐观的，远不及非洲学者"插曲说"那样轻松自如。

近年来，在非洲殖民主义的个案研究方面，也有所突破。李安山以加纳东部省为研究对象，通过实地考察，掌握了大量的第一手资料，运用国外最新理论，分析了加纳人民与英国殖民政府的敌对、平民与酋长的冲突、宗教领袖与世俗权威的争斗、下属酋长与最高酋长之间的对立等4组矛盾，认为在殖民统治时期，加纳发生的反抗运动不是一种孤立现象，它继承了前殖民时期非洲传统社会中的因素，并在建立民族主义政权后继续发挥作用。[2]

延续4个多世纪的黑奴贸易是非洲历史上的一个重大事件，也是殖民主义史研究中的重点之一。徐济民认为，研究奴隶贸易不能局限于揭露其罪恶，还要从当时的社会经济发展、早期资本主义生产方式和交换方式的一系列变化去考察，说明它与资本主义生产方式的历史联系；奴隶贸易除了严重破坏非洲的社会生产力外，它在客观上也引起非洲沿海和近海地区社会经济关系的变革，使当地出现了新的社会经济因素。[3]徐济民的这种观点在改革开放之初，算是十分大胆的观点，很快引起了争议。吴秉真先生反对用一分为二来评价奴隶贸易，吴秉真认为："罪大恶极的奴隶贸易在非

---

[1] 郑家馨主编：《殖民主义史·非洲卷》，北京：北京大学出版社，2000年，第122页。
[2] 李安山：《殖民主义统治与农村社会反抗——对殖民时期加纳东部省的研究》，长沙：湖南教育出版社，1999年。
[3] 徐济民：《奴隶贸易与早期资本主义的发展》，《世界历史》1983年第1期；徐济民：《奴隶贸易引起西非社会经济关系的变化》，《西亚非洲》1983年第6期。

洲造成的影响是极其严重的,应该全盘否定,而不应借用一分为二的观点来肯定它,为它评功摆好。"[1]

关于奴隶贸易的研究,大多数学者将重点放在大西洋奴隶贸易的研究,舒运国先生则独辟蹊径,将研究重点放在东非地区的奴隶贸易。他围绕东非奴隶贸易的特点、影响等问题,发表了系列文章,认为东非奴隶贸易是19世纪后"走私奴隶贸易"时期的贩奴中心,一些阿拉伯奴隶贩子与西方不法商人相勾结,在后期奴隶贸易中扮演了不光彩的角色;奴隶贸易给东非地区的发展带来了极大的影响,使当地一些国家迅速走向衰落,失去了抵御西方殖民入侵的能力。[2] 在个案研究方面,沐涛以尼日利亚南部的伊博族的奴隶制为研究对象,考察了大西洋奴隶贸易对非洲黑人传统社会的影响。[3]

（三）非洲民族独立运动史

1951—1980年,有47个非洲国家赢得独立,1990年,纳米比亚的独立宣告了非洲独立运动的完成。非洲民族独立运动史是20世纪60年代至90年代初中国非洲史学界研究的重点之一,先后出版了《鼙鼓声动五百年:非洲民族英雄史话》(1983)、《民族解放运动史》(1985)和《非洲民族独立简史》(1993)等著作。《非洲民族独立简史》由吴秉真和高晋元主编,世界知识出版社1993年出版。该书按时间顺序,主要叙述19世纪末帝国主义瓜分非洲,非洲人民由反对殖民主义转而明确提出独立的要求开始,到1990年纳米比亚获得独立,非洲国家全部取得独立为止。"这是一本记录非洲人民从争取独立到赢得独立全过程的历史书。"[4] 顾章义认为,"二战"

---

1 吴秉真:《关于奴隶贸易对黑非洲影响问题的探讨》,《西亚非洲》1984年第5期。
2 舒运国:《西方殖民主义者与东非奴隶贸易》,《郑州大学学报》1985年第1期;舒运国:《阿拉伯人与东非奴隶贸易》,《世界历史》1991年第5期。
3 沐涛:《试论黑奴贸易与伊格博族奴隶贸易的发展》,《西亚非洲》1988年第1期。
4 吴秉真、高晋元主编:《非洲民族独立运动简史》,北京:世界知识出版社,1993年,第7页。

促使非洲人民觉醒。他指出，第二次世界大战"使非洲社会政治经济和阶级结构发生了重要的变化，唤起了非洲人民新的觉醒，因此成为非洲人民争取独立运动的新起点"[1]。

此外，还发表了一系列有影响的论文，对非洲民族独立运动的领导权、独立的道路等问题进行了探讨，认为非洲民族独立运动大都由各国的民族主义者领导，他们有的是资产阶级，有的是小资产阶级，也有的是部落酋长、封建贵族。领导权的差异对争取独立的道路也产生了影响，非洲国家独立道路归纳起来有3种类型：以武装斗争为主的民族解放战争道路；走非暴力的和平道路；武装斗争与和谈相结合的道路。高晋元认为，非洲民族独立战争有4个特点：（1）几乎都在民族主义政党尤其是较激进的民族主义政党的领导下进行；（2）部族因素对一些非洲国家的民族独立战争有深刻影响；（3）战争的方式主要是小规模的农村游击战；（4）国际援助，主要是非洲邻国和社会主义国家的援助对战争的胜利起了重要作用。[2]

（四）非洲文明史、文化史

自20世纪80年代以来，国内研究非洲文明史和文化史的著作逐渐多了起来，对非洲大陆整体研究的有宁骚主编的《非洲黑人文化》、艾周昌教授主编的《非洲黑人文明》、刘鸿武著的《黑非洲文化研究》和李保平教授著的《非洲传统文化与现代化》等。近年来，对非洲文明史和文化史的研究趋向深化，从原先洲的层面向次区域和国别层面发展，如段建国著的《刚果（金）文化》和刘鸿武等著的《东非斯瓦希里文化研究》等。

李保平在《非洲传统文化与现代化》一书中，对非洲传统文化做了分析研究，作者着重考察了祖先崇拜、至高神崇拜、成人仪式、口传历史、神话、谚语等内容，将非洲传统文化的基本特征概括为村社文化、口传文

1　顾章义：《论二战与非洲民族独立运动的崛起》，《史学集刊》1990年第4期，第57—62页。
2　高晋元：《试论战后非洲的民族独立战争》，《西亚非洲》1986年第5期，第60—71页。

化和大众文化。作者对传统文化与现代化的关系进行了理论分析，对非洲传统文化的取舍提出了自己的看法。作者指出："在现代化过程中，非洲要保留、光大其传统文化的有益成分，摒弃其落后成分。那种幻想一步到位地实行现代化，置传统文化于不顾，盲目、生硬地照搬西方工业化和民主化模式的做法，或一味赞颂本民族辉煌的过去，消极抵制现代文明的做法，都是失之偏颇的。"[1]

（五）非洲人口史

国内研究非洲人口史的专家，首推舒运国教授。舒运国教授在1996年著《非洲人口增长与经济发展研究》(华东师范大学出版社1996年版)，他认为，非洲人口史研究中有两大难题，即人口统计资料的缺失和人口资料可靠性的低下。进入21世纪，这种形势有所改变，学者们采用各种新方法，诸如推算法和参照法等，逐步建立起非洲人口的历史和时间序列。

2017年，舒运国教授在《非洲人口史研究评析——人口数量研究的进展》一文中，对国际学界就非洲人口问题的最新研究进行了介绍，如麦克艾弗迪和琼斯（Colin McEvedy and Richard Jones）关于非洲大陆人口的时间序列，根据他们的研究，前农业时代的非洲有人口125万，1500年有4600万，1900年有1.1亿，1975年有3.85亿；还有威尔考克斯（W.F. Willcox）、杜兰德（J.D. Durand）、考德威尔（J.C. Caldwell）以及曼宁等人的研究。尤其是曼宁采取推算法和参照法，建立了1850—1950年间非洲的人口数字序列。舒运国教授指出：对于非洲人口史的研究，主要还是集中在近代和现代，而对于古代非洲人口史的研究仍然存在着许多盲点，需要学术界继续努力。[2]

---

1 李保平：《非洲传统文化与现代化》，北京：北京大学出版社，1997年，第233页。
2 舒运国：《非洲人口史研究评析——人口数量研究的进展》，《上海师范大学报》（哲学社会科学版）2017年第4期。

（六）非洲经济史

20世纪80年代，中国非洲问题研究会与时事出版社编辑部合编了《非洲经济发展战略》（时事出版社1986年版），中国社会科学院西亚非洲研究所和人民出版社合编了《非洲经济》（一）（二）（人民出版社1987年版）对非洲经济及其发展战略进行了介绍。1992年张同铸主编的《非洲经济社会发展战略问题研究》，是第一本比较好的介绍非洲经济的研究著作，是集体研究的结晶。谈世中主编的《反思与发展——非洲经济调整与可持续发展》一书，对非洲经济发展的历史进行了回顾，对独立后非洲经济发展的理论进行了反思，对非洲经济调整方案进行了历史评价。作者根据非洲的实际情况，指出非洲社会经济的发展不能照搬西方的模式，也不能照搬对方的模式，而应走具有非洲特色的可持续发展之路。作者提出："社会经济的可持续发展是非洲国家的必然选择。"[1]

自20世纪80年代开始的结构调整，是国内非洲经济史研究的一个重点。结构调整是西方国家以新自由主义的方式，为非洲国家开出的药方，其特点是国有企业私有化、资源配置市场化、对外贸易自由化。舒运国教授在《失败的改革——20世纪末撒哈拉以南非洲经济结构调整评述》一书中，对结构调整及其对非洲的影响进行了深入研究，总的结论是，这次调整是一次失败的改革。同时，舒运国教授认为这一调整是有必要的，他说："必须指出的是，结构调整毕竟是非洲国家经济改革的一次尝试（尽管它以不适当的形式出现），改革程度不同地纠正了非洲国家的一些决策失误，它的经验和教训，不但对非洲国家今后的经济发展提供了有益的借鉴，也为其他发展中国家的经济改革提供了十分有益的借鉴。"[2] 舒运国和刘伟才在《20世纪非洲经济史》一书中，梳理了20世纪非洲经济发展的脉络，认

---

[1] 谈世中主编：《反思与发展——非洲经济调整与可持续发展》，北京：社会科学文献出版社，1998年，第192页。
[2] 舒运国：《失败的改革——20世纪末撒哈拉以南非洲经济结构调整评述》，长春：吉林人民出版社，2004年，第222页。

为 20 世纪非洲经济存在两次转型：第一次由传统经济向殖民地经济的转型；第二次是殖民地经济向现代化的民族经济转型。[1] 在此基础上，2014 年舒运国教授承担了国家社科基金重大项目"多卷本《非洲经济史》"，即将推出一部中国版的非洲经济史。

近年来，非洲国别经济史的研究也取得新进展。严磊在他博士学位论文的基础上修改成的《赞比亚经济发展史简论》一书，就是研究非洲国别经济史的代表。作者在回顾独立以来赞比亚经济发展过程的基础上，探讨赞比亚政府如何解决经济发展所遇到的种种问题，以赞比亚为个案揭示了当代非洲国家经济发展中的经验与教训。作者认为："从总体来看，赞比亚的改革比较被动，穷于应付。而且改革措施没有连贯性，反复不定，特别是缺乏强有力的政策保证，从而使得改革的总体执行效果不佳。"[2]

（七）非洲国别史

国内学者对非洲国别史的研究，原先主要集中在南非和埃及这样的重要国家。最早的是埃及史，如 1963 年纳忠写了《埃及近现代史》。南非也是国内学者研究较多的非洲国家，如郑家馨著有《南非史》。艾周昌、舒运国、沐涛、张忠祥合著的《南非现代化研究》也属于国别史，它是以南非的现代化为线索的，作者认为，南非现代化属于追赶型的现代化模式，20世纪 80 年代，南非的发展速度逐渐缓慢下来，主要是种族隔离制度的束缚，南非后来是"经济现代化越发展，种族歧视越严重，政治越不民主"。1994 年新南非的诞生"为（南非）现代化的继续发展创造了条件"[3]。毕健康著的《埃及现代化与政治稳定》，从政治制度因素、宗教因素和社会因素等层面全面研究了当代埃及政治问题，作者指出："政治制度是保持政治稳定的基本因素，伊斯兰极端组织是造成政治动荡的政治动员和组织因素

---

1 舒运国、刘伟才：《20 世纪非洲经济史》，杭州：浙江人民出版社，2013 年，第 252—255 页。
2 严磊：《赞比亚经济发展史简论》，北京：中国社会出版社，2012 年，第 224 页。
3 艾周昌、舒运国、沐涛、张忠祥：《南非现代化研究》，上海：华东师范大学出版社，2000 年，第 2—3 页。

（媒介），经济和社会问题（因素）是影响政治稳定问题的基本因素。"[1]

近年来，中国学界对埃及与南非之外的非洲国家的研究渐渐多了起来。张湘东研究了1950年至2010年的埃塞俄比亚的联邦制。"二战"以来，多民族的埃塞俄比亚先后两次采用联邦制，并逐步从一党制过渡到多党制。作者分析国家结构形式与民族问题之间的关联，认为埃塞俄比亚联邦制的实行与多民族这一国情密切相关。作者指出："联邦制虽然在很大程度上缓和了埃塞根深蒂固的民族矛盾，但是埃革阵政权必须意识到联邦制存在的风险。联邦制下的国家和地区，在政治、经济衰退尤其是遭遇危机时，地方民族主义情绪很容易人为扩大化，以达到少数群体的利益要求。"[2] 周倩在《当代肯尼亚国家发展进程》一书中，研究了肯尼亚的政治发展史，但作者认为"从总体上来说，肯尼亚现代国家的成长仍处于发展的初级阶段"[3]，这一评价值得商榷。因为，在研究非洲国家政治的时候，不能以西方的标准或者我们自己的标准去衡量它。

（八）非洲思想史

张宏明著的《近代非洲思想经纬》是一部研究18—19世纪非洲思想史的力作，该书分两部分：第一部分是18世纪的非洲思想，讨论了种族主义、废奴主义与近代非洲思想及近代非洲知识分子，专门讨论了阿莫、伊奎亚诺、库戈亚诺3名非洲知识分子的思想。第二部分是19世纪的非洲思想，讨论了殖民主义与近代非洲思想、19世纪非洲思想发展概述、19世纪非洲知识分子价值取向，重点研究了布莱登与霍顿的思想。这本书在中国学者研究非洲思想家方面具有开创性，不要说18世纪的阿莫、伊奎亚诺、库戈亚诺等非洲思想家对中国人来说十分陌生，就是布莱登与霍顿，中国学者的研究也十分有限。以布莱登为例，作者从他的生平与思想轨迹、非

---

[1] 毕健康：《埃及现代化与政治稳定》，北京：社会科学文献出版社，2005年，第15页。
[2] 张湘东：《埃塞俄比亚联邦制：1950—2010》，北京：中国经济出版社，2012年，第170页。
[3] 周倩：《当代肯尼亚国家发展进程》，北京：世界知识出版社，2012年，第268页。

洲个性思想、布莱登对非洲思想发展的影响 3 个方面加以论述，认为"布莱登不仅是近代非洲思想的集大成者，而且也影响了几代非洲知识分子的思想。在现代非洲主流思想，诸如非洲民族主义、泛非主义、黑人精神、非洲社会主义等理论中都可以寻觅到布莱登'非洲复兴思想'的踪影"[1]。

（九）非洲史学史

伊本·赫勒敦（又译伊本·卡尔敦），出生于突尼斯，曾任埃及大法官，著《历史绪论》和《格拉纳达史》等，他是阿拉伯世界著名的哲学家和历史学家。西方学者认为，伊本·赫勒敦是世界上第一位研究历史哲学的学者。

中国学者对赫勒敦的研究开始于 20 世纪 80 年代，最早介绍赫勒敦史学思想的是复旦大学的张广智教授（《历史教学》1982 年第 6 期），还有静水的《阿拉伯史学大师：伊本·卡尔敦》（《世界史研究动态》1985 年第 5 期）；徐善伟专门论述了伊本·卡尔敦的历史哲学思想，认为卡氏所创立的"文化科学"既是一种历史哲学，亦包含着丰富而深刻的社会学、经济学、政治学的内容。总之，其"文化科学"就是对人类社会历史所进行的一种哲学思考，即西方人所谓的思辨式历史哲学。[2]

《历史绪论》中文版的译者李振中认为，伊本·赫勒敦在学术方面的主要成就，是改变了中世纪阿拉伯哲学研究的方向，创立了社会哲学和历史哲学的基本理论和原则。就社会哲学而言，伊本·赫勒敦改变了以前重点研究神学的做法，转而重点研究社会、历史和现实。他的社会哲学的主要观点是：（1）人是社会发展的核心；（2）经济合作是社会发展的推动力；（3）政治权力对社会发展有巨大的影响。伊本·赫勒敦的历史哲学观点主要有：其一，历史是不断变化的，也是不断进步的；其二，研究历史的态度应该是严肃认真，尊重科学、尊重历史。[3]

---

[1] 张宏明：《近代非洲思想经纬》，北京：社会科学文献出版社，2008 年，第 324 页。
[2] 徐善伟：《论伊本·卡尔敦的历史哲学》，《史学理论研究》2001 年第 3 期，第 100 页。
[3] 李振中：《社会历史哲学奠基人伊本·赫勒敦》，《回族研究》2011 年第 3 期，第 26—37 页。

（十）中非关系史

在这方面的研究学者比较多，成果也比较丰富，代表性的成果有：沈福伟著《中国与非洲2000年》，艾周昌、沐涛合著《中非关系史》等。许永璋对中非关系史的一些问题从典籍方面进行考证，如"汪大渊生平考辨三题""摩邻国在哪里""三兰国考"等，后来集辑出版了《中国与亚非国家关系史考论》一书。艾周昌教授在论文《近代时期的中国与非洲》中回应了近代中非关系史上的所谓"500年中断说"。

2000年，在非洲华侨史研究领域，李安山推出了一部力作——《非洲华侨史》（中国华侨出版社2000年版）。该书除导论和结论外，正文分3编12章，以及附录、非洲华侨华人大事年表等，共计56万字。它是我国第一部详细论述整个非洲华侨华人历史发展的著作，时间跨度从唐代直至1999年。该书资料翔实、论证严密，在许多问题上都体现出作者的真知灼见。在非洲华侨的祖先、契约华工的人数、清朝政府对南非华侨的政策、非洲华侨对抗日战争的贡献、华侨华人迁移非洲的路线、华人的适应性、华人家族主义、华人的双重认同等问题上，作者都提出了自己的看法。2006年，李安山编著出版《非洲华侨华人社会史资料选辑》，分文件与报道、回忆与访谈、附录三部分，为人们研究非洲华侨史提供了丰富的社会史资料。

三、中国非洲史研究的新发展

（一）非洲新文化史研究方兴未艾

20世纪下半叶，新文化史在西方兴起，对非洲历史研究也产生很大影响。在这一背景下，对非洲新文化史的研究也逐渐开展了起来，包括非洲环境史、非洲医疗卫生史和妇女史等。

非洲环境史出现于20世纪60年代末，第一篇由历史学家撰写的非洲环境史论文是美国非洲史学家柯廷1968年发表的《流行病学与奴隶贸易》。

对前殖民地时期非洲人与环境的关系有着截然相反的概括：即"快乐非洲"（Merrier Africa）和"原始非洲"（Primitive Africa）。"快乐非洲"是 A.G. 霍普金斯 1973 年提出，指那时的非洲人不用工作就可以生活得充裕富足，沉浸在无休止的歌舞愉悦中。"原始非洲"是 A. 马绍尔 1938 年提出，指古代非洲人与自然互相敌对，为了生存要进行艰苦劳动。[1] 环境问题与经济、种族、阶级的关系，是非洲环境史研究的主要内容，近年来，研究继续深化，如对生态、女性主义的研究等，另外，口述史学是非洲环境史研究的一个重要方法。

国内对非洲环境史的研究，以包茂红教授为代表。包茂红原先研究南非种族隔离制度，20 世纪 90 年代出国留学，改环境史为研究的主攻方向，成为国内非洲环境史研究的第一人。后来他自己回忆道："我 1995 年去德国进修非洲史，当时我报的题目是南非种族隔离制度史，但是德国教授告诉我做这个研究已经没有太大意义，因为 1994 年南非和平过渡了，这个问题在现实中已经解决了，作为过去的历史可以研究，但是现实意义并不大。我想他说的可能有点道理，就在他的指导下进入非洲环境史研究领域。"[2]

2002 年，包茂红在《南非环境史研究概述》一文中提出，20 世纪 90 年代南非环境史研究成果主要集中在自然资源的利用和保护、国家公园的建立、环境保护主义的形成、人与环境的关系、城市环境变迁、自然灾害和可持续发展等研究领域。他同时认为南非环境史研究存在的问题主要是理论基础薄弱、种族偏见和缺乏宏观整体研究，随着南非社会的进步和史学的发展，南非环境史研究将得到更大发展。[3]

2012 年包茂红著《环境史学的起源和发展》一书，该书分上下两编，上编以国家和地区分章分析世界环境史学的兴起原因、发展历程、主要学

---

1 包茂红:《环境史学的起源和发展》，北京：北京大学出版社，2012 年，第 89—90 页。
2 包茂红:《国外非洲史研究最新趋势与中国的非洲史研究》，2015 年 12 月 1 日在上海师范大学非洲研究中心召开的"国外非洲史研究最新趋势与中国的非洲史研究"工作坊上的发言。
3 包茂红:《南非环境史研究概述》，《西亚非洲》2002 年第 4 期。

术观点、存在的问题和未来发展趋势，下编采用口述史的方法访谈世界著名环境史学家对国际环境史学的历史和发展的认识。其中有一章专门论述"非洲环境史研究"。20世纪的非洲史研究取得了长足进步，尤其是在民族解放运动取得胜利之后。非洲史研究不但成为世界史研究中一道亮丽的风景，而且为冲破历史研究中的"西方话语霸权"贡献出自己的地方性知识，丰富了世界史研究的史料学、理论观点、方法论。作者认为，"环境史是继传统史学、殖民主义史学和民族主义史学之后的另一重要流派"[1]。包茂红指出了非洲环境史存在的主要问题：第一，非洲环境史研究在个案研究中取得了丰硕成果，但在理论整合上做得不够。第二，非洲环境史研究在地区上极不平衡，南部非洲和东部非洲多，比较深入，北非研究少；农村研究多，而城市环境几乎没有研究。第三，非洲环境史研究的发展有赖于拓宽史料来源，革新对史料的认识。要提高研究水平，需要更多的考古发掘，多搜集口述和文字资料。[2]

近年来中国学者对肆虐非洲大陆的疾病进行了研究，成为中国非洲史研究的一大亮点。自古以来昏睡病就是肆虐非洲大陆的主要疾病，严重阻碍了非洲农业、畜牧业和交通运输业的发展，极大地影响了非洲历史的演进。于红在《非洲昏睡病历史研究》一文中概述了非洲社会控制自然生态系统，以阻止昏睡病传播、蔓延的社会机制，并评析了殖民主义对非洲生态系统的影响。作者指出殖民主义入侵引发的巨大震荡和冲击，破坏了非洲人抵御昏睡病威胁的社会机制，导致了昏睡病的大规模暴发与流行。[3] 詹世明在《艾滋病：非洲的世纪难题》一文中对非洲的艾滋病进行了深入的研究，作者指出，非洲是艾滋病最大的受害区。艾滋病在非洲的肆虐有其特有的政治、经济和社会背景，并已经与许多固有问题形成了恶性循环。艾滋病不仅摧残人的身体和生命，而且影响了非洲的经济发展，造成社会危机，带来新的不稳定因素。只有经过非洲国家和国际社会的共同努力，

1　包茂红：《环境史学的起源和发展》，北京：北京大学出版社，2012年，第83页。

2　同上，第102—104页。

3　于红：《非洲昏睡病历史研究》，《西亚非洲》2001年第4期。

才能真正遏制艾滋病在非洲的严重蔓延趋势。[1] 关于非洲的艾滋病问题，黄文静、陈曾福在《非洲艾滋病蔓延的社会原因——乌干达、肯尼亚个案研究》一文中，以乌干达、肯尼亚为个案进行分析，认为艾滋病蔓延主要受以下几个方面因素：普遍贫困、传统的社会习俗、妇女的屈从地位、宗教的负面影响。[2]

（二）中国学者参与《非洲通史》第9—11卷的编撰

联合国教科文组织编写的八卷本《非洲通史》，自1980年起分卷陆续出版，八卷本出齐已有20多年时间，需要对其进行修订的补充。在原先八卷本的撰写过程中，主要是非洲本土学者发挥作用，他们占编委会成员的2/3，其余1/3为欧美学者，没有一个中国学者。这种情况到今天，已经发生了很大的变化，北京大学李安山教授担任联合国《非洲通史》（9—11卷）国际科学委员会副主席，这说明了中国非洲史研究所取得的成绩，并被国际学术界所肯定。

本章小结

中国非洲史研究取得了显著的成绩，研究的领域不断扩展，从原先主要集中于通史、殖民史、政治史，向经济史、思想史、环境史、医疗卫生史等延升；研究的水平不断提高，国别研究、个案研究日益增多。同时，也要看到中国的非洲史研究还存在不足之处：(1)在资料方面，档案资料和口述资料的发掘和引用还不够；(2)国际化程度还很有限，中国的非洲史研究还不能够广泛影响世界非洲史学术界；(3)还没有形成非洲史研究的中国学派。

当然，这种情况正在发生变化，随着越来越多的中国留学生到欧美，乃至

---

1 詹世明：《艾滋病：非洲的世纪难题》，《西亚非洲》2001年第4期。
2 黄文静、陈曾福：《非洲艾滋病蔓延的社会原因——乌干达、肯尼亚个案研究》，《西亚非洲》2002年第2期。

非洲留学,对档案资料和口述资料的引用将会日益增多,在国际学术期刊上发表中国学者的文章也将更加普遍。例如,李安山教授在《论加纳农民反抗斗争与民族主义的关联》一文中,讨论了黄金海岸殖民政府对可可肿芽病的防治措施,为什么引起殖民地人民的强烈反抗,并剖析了农民反抗与现代民族主义之间的联系。1936年黄金海岸东部省的科福里杜亚发现了可可肿芽病,感染此病几年后,可可树就逐渐死去。可可肿芽病开始时仅限于一小块地方,后来向黄金海岸殖民地西部和西北部蔓延。1946年,殖民政府通过《可可肿芽病法令》,规定每一个可可农场必须将受感染的可可树砍除。这一法令遭到可可农的反对,甚至发生武力对抗。民族知识分子参与了反对砍树运动的宣传鼓动工作,将农民经济上的不满引向政治上的要求,从而加速了加纳民族独立运动的进程。[1] 该文引用了不少档案资料,包括加纳政府行政档案和英国殖民部档案。此外,他先后在美国非洲研究会的杂志《非洲研究评论》(*African Studies Review*)和《巴西非洲研究评论》(*Brazilian Journal of African Studies*)等国际期刊上发表文章,把中国的非洲史研究介绍给世界学术界。[2]

因此,有理由相信,随着中国学者越来越多地走进非洲,进行田野调查,或访谈或查询档案资料,加上更多从欧美大学或者非洲大学拿到非洲史博士学位的青年才俊的加盟,中国的非洲史研究一定会取得更大的成绩。

---

[1] 李安山:《论加纳农民反抗斗争与民族主义的关联》,《西亚非洲》1998年第5期,第26—32页。
[2] Li Anshan, "African Studies in China in the Twentieth Century: A Historiographical Survey", *African Studies Review*, Vol.48, No.1, 2005, pp.59-87; Li Anshan, "African Studies in China in the 21st Century: A Historiographical Survey", *Brazilian Journal of African Studies*, Vol.1, No.2, 2016, pp.48-88.

结 语

历史和史学是两个不同的概念。20世纪的非洲史学取得显著的成就，并在全球史学中赢得了一席之地。过去的观点认为，非洲在被欧洲人征服之前是没有历史的，或者说这样的历史和文明是由阿拉伯人的文明经过北非和中东扩散到这里的。伴随着非洲国家的独立进程，在 K.O. 戴克这样一些研究非洲的史学家的影响下，非洲史领域从原先依靠不充分的证据建立的推理和假设，"逐步让位于科学的研究"[1]。20世纪60年代，非洲历史学家往往使用民族主义的方法去追溯非洲民族主义和民族国家的兴起。到了70年代，他们更加集中地研究对殖民主义的抵抗，并且试图从这些抵抗中找到非洲下层民众发出的真正声音。80年代，社会史和经济史受到了更多的重视，学者也试图研究人口中更广泛的层面。与此同时，马克思主义的方法被非洲学者所使用，他们运用了依附力量来解释非洲欠发达状态。伊格尔斯在《全球史学史》一书中，对非洲史学同样予以一定的关注，在"战后史学的新挑战"一章中，讨论了现代史学在撒哈拉以南非洲的兴起。[2]

---

[1] ［英］杰弗里·巴勒克拉夫：《当代史学主要趋势》，杨豫译，上海：上海译文出版社，1987年，第176页。
[2] ［美］格奥尔格·伊格尔斯、王晴佳：《全球史学史》，北京：北京大学出版社，2011年，第314—319页。

一、20世纪非洲史学的成就

（一）20世纪非洲史学最大的成就是反对欧洲中心论，恢复非洲历史的本来面目

从20世纪中叶开始，随着非洲国家纷纷独立、非洲大陆涌现出一批非洲本土历史学家，形成了以尼日利亚的伊巴丹学派和坦桑尼亚的达累斯萨拉姆学派为代表的著名的民族主义史学流派。戴克、阿贾伊、阿杜·博亨、迪奥普、兰杰和奥戈特等都是非洲民族主义史学流派的著名代表人物。

非洲民族主义史学的主要贡献之一，是反对欧洲中心论，恢复非洲历史的本来面目。曾经非洲的历史，无论是沦为殖民地前还是成为殖民地后都只不过是殖民者的历史。大部分历史作家都是欧洲人，没有非洲人。他们从欧洲人的观点出发书写历史，把非洲的历史降低为陪衬。自20世纪50年代之后，历史研究发生了巨大的分裂。非洲人，很大程度上是非洲民族主义者，开始站在非洲人的角度上去书写非洲大陆的历史，把非洲人作为历史的中心，展现非洲人的个性，为非洲和世界其他的地区的研究服务。非洲历史学的写作有着令人钦羡的资源——口述资料，尽管迄今为止它一直遭到欧洲学者的抵制。确实，这是一个无可辩驳的事实，20世纪50年代是非洲历史学的一个分水岭。这个阶段，非洲人不仅更正了从欧洲人的观点出发的被歪曲的非洲历史，而且还重新书写了这一段历史。目前，非洲历史学发展充满活力，休·特雷弗-罗珀和他的学生也不再重提他那臭名昭著的宣言。最后，应该可以这样说，经历了不断变换的历史画风，非洲历史学充满了生机和活力。

非洲民族主义史学的主要贡献之二，是对国民进行正确的历史教育，树立民族的意识。非洲是多民族的大陆，有2000多个民族，非洲国家是多民族的国家，如尼日利亚有250多个民族，其中人数较多的民族分别是北部的豪萨-富拉尼族，西部的约鲁巴族和东部的伊博族，伊博族与豪萨-

富拉尼族矛盾的激化，导致了尼日利亚内战（1966—1970），200多万人丧生。肯尼亚有44个民族，其中基库尤族、卢西亚族、卡伦金族、卢奥族是人口较多的族群，肯尼亚的族群矛盾主要体现在基库尤族和卢奥族之间，他们之间的矛盾经常在肯尼亚总统大选期间爆发出来，如2007年大选后的骚乱，造成1500多人丧生和30多万肯尼亚人无家可归。非洲第一代历史学家往往重视历史的教育功能，亲自编写教材，培养国民的正确历史观，树立民族意识，为民族团结和国家的稳定做出了自己的贡献。例如阿贾伊，他撰写了《西非史》《19和20世纪的非洲史》和《非洲历史上的人民和帝国》等历史著作，这些书线索清楚、观点公允，并且通俗易懂，它们都成为中学师生的流行教材。

（二）20世纪非洲史学在方法论上也是有贡献的，在非洲史学家的努力和示范下，口述史成为历史研究的重要文献之一

非洲史学的中心问题是史料。在本地文字资料匮乏的社会中，口述传说显得极为重要。因为在整个非洲，口述传说比文字证据的传播要广泛得多，还因为口述史料证明了文字史料所忽略的许多问题。"所以，与其他大陆的历史学相比，非洲历史中的口述史料占据更重要的地位。"[1]

事实上，长期以来，西方学者对非洲口头传说基本上是持否定的态度。在他们看来，口头传说是不可靠的，研究历史的基本材料应该是文字材料，最好是档案材料。这一观点在兰克史学那里得到推崇，自19世纪晚期开始风靡世界。这一情况，到20世纪五六十年代才发生明显的变化。因为，在非洲历史学家的推动下，口述资料成为研究非洲历史的重要资料。

口述传统是所有民族都有过的传统，其差异在于各民族对口述传统依赖程度的不同。非洲因为其文字的缺乏，对口述传统的依赖比世界上任何

---

[1]［英］杰弗里·巴勒克拉夫：《当代史学主要趋势》，杨豫译，上海：上海译文出版社，1987年，第178页。

地方都要严重。因此，撒哈拉以南非洲的大多数地区长期保留口述传统。口头传说特指那些对过去进行描述的口头记录，即信息提供者或者讲述者他们自己并不是所描述事件的直接参与者、见证者或所报道事件的同时代的人。口述历史是指由事件的参与者讲述的对往事的口述见证，或者由事件的见证者或事件发生的同时代的人所讲述。因此，非洲的口述传统，既包括讲述近期或遥远时代事件的口头传说，也包括记录同时代事件的口述历史。[1]

非洲口述传统扎根于非洲传统哲学的基础之上。[2]非洲传统哲学与西方传统哲学是有很大区别的。唐普尔、格里奥勒和卡加梅等人都研究过非洲传统哲学，如唐普尔将非洲传统哲学称之为班图哲学，他认为，非洲存在着一种传统的班图哲学，而班图哲学是一种本体论。这种本体论是以存在的动力观为基础的，班图本体论无法用土著语言自行表达，需要整体借助西方哲学和语言的概念体系，班图本体论适用于所有班图人。[3]尼日尔河三角洲东部的内贝（Nembe）地区，每个社区都会确定一个以生命之树为标志的场所，标志"造物之地"。这种场所被等同于一个神灵或造物主或命运的本质。这不是普通的术语，而是特指造物之地所在的历史社区或城市。因而，这个神灵被称为"城市创建神"。亡故的祖先们继续从他们被转换的神灵世界发挥他们在历史上的作用而受到崇拜。[4]这种祖先崇拜是非洲口述传统的重要渊源。

非洲国家独立前后，非洲本土的民族主义学派充分挖掘口述传统，为构建非洲历史服务，如戴克的《尼日尔三角洲的贸易和政治，1830—1885》

---

[1] Ebiegberi Joe Alagoa, *The Practice of History in Africa: A History of African Historiography*, Port Harcourt: Onyoma Research Publications, 2006, p. 14.

[2] Ebiegberi Joe Alagoa, "An African philosophy of history in the oral tradition", in Robert Harms, Joseph C. Miller, David S. Newbury and Michele D. Wagner, eds., *Paths towards the past: African historical essays in honor of Jan Vansina*, Atlanta: African Studies Association Press, 1994, pp. 15–25.

[3] 艾周昌主编：《非洲黑人文明》，北京：中国社会科学出版社，1999年，第290页。

[4] Ebiegberi Joe Alagoa, *The Practice of History in Africa: A History of African Historiography*, Port Harcourt: Onyoma Research Publications, 2006, pp. 21–22.

(1956)、比奥巴库的《1842—1872年的艾格巴人和他们的邻居》(1957)和奥戈特的《南卢奥人的历史：第一卷，迁徙与定居》(1967)等都是这方面的代表作。

二、20世纪非洲史学发展的特点

(一)变动性

英国历史学家牛津大学教授巴勒克拉夫在20世纪70年代转向撰写《当代史学主要趋势》一书时，将当代(从19世纪末到第二次世界大战)史学概括为"处于变动世界中的历史学"，也即注意到这一时期史学发展的"变动性"。对于20世纪非洲史学的发展而言，同样体现出它的变动性。从史学流派的角度来看，20世纪非洲史学发展的脉络从最初的殖民主义史学(或帝国学派)在20世纪五六十年代向民族主义历史学派过渡，之后又有马克思主义历史学派和新自由主义历史学派的相继出现。

非洲史学的变动性是有深刻原因的，主要原因在于非洲内部的变化，同时也受外部世界，包括国际史学变化的影响。按照马克思主义的基本观点，上层建筑是建立在经济基础之上的，同样，一定的历史观也是建立在特定的政治和经济基础之上的。在殖民统治时代，殖民主义史学在非洲占据统治地位，在他们的笔下，非洲是没有历史的大陆，非洲人的反抗也是徒劳的，做殖民者的顺民才是正确的选择。伴随着非洲民族的觉醒和独立运动的开展，尤其是取得民族独立之后，民族主义史学在非洲迅速发展起来，并且服务于非洲国家民族国家的建构。马克思主义史学是在新殖民主义盛行和非洲不能摆脱依附关系的背景下出现的。新自由主义史学在非洲兴起的背景则是20世纪80年代非洲经济停滞不前，被迫接受以新自由主义为指导的结构调整。当时非洲经济衰退，许多学者被迫离开了学术界，从事其他职业；还有相当多的一批人移民国外，大多数去了美国。

20世纪非洲史学不是在孤岛上发展起来的，事实上，非洲史学的发展与外部世界有着千丝万缕的联系。即使是民族主义历史学家,他们中的大多数毕业于欧洲高校,他们受到现代职业历史学家的训练,如戴克、阿杜·博亨和奥戈特等人。马克思主义史学由出生于德国的革命导师马克思所创造,对历史研究产生了深远的影响,"二战"后,在英国年轻一代史学家中形成了马克思主义史学流派,以埃里克·霍布斯鲍姆、克里斯托弗·希尔和爱德华·汤普森为代表。而在冷战结束以后,持续性的文化转向和语言学转向,导致了新文化史的兴起,使得新自由主义或新结构主义历史学对非洲史学产生重大影响,非洲史学家大多转向对环境史、妇女史和医疗史的研究。

(二)不平衡性

就20世纪非洲史学发展的不平衡性而言,民族主义史学在西非地区的出现早于东非地区,20世纪50年代,伊巴丹历史学派就在尼日利亚出现了,而达累斯萨拉姆历史学派的出现则在20世纪60年代。此外,在英语非洲国家和法语非洲国家之间也存在不平衡性。相比较而言,法语非洲国家,职业历史学术研究的兴起比较缓慢。在塞内加尔,最重要的研究中心是达喀尔大学,这是塞内加尔当时仅有的一所大学。造成这种迟缓的原因是多方面的。其一是桑戈尔推动的"黑人性"运动更强调要使用诗学和美学的方法研究过去,而不是严谨的历史研究;其二是法国对前殖民地大学的研究在一定程度上依然保持着控制。[1]

(三)多学科研究

非洲史学与非洲史一样,越来越强调多学科的研究,这主要是由非洲

---

[1] [美]格奥尔格·伊格尔斯、王晴佳:《全球史学史》,杨豫译,北京:北京大学出版社,2011年,第318页。

史资料的特点所决定的。上沃尔特（今布基纳法索）历史学家 J. 基-泽博说："我们关于非洲历史的知识有三个主要来源：书面文献、考古文献和口头传说。这三者的后盾是语言学和人类学。"[1]

非洲历史的书面文献如果不是十分罕见的话，至少也是在时间和空间上分布不均的。所以研究非洲历史和非洲史学，除了书面资料外，还需要用考古资料、口头传说，以及语言学和人类学的资料等，进行多学科的研究。例如，美国学者约瑟夫·格林伯格（Joseph Greenberg）在《非洲语言分类研究》一书中，运用语言学的知识阐明了班图人的发源地，认为班图人的发源地在尼日利亚和喀麦隆的交界处，大体上在喀麦隆高原的西侧。他主要从语言角度去研究，并且具体计算出班图语词汇中有 42% 仍然保留在西非语言之中。戴克在研究尼日尔三角洲历史的时候，也是运用跨学科的方法，综合运用文献、口述、考古和人类学的资料，撰写了著名的《尼日尔三角洲的贸易和政治，1830—1885》。

事实上，多学科的方法远远不止上述的五种，甚至地质学、古生物学、古植物学和原子物理学等，都可以成为研究非洲历史和非洲史学的手段。以原子物理学为例，放射性同位素的使用使人们有了确定年代次序的手段，碳 14 方法可以测定智人的最早日期。迪奥普在研究埃及古代历史、阐明古埃及文明是黑人文明的时候，大量利用了原子物理学的知识。

三、发展趋势

非洲史学的发展固然有自己的特色，同时，受国际史学的影响也是十分显著的。自 20 世纪七八十年代以来，在全球史学转向的影响下，非洲史学研究向纵深发展，其史学研究领域精彩纷呈，如口述史、医疗史、环境史、经济史和妇女史等都取得不同程度的进展。

非洲口述史的新发展。非洲口述史除了重新建构整个大陆的历史，或

---

[1] ［布基］基-泽博主编：《非洲通史》第一卷，北京：中国对外翻译出版公司，1984 年，第 4 页。

者某个国家和民族的历史之外，也开始向研究某个特定区域的历史、社会生活史、疾病等延伸，医疗史成为非洲史研究中的一个新热点。近年来，非洲本土研究非洲医疗史的学者越来越多，呈现出新的特点：首先，一些非洲知名大学的历史系，如开普敦大学、约翰内斯堡大学和内罗毕大学的历史系纷纷开设非洲医疗史和医疗社会史的课程。其次，许多历史学家转向研究非洲医疗史。开普敦大学历史系的霍华德·菲利普教授，毕业于开普敦大学和伦敦大学，研究医疗社会史、大学史，在开普敦大学人文学院和卫生科学院工作。娜塔莎·埃尔兰克，系约翰内斯堡大学历史系主任，她是开普敦大学学士和硕士，剑桥大学博士，主要研究领域是非洲医疗史和非洲性别史。再次，研究的成果影响力不断扩大。开普大学历史系的霍华德·菲利普著《黑色的十月：1918年西班牙流感流行对南非的影响》（1990）、《19世纪开普医生：一部社会史》（2004）。南非金山大学地理系的鲁尔夫·道斯卡特教授在《传统医疗的地理变化》一文中，重点研究了南非兰德地区的草药交易和传统医疗模式。内罗毕大学历史系主任密尔卡·阿可拉教授研究殖民统治时期内罗毕的城市卫生以及卫生、贫穷和种族三者之间的关系。

新非洲经济史的出现。传统的非洲经济史由历史学家来研究，如20世纪70年代，非洲经济史研究曾经出现一个高潮，代表性的著作有：格雷和伯明翰主编的《前殖民时期的非洲贸易》（1970）、阿里吉的《从历史视角看劳动力供应》（1970）、霍普金斯的《西非经济史》（1973）和柯廷的《前殖民时期非洲经济变化》（1975）等。然而，进入20世纪八九十年代，由于非洲经济发展迟缓，非洲经济史的研究进入低潮。这一时期，非洲经济史讨论的主题有：前殖民统治和殖民统治时期的贸易、农村和农业发展、本地资本主义的出现、市场与国家的关系。[1]这一时期也出现了一些力作，如伊利弗的《非洲资本主义的出现》（1983）、提亚姆贝·泽勒亚的《现代非洲经济史》（1993）等，但是数量明显缩减。

1　John Edward Philips, ed., *Writing African History*, University of Rochester Press, 2005, pp. 308–317.

新非洲经济史主要是在经济学家加盟后出现的研究方向。进入21世纪，随着非洲大陆经济发展加快以及非洲在世界经济中的地位上升，非洲经济史的研究再次复苏。究其原因，主要是许多经济学家加盟非洲经济史的研究队伍，他们把经济学研究的理论、方法、技术带入非洲经济史的研究领域，因此，非洲经济史研究方法和所使用的资料方面出现了一些传统研究所没有的新特点，鉴于此，一些学者提出了"新非洲经济史"的概念。[1]

2013年非洲联盟制定了《2063年议程》，提出在非洲国家独立一百年之际，即2063年实现非洲大陆的复兴。而非洲的复兴离不开文化的复兴，包括史学的复兴。那么，非洲史学的未来将会通向何方？尼日利亚学者阿拉戈认为，如果非洲史学传统选择模仿西方或任何其他传统，那它就不可能转变成一种新的非洲史学，只有在口述传统本身稳固的基础上进行创新才能实现。他坚信："我们就必须创造出焕然一新的非洲史学。"[2]

---

[1] 舒运国：《国外非洲史研究动态述评》，《上海师范大学学报》（哲学社会科学版）2015年第6期。

[2] Ebiegberi Joe Alagoa, *The Practice of History in Africa: A History of African Historiography*, Port Harcourt: Onyoma Research Publications, 2006, p. 220.

附 录

附录一
［肯尼亚］P.W. 卡卡伊：20 世纪的非洲史学流派[1]

介 绍

"学派"这个术语会使人联想到一些有关非洲史学的整齐归类的知识。但事实上，这样的整齐划一并不存在。本文旨在将一些有着相似观点的非洲史学研究归入一类学派。在本文中，史学被大略地定义为撰写历史的艺术，而历史则是有关人们及其相关活动的一个个故事，这些活动可以是社会活动、政治活动、经济或是科技活动。

除了研究过去之外，历史也是一个重建的过程[2]；在这一过程中，过去的一些方面被抽象化，被现代人演绎和重现。一些因素影响了史学进程，包括种族、阶层、性别和国籍。[3] 当我们将聚光灯投射到非洲时，那么这整个过程及其因素便是非洲史学。大多数非洲史学研究都是国别或地域研

---

[1] 该文是 2015 年 11 月肯尼亚肯雅塔大学历史、考古与政治系系主任皮乌斯·卡卡伊博士，为本课题召开的"全球视野下非洲史学研究"国际学术研讨会提交的论文，论文原题是"Schools of African Historiography in the 20th Century"。经作者同意，附于本书稿的附录中。该文由赵亮宇翻译，张忠祥校对。

[2] P.T. Zeleza, "Gender Biases In African Historiography", in A. Imam, et al., eds., *Engendering African Social Sciences*, Dakar: CODESRIA, 1997, p.140.

[3] B.A. Ogot, *History as Destiny and History as Knowledge*, Kisumu, 2005, p.8.

究,但我们也有同仁将目光落在整个非洲大陆,并从中遴选出特殊的国家或地区的个案。我将会依赖这些研究来写这篇文章。

20世纪的非洲史学可以被分为帝国主义、民族主义、马克思主义和后现代主义这四个学派。这些流派盛行的时段并不固定,因为其中大多数流派的要素都是共生的,尤其在20世纪的最后三十年中。[1] 接下来我们将讨论这四种学派。

一、帝国主义学派

以下M. 穆内内(M. Munene)的话将我们引入了对帝国主义学派的讨论:

> 自20世纪初开始,便涌现了两种解读非洲历史的方法:黑人和白人。[2]

前文的黑人和白人表明了种族主义。事实上,在这个阶段,欧洲人自认自己高人一等,将黑人贬低为土著人。泰姆和斯瓦伊(B. Swai)主张殖民时期的人类学家发明了"土著人"这一概念来暗示被殖民者就如同野兽和植物一般。[3] 因此,在帝国主义学派的眼中,非洲人是一群没有记忆,没有过去,也根本没有历史的一群人。[4]

在否认非洲历史存在的同时,帝国主义学派的史学家也将非洲重新划分。因为他们似乎知晓有史记载的古埃及文明的存在,他们主张真正的非洲应在撒哈拉沙漠以南。也许他们没有注意到,即使是在撒哈拉以南,同样也存在文字记录,尤其是在埃塞俄比亚,这些文字记录最早可以追溯到公元前4世纪。

---

[1] P.T. Zeleza, "Gender Biases In African Historiography", in A. Imam, et al., eds., *Engendering African Social Sciences*, Dakar: CODESRIA, 1997, p.64.

[2] M. Munene, *Historical Reflectionson*, Nairobi: University of Nairobi press, 2012, p.39.

[3] A. Temu and B. Swai, *Historians and Africanist History*, London: Zed Press, 1981.

[4] D. Moore-Sieray, "Towards A Decolonization Of Scholarship In Africa And A Vision For The 1990s And Beyond", in *Journal of Third World Studies*, Vol.13, No. 2, 1996, p.29.

事实上，到15世纪欧洲人终于与非洲有接触的时候，其他民族，如印度人、阿拉伯人、波斯人和中国人已经访问过非洲的某些地方，并且记录下了他们在这些地方的经历。因此，这非常明显，在欧洲人到来的很久之前，非洲便已经有了有文字记载的历史。但是，直到1963年，种族主义遮蔽了像休·特雷弗-罗珀等学者的目光。他继续否认欧洲人到达非洲之前这片土地上存在过历史，用他的话说：

> 历史……是一种运动的形式，也是一种有目的性的运动。历史并不只是战场上改变阵型或战服，王朝和篡位夺权，社会形式和社会解体之类一系列光怪陆离的场景。[1]

罗珀和他的同事们的观点，包括黑格尔、A.P.牛顿等人只是再次展示了非洲史学中的帝国主义流派。不只是种族主义，他们也对一部分可供非洲历史重建的资源置若罔闻。如果他们当时可以有足够的耐心和人性，他们便会发现历史语言学、言语传统，以及其他文字资料的存在，这些资料本可以用来重构沦为殖民地之前的非洲历史，而这恰恰是非洲史学的下一个流派所做的。

接下来将介绍民族主义和非洲主义的史学流派。

二、民族主义和非洲主义学派

以上M.穆内内的选段与这个小节依然相关。如果说20世纪早期关于"黑人和白人"的史学观将欧洲史学家描绘成了帝国主义者的话，然而，从20世纪初期开始，尤其是第二次世界大战之后，非洲的声音在史学表述中越来越清晰。但他们并不孤单，一些欧洲自由主义历史学家也对非洲历

---

[1] J.D. Fage, "Reflections On The Genesis of Anglophone African History After World War II", in *History in Africa*, Vol.20, 1993, p.17.

史非常感兴趣,他们采用了一系列跨学科方法来讨论殖民地之前的非洲历史。简·范西纳在一众欧洲自由主义历史学家中脱颖而出,他利用口传传统证明了就算在无语言的前殖民地非洲也存在历史。

范西纳的人类学背景使他可以在中非群落中生活,在这些国家中采集了许多口语文本。另外,奥戈特也制定了收集口语材料的方法,来重建前殖民期的历史。塞内加尔的迪奥普利用了阿拉伯文献和口传传统证明1500年之前西非便有了历史。

从20世纪50年代到70年代,奥戈特、迪奥普以及其他非洲历史学家构成了民族主义流派。在这里,民族主义的概念包含了泛非主义和国别研究的史学家。这些早期来自非洲本土的声音利用了口传传统,唤醒了前殖民时期的记忆、非洲人的过去和非洲社会在前殖民期的历史。以下选段表明了口传专家是如何保留传统并且一代代传下去的。

> 我是一名格里奥。我的名字叫杰里·马莫杜·库雅泰。我的母亲是宾杜·库雅泰,父亲是说唱艺术大师杰里·克迪安·库雅泰。从上古时代起,库雅泰家族就专门侍候曼丁哥国(Mandingo)的凯塔(Keita)王子。我们是文字的宝库,蕴藏了无尽秘密;我们是人们的记忆,通过文字我们用国王的话和歌颂来哺育年轻一代。我的话纯净无瑕,没有一丝谎言;这是我父亲的原话,也是我爷爷的原话。[1]

因为这些史学家了解殖民地时期之前的非洲历史,史学家们可以根据国家是否中央集权来进行不同的划分。研究中央集权国家的史学家使用了国王序列和普通人系谱;研究非中央集权国家的史学家使用了系谱、年龄分层等方法来分类。在一些地区,如果史学家幸运地可以接触到阿拉伯语或者地方的文字资料的话,他们就可以同时利用书写和口语资料来重构非洲某些特定群体的历史。

---

1 B. Boubacar, *Advocating for A Regional Perspective*, Universidade Candido Mendes Sephis, 2001, p. 7.

渐渐地，一个有关非洲部落起源和扩张、行政系统和日常生活的史学资料库形成了。这些早期的国家主义史学家通过引用人类学资料丰富了数据和理论模型。因此，一些东非的史学家可以被归类为迁徙主义者，另一些可以被称为进化主义者，还有一些则为中间主义者。

根据姆万齐（H.A. Mwanzi）的观点，奥戈特和奥其恩之类的作者是迁徙主义者，因为他们在研究卢奥和古西伊（Gusii）部落的起源和扩张时利用了迁徙理论。姆万齐和伊萨利亚·基曼博被归类为进化主义者，因为在重构基普西格斯（Kipsigis）部落和帕雷（Pare）帝国诞生的时候他们使用了进化主义理论。

姆万齐所称的中间主义者主要包括韦尔和姆里乌基。在他们对阿巴鲁亚（Abaluyia）和阿基库尤（Agikuyu）的研究中同时应用了迁徙主义和整合的方法。总而言之，虽然所有如上所述的群体都是民族主义学派的组成部分，在这一学派中也有内在分别。上面提到的史学家主要都关注于在本国某个特定地区的一个种群。

另外，迪奥普偏好着眼整个非洲大陆的方法。自20世纪50年代起，他的作品中便表达了希望重燃非洲人心中的自信。通过他的努力，迪奥普通过法老时期的埃及将非洲历史与普世概念并轨。他声称当时植根于古埃及的非洲文明主要由黑种人组成。在这个意义上，迪奥普通过肯定非洲文化整体来合法化了泛非主义思潮。

正如前文指出的，早期的民族主义学派与欧洲自由主义历史学家比较相似。欧洲自由主义史学家也被称为非洲主义者，主要包括简·范西纳、J.D. 费奇和罗兰·奥利弗。正如20世纪50年代后期和60年代前期的民族主义者一样，这些非洲主义者在非洲历史学刊和公开出版的书籍中发表了许多文章。在这一过程中，民族主义者和非洲主义者的努力使得非洲历史在国际社会得到承认。在欧洲大学中设立了一些研究中心，在非洲也设立了一些新的大学，更多的非洲史学研究也因此涌现。[1]

---

[1] B.A. Ogot, *My Footprints on the Sands of Time*, Kisumu: Anyange Press, 2003, p.45.

随着非洲史学得到更多重视和合法性的提高，学者们使用了更多的方法来完善非洲过去的图景。历史语言学、社会人类学和考古学都在史学研究中得到利用。

比方说，20世纪60年代约瑟夫·格林伯格和马尔康姆·金瑟维（Malcolm Gnthvie）都使用了历史语言学来研究班图语的起源和扩张，然而他们的结论并不相一致。罗兰·奥利弗对他们的两种观点进行了中和。直到现在，罗兰德的观点仍然被认为是语言学上解释班图语起源和扩张的正确方法。

20世纪50年代后期和60年代的民族主义和非洲主义史学家都非常关注社会学和政治学学说。他们的研究对象主要是国王、王国的征服、殖民时期的人民，以及后来成为新独立国家统治者的国家主义者。[1]随着20世纪60年代落下帷幕，新独立国家的激情也逐渐消退了。这些新国家的批评者转向了史学方面，并重点从劳动的角度检视了经济情况。这一新的关注点引出了一个新的学派：马克思主义历史学派。接下来我们来讨论这一学派。

三、马克思主义历史学派

这一学派包含了一些小型的内部类别，包括依附和欠发达、生产方式，以及新马克思主义学派。这些学派自20世纪60年代末就存在，一直到冷战结束都在学界流行。这一学派的支持者认为后殖民地时期的非洲国家仍然是新殖民地，因为他们仍然被之前的殖民者控制。根据这一学派，非洲国家依附于之前的殖民者。

沃尔特·罗德尼是欠发达和依赖学说的引领者。他在文中认为在中世纪非洲与欧洲一样发达。他列出了一系列王国，尤其是在北非和西非的伟大国家。他主张随着欧洲人的进入带来了奴隶贸易和殖民主义，更有生产

1　P.T. Zeleza, "Gender Biases In African Historiography", in A. Imam, et al., eds., *Engendering African Social Sciences*, Dakar: CODESRIA, 1997, p.88.

力和更有活力的非洲人口被不人道地贩卖，在非洲大陆上只留下赢弱和生产力较低的人群。另外，为了为殖民者服务，殖民时期也消耗了非洲的劳动力和自然资源。因此，非洲发展倒退，也从此之后保持了欠发达和依附于西方的状态。[1]

雷斯（C. Leys）也加入了罗德尼的队伍，主张殖民主义限制了肯尼亚的发展，也使肯尼亚独立后的领导人成了殖民者的和美国的傀儡。专注于肯尼亚，雷斯认为统治阶级的族群也压榨并限制了其他欠发达种群的发展。因此，与罗德尼不同的是，雷斯将非洲欠发达的根源归根于非洲之外而不是一些国家之中。[2] 萨米尔·阿明提出了马克思主义史学观中的生产方式学说。他认为，独立并没有调整非洲国家融入资本主义世界的方式。他将70年代生产方式的危机看作过分压榨和全球危机的结果，这也反过来影响了整个资本主义系统。对于将非洲边缘化，将西方置于中心的不公平发展，每个地区都要找到自己的解决方案。[3]

与依附和欠发达理论的史学家相比，三者的一个共同之处似乎在于都将资本主义欧洲国家压榨非洲作为优先。这一观点和新马克思主义史学家倾向于将非洲国家与其他国家平等看待的观点不同。结果是，新马克思主义学说用阶级的观点来分析非洲的政治事件。比如，在对抗殖民主义时，新马克思主义者用了诸如贫农、群众和工人这类词来对抗资本家、帝国主义者或者是压迫者。

金亚提（M. Kinyatti）在谈到茅茅运动时声称，到1954年末，工人、农民和爱国分子在对抗殖民法西斯主义者时被监禁或拘留。[4] 法雷尔（C. Farrell）也主张茅茅运动是一场基库尤族富人和穷人之间的内战。[5] 这类解

1　W. Rodney, *How Europe Underdeveloped Africa*, Washington: Howard University Press, 1974.
2　C. Leys, *Underdevelopment in Kenya*, Berkeley: University of California Press, 1975, pp. 8–18.
3　S. Amin, "Ideology And Development in Sub-Saharan Africa", in P.A. Nyong, ed., *Years of Independence: The Lost Decade*, Nairobi: Nairobi Academy Science Publishers, 1992, p. 30.
4　M. Kinyatti, "Mau Mau: The Peak of African Nationalism in Kenya", in *Kenya Historical Review*, Vol.5, No. 2, 1977, p. 98.
5　C. Farrell, "Mau Mau: A Revolt or A Revolution?", in *Kenya Historical Review*, Vol.5, No.2, 1977, p. 197.

读在许多大学校园里引发了共鸣。[1]

事实上,这三种马克思主义学派都很善于分析后殖民时期的政府。一些历史学家和一些社会科学同仁最终被虐待、监禁、杀戮或是被流放。[2] 在 80 年代,马克思主义史学流派一直占据上风。这一学说的支持者大多被认为是极端或左翼人士,但有人认为他们应被称为极端民族主义者而非马克思主义者。[3]

民族主义、自由主义和马克思主义史学家在联合国教科文组织的"非洲通史"系列中成立了一个论坛,来表达他们各不相同的意识形态观点。这一项目介绍了范西纳所称的集体历史写作。1981—1993 年之间出版的八卷书汇集了数不尽的作者,他们从事历史专业或其他学科,来自非洲大陆内外,一齐撰写了非洲史学的几乎所有方面。

这八卷书也有节选本,并以英语、法语和阿拉伯语出版。这套书在非洲使用率很高,在许多大学非常流行。[4] 这些作品的话题从前历史(第一卷)开始,直到近现代史(第八卷)。也许是因为作者们最初集中时间是 1965 年,那时几乎还没有女性历史学家,这八卷书有一个很大的缺陷:没有女作家参与。就算是考虑大众利益的马克思主义者也没有认识到这一点。然而"非洲通史"系列仍然是一个伟大的贡献,并被推荐给所有研究非洲历史的学生。

自 70 年代起我们迎来了女性史学家,包括卡诺哥(T. Kanogo)[5]、伊玛目(A. Imam)和玛玛(A. Mama)[6]、恩左磨(Nzomo)和叟(F. Sow)[7]。虽然现在这些女性史学家主要沉浸于性别话语研究,但在 70 年代和 80 年代她们

---

[1] I.G. Shivji, *Where is Uhuru?*, Nairobi: Fahamu Books, 2009, p. 154.

[2] J. Ki-Zerbo, "The Need For Creative Organizational Approaches", M. Diouf and M. Mamdani, eds., *Academic Freedom in Africa*, Dakar: CODESRIA, 1994, pp. 30–33.

[3] I.G. Shivji, *Where is Uhuru?*, Nairobi: Fahamu Books, 2009, p. 154.

[4] Jan Vansina, "Unesco and African Historiography", *History in Africa*, Vol.20, 1993, p. 341.

[5] T. Kanogo, "Rift Valley Squatters and Mau Mau", *Kenya Historical Review*, Vol.5, No. 2, 1977.

[6] A. Imam and A. Mama, "The Role of Academics in Limiting and Expanding Academic Freedom", in M. Diouf and M. Mamdani, eds., *Academic Freedom in Africa*, Dakar: CODESRIA, 1994.

[7] F. Sow, "Gender Relations in the African Environment", in A. Imam, ed., *Endengering African Social Sciences*, Dakar: CODESRIA, 1997.

也在国家主义、自由主义或是马克思主义范式下进行辩论。然而，冷战的结束增强了另一种史学派别，那便是新自由主义或者是后结构主义史学。

四、后结构主义学派

这一学派起于20世纪80年代直到20世纪末。支持者们从元叙事中远离，强调了历史文本解读的多重性。他们避免将非洲与世界其他地方一样看待。口述历史等工具的重要性得到提高。一些早年属于其他学派的史学家也放弃了之前的研究方法，转向这一新兴学派。

阿铁诺-奥迪安波在80年代曾是个马克思主义历史学家。他开始重新审视肯尼亚的历史，甚至将肯尼亚本身的诞生作为写作对象。[1] 90年代末，他根据口述历史的方法来展示了人类的多重起源。讲到多重起源，便联想到了种族特点。[2]

早年种族特点更多的存在于起源的历史或是当领袖被谴责过分偏爱，不同于此，90年代民族和性别关系受到了更多的关注。之前用阶级术语分析历史的历史学家也转向了对民族和性别的研究。

这段时间也是非洲经济灾难最严重的时候。马坎达威尔（T. Mkandawire）主张，在后殖民时期刚刚开始的几年，经济增速令人印象深刻。而后一些非洲国家的经济便直线坠落到负增长。[3] 如此严重的情况引入了结构调整计划（SAPS），但后来的分析证明，这一计划并不是挽救经济的答案。[4]

非洲的苦难中诞生了一群被称为非洲悲观主义者的史学家。他们认为

---

[1] E.S. Atieno-Odhiambo, "The Invention of Kenya", in B.A. Ogot and W.R. Ochieng, eds., *Decolonization and Independence in Kenya, 1940–1993*, Nairobi: E.A.E.P, 1995.

[2] E.S. Atieno-Odhiambo, "Historicising The Deep Past in Western Knya", in W.R. Ochieng, ed., *Historical Studies and Social Change in Western Kenya*, Nairobi: E.A.E.P, 2002.

[3] T. Mkandawire, "30 Years of African Independence: The Economic Experience", in P.A. Nyong, ed., *30 Years of Independence: The Lost Decade?*, Nairobi: Academy Science Publishers, 1992, p.93.

[4] G.M. Gona, "He Talked For Us: Moi And Structural Adjustment Programmes in Kenya", in D.M Kyule and G.M. Gona, eds., *Mizizi: A Collection of Essays on Kenya's History*, Nairobi: University of Nairobi Press, 2013.

非洲国家脆弱、罪恶、不成熟,并不是完整的国家。面对后殖民地时期的很多挑战,一些非洲悲观主义者甚至建议非洲应该重新被殖民。[1]但这一建议引发了一系列愤怒的抗议,尤其是位于达喀尔的泛非研究中心的社会科学家们。

在这一时间段,大多数非洲学者建议重新推行多党制和行政和学术机构自由化。自由化见证了关于性别、社会运动和管理的史学的蓬勃发展。这些关注点一直延续到了21世纪。

总结

本文主张20世纪早期,帝国主义史学盛行,但当50年代和60年代多数非洲国家拼得独立地位之后,史学潮流走向了国家化和自由化。70年代和80年代带来了另一种史学流派:马克思主义史学流派。随着冷战的结束,新结构主义到来,并且一直延续到了21世纪。与前三种流派不同,新结构主义进一步扩展了支持对历史文本多重解读的知识空间。

附录二
[尼日利亚] S.A.阿贾伊:非洲史学发展的最新趋势[2]

介 绍

在解释了与之有着密切关联的三个关键性的概念之后,关于目前非

---

1 M. Munene, *Historical Reflection Kenya*, Nairobi: University of Nairobi Press, 2012, pp.50–54.
2 该文是2015年11月尼日利亚伊巴丹大学历史系教授阿德莫拉·阿贾伊(S. Ademola Ajayi)博士,为本课题召开的"全球视野下非洲史学研究"国际学术研讨会提交的论文,论文原题是"Current Developing Trend of African Historiography"。经作者同意,附于本书稿的附录中。该文由张会杰翻译,张忠祥校对。

洲历史学发展趋势的论述会更好理解一些。这三个概念分别是历史、历史学还有非洲历史学。在这篇论文的论述语境中，因为有历史才有历史学的诞生，理解历史也要看到它的双重含义：一方面，历史既是过去，又是对过去的研究。它既包括过去的发生的事件本身，又包括历史学家对于记录或找回并解释它们中的一部分所付出的努力。另一方面，历史学可以简单地描述为对历史的基于史实的书写。它是一种书写历史的科学或技术。历史学对待历史发展，既把它作为历史研究或写作的原则、理论或方法，又当作是一门学科。从另一个层面上看，它可以被认为是一种系统的书写历史的方法，这种方法又是基于对材料来源的分析和评估的学术训练。此外，它还涉及目前的发现和与某一个特殊的历史话题相关的解释。根据赫尼格（David Henige）所说的，"历史学"是一种更直白的术语，意味着对过去的研究。这样，历史作为一种涵盖了"任何"形式活动的历史性探究，包括基于口头资源、从问题的构想到问题的解决或者放弃。[1] 换句话说，所以历史也是历史文学或者历史写作艺术研究的一部分。这也说明了，为什么亚瑟·马克威克（Arthur Marwick）把历史看作是对杰出历史学家们的作品的研究，格外注意他们说过什么以及他们为什么说这样的话。[2] 历史学家不断提及外部因素和事件对历史学家的影响。

  非洲史学是历史学的一个分支，它使非洲和非洲人的认同感和文化成为世界关注的中心。正如报告中的内容将要展现的一样，非洲历史研究领域在它的形成时期发射出的探照光打破了许多西方历史学家认为非洲没有过去和历史的错误印象。在政治独立前夕，尤其是政治独立不久之后，后殖民地国家开始实施政治、社会和经济发展规划，不同的国家通过选择不同的意识形态寻找问题的解决办法。这对自20世纪60年代以来的非洲历史学发展产生了极大的影响。

  尽管历史和历史学不是同一个事物，但是它们却像是一个硬币的正反

---

1 David Henige, *Oral Historiography*, Longman Nigeria Ltd., Ikeja-Lagos, 1988, pp. 1–2.
2 Arthur Marwick, *The Nature of History*, London: Macmillan, 1970.

两面，注意到这一点很重要。历史是有据可查地对发生在过去的重大历史事件和活动的记录或描述，历史学则是按照普遍接受的原则和程序书写历史的科学或实际的方法。没有一个专业的历史学家能够在缺乏历史学原理基本知识的前提下有效而实际地开展工作。

因为这次讨论的总的主题是从全球视野来看待非洲历史学的研究，所以很有必要首先简要看一下全球背景下的历史学发展进程。通过从古典时代到现阶段的场景转换，以寻找一条捷径定位非洲的经历。

一、历史学发展的一般时代

历史经过几个阶段的发展在今天成为一门学科。历史和它的记录或书写的技艺的建立（即历史学）可以追溯到古典时代，在5—19世纪又经历了巨大的改革和修正。在这一发展进程中，我们能看到五个主要的时代：

第一个阶段是古代世界：公元前3000—前500年。在这个时代，人们相信由诸神组成的超自然的力量控制着历史事件的发生。所以历史通常被理解为控制人类生活的超自然的力量作用下的一系列事件，人们并不去对历史事件和活动做理性解释。文学时代的伟大作品，包括荷马的《伊利亚特》和《奥德赛》在内，都不能看作真正的历史记述。借用麦凯·希尔·巴寇（McKay Hill Buckle）的话，它们更多地被看作"传奇、神话和一些真实的传统的混合"[1]。

第二个阶段是古代希腊和罗马时期：公元前500—公元175年。这一时期知识和艺术得到了最好的表达。这个时代产生了古希腊的苏格拉底、柏拉图和亚里士多德，罗马的西塞罗（Cicero）、恺撒、维吉尔（Virgil）和贺拉斯（Horace）。这一时期的历史研究的基本思想注重把事实、人的理性怀疑和因果关系作为历史学的重要的考虑因素。

第三个阶段是黑暗的中世纪时期：5—15世纪。由于所谓的蛮族入侵

---

[1] McKay Hill Buckle, *A History of World Societies*, Houghton, 1992, p. 118; See also, pp. 120–121.

的结果，5世纪标志着古典文明的解体。在紧接着的大混乱中，天主教会作为一股稳定的力量开始兴起。在公元313年，君士坦丁大帝对基督徒实行宗教宽容，紧接着在324年实现了政教合一。基督教通过出版《基督教会历史》一书来庆祝它新获得的自由。这本书掀开了历史学的新篇章。它基本上是一本关于基督教的兴起以及与古典时代的历史学的显著不同之处的书。

第四个阶段是文艺复兴时代：15世纪后期到16世纪。文艺复兴就是重新恢复对在中世纪被埋没的古典文学和艺术的兴趣。这一时期的学者热衷于研究诗歌辞令、语法和历史，对这些领域的研究发展成就了著名的人文主义。文艺复兴的人文主义历史学家重新回到古典的历史概念，认为解释比详细的叙述更重要，实用性比精确性重要。

第五个阶段是现代：17—19世纪。这一阶段是历史学的繁荣时期，17世纪见证了历史学领域的第一次重大革新，18世纪诞生了史学理论，而19世纪史学理论革命开创了专业历史。

二、早期对非洲历史和历史学的误解

长期以来，各种各样的传闻和偏见很大程度上向世界掩盖了非洲的真实历史。忽视里奥·弗罗贝尼乌斯、莫里斯·德拉福斯（Maurice Delafosse）和阿图罗·拉布里奥拉（Arturo Labriola）这些非洲先驱的伟大作品，而将非洲社会视为没有历史的社会。早在20世纪的头十年，很多非非洲裔的专家为他们的先入之见开脱，并声称由于缺乏书面资料和文件，不可能对这种社会开展任何科学的研究。[1]很大程度上，由于奴隶贸易的不光彩的历史和非洲地区曾经存在的奴隶制度，他们被称为没有历史的人。相反，非洲地区只有欧洲人的历史。所以，西方的历史学最初是作为一种工具，使非洲

1　J. Ki-Zerbo, ed., *UNESCO General History of African*, vol. viii, *Methodology and African Prehistory*, Heinemann, California, 1982, p. xx.

人在情感、心理和其他各方面臣服。早期的记述者尽量把非洲描述为没有历史、没有文明和没有文化的黑暗大陆；一个栖息着食人族、野蛮人、猿猴和没有前景的人的地方。早期的传教士的记述依然没有被遗忘，它树立了道德沦丧和行为卑劣的非洲人形象，同时也把非洲人的文化和传统贬低为退化和野蛮。

这一点直到最近依然被强调，所以它错误地认为非洲在欧洲人到来之前都没有自己的历史。欧洲的作家从黑格尔到休·特雷弗-罗珀都声称非洲是一片黑暗和空白，所以"黑暗中没有历史的存在"[1]。在19世纪晚期，德国哲学家黑格尔指出"非洲是世界上没有历史的地方，没有迹象表明非洲在发展进步"。在1923年，英国杰出的历史学家、伦敦大学帝国历史的教授A.P.牛顿表达了他对非洲历史概念的保留意见，他认为历史只有被人们书写下来才能成为历史。在他看来，历史包括所有的文字档案以及被考古学家和人类学家所关注的留存材料，正如他谈到的：

> 这片土地在远古时代就被数不清的人居住过，他们给人类学家和语言及原始风俗的研究者提供了广阔的空间。但是历史只有被人们书写下来才能成为历史，考古学家和人类学家所关注的留存材料只能起到辅助的作用。[2]

这是在暗示，在欧洲殖民之前，非洲人是没有读写能力的，所以他们不能创造出任何有价值的历史。28年之后，也就是1951年殖民机构的一个调查员玛杰瑞·帕勒姆（Margery Perham）在牛津大学写道："直到近代欧洲人渗入，非洲大陆绝大部分地区都没有车、犁，几乎没有店铺和除了毛皮之外的衣服，没有文字也没有历史。"

1963年，在面对学生们要在总课程中引入非洲史科目的强烈要求时，

1　H.R. Trevor-Roper, "The Rise of Christian Europe", *The Listener*, 28 November, 1963, p. 871.

2　S. Ademola Ajayi, ed., *African Culture & Civilization*, Ibadan: Atlantis Books, 2005, p. 16.

牛津大学的休·特雷弗-罗珀教授再次重复了牛顿在 1923 年说过的话。依他看来：

> 可能在将来会有非洲历史可以讲授，但目前还没有，只有在非洲的欧洲人的历史。其余是一团漆黑……而黑暗不是历史的题材。[1]

罗珀和与他持相似观点的人比如黑格尔、赫伯特·斯宾塞（Herbert Spencer）、A.P. 牛顿、玛杰瑞·帕勒姆都认为非洲值得记录的过去只是欧洲人活动的历史。[2] 这些活动大部分都是由欧洲的探险家、商人、基督教传教士和殖民地官员等人参与的。上述对非洲历史的观点受到了西欧中心论历史观和历史证据的影响。更重要的是，西方传统的历史学者尤其是欧洲学者，几乎不关注欧洲之外的世界历史和文化，他们认为那里的人们对整个人类发展进程贡献甚少。这样看起来，在 20 世纪中叶非洲国家取得政治独立前夕，非洲历史和历史学研究依然处于世界的边缘。

上述就是在欧洲殖民统治即将解体和新的大学在非洲不同的地区建立起来的时候，非洲历史和历史学发展的总趋势。这听起来很不可思议，非洲的这些先驱大学的历史系并没有完全加入到研究和讲授非洲的过去中去。重新书写非洲的历史必须面对一个事实，除了阿拉伯旅行者和一些荷兰及葡萄牙的探险家的记述，以及在东苏丹、马格里布及埃及发现的阿拉伯语手稿和在西苏丹伊斯兰地区发现的阿贾米手稿（Ajami scripts）之外，很少有其他的书面材料可以参考。

当然，埃塞俄比亚有一些阿姆哈拉语的关于过去的记载。但是，黑非通常是没有书写的文明，这向历史学家提出了挑战。尤其是自从大学的历

1　Hugh Trevor-Roper, "The Rise of Christian Europe", *The Listner*, Vol.70, 1963, p. 871.
2　For a fairly comprehensive discourse on the early misconceptions about African History, see Felix O. Alao, "Misconceptions about African Culture, Civilization and History", in S. Ademola Ajayi, ed., *African Culture & Civilization*, Ibadan: Atlantis Books, 2005, Chapter 2, pp. 12–21.

史学者在新建立的大学里接受训练后,西部历史学研究要建立在书面资料的基础上才能进行。所以这个挑战就变成了对部分基于口头传说阐述非洲历史的方式的质疑,以及对合理部分的解释。

三、口传文化是必不可少的原始材料

口传文化是过去发生的事情存在的证据,它们通过口头讲述一代一代地传承下去,这在很大程度上依然是一种能为早期非洲历史提供丰富材料的机制。它通常以神话、传奇故事、歌曲、谚语、警句以及诗歌、精妙的俗语和通俗的历史故事的形式呈现出来。它们常常通过一群特殊的人流传下去,比如族长、民歌手以及宫廷史官、旅行商人、祭司和酋长等其他的有知识和智慧的人。

不可否认的是,口传文化有它自身的局限性,因此要求历史学家必须谨慎处理掌握的材料。在口传文化中,历史事实有时候还没来得及流传下去就被带进了坟墓。这些专业的传统历史学家可能带着任何人都还不知道的重要档案就死去了。

除此之外,口传文化大部分都依赖记忆,但是记忆本身又不是一个绝对可靠的存储信息的途径。因为来源于口传文化的事件被存储在人的大脑中,随着时间的流逝,人的本性倾向于对它产生影响。当作为人们的历史知识库的人到了开始衰老的年纪时,他们就变得十分平静,结果就是,他们开始丧失部分记忆。当这样的老人作为历史重建的顾问时,从他们那里将不会获得全部的历史。后果就是,由于一些重要的信息的丢失,研究结果就可能不会很精确。

除此之外,在很多情况下,口述历史充满了神话色彩。有些人故意把他们的起源和传说中的人物或者是重要的历史地点联系起来,以抬高他们种族或部落的身份。因此,口述历史很容易被歪曲或夸大。

除此之外,在某些情况下,神话传说中的描述会展现超凡的人物形象,甚至有时候,无生命的物体在这样的叙述中也具有此类能力。口传文化中包含的很多神迹故事都提到人类在做超自然的事情或者是动物向人类施加超自然的影响。所以,历史学家在从神话传说中筛选对自己有用的事件的时候一定要理性。尽管口传文化中固有的局限性很明显,但是这并不能降低它作为史料的总体价值和作用,口传文化也有它的优点,尤其是在重现非洲的过去,所以瑕不掩瑜。[1] 在中央集权化的非洲国家和社会,口述历史的较好发展归功于普遍存在的正式的机构,它们保留下了远古时代人物的丰功伟绩(在很大程度上,现在这些地方仍然是这样)。除此之外,过去的非洲国家和社会有正式的机构或者指定的官方历史编撰者,他们在重要的典礼上重现自己的历史,比如节日、葬礼和首领或者国王的就职仪式上。这种情况在古奥约和贝宁王国以及东非和西非的其他国家是很普遍的。这些官方的历史编撰者通常都经过精心培训,而且他们的职位大多都是世袭的,精确地编写他们各自的国家或社会统治者的家谱和功绩是他们的职责所在。这些内容经常会在特殊的场合由他们诵读出来,比如:定居、讨论继承权、年度节日、婚礼和葬礼以及其他的宫廷仪式。通过这个过程,后来的专业历史学家和研究者曾经洞察了几个非洲民族的历史时代,原本他们的历史是从来不会被发现的。但是在两个方面可能是有争议的:首先,这些指定的传统历史编撰者(经常以官方的姿态在宫廷上)在呈现证据的时候是否可能倾向于以一种官方的姿态去描述;其次,他们传播的故事相较于通过非正式的过程保留的历史是否就有较少改动的风险。[2]

同时,很多早期跨区域的非洲历史编撰者和学者意识到口传文化的重要性,并把它们当作一种有效的、重要的和合理的重建历史的资源加以利用。在西非,肯尼思·戴克曾在他的研究中广泛使用口传文化资料,其中

---

[1] Readers interested in the details of the merits of oral tradition as a source, will benefit from the fairly comprehensive account in S. Ademola Ajayi, "Sources for the Study of Early African Culture and Civilisation", in S. Ademola Ajayi, ed., *African Culture & Civilization*, Ibadan: Atlantis Books, 2005, pp. 22-34.

[2] Ibid., pp. 24-25.

在他的著作《尼日尔三角洲的贸易和政治，1830—1885》中使用最多。同样地，东非最早也是最著名的历史学家奥戈特极力声称，这种方法也可以有效地用于非国家的社会。随着口传文化的使用，民族认同和历史的构建成为中心议题，非洲几个民族、国家和社会有了自己清晰的历史，消除了欧洲或西方的影响。很值得一提的是，在这些先驱的影响下，口头的访谈变成了可行的野外作业工具，即使是对于重建殖民地历史来说也是可行的。这样做本身就具有合理性，因为普通的非洲人作为自己历史的创造者被边缘化或者很难呈现在官方的档案记录中。所以，非洲和非洲人各个时期的历史重建，比如非洲的抵抗、农业活动、移民劳工、非法占据者、当地和区域贸易、宗教历史、土地争夺、女性历史、知识历史以及以道德平等为中心的问题，都是通过学生、崭露头角的历史学家和研究非洲的外国历史学家完成的，他们都能熟练运用口述的和相关的资料。在戴克和奥戈特的首倡下，口头传说和证据应用在东非和西非历史编纂中有了坚实的基础。

四、新非洲历史学革命年

"二战"之后，在非洲内陆地区，非洲大陆历史研究的新方法可以说已经处于萌芽阶段了。这个时期标志着非洲和非洲人最好时期的开始，第一代为历史建构做出最重要贡献的历史学家十分推崇这一时期，同时它也标志着以非洲人为中心的历史学在非洲和世界学术研究中作为一门学科更加明确了。在20世纪50—60年代，非洲历史已经发展成为一个新的学科，正如保罗·洛夫乔伊（Paul Lovejoy）所言，它在专业领域是激进的，因此与那时存在的比较传统的历史关注点有很大的不同。[1]这个时候，很多在国外取得卓越学术成就的非洲历史学家寻求归国，为祖国的发展贡献

---

1 Paul E. Lovejoy, "The Ibadan school of historiography and its critics", in Toyin Falola, ed., *African Historiography: Essays in honour of Jacob Ade Ajayi*, Longman, 1983, p.195.

力量，使非洲大陆成为世界关注的中心。这一过程逐渐纠正了西方学者尤其是欧洲学者对非洲的负面观点，也让他们看到了非洲所具有的天赋和文明以及它对世界历史所做的贡献。正如早期所指出的那样，非洲历史的新发展植根于20世纪40年代中期到50年代的民族主义运动，这塑造了现代非洲的结构，尤其是撒哈拉沙漠以南的非洲。第二次世界大战使非洲人认识到帝国主义和殖民主义的危害，20世纪40年代后期，非洲历史进入了政治非殖民化进程时期，同一时期亚洲几个地方也开启了这一进程。政治上，殖民主义遭到最强烈的动摇和彻底的打击，那时印度和巴基斯坦于1947年独立，同时中国作为一支共产主义的新殖民主义力量登上了世界舞台。在非洲大陆的知识分子看来，这一时期涌现出很多非洲学者，他们自信、自尊而且对自己的祖先很了解，尽管他们中大部分人在国外受的教育，而且有机会留在那里工作。很明显，那段时间是对非洲历史长时期遭到忽视的一种补偿。伊巴丹、勒贡和麦克雷雷成为相应的知识非殖民化的中心。"二战"后的时期成为非洲历史学发展所有阶段中的一个新时期。

由于较早运用新方法研究非洲历史，它便成了非洲历史学上革命性的年代。简而言之，我们可以说，非洲历史学革命是对1950年后的历史书写艺术的巨大变革，这一时期的非洲史由非洲人来书写，并把非洲作为研究的中心。新时代受两种主要关注点的支配，一个关注点是对过去那种认为历史只能与书面材料一致的否决；这实际上是在暗指，前殖民地时期的非洲没有文字记录就意味着这个时期没有历史，或者是没有发生具有真正思想和历史评估价值的事件。第一代新兴的专业历史学家所进行的新的革命性的运动产生的结果就是恢复非文字资源，尤其是把非洲人民的口传文化作为研究历史的有效且重要的资料。另一个关注点就是坚持非洲历史是真正的非洲人的历史，反对仅仅是对来自亚洲和欧洲的入侵者在非洲大陆活动的记录。迄今为止，非洲人对宗主欧洲国家的历史、文化和文明比对他们自己的大陆和人民更熟悉。在新的变革时代之后，对非洲人在重大历史事件中所扮演的角色的新的关注极大地重塑了他们的大陆。关于非洲历史是静止的争论是非常激烈的。在变革的年代，不仅仅是曾经在自己的历史中扮演次要角色的非洲人成为主角，而且对那些塑造非洲大陆的事件也进行了更批判和具有洞察力的分析，这多亏了新兴的本土专业历史学家。

对非洲过去历史研究态度的变化极大地反映了政治上的变化，这种变化在"二战"后席卷整个非洲大陆。尽管非洲人的历史意识在整个殖民统治时期都存在，但是20世纪40年代后期的发展加速了非殖民化进程，使新建立的民族国家要求在世界事务中发挥作用。这是政治变化的自然结果，非洲的过去有了新的出路，这唤起了重申价值观、重建制度和已经几乎被殖民化消灭了的历史的热情。大学的历史系，尤其是伊巴丹、勒贡－阿拉克、达喀尔、麦克雷雷以及内罗毕的大学开始迎接这个挑战。这些大学所做的调查和书写的作品对从民族主义的视角重新评判非洲过去的历史做出了极大的贡献。这个时代的专业的历史学家作为先驱非常热衷于树立一种观念，那就是非洲的过去是值得研究的。换句话说，他们正在遵循欧洲的治史传统。通过对非洲过去的研究以解决当代问题，大多数参与这种前卫机构的人并不关注这种功能和作用。在那个时期，有些有名的学校出现了有想法的历史学家并且组建了历史学学科，他们以多样化的视角创作和解释历史，最著名的有下列学派：

伊巴丹历史学派。伊巴丹历史学派并没有依照实体结构构建历史。换句话说，它不是在伊巴丹建一座有形的墙。它跟纯理论的伊巴丹大学历史系也不完全一样，但是近来，两者之间是可以互换的。不是像马克思主义学派那样在意识形态方面有明确的界定，而是如阿肯基德·奥森套昆（Akinjide Osuntokun）所述，它就"实用性和方法论"来说更可信。[1] 简而言之，伊巴丹历史学派是对调查、教授、写作和总的历史研究方法论的学术

1　Akinjide Osuntokun, "The Lagos School of History: An Exploratory Discourse", Paper Presented at the Fourth Roundtable of the Organisation for Historical Research in Nigeria (formerly Network of Nigerian Historians, NNH), McPherson University, Seriki-Sotayo, Ogun State, Nigeria, 30 January, 2014, p. 1.

探究。在非洲大部分地区，尤其是尼日利亚，它逐渐发展成为一个叫作早期反殖民化历史浪潮写作的派别。正如保罗·洛夫乔伊所陈述的，对于没有在伊巴丹受过必需的训练，但是却关注与大学和它的分支机构相一致的系列学科的历史学家们来说，伊巴丹历史学院派是一个合适的叫法。[1]

基于以上所述，认识到这一点很重要，可以说这个学派在伊巴丹已经有了根基，除此之外，它的触角也伸展到尼日利亚以及非洲和非洲之外的更广阔的学术世界。近年来，伊巴丹学派的学者在尼日利亚的大部分学校设立历史系以传播伊巴丹历史学。因此，学派的主要实践者几乎都在尼日利亚的第一批、第二批和第三批大学里工作。比如恩苏卡的尼日利亚大学、拉各斯大学，扎里亚的阿罕马杜·贝鲁大学、伊费大学（即现在的奥巴费米－阿沃洛沃大学）、贝宁大学、乔斯大学、伊洛林大学、卡拉巴尔大学、哈科特港港口大学，等等。在尼日利亚之外也有很多伊巴丹历史学派的倡导者。简而言之，伊巴丹不仅在很大程度上重现了自己的历史，同时它对历史的研究方法也主导着尼日利亚大学的历史研究和编撰，甚至在一定程度上还影响了整个非洲。

就它具有深远影响的特色而言，伊巴丹历史学派已经为自己在历史上写下了不朽的一页。在经历了屈辱的大西洋奴隶贸易和殖民统治后，整个非洲正在寻求重获自尊和尊严，伊巴丹历史学派应运而生，成为非洲文化复兴的火炬和主要的十字军战士，赋予了非洲历史自己独特的个性。[2] 戴克是一个非常有远见的民族主义者，被称为现代"非洲史学之父"[3]，他和阿德·阿贾伊是伊巴丹学派的先驱和元老。由于他们的存在，伊巴丹学派成为世界著名的非洲研究中心，为广泛而深入地了解非洲的过去奠定了基础。伊巴丹学派起始于20世纪50年代，那时候戴克和萨布瑞·博巴库在

---

[1] Paul E. Lovejoy, "The Ibadan School of History and its Critics", in Toyin Falola, ed., *African Historiography: Essays in honour of Jacob Ade Ajayi*, London: Longman, 1993.

[2] S. Ademola Ajayi, "In the Pursuit of Relevance: A Survey of the Research and Teaching of History at the University of Ibadan", in *CONTEXT: Journal of Social & Cultural Studies*, Vol.1, No.1, 1977, p. 98.

[3] Chieka C. Ifemesia, Funeral Oration delivered at the graveside of Professor Kenneth Dike, on behalf of the Historical Society of Nigeria, Saturday 19 November, 1983.

伊巴丹学院任教（现在是伊巴丹大学）。由于伊巴丹大学历史系在20世纪六七十年代之间被指定为非洲历史的重要研究中心，这从学术上把非洲置于世界地图之中，所以这个学派也变得举世闻名。该学派有三个主要观点：（1）非洲和世界其他地方一样有自己的历史；（2）非洲的历史并不是从欧洲人的到来和他们的记录开始的；（3）非洲历史是世界历史的一部分，没有它世界历史就是残缺的。要注意的是，戴克（伊巴丹大学历史系第一位非洲领导人）在非洲历史和历史学发展所起的作用不能被过分夸大。他曾先后在弗拉湾学院（后来成为弗拉湾大学）、塞拉利昂和伦敦大学深造，在学术上取得了突出的成绩。在获得博士学位之后，他进入伊巴丹大学，并在提升非洲人领导力的出版方面发挥了重要的作用。一到伊巴丹，戴克就要求教授非洲历史的课程，但绝不是教学大纲上的"外族殖民非洲的历史"。在伊巴丹待了两年之后，他没能说服自己的同僚修正教学大纲，便转移到西非社会经济研究院（现在的尼日利亚社会经济研究院的前身——HISER）。为了挽救对自己的尼日利亚历史研究有用的材料，他关注文物的保护，从而也促成了尼日利亚国家档案馆的建立，就尼日利亚的文物保护，他开始与肯尼思·马瑞尔合作。[1]

20世纪六七十年代，随着大学在尼日利亚的增加，伊巴丹的影响也扩展到拉各斯、恩苏卡和贝宁这些新大学的历史系。伊巴丹历史研究和写作面临的重大挑战是来阿罕马杜·贝鲁大学和尼日利亚北部的扎里亚的伊斯兰正统主义者。这些伊斯兰正统主义者由阿卜杜拉·史密斯主导，他号召回归古老的学术理想和传统，因为它们是由古代伊斯兰大学创立并维持下去的，是几世纪以来伊斯兰世界学术活动的基础。[2]

达喀尔（塞内加尔）历史学派。达喀尔历史学派是产生于塞内冈比亚地区的一个派别，同样具有很大的影响力。在20世纪50年代，它一开始是在迪奥普、阿卜杜拉耶和约瑟夫·基-泽博这些人的倡导下形成

---

[1] J.F. Ade Ajayi, "History and the Nation", A Valedictory Address delivered at the University of Ibadan(Nigeria), on November 24, 1989, p. 17.

[2] Paul Lovejoy, "The Ibadan School of History and its Critics", p. 197.

的，在接下来的 20 世纪 60 年代，由尼昂继承发展。正如一些和它类似的学派的观点和研究一样，它主要关注的是民族主义的政治史，强调非洲人反抗的案例。然而到了 20 世纪 70 年代，新一代的学者，比如穆迪·西索科、布巴卡尔·巴里、阿卜杜拉耶·巴蒂利、马马杜·迪乌夫和鲁卡亚·法尔，采纳了社会科学的研究方法去认识当代不发达和不独立的危机，以便把它作为过去 500 年的衰落的继续来重新解释这段历史。这种研究历史的视角体现了打破殖民地国家边界以回归到大塞内冈比亚历史单位的野心。

达累斯萨拉姆学派。在坦桑尼亚，特伦斯·兰杰的作用绝对不能忽视。达累斯萨拉姆大学在 20 世纪 60 年代最热衷于恢复非洲自主权利的运动。由特伦斯·兰杰创建的历史学派致力于说明非洲历史作为一门学科，在构建坦桑尼亚自己的历史和考虑在坦桑尼亚建立乌贾马社会主义方面都有很高的价值。

五、非洲历史学革命的副产品

非洲形成学科专业化的一个重要因素是非洲大陆部分地区建立了国家历史协会，它们包括建于 1952 年黄金海岸的历史协会（现在是加纳历史协会）和建于 1955 年的尼日利亚的历史协会。其他比较重要的还有坦桑尼亚历史协会，肯尼亚也有一个类似的协会。

专业的协会为中学的历史老师与大学里专业的历史研究者架起了一座桥梁，方便了他们在历史学科研究方面的沟通。通过协会，每年他们都定期举行研讨会，彼此交换关于非洲历史研究的学术观点和发现。

这些协会建立了他们自己的专业知识期刊，比如《加纳历史学会学报》《尼日利亚历史协会期刊》《麦克雷雷历史论文丛刊》以及《肯尼亚历史评论》。在非洲大陆之外，由剑桥大学出版社发行的《非洲历史期刊》的出现为擦边的非洲历史研究提供了一个表达媒介。被尼日利亚的历史协会命名为《历史》的杂志也是（原文中的 Tarikh 是一个阿拉伯词汇，意思是历史或历史学）泛非期刊的作品。《历史》系列中的文章，大部分是由非洲和世界其他地区的大学的学生写的。

为了确保非洲大学的知识积累达到更高的层次，大学里的历史系与国家历史协会合作，并鼓励地区的考试机构如西非考试委员会、东非考试委员会和联合的审查机构，在中学采用新的教学大纲，以便反映非洲历史的新发展。另外，适用于高中教师和学生的配套教材的出版标志着专业历史家协会的成就达到了顶峰。最著名的有阿贾伊和伊恩·埃斯皮的《西非千年史》（1965）以及安尼尼和戈弗雷·布朗的《19到20世纪的非洲》（1966）还有贝思韦尔·奥戈特和J.基兰的《扎马尼》（1969）。同样地，达累斯萨拉姆学派的学者与坦桑尼亚历史协会合作，就一些重要的历史主题出版了一系列权威专著和小册子，比如萨顿的《东非早期的贸易》，爱德华·阿尔珀的《东非早期的奴隶贸易》，沃尔特·罗德尼的《西非的奴隶贸易》，基瓦努卡的《布尼奥罗—基塔拉：神话或者现实？》，以及约翰·罗的《卢格德在坎帕拉》。就大陆大学系统的长度和广度而言，还有数以千计的关于历史研究结果的专著。在构建非洲历史、扩充用于历史教学的大量文献资料和为普通大众提供文艺著述方面，历史系做得是非常成功的。

六、对变革年代的评价

变革年代的非洲历史学具有浓厚的民族主义色彩。非洲过去的民族主义色彩产生于争取非洲独立和维持殖民地的秩序的过程中。比如在东非，这种斗争起始于麦克雷雷大学对历史研究的报告，在大学的教学大纲里，非洲人的历史只占了很少很少的一部分，而且当局也都是国外的白种人，他们并不打算改变这一现状。确实，早期的一个历史学家奥戈特说，为了抵制这种趋势，他移居到肯尼亚的内罗毕。[1] 同样地，在独立前夕和不

1　B. A. Ogot, "Towards a History of Kenya", *Kenya Historical Review*, Vol.4, 1976, p.1.

远的后殖民时代,伊巴丹大学历史系的课程大部分是和伦敦大学一样,因为伊巴丹大学开始的时候是伦敦大学的一个分校。大学里的教授的大多数课程是关于欧洲和英国的历史,也就是所谓的英联邦的历史,其实就是欧洲的海外扩张史。因此,对于变革时代的非洲历史学明显地采用当时的民族主义者十分热衷的政治哲学,这也就没什么可大惊小怪的了。当它用于表明非洲所有现存群体的历史、文化和缺乏外部影响的文明的时候,就具有一种防御性。奥戈特提醒我们,"只有历史独立了,政治独立才真正有意义"[1]。在向政治独立的进程中迈进的同时也要实现历史自觉和文化认同。新一代的非洲历史学家使学术研究担起了这个重任。这时候其他研究非洲的历史学家对非洲历史研究和教育的影响很大,但他们为了证明奴隶制和白人统治的合理性,极大地贬抑了非洲人对世界文明的贡献。上述哲学和意识形态结构深深地影响了政治独立前夕非洲历史的发展,在以后的几十年中,这种影响依然存在。

七、对旧学派的批评

旧式学派的民族主义传统遭到了几个新的学派的极大的批评,比如坦桑尼亚的达累斯萨拉姆历史学派。尼日利亚北部城市扎里亚的阿赫马杜贝罗大学,由于地理位置上比较接近的缘故,这些学派大部分都接受来自伊巴丹、勒贡和麦克雷雷的传统思想。然而,就他们而言,由于提出了一个终极问题而走在前列,那就是如何书写世界历史和地区历史才能促进统治集团的利益。

早期的旧学派对上述问题的认识遭到了严厉的批评,因为他们提出政治即历史,其作为一个只供大人物、国王和王室参与的游戏,普通的民众除了作为君主的垫脚石,在其中没有扮演任何角色。简单地说,多少年来

---

1 B.A. Ogot, cited in Orolade Samuel Ayodeji, "Nationalist History", Seminar Paper presented at the Department of History, University of Ibadan, Nigeria, November 2014, p.3.

旧式学派的历史是站在王室的角度，尤其是在与人们的相互关系上树立行为典范，在关于平民的作用上，学者总是保持沉默。旧式学派对民族主义史学的批评大致有三点：民族主义史学是过时的、歪曲的、对普通人来说没有实际价值的。

争论继续了相当长的时间，在某种程度上仍然在继续。然而，在新成立的非洲民族国家发现自己正处于当下的后殖民化时代和人民的历史的发展时期，但并不认为民族主义国家历史是奢侈的，这是很难得的。批评家也谴责旧的学派，比如尼日利亚的伊巴丹历史学派，以及和它类似的加纳勒贡和乌干达的麦克雷雷并不关注对经济和社会的考察，反而主要关注伊斯兰和基督教的改宗和总的殖民政策，以及政治问题，尤其是民族国家、王国和帝国的兴起和衰落。

恕我冒昧对早一代的历史学家和历史系进行批评，没有人能够否认这个事实，即早期的历史系以他们自己的方式确实解决了基本的民族需要和问题，除此之外，还为进一步深入研究非洲人和他们的历史打下了基础。

八、黑暗时代和挑战的到来

20世纪80年代，尤其是军人干政的全盛时期，经济和政治危机终止了很多专业的关于传播非洲研究发现的途径。历史学科和它在学术上的争取，将它们的先辈所做出的杰出成绩维持了下去，直到20世纪80年代后期，优秀制度的基础遭到了创伤性的倒退，甚至是倒塌。20世纪80年代，历史作为一门学术学科开始在非洲大学体系中拥有一席之地，然而这种学科的有序性发展被社会的首先遗忘和领导人的误导粗暴地打断了。比如伊巴丹曾经是文艺复兴的先锋，开始遭受巨大的挫折。然而，尽管历史在民族构建的过程中有着压倒一切的重要性，但是这个学科在一定程度上沦为民族构建中的陪衬。尼日利亚历史协会的前会长和伊巴丹历史系的前主席就都曾把历史置于这样一个位置，历史与今天的民族需要完全不相干的言论甚嚣尘上，因此再也没必要把公共的财政投入到对历史学家的培训上了。[1]

很大程度上,在黑暗时期,伊巴丹大学所遇到的困境和在勒贡、麦克雷雷以及非洲大陆其他地方的姊妹系是类似的。危机相关性的长久威胁变得很显著。在科学和技术取得巨大进步的时代,在维持公众对历史的兴趣方面出现了巨大的问题。正如 T. 塔穆诺(Takena Tamuno)所说的那样,"在鼓吹科学和技术是一个神奇的演奏者的时代"[2]。历史成了这个亢奋时刻的直接牺牲品。很少有人意识到没有历史和人文科学相关学科知识的社会对人类来说是很危险的。渐渐地,尤其是在伊巴丹和尼日利亚大学体系中,历史一直在丧失它的声望和重要性,越来越少的学生或者几乎没有学生去选修这门课。这种情况到20世纪90年代发展到一种惊人的程度,伊巴丹大学的许多人包括大学理事会的会员(尤其是一些大学的和联合高等学院的教务委员会)开始萌生出把历史系与考古学、政治社会学和非洲研究协会合并的想法。历史的"缩小的边际效用"发展到了一种令人担忧的地步。尼日利亚很多大学的历史系为了保住历史老师的饭碗,想出了一种精巧的"废物利用"的解决办法。几乎所有的,尤其是新成立的一批学校都调整它们的入学条件以便招收那些在高中从未学习过历史,但是具有政府或者是社会研究的证书(普通水平)或者具有大学教师水平的学生。除此之外,他们还采取了改变对系别的命名法的策略,如历史系、历史国际研究、历史和外交研究、历史和策略研究以及其他的一些名字。

另一个与黑暗时代相关联的显著变化是削减对研究的资金支持。在之前的光辉的日子里,巨大的研究资金向历史研究和调查者敞开怀抱,比如福特基金会和洛克菲勒基金会等。在历史开始衰落的时代,学科获得发展和研究的资金支持比骆驼穿过针眼还要难。那些愿意做传记研究的或者

---

[1] Obaro Ikime, *In Search of Nigerians: Changing Patterns of Intergroup Relations in an Evolving Nation-State*, Presidential Inaugural Lecture delivered at the 30th Congress of the Historical Society of Nigeria, Nsukka, May 1, 1985, p. 1.

[2] Takena N. Tamuno, "Introduction", in T.N. Tamuno, ed., *Ibadan Voices: Ibadan University in Transition*, Ibadan: Ibadan University Press, 1981, p. 10.

是研究军事首脑和政治统治人物的还算幸运一点，其他人则不得不借助自己微薄的薪水去继续他们的研究。因此，这个时代更适合叫作"出版或死亡"的时代。

那个时候，历史衰落的另外一个因素是，很多精英要么被相继的军政府丰厚政治待遇笼络，要么去国外寻找更好的发展途径。尽管在20世纪五六十年代，流散在世界各地的新兴的年轻一代的非洲历史学家的梦想是重新回到非洲大陆，在自己的家乡的一个大学里任教或者是专心于口传文化中心的研究。但是到了80年代，满怀希望的非洲人在西方的大学中挣得一席之地，变成了和他们的西方同事一样的"国际学者"。

除此之外，历史学家本身，尤其是那些高级学者应该为历史陷入这种不断衰落的糟糕状况负部分责任。在年轻一代的历史学家中有一种观点，很多受人尊敬的学者在爬到历史研究的顶端之后，就撤掉了曾经帮助他们往上走的梯子，就一心想着退休，丧失了进一步提升历史研究的兴趣。

九、转折点——非洲历史研究的新角度和新趋势

非洲历史的创始人在非洲大陆内外被一种使命驱使着，即坚持声称非洲是有历史的，而且是值得拿到大学里研究的。尽管这一行为值得被今人铭记，但是已经没有必要再去奔走宣告非洲是有历史的，因为这一点在今天已经是一个不争的事实了。所以，当代随之而来的一个趋势是，非洲历史的发展尤其与主权国家的兴起深深地联系在一起，同时还有一种不断增强的意识，即没有了非洲史，全球历史学术研究就不完整。随着非洲历史在全球学术地图上的呈现，也涌现出几个非洲历史研究的学术中心，分别在东方学院、非洲研究学院和伦敦大学，由罗兰·奥利弗和理查德·格雷教授领导。其他几个持有相同目的的中心是由菲利普·柯廷教授领导的威斯康星大学麦迪逊分校非洲研究中心和由 J.D. 费奇领导的伯明翰西非研究中心。甚至是种族隔离区的南非，尤其是开普敦大学也加入到非洲历史的学术研究中，直到今天依然非常有活力。随着时间的流逝，画风不断转

变,非洲历史研究扩展到欧洲和美国的很多大学,比如德国的汉堡大学和美国的加利福尼亚大学。在许多大学教授非洲历史已经变得非常流行,比如在牛津大学,也正是在这所学校,休·特雷弗-罗珀在数十年前傲慢地宣称非洲根本就没有历史。而且,在亚洲,令人高兴的是也有包括上海师范大学的大学中已经有了深入研究非洲历史的中心。

不幸的是,非洲的愿望并没有实现,在很多国家,非洲历史教学和研究依然处于衰落的状态。在非洲很多国家,对非洲丰富历史的狂喜和历史学科本身的运气都已经跌落到谷底。与当下的后殖民化时代不同的是,目前历史研究在非洲大陆部分教育体系中的边缘化,尤其反映在初等教育和中等教育历史教学的中断。甚至在高等学校,曾经生机勃勃的历史研究也时运不济、无人问津了。这样在特定情况下,对历史系的更名就成为解决这个学科困扰的一个必要办法。然而在尼日利亚,很多第一代大学仍然完整地保留着历史系,第二批以及随后的大学的历史系通过和国际研究、国际关系、政治科学和政策研究等合作,仍然开设历史系的相关课程。通过这样一种办法使历史研究更有吸引力,历史系也得到更多学生和公众的关注。因此,维持到20世纪80年代的历史系,很多不得不和相关的学科紧密联系在一起,于是现在就有了相对应的命名法,即历史与外交研究、历史与国际研究、历史与政策研究、历史与文化研究以及历史和文物研究等。由于给这些系冠以这样的名称,国际关系或国际研究的主题就成了非洲大学体系中一个十分活跃的研究领域。在这种情况下,国际关系被广泛定义为洲际间的经济联系、国防研究、边界、文化和外交史。这种命名法的改变和学术研究的重新定向引发了对历史研究兴趣的复活,从而为理解现代问题奠定了基础。

但是,有一点必须要指出来,需要警惕核心历史的过度偏移的内在风险,这在现代历史学毕业生中是一种令人担忧的趋势和现象,因为他们对核心历史知之甚少,然而它是其他相关学科成立的基础。无论历史和什么相关联,都要努力抵制一种无目的性的偏离,确保所有的毕业生有全面的历史知识,以此作为国际关系、国际研究、外交研究、文化研究、遗产研究或是政策研究的基础。因此,这个观点正得到重视,即新一批的历史系必须注意不要完全背离历史研究的基本根基,从而避免成为所谓的新颖和流行的牺牲品。这个警告正如奥森套昆教授所点明的那样,非常符合传记领域的情况,因为它现在十分热门,而且还在继续受到那些想让自己在书中被歌颂的形形色色的人物的追捧。并不是说传记研究有什么不好的地方。正如奥森套昆所表示的那样,像英国的 A.J.P. 泰勒和艾伦·布洛克那样的著名历史学家,一生在历史的天空中写出了伟大的传记作品。[1] 但是,这种警告是合适的,无论在研究方向上如何改变,历史学研究的核心都应该保持不变。

同时,尽管当代充满了挑战和不确定性,但是有一点是很值得注意的,那就是目前的历史学家仍然努力保证关于历史学术作品和这门学科能够继续发展下去,至少是可以维持当前这种不确定的状态。过去的几十年已经见证了像非洲社会科学研究发展委员会(现在分别在达喀尔和塞内加尔)以及美国学术团体委员会,它们通过开设关于非洲的人文科学课程,支持研究和出版,尤其支持年轻一代的学者从事人文科学研究,极大地提高了历史研究的地位,重新点燃了新兴一代历史学家的希望。

所以,当代书写非洲历史的方法在本质上也是多学科的。非洲的历史研究总是建立在从不同的学科收集来的数据以及对它们的严密分析上。因此,考古学、语言学、人类学、社会学、动物种学和植物种学的参与使非洲的过去更加清晰。因此,对多学科方法的依赖以及严格的分析,还有对口述资源的运用,现在正被非洲的历史学家广泛地认可,以此作为对注重文字资料、档案和相关材料的西方式的历史研究方法的补充。

同时,自 20 世纪 70 年代以来,经济因素在非洲历史学中占据主导地位,以此作为对之前以政治因素为中心的历史学的反抗。今天,部分批评经常向后殖民时代的历史研究发难,因为后殖民时代的非洲历史学

---

[1] Takena N. Tamuno, "Introduction", in T.N. Tamuno, ed., *Ibadan Voices: Ibadan University in Transition*, Ibadan: Ibadan University Press, 1981, p. 10.

不关注对于社会和经济的解读，而且历史学家的研究如果不体现出意识形态色彩就站不住脚跟。无论如何，在 20 世纪六七十年代风行的社会主义已经相对衰落了。所以，目前非洲历史研究的重点更多地放到了社会史上。

目前，在非洲历史研究中，对非洲是否存在历史的讨论已经没有意义了，要讨论的是历史研究的作用。因此，从研究成果和作品中，可以清楚地看到被称作实用或功能性历史的历史学新走向，不是为了历史而研究历史，但也没有完全与传统的创作题材相脱离。换句话说，这是一种历史研究方面的机智的适应，开始从宏观和微观两个层面去考虑社会、政治、和经济问题。比如，在尼日利亚仅仅只为了古物研究而进行历史写作的方法正逐渐被很多历史系摒弃，因为他们认为如果历史研究者不去适应这种变化，历史这门学科可能会消亡，因为年轻一代的历史研究者和学生已经对那些与现实情况不相干的过去没有了研究兴趣。所以，正如所谓的"旧学派"所说的那样，历史的实用价值令人怀疑。年轻一代的历史研究者都在逐渐转入当代史这个新领域，因为它被认为与社会发展所遇到的问题有更多直接的关联。比如军事史、海事历史、医疗史、妇女和性别史、防御和战略研究、冲突解决和和平问题，以及国际关系、团体关系、工业和商业史。同样值得指出的是，伴随着非洲历史研究的活力和颂歌，新一代的亚洲历史研究者同样也开拓了一些历史研究的新领域，比如非日研究、非洲—黎巴嫩研究以及中非关系研究等。各领域之间的联系越来越紧密，在未来可以看到亚洲崛起为全球经济中的一股重要力量。

如早期所讨论的，从历史学者传统的关注点到对功能的质疑的急剧转变，导致了很多历史系的改名。然而，非洲大部分地区，尤其是尼日利亚的历史较悠久的大学，并没有给它们的历史系重新命名，而是公然与历史研究领域的新潮流对抗。

结语

　　曾经非洲的历史，无论是沦为殖民地前还是成为殖民地后，都只不过是殖民者的历史。大部分历史作家都是欧洲人，没有非洲人。他们从欧洲人的观点出发书写历史，把非洲的历史降低为陪衬。自20世纪50年代之后，历史研究发生了巨大的分裂。非洲人，很大程度上是非洲民族主义者，开始站在非洲人的角度上去书写非洲大陆的历史，把非洲人作为历史的中心，展现非洲人的个性，为非洲和世界其他地区的研究服务。非洲历史学的写作有着令人钦羡的资源——口述资料，尽管迄今为止它一直遭到欧洲学者的抵制。确实，这是一个无可辩驳的事实，20世纪50年代是非洲历史学的一个分水岭。这个阶段，非洲人不仅更正了从欧洲人的观点出发的被歪曲的非洲历史，而且还重新书写了这一段历史。目前，非洲历史学发展充满活力，休·特雷弗-罗珀和他的学生也不再重提他那臭名昭著的宣言。最后，应该可以这样说，经历了不断变换的历史画风，非洲历史学目前充满了生机和活力。

参考文献

一、英文著作

Ajayi, J.F. Ade, *Christian Missions in Nigeria, 1841–1891*, London: Longman, 1965.

Ajayi, J.F. Ade, *A thousand years of West African history: A handbook for teachers and students*, Neson, 1965.

Ajayi, J.F. Ade with Boahen, A. and Tidy, M., *Topics in West African history*, London: Longman, 1966.

Ajayi, J.F. Ade, *A Thousand Year of West Africa*, Vol.1, London, 1971.

Ajayi, J.F. Ade and Ikara, B., *Evolution of political culture in Nigeria*, University Press, Kaduna State Council for Arts and Culture, 1985.

Ajayi, J.F. Ade and Crowder, M., *History of West Africa*, London: Longman, 1985.

Ajayi, J.F. Ade, *People and empires in African history: Essays in memory of Michael Crowder*, London: Longman, 1992.

Ajayi, J.F. Ade, *African historiography: Essays in honour of Jacob Ade Ajayi*, London: Longman, 1993.

Ajayi, J.F. Ade and Uya, O., *Slavery and slave trade in Nigeria: From earliest times to the nineteenth century*, Safari Books, 2010.

Ajayi, S. Ademola, ed., *African Culture & Civilization*, Ibadan: Atlantis Books, 2005.

Alagoa, E.J., *The python's eye: The past in the living present*, Port Harcourt: University of Port Harcourt Press, 1981.

Alagoa, E.J., *Okpu: Ancestral Houses in Nembe and European Antiquities on the Brass and Nun Rivers of the Niger Delta*, Port Harcourt: Onyoma Research Publications, 2001.

Alagoa, E.J., *The Practice of History in Africa: A History of African Historiography*, Onyoma Research Publications, 2006.

Appiah, K. Anthony, *In my father's house: Africa in the Philosophy of Culture*, Oxford: Oxford University Press, 1992.

Austen, R., *African Economic History: International Development and External Dependency*, London, 1987.

Barker, A.J., *The African Link: British Attitudes to the Negro in the Era of the Atlantic Slave Trade, 1550–1807*, London: Frank Cass, 1978.

Bates, Robert H., *Markets and States in Tropical Africa: The Political Basis of Agricultural Policy*, Berkeley, 1981.

Beach, D.N., *The Shona and Zimbabwe, 900–1850*, London: Heinemann, 1980.

Berry, Sara S., *Fathers Work for Their Sons: Accumulation, Mobility and Class Formation in an Extended Yoruba*, Community, Berkeley, 1985.

Biobaku, S.O., *The Origin of the Yoruba*, Lagos: Federal Information Service, 1955.

Boahen, A. Adu, *Britain, the Sahara, and the West Sudan, 1788–1861*, Oxford, 1964.

Boahen, A. Adu, *Topics in West African history*, London: Longman House, 1966.

Boahen, A. Adu, *Ghana: Evolution and Change in the Nineteenth and Twentieth Centuries*, London: Longman House, 1975.

Boahen, A. Adu, *Africa Under Colonial Domination 1880–1935*, University of California Press, 1985.

Boahen, A. Adu with Ajayi, J.F. Ade and Tidy, M., *Topics in west African history*, London: Longman House, 1986.

Boahen, A. Adu, *African Perspectives on Colonialism*, Baltimore: Johns Hopkins University

Press, 1987.

Boahen, A. Adu, *Mfantsipim and the Making of Ghana: A Centenary History, 1876–1976*, Accra: Sankofa Educational Publishers, 1996.

Boahen, A. Adu, *The History of Ashanti Kings and the Whole Country Itself and Other Writings*, Oxford: Oxford University Press, 2003.

Boahen, A. Adu, *Yaa Asantewaa and the Asante-British War of 1900–1901*, Oxford: James Currey, 2003.

Boserup, Ester, *Women's Role in Economic Development*, New York: St. Martin's Press, 1971.

Brown, J. and Bozzoli, B., eds., *History from South Africa Alternative Visions and Practices*, Temple University Press, 1991.

Bryant, Alfred T., *A History of the Zulu and Neighbouring Tribes*, Cape Town: C. Struik, 1964.

Bundy, C., *The Rise and Fall of the South African Peasantry*, Berkeley, 1979.

Cavanagh, Edward, *Settler Colonialism and Land Rights in South Africa: Possession and Dispossession on the Orange River*, Palgrave Macmillan, 2013.

Chirimuuta, R.C. and Chirimuuta, R.J., *AIDS, Africa and Racism*, London: Free Association Books, 1987.

Clarke, Peter B., *West Africa and Islam: A Study of religious development from the 8th to the 20th century*, London: Edward Arnold, 1982.

Colquboun, A.R., *The Africander Land*, London, 1906.

Coupland, Reginald, *East Africa and its Invaders: From the Earliest Times to the Death of Seyyid Said in 1856*, 1938.

Curtin, Philip D., *The Image of Africa: British Ideas and Action, 1780–1850*, Madison: The University of Wisconsin Press, 1964.

Curtin, Philip D., *Economic change in precolonial Africa: Senegambia in the era of the slave trade*, Madison: The University of Wisconsin Press, 1975.

Davenport, T.R.H., *The Afrikaner Bond The History of a South African Party*, Oxford University Press, 1966.

Davidson, Basil., *Old Africa Rediscovered*, London: Victor Gollancz Ltd., 1960.

Davidson, Basil., *Africa in History: Themes and Outlines*, New York: Collier Books, 1991.

Davies, R., *Capital, State and White Labour in South Africa, 1900–1960: An Historical Materialist Analysis of Class Formation and Class Relations*, Brighton: Harvester, 1979.

Dennis, G. Carlson, *African Fever: A Study of British Science, Technology, and Politics in West Africa, 1787–1864*, Canton: Mass Press, 1984.

Dike, K.O., *The Trade and Politics in the Niger Delta 1830–1885: An introduction to the economic and political history of Nigeria*, Oxford: Clarendon Press, 1959.

Dilger, Hansjörg & Kane, Abdoulaye, *Medicine, Mobility, and Power in Global Africa*, Bloomington: Indiana University Press, 2012.

Diop, Cheik Anta, *Nations Negros et Culture*, Paris, 1954.

Diop, Cheik Anta, *African Origins of Civilization: Myth or Reality*, Chicago: Lawrence Hill Books, 1974.

Diop, Cheikh Anta, *Civilization or Barbarism: An Authentic Anthropology*, Lawrence Hill Books, 1991.

Dodge, Cole P. and Wiebe, Paul D., *Crisis in Uganda: The Breakdown of Health Services*, Oxford: Oxford University Press, 1985.

Dorson, R., ed., *Folklore and Traditional History*, New York: Anchor Books, 1973.

Du Bois, W.E.B., *The Suppression of the African Slave Trade*, Baton Rouge: Louisiana State University Press, 1965.

Esedebe, P.O., *Pan-Africanism, The Idea and Movement, 1776–1991*, Howard University Press, 1994.

Fage, J.D. and Oliver, R., *Cambridge History of Africa*, Vol.3, Cambridge: Cambridge University Press, 1977.

Fage, J.D., *Guide to Original Sources for Pre-colonial Western Africa Published in*

European Languages, Madison: University of Wisconsin Press, 1994.

Fage, J.D., ed., *Reintroducing man into the African world*, Kisumu: Anyange Press, 1999.

Falola, Toyin, *The Political Economy of a Pre-colonial African State: Ibadan, 1830–1900*, Ile-Ife: University of Ife Press, 1984.

Falola, Toyin, *Politics and Economy in Ibadan, 1893–1945*, Modelor Design Aids, 1989.

Falola, Toyin, ed., *African Historiography: Essays in honour of Jacob Ade Ajayi*, Harlow: Longman House, 1993.

Falola, Toyin, *Development planning and decolonization in Nigeria*, Gainesville, Florida: University Press of Florida, 1996.

Falola, Toyin, *Violence in Nigeria: The Crisis of Religious Politics and Secular Ideologies*, Rochester, NY: University of Michigan Press, 1998.

Falola, Toyin, *The History of Nigeria*, Santa Barbara: Greenwood Press, 1999.

Falola, Toyin, *Yoruba gurus: Indigenous Production of Knowledge in Africa*, Trenton, NJ: Africa World Press, 1999.

Falola, Toyin, ed., *Tradition and Chang in Africa: The Essays of J.F. Ade Ajayi*, Asmara: Africa World Press, 2000.

Falola, Toyin, *Key Events in African History, A Reference Guide*, London: Greenwood Press, 2002.

Falola, Toyin, *A Mouth Sweeter than Salt*, Ann Arbor: The University of Michigan Press, 2004.

Falola, Toyin, *Ibadan: Foundation, Growth and Change 1830–1960*, Utah: Bookcraft, 2012.

Falola, Toyin and Brownell, Emily, eds., *Landscape Environment and Technology in Colonial and Postcolonial Africa*, New York: Routledge, 2012.

Falola, Toyin and Amponsah, Nana Akua, *Women's Roles in Sub-Saharan Africa*, Oxford: Greenwood, 2012.

Falola, Toyin, *The Power of African Cultures*, Rochester: University of Rochester Press, 2003.

Falola, Toyin, *Counting the Tiger's Teeth: An African Teenager's Story*, Ann Arbor: University of Michigan Press, 2014.

Farias, P.F. de Moraes, ed., *Arabic Medieval Inscriptions from the Republic of Mali: Epigraphy, Chronicles and Songhay-Tuareg History*, Oxford: Oxford University Press, 2004.

Feierman, Steven and Janzen, John M., *The Social Basis of Health and Healing in Africa*, Los Angeles: University of California Press, 1992.

Feinstein, Charles H., *An Economic History of South Africa: Conquest, Discrimination, and Development*, Cambridge: Cambridge University Press, 2005.

Ford, John, *The Role of the Trypanosomiasis in African Ecology: A Study of the Tsetse fly Problem*, Oxford: Oxford University Press, 1971.

Freeman-Grenville, G.S.P., *The East African Coast: Select documents from the first to the earlier nineteenth century*, Oxford: Clarendon Press, 1962.

Fyfe, Christopher, ed., *African Studies Since 1945*, London: Longman, 1976.

Gann, L.H. and Duignan, *Burden of Empire*, London: Pall Mall, 1967.

Gardiner, P., ed., *The Philosophy of History*, Oxford, 1974.

Gemery, H. and Hogendorn, J.S., *The Uncommon market: Essays in the economic history of the Atlantic slave trade*, New York, 1979.

Gerhart, Gail M., *Black Power in South Africa: The Evolution of an Ideology*, Berkeley: University of California Press, 1978.

Gluckman, M., *Order and Rebelion in Tropical Africa*, London: Cohen & West, 1963.

R.Gray and D.Birmingham, eds., *Pre-colonial African Trade: Essays on Trade in Central and Eastern Africa before 1900*, Oxford, 1970.

Hafkin and Bay, eds., *Women in Africa*, Marketing Flyer, 1976.

Hamilton, Carolyn and Mbenga, Bernard K., eds., *The Cambridge History of South Africa, Volume 1, From Early Times to 1885*, Cambridge University Press, 2010.

Hamilton, Carolyn and Leibhammer, Nessa, *Tribing and Untribing the Archive*, Volume 1 &

2, University of KwaZulu-Natal Press, 2016.

Harris, Joseph E., *Africans and their history*, New York: Mentor Books, 1972.

Hartwig, G.W. and Patterson, K. David, eds., *Disease in African History: An Introductory Survey and Case Studies*, Durham: N.C. University Press, 1978.

Hegel, G.W.F., *The Philosophy of History*, New York, 1956.

Hopkins, A.G., *Economic History of West Africa*, London, 1973.

Ifemesia, Chika, ed., *Issues in African Studies and National Education: Selected Works of Kenneth Onwuka Dike*, Awka: Kenneth Onwuka Dike Centre, 1988.

Ikime, Obaro, ed., *Groundwork of Nigerian History*, Ibadan: Heinemann Educational Books Ltd. for the Historical Society of Nigeria, 1980.

Iliffe, John, *The African Poor: A History*, Cambridge, 1987.

Imbo, S.O., *An Introduction to African Philosophy*, Oxford: Rowman & Littlefield Publishers, 1998.

Jaarsveld, F.A. van, *The Afrikaner's Interpretation of South African History*, Cape Town: Simondium Publishers, 1964.

Jewsiewicki, Bogumil and David Newbury, eds., *African Historiographies: What History for Which Africa?*, Beverly Hills: Sage Publications, 1986.

Joyce, Peter, *The Making of a Nation South Africa's Road to Freedom*, Zebra Press, 2004.

Kapteijns, Lidwien, *African Historiography Written by Africans, 1955–1973, The Nigerian Case*, Leiden: Afrika-Studiecentrum, 1977.

Levtzion, Nehemia, *Ancient Ghana and Mali*, London: Methuen & Co. Ltd., 1973.

Levtzion, N. and J.F.P. Hopkins, eds., *Corpus of early Arabic sources for West African history*, London: Cambridge University Press, 1981.

Kenyatta, Jomo, *Facing Mount Kenya: The Tribal Life of the Gikuyu*, London: Secker and Warburg, 1938.

Kiewiet, C.W. De, *The Imperial Factor in South Africa*, Cambridge University Press, 1937.

Kiewiet, C.W.De, *A History of South Africa, Social & Economic*, Oxford University Press,

1941.

Kimambo, I.N. and A.J. Temu, eds., *A History of Tanzania*, Nairobi: East African Publishing House, 1969.

Kiple, Kenneth F. and King, Virginia H., *Another Dimension to the Black Diaspora: Diet, Disease and Racism*, Cambridge: Cambridge University Press, 1981.

Landau, Paul S., *Public Politics in the History of South Africa, 1400–1948*, Cambridge University Press, 2010.

Leys, C., *Underdevelopment in Kenya*, Berkeley: University of California Press, 1975.

Macmillan, W.M., *The South African Agrarian Problem*, Johannesburg: Central News Agency, 1919.

Macmillan, W.M., *My South African Years*, Cape Town: David Philip, 1975.

Mahdi, Muhsin, *Ibn Khaldun's Philosophy of History: A study in the philosophic foundations of the Science of Culture*, Chicago: The University of Chicago Press, 1971.

Manson, Andrew and Mbenga, Bernard K., *Land, Chiefs, Mining: South Africa's North West Province Since 1840*, Wits University Press, 2015.

Marais, J.S., *The Cape Coloured People 1652–1937*, London: Longmans Green, 1939.

Marais, J.S., *Maynier and the First Boer Republic*, Cape Town: Maskew Miller, 1944.

Marks, S. and Atmore, A., eds., *Economy and Society in Pre-industrial South Africa*, London: Longman, 1980.

Marsh, Zoe and Kingsnorth, G.W., *An Introduction to the History of East Africa*, Cambridge University Press, 1963.

Miller, J.C., ed., *The African Past Speaks: Essays in Oral Tradition and History*, Archon Books, 1980.

Miller, J.C., *Way of Death: Merchant Capitalism and the Angolan Slave Trade, 1730–1830*, Madison: University of Wisconsin Press, 1988.

Moodie, Dunbar, *Going for Gold: Men, Mines and Migration*, Berkeley: University of California Press, 1994.

Munene, M., *Historical Reflection Kenya*, Nairobi: University of Nairobi Press, 2012.

Mungai, M. and Gona, G., *(RE)Membering Kenya, Vol.1, Identity, Culture and Freedom*, Nairobi: Twaweza House, 2010.

Murdock, G.P., *Africa: Its People and their Culture History*, New York: McGraw Hill, 1959.

Nkrumah, K., *Revolutionary Path*, New York, 1973.

Ogot, B.A., *History of The Southern Luo*, Vol.1: Migration and Settlement, 1500–1900, Nairobi, 1967.

Ogot, B.A., *East Africa, Past and Present: A Survey of East African History* Nairobi, 1969.

Ogot, B.A., ed., *Zamani: A Survey of East African History*, Nairobi: Longman Kenya, 1973.

Ogot, B.A., *History as Destiny and History as Knowledge: Being Reflections on the Problems of Historicity and Historiography*, Kisumu: Anyange Press, 2005.

Okpewho, Isidore, ed., *The Oral Performance in Africa*, Ibadan: Spectrum Books, 1990.

Oliver, Roland and Mathew, Gervase, ed., *the Oxford History of East Africa*, vol.1, Oxford, 1963.

Onselen, Charles van, *The seed is mine: The life of Kas Maine, a South African sharecropper, 1894–1985*, NewYork: Hill and Wang, 1996.

Oppenheimer, Gerald M. and Bayer, Ronald, *Shattered Dreams? An Oral History of the South African AIDS Epidemic*, Oxford: Oxford University Press, 2007.

Opuogulaya, E.D.W., *The Culture of the Wakirike (The Okrika People)*, Port Harcourt: Rivers State Council for Arts and Culture, 1975.

Philips, John Edward, ed., *Writing African History*, Rochester: University of Rochester Press, 2005.

Phillips, Howard, *The Cape Doctor in the Nineteenth Century: A Social History*, Amsterdam: Rodopi, 2004.

Pyrah, G.B., *Imperial Policy and South Africa, 1902–1910*, Oxford University Press, 1955.

Rader, Melvin, *Marx's Interpretation of History*, Oxford: Oxford University Press, 1979.

Ranger, T.O., *Revolt in Southern Rhodesia, 1896–1897*, London: Heinemann, 1964.

Ranger, T.O., *Revolt in Southern Rhodesia, 1896–1897: A study in African resistance*, London, 1967.

Ranger, T.O., ed., *Emerging Themes of African History*, Nairobi: EAPH, 1968.

Ranger, T.O., *Aspects of Central African History*, London, Heinemann, 1968.

Ranger, T.O., *Recovering African Initiatives in Tanzanian History*, Dar es Salaam, 1969.

Ranger, T.O., *Dance and Society in Eastern Africa, 1890–1970*, California: University of California Press, 1975.

Ranger, T.O. and Slack, Paul, eds., *Epidemics and ideas: Essays on the historical perception of pestilence*, Cambridge: Cambridge University Press, 1992.

Ranger, T.O., *Writing Revolt: An Engagement with African Nationalism, 1957–1967*, James Currey Limited, 2013.

Ritchie, Donald A., *Doing Oral History*, Oxford: Oxford University Press, 1995.

Ritter, E.A., *Shaka Zulu The Rise of the Zulu Empire*, London, 1955.

Robertson and Berger, eds., *Women and Class in Africa*, New York: Africana Publishing Company, 1986.

Rodney, W., *How Europe Underdeveloped Africa*, Washington: Howard University Press, 1974.

Rosenthal, Franz, *A History of Muslim Historiography*, Leiden: E.J. Brill, 1968.

Ross, Robert, Mager, Anne Kelk and Nasson, Bill, eds., *The Cambridge History of South Africa: Volume 2, 1885–1994*, Cambridge University Press, 2011.

Ross, Robert and Anderson, David, *Status and Respectability in the Cape Colony, 1750–1870 : A Tragedy of Manners*, Cambridge University Press. 1999.

Saunders, Christopher, *The Making of the South African Past: Major Historians on Race and Class*, Cape Town: David Philip, 1988.

Saunders, C., *Writing History: South Africa's urban past and other essays*, Pretoria, 1992.

Simpson, W.K., ed., *The Literature of Ancient Egypt*, Yale University Press, 1973.

Smith, K., *The Changing Past: Trends in South African Historical Writing*, Johannesburg,

1988.

Taylor, John H., *Egypt and Nubia*, Harvard: Harvard University Press, 1991.

Temu, Arnold and Bonaventure Swai, *Historians and Africanist History: A critique. Post-Colonial historiography examined*, London: Zed Press, 1981.

Theal, G.M., *Kaffir Folk Lore*, London, 1882.

Theal, G.M., *Basutoland Records, copies of official documents of various kinds, accounts of travels, etc.*, 3 volumes, Cape Town, 1883.

Theal, G.M., *Records of Cape Colony from 1793 to 1827*, 36 volumes, London, 1897–1905.

Theal, G.M., *Records of South Eastern Africa from 1895 to 1903*, 9 volumes, Cape Town, 1898–1903.

Theal, G.M., *History and Ethnography of Africa, South of the Zambesi, from 1505 to 1795*, 3 volumes, Cape Town, 1907.

Theal, G.M., *History of South Africa since September 1795*, 5 volumes, London, 1908–1910.

Thompson, L., *A History of South Africa*, Yale University Press, 1990.

Tomlinson, Richard, *Emerging Johannesburg: Perspectives on the Postapartheid City*, New York, 2003.

Trimingham, J. Spencer, *A History of Islam in West Africa*, London: Oxford University Press, 1962.

Usman, Yusufu Bala, *The Transformation of Katsina, 1400–1883*, Zaria: Ahmadu Bello University Press Ltd., 1981.

Vansina, Jan, *Oral Tradition: A Study in Historical Methodology*, Chicago, 1965.

Vansina, Jan, *Oral Tradition as History*, Madison: The University of Wisconsin Press, 1985.

Vansina, Jan, *Paths in the Rainforests: Towards a history of political tradition in Equatorial Africa*, Madison: The University of Wisconsin Press, 1990.

Walker, E.A., *The Frontier Tradition in South Africa*, London, 1930.

Walsh, W.H., *An Introduction to Philosophy of History*, London, 1951.

Walters, Ronald W., *Pan Africanism in the African Diaspora*, Wayne State University Press

Detroit, 1993.

Webster, J.B. and Boahen, A.A. with Tidy, M., eds., *The Revolutionary Years West Africa since 1800*, London: Longman House, 1981.

Whiteley, Wilfred, *Swahili: The rise of a national language*, London: Methuen & Co. Ltd., 1975.

White, Luise and Miescher, Stephen F., eds., *African Words, African Voices: Critical Practices in Oral History*, Indiana University Press, 2001.

White, Luise, "Terence Ranger in Fact and Fiction", *International Journal of African Historical Studies*, Vol.44, No.2, 2011.

Wilson M. and Thompson, L., eds, *The Oxford History of South Africa, Volume I, South Africa to 1870*, New York: Oxford University Press, 1969.

Wilson, M. and Thompson, L., eds., *The Oxford History of South Africa, Volume II, South Africa 1870–1966*, Oxford: Clarendon Press, 1971.

Wolf, Erie R., *Europe and the People Without History*, Berkeley: University of California Press, 1982.

二、英文论文

Adeniji, Abolade, "Universal History and the Challenge of Globalization to African Historiography", *Radical History Review*, Vol.91, Vol.4, 2005.

Adeoye, A.O., "Understanding the Crisis in Modern Nigerian Historiography", *History in Africa*, Vol.19, 1992.

Adjaye, Joseph K., "Perspectives on Fifty Years of Ghanaian Historiography", *History in Africa*, Vol.35, 2008.

Adu-Boahen, Kwabena, "Abolition, Economic Transition, Gender and Slavery: The Expansion of Women's Slaveholding in Ghana, 1807–1874", *Slavery and Abolition*, Vol.31, No.1, 2010.

Ajayi, J.F. Ade, "Nineteenth Century Origins of Nigerian Nationalism", *Journal of the Historical Society of Nigeria*, Vol.2, No. 2, 1961.

Ajayi, J.F. Ade, "Historical education in Nigeria", *Journal of the Historical Society of Nigeria*, Vol. 8, No 1, 1975.

Ajayi, J.F. Ade, "Higher Education in Nigeria", *African Affairs*, Vol.74, No.297, 1975.

Alagoa, Ebiegberi Joe, "Oral Tradition Among the Ijo of the Niger Delta", *Journal of African History*, Vol.3, 1966.

Allen, Troy D., "Cheikh Anta Diop's Two Cradle Theory: Revisited", *Journal of Black Studies*, Vol.38, No.6, 2008.

Anshan, Li, "Contact between China and Africa before Vasco da Gama: Archeology, Document and Historiography", *World History Studies*, Vol.2, No.1, 2015.

Armah, Ayi Kwei, "Masks and Marx: The Marxist Ethos vis-a-vis African revolutionary theory and Praxis", *Presence Africaine*, No. 131, 1984.

G.Arrighi, "Labour supplies in historical perspective: A study of the proletarianization of the African peasantry in Rhodesia", *Journal of Development studies*, No.3, 1970.

Gareth Austin and Stephen Broadberry, "Introduction: The renaissance of African economic history", *Economic History Review*, Vol.67, No.4, 2014.

Bank, Andrew, "The Great Debate and the Origins of South African Historiography", *Journal of African History*, Vol.38, No.2, 1997.

Bekerie, Ayele, "The Ancient African Past and the Field of African Studies", *Journal of Black Studies*, Vol.37, 2007.

Bernstein, Henry & Jacques Depelchin, "The object of African History a materialist perspective", *History in Africa*, Vol. 5, 1978.

Boahen, Adu, "A Note on the Ghanaian Elections", *African Affairs*, Vol.94, No.375, 1995.

Bozzoli, Belinda, "Marxism, Feminism and South African Studies", *Journal of Southern African Studies*, Vol. 9, No. 2, 1983.

Brizuela-Garcia, Esperanza, "The History of Africanization and the Africanization of

History", *History in Africa*, Vol.33, 2006.

Brizuela-Garcia, Esperanza, "Towards a critical interdisciplinarity? African history and the reconstruction of universal narratives", *Rethinking History*, Vol.12, No.3, 2008.

Bundy, Colin, "The Emergence and decline of a South African Peasantry", *African Affairs*, Vol.71, 1972.

Carruthers, Jane, "Tracking in Game Trails: Looking Afresh at the Politics of Environmental History in South Africa", *Environmental History*, Vol.11, 2006.

Cobley, Alan, "Does Social History Have a Future? The Ending of Apartheid and Recent Trends in South African Historiography", *Journal of Southern African Studies*, Vol.27, No.3, 2001.

Dalby, D., "Survey of the indigenous scripts of Liberia and Sierra Leone", *African Literature Studies*, Vol.8, 1967.

Denoon, Donald and Kuper, Adam, "Nationalist Historians in Search of a Nation: The 'New Historiography' in Dar es Salaam", *African Affairs*, Vol.69, No.277, 1970.

Denoon, Donald and Kuper, Adam, "The 'New Historiography' in Dar es Salaam: A Rejoinder", *African Affairs*, Vol.70, No.280, 1971.

Dike, K.O. and J.F. Ade Ajayi, "African historiography", *International Encyclopaedia of the Social Sciences*, Vol. 6, 1968.

Dike, K.O. and F.I. Ekejiuba, "Change and persistence in Aro oral history", *Journal of African Studies*, Vol.3, No. 3, 1976.

Dike, K.O., "African history twenty-five years ago and today", *Journal of the Historical Society of Nigeria*, Vol. 10, No. 3, 1980.

Duah, Ivor Agyeman, "The historian who made history himself ", *New African*, July 2006.

Duodu, Cameron, "The man who rescued African history", *New African*, July 2006.

William Easterly and Ross Levine, "Africa's Growth Tragedy: Policies and Ethnic Traditions", *Quarterly Journal of Economics*, Vol.112, 1997.

Editorial, "Professor Emeritus Albert Adu Boahen(1932–2006)", *Journal of African History*, Vol.47, No.3, 2006.

Farrell, C., "Mau Mau: A Revolt or A Revolution?", *Kenya Historical Review*, Vol.5, No.2, 1977.

Giblin, James, "Trypanosomiasis Control in African History: An Evaded Issue?", *Journal of African History*, Vol.31, 1990.

Hess, Robert A., "J.F.Ade Ajayi and the New historiography in West Africa", *African Studies Review*, Vol.14, No.2, 1971.

Hirth, Friedrich, "Early Chinese Notices of East African Territories", *Journal of the American Oriental Society*, Vol.30, No.1, 1909.

Hopkins, A.G., "The New Economic History of Africa", *Journal of African History*, Vol.50, No.2, July 2009.

Jeffries, Richard and Thomas, Claire, "The Ghanaian Elections of 1992", *African Affairs*, Vol. 92, No. 368, 1993.

Jewsiewicki, B. and Mudimbe, V.Y., "Africans' Memories and Contemporary History of Africa", *History and Theory*, Vol.32, No.4, 1993.

Kiwanuka, M.S.M., "African colonial history: A challenge to the historian's craft", *Journal of Eastern African Research and Development*, Vol.2, 1972.

Kinyatti, M., "Mau Mau: The Peak of African Nationalism in Kenya", *Kenya Historical Review*, Vol.5, No. 2, 1977.

Law, Robin, "For Marx But with reservations about Althusser: A comment on Bernstein and Depelchin", *History in Africa*, Vol. 8, 1981.

Legassick, M.J., "The Frontier Tradition in South African History", *Institute of Commonwealth Studies*, Vol.2, 1971.

Lonsdale, John, "Agency in Tight Corners: Narrative and Initiative in African History", *Journal of African Cultural Studies*, Vol.13, No.1, 2000.

Lyons, Maryinez, "From Death Camps to Cordon Sanitaire: The Development of Sleeping Sickness Policy in the Uele District of the Belgian Congo, 1903–1914", *Journal of African History*, Vol.26, 1985.

Malowany, Maureen, "Unfinished Agendas: Writing the History of Medicine of Sub-Saharan

Africa", *African Affairs*, Vol.99, No.395, 2000.

Patrick Manning, "Prospects for African Economic History: Is Today Included in the Long Run?", *African Studies Review*, Vol.30, No.2, 1987.

Marks, Shula, "Liberalism, Social Realities and South African History", *Journal of Commonwealth Political Studies*, Vol.10, Nov, 1972.

McCracken, John, "Terry Ranger: A Personal Appreciation", *Journal of Southern African Studies*, Vol.23, No.2, June 1997.

McCorkle, Constance M. and Evelyn Mathias-Mundy, "Ethnoveterinary Medicine in Africa", *Journal of the International African Institute*, Vol.62, No.1, 1992.

Miller, Joseph, "Nzinga of Matamba in a New Perspective", *Journal of African History* 16, No. 2, 1975.

Miller, Joseph C., "History and Africa/ Africa and History", *The American Historical Review*, Vol.104, No.1, 1999.

Moore-Sieray, "Towards a Decolonization of Scholarship in Africa and a Vision for the 1990s and beyond", *Journal of Third World Studies*, Vol.XIII, No.2, 1996.

Alexander Moradi and Jorg Baten, "Inequality in Sub-Saharan African new data and new insights from anthropometric estimates", *World Development*, Vol.33, 2005.

Nunn, Nathan, "Historical Legacies: A Model Linking Africa's Past to Its Current Underdevelopment", *Journal of Development Economics*, Vol.83, 2007.

Nunn, Nathan, "The Long-term Effects of Africa's Slave Trades", *Quarterly Journal of Economics*, Vol.23, 2008.

Nakanyike, Musisi, "Gender and Sexuality in African History: A personal Reflection", *Journal of African History*, Vol.55, 2014.

Proctor, Samuel, "Oral History Comes of Age", *The Oral History Review*, Vol.3, 1975.

Hanratta, Sean, "Muslim histories, African societies: The venture of Islamic studies in Africa", *Journal of African History*, Vol.46, 2005.

Parker, John,"A Pioneer Historian of Ghana", *Journal of African History*, Vol.45, No.1,

2004.

Shetler, Jan Bender, "Interpreting Rupture in Oral Memory: The Regional Context for Changes in Western Serengeti Age Organization, 1850-1895", *Journal of African History*, Vol.44, 2003.

Parker, John,"A Pioneer Historian of Ghana", *Journal of African History*, Vol.45, No.1, 2004.

Patterson, K. David, "Disease and Medicine in African History: A Bibliographical Essay", *History in Africa*, Vol.1, 1974.

Ranger, Terence, "The 'New Historiography' in Dar es Salaam: An Answer", *African Affairs*, 1971.

Richard J. Reid, "Past and presentism: The procolonial and the foreshortening of African history", *Journal of African History*, Vol.52, 2011.

Roos, Neil, "Work colonies and South African historiography", *Social History*, Vol.36, No.1, 2011.

Roper, Hugh Trevor,"The Rise of Christian Europe", *The Listener,* Vol.70, 1963.

Sanders, Edith R., "Hamitic hypothesis, its origin and functions in time perspective", *Journal of African History*, Vol.10, No.4, 1969.

Saunders, J.J., "Rashid al-Din, the First Universal Historian", *History Today*, Vol.21, No.7, 1971.

Saunders, Christopher, "George McCall Theal and Lovedale", *History in Africa*, Vol.8, 1981.

Smith, Ken, "W.M. Macmillan, A Long History but a Short Life", *South African Historical Journal*, Vol.22, 1990.

Swanson, Maynard, "The Sanitation Syndrome: Bubonic plague and urban native policy in the Cape Colony, 1900-1909", *Journal of African History*, Vol.18, 1977.

Vansina, Jan, "Lessons of Forty Years of African History", *the International Journal of African Historical Studies*, Vol.25, No.2, 1992.

Vansina, Jan, "Unesco and African Historiography", *History in Africa*, Vol.20, 1993.

David William Cohen, "Agenda for African Economic History", *The Journal of Economic History*, Vol.31, No.1, 1971.

Wolpe, H., "Capitalism and Cheap Labour Power in South Africa: From Segregation to Apartheid", *Economy and Society*, Vol.1, No.4, 1972.

Wrigley, C.C., "Historicism in Africa: Slavery and State Formation", *African Affairs*, Vol. 70, No.2, 1971.

Yakubu and Patrick, "Conversation with J.F. Ade Ajayi", *Journal of Cultural Studies*, Vol.2, No.1, 2000.

Zeleza, Paul Tiyambe, "African Studies and University since Independence", *Transition*, No.101, 2009.

三、译著

［尼日利亚］阿德·阿贾伊主编：《非洲通史》第六卷，北京：中国对外翻译出版公司，1998年。

［尼日利亚］埃比戈贝里·乔·阿拉戈：《非洲史学实践——非洲史学史》，郑晓霞、王勤、胡皎玮译，张忠祥、郑晓霞译校，上海：上海社会科学院出版社，2016年。

［埃］萨米尔·阿明：《不平等的发展：论外围资本主义的社会形态》，高金舌译，北京：社会科学文献出版社，2017年。

［英］罗兰·奥利弗、安东尼·阿特莫尔：《1800年以后的非洲》，李广一等译，北京：商务印书馆，1992年。

［肯］B.A.奥戈特主编：《非洲通史》第五卷，李安山等译，北京：中国对外翻译出版公司，2001年。

［加纳］A.阿杜·博亨主编：《非洲通史》第七卷，北京：中国对外翻译出版公司，1991年。

［英］杰弗里·巴勒克拉夫：《当代史学主要趋势》，杨豫译，上海：上海译文出版社，1987年。

［英］杰弗里·巴勒克拉夫：《当代史导论》，张广勇、张宇宏译，上海：上

海社会科学院出版社，1996年。

［英］威廉·贝纳特、彼得·利茨:《环境与历史——美国和南非驯化自然的比较》，包茂红译，南京：译林出版社，2011年。

［英］巴兹尔·戴维逊:《古老非洲的再发现》，屠尔康、葛佶译，北京：生活·读书·新知三联书店，1985年。

［荷］戴闻达:《中国人对非洲的发现》，胡国强、覃锦显译，北京：商务印书馆，1983年。

［美］威·爱·伯·杜波依斯:《非洲——非洲大陆及其居民的历史概述》，秦文允译，北京：世界知识出版社，1964年。

［巴西］特奥托尼奥·多斯桑托斯:《帝国主义与依附》，毛衍永、齐海燕、毛金里、白凤森译，北京：社会科学文献出版社，1999年。

［加纳］克瓦米·恩克鲁玛:《新殖民主义》，北京编译社译，北京：世界知识出版社，1966年。

［加纳］克瓦米·恩克鲁玛:《恩克鲁玛自传》，国际关系研究所翻译组译校，北京：世界知识出版社，1960年。

［尼日利亚］托因·法洛拉:《尼日利亚史》，沐涛译，上海：中国出版集团东方出版中心，2010年。

［法］伏尔泰:《风俗论》下册，谢戊申、邱公南、郑福熙、汪家荣译，北京：商务印书馆，2000年。

［英］乔治·皮博迪·古奇:《十九世纪历史学与历史学家》（上、下册），耿淡如译，北京：商务印书馆，1989年。

［英］B.A.哈多克:《历史思想导论》，王加丰译，北京：华夏出版社，1989年。

［德］汉尼希:《人类早期文明的"木乃伊"——古埃及文化求实》，朱威烈等译，杭州：浙江人民出版社，1988年。

［突］伊本·赫勒敦:《历史绪论》（上、下），李振中译，银川：宁夏人民出版社，2015年。

[德]黑格尔:《历史哲学》,王造时译,上海:上海书店出版社,2006年。

[英]E.霍布斯鲍姆、T.兰杰:《传统的发明》,顾杭、庞冠群译,南京:译林出版社,2004年。

[布基]基-泽博主编:《非洲通史》第一卷,北京:中国对外翻译出版公司,1984年。

[美]肯尼思·F.基普尔主编:《剑桥世界人类疾病史》,张大庆主译,上海:上海科技教育出版社,2007年。

[英]爱德华·卡尔:《历史是什么》,陈恒译,北京:商务印书馆,2007年。

[英]柯林武德:《历史的观念》,何兆武、张文杰译,北京:商务印书馆,2003年。

[美]威廉·科克汉姆:《医学社会学》,杨辉、张拓红等译,北京:华夏出版社,2000年。

[美]鲁滨逊:《新史学》,何炳松译,北京:中国人民大学出版社,2011年。

[圭]沃尔特·罗德尼:《欧洲如何使非洲欠发达》,李安山译,北京:社会科学文献出版社,2017年。

[肯]马兹鲁伊主编:《非洲通史》第八卷,屠尔康等译,北京:中国对外翻译出版公司,2013年。

[埃]G.莫赫塔尔主编:《非洲通史》第二卷,北京:中国对外翻译出版公司,1984年。

[塞内]D.T.尼昂主编:《非洲通史》第四卷,北京:中国对外翻译出版公司,1992年。

[几]吉·塔·尼亚奈:《松迪亚塔》,李震环、丁世中译,上海:上海译文出版社,1983年。

[英]克莱夫·庞廷:《绿色世界史:环境与伟大文明的衰落》,王毅译,北京:中国政法大学出版社,2015年。

[英]塞利格曼:《非洲的种族》,费孝通译,北京:商务印书馆,1982年。

[美]斯塔夫里阿诺斯:《全球通史:1500年以后的世界》,吴象婴、梁赤民

译，上海：上海社会科学院出版社，1999年。

［英］保罗·汤普森：《过去的声音：口述史》，覃方明、渠东、张旅平译，沈阳：辽宁教育出版社，2000年。

［坦桑］伊·基曼博、阿·特穆：《坦桑尼亚史》，钟丘译，北京：商务印书馆，1976年。

［英］P.E.N.廷德尔：《中非史》，陆彤之译，上海：上海人民出版社，1976年。

［英］威·恩·弗·瓦德：《加纳史》，彭家礼译，北京：商务印书馆，1972年。

［英］凯文·希尔顿：《非洲史》，赵俊译，刘鸿武校，上海：东方出版中心，2012年。

［古希腊］希罗多德：《历史》，王以铸译，北京：商务印书馆，2001年。

［美］伊格尔斯：《历史研究国际手册——当代史学研究和理论》，李海宏等译，北京：华夏出版社，1989年。

［美］格奥尔格·伊格尔斯、王晴佳：《全球史学史》，杨豫译，北京：北京大学出版社，2011年。

四、中文著作

艾周昌、郑家馨主编：《非洲通史·近代卷》，上海：华东师范大学出版社，1995年。

艾周昌主编：《非洲黑人文明》，北京：中国社会科学出版社，1999年。

艾周昌、舒运国、沐涛、张忠祥：《南非现代化研究》，上海：华东师范大学出版社，2000年。

艾周昌、沐涛：《中非关系史》，上海：华东师范大学出版社，1996年。

艾周昌编注：《中非关系史文选（1500—1918）》，上海：华东师范大学出版社，1989年。

艾周昌、沐涛、舒运国主编:《亚非发展中国家和地区现代化研究》,上海:上海辞书出版社,2009年。

安春英:《非洲的贫困与反贫困问题研究》,北京:中国社会科学出版社,2010年。

包茂红:《环境史学的起源和发展》,北京:北京大学出版社,2012年。

北京大学非洲研究中心编:《非洲:变革与发展》,北京:世界知识出版社,2002年。

毕健康:《埃及现代化与政治稳定》,北京:社会科学文献出版社,2005年。

陈恒主编:《外国史学史》,北京:高等教育出版社,2018年。

陈明昆:《埃塞俄比亚高等教育研究》,北京:中国社会科学出版社,2009年。

陈晓红:《戴高乐与非洲的非殖民化研究》,北京:中国社会科学出版社,2003年。

陈仲丹:《加纳——寻找现代化的根基》,成都:四川人民出版社,2000年。

方积根编:《非洲华侨史资料选辑》,北京:新华出版社,1986年。

冯承钧:《诸蕃志校注》,北京:中华书局,1956年。

冯承钧:《西域地名》,北京:中华书局,1982年。

高岱、郑家馨:《殖民主义史·总论卷》,北京:北京大学出版社,2003年。

高晋元编著:《肯尼亚》,北京:社会科学文献出版社,2004年。

顾章义:《崛起的非洲》,北京:中国青年出版社,1999年。

何平:《西方历史编纂学史》,北京:商务印书馆,2010年。

何兆武:《何兆武文集:历史与历史学》,武汉:湖北人民出版社,2007年。

洪永红、夏新华:《非洲法导论》,长沙:湖南人民出版社,2000年。

何兆武、陈启能主编:《当代西方史学理论》,上海:上海社会科学院出版社,2003年。

李安山:《殖民主义统治与农村社会反抗——对殖民时期加纳东部省的研究》,长沙:湖南教育出版社,1999年。

李安山:《非洲华侨华人史》,北京:中国华侨出版社,2000年。
李安山:《非洲民族主义研究》,北京:中国国际广播出版社,2004年。
李安山:《非洲古代王国》,北京:北京大学出版社,2011年。
李保平:《非洲传统文化与现代化》,北京:北京大学出版社,1997年。
李剑鸣:《"克罗齐命题"的当代回响》,北京:北京大学出版社,2016年。
李银河:《女性主义》,济南:山东人民出版社,2005年。
刘鸿武:《黑非洲文化研究》,上海:华东师范大学出版社,1997年。
刘鸿武:《非洲文化与当代发展》,北京:人民出版社,2014年。
陆庭恩、黄舍骄、陆苗耕主编:《影响历史进程的非洲领袖》,北京:世界知识出版社,2005年。
罗建国:《非洲民族资本主义的发展》,上海:华东师范大学出版社,1997年。
梅雪芹:《环境史研究叙论》,北京:中国环境科学出版社,2011年。
沐涛、张忠祥:《非洲黑人智慧》,台北:国际村文库书店出版社,2000年。
沐涛:《南非对外关系研究》,上海:华东师范大学出版社,2003年。
潘光、朱威烈主编:《阿拉伯非洲历史文选》,上海:华东师范大学出版社,1992年。
齐思和:《中国和拜占庭帝国的关系》,上海:上海人民出版社,1956年。
任泉、顾章义编著:《加纳》,北京:社会科学文献出版社,2010年。
舒运国:《非洲史研究入门》,北京:北京大学出版社,2012年。
舒运国:《失败的改革——20世纪末撒哈拉以南非洲经济结构调整评述》,长春:吉林人民出版社,2004年。
舒运国、刘伟才:《20世纪非洲经济史》,杭州:浙江人民出版社,2013年。
孙晓萌主编:《亚非研究文库》,北京:社会科学文献出版社,2015年。
唐大盾选编:《泛非主义与非洲统一组织文选(1900—1990)》,上海:华东师范大学出版社,1995年。
谈世中主编:《反思与发展——非洲经济调整与可持续性》,北京:社会科学文献出版社,1998年。

吴秉真、高晋元主编:《非洲民族独立运动简史》,北京:世界知识出版社,1993年。

向达校注:《西洋番国志 郑和航海图 两种海道针经》,北京:中华书局,2000年。

谢清高、杨炳南、安京:《海录校释》,北京:商务印书馆,2002年。

许序雅:《坦桑尼亚高等教育研究》,北京:中国社会科学出版社,2009年。

许永璋:《中国与亚非国家关系史考论》,香港:香港社会科学出版社有限公司,2004年。

杨立华主编:《南非》,北京:社会科学文献出版社,2010年。

杨永芳主编:《当代国外社会科学手册》,南京:江苏人民出版社,1985年。

余建华主编:《世界史理论前沿》,上海:上海社会科学院出版社,2016年。

于沛:《历史认识概论》,北京:中国社会科学出版社,2007年。

于沛主编:《全球化和全球史》,北京:社会科学文献出版社,2007年。

于沛主编:《20世纪的西方史学》,武汉:武汉大学出版社,2009年。

张春:《中非关系国际贡献论》,上海:上海人民出版社,2013年。

张海冰:《发展引导型援助——中国对非洲援助模式研究》,上海:上海人民出版社,2013年。

张宏明:《近代非洲思想经纬》,北京:社会科学文献出版社,2008年。

张宏明主编:《非洲发展报告(2012—2013)》,北京:社会科学文献出版社,2013年。

张铁生:《中非交通史初探》,北京:生活·读书·新知三联书店,1965年。

张湘东:《埃塞俄比亚联邦制:1950—2010》,北京:中国经济出版社,2012年。

张象主编:《彩虹之邦新南非》,北京:当代世界出版社,1998年。

张星烺:《中西交通史料汇编》,北京:中华书局,1977年。

张勇安:《医疗社会史研究:医疗卫生与现代世界》,北京:中国社会科学出版社,2018年。

张忠祥:《中非合作论坛研究》,北京:世界知识出版社,2012年。

张忠祥、石海龙编著:《列国志马里》,北京:社会科学文献出版社,2017年。

郑家馨主编:《殖民主义史·非洲卷》,北京:北京大学出版社,2000年。

周兵:《新文化史:历史学的"文化转向"》,上海:复旦大学出版社,2012年。

五、中文论文

艾周昌:《近代时期的中国与非洲》,《西亚非洲》1984年第1期。

艾周昌:《近代华工在南非》,《历史研究》1981年第6期。

包茂红:《环境史:历史、理论与方法》,《史学理论研究》2000年第4期。

包茂红:《南非土壤保护的思想与实践》,《世界历史》2001年第5期。

包茂红:《非洲的环境危机和可持续发展》,《北京大学学报》(哲学社会科学版)2001年第3期。

包茂红:《非洲史研究的新视野——环境史》,《史学理论研究》2002年第1期。

包茂红:《南非环境史研究概述》,《西亚非洲》2002年第4期。

陈连庆:《公元七世纪以前中国史上的大秦与拂菻》,《社会科学战线》1982年第1期。

陈公元:《从贾耽的"通海夷道"看唐代中非关系》,《西亚非洲》1983年第3期。

[加纳]恩克鲁玛:《加纳总统恩克鲁玛在第一届非洲学家大会上的致辞》,乐山译,《亚非译丛》1963年第3期。

黄盛璋:《中国和索马里的传统友好关系》,《世界历史》1981年第3期。

高峥:《非洲口头传说的史实分析刍议》,《世界历史》1990年第6期。

洪永红:《殖民时期加纳本土法与英国法》,《西亚非洲》1999年第3期。

洪永红:《非洲习惯法立法形式》,《西亚非洲》2000年第2期。

侯建新:《西方妇女史研究述评》,《天津师大学报》1991 年第 5 期。

蒋竹山:《"全球转向":全球视野下的医疗史研究初探》,《人文杂志》2013 年第 10 期。

静水:《作为历史的口头传说》,《世界史研究动态》1986 年第 6 期。

李安山:《论伊巴丹历史学派——其形成、发展及批判》,《世界史研究动态》1990 年第 3 期。

李安山:《论达累斯萨拉姆历史学派的形成与发展》,《世界史研究动态》1990 年第 4 期。

李安山:《依附理论与历史研究》,《历史研究》1992 年第 6 期。

李安山:《论南非早期自由主义史学》,《西亚非洲》1993 年第 1 期。

李安山:《南非近现代研究述评》,《世界历史》1994 年第 6 期。

李安山:《关于亚非研究中若干理论问题的思考》,《西亚非洲》1997 年第 1 期。

李安山:《20 世纪中国的非洲研究》,《国际政治研究》2006 年第 4 期。

李安山:《新的辉煌,新的起点——评三卷本〈非洲通史〉》,《西亚非洲》1996 年第 1 期。

李鹏涛:《特伦斯·兰杰及其非洲史研究》,《史学理论研究》2016 年第 3 期。

李鹏涛:《近二十年来非洲环境史研究的新动向》,《史学理论研究》2018 年第 4 期。

李振中:《社会历史哲学奠基人伊本·赫勒敦》,《回族研究》2011 年第 3 期。

刘鸿武:《迎接亚非历史发展的新进程》,《亚非纵横》2008 年第 5 期。

刘鸿武:《非洲文化研究综述》,《西亚非洲》2011 年第 5 期。

刘鸿武、王严:《非洲实现复兴必须重建自己的历史——论 B.A. 奥戈特的非洲史学研究与史学理念》,《史学理论研究》2015 年第 4 期。

刘伟才:《范西纳的非洲史研究》,《世界历史》2016 年第 6 期。

[科特] 哈里·梅默尔-弗代:《科特迪瓦:非洲医疗模式的一个例子》,张大川译,《国际社会科学杂志》2000 年第 3 期。

沐涛:《试论黑奴贸易与伊格博族奴隶贸易的发展》,《西亚非洲》1988年第1期。

沐涛:《论伊斯兰教在黑非洲的传播与影响》,《当代宗教研究》1994年第3期。

沐涛:《非洲历史研究综述》,《西亚非洲》2011年第5期。

沈福伟:《唐代杜环的摩邻之行》,《世界历史》1980年第6期。

舒运国:《阿拉伯人与东非奴隶贸易》,《世界历史》1991年第3期。

舒运国:《重视和加强对非洲历史的教学和研究》,《历史教学问题》2010年第2期。

舒运国:《非洲史研究滞后状态亟待改变》,《中国社会科学报》2015年12月22日。

舒运国:《国外非洲史研究动态述评》,《上海师范大学学报》(哲学社会科学版)2015年第6期。

舒运国:《非洲人口史研究评析——人口数量研究的进展》,《上海师范大学学报》(哲学社会科学版)2017年第4期。

王建华:《当代非洲史学及其民族主义学派》,《西亚非洲》1988年第6期。

王旭东:《新疾病史学:生态环境视野中的全球疾病史研究——跨学科整体综合探索的理论思考》,《甘肃社会科学》2014年第6期。

吴秉真:《杜波依斯和他的非洲史学著作》,《西亚非洲》1985年第3期。

吴秉真:《殖民统治是非洲不发达的最重要原因——黑人非洲史学家W.罗德尼及其著作评析》,《西亚非洲》1991年第4期。

吴秉真:《关于奴隶贸易对黑非洲影响问题的探讨》,《西亚非洲》1984年第5期。

许永璋:《"二十四史"中记载的非洲》,《河南大学学报》1984年第4期。

许永璋:《我国最早的一部西亚非洲游记——〈经行记〉》,《西亚非洲》1983年第1期。

许永璋:《我国古籍中关于非洲的记载》,《世界历史》1980年第6期。

许永璋:《四十年来我国的非洲史研究》,《郑州大学学报》(哲学社会科学版）1989年第5期。

许永璋:《三兰国考》,《西亚非洲》1992年第1期。

徐善伟:《论伊本·卡尔敦的历史哲学》,《史学理论研究》2001年第3期。

于红:《非洲昏睡病历史研究》,《西亚非洲》2001年第4期。

于沛:《外国史学理论的引入和回响》,《历史研究》1996年第3期。

于沛:《全球化和全球历史观》,《史学集刊》2001年第2期。

于沛:《全球史:民族历史记忆中的全球史》,《史学理论研究》2006年第1期。

余建华:《中国与埃及关系六十年:回顾与前瞻》,《阿拉伯世界研究》2016年第5期。

詹世明:《艾滋病:非洲的世纪难题》,《西亚非洲》2001年第4期。

张甍:《非洲"社会主义"思潮浅谈》,《西亚非洲》1984年第2期。

张宏明:《非洲中心主义——谢克·安塔·迪奥普的历史哲学》,《西亚非洲》2002年第5期。

张宏明:《非洲传统时间观念》,《西亚非洲》2004年第6期。

张宏明:《爱德华·布莱登关于种族的论述》,《西亚非洲》2006年第3期。

张宏明:《中国的非洲研究发展述要》,《西亚非洲》2011年第5期。

张瑾:《非洲经济史研究的历程和视角》,《学术探索》2015年第6期。

张永宏、王涛:《非洲历史的整合与分割——非洲史研究的当代走向》,《世界历史》2013年第4期。

张忠祥:《试析恩克鲁玛的非洲统一思想》,《西亚非洲》2004年第2期。

张忠祥:《20世纪非洲史学的复兴》,《史学理论研究》2012年第4期。

张忠祥:《试论当今非洲社会思潮及其对中非关系的影响》,《西亚非洲》2014年第6期。

张忠祥、黄玉沛:《非洲在世界体系中的地位》,《历史教学问题》2014年第6期。

张忠祥:《口头传说在非洲历史研究中的地位与作用》,《史学理论研究》

2015 年第 2 期。

张忠祥:《20 世纪 70 年代以来非洲史学的新进展——以医疗史研究为个案》,《史学集刊》2015 年第 4 期。

张忠祥:《尼雷尔非洲统一观析论》,《历史教学问题》2017 年第 3 期。

张忠祥:《艾周昌教授与非洲史研究》,《史学理论研究》2017 年第 4 期。

张忠祥:《从非洲内部视角探索非洲史学——评〈非洲史学实践:非洲史学史〉》,《史林》2019 年第 3 期。

张忠祥:《阿杜·博亨与非洲史研究》,《上海师范大学学报》(哲学社会科学版) 2019 年第 3 期。

赵秀荣:《英美医疗史研究综述》,《史学月刊》2007 年第 6 期。

郑家馨:《近年国内的非洲史研究》,《世界历史》2006 年第 1 期。

郑晓霞:《书写"她"的历史》,《史学理论研究》2017 年第 2 期。

人名译名对照表

阿德博，西蒙　Simeon Adebo
阿德贾耶，约瑟夫　Joseph K. Adjaye
阿菲格博，A.E.　A.E. Afigbo
阿贾伊，阿德　J.F. Ade Ajayi
阿可拉，密尔卡　Milcah Amolo Achola
阿克顿勋爵　Lord Acton
阿拉奥，阿金　Akin Alao
阿拉戈，乔　E. Joe Alagoa
阿尔欣，K.　K. Arhin
阿拉吉，安巴　Amba Alagi
阿曼克瓦，阿亚　Agya Amankwaa
阿明，萨米尔　Samir Amin
阿平迪，埃泽基尔　Ezekiel Apindi
阿萨雷，克瓦希　Kwasi Asare
阿散蒂娃，雅阿　Yaa Asantewaa
阿斯马尔，卡德尔　Kader Asmal
阿杨德勒，E.A.　E.A. Ayandele
埃尔兰克，娜塔莎　Natasha Erlank
埃格巴雷瓦，J.　J. Egbarehva

安德鲁斯，比尔　Bill Andrews
安南，科菲　Kofi Annan
安诺基，克瓦米　Kwami Aanokye
安朋莎，娜娜　Nana Akua Amponsah
奥塞伦，查尔斯·范　Charles van Onselen
奥邦加，T.　T. Obenga
奥伯霍尔兹　J.J. Oberholzer
奥迪安波，阿铁诺　Atieno-Odhiambo
奥冈迪让，阿金　Akin Ogundiran
奥戈特　Bethwell A. Ogot
奥拉比，艾哈迈德　Ahmad Urabi
奥利弗，罗兰　Roland Oliver
奥耶巴德，阿德巴约　Adebayo O. Oyebade
巴赫尔，维克　Vik Bahl
巴勒克拉夫　Geoffrey Barraclough
巴里，B.　B. Barry
巴切拉德，加斯通　Gaston Bachelard
班克，安德罗　Andrew Bank

人名译名对照表

邦纳，菲尔　Phil Bonner	杜尔，萨摩里　Samori Ture
比奥巴库，S.O.　S.O. Biobaku	杜尔，塞古　Sékou Touré
比拉　H.K. Bhila	杜伊格南，P.　P. Duignan
彼特斯，卡尔　Carl Peters	恩库贝，马克　Mark Ncube
博亨，阿杜　A. Adu Boahen	恩津加　Njinga
博塞拉普，埃斯特　Ester Boserup	恩康科　L.D. Ngcongco
伯杰，伊利斯　Iris Berger	恩科莫，乔舒亚　Joshua Nkomo
伯维尔，E.W.　E.W. Bovill	恩克鲁玛，克瓦米　Kwame Nkrumah
布丰，乔治-路易　Georges-Louis Buffon	法雷尔，C.　C. Farrell
布劳内尔，艾米里　Emily Brownell	法洛拉，比索拉　Bisola Falola
布鲁克，G.C.　Guy Clutton Brock	法洛拉，格雷斯　Grace Falola
布鲁克，克拉克　Clarke Brooke	法洛拉，托因　Toyin Falola
布克勒，杜阿洛　Dualo Bukele	法洛拉，詹姆斯·阿德西纳　James Adesina Falola
布莱登，爱德华·威尔莫特　Edward Wilmot Blyden	法农，弗朗兹　Frantz Fanon
布莱克，J.W.　J.W. Blake	法西，埃尔　M. El Fasi
布罗代尔　Fernand Braudel	范西纳，简　Jan Vansina
布西亚，科菲　kofi Abrefa Busia	菲利普，霍华德　Howard Philips
戴克，K.O.　K.O. Dike	菲利普，约翰·爱德华　John Edward Philips
戴维斯，罗伯特　Robert Davies	
戴维森，简　Jean Davidson	菲利普，约翰　John Philip
道斯卡特，鲁尔夫　Rolf P.A. Dauskardt	费奇　J.D. Fage
德农，杜纳德　Donald Denoon	芬，亨利·弗朗西斯　Henry Francis Fynn
迪奥普，谢赫·安塔　Cheikh Anta Diop	佛迪奥，乌苏曼·丹　Usuman Dan Fodio
迪奥普，阿里奥奈　Alioune Diop	伏尔泰　Voltaire
蒂尔，乔治·麦考尔　G.M. Theal	弗莱切，巴兹尔　Basil Fletcher
杜阿，伊夫奥　Ivor Agyeman-Duah	福尔贝克，冯·莱托　Von Lettow Vorbeck
杜波依斯　W.E.B. Du Bois	福伊，怀特菲德　Whitfield Foy

弗林特，卡仁　Karen Flint
嘎嘉诺，安妮　Annie Gagiano
甘恩，L.H.　L.H. Gann
格里奥勒，马塞尔　Marcel Griaule
格伦维尔，G.S.P. 弗里曼　G.S.P. Freeman-Grenville
格雷，约翰·米尔纳　John Milner Gray
古德，查尔斯　Charles M. Good
哈桑　Y.F. Hasan
哈里斯，帕特里克　Patrick Harries
哈特维格　G.W. Hartwig
赫勒敦，伊本　Ibn Khaldun
黑格尔　Hegel
怀特，海登　Hayden White
霍尔登，W.　W. Holden
基曼博，伊萨利亚　Isaria Kimambo
基普尔，弗吉尼亚　Virginia Kiple
基普尔，肯尼思　Kenneth F. Kiple
基西娃，玛梅　Maame Kisiwaa
基瓦诺卡　M. Kiwanuka
基维特，德　C.W. de Kiewiet
基-泽博　J. Ki-Zerbo
贾巴伍，戴维逊·唐·腾戈　D.D.T. Jabavu
杰夫斯，艾兰　Alan Jeeves
杰宁斯，C.　Christian Jennings
朱西维克基，布古米尔　Bogumil Jewsiewicki
金亚提，M.　M. Kinyatti
卡格瓦，阿波罗　Apolo Kagwa
卡卡伊，皮乌斯　Pius Wanyonyi Kakai
卡尼基　M.H. Kaniki
卡普兰，大卫　Dave Kaplan
卡斯蒂廖尼　Arturo Castiglioni
康德　Immanuel Kant
坎珀，P.　Petrus Camper
凯塔，兰萨纳　Lansana Keita
柯亨，安德鲁　Andrew Cohen
科里，乔治·爱德华　G.A. Cory
柯廷　P.D. Curtin
克拉克，希拉　Shelagh Campbell Clarke
克拉普，J.L.　J.L. Krapf
克莱里奇，W.W.　W.W. Claridge
克劳德，迈克尔　Michael Crowder
克劳泽，塞缪尔·阿贾伊　Samuel Ajayi Crowther
肯普，安德拉　Andra le Roux-Kemp
肯雅塔，乔莫　Jomo Kenyatta
库珀，埃德姆　Adam Kuper
库克，A.B.　A.B. Cook
库普兰德，雷吉纳德　Reginald Coupland
兰杰，特伦斯　Terence Osborn Ranger
兰克，利奥波德·冯　Leopolde von Ranke
鲁滨逊，詹姆斯　James H. Robinson

鲁克斯，埃迪　Eddie Roux
拉策尔，弗里德里希　Friedrich Ratzel
拉盖西克，马丁　Martin Legassick
拉特雷，R.S.　R.S. Rattray
拉雅　D. Laya
雷克达尔，奥勒　Ole Bjorn Rekdal
雷斯，C.　C. Leys
雷兹，W.J.　W.J. Leyds
伦斯伯格，范　H.C.J. van Rensburg
伦斯代尔，约翰　John Lonsdale
里德，约翰　John Reed
利弗，威廉·H.　William H. Lever
利基，理查德　Richard Leakey
林奈，卡尔·冯　Carl von Linné
罗德尼，沃尔特　Walter Rodney
罗珀，休·特雷弗　Hugh Trevor-Roper
卢布萨纳，沃尔特　Walter Rubusana
卢加德　F.J.D. Lugard
洛本古拉　Lobengula
马博古杰，阿金　Akin Mabogunje
马库雷，赫伯特　Herbert Maculay
马罗，沙得拉克　Shadrack Malo
马洛瓦尼，M.　Maureen Malowany
马涅托　Manetho
马瑞斯，J.S.　J.S. Marais
马修，乔瓦斯　Gervase Mathew
马兹鲁伊，A.A.　A.A. Mazrui
曼德拉，纳尔逊　Nelson Mandela

曼森，安德鲁　Andrew Manson
麦克拉肯，约翰　John McCracken
麦克米伦，W.M.　W.M. Macmillan
麦克米歇尔，哈罗德　Harold MacMichael
麦西，R.H.　R.H. Massie
米切尔，菲利普　Philip Mitchell
莫福洛，托马斯·莫科普　Thomas Mokopu Mofolo
莫赫塔尔，G.　G. Mokhtar
莫勒玛，西拉斯·莫迪里　Silas Modiri Molema
莫里斯，迈克　Mike Morris
姆博　A.M. Mbow
姆博亚，保罗　Paul Mboya
姆本加，伯纳德　Bernard K. Mbenga
姆里乌基，G.　G. Muriuki
姆万兹，H.A.　H.A. Mwanzi
姆文　P.E. Mveng
穆加贝，罗伯特　Robert Mugabe
莫纳　H. Mones
尼昂，D.T.　D.T. Niane
尼尔，卡洛琳　Caroline Neale
尼夫塔戈迪恩，诺尔　N. Nieftagodien
尼雷尔，朱利叶斯·坎巴拉吉　Julius Kambarage Nyerere
尼乔亚国王　King Njoya
尼亚古博，莫里斯　Maurice Nyagumbo

尼亚卡图拉，约翰　John Nyakatura
纽伯里，大卫　David Newbury
牛顿，A.P.　A.P. Newton
欧米拉，丹　Dan O'Meara
帕多克，亚当　Adam Paddock
帕克，约翰　John Parker
帕特森　K.D. Patternson
潘克霍斯特，里查德　Richard Pankhurst
佩雷格里诺，弗兰西斯　Francis Peregrino
普拉吉，索尔　Solomon Tshekisho Plaatje
普莱斯特维奇，约翰　John Prestwich
普雷勒，G.S.　G.S. Preller
普伦佩一世　Prempeh I
齐克勒玛，詹姆斯　James Chikerema
恰斯，J.C.　J.C. Chase
萨迪，阿卜杜勒·拉曼　Abdal-Rahman Al-Sa'di
萨勒姆，斯泰文　Steven J. Salm
塞利格曼，C.G.　C.G. Seligman
商博良　Jean Francois Champollion
桑戈尔，利奥波德·塞达　Leopold Sedar Senghor
斯库尔　M.C.E. van Schoor
斯莱克，保罗　Paul Slack
斯切尔，马格里特　Margaret Strel
斯泰恩，M.T.　M.T. Steyn
斯维夫，J.　Jonathan Swift

松迪亚塔，凯塔　Sundiata Keita
索加，阿兰·克尔克兰　Alan Kirkland Soga
索加，亨德逊　J.H. Soga
泰勒，查尔斯　J. Charles Taylor
泰姆，阿诺德　Arnold Temu
泰沃，罗蒂米　Rotimi Taiwo
坦博，奥利弗　Oliver Tambo
汤普森，伦纳德　Leonard Thompson
廷德尔，P.E.N.　P.E.N.Tindall
图图，奥塞　Ose Dutu
希顿，马修　Matthew M. Heaton
希罗多德　Herodotus
西蒙斯，杰克　Jack Simons
谢胡，卡利普　Caliph Shehu
瓦德，W.F.　W.F. Ward
韦尔　G.S. Were
维乔恩，卢塞尔　Russel Viljoen
维拉，伊冯娜　Yvonne Vera
维里斯，J.J.　J.J. Willis
威伯斯特，J.B.　J.B. Webster
威尔莫特，A.　A. Wilmot
威尔森，M.　M. Wilson
翁吉　C. Wondji
闻伊，提特奥　Kabalega Tito Winyi
沃尔登，尼格尔　Nigel Worden
沃克，埃里克　Eric Walker
乌佐伊威，G.N.　G.N. Uzoigwe

伍德，约翰·罗塞尔　John Russell-Wood

西蒙斯，R.E.　R.E. Simons

休谟，大卫　David Hume

伊利弗，约翰　John Iliffe

英厄姆，肯尼思　Kenneth Ingham

约翰斯顿，F.R.　F.R. Johnstone

约翰斯顿，H.H.　H.H. Johnston

约翰逊，塞缪尔　Samuel Johnson

詹姆森，弗雷德里克　Fredric Jameson

詹姆斯，威尔莫特　Wilmot James

索 引

A

阿非里卡人史学 14, 240

阿贾伊，阿德 2, 9, 11, 15, 20, 22, 53, 91, 96, 100, 102–105, 120, 257, 259, 264, 279, 281–291, 293–303, 332, 364, 396, 399, 421, 422, 438, 450, 452

阿克顿勋爵 69

阿拉戈，乔 12, 23, 24, 30, 61, 76, 102, 173, 175, 201, 396, 399, 428

阿明，萨米尔 17, 136, 138, 139, 141, 435

阿姆哈拉文 42

阿散蒂娃，雅阿 256, 258, 263, 269, 270

《埃及史》 2, 24, 43

埃塞俄比亚 7, 14, 25, 31, 35, 41, 63, 81, 91, 96, 124, 126, 183, 264, 273–275, 307, 311, 313, 315, 395, 397, 401, 402, 413, 430, 444

艾周昌 21, 41, 400–403, 405, 406, 409, 412, 415

《安哥拉史》 75

安南，科菲 255

安诺基，克瓦米 255, 256

奥邦加，T. 53, 347, 362

奥戈特 3, 9, 10, 12, 13, 20, 22, 53, 55, 86, 87, 96–99, 101, 118, 119, 122, 201, 257, 259, 281, 301, 303–316, 320–325, 364, 421, 424, 425, 432, 433, 446, 452, 453

奥拉比，艾哈迈德 82, 274

奥利弗，罗兰 79, 83, 87, 89, 90, 256, 305, 332, 433, 434, 456

B

巴勒克拉夫，杰弗里 2, 4, 121, 424

巴蒙文 25, 26, 42, 61, 173

包茂红 8, 416, 417

《北非和中非旅行见闻》 75

博亨，阿杜 3, 9, 11, 15, 16, 19, 20, 22, 53, 82, 96, 97, 99–101, 104, 119, 254–274,

276, 278–281, 294, 303, 364, 421, 425

布莱登，爱德华·威尔莫特 92–95, 273, 297, 358, 359, 413, 414

布罗代尔 161, 174

C

陈翰笙 404

D

《达荷美史》 75

达喀尔大学 7, 54, 96, 138, 350, 425

达喀尔历史学派 116, 451

达累斯萨拉姆历史学派 7, 8, 13, 109, 112, 280, 331, 333, 425, 453

戴克，肯尼思·翁伍卡 7, 9, 50, 95–97, 100–107, 109, 119, 142, 257, 259, 260, 282, 284, 290, 304, 364, 420, 421, 423, 425, 426, 446, 449, 450

戴克时代 102

《岛夷志略》 38, 41

德农，杜纳德 13, 333

迪奥普，谢赫·安塔 3, 9, 21, 22, 96, 116, 303, 331, 347–363, 366, 421, 426, 432, 433, 451

迪奥普，阿里奥奈 359, 360

蒂尔，乔治·麦考尔 205–209, 211, 212, 217, 218, 221, 222, 250, 251

《帝国的负担》 76

《东非简史》 77, 99

《东非及其入侵者》 86

杜阿，伊夫奥 16, 46

杜波依斯 6, 43, 64, 94, 95, 128, 359

杜尔，萨摩里 275

杜尔，塞古 124, 126, 129, 135

杜环 35

杜伊格南 76, 265

杜佑 35

E

恩津加 190, 191, 398

恩康科 3, 96

恩科莫，乔舒亚 328, 329

恩克鲁玛，克瓦米 17, 97, 124, 126–136, 256–258

恩西比迪文 26

F

法洛拉，托因 11, 15, 21, 22, 99, 103, 364–381, 383–399

范西纳，简 6, 7, 10–12, 15, 20, 44, 48, 55, 76, 305, 332, 346, 372, 432, 433, 436

菲利普，霍华德 172, 427

菲利普，约翰 209, 214

非洲个性 93, 95, 129, 273, 297, 358, 413

非洲妇女史 12, 19, 172, 185–190, 199, 398

非洲环境史 8, 19, 159, 161–165, 174, 395, 398, 415–417

非洲社会主义 122, 124, 414

《非洲通史》 20, 53, 98, 100, 117, 258, 263, 281, 290, 291, 301, 303, 305, 306, 309, 310, 312, 323, 350, 352, 404, 405, 418

非洲医疗史 9, 19, 169–175, 177, 184, 397, 427

费奇 2, 11, 32, 83, 99, 260, 286, 402, 433, 457

伏尔泰 31, 69

富尔富尔德文 26, 42

G

甘恩，L.H. 76, 265

格里奥 43, 45, 46, 48, 49, 51, 54, 57–59, 61, 186, 187, 432

格伦维尔，G.S.P. 弗里曼 88

古埃及 1, 2, 24, 25, 30, 31, 43, 60, 61, 93, 95, 98, 116, 173, 315, 348, 350–356, 358, 359, 361, 362, 395, 397, 426, 430, 433

《古代撒哈拉商队》 76

H

含米特假设 79, 350

豪萨文 42

赫勒敦，伊本 11, 27–30, 414

黑格尔 67, 72, 73, 79, 119, 127, 259, 351, 357, 362, 431, 442, 443

《后汉书》 33

后结构主义史学 152, 437

后现代主义史学 152, 153

《黄金海岸和阿散蒂史》 62, 77, 94, 98, 260

霍屯督人 69, 70, 80, 344

J

《基尔瓦编年史》 25, 27

基－泽博 3, 7, 9, 53, 90, 96, 98, 116, 117, 303, 314, 347, 426, 451

《加纳史》 62, 77, 260

《剑桥非洲史》 51, 323

《剑桥近代史》 69

金亚提，M. 435

《经行记》 35, 41

K

卡弗尔战争 82, 83

卡卡伊，皮乌斯 16, 122, 152, 429

卡尼基 3, 96

《卡诺编年史》 27

卡普兰，大卫 232

康德 68

坎珀 68

《考察尼罗河发源地旅行记》 75

科萨人 82, 83, 239, 240,

柯廷 11, 67, 142, 171, 178, 427, 456

克拉克，希拉 327

克莱里奇，W.W. 62, 77, 99, 260,

克劳泽，塞缪尔·阿贾伊 382

肯尼亚 3, 7, 12, 14, 16, 20, 32, 35, 41, 53, 55, 74, 80, 84, 87, 88, 96–99, 101, 118, 119, 121, 126, 151, 152, 154, 172, 180–182,

184, 201, 226, 259, 267, 274, 303–309, 314, 317, 318, 323–325, 341, 397, 413, 418, 422, 429, 435, 437, 448, 451–453

肯雅塔，乔莫　317, 318

肯雅塔大学　16, 96, 121, 152, 306

库珀，A.　13, 21, 333

L

《拉丁和条顿民族史》　71

兰杰，特伦斯　9–11, 20, 22, 81, 91, 109–111, 119, 326–346, 396, 421, 451

兰克　2, 17, 31, 48, 49, 63, 70, 71, 73, 103, 104, 152, 174, 327, 422

鲁滨逊，詹姆斯　2, 152, 174, 187

拉策尔，弗里德里希　79

雷斯，C.　435

伦斯伯格，范　180

李安山　7, 8, 401, 403, 405, 407, 415, 418, 419

李保平　409

《历史》　30, 70, 452

《历史绪论》　27, 28, 414

《历史哲学》　67, 72, 357

林奈，卡尔·冯　68

《岭外代答》　34, 36, 41

罗德尼，沃尔特　6, 100, 112–116, 122, 124, 265, 294, 334, 434, 435, 452

罗珀，休·特雷弗　49, 72, 74, 259, 327, 421, 431, 442, 443, 457, 460

卢加德　63, 84

陆庭恩　402–406

M

马克思主义史学　16–19, 121, 122, 124–126, 150, 151, 424, 425, 435, 436, 438

马涅托　1, 24, 43

马修，乔瓦斯　89, 90

马兹鲁伊　53, 274, 301

麦克雷雷大学　13, 259, 304, 305, 453

麦克米伦　209, 211–215, 217–219, 224, 225, 227, 250, 251

麦克米歇尔，哈罗德　85

曼德拉，纳尔逊　70, 221, 237, 238, 241, 242, 246

曼丁人　59

《蒙塔尤》　157

米切尔，菲利普　74, 295, 304

民族主义史学　7–10, 15–20, 62, 63, 91, 92, 100, 110, 112, 119, 173–175, 188, 201, 226, 254, 257, 259, 262, 280, 281, 290, 301, 309, 325, 329, 331–334, 417, 421, 424, 425, 454

《明史》　33, 34, 41

莫福洛，莫利普·托马斯　222

莫赫塔尔，G.　53

姆博　2, 7, 49, 96

穆加贝，罗伯特　328, 329

莫纳　3, 96

沐涛 10, 403, 408, 412, 415

N

纳忠 402, 404, 412

《奶酪与虫子》 158

南非史学 14, 19, 147, 202, 203, 205, 206, 209, 210, 211, 214, 215, 217, 219, 223, 224, 226, 229, 232, 236, 238–240, 246, 249–251, 253

内罗毕学派 118

尼昂，D.T. 53, 116–118, 347, 451

尼尔，卡洛琳 15

尼夫塔戈迪恩，诺尔 245, 246

尼雷尔，朱利叶斯·坎巴拉吉 92, 111, 124, 126, 127, 192, 331, 332

尼乔亚国王 25

《尼日尔三角洲的贸易和政治，1830—1885》 50, 106, 142, 290, 426

牛顿，A.P. 69, 72, 74, 215, 259, 431, 442, 443

《牛津东非史》 89, 90

O

欧洲中心论 4, 9, 22, 67, 69, 90, 92, 142, 174, 209, 252, 265, 279, 284, 301, 351, 357, 363, 369, 398, 399, 421

P

普拉吉，索尔 221, 241, 317

普莱斯特维奇，约翰 327

普伦佩一世 262, 269, 273

Q

齐克勒玛，詹姆斯 328

恰斯，J.C. 204

S

塞利格曼，C.G. 80, 81, 350

塞内加尔 2, 7, 14, 46, 52–54, 94, 96, 101, 116–118, 124, 138, 186, 192, 226, 275, 347–350, 355, 357, 359, 360, 425, 427, 432, 448, 451, 458

商博良 315

桑戈尔，利奥波德·塞达 124, 349, 356, 358, 359, 425

《桑给巴尔史》 88

斯库尔 228

斯莱克，保罗 330, 343

斯切尔，马格里特 201

斯瓦希里文 42, 173, 307, 409

《史记》 32

舒运国 9, 403, 408, 410–412

松迪亚塔 46, 47, 51, 53, 54, 56–60, 173

《松迪亚塔》 45, 47, 48, 51, 56, 57, 59, 60, 173

《苏丹史》 27

T

坦博，奥利弗 241

《坦噶尼喀的中世纪史》 88

汤普森，伦纳德 145, 202, 227, 230, 231, 250

廷德尔，P.E.N.　78

图图　246, 255, 256

W

瓦德，W.F.　62, 77, 99, 260

瓦尔克，艾里克　76

瓦伊文　25, 26, 42, 61, 173

乌贾马　124, 451

吴秉真　6, 21, 400, 401, 407, 408

伍德，约翰　179, 271

X

希罗多德　24, 30, 70, 159, 354, 356, 361

西蒙斯，杰克　282

新非洲经济史　150, 427, 428

新社会史学派　125

新文化史　2, 18, 31, 153, 157–159, 175, 415, 425

新殖民主义　17, 19, 69, 124, 126, 130–134, 136, 318, 321, 389, 407, 424, 447

新自由主义史学　15, 18, 22, 201, 424

休谟，大卫　68

修正派史学　14, 232–235, 239, 240, 252, 253

修正主义学派　141, 145

Y

伊巴丹历史学派　7, 13, 101, 102, 105, 106, 280, 425, 448, 449, 454

伊利弗，约翰　110, 111, 334, 346

英帝国史学　14, 203–206, 211, 218, 224, 225, 240, 250

英厄姆，肯尼思　86, 87, 90

约翰逊，塞缪尔　94, 192, 316, 368, 381, 396

《酉阳杂俎》　33, 35, 36, 41

《1800 年以后的非洲》　79

Z

张宏明　413

张星烺　41, 401,

郑家馨　263, 403, 404, 406, 407, 412

殖民主义史学　5, 7, 8, 16–18, 62, 63, 67, 70, 72, 77, 84, 86, 90, 91, 98, 104, 302, 308, 335, 396, 417, 424

《殖民主义在非洲》　76, 265

《诸蕃志》　34, 36, 37, 41

《中非史》　78, 333

自由主义史学　8, 14, 101, 122, 145, 209, 211–213, 215, 217, 218, 223–225, 229, 230, 232, 233, 240, 250–252, 433

后　记

本书是国家社会科学基金重点项目"20世纪非洲史学与史学家研究"（项目批准号：14ASS001）的最终成果，感谢全国哲学社会科学工作办公室对非洲历史研究的资助！

我学习与研究非洲史已有三十余年，1990年9月我考上华东师范大学世界史专业的硕士研究生，师从艾周昌教授学习非洲史，开启了我的学术生涯。但我对非洲史学的研究则开始于2012年。那年7月14日，于沛研究员带领中国社会科学院世界历史研究所的史学理论研究团队来到上海师范大学，与上师大世界史学科联合召开"20世纪历史学与历史学家"学术研究会。会上，于沛研究员提出，要改变以往只注重西方史学、忽略非西方史学的做法，在"20世纪历史学与历史学家"课题研究中，要把亚非拉史学写进去，并希望我能够承担"20世纪非洲史学与史学家"的研究任务。研究20世纪非洲史学难度很大，一方面是国内缺乏研究基础，另一方面是研究内容非常丰富而庞杂。考虑到该课题很有意义，也是非洲史研究的新领域，我愉快地接受了这一任务。2014年，该课题被评为国家社会科学基金重点课题。

为了完成好该课题的研究，做到集思广益，我多次组织了相关研讨会。除了2014年9月13日召开的开题论证会之外，同年12月1日举办"国外非洲史研究最新趋势与中国的非洲史研究"工作坊，邀请北京大学包茂红教授、华东师范大学沐涛教授、江苏师范大学孙红旗教授、浙江师范大学王加丰教授和上海师范大学舒运国教授为主讲人，分别报告了各自领域的研究前沿成果。2015年11月6日，组织了"全球视野下非洲史学研究"小型国际学术研讨会，邀请尼日利亚伊巴丹大学历史系西蒙·阿贾伊（Simon A. Ajayi）教授、肯尼亚肯雅塔大学前历史系主任卡卡伊教授、中国前非洲事务特别代表刘贵今大使、华东师范大学沐涛教授、苏州大学郑宪副教授、中国社会科学院世界历史研究所副研究员刘兰、《探索与争鸣》杂志主编秦维宪编审、吉林大学《史学集刊》副主编宋鸥教授、上海市青年干部学院王冰教授、上海师范大学世界史学科负责人裔昭印教授、非洲研究中心主任舒运国教授等出席研讨会。在研究成果即将完成之际，2018年11月28日，又邀请于沛研究员、舒运国教授、李安山教授、吴英研究员、王加丰教授、余建华研究员等专家对书稿进行讨论，并提出了宝贵的修改意见。

  本课题的研究得到上海师范大学和各方面的大力支持，陈恒教授、舒运国教授、裔昭印教授、周春生教授、董丽敏教授、公磊老师、江家鸣老师、张虹老师等对此都十分关心和支持。陈恒教授将本书列入"史学源流丛书"，并交给商务印书馆出版。中国非洲史研究会也很重视本课题的研究，2018年9月在临汾举办的年会会议上，我专门就本课题的研究进展向中国非洲史研究会的理事会进行了汇报。中国非洲史研究会会长李安山教授不仅为本成果贡献了第六章，而且多次提供资料。此外，还要向商务印书馆上海分馆的鲍静静总编辑及责任编辑表示感谢！还要向上海社科院的潘光研究员、华东师范大学的沐涛教授、郑州大学的张倩红教授、华中师范大学的邢来顺教授、浙江师范大学的许序雅教授、河南师范大学的巨永明教授等表示感谢。博士生蒲大可和硕士生王恪彦分别为第九章和第二章提供了部分资料。

  总之，对本成果的立项、研究和出版等各个环节给我支持和帮助的专家学者和朋友们表示衷心感谢！

  本书作者情况如下：第五章第四节作者为郑晓霞；第六章作者为李安山；第七章作者为张译丹、张忠祥；第八章作者为石海龙、张忠祥；第十章作者为代竹君、张忠祥；第十二章作者为王勤、张忠祥；其余章节作者为张忠祥。

　　本书是国内第一部研究非洲史学和史学家的专著,有一定的创新性。同时,由于课题本身的复杂性和丰富性,以及本人研究水平的局限性,本书肯定存在许多不足之处,敬请专家学者批评指正。

张忠祥
2021 年 10 月